U0721463

穆里尼奥
王者归来
JOSE: RETURN OF THE KING

［英］哈里·哈里斯 著

张玉强 译

北京出版集团公司
北京出版社

著作权合同登记号

图字：01-2016-8695

图书在版编目（CIP）数据

穆里尼奥：王者归来 /（英）哈里·哈里斯著；张玉强译. — 北京：北京出版社，2017.9

书名原文：JOSE: RETURN OF THE KING

ISBN 978 - 7 - 200 - 13205 - 2

I. ①穆… II. ①哈… ②张… III. ①穆里尼奥 — 传记 IV. ①K835.525.47

中国版本图书馆 CIP 数据核字（2017）第 188272 号

穆里尼奥

王者归来

MULINI'AO

［英］哈里·哈里斯　著

张玉强　译

*

北 京 出 版 集 团 公 司

北 京 出 版 社 　出版

（北京北三环中路 6 号）

邮政编码：100120

网　　址：www.bph.com.cn

北 京 出 版 集 团 公 司 总 发 行

新 华 书 店 经 销

北 京 嘉 业 印 刷 厂 印 刷

*

710 毫米×1000 毫米　16 开本　27.5 印张　435 千字

2017 年 9 月第 1 版　2017 年 9 月第 1 次印刷

ISBN 978 - 7 - 200 - 13205 - 2

定价：69.80 元

如有印装质量问题，由本社负责调换

质量监督电话：010 - 58572393

责任编辑电话：010 - 58572511

"那里有漂亮的蓝色宝座、欧洲冠军杯荣誉、上帝，上帝之后就是我了。"

2004年6月2日，穆里尼奥被正式任命为切尔西主教练

2004年7月22日，穆里尼奥带领切尔西在美国西雅图进行英超新赛季前的拉练

2004年11月7日，穆里尼奥携家人在伦敦观看《超人特攻队》首映式

2005年2月20日，英格兰足总杯1/8决赛，纽卡斯尔主场1：0淘汰以替补出战的切尔西，穆里尼奥郁郁寡欢

2005年2月22日，切尔西备战与巴塞罗那的欧洲冠军联赛

失落接踵而来。2005年2月23日，欧洲冠军联赛1/8决赛首回合，巴塞罗那主场2：1力克切尔西

穆里尼奥治下的切尔西怎甘沉沦，2005年2月27日，第四十五届英格兰联赛杯决赛，切尔西3：2击败利物浦，夺得冠军

2005年3月7日，切尔西积极备战主场与巴塞罗那的欧洲冠军联赛1/8决赛第二回合的比赛

2005年3月8日，欧洲冠军联赛1/8决赛第二回合，切尔西主场4：2力克巴塞罗那，穆里尼奥成功复仇

2005年3月27日，穆里尼奥参观以色列少年足球学校，亲自示范献爱心

2005年4月11日，切尔西在慕尼黑备战欧洲冠军联赛1/4决赛第二回合的比赛

2005年4月13日，欧洲冠军联赛1/4决赛第二回合，切尔西2：3负于拜仁慕尼黑，仍以两回合总比分6：5进入四强

安菲尔德球场上，穆里尼奥带领切尔西轻松备战

球队表现出色，穆里尼奥开怀大笑

"好样的，我为你骄傲！"

2005年4月30日，切尔西加冕50年来联赛首冠。切尔西将帅激情庆祝

2005年7月30日，正带队在美国征战的穆里尼奥忙里偷闲为阿迪达斯拍摄宣传片

2005年8月7日，穆里尼奥率领切尔西2：1击败阿森纳，轻松赢得社区盾杯

"早已注定，我只能在荆棘中采拾鲜花。但重要的是，要对胜利和信念充满执着。"

2006年1月30日，穆里尼奥获得葡萄牙最高荣誉勋章，以奖励他对体育事业做出的贡献

2006年2月21日，穆里尼奥出席即将展开的欧洲冠军联赛1/8决赛赛前新闻发布会

"一名教练可以输掉一切，除了他的职业尊严。"

2006年4月29日，切尔西主场3：0战胜曼联，成功卫冕英超冠军

斯坦福桥上演狂欢

"你们在让我安心。"

我们是冠军

2006—2007赛季的流言蜚语，加上和对手球队主教练的嘴炮大战使穆里尼奥身心俱疲

2007年5月19日，温布利球场，足总杯决赛切尔西1：0战胜曼联。也许足总杯冠军可以稍稍抚慰穆里尼奥失落的心

切尔西的四冠王梦想因为利物浦的胜利而化为泡影，而且在联赛三连冠的争夺中，他们也逐渐落于下风

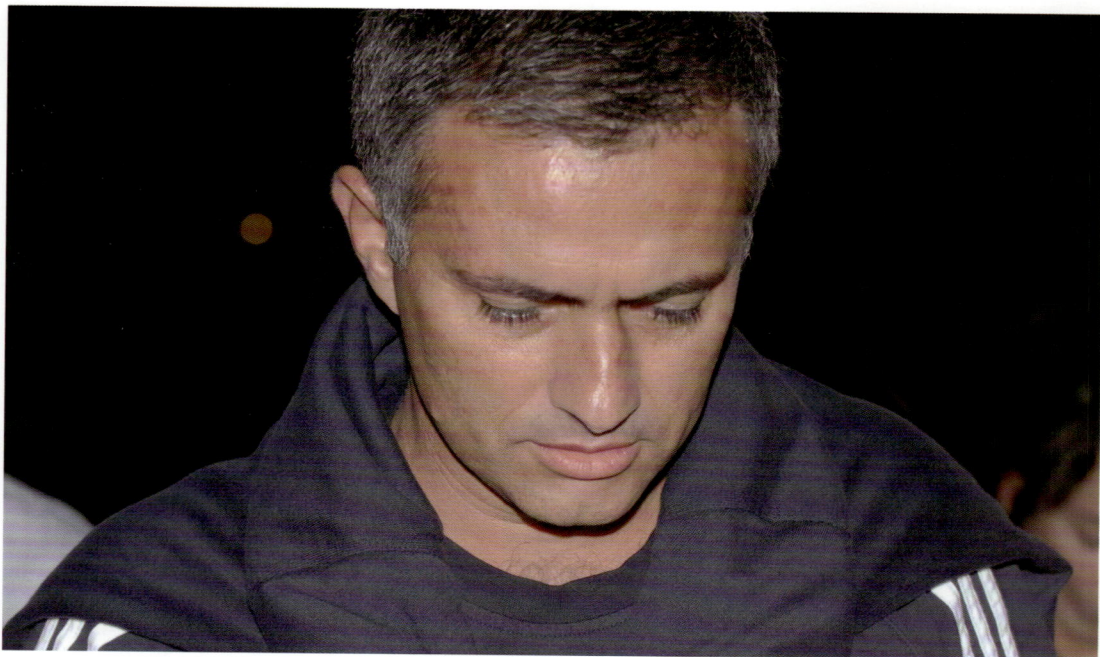

2007年9月20日，切尔西官方正式宣布与穆里尼奥和平解约

2008年6月3日，国际米兰俱乐部宣布，穆里尼奥正式与俱乐部签约

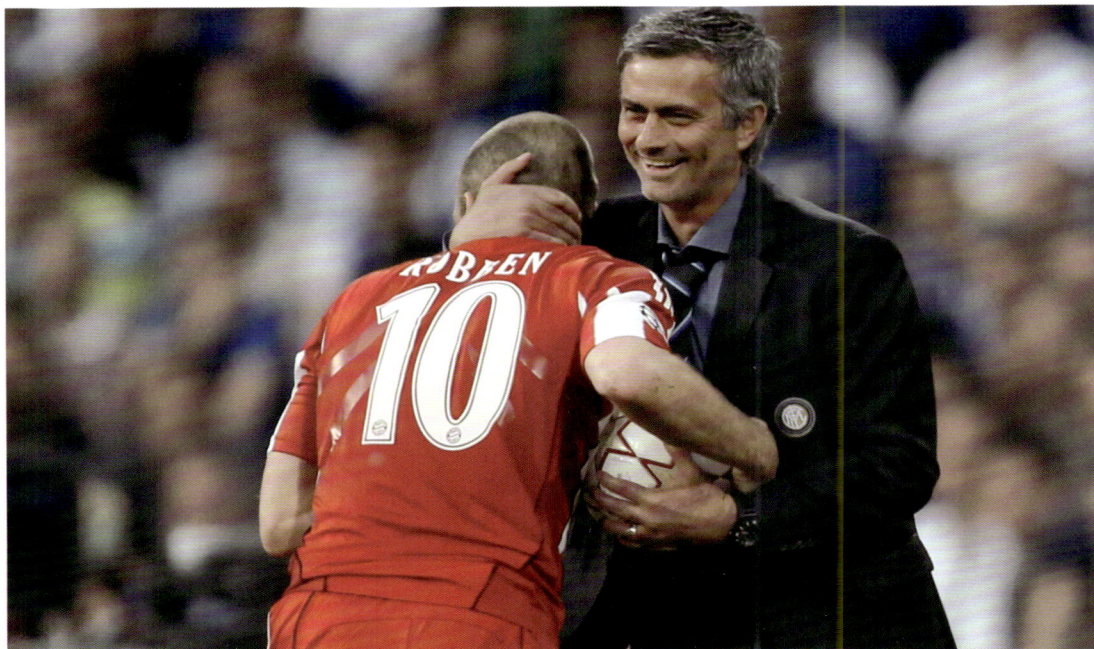

2010年5月22日，西班牙马德里，2010年欧冠决赛，国际米兰2：0战胜拜仁慕尼黑。穆里尼奥在场边与队员庆祝

2010年欧冠决赛，穆里尼奥率领国际米兰捧起欧冠奖杯，成就三冠王

穆里尼奥喜极而泣

2009—2010赛季结束后穆里尼奥功成身退，告别了国际米兰，加盟皇家马德里俱乐部。不安分的"狂人"又开始了新的征程

2013年6月5日，德国莱比锡，2013巴拉克足球告别赛，穆里尼奥笑容满面送别昔日弟子

2013年6月10日，伦敦，穆里尼奥重回切尔西，信心满满

"我必须守护属于我的东西。这是属于我的赛事。"

2015年5月24日，英国伦敦，2014—2015赛季英超末轮，切尔西夺得英超冠军，成就双冠王

"当我决定回来的时候，有着某种让事情搞砸的风险，但是我并不害怕。我相信自己，我认为我可以再次做到。"

致谢

＊＊

　　感谢本书的发行人约翰·布莱克，他的儿子亚当是一名超级切尔西球迷——这也就难怪他总是催促我写一本关于切尔西的书！

　　感谢约翰·布莱克出版公司的编辑史蒂夫·伯德特和米歇尔·西尼奥雷，是他们将我的文字编辑成书。

　　向足总杯赞助商 E.ON 和他们的公共关系专员蒂姆·科林斯致以诚挚谢意。他们邀请我前往新温布利球场采访了足总杯决赛，使我能够记录何塞·穆里尼奥实现国内赛事大满贯的特别时刻。

　　向切尔西赞助商三星公司的马克·米钦森和他美丽的妻子林恩真诚地道一声感谢。

　　同时，还要向伟达公共关系顾问有限公司的安迪·萨瑟登和史蒂夫·布拉德利在联赛杯相关事宜上对我的帮助特别致谢。

　　当然，如果没有魅力四射的何塞·穆里尼奥和他超凡的语言艺术，本书也就成了无本之木。

　　谨以此书向"特殊的一个"致敬。

序

***

对于大多数主教练来说，这都会是一个完美的时刻——何塞·穆里尼奥和他的球员们，走上新温布利球场的 107 级台阶，从威廉王子手中接过了足总杯奖杯和冠军奖牌。

穆里尼奥转向观众，伸出了 6 根手指，这是他在切尔西获得的奖杯数量。至此，他已经实现了英格兰国内赛事的大满贯，但是，他在切尔西的未来无疑仍取决于能否问鼎欧洲冠军联赛。到目前为止，穆里尼奥还没有如切尔西老板罗曼·阿布拉莫维奇所渴盼和要求的那样，率领球队统治欧洲赛场。

回想起这个自己执教切尔西以来最疯狂的赛季，穆里尼奥满怀激情地筹划着切尔西下一次对英超冠军的冲击，同时也对这个未能在英超联赛夺冠的赛季感到满意，"我经常说，在足球世界中，最糟糕的事情，是你失败后却深知自己还可以做得更好。我现在没有这样的感觉。我们已经尽了一切努力。如果你是因为没有做到最好，是因为进取心不足或者躺在功劳簿上睡觉而失败，那才是真正糟糕的感觉。然而，我们已经做到一切。我为我们现在不开心而感到开心，因为这说明我们还想得到更多。但是，在这个历史性时刻夺得足总杯冠军，已经是对这家俱乐部很好的回报，我们是带着英格兰国内赛事大满贯的成绩结束了一个 3 年周期。

"胜利是一种习惯，胜利是一种文化，胜利需要你在头脑里进行充分的准备。我们在这方面做得很好，我非常满意。我现在只是觉得，我们要迈出的最后一步，就是将这种感觉或者一点小小的运气，带到欧洲赛场上去。过去 4 年中，切尔西参加了 3 次欧冠半决赛，这非常了不起，但是我们还没有获得过参加最终决赛的机会。这家俱乐部还想得到更多，我们还想得到更多。我

I

曾经拿过欧冠冠军，但过去的事情都已经过去了。我希望在切尔西拿到欧冠奖杯，球员们也非常希望实现这个目标。但是，我们不能满脑子都想着这件事，那样是没有任何益处的。"

穆里尼奥和切尔西老板阿布拉莫维奇的关系一度非常紧张，现在他们达成了停火协议。穆里尼奥在蓝军的每一个赛季都会变得比之前一年更具争议性，2006—2007赛季是一段云霄飞车般的经历，切尔西经历过心潮起伏、争议事件、争吵、指控以及不止一次的纪律听证会。精力旺盛的穆里尼奥经常被比作已故名帅布赖恩·克拉夫①，他从来没有远离过报纸的封底头条。

穆里尼奥承认，切尔西的开支政策有所变化，但是与媒体的报道相反，他否认这是因为阿布拉莫维奇收紧了荷包，"罗曼是老板，这一点不会改变。他是切尔西俱乐部的所有者，是这家俱乐部的老大。我们在经营哲学上的变化，不是因为阿布拉莫维奇先生关闭了资金阀门。我们的哲学在于，我们以前已经花了钱，用了很长时间建设起了这支球队，我们没有必要年复一年地大手笔投资。现在这套阵容十分年轻，可以在一起继续打拼数年，所以我们总体上将沿用相同的阵容，没有太大的引援需求。当你没有太大需求的时候，有什么必要花大价钱呢？"

穆里尼奥已开始为球队在未来继续夺取奖杯提前进行规划，他引进了一些年轻球员，比如来自奥德姆的丹尼·菲利斯基尔克和来自谢尔菲尔德联的雅各布·梅利斯这两名16岁小将。"如果我们能以良好的方式运作，保持冷静，避免喧嚣，不花大钱，保持阵容建设的平衡，那么我们就不需要大手笔的转会。"

阿布老板以往高投入战略的最昂贵产品就是安德烈·舍甫琴科，切尔西以超过3000万英镑的价格将他从AC米兰签下，但是他首个赛季仅在联赛中打入4球。穆里尼奥可没有兴趣给乌克兰人留面子，"舍甫琴科这个赛季打得不好，我们可是要寻找一个顶级前锋才与他签约的。俱乐部决定在一名大牌球员身上投入重金，但是我们没有得到一个伟大的舍甫琴科。舍瓦②必须要为此

---

① 布赖恩·克拉夫（1935.3.21—2004.9.20），英格兰人，英格兰足球历史上最伟大的主教练之一，最高成就是率领诺丁汉森林于1979年和1980年蝉联欧洲冠军杯冠军。克拉夫性格张扬，口无遮拦，经常制造争议却又有着伟大的人格魅力。

② 舍甫琴科的昵称。

感到不悦，他必须要有战斗的意志，以找回昔日的荣光。我们希望下赛季他能够表现得更好。"

这个赛季之初，自称"特殊的一个"的穆里尼奥自认，他已经进行了明智的投资，组建起了一支不仅有能力实现英超三连冠，还有能力包揽全部4项锦标的球队。但是，随着约翰·特里、彼得·切赫以及荷兰飞翼阿尔扬·罗本等核心球员受到伤病困扰，4冠美梦首先化为泡影，很快便是3冠梦想落空，切尔西最后"仅仅"得到了联赛杯和足总杯双冠荣誉而已。

穆里尼奥终于跌落神坛，他没能实现连续第5年获得联赛冠军的成就①。穆里尼奥当年放出的豪言让他看上去过于傲慢，如今，他的言论也开始收敛了一些，"我不认为我是这一代教练中最伟大的。但是，我处在年轻一代精英教练的行列，这些人都取得过重要的成功，产生过巨大的影响。这一批精英教练包括拉法·贝尼特斯、弗兰克·里杰卡尔德和卡尔洛·安切洛蒂，我们都获得过欧洲足坛一些最重要的奖杯。还有一些人的名字我就不提了，但我不认为自己是最好的。不过，我希望继续留在这个顶尖的精英行列。"

执教切尔西的3个赛季当中，穆里尼奥的一些工作方式被公之于众。其中之一，就是他每周都会给阿布拉莫维奇老板递交一份报告，阐述他用人、战术和比赛中换人决定的理由。穆里尼奥谈论起这位俄罗斯亿万富豪时说："他希望俱乐部能够做到最好，我也是。他希望了解俱乐部的日常情况，所以我告诉他，我会给他解释我每一个决定的理由。我为什么在右后卫位置上选择保罗·费雷拉，为什么要在中卫位置选择里卡多·卡瓦略，这些我都要解释，而且不是随便解释一下，而是递交一份书面报告，这样领导层能够看懂，我也能够很好地履行自己的职责。"

斯坦福桥生涯的早期，穆里尼奥认为："如果我像阿尔塞纳·温格在阿森纳那样执教切尔西10年，那么在我的第10个赛季中，我将不需要花太多钱，因为那个时候我们的青年学院和球探网络就都已经建设完备。人们对于切尔西的大手笔投资常有一些不公正的评论，但是我也不想太虚伪，因为跟一个富有

---

① 2002—2003赛季及2003—2004赛季带领波尔图蝉联葡超冠军，2004—2005赛季及2005—2006赛季率切尔西实现英超两连冠。

的老板共事当然会更轻松一些，你可以直接告诉他，'我想要这个球员。'

"我总是直接把自己推上火线，说一些有些人听得懂、有些人听不懂的话。虽然我这样是把自己置于舆论焦点之中，但与此同时，我也让我手下的人清醒了起来。我也会给他们施加一点儿压力，我告诉他们：'你们都是顶尖球员，但你们谁也没拿过英超或欧冠的奖杯，在你们获得这些荣誉之前，你们就不能算是成功的球员。'也就是说，我会启发他们思考，我会让他们的自尊稍微受一点伤害，但是我帮助这支球队树立了雄心。这有些冒险，但是效果很好。

"第一步是让那些大牌球员理解并接受我，和我站到一个阵营里。当他们接受了这条规则，对球队的管理也就容易了。有特里和兰帕德这样的领军人物，接下来还有克劳德·马克莱莱这么好的球员，我真是再幸运不过。他们是大牌球员的完美榜样，对俱乐部需要什么一清二楚。

"意大利联赛讲究战术，西班牙联赛讲究技术，英格兰联赛则是充满激情。我当初之所以认为我可以在英格兰获得成功，是因为我可以将英格兰的激情与战术有条理地结合起来，所以我们的球队非常讲究战术。有些人觉得我们很乏味，我不知道这是为什么，但是我们的战术素养毋庸置疑。公平地说，我觉得我们是历史上最好的球队，因为我们打破了纪录。"

英格兰联赛经历过球队数量的削减，也经历过胜场从 2 分制到 3 分制的转变，2004—2005 赛季的切尔西创造了英格兰顶级联赛自 1888—1889 赛季创立以来的纪录，积分达到 95 分，丢球只有 15 个。然而，在欧冠赛场上，切尔西的最好成绩只是 3 次打入半决赛，这也就意味着他们在 2007—2008 赛季背负着巨大压力。不过，穆里尼奥终究还是避免了更糟糕的局面。2006 年圣诞期间，批评家们都认为何塞·穆里尼奥即将拿起他那件出自知名设计师之手的大衣，叫上一辆出租车，走出斯坦福桥的大门。情况并非如此。

但是，这会是何塞的最后一个赛季吗？如果是，这将与他之前的 3 个赛季一样引人注目并充满争议，如果你考虑到他过往的纪录，或许还要加个"更"字。

哈里·哈里斯

目录
CONTENTS

何塞·穆里尼奥

"他确实有点像年轻时的布赖恩·克拉夫。首先，他很帅；其次，和我一样，他不相信依靠球星建队的那套方法。"

布赖恩·克拉夫谈何塞·穆里尼奥

酷酷的胡茬，昂贵的灰色大衣和围巾，他令人局促不安，他脾气暴躁，性格活泼，光鲜亮丽，傲慢自负，他年轻而充满魅力。但是，何塞·穆里尼奥要比你表面上所看到的更有内涵。

2004年，穆里尼奥被国际足球历史和统计协会评为全球最佳俱乐部主教练，力压阿森纳主教练阿尔塞纳·温格和摩纳哥主帅迪迪埃·德尚。提名出炉时，穆里尼奥正处于转战英超的前夕，他将在这里让英格兰足球的权杖远离海布里和老特拉福德。

穆里尼奥事业的疾速攀升简直不可思议。6年前，他不过是一个在里斯本竞技、波尔图和巴塞罗那等欧洲豪门俱乐部享有良好口碑的翻译。

有人说，穆里尼奥的决定性时刻，是他率领波尔图蝉联2003—2004赛季葡超冠军，并于2004年5月击败摩纳哥问鼎欧冠冠军的时候。此言不虚。但是，4年之前，他在里斯本就已经初步铺设了成功之路。在葡萄牙豪门本菲卡，穆里尼奥仅执教9场比赛便挂印而去。"那里的环境很不对劲，"穆里尼奥说，"我本可以留下，但我知道我在那里不会有什么成就，我的理念也无法成熟起来。"

在那艘停泊于蒙特卡洛的游艇上对穆里尼奥进行面试之前，切尔西老板罗曼·阿布拉莫维奇提前24小时拿到了这位未来主帅递交给他的文档。在那份文档中，穆里尼奥对于这家已经成为足坛首富的俱乐部的状况进行了深入详细的评估。

切尔西后来在英超成为统治级力量，英格兰足球记者向穆里尼奥提出了一些关于英格兰足球发展方向的观点。他们谈到了阿森纳的复兴和曼联的复苏，穆里尼奥皱起眉头："不用跟我讲你的'电影'，我活在我自己的'电影'里。"

穆里尼奥使用电影这个比喻并非出于偶然。穆里尼奥热爱电影，在往返于客场比赛的旅途中，他总是随身携带索尼 Vaio 笔记本电脑。波尔图 2004 年欧冠决赛前夜，他的计划是观看约翰·屈伏塔主演的《制裁者》[1]。

穆里尼奥还是个追星族。他对工作兢兢业业，但之前大家并不知道他也喜欢派对，"但是在伦敦，我得到的社交活动邀请不太多。"6 月，他搬进了贝尔格莱维亚区[2] 伊顿广场的公寓，他的邻居包括阿布拉莫维奇和前 007 饰演者罗杰·摩尔。"英国演员认识我，"穆里尼奥骄傲地说，"但是美国演员不认识我。我和英国演员会在大街上相遇，因为我们住得很近。街上走着，在路口遇到肖恩·康纳利，是常有的事。我的助手之一布里托则和莫妮卡·贝鲁奇住在同一栋楼里，杰瑞米·艾恩斯也和我住得很近。"

如果说穆里尼奥的人生是一部电影，那么它的前期筹备工作是相当周密的。欧足联技术总监安迪·罗克斯伯勒说："他一夜成名，但他为之进行了 20 年的准备。"20 年前，罗克斯伯勒便与穆里尼奥相识，穆里尼奥在苏格兰埃尔郡的拉格斯镇考取第一份教练证书时，接受的正是罗克斯伯勒的指导，"我们在培训班上采取小型分组对抗，那对穆里尼奥产生了深远的影响。我知道球员们很喜欢他的训练方法以及他对细节的重视。同时，穆里尼奥很有风度，有很强的沟通技巧。"

在安迪·罗克斯伯勒看来，穆里尼奥是一个充满渴望和激情的学生，更重要的是，他的求知欲很强。他冰冷、超然、缺乏热情的公众形象很有误导性，尽管连他的太太塔米也说，她在生活中必须要学会"解码"她的丈夫。

罗克斯伯勒说，与公众印象恰恰相反，穆里尼奥并不需要处在聚光灯之下，"你有时会看到一些大牌球员喜欢被所有人关注，但是以穆里尼奥的背景

---

① 美国导演乔纳森·汉斯雷执导的惊悚犯罪型影片，2004 年 4 月上映，影片描绘了真实的暴力，展现了人类黑暗的内心。

② 伦敦的上流住宅区。

来说，他并非如此。"

穆里尼奥生活富足，但他只是将这视作其事业成功的体现，"我有一辆好车，但是从来不会同时拥有两辆。我喜欢与家人享受美好的假期，我们一起生活在一个惬意的地方（伊顿广场），这让我心情愉快。但是，作为一个足球人，最重要的还是与正确的人一起用正确的方式去工作。"

穆里尼奥的成功没有什么秘诀可言，他只是说自己有一套"方法论"，自己有能力"嗅到"该做什么。罗克斯伯勒说："有人觉得，他纯粹是一台精于分析问题的机器人。这话说对了一半，令人不解的是他同时还充满激情，情感丰富。"穆里尼奥本人似乎也赞同这一观点，"对于比赛、球员和训练的思考，我有自己新的方式。我所捍卫的理念是，足球工作是全球化的，体能、技术、战术和心理诸方面是不可分割的。心理方面的因素非常重要。"

穆里尼奥的理念都储存在他的手提电脑中。他用这台电脑给阿布制作出那些著名的 PPT 文档，其中他对切尔西的长处和短处进行了如法庭举证般详尽的分析。与此同时，电脑里还有穆里尼奥的"圣经"：那个文档记录了他关于团队协作的理念（第一句话是"球队比球员重要"）、他的足球哲学和信念，甚至还有他对于俱乐部主席应该扮演何种角色的论述。他从不把这个文档给任何人看，那是他的秘密——就像他藏在大衣里的笔记本和他的私人日记一样。

切尔西训练场有一个上锁的橱柜，里面装满了文件和 DVD，其中很多是由安德烈·维拉斯－博阿斯编辑而成的。穆里尼奥有一个他称之为"敌情观察部"的部门，痴迷于电脑游戏《冠军足球经理》的博阿斯是该部门的负责人。博阿斯每次会用 4 天时间针对下一场比赛的对手制作一份详尽的报告。当年，穆里尼奥也曾给自己的父亲干过这个差事。有时候，每个球员都会拿到一份至多 10 页的文档，而有时候，则只是进行录像分析，展示对方某一名球员转身或射门的方式。博阿斯只有 28 岁，被称作"小穆里尼奥"的他和穆里尼奥智囊团的其他成员一样，已经与他的老板相识多年。"我的这套班子，非常明确的一点就是，他们都是和我一起成长起来的。"穆里尼奥说。

有一些球员又何尝不是如此？第一个赛季中，穆里尼奥从自己的家乡签下了 4 名球员，还抵挡住了引进更多同胞的诱惑。"阵容的骨干必须是英格兰球员。我想让我的球员们看到，我不需要全盘引进我的'穆家军'就可以建设好这支球队。"

每一个接触过穆里尼奥的人对其印象深刻的就是他那份强烈的自信。这样一份自信使他可以每夜安睡，这在主教练这个行当中可不多见。他说："如果一个教练在比赛前夜睡不好觉，这挺正常。有些人睡得很不安稳，因为他们充满恐惧，但是我睡得挺好，所以对我自己来说，我觉得夜不能寐才是不正常的。"

但是，在穆里尼奥的家中，妻子塔米才是老大。如果她的香烟抽完了，那个将在贝尔格莱维亚冰冷的雨天穿着拖鞋冲出家门买烟的人是谁，是不用讨论的。穆里尼奥说："在英格兰的生活非常美妙，但是也很不容易。我只去过一次酒吧，是我家附近的一个，那是因为我太太让我去买一包烟。我没有在酒吧里喝上一杯，我只是把硬币塞进售货机买了香烟。

"我享受在英格兰的生活，但是，我很难说清英格兰的生活与葡萄牙的生活有什么显著区别，因为我与外面的世界接触很少，工作和家庭几乎占据了我的全部时间。在葡萄牙，我的生活就是 3 个 'F'——Fatima（法蒂玛），那是葡萄牙著名的圣母朝圣地 ①，然后就是 Family（家庭）和 Football（足球）。首先，也是最重要的，我是一个顾家的男人，而同时，我又是天主教教徒，我的工作则是足球，这毫无疑问。我可以做个非常好的天主教教徒，但是我已经 6 个月没去过法蒂玛了。

"我不会被形式上的事情所束缚。有些时候我会去教堂，有些时候则不会去。在波尔图，我是一个月去一次法蒂玛，在我以前的俱乐部莱里亚时，则是每周都去。我每一天都非常忙碌，我早上 7 点 15 起床，很快就会出门，通常是在 8 点半左右来到切尔西训练场，然后与球员和我的助手们一起吃早饭。之后，我会与助手们开会，安排这一天的工作，接下来是与医务人员谈论工作。中午 12 点 15 左右，训练结束，如果我没有参加新闻发布会的任务，我就会开始吃午饭。如果下午没有训练，我会在 5 点左右下班，回家陪我的太太和孩子。有时候，我们会一起出去吃饭，有时候则是待在家里。其他的空闲

---

① 1917 年 5 月至 10 月，葡萄牙法蒂玛镇 3 名牧童称看到圣母玛利亚显灵。他们总是在每月 13 日约同一时间看到她。

时间，我会陪太太出去逛逛，去看电影或者吃晚饭。晚上 12 点之前，我是不会睡觉的。

"我很难再回到葡萄牙工作了。昨天我在家里观看了葡萄牙杯 1/4 决赛。在本菲卡能够容纳 87000 人的球场里，只坐了 12000 人。我还是更喜欢这里，喜欢这里的激情和气氛，每座球场都是爆满，每支球队都拥有竞争力。不同的国家之间是不一样的，职业球员必须适应他所在的国家，而不是相反。我必须尊重这里的足球管理者所看重的东西。我知道，今后我要是再在场边做点什么，我就会被处罚，所以我不会再那么做了。"

穆里尼奥最大的业余爱好是 4 轮越野，滑雪他也非常喜欢。他承认，"我喜欢 4 轮越野，但是切尔西的保险公司告诉我'绝对不可以'，我要是去玩，那就是违约了。我有很多业余爱好，但是现在没时间去搞了。我热爱冰雪，但我只是在离开本菲卡的那段时间才有机会去玩雪上项目。我还喜欢夏天以及一切与水相关的东西，比如游泳，但我现在完全没有时间去享受这些。工作之外我所剩下的时间，都用来陪我的太太和孩子了。"

文化生活方面，穆里尼奥也对很多东西痴迷，比如读书或者去剧院观看演出，"我喜欢出去吃饭，看演出或者在家里读书。我太太会给我推荐书目，因为她是一个读书狂人。我最近读的一本书是哥伦比亚诺贝尔奖得主加布里埃尔·加西亚·马尔克斯[1]的自传。读书能够让我的头脑从我所操心的那些事中解放出来。"

在一次与欧足联技术总监、前苏格兰队主帅罗克斯伯勒进行的对话中，穆里尼奥透露了今后执教国家队的愿望，并对于外界有关他为人傲慢的说法一笑置之。穆里尼奥还指出，在巴塞罗那先后辅佐博比·罗布森和路易斯·范加尔，是他执教生涯的一个关键时期，对他的事业发展起到了重要的激励作用。

穆里尼奥说："范加尔赋予我在一些友谊赛或杯赛中指挥球队的责任。我已经做好了在一支球队主事的准备。我有了知识储备，也培养起了信心，我很自信？对。我很傲慢？错。我的朋友们读到那些给我贴上傲慢标签的文章时都

---

[1] 加布里埃尔·加西亚·马尔克斯（1927.3.6—2014.4.17），1982 年诺贝尔文学奖得主，代表作《百年孤独》《霍乱时期的爱情》。

会哑然失笑，他们知道真相并非如此。当我说我认为我们会赢的时候，我只是说出了大多数教练在比赛之前会想的事情。"

离开巴塞罗那之后，穆里尼奥回到了葡萄牙，他已经做好了独立执教的准备。他承认，在波尔图的时光并不是一帆风顺，尽管他在那里率队夺得了欧洲联盟杯和欧冠联赛的冠军。"前 6 个月非常艰苦，因为俱乐部和球队的状况都很糟糕。我换了一批球员，重新组建了球队，那是一段关键的重建时期。接下来的一个赛季非常棒，我们获得了联盟杯冠军，还在葡萄牙国内赛事获得了 3 座奖杯。那个过程十分美妙，但那并不是偶然发生的，我受到了一些人的影响，尽管我从来不是那种对别人的理念全盘照收的类型。"

比赛中，穆里尼奥勤于记笔记，但只是在上半场才会如此。"中场休息讲话时，我会努力控制自己的心情，尽到球队需要我尽到的责任。这意味着我要么会表现得非常冷静，要么会非常激动，因为不同的情况下球队需要主教练做出不同的反应。中场休息时，你总会有一些要对球员们说的话，但是比赛之后，我一个字都不会说，因为那个时候球员们还没有做好分析比赛的准备。"于是，穆里尼奥对于下半场比赛的分析会在家里进行。

"训练中，我的要求非常高。我们在简短的训练课中，追求的是高质量、高强度。只要训练组织有方并且严肃认真，球员们就会有积极的工作热情，他们会很清楚他们在练什么，目的是什么。"

以 2400 万英镑的价格从法甲马赛引进科特迪瓦前锋迪迪埃·德罗巴，穆里尼奥是冒了风险的。但是，他相信德罗巴具备和蒂埃里·亨利相似的特性：力量和速度。德罗巴透露，穆里尼奥的训练完全是在有球的状态下进行，单纯的跑步绝不会出现，"来到这里以后，我从未跑过圈。我们只有在有球训练中才会跑步。"谈起加盟后第一天准备训练时的情景，德罗巴说："我穿着跑步训练服出现在了训练场上，穆里尼奥一脸讶异地看着我，对我说，'你可以把这套行头塞回包里。跟我干，你永远不会需要它们。'"

2002—2003 赛季波尔图击败凯尔特人获得欧洲联盟杯冠军带给穆里尼奥的喜悦，要比他们后来夺得欧冠联赛冠军时更大。"联盟杯夺冠时，我们要比后来欧冠决赛击败摩纳哥时激动得多，因为那场比赛的过程更加激动人心。与凯尔特人那场决赛直到最后时刻都非常富有戏剧性。当然，尘埃落定之后，欧冠冠军无疑才是最大的荣誉。欧冠夺冠之夜我过得很不容易，因为我充满了矛盾的心情，我知道我即将离开这支球队了。"

穆里尼奥想要的是什么样的球员？谈及这一点，穆里尼奥对细节有着事无巨细的关注，"每一个位置，我都针对球员个性、身体素质和技术水准等方面的要求列了单子。如果某一个球员缺乏速度，那么他在顶级水准的比赛中是没有机会的。"穆里尼奥对于英格兰足球某些方面的问题感到沮丧，他尤其为切尔西的反击时常被"技术犯规"阻断感到不公。在英超，大多数裁判都不会对这种犯规黄牌警告。与此同时，和很多教练一样，穆里尼奥也呼吁对越位规则进行调整，"对于越位规则的阐释非常混乱，裁判做出判罚时一定非常为难。"

成为名人，对穆里尼奥来说是有代价的，但是他并无抱怨："我的生活不一样了，应对这些是这份工作的一部分。不过，我的原则是，绝不因为其他方面的事情而缺席任何一堂训练课。职业责任永远优先于外部的商业要求。足球是我的工作，也是我的激情。"穆里尼奥雄心万丈，他急切渴望带领切尔西复制他在波尔图的成功。然后？"我希望有朝一日成为葡萄牙国家队的主教练，但不是现在。如果没有执教过葡萄牙队，我是不甘心退休的。"

精神，动力，团结。这是当年阿森纳"无敌舰队"的法宝，温格的球员们在开球之前总会围成一圈相互激励。而在穆里尼奥看来，球员们的亲密关系是在私下场合和更衣室圣地形成的。走上球场之前，球员们会轮流进行简短的动员讲话。

切尔西副队长弗兰克·兰帕德解释说："团结对球队非常重要，这能够激发每个人的意志品质。我们会站在更衣室，相互搭着肩，其中一个人会说几句话，最后高声喊，'我们是谁？'大家齐声高呼，'我们是切尔西！'有几个伙计是那种比较安静的性格，这种方式会让他们走出自己的世界，也会让每个人都兴奋起来，动力十足。

"队长约翰·特里发表讲话时，会脏话连篇。有一次，季前赛对阵凯尔特人，他连爆脏口，我心想，'等等，这不就是场热身赛嘛！'而联赛杯客场与纽卡斯尔的比赛，斯科特·帕克则进行了最精彩的赛前讲话，那是我听过的最具侵略性的演讲，他敦促大家做好战斗准备。我们队原本就有很好的精神面貌，主教练则让我们又进了一步。"

登陆英超之前，在欧洲联盟杯半决赛中，穆里尼奥曾因阻止对方球员（拉齐奥的卢卡斯·卡斯特罗曼）发界外球而被驱逐出场，事后还遭到停赛。他解释道："我那么做只是出于本能。我并不是蓄谋干扰比赛，阻止对方发界外球。"

穆里尼奥的停赛，意味着次回合在罗马进行的比赛中，他将被禁止与自己的球员进行沟通。对穆里尼奥来说，这是个巨大的麻烦。在他葡萄牙媒体圈朋友路易斯·洛伦索的书[1]中，穆里尼奥回忆道："停赛的结果，就是我不能加入'战斗'。我哭了，因为我不能跟我的'士兵'一起上战场。"为了克服这一不利条件，在看台上观战的穆里尼奥使用了"小巧先进的通话设备"，以便和教练组沟通。

穆里尼奥在更衣室讲话时不会讲笑话，不会提高音量，也不会采用其他什么手段来吸引球员的注意力。兰帕德说："他只是会跟我们讲很多细节方面的问题。他对于每件事都会进行详细的解释，所以在做出调整时，我们都能够立刻适应。我们具备这样的能力，是因为他从不留任何死角。对于领先或者落后一球时应该怎么踢，他也会做出周密布置。他对于每一个对手都有着透彻的了解，连他们的替补都不例外。他会对我们进行集体讲话，也会与球员单独谈话。没有球员希望自己被主教练忽视，因为即便你踢得不错，你依然不知道他在想些什么。"

更衣室的欢乐和游戏充分体现着穆里尼奥球队中的战友情谊。特里说："我们的团队精神非常棒，我们会进行 PlayStation（一种游戏机）游戏比赛，会一起去开卡丁车或者去玩彩弹野战。进入比赛，我们都渴望为队友们战斗到死。我们现在还会进行球员的赛前讲话，每个人都会轮到。何塞的第一场比

---

[1] 《何塞·穆里尼奥：葡萄牙制造》，本书由穆里尼奥授权他的好友、葡萄牙著名体育记者路易斯·洛伦索撰写。洛伦索是穆里尼奥的发小，两人一直保持着亲密的朋友关系。洛伦索从事新闻工作已有 20 余载，曾先后为葡萄牙 SIC 电视台、《竞赛报》、《欧洲人报》和 TSF 电台等媒体撰写报道。作为穆里尼奥从一个小翻译成长为世界最佳足球教练的重要见证者，他有着许多第一手的资料，故而能在本书中将穆里尼奥从助理教练到豪门球会主帅的执教轨迹、这一路上的人生磨砺、经历过的挫折打击，直到最后在欧陆所向披靡一一还原，并得以在其中穿插大量篇幅关于穆里尼奥在训练、比赛以及私人场合的"口述实录"。此外，穆里尼奥也亲笔撰写了书中几个重要章节，所以与其说这本书是传记，其实和穆里尼奥自传无异。

赛是对凯尔特人，进行讲话的是我。我的讲话脏话连篇，其他一些伙计则会引用一些名言警句。这样的讲话总会让我们兴奋起来。何塞的工作不留任何死角，他总是渴望胜利，即便是在训练中，他也不喜欢看到我们丢球。每场比赛之前，我们都会对对手的情况心中有数，我们也总是十分清楚教练对我们的要求。"

对于穆里尼奥到来后队内气氛的变化，以及切尔西期望值和地位的提升，兰帕德表示："球迷和其他球队的球员总会问同样的问题：'切尔西队内是什么样的？穆里尼奥是个什么样的教练？阿布拉莫维奇是个什么样的人？'甚至在英格兰队集训时，大卫·贝克汉姆、加里·内维尔和韦恩·鲁尼都会问起这样的问题。这充分显示出切尔西现在所达到的高度，这真的很棒。我们队内的气氛非常活跃，是那种正在不断攀升、正在取得巨大成功的俱乐部中你可以想象到的活跃。我们在每件事情上都变成了完美主义者，低下头去看到曼联和阿森纳在积分榜上排在我们下面，我们也并不会感到奇怪。现在，我认为切尔西是世界上最激动人心的俱乐部。以前，你会看着曼联、皇家马德里或 AC 米兰这样的球队，好奇在那样的球队效力会是怎样的感觉。而现在，切尔西就是这样的球队，这在很大程度上要归功于穆里尼奥。"

切尔西的队内气氛已经不同于以往，兰帕德说："现在，比赛前进行备战的日子轻松了很多，我们以前在队里不会听音乐，不会看电视，什么都不做。但是现在，这些都有。比赛前的夜晚变得轻松了很多，赛前餐也在轻松的氛围中进行。"

2005 年，切尔西在联赛杯半决赛击败曼联之后，穆里尼奥和球员们的热情拥抱，就体现出了这样的氛围。切尔西队内那些被轮换的球员很少会表露出不满，外界对此赞叹不已。如穆里尼奥所说，这很大程度上是因为球员们对于成功的饥渴，他们渴望获得奖杯。

穆里尼奥上任后接连买进和卖出了很多球员，蒂亚戈·卡多索·门德斯①是他的第四笔引援。"在葡萄牙，人人都喜欢穆里尼奥，"蒂亚戈说，"因为他赢得了葡萄牙国内赛事和欧洲赛事的一切奖杯。他是一个所有球员都渴望与之

① 蒂亚戈·卡多索·门德斯，葡萄牙中场，通常人们称之为蒂亚戈。

共事的主教练。"

穆里尼奥为什么如此强大？"我不知道，"蒂亚戈停顿了一下，分析说：
"我觉得他非常聪明，工作极其卖力。不仅是他，他的整个教练班子都是这样。
他们都是了不起的人，球员们对于自己应该做什么都知道得一清二楚。"

阿布拉莫维奇拜访 AC 米兰奖杯陈列室时，被那琳琅满目的奖杯所震惊，
也就此下定了邀请穆里尼奥的决心。阿布意识到，穆里尼奥在波尔图的短短 2
年时间里就赢得了那么多的冠军，而拉涅利整个执教生涯也没几座拿得出手的
奖杯，更不用说在切尔西两手空空的 4 年时光。在这位俄罗斯富豪停靠于圣
特洛佩斯 ① 的游艇上，穆里尼奥与他进行了交谈。

穆里尼奥立刻就给切尔西打上了自己的性格烙印，他对于在罗纳尔迪尼
奥、罗伯托·卡洛斯或大卫·贝克汉姆这样的大牌球星身上进行大手笔投资不
感兴趣。

对于引援，克劳迪奥·拉涅利 ② 希望买入 3 个新球员，穆里尼奥则想要 4
到 5 个。拉涅利开出了一份候选名单：一名前锋，一名中前卫，一名中后卫。
拉涅利想要的中前卫是史蒂文·杰拉德，想要的前锋是皇马的费尔南多·莫伦
特斯或者马赛的德罗巴、马洛卡的塞缪尔·埃托奥，至于中后卫，在他的首选
瓦尔特·萨穆埃尔与皇马签约后，他提出了很多替代人选。

穆里尼奥则提出，他要买入蒂亚戈以及 3 名波尔图旧部——右后卫保
罗·费雷拉，中场弗朗西斯科·科斯蒂尼亚和进攻组织核心德科，而如果能够
从利物浦挖来杰拉德，他不会反对。对于清洗耶斯佩·格伦夏尔等球员，拉涅
利不想操之过急，而穆里尼奥则一口气送走了意大利人留下的 10 余名球员。
穆里尼奥与切尔西 CEO 彼得·凯尼恩的观点一样：切尔西的阵容过于臃肿了。

马里奥·梅尔奇奥特、埃马纽埃尔·珀蒂、马里奥·斯坦尼奇和温斯
顿·博加德合同到期，都离开了球队。吉米·弗洛伊德·哈塞尔巴因克和马塞
尔·德塞利合同还剩下 1 年，也被准许自由转会离队，如果他们找不到下家，
切尔西一线队将没有他们的位置。格伦夏尔引起了伯明翰等多家俱乐部的兴

---

① 位于法国里维埃拉的海边小镇，以富翁的消暑天堂而闻名于世。
② 克劳迪奥·拉涅利，意大利教练，穆里尼奥之前的切尔西主教练。

趣，切尔西卖出了一个公道的价格。几位上赛季被租借出去的球员，如外租米德尔斯堡的鲍德韦因·岑登和去了查尔顿的卡尔顿·科尔，也可以走人。鲍德韦因·岑登以正式转会的方式与米德尔斯堡再续前缘，卡尔顿·科尔则再次外租，这回是去了阿斯顿维拉。而对于阿根廷国脚埃尔南·克雷斯波和胡安·塞巴斯蒂安·贝隆，切尔西则希望可以卖出一些价钱。

不过，由于德科加盟了巴塞罗那，穆里尼奥不得不对引援目标进行调整。波尔图中场科斯蒂尼亚倒是表达了追随穆里尼奥的愿望，"我与波尔图的合同还有 2 年到期，但是毫无疑问我愿意跟着穆里尼奥走。我知道，如果我随他而去，一定会获得更多成功。"

6 月 1 日，穆里尼奥一家飞抵伦敦希思罗机场。穆里尼奥签下了年薪 600 万欧元（410 万英镑）的合同，如果他能够复制在波尔图包揽葡超联赛和欧冠冠军的壮举，还将额外得到 150 万欧元（100 万英镑）的奖金。就穆里尼奥与其智囊团的"转会"，彼得·凯尼恩与波尔图谈妥了 250 万欧元（175 万英镑）的赔偿金。切尔西向波尔图的青年学院注入了资金，帮助他们发现和培养球员。而作为回报，如果切尔西想把波尔图的葡萄牙新秀带到斯坦福桥，将享有转会优先权。

穆里尼奥智囊团最重要的成员，是他的助手巴尔特马尔·布里托。这位巴西人在穆里尼奥十几岁时便与之相识。布里托在职业生涯尾声离开家乡，来到欧洲踢球，在葡萄牙北部的小球队里奥阿维效力，他的教练正是穆里尼奥的父亲费利什·穆里尼奥。布里托司职中卫，是主帅费利什·穆里尼奥在场上的"副帅"，帮助球队打进了 1984 年葡萄牙杯决赛，并成为穆里尼奥一家的挚友。不过，从穆家挚友演变为欧冠冠军教练组成员，布里托尤其要感谢的是穆里尼奥的夫人塔米。布里托感激穆里尼奥夫人的恩情，深知其对自己执教生涯的巨大帮助，以至于将她称作"教母"。

2000 年 10 月离开本菲卡后，穆里尼奥去了名不见经传的莱里亚俱乐部。塔米提醒丈夫，布里托颇具威严的个性会对他有所帮助，于是穆帅便选择了布里托担当自己的副帅。

波尔图的体能教练鲁伊·法里亚是穆里尼奥团队的另一关键人物。法里亚出生于葡萄牙中部城镇巴塞洛斯，和穆里尼奥一样，也是体育学专业的毕业生，从未参加过高水平的足球比赛。他与穆里尼奥相识于巴塞罗那在诺坎普举行的研讨班，当时穆里尼奥正在巴萨担任范加尔的助手。法里亚给穆里尼奥留下了很好的印象，二人从此保持着联系。穆帅 2001 年 4 月在莱里亚上任时，便聘请法里亚担任体能教练和视频资料分析师。莱里亚是一家小球会，每个主场比赛能有 2000 名观众到场就十分知足，但是 3 年之后，穆里尼奥便成为了欧冠冠军主帅。现代足球中，从没有这么年轻的教练，也从没有球队能够以波尔图这么有限的预算，获得这样伟大的成就。

穆里尼奥执教波尔图的两个完整赛季中，在参加的总共 6 项赛事中拿到了 5 项冠军——2 座葡超奖杯，1 座欧洲联盟杯，1 座欧洲冠军杯，1 座葡萄牙杯，整个过程中只输掉了 2 场重要的比赛：一场葡萄牙杯决赛，一场对阵 AC 米兰的欧洲超级杯。而且，在波尔图的每一个夏天，穆里尼奥都会卖掉阵中最有价值的球员——2002 年，中后卫若热·安德拉德被出售给西甲拉科鲁尼亚；2003 年，前锋埃尔德·波斯蒂加则转投英超托特纳姆热刺。

执教波尔图的最后 90 分钟比赛令世人见识了穆里尼奥的厉害，他做出了 2 个有争议的决定：巴西小将卡洛斯·阿尔贝托顶替曾经征服曼联的波尔图头号射手本尼·麦卡锡获得首发，但是卡洛斯·阿尔贝托攻入了对摩纳哥决赛中的第一粒进球；俄罗斯中前卫季米特里·阿列尼切夫的主力位置交给了佩德罗·门德斯，但是前者替补登场后助攻了第二球并亲自攻入了第三球。

穆里尼奥在欧冠决赛前几周便选定了主力阵容，"我 1 个月前便定下了阵容。波尔图（在半决赛）打拉科鲁尼亚时，我初步形成了这个想法，后来看到摩纳哥客场打切尔西的比赛，我就坚定了这个构想。我还有一个明确的计划就是，如果中场休息时，我们未能比分领先，我就会用麦卡锡替下门德斯，让卡洛斯·阿尔贝托后撤。但是，我们上半场便取得了进球，然后就可以以我们擅长的方式进行比赛了。我告诉阿列尼切夫，他要成为菱形中场最大胆投入进攻的球员，我们决不能丢掉菱形站位——如果你能完美演绎菱形中场，你就能掌控比赛。"

有时候，角色的反串会让穆里尼奥乐在其中。他会与球员互换角色，有时候会让球员扮演主教练，自己来执行他们的命令。原曼联球星卡雷尔·波博斯基就经历过这样的事情，穆里尼奥执教本菲卡时，波博斯基将自己想踢的位置告诉了穆里尼奥。在穆里尼奥眼中，波博斯基是一名边锋球员，他把捷克人叫到自己面前，"好了，现在你是主教练，你为什么想当中场指挥官？"他倾听了波博斯基的解释，让波博斯基在下一场比赛中自己决定自己的位置，然后在比赛进行一小时后将他换了下来。波博斯基回忆说："穆里尼奥告诉我：'好了，现在我又是主教练了，我给了你机会，让你证明自己是对的，但是你什么也没有证明。从现在开始，我让你踢什么位置，你就踢什么位置，如果你不乐意，你就去踢预备队比赛。'"波尔图球探鲁伊·巴罗斯感叹："我从没见过对训练课安排如此周密的主教练，就像齐内迪纳·齐达内掌控皮球的方式不是你想学就能够学会的，穆里尼奥这方面的能耐也不是谁能教会的，他就是教练界的齐达内。"

甚至在波尔图夺得欧冠联赛冠军之前，穆里尼奥特殊的才华便吸引了英格兰俱乐部的注意。春天的时候，他得到了利物浦的邀请，但他并没有接受；而5年前，博比·罗布森爵士曾邀请他加盟纽卡斯尔教练组，并承诺2年内便可以将他扶正，穆里尼奥同样婉言谢绝；热刺在帅位空缺后，则通过中间人接洽了穆里尼奥。穆里尼奥透露："那大约是12月或1月的时候，他们联系到了我，但不是直接联系的。那个时候我对邀请不感兴趣，我不喜欢在赛季中途离开俱乐部，所以那个时候我绝对不会同意。"

穆里尼奥是个虔诚的宗教信徒，在巴塞罗那工作期间，他的姐姐因糖尿病昏迷去世，这对他的打击很大。经历过这样的悲剧，穆里尼奥与妻子塔米、他9岁的女儿玛蒂尔德和6岁的儿子小何塞更加相亲相爱。波尔图打赢欧冠决赛后，穆里尼奥就急匆匆地离开场内，去与家人团聚。不久后，穆里尼奥便来到了切尔西。

穆里尼奥的叔叔马里奥·莱多拥有一家沙丁鱼罐头厂，在葡萄牙独裁者安东尼奥·德奥利维拉·萨拉查统治时期积累起了大笔财富。莱多于1972年去世，萨拉查所建立的独裁统治不久后也彻底土崩瓦解，这使得穆里尼奥一家在政治分裂的社会中处在了错误的一边。

罐头厂遭到当局没收，何塞和他的姐姐特蕾莎与父亲费利什·穆里尼奥和母亲玛丽亚搬进了简朴的新家。莱多的去世对于9岁的穆里尼奥影响很大，他从不会谈起叔叔。

1997年，37岁的特蕾莎病逝。一家人对外的说法是她死于糖尿病，但是也有人相信，是她婚姻破裂后服用毒品导致的感染要了她的命。穆里尼奥拒绝谈论此事。

从此以后，每场比赛开始之前，他都会亲吻两个孩子的照片和1枚十字架。

第一部分　第一个赛季

英超

"让我们好好开心一下。"

何塞·穆里尼奥在他的第一期《观赛指南》专栏中写道

何塞·穆里尼奥在斯坦福桥首次亮相时便传递了明确的信息："我们在切尔西拥有顶尖的球员，"他说，"下面这句话如果显得我有些傲慢，我很抱歉，那就是，我们还拥有一位顶尖的主教练。我不想跟以前的教练进行对比，我也不想被当成年轻教练的代表人物。我夺得过欧冠冠军，我不是突然之间冒出来的什么人，我是'特殊的一个'。我是一个赢家，因为我对我的工作非常拿手，也因为我身边有一群与我有着同样思维方式的人。"

切尔西俱乐部 CEO 彼得·凯尼恩承认："我们肯定永远不用担心他会缺乏自信！有人批评他过于傲慢，但是我不这么认为。他对自己的工作非常自信，非常深入细致。他做事总是经过深思熟虑，对比赛总会进行周密的部署。"

穆里尼奥还说："我渴望胜利。过去的 2 年中，我已经品尝过胜利的滋味。作为主教练，你会渴望感受最大的成功所带来的喜悦。我想继续品尝这样的滋味，我不想失去它。我不希望到 2010 年或者 2012 年的时候，我的奖杯还是现在这么多，我希望拿到更多的奖杯。切尔西的人有着同样的抱负和头脑，我们应该大胆地说出这句话：'我想赢。'

"如果今年我不能带队夺取奖杯，我就是个失败者，我对这一点完全接受。如果我被解雇，我肯定还能够找到其他工作，但是，我来到这里不是为了给自己制造噩梦的，我来这里是想每一个夜晚都睡得甜美。"

谈到前任克劳迪奥·拉涅利做出的批评性言论，穆里尼奥回应道："他说葡萄牙的联赛冠军很容易拿，我不喜欢这样的言论。我更喜欢用头脑思考，而不是对别人的观点进行回应。不过我能够给出的建议是，如果有人是拉涅利先生的朋友，或者能够联系到他，你应该向他解释，一支球队如果能够赢得欧洲联盟杯或者欧冠联赛冠军，它肯定是要和其他国家的俱乐部交手的。我不是打败了 20 支葡萄牙球队继而赢得欧洲联盟杯和欧洲冠军联赛的，我击败的对手是来自他的祖国意大利以及英格兰和西班牙的球员及俱乐部。波尔图战胜了欧洲的每一支球队，拉涅利这 20 年赢得了什么？西班牙国王杯。那么，我可以说，拉涅利干了 20 年教练，他唯一获得的冠军是西班牙国王杯。我完全可以这么说，尽管我不想，但是我可以这么说。"

然后，穆里尼奥将注意力转移到了亚历克斯·弗格森爵士、阿尔塞纳·温格和斯文·约兰·埃里克森身上。

欧冠赛场上，穆里尼奥率领波尔图在主场击败曼联之后，弗格森曾说对方是一帮假摔爱好者。穆里尼奥说："弗格森赛后做出了反应，一些无中生有的反应。但是我感觉，我的球员们足够强大，能够应对这样的压力。我必须让他们看到，我不惧怕弗格森，他们的主教练做好了战斗准备。在老特拉福德的次回合比赛结束后，他（弗格森）来到我们的更衣室，向我表示了祝贺。对于他这样一位重要人物，我充满尊重。我来这里不是为了打架，我来这里是为了赢。但是，在有些时候，如果我感觉我的球员、我的助手和我的俱乐部需要我的帮助，那么，我会像家庭成员一样帮助他们。"

阿森纳？"他们拥有世界上最优秀的主教练之一。至于他的球队有什么弱点，对于这样一支获得了历史性成就的球队，你如何能够找到弱点？我需要对他和他的球队有更多了解。在葡萄牙，我能够嗅到对方主教练在中场休息时会做出哪些调整。那么现在，我需要观察温格和他的球员，了解他们的哲学和比赛风格。正因此，我的球探们会在 2004 年欧洲杯以及季前热身赛期间观察他手下的球星。当你即将参加战争，你必须要了解对手的长处和短处。"

至于埃里克森，他原本是切尔西俱乐部取代拉涅利主教练地位的第一人选。穆里尼奥耸耸肩，"他们找他很正常。埃里克森先生是一位誉满全球的教练，他还和切尔西有着深厚的友谊，所以他当初成为了第一选择。我对此并不介意……因为现在我才是主教练。"

最后，穆里尼奥谈到了切尔西老板阿布拉莫维奇，有些人怀疑阿布拉莫维奇是个很难控制的老板，穆里尼奥说："我不需要控制罗曼·阿布拉莫维奇，是他必须要控制我！但是，和任何企业一样，你必须和老板进行沟通。我在他的游艇上跟他待了2天，他从没有提过对我的要求。相反，我给了他1份4页纸的文档，那上面介绍了我的工作和处事方式。他是老板，是这家俱乐部的老大，但是我已经做了我需要做的事情，我明确指出了我的职位属性以及我在俱乐部的角色。"

拉涅利在斯坦福桥享有很高的人气，他遭到的待遇令一些球迷感到愤怒。但是，执教20载，拉涅利从未赢得过真正有分量的奖杯。而穆里尼奥在波尔图两个辉煌的赛季中，则夺得了欧洲联盟杯，包揽了葡萄牙联赛和杯赛双冠，然后又问鼎欧冠联赛冠军。不过，穆里尼奥的导师博比·罗布森爵士对于他转战英格兰足坛有些忧虑："事实是，何塞来到了一个他并不了解的地方。他会发现英超与葡萄牙联赛完全不同，他将面对的是巨星和豪门，每场比赛都可能让你跌上一跤。在葡萄牙，如果你能够主客场双杀本菲卡和里斯本竞技，你就很可能夺得冠军。过去2个赛季，他在欧洲赛场五六次击败了大球会，而在英超，他需要一个赛季38次做到这样的事情。"博比·罗布森爵士还补充说："以前我从未把他当成一名教练，我一直觉得他会从事教育工作，因为他以前是个体育老师。"

穆里尼奥对此做出了婉转的回应，对博比·罗布森爵士表现出了深厚的感情："我依然将博比爵士视为父亲般的人物。我早年间与博比的共事经历非常重要，他对我的信任带给了我信心，并教会我应该坚定地相信自己。在战术以及如何与球员打交道方面，他是最好的老师，我不可能从其他任何人身上得到更好的学习。那段经历对我来说是无价之宝，我至今依然会跟他打电话交流。他是我的领路人，我会继续将他作为一位伟大的教练来尊敬。他一直与自己的球员走得很近，作为主教练你必须一直如此。球员是你的血液，是最重要的东西，你必须赢得球员的尊重。博比的球员非常尊重他，永远会为他而战，这一点我从博比身上受益匪浅，我所获得的成功永远会有他的一份功劳。"

上任伊始，穆里尼奥给球员们发放了行为规范手册，波尔图球员当年也曾拿到过同样的东西，他们很好地遵守了这些规定。深夜派对、周末出国旅行以及拒绝履行接受采访义务的行为都将被禁止。在新教练任下，所有球员都必须严格遵守这些规定，否则就将面临罚款甚至停训、停赛。

穆式行为规范手册分为 7 个部分，规定了球员们应该如何相处，如何与外界打交道，以及违反规则将面临的处罚。迟到 15 分钟，球员将被罚款 250 英镑；迟到 15 至 30 分钟则再追加 500 英镑；如果迟到的时间更长，罚款金额将由穆里尼奥本人自由裁量。穆里尼奥此举是为了从最小的细节入手，组织起球队的训练体系。结果，出了名的没有时间观念的尼日利亚后卫塞莱斯廷·巴巴亚罗，在季前训练时竟然提前到岗了！

在这个球员个人形象处在公众显微镜下的年代，穆里尼奥还对球员们在俱乐部以外的行为举止做出了规定："球员们必须明白，他们是孩子们以及成年人的榜样，他们的行为举止必须合乎公序良俗，在公众面前要保持良好的形象。球员们在午夜 12 点之前必须回家，在休息日前夜，则宽限为凌晨 2 点之前回家。"

手册还规定："球员对教练组、医疗组、装备管理员和新闻官的不当举止将不被容忍；球员相互之间的不当举止，不论发生在训练课、比赛日、旅途中还是俱乐部基地，均不被容忍，这将被视作严重违规行为。一切不当举止，将由一位执行董事以及主教练进行分析研究，必要时，俱乐部将做出经济处罚或者停训、停赛处罚。未按医疗部门要求按时接受治疗和护理的，俱乐部将进行罚款以及纪律处罚；比赛中受领直接红牌的，将由主教练和队长进行分析研究，必要时将做出纪律处罚。"

赛前零食以及出征客场期间在酒店房间点外卖餐饮都是被禁止的。行为规范还不止这些，"房间内不得吸烟和饮酒，医疗部门有责任为球员选定菜谱，球员可以根据其习俗和习惯选择或要求不同的赛前餐。球员须切实履行保持健康生活方式的义务，此等生活方式以保障其在比赛中发挥出最佳水平为标准。这要求球员坚持健康饮食，避免过量饮酒，杜绝毒品，保证足够睡眠。受伤的球员，不论外援还是本土球员，只有在得到医疗部门与主教练许可的前提下，方可离开伦敦或者英格兰。"

对于那些没有参加 2004 年欧洲杯的球员，穆里尼奥要求他们在季前集训的第一个星期一的早上 8 点 15 分即来到斯坦福桥。但阿根廷前锋埃尔南·克雷斯波没有按时报到。克雷斯波周三来到训练场后，被明确告知了自己面临的选择。穆里尼奥公开表示："我们以非常开诚布公的方式讨论了他究竟能否找到动力和快乐，以使他和他的家人留在这里。对我来说，球员的个人愿望非常关键。我将自己的风格、对球员素质及进取心的要求告诉了克雷斯波。他缺席了全队早餐，这让我很不愉快。这种活动你必须参加，如果阿根廷的机票都卖光了，你可以坐大巴来，你可以打电话给俱乐部，问题总有解决的办法。但是他给我讲了一些借口，其中一部分我可以接受。"

穆里尼奥说，他从第一天就在罗马尼亚前锋阿德里安·穆图身上找到共鸣；冰岛前锋埃聚尔·古德约翰森的水平和斗志则比自己原本预料的要好。穆里尼奥详细谈论了塞尔维亚前锋马泰亚·凯日曼，凯日曼是个顾家的男人，穆帅对此非常赞赏。而在场上，凯日曼的风格也与穆里尼奥的信念相吻合，那就是现代足球要求前锋在前场就形成第一道防线。同时，穆里尼奥用充满热切盼望的语气谈论着德罗巴，马赛坚称这位科特迪瓦前锋是非卖品，尽管切尔西已经提出了相当可观的报价。

结果是：穆图留了下来，但是后来被查出服用毒品，遭俱乐部开除；克雷斯波以租借方式加盟了 AC 米兰；贝隆也以租借方式返回了意大利；对于德罗巴，切尔西最终以创俱乐部纪录的 2400 万英镑转会费将他罗致帐下。

德塞利也离开了俱乐部，哈塞尔巴因克去了米德尔斯堡，梅尔奇奥特转投伯明翰，斯坦尼奇因为膝伤宣布退役，这一切都是在穆里尼奥上任第一个星期完成的。岑登、格伦夏尔、珀蒂和博加德也悉数告别了切尔西。

斯科特·帕克对于竞争中前卫位置表示乐观："我来切尔西是为了证明自己。我知道，想跻身首发并出任我最擅长的中前卫位置将是一项艰巨的任务，因为兰帕德是一名出色的球员，马克莱莱也如此。我希望通过努力在切尔西站稳脚跟，有传言说我是夏天首批离队球员中的一个，但幸运的是，切尔西驳斥了这种说法。这里每天都会有一些传言，但大俱乐部总是难免会有这种事。"

至于意大利门将卡洛·库迪奇尼，他将面临年轻的捷克人彼得·切赫带来的竞争。他感谢俱乐部："让挑战只存在于球场，而不是留队与否的问题。"一早就有迹象显示，在穆里尼奥手下，门将将更多参与全队的合练，而不是单独进行训练。

古德约翰森则发表了一番令穆里尼奥十分受用的言论。他说："训练课上的每一个动作、每一个瞬间都组织有序。"穆里尼奥若有所思地说："我读到了古德约翰森的话，他说我的训练课都是刚好 90 分钟，训练和休息都有着精确的时间，在刚好 90 分钟时做完最后一个动作。"

兰帕德对与新任主帅的第一次会面留下了深刻印象。穆里尼奥盯着他的眼睛说："你是个赢家吗？"兰帕德回忆道："那是很奇怪的一幕，但是那感觉很对路，让我们都说出了心声，那就是我们这个赛季将夺取奖杯。某种程度上，他每天都问我们这个问题。他不允许你有片刻的放松，他当然也会开玩笑，但是你知道，他唯一在乎的就是赢，这种心态感染了每一个人。"

那么，穆里尼奥真的相信切尔西将在自己的第一个赛季中获得英超冠军吗？赛季第一场比赛出战曼联之前，穆里尼奥回应道："是的，我相信，100%相信。我一点都不怀疑我们能够实现这个目标。"

在穆里尼奥备战赛季第一场比赛的同时，弗格森在上赛季欧冠比赛中输给波尔图后拒绝与穆里尼奥握手一事，又被媒体摆在了穆里尼奥面前。但是按照穆里尼奥的说法，事情并非如此。媒体当然愿意看到教练之间的矛盾，但是穆里尼奥强调："我和他一点儿问题都没有。他对波尔图有一些抱怨，但是他赛后与我握手了，而在老特拉福德，他则来到了我们的更衣室与我握手。每一个尊重我的主教练，我都会尊重他们。"

穆里尼奥坚称，英超揭幕战将与两位教练上一次在欧冠碰面时"完全不同"："一场联赛与一场淘汰赛是没有可比性的。而且，我在切尔西所带的球员，除了费雷拉和卡瓦略，也和在波尔图时完全不同，我们现在的比赛方式也是不一样的。曼联也会有所不同。我们上赛季与他们交手时，他们的状态不太好，表现不尽如人意。本赛季，我们是在揭幕战碰到他们。在赛季刚开始的时候，每个人都会有很好的感觉，都会做好充分准备。"

彼得·凯尼恩在来到斯坦福桥之前，是曼联俱乐部的首席执行官，他与弗格森和穆里尼奥都合作过。在他看来，切尔西新任主帅与弗格森都是工作狂人。他相信，穆里尼奥能像苏格兰老帅在曼联所做到的那样，在切尔西建立一个新的王朝。穆里尼奥则以他标志性的风格回应道："我不想和其他人去对比，我就是我，我取得了我自己的成功，未来我会继续努力取得成功。但是我知道，总有一天，我在赛季结束时得到的将不是奖杯，而是解聘通知书。这种事情在足坛总是难以避免的。我不会在胜利时就觉得自己是世界上最好的，也不会在失败时觉得自己是最差的，我就是我自己而已。"与曼联的交手，"如果我们赢了，我们也还不是冠军，而如果我们输了，我们也不会退出冠军竞争。这只是一场比赛而已，并不比其他比赛更重要。"

双方从一开始就打响了心理战。一位曼联人士表示："何塞·穆里尼奥夜里躺上床的时候，他的舌头都会热烈鼓掌。"弗格森则说："穆里尼奥上赛季赢得了欧冠联赛冠军，之前一个赛季则获得了欧洲联盟杯冠军，这是非常了不起的成就。你不可能对此视而不见。但是我相信，比赛结束后，我们会一起喝一杯。"

有记者请弗格森评论一下穆里尼奥的自夸。弗格森耸耸肩："我们只能看看他今后干得如何，个人性格方面的东西不是我操心的事情。我对其他俱乐部更感兴趣的是他们买入的新球员，而不是新教练。这些年我们在斯坦福桥成绩很好，我们恐怕大部分时候都是更被看好的一方。不过，切尔西上赛季是亚军，他们本赛季买进了 8 名新球员，都是大牌国脚，所以这场比赛不会轻松。"

通常，弗格森很愿意赛季揭幕战就遇到这么强大的对手，"但是这次情况不同，我们现在有太多伤员，我更愿意遇上其他对手。你可不希望在赛季第一天就落后主要对手 3 分。"

8 月 15 日，星期六

切尔西 1∶0 曼联

穆里尼奥让弗格森遭受了 8 年来第一次赛季首轮失利。比赛结束后，穆里尼奥请弗格森喝了一杯切尔西俱乐部的廉价酒。古德约翰森上半时的进球为切尔西带来了胜利。穆里尼奥和爵爷握了手，然后在前者的办公室里分享了一瓶阿根廷设拉子葡萄酒。

尽管穆里尼奥承认"开门红"有些运气成分，他还是对球队的磨合感到满意："米卡埃尔·西尔维斯特[1] 说我们还来不及形成出色的团队精神，他错了。我可以告诉他，我的球员们从第一天开始就非常棒，我们在思想上已经形成了一个团队。考虑到我们组队才 1 个月时间，所以我很高兴让大家看到，我们

---

[1] 当时效力曼联的法国后卫。

已经形成了团队精神，渴望着并肩战斗。"

"我认为曼联不该输。他们控制了比赛，迫使我们改变了我们原本希望的比赛方式。但是，每一个球员都付出了100%的努力，我们表现出了我们所需要的意志品质，没有让对手创造出太多机会。"

弗格森对于古德约翰森那记并不漂亮的制胜球发出了抱怨，饱受伤病困扰的曼联没能给切尔西门神切赫什么考验。爵爷表示将加紧在转会市场上搜寻前锋，"我不需要他（穆里尼奥）来告诉我，我们很不走运。这样的比赛，你获得机会时必须要把握住才行。"

全场唯一的进球出现在开场不到15分钟时，那个时候，切尔西打防守反击的意图已经十分明确。穆里尼奥说："有时候，你的打法必须要与你希望的样子略有不同，我们没有踢出更漂亮的足球，是因为我们遇到了强大的对手。有时候，拼搏精神和组织有序的战术也是足球的一种美感。防守方面，我们表现出了不可思议的团队精神，非常出色。曼联将我们压制在了后场，我必须要让球队控制住比赛。"

弗格森对于切尔西的打法并不感到意外："我赛前就料到他们会防守，因为波尔图在1：0领先我们的时候就是这么踢的。"切尔西的进球来自一次快速反击，昆顿·福琼动作稍慢，格雷米抢下皮球，德罗巴高高跃起将格雷米的斜传摆渡到曼联防线身后。门将蒂姆·霍华德没有及时做出反应，古德约翰森挑球过人突向门前，虽然曼联队长罗伊·基恩奋力铲抢，还是没能阻止皮球越过门线。

切尔西力图保住比分优势，球员和他们的主教练都非常谨慎。随着曼联掀起愈加猛烈的围攻，切赫甚至采用起拖延时间的战术。作为2004年欧洲杯表现最抢眼的中卫之一，卡瓦略替补上阵出现在中场，为的就是守住胜果，耗完比赛。全场比赛，切尔西最大功臣是两名防守型中场：表现优异的克劳德·马克莱莱和上演处子秀的俄罗斯人阿列克谢·斯梅尔京。这对组合搭建起坚实的防守屏障，任凭曼联如何施压，也攻之不破。

除了全取3分之外，切赫的稳健表现也让切尔西球迷为之一振：身材高大却又不失灵活，年轻的捷克国门不论是在截获传中球还是扑救射门方面都显得得心应手。保罗·费雷拉防守瑞安·吉格斯时出现过一两次纰漏，但总体来说还是展现出了潜质。德罗巴对于古德约翰森的进球发挥了重要作用，让人见识了他的高空优势，但是他显然还需要一些时间来适应英超的节奏和身体对抗方面的要求。

切尔西阵容

切赫／费雷拉，加拉，特里，布里奇／格雷米（卡瓦略），马克莱莱，兰帕德，斯梅尔京／德罗巴（凯日曼），古德约翰森（帕克）

赛季刚刚开始，阿森纳在客场 4 : 1 大胜埃弗顿的比赛中，表现出了 1998 年和 2002 年勇夺英超和足总杯双冠王时的神勇。枪手的这场完胜，毫无疑问是英超首轮的最佳比赛。阿兰·汉森[①] 在他的《每日电讯报》专栏中写道："这场胜利清晰地传递出了'超越曼联'的信号，同时也让切尔西看到，无论他们花了多少钱购买球员，阿森纳依然能够将对手碾碎。尽管上赛季阿森纳整个赛季英超不败，但他们至今尚未如曼联那样成为英格兰足坛的统治性力量。曼联在过去 5 年中的巨大成功仍令他们高出一筹，阿森纳若想成为无可争议的英超头号球队，他们必须要逾越弗格森的球队曾经面临过的障碍。

"四五年前，曼联那条拥有保罗·斯科尔斯、瑞安·吉格斯、大卫·贝克汉姆和罗伊·基恩的中场会令任何对手感到恐惧。而现在，对手看到曼联的出场名单，就会觉得自己有戏。正因为如此，我相信曼联今年若想重夺英超冠军将会非常困难。阿森纳正在球场上击败他们，切尔西则正在球场外的转会市场上击败他们。我认为英超冠军争夺只会在阿森纳和切尔西之间展开，曼联恐怕获得第 3 名就可以知足了。"

2004 年 8 月 21 日，星期六
伯明翰 0 : 1 切尔西
穆里尼奥对切尔西的团队精神赞叹不已，他相信这份力量将推动球队攀向

---

① 阿兰·汉森，生于 1955 年 6 月 13 日，苏格兰人，利物浦名将，8 夺老英甲冠军，3 捧欧冠，退役后成为英国最著名足球评论员之一。

英超之巅。"真是太棒了，我从没有见过这样的团队精神，那些没有进入比赛名单的球员，都会通过手机给更衣室里那些进入首发阵容的球员加油鼓劲。也许这在英格兰对你们来说很正常，但这在我以前的国度是闻所未闻的。这表现出，我们这里拥有伟大的团队精神和必胜的决心。"

比赛进行 1 小时后，乔·科尔替补登场，从那一刻起，这便是属于他的一天，他将自己的华丽风格展露无遗。伯明翰主帅史蒂夫·布鲁斯的 5 人中场让切尔西透不过气来，派乔·科尔上场就是为了打开这道枷锁。伯明翰边锋朱利安·格雷得到了比赛中最好的几次机会，但他的第一次机会不走运地射中了切赫右手边的门柱。穆里尼奥在中场休息时别无选择，必须做出调整，他用蒂亚戈和凯日曼换下了斯梅尔京和古德约翰森。

然后，便轮到了乔·科尔上场，穆里尼奥让他埋伏在德罗巴和凯日曼身后；第 68 分钟，乔·科尔来到左路，接到整场表现平淡的兰帕德的传球，突向迈克·泰勒把守的大门。他那脚远距离射门通常情况下不会给任何门将造成麻烦，但是这一次，他的劲射击中迈克·泰勒的腿部折射入网。

完场前 10 分钟，凯日曼遭到罗比·萨维奇肘击倒地，穆里尼奥赛后开炮："如果在我的国家或者西班牙、意大利出现肘击，那么我们接受，这是我们文化的一部分。但是在英格兰看到这样的情况，我感到意外、震惊、愤怒。英格兰以及英格兰的人们应该是公平竞赛的化身，正因为如此，才会有这么多人热爱你们的比赛。所以，当我看到那个金发球员肘击凯日曼，是的，我很恼火，也很震惊，我希望你们能够再看看录像回放，希望纪律委员会能采取措施。"

伯明翰主教练史蒂夫·布鲁斯对于失利十分懊恼："我们只能打碎牙往肚子里咽，当遇到四五次黄金机会都把握不住，你就知道你肯定会遭到惩罚。我们在场上几乎每个环节都与切尔西旗鼓相当，但是我们浪费了机会……而他们获得了那个机会并且把握住了。切尔西球风勤勉，如果你看看穆里尼奥的球队，看看他上赛季的那支波尔图，就知道他们对于观赏性一点都不感兴趣。但是，他在乎这个干吗？开赛两轮，他的球队全取 6 分，而我们只能去舔舐伤口。"

切尔西阵容

切赫/费雷拉，特里，卡瓦略，布里奇/格雷米（乔·科尔），马克莱莱，

兰帕德，斯梅尔京（蒂亚戈）/ 德罗巴，古德约翰森（凯日曼）

　　赛季前两轮全部获胜，切尔西在英超积分榜首与阿森纳并驾齐驱。但是，英超卫冕冠军两场比赛打进 9 球，切尔西则依靠坚固的防守和严谨有序的战术拼来了两个 1：0。穆里尼奥坚信，这样的对比有失公平。他愿意自己的球队踢出"美丽"足球，但是他首先要的是赢——他认为，英格兰的一些球队，包括阿森纳以及英格兰国家队，这些年就是因为防守不够好，才没能在国际赛场上获得成功。"英格兰的足球人应该停下来，问问自己，英格兰足球在国际赛场为什么不成功。西班牙、意大利和葡萄牙俱乐部这些年都赢得了欧洲赛事的冠军，但是英格兰俱乐部没有。你还要想想，为什么英格兰国家队拥有顶尖教练和顶尖球员，但是参加欧洲杯和世界杯却无法夺冠。英格兰拥有美妙的足球，但是你们一旦到了国外，就打不出水平。曼联 1999 年的欧冠冠军是英格兰球队最后一次染指国际锦标，为什么？你必须要思考一下，因为这很不正常。而我的足球哲学，是一种两年中在波尔图带给我 6 座奖杯的哲学，我的哲学就是一个字：赢。"

　　穆里尼奥强调，人们不应该把他的球队与温格从 1996 年以来就一直在建设的球队进行比较："如果我有一个 7 岁大的儿子，还有一个出生 7 周的孩子，那么，7 岁的那个已经可以跑，可以跳，可以说话，可以交流，你已经能够看出这是怎样的一个孩子。但是，当我的女儿和儿子才 7 周大的时候，我只是好好照顾他们，给他们创造健康成长的环境。那么，一支球队 7 年都是一位主教练在带，骨干球员年复一年并肩作战；另一支球队 50% 的球员刚刚加盟，还有一个新主教练，一切都是新的，你要把这样两支球队进行比较吗？你应该比较的，是温格先生来到英格兰的前 2 个月与我的前 2 个月。眼下，这两支球队一支来自天际，一支来自地狱，但是它们同积 6 分。"

2004 年 8 月 24 日，星期二

水晶宫 0：2 切尔西

做客水晶宫一役，德罗巴斩获英超处子进球，蒂亚戈势大力沉的射门锁定胜局，这为穆里尼奥带来了前 3 场比赛保持全胜且不失一球的佳绩。在英格

兰队主教练埃里克森来到塞尔赫斯特公园现场观战的情况下，乔·科尔用颇具说服力的表现告诉英格兰队主帅，自己应该在 2006 年世界杯的征程中扮演重要角色。他是球场上的催化剂，切尔西的优异表现预示着这支球队正在捏合成型。乔·科尔无时无刻不是对手的心腹大患。穆里尼奥在场上赋予了他自由，他想看看乔·科尔华丽的技术都能带来什么。

穆里尼奥本场比赛也扮演了一次拉涅利那样的"补锅匠"，他对首发阵容做出 5 处调整，蒂亚戈和凯日曼都是首次代表蓝军首发。两队上次于联赛中的碰面远在 6 年前，切尔西坐镇斯坦福桥 6：2 横扫对手，当时的出场阵容中唯一一位本场依然上阵的是丹尼·格兰维尔，只不过 6 年前他身披的是切尔西战袍。今天，他还真没有亏待老东家，一次门前 10 码无人盯防的头球却偏门而去。那只是比赛中的一段小插曲，切尔西立即重新掌握主动，乔·科尔在与凯日曼一次心有灵犀的撞墙式配合后射门，逼迫阿根廷门将胡利安·斯佩罗尼做出精彩的飞身扑救。

切尔西在第 27 分钟取得了领先。凯日曼斜塞左路下底的巴巴亚罗，因为布里奇受伤而进入首发的尼日利亚人送出传中，德罗巴的大力头槌直飞网窝……完场前 17 分钟，蒂亚戈接到德罗巴传球后，用一记角度刁钻的低射破门让自己本场比赛的精彩演出变得更加完美。

切尔西阵容

切赫 / 费雷拉，加拉，特里，巴巴亚罗 / 马克莱莱，兰帕德，蒂亚戈，乔·科尔（格雷米）/ 德罗巴（古德约翰森），凯日曼（穆图）

穆里尼奥表示，他要将兰帕德打造为欧洲最好的中场。穆里尼奥没有参加欧足联在摩纳哥的颁奖盛典，而是与兰帕德和其他球员一起备战主场与南安普敦的比赛。颁奖典礼上，波尔图中场德科获得了欧冠年度最佳球员奖项；穆里尼奥因为率领波尔图问鼎欧冠，当选欧足联评选的年度最佳教练，他将颁奖仪式安排在欧冠主场与老东家交手时进行。穆里尼奥的目标，是让兰帕德当选下一年度的最佳球员。"我要让兰帕德成为一名不一样的球员，我要让他变得更好，我要让他赢得德科本周四获得的那个奖项。我依靠什么做到这一点？依靠胜利。因为德科还是 2 年前的德科,他周四获奖的唯一原因在于他是一名欧洲冠军。兰帕德今后也还是兰帕德,但是他将适应一种完全不同的足球哲学。

"目前,我们的左边锋罗本和达米恩·达夫都因伤无法出场,但是当他们归来时,就会让兰帕德的工作轻松一些。周二晚上与水晶宫的比赛中,场上 6 条传球线路,兰帕德参与到其中 4 条,他是场上后排插上进入前场 30 米区域最多的球员;而蒂亚戈则是跑动距离最多的:11 公里。比赛的最后 15 分钟,在每个人体能都下降的情况下,他的跑动反而比之前更多了。"

2004 年 8 月 29 日,星期日
切尔西 2:1 南安普敦

虽然切尔西还不具备王者之师的风采,但是击败南安普敦一役,他们的表现要比比分所展现出来的更具有说服力。至此,他们已经获得了参加顶级联赛历史上的最佳开局。助理教练史蒂夫·克拉克表示:"前 4 场比赛获得 12 分,你已经不可能做到更好。"尽管主场打南安普敦一战开场 12 秒就因为英格兰前锋詹姆斯·比蒂的世界波比分落后,但中场休息时切尔西其实就应该获得三四球的领先。他们先是依靠詹姆斯·比蒂的乌龙球扳平比分,随后又凭借兰帕德的点球反超。圣徒的进攻很少能够构成威胁,但是蓝军未能扩大比分,提早杀死悬念。

对手不靠谱的射门、门将切赫的出色表现以及后卫的门线救险,让切尔西连续第三个周末以 1 球优势获得了胜利。克拉克说:"在我们获胜的情况下,我们并不会为浪费机会而忧虑;但是如果输了,也许就会了。"

事实上,一个看似不可能的冷门曾经在短时间内成为真切的危险。切尔西开球后,乔·科尔鲁莽的传球给比蒂创造了良机,后者 25 码① 外踢出精彩的落叶球,切赫扑救不及;之后,古德约翰森近距离头槌顶偏,德罗巴的射门被门将安蒂·涅米挡出,兰帕德的劲射则高出门楣,这一切都发生在开场 10 分钟之内。接下来,兰帕德开出角球,古德约翰森脚后跟一点,皮球撞到比蒂髋部后击中门楣,尽管瑞典中场安德斯·斯文松试图解围,但是皮球已经完全越

---
① 1 码 =0.9144 米。

过了门线。

安德斯·斯文松不久之后再次上镜，在门线上化解了表现神勇的蒂亚戈的头球。但是，切尔西还是很快便斩获了决定性进球。兰帕德再次开出角球，克劳斯·伦德克万在德罗巴的压迫下手球犯规。南安普敦抗议德罗巴推人在先，而对于兰帕德罚入的点球，他们同样很不开心，认为他在射门瞬间触球 2 次违例。

下半场比赛不再如前 45 分钟那样"一边倒"，但是安蒂·涅米依然是更忙碌的那个门将。兰帕德说："这或许是我们赛季开始以来打得最好的一场比赛，我们踢出了我们想要的风格。我们在禁区内更犀利了一些，如果临门一脚处理得更好，我们可能会赢四五个球。我们的赛季开局很是艰难，但是赢下了每一场比赛。我们知道阿森纳状态极佳，但是我们会尽全力向他们挑战到底。"

切尔西阵容

切赫／费雷拉，卡瓦略，特里，布里奇／马克莱莱（格雷米），蒂亚戈，兰帕德，乔·科尔（达夫）／古德约翰森（凯日曼），德罗巴

穆里尼奥声称，比起与上帝的关系，他在足球工作中的事情只是第二位的，"我畏惧上帝，我是宗教信徒，尽管我不是每天都去教堂，但是我对于自己的信仰坚信不疑。生活中有一些事情是我们无法控制的。我生命中排在第一位的事情是确保我爱的人健康快乐。我不惧怕输球，不惧怕批评。重要的是，你要竭尽全力，每天醒来都胸怀大志，每天晚上因为自己已经做到一切而安睡。"

本场比赛后，切尔西共有 19 名球员赶赴各自的国家队报到，英超迎来了一个短暂的休战期，穆里尼奥只能与 3 名一队球员以及受伤的库迪奇尼一起训练。在分析了一系列比赛录像并与重新集结的球队讨论了战术问题之后，穆里尼奥说："这真是让人无比恼火。国家队比赛期间，你无法改善自己的球队。我对球员们说，做客阿斯顿维拉，我们唯一的出路就是忘掉国家队比赛以及下周二的欧冠。与维拉比赛的难度，不允许我们去想别的事情。"

2004 年 9 月 12 日，星期日
阿斯顿维拉 0：0 切尔西

对维拉来说，终结切尔西连胜纪录本身就是一项不小的成就。罗伯特·胡特、达夫、帕克、布里奇、格伦·约翰逊和格雷米甚至没有坐上替补席，这充分显示出切尔西阵容厚度相较维拉的巨大优势。维拉主帅大卫·奥利莱对于首发的排兵布阵做出调整，他模仿了切尔西的阵型，限制了边路球员诺尔贝托·索拉诺和加雷思·巴里的进攻自由。奥利莱说，做出这样的改动，是为了胜利，但看上去，这主要是为了阻断切尔西的进攻。

从比分来看，这些部署收到了效果。不过，奥利莱还是得感谢穆里尼奥拒绝让达夫上场的决定。然而，即便没有达夫在边路突击，切尔西还是创造出了足够多的机会。上半场，蓝军流畅的进攻为乔·科尔和德罗巴创造了机会，但是前者没能踢正部位，后者的射门则击中了横梁。

易边之后，切尔西掌控着局面，但是穆里尼奥换下乔·科尔导致中场和锋线失去了联系。英格兰本土前锋赖厄斯·瓦塞尔浪费了为维拉取得领先的机会。之后，切尔西缓过劲来，德罗巴被维拉边后卫乌利塞斯·德拉克鲁斯放倒在地，主裁判罗伯·斯泰尔斯非但剥夺了切尔西本该获得的点球，还荒谬地以"假摔"罪名给德罗巴出示了黄牌。这起重要事件理所当然引来了穆里尼奥对于裁判判罚标准的批评，他甚至声称："这在有些国家都够得上判罚 2 个点球了，太荒谬了。"4 胜 1 平依然是一个出色的赛季开局，但是阿森纳取得了开季 5 连胜，切尔西落后了。

切尔西阵容

切赫 / 费雷拉，卡瓦略，特里，巴巴亚罗 / 马克莱莱，蒂亚戈（斯梅尔京），兰帕德，乔·科尔（穆图）/ 凯日曼（古德约翰森），德罗巴

主裁判斯泰尔斯在观看录像回放后，撤销了给德罗巴的黄牌。马克莱莱则宣布从法国国家队退役，专心于俱乐部赛事——"我认为，如果一个球员不能上场，他是无法响应国家队召唤的。我 2006 年就已经 33 岁了，我的未来在切尔西。"

2004 年 9 月 20 日，星期一

切尔西 0：0 托特纳姆热刺

接下来上演的，是对阵托特纳姆热刺的伦敦德比战。穆里尼奥感到，被一支来到斯坦福桥只为保住 0：0 而比赛的球队欺骗了。托特纳姆热刺中后卫莱德利·金成为比赛中的关键人物，他是本方防线的领导者，切尔西从来没能突破他的防守。最终，切尔西没能抓住阿森纳前一天战平博尔顿的机会，两支球队之间的差距依然是 2 分。

穆里尼奥怒不可遏，他不是因为麾下球员连续 2 场英超都没能取得进球而发火，而是为对方主帅雅克·桑蒂尼[1]和他的球队，以及他们浪费时间的战术而怒，"这让我和球员、切尔西球迷以及每一位足球球迷都感到极其失望，因为人们掏钱看球，为的不是来看一支球队在努力比赛，而另一支球队在努力摔倒、把球踢出界外、让队医上场、花 5 分钟换个人的。我的球队踢出了美妙的足球，而对方这么踢的话还不如把球队大巴停到门前算了[2]。"比赛最后阶段，穆里尼奥让 4 名前锋同时上场，他说自己在正常情况下永远不会这么做。桑蒂尼则毫无悔意："他们拥有大牌国脚，这迫使我这支年轻的球队专心于防守。"

切尔西将联赛中对热刺的连续不败纪录延伸到了 29 场，但这对于整个英超赛季没有太大意义，他们需要的是 3 分，却差点连 1 分都没有拿到。切赫下半时化解了罗比·基恩的头槌，那是全场比赛的最佳扑救。当然，切尔西这边古德约翰森击中过立柱，而兰帕德势大力沉的任意球，则逼迫热刺门将保罗·罗宾逊做出了反应快速的神勇扑救。

这是兰帕德连续参加的第一百一十四场英超比赛，创造了新的纪录，但是他在比赛中无甚表现。切尔西只是在最后 20 分钟达夫上场之后才充分利用了

---

① 桑蒂尼执教生涯的最佳成绩是在执教法甲里昂期间，2001 年带领里昂夺得历史上第一个法甲联赛冠军。2002 年他转教法国国家队，出战 2004 年欧洲国家杯。可是法国队在决赛圈赛事中败北，卫冕失败。此后，桑蒂尼接受了英超球会热刺的邀请，只带了法国国家队 2 年便离任。执教热刺期间，桑蒂尼引进了防守式打法，上任后球队多次出现 1：0 的胜果。由于其防守性打法一直不合热刺球迷的胃口，只执教了 13 场，桑蒂尼便以私人理由辞职。

② 若干年前，"门前摆大巴"曾经是穆里尼奥讥讽对手龟缩防守的绝妙比喻。

场地宽度，真正形成了威胁。全场比赛补时了5分钟。"本来立该补时15分钟的。"穆里尼奥说道。

切尔西阵容

切赫／费雷拉，卡瓦略，特里，布里奇（斯梅尔京）／马克莱莱，蒂亚戈（凯日曼），兰帕德，乔·科尔（达夫）／德罗巴，古德约翰森

2004年9月26日，星期日
米德尔斯堡0：1切尔西

对米德尔斯堡开球之前，全场为9月20日因罹患胃癌去世的英格兰足坛传奇人物布赖恩·克拉夫进行了1分钟默哀。克拉夫的出生地就在米德尔斯堡原主场阿雷桑公园1英里以外的地方。在克拉夫的球员生涯中，曾为米德尔斯堡在222场联赛和杯赛赛事中，不可思议地攻入了204粒进球。

穆里尼奥赛前新闻发布会的主旋律，是他最新的一个观点：他和他的球队，已经取代弗格森和他的曼联，成为足坛大多数人的头号憎恨对象。不过，如果切尔西多一些本场比赛这样的表现，并且多一些进球，他们或许还是能够赢得一些朋友。切尔西全场比赛占据绝对优势，但只是由德罗巴在第八十一分钟斩获了唯一进球。

穆里尼奥承认，进球的匮乏值得忧虑：切尔西7场英超只攻入7球。他抱怨说："刀子总是留给切尔西，鲜花则在对手那边。"但他同时也强调："总有一天，球队会走运。我们会把握住每次机会，赢个4：0、5：0。我们有很多破门机会，唯一让我意外的，是我们居然这么晚才打破僵局。"

进球来自兰帕德的任意球，他找到了中路的德罗巴，后者距门15码外右脚攻破了米德尔斯堡门将马克·施瓦泽把守的城池。

比赛中，切尔西旧将前锋哈塞尔巴因克被特里抬脚过高的危险动作踢伤面门，血流不止，离场治疗了10分钟之久，这显然对主队非常不利。哈塞尔巴因克在场外缝针时，德罗巴以及首次首发的达夫都制造了威胁，斯梅尔京也有一脚射门被施瓦泽扑出；不久后，米德尔斯堡再遭重创，雷·帕洛尔在与加拉的拼抢中，膝部划开一道大口子，被担架抬离球场。哈塞尔巴因克下半场重新

出场时，被命令换掉染血的战袍。由于没有备用球衣，他穿上了后卫乌戈·埃希奥古的球衫。米德尔斯堡主帅史蒂夫·麦克拉伦承认："我们赛前失去了克里斯·里戈特和西拉德·涅梅特，比赛中又在一段时间里失去了雷·帕洛尔和吉米·哈塞尔巴因克。我们甚至找不出第二件18号球衣给哈塞尔巴因克穿。简而言之，我们什么都缺。"

切尔西阵容

切赫／费雷拉，卡瓦略，特里，加拉／斯梅尔京（蒂亚戈），马克莱莱，兰帕德，达夫（胡特）／古德约翰森（凯日曼），德罗巴

穆里尼奥的球队正在捏合成型。兰帕德、特里、马克莱莱以及新加盟的切赫、费雷拉和德罗巴首发参加了每一场比赛。古德约翰森首发7次，另外2场替补上阵。古德约翰森没能复制2001—2002赛季各项赛事打进23球的神勇状态，但是穆里尼奥从一开始就喜欢上了他。26岁的冰岛前锋踢球相当聪明，他出色的跑动和控球能为队友创造空间，这样稀缺的特性为他在夏天赢得了一份周薪5.5万英镑的新合同。

前锋以及4名后卫和1名门将的主力人选无甚悬念，最激烈的竞争在中场展开：马克莱莱和兰帕德占据了2个主力席位，另外2个位置则在乔·科尔、达夫、蒂亚戈和斯梅尔京之间争夺。

乔·科尔在菱形中场的顶端发挥不俗，但是达夫肩部伤势痊愈复出后的出场机会减少了；而在前腰身后的3中场的偏右位置，则是蒂亚戈和斯梅尔京各有4次首发。斯梅尔京的异军突起令人意外，但他的表现很具说服力。更让人惊讶的，是斯科特·帕克的消失，1年前，他还是英超最光辉夺目的球员之一。

这位上赛季的职业球员协会年度最佳青年球员，只有8分钟的出场记录，除此之外只有1次坐上了板凳，其余比赛连大名单都不得而入。帕克的职业生涯看上去已经陷入迷途。全队当中，只有年轻的后卫格伦·约翰逊和替补门将库迪尼奇比他出场机会更少。但是，20岁的约翰逊还有的是时间，而在欧冠击败波尔图一役回到替补席的库迪尼奇，大部分时间则是因为肘部伤势缺席，他去英超任何其他球队都能够轻松打上比赛。

加拉透露，穆里尼奥刚入主切尔西时，就对球员们直言，他们的标准还不够高。"我认为队内气氛非常棒，和上赛季一样。但是穆里尼奥一开始就说：'这家俱乐部拥有很多优秀球员，大量各国国脚，但是你们什么都没赢过。以我们这套阵容，我们必须获得奖杯。'事情的确如此。每个人都感觉，这个赛季将是属于我们的赛季。我们知道这会很困难，因为阿森纳非常强大，此外还有曼联的挑战，但是我们渴望赢得每一场比赛的胜利。每个人都在场上奋力拼搏，这一点非常重要，我们是在用心去比赛。"

兰帕德则认为，新教练班子对于细节的高度重视，意味着球队在每场比赛之前都有着取胜的信心，这是穆里尼奥带来的最大变化。"最重要的变化是，我们现在的思想态度就是赢、赢、赢。上赛季有些时候就不是这样。如今，我们强调的是每场比赛都要赢，参加的每项赛事都要冲击冠军。"

兰帕德还说："在训练中，几乎每一个科目都是在模拟实战。这提高了球员们的技术水平和战术意识。我们的训练始终在有球状态下进行，这样的训练是球队强大战斗力的基石。我们现在很少失球，看上去非常稳健，这是因为我们每天的训练都在为此努力。球队严谨的战术体系正在变得根深蒂固，我们并非只有一种打法，如果在打法上做出调整，我们也会心里有底，因为这都是赛前有所部署的。对比赛进行备战时，主教练会让我们为各种可能性做好准备。他会告诉我们，发生什么情况时就改为什么打法。我们现在不是像在拉涅利执教时那样依靠即兴发挥，而是一切都有所准备。"

穆里尼奥对于1：0取胜开心吗？"他当然开心，我们都开心。"兰帕德说，"主教练其实非常喜欢踢出漂亮的足球，他不是那种只想着防守的教练，不会满足于踢着没有观赏性的足球，然后得到理想的比分。如果能赢个3：0，他当然更开心。但是1：0我们也会满意。"

上赛季无疑是兰帕德职业生涯迄今最为出色的一年。但是本赛季，他的水平又提高了。"主教练非常善于给球员注入信心。就我来说，我现在是任意球和角球的操刀手，以前我从来没有被赋予这样的职责，但是他把这样的重任交给了我。所以，主罚定位球就成为了我的新技能，这让我对自己更有信心了。他正在挖掘出我的最大能量。我现在所缺少的是进球，这让我感到烦心，因为我有着前锋的思维方式——不论表现多好，不进球我就不开心。我确实需要尽快找回进球的感觉，我现在只为切尔西和英格兰队各进了1球，这远远不够。"

切尔西的下一个对手是利物浦。"我们在积分榜上领先他们，但是在新教练的带领下，他们正在进步，"兰帕德说，"我们两队的比赛通常都很胶着，上赛季他们在我们的主场以1：0获胜，我们不能允许再次发生这样的事情。现在阿森纳势头很盛，你承受不起输掉太多比赛，需要不断取得胜利。"

2004年10月3日，星期日
切尔西1：0利物浦

乔·科尔打入全场唯一进球，带着天空电视台赠送的全场最佳球员的香槟离开了球场，但是，他却遭到了主教练的厉声呵斥。穆里尼奥指责乔·科尔在进球之后没有尽到防守职责，他暗示说，乔·科尔在完场前不是为了球队，而是为了取悦观众在比赛。今天的场内观众之一便是英格兰队主教练埃里克森。

不过，接到兰帕德任意球低平传中后，乔·科尔干净利落的弹射破门，以及他上半时替补德罗巴登场后，作为临时前锋给进攻带来的创意，还是吸引了众多眼球。但穆里尼奥认为，从乔·科尔进球的那一刻起，他的表现便"不够好"："乔·科尔进了一个球，这非常重要。他给我们的进攻注入了活力，这方面他表现得非常不错。然而进球之后，比赛对他来说就结束了。那之后的比赛中，我需要11名球员服务于防守组织，但是我只得到了10名球员。"

乔·科尔做出的回应是："教练并不是针对我，他只是想让我变成更好的球员。我会坐下来和他谈谈，听听他的说法。他是一位了不起的教练。"

穆里尼奥还还击了外界对于他的球队接连取得4场1：0胜利的指责："这不公平，我认为他们应该批评我们的对手。对热刺的比赛，我们创造了很多机会，而对手一次射门都没有。利物浦在我们的主场也只派了贾布里勒·西塞一个人突在锋线，射门大概只有1次吧。米德尔斯堡也是派出了单前锋。当然，说我们本应该打进更多球是公平的。今天，我们有1小时的时间场上只有古德约翰森一名正宗的前锋，他起到了很好的标靶作用。达夫的表现很棒，整个中场都十分出色，我们在防守方面做得非常好。现在，阿森纳在踢着美丽足球，我们踢得不是那么好，进球不是太多，但是只落后他们2分，一个周末就可能大变天。"

德罗巴第三十八分钟受伤离场，凯日曼又不在替补席，乔·科尔这才被派上场主攻右路。他起到了立竿见影的作用，正是他在右路传出好球，费雷拉才得以内切送出精准传中，可惜兰帕德的鱼跃头槌偏出了球门。

接下来，乔·科尔先是击中边网，之后在禁区边缘的半凌空抽射制造了极大威胁，利物浦门将克里斯·柯克兰的扑救让皮球速度放缓，哈里·科威尔门线处惊险解围。至于进球，那看上去是一次精心设计的配合：兰帕德主罚任意球，开出低平球送入禁区，乔·科尔抢在对手身前迎球劲射，击破了柯克兰的城池。

切赫完场前扑出史蒂夫·芬南的射门极为关键，而进攻端古德约翰森和乔·科尔也都有最后时刻扩大比分的机会。但是最终，又一次，"切尔西1：0获胜"。

切尔西阵容

切赫／费雷拉，特里，卡瓦略，加拉／马克莱莱，斯梅尔京（蒂亚戈），兰帕德，达夫（格雷米）／德罗巴（乔·科尔），古德约翰森

8轮联赛只打进8球的成绩，与阿森纳的26粒进球相去甚远。不过，Opta[1]的统计显示，切尔西的射门次数比阿森纳和曼联都要多。切尔西迄今在联赛中共有111次射门，曼联是102次，阿森纳101次。

不过，德罗巴在利物浦一役受伤下场，不得不接受腹股沟小型手术，令切尔西的进球希望再遭打击。与此同时，穆图又披露了与主教练的争论，穆里尼奥声称穆图有伤，无法代表罗马尼亚队比赛，但穆图坚称自己身体良好，并登上离开伦敦的航班，去参加与捷克队的比赛了。穆图怒称："我现在与穆里尼奥发生了公开的冲突，因为他禁止我前往罗马尼亚国家队报到，说我有伤。这不是事实。我这5天状况很好，他也清楚这一点。我不在乎被罚款，我希望每个人都知道，国家队对我来说是最重要的。穆里尼奥向我保证我能够参加一

---

[1] 一家总部位于英国伦敦的体育数据提供商。

些一线队比赛，但我却连名单都进不去，我不理解这是为什么。解决办法或许只有一个，虽然我不想这样，但是我似乎只能换一家俱乐部了。"

2004 年 10 月 16 日，星期六
曼城 1：0 切尔西

穆里尼奥以大陆教练的风格不断沮丧地挥舞着手臂，他的不败纪录，在曼彻斯特市政球场画上了句号。穆里尼奥的球队在前 8 场英超比赛中未尝败绩，但这一天，尼古拉·阿内尔卡上半时的点球让他们近乎完美的赛季开局戛然而止，穆里尼奥第一次看上去如此怒不可遏。

这一轮英超，争冠球队中只有阿森纳获得了胜利。在这支精神抖擞的曼城面前，穆里尼奥只能吞下失利的苦果。曼城全队付出了巨大努力，配得上这场胜利；而这一天的切尔西罕见地未能施展任何魔法。

开场仅 10 分钟，比赛便出现了争议——切尔西 1 球落后，并且幸运地逃过了红牌。中圈附近，加拉处理一个看上去很容易停稳的传球时出现了灾难性的失误，在湿滑的场地上跌倒在地，皮球送到了保罗·博斯维尔特脚下。荷兰人立刻送出一脚长传，触发了阿内尔卡和费雷拉的短跑竞赛。就在 2 人都冲进禁区的那一刻，费雷拉将法国人拉倒在地，主裁判霍华德·韦伯立即指向点球点，但是他只对费雷拉出示黄牌的决定激怒了曼城主帅凯文·基冈。作为最后一名防守球员，费雷拉确实该被罚下。阿内尔卡主罚点球，他冷静的射门让切赫扑错了方向。在阿内尔卡进球前后，凯文·基冈一直在向第四官员愤怒抗议。

随着比赛进行，场上球员的任何失误都让穆里尼奥越发焦躁。他恼怒地挥舞着手臂，曼城球迷则拿他开心，模仿起他的动作。中场休息时，穆里尼奥用布里奇换下了加拉；战至 1 小时刚过，他又冒险性地用乔·科尔替换下了蒂亚戈。尽管切尔西制造了越来越大的威胁，尽管基冈在场边显得焦躁不安，场上的曼城球员还是保持着镇定自若。

任内遭受的第一场失利，意味着穆里尼奥和弟子们已经落后温格那支令人赞叹的球队 5 分之多。特里表示："我们本赛季渴望获得英超联赛冠军，但是阿森纳现在领先我们 5 分，扩大了优势。毫无疑问，我们承受不起这个差距被进一步拉大。我们本赛季有过一些杰出的表现，但是在遭受这样一场失利之

后，那些成果都被浪费了。"

这轮赛事偏巧赶上哈塞尔巴因克在米德尔斯堡上演帽子戏法，出售荷兰人的决定是否明智引起了争论。特里说："我们创造出了机会，但是太多次落入越位陷阱，这让我很不开心。我们需要更有效率，就像阿森纳那样。阿森纳得到那样的机会时总能把握住。"

穆里尼奥则责怪了国家队比赛日："过去 2 次国际比赛周之后，我们已经平过阿斯顿维拉，现在则又输给了曼城。球员去他们的国家队后，各队教练对待他们的方式有所不同，他们回来时的状况也不尽相同。有些人打了 2 场比赛，有些人则根本没有出场。这不是借口，而是一个重要的事实。"

切尔西阵容
切赫／费雷拉，特里，卡瓦略（格雷米），加拉（布里奇）／蒂亚戈（乔·科尔），兰帕德，马克莱莱，达夫／凯日曼，古德约翰森

穆图未能通过药检的消息，让他在俱乐部的处境更加危如累卵。穆图声称，他未能抵抗住毒品的诱惑，是因为他相信毒品有助于改善性生活质量。这位 25 岁的前锋坚称："我并未沉迷于毒品，我对此要予以坚决否认。我服用毒品的唯一原因，是想提高自己的性能力。这也许很好笑，但这是事实。我没有服用可卡因，我服用的是一些让我感觉好起来的东西。"

罗马尼亚人是 2003 年 8 月从意甲帕尔马来到切尔西的。在上赛季后半段失宠于前任主教练克劳迪奥·拉涅利之后，他就没有什么表现。在穆里尼奥手下，穆图只有过 2 次短暂的替补登场。他声称，在药检出事之前，他就已经在一次争吵中险些动手殴打新任主教练。"我必须承认，在我们的一次争吵中，我情绪过于激动，的确威胁穆里尼奥说，他要是敢去罗马尼亚，就会怎么怎么样。在一个完全疯掉的瞬间，我几乎动手打了他。但是现在我冷静多了，我必须说，我对教练没有任何成见。"

切尔西拒绝做出评论，而职业球员协会首席执行官戈登·泰勒则说："我已经和球员取得了联系，但是如果我把他的想法公之于众，那将是错误的。现在的情况确实值得忧虑，因为任何处罚都将同时适用于国际比赛。"

作为穆图的经纪人之一，安德烈·普雷蒂表示："我们在等待药检复核。我们觉得很快就会有结果，也许两三天的时间。你可以想象球员现在的感受，他在切尔西已经遇到了足球上的问题，而现在的事情则将他的处境变得更为艰难。在这件事摆平之前，他的前途问题将是次要的。"

穆图有 4 名顾问，每个人都在代表他对媒体讲话，每个人都采取着不同的策略。其中最著名的一位，是原托特纳姆和罗马尼亚队的后卫格奥尔吉·波佩斯库，他与穆图的另一位经纪人维克托·贝卡利一道飞抵伦敦希思罗机场。在与切尔西 CEO 彼得·凯尼恩会晤前，波佩斯库证实，穆图不会要求进行至关重要的 B 瓶药检。"我告诉他，不要要求进行第二个样本的药检了，那样只会延长他的痛苦。"

穆图的第四位经纪人，维克托的兄弟扬·贝卡利在罗马尼亚电视台的一档直播节目中公然开炮，并宣布与穆图脱离关系："我上周二得知了药检结果。何塞·穆里尼奥很有绅士风度，他打电话将此事告诉了我。我和穆图说起药检的事时很不开心，我无法继续保护他了，我过去就曾 2 次试图解除我们的合同，因为我受够他的态度了。他对我说，别人是在一次派对上给了他非法药品。我知道，他参加过很多很多这样的派对。我觉得，他大概是想复制大卫·贝克汉姆吧。但他是个非常糟糕的复制品，贝克汉姆可是非常有职业素质的。"

事实表明，禁药检查机构是根据穆里尼奥的请求，刻意针对穆图进行了药检。戈登·泰勒宣布："穆图承认，他的可卡因药检确实呈阳性。所以，我们将根据与足总达成共识的处理禁药问题的程序来应对此事。如果球员承认有罪，并做好准备接受戒毒治疗以及定期检查，直至最终摆脱毒品，那么我们要对这名球员表示极大的同情。"

当初，禁药检查机构也是在切尔西俱乐部的请求下，对切尔西的澳大利亚门将马克·博斯尼奇进行了药检，博斯尼奇随后于 2003 年遭到了解雇。如果切尔西解雇穆图，那意味着他们 1 年前为他支付的 1580 万英镑的转会费完全蒸发。"考虑到他们做出的投资，切尔西和球员本人一样希望他能够重返正轨。"泰勒说道。

穆里尼奥则说，切尔西当初购买穆图就是个错误。他强调，如果他是主教练，一定会在签入一名球员之前，对其生活方式进行更深入的了解，"当你在一名球员身上一掷千金，你不能赌博，你必须明确地知道自己买入的是怎样的一名球员。当然，有时你还是会犯错。对球员最好的分析方式，是在训练场上，因为你不可能每天在俱乐部之外跟踪他们 16 个小时。当你看到一名球员全身心投入于工作，身体状态出色，有能力完成复杂的训练，那么毫无疑问，他在场外的生活是健康的。而当你看到一名球员十分疲惫，很难集中注意力，今天神采飞扬，明天却变得孤独沉寂，那么你就会打上一个问号，你会觉得，也许……"

切尔西最终决定解雇穆图，但是如果英足总不对其进行处罚，或者其他英超俱乐部以及欧洲顶级俱乐部给了他第二次机会，切尔西保留索要补偿金的权利。俱乐部在官方声明中说："我们希望明确表示，切尔西对毒品采取的是零容忍政策，不论是兴奋剂类毒品还是所谓消遣性毒品都在此列。我们的俱乐部以及整个体育世界，都不容许这样的东西存在。在这起事件上做此决定，是因为切尔西相信，俱乐部对其球迷、球员、雇员以及足球世界中的其他利益攸关者在毒品问题上所肩负的责任，要比公司在经济上的重大关切更为重要。"

穆图遭到了足总的检控和禁赛。彼得·凯尼恩为俱乐部"瞄准"穆图进行药检，并以"严重行为不当"为由将其解雇的做法进行了辩护。戈登·泰勒则指责俱乐部有意瞄准穆图，"为的就是除掉他"。

穆里尼奥披露，他在切尔西履新不过数日便质问过穆图是否在服用可卡因。"7 月份的季前准备期，我第一天看到他时，他和贝卡利先生以及波佩斯库先生这两位经纪人在一起。我对他们 3 个说：'我得到的消息是，你在服用可卡因。'他们 3 人都笑了起来，否认指控，并说外面有很多关于穆图的谎言。那之后，我再未与他们交谈过，因为他们否认了这种说法。在相当长一段时间内，我们时而会看到穆图一些奇怪的行为，他迟到过几次，还有一些时候则缺席了训练。我们派了医生去他家，他表面上给出的理由是头痛。他会在谁都不知道原因的情况下受伤，比如对巴黎圣日耳曼的比赛，他坐在板凳上，根本没有出场，第二天他却受伤了。我们为此进行过交谈。他是在逼我们 12 月放他走人吗？他这么做是为了和我发生冲突，让我说出我不再需要这名球员吗？或者，他是有其他什么问题？我们开始提出质疑。俱乐部医生拥有我们不具备的经验，他从不同的视角分析了问题，他得出的结论就是：或许，是的

（他在吸毒）。我再也不会签下穆图，不仅是因为他服用毒品，还因为他将我称为'骗子'。"

这是切尔西方面对穆图的第一次言语攻击，这场纷争最终导致了一场代价不菲的法律诉讼。切尔西聘请了希文律师事务所体育法律部门的主管乔纳森·泰勒，英足总则聘请了英国体育和法律协会的董事会成员马克·盖伊担任律师。而穆图的经纪人除了得到职业球员协会的代理，还和尼克·比特尔就代理事宜进行了深入谈判。英国文化、媒体和体育部的特别委员会曾在制作"体育界的毒品"报告时将比特尔列为专家证人。比特尔的证词，对英格兰足总在其规则中对消遣性毒品和兴奋剂类毒品进行区分对待的做法给予了支持。这些，再加上穆图接受戒毒治疗的愿望，成为穆图的抗辩基础。

但是，对毒品这样的区分是穆里尼奥所不赞同的，"消遣性毒品的确是私人生活范畴，但是足球运动员，特别是豪门俱乐部的球员，有着非常非常重大的责任。俱乐部购买穆图，是为了让他做好准备上场比赛，但是现在，他要告别球场相当长的时间。第一个破坏双方关系的人是穆图自己，所以他没什么可抱怨的。"

穆图则回应说："切尔西摧毁了我。我不知道该怎么办。我对他们的决定感到震惊和意外。我没指望他们在我禁赛期间依然支付工资，但我也从未想过他们会解雇我。他们为什么不能先等一等呢？现在，我的职业生涯面临危机，我大可以彻底告别足坛，我在足坛还剩什么呢？"

凯尼恩声称，穆图忽略了俱乐部在毒品问题上试图给予他的帮助，"这个时代，球员们都会得到俱乐部充分的支持，我们对于职业球员协会也是充分支持。但是，穆图得到了同样的支持，却选择忽略，选择说谎。这样做会有怎样的后果，规则写得很清楚。所谓我们没有给予他支持，将他推上绝境，是因为我们想除掉他的说法，纯属垃圾。我们本可以夏天就做出决定，把穆图出售，赚回一笔转会费。但是，我们拥抱了他，想让他成为这支球队的重要一员。"

凯尼恩补充说，切尔西对于任何未能通过药检的球员都会采取同样的措施。他强调，穆图的合同以及英足总的指导方针都赋予了切尔西解雇这名球员的权利，哪怕是在穆图接受英足总纪律检控之前。

2004 年 10 月 23 日，星期六

切尔西 4：0 布莱克本

主场 4：0 大破布莱克本，古德约翰森上演了一个美妙的帽子戏法，为切尔西老板阿布拉莫维奇的 38 岁生日提前送上一份厚礼。切尔西的联赛进球总数也一下子上涨 50% 之多。外界不少人声称，切尔西不具备可以匹敌英超卫冕冠军阿森纳的进攻能力。这场比赛是对他们极好的还击。古德约翰森说："我们一直能在比赛中威胁对方的大门。我们的表现非常不错，创造了很多机会，问题只在于如何把握住这些机会，今天我们做到了。而且，我们再次保住零封，这一点也非常棒。我在切尔西有过不少次梅开二度，但还从没有过帽子戏法。我对于戴帽非常高兴，这会是我永远值得回忆的一场比赛。"完成这场大屠杀的第四球，则是达夫攻破了故主的城池。

穆里尼奥在自己任下首次将帕克和格伦·约翰逊列入首发阵容。在帕克坐镇四后卫身前、古德约翰森是场上唯一正宗前锋的情况下，恐怕很少有人料到能在这场比赛中，看到令人叹为观止的水银泻地般的进攻。然而，在切尔西开展反击的时候，达夫和斯梅尔京在两翼甚为活跃，给布莱克本制造了巨大的难题。

在布莱克本前锋保罗·迪科夫的点球申诉被主裁判格拉汉姆·波尔驳回后，切尔西抓住了机会，1 分钟内连进 2 球。第三十七分钟，乔·科尔在距门 35 码处接到帕克短传后，展现了美妙的技术，一脚挑传送到门前古德约翰森的跑动路线上。而古德约翰森击破布拉德·弗里德尔十指关的射门，与其说是用脚，不如说是用小腿完成的。不到 1 分钟后，古德约翰森的凌空破门又是来自一脚长传，这次是兰帕德送出好球，传球的时机和精准度同样妙到毫巅。

古德约翰森的努力在第五十分钟再次收到回报，他的带球奔袭迫使对方后卫克雷格·肖特在刚进禁区的位置将他铲倒。这是个确凿无误的点球，古德约翰森亲自主罚命中，欢快地庆祝着帽子戏法的到来。

帕克太想证明自己，可惜这样的心情有些时候反而害了他，他对主裁判波尔的吼叫换来了一张毫无必要的黄牌。他在场上的想法很大胆，但很多时候有些不切实际。不过，有他在中场殿后，还是解放了兰帕德。

阿尔扬·罗本在切尔西与埃因霍温就其转会达成协议的 8 个月后，终于替补登场上演处子秀，奉献了 26 分钟美妙绝伦的演出。穆里尼奥说："我认

为，我们的球迷都可以看到，之前罗本一直无法出场，对球队来说是多么大的损失。他对我们真的非常重要，我们一直在数着日子盼着他复出，因为他是世界上最好的球员之一。他有超快的速度，但他并不是那种只有速度却缺乏视野，或者欠缺最后一传能力的球员。他进入危险位置的时候，能够做出合理的选择，知道该传球、传中还是射门。他在场上的这段时间，为我们的前锋创造了很多机会，而且我相信他和达夫完全可以同时上场。"

第七十四分钟，达夫锁定了 4∶0 的比分。穆里尼奥说："在困难的一周之后，这是我们非常开心的一天。古德约翰森的帽子戏法对他的自信心很有帮助。现在我可以面带微笑地观看曼联和阿森纳的比赛了。如果曼联获胜，我们就能缩小与阿森纳的差距；如果阿森纳获胜，我们则可以把曼联甩得更远。不过我还是希望他们两家能够打平。"

切尔西阵容

切赫／格伦·约翰逊，卡瓦略，特里，布里奇／帕克，兰帕德，斯梅尔京（蒂亚戈），达夫／乔·科尔（罗本），古德约翰森（凯日曼）

在一场富有争议的比赛中，阿森纳做客老特拉福德，0∶2 败在了曼联脚下，英超连续 49 场不败纪录画上了句号，他们对切尔西的领先优势也只剩下 2 分。而两周后将做客切尔西的埃弗顿，如今竟令人意外地只落后蓝军 1 分，要知道，这是一支曾被很多专家视作降级候选的球队。

在与布莱克本一战令人炫目的演出后，罗本透露，他本有可能加盟切尔西的劲敌曼联。曼联比切尔西更早地与这名边锋进行了接触，但是在老特拉福德方面的谈判陷入僵局的时候，切尔西的出手决定了罗本的去向。罗本表示自己绝不后悔："曼联对我有些兴趣，我去过他们那里。事情的第二步是需要两家俱乐部达成协议，但他们没有。切尔西很快参与了进来，他们让我感到他们很希望得到我。这个决定并不难做出，因为他们的诚意给了我很大信心。我和切尔西方面的 4 个人见了面，包括凯尼恩和拉涅利。那是一次富有成果的会面。"

切尔西接下来的帅位更迭并没有让罗本感到担忧。"这不是问题，我在埃因霍温也碰到过这样的情况。我与他们签约后不久，胡斯·希丁克就来到了俱乐部。而在切尔西，我很清楚穆里尼奥先生是一位优秀的教练，我对他的执教能力很有信心，可以从他身上学到很多。作为球员，你唯一要做的事情，就是展现自己的能力，谁是教练并不重要。"

原荷兰队中场威姆·范哈内亨等荷兰足球行家相信，扮演"经典 10 号"，在前锋身后和身边活动，最终将是罗本的最佳角色。罗本儿时以及在青年队时都踢过这个位置，成为职业球员之后才改打左翼。在埃因霍温，希丁克指出了罗本足球风格的一个问题，这个问题在 2004 年欧洲杯之后一直伴随着他，那就是他在场上总会轻易地倒地。但是罗本认为，他的风格意味着他会不可避免地经常摔倒："作为一个速度很快、喜欢过人的球员，你肯定会经常倒地。如果他们稍微碰到你，有些时候你就会失去平衡。我知道自己不是个玩假摔的人，所以我不认为这是个问题。但是，我知道有些人说我喜欢假摔，我对此必须警惕起来。"

在英足总的纪律听证会之后，穆图最终被课以禁赛 7 个月，外加 2 万英镑罚金的处罚。穆图的禁赛期以其成功完成戒毒治疗为前提，禁赛期回溯至 10 月 25 日起算，这意味着到 5 月 18 日届满。

彼得·凯尼恩对 7 个月的禁赛处罚提出了批评，认为英足总量刑过轻。他在声明中说："切尔西对于今日的处罚结果极其失望。我们坚定地认为，如此处罚过于仁慈，这对足球世界的毒品问题释放出了错误的信号。这表现出英足总在此次事件处理上方向不明。作为俱乐部，我们只能采取我们认定对切尔西来说正确的行动。然而，英足总对于维护足球的利益有着更大的责任，就此事来说，我们认为足总表现出了在毒品问题上的软弱。"

英格兰职业球员协会主席戈登·泰勒透露了听证会之后穆图的想法："穆图从一开始就承认了指控，接受了自己要负的责任。他对于所造成的问题感到抱歉，他希望尽快恢复自己在世界足坛，特别是在祖国罗马尼亚的好名声。他现在期待着明年 5 月之后让自己的职业生涯重回正轨，重新参加足坛顶尖赛事。"泰勒说这番话时，穆图就站在他的身后。

穆图向切尔西球迷道了歉，他将自己的"错误"归因于伤病和寂寞，但是他坚称自己从未试图欺诈："我依然对自己感到失望，但现在，在知道了处罚结果以及自己将去做什么之后，我的心情轻松一些了。事发后，我需要的是帮助，我指望切尔西能够帮助我，但是我认为他（凯尼恩）不够公平。他们在英足总做出处罚之前便解除了和我的合同。在当年（阿森纳球员）托尼·亚当斯和保罗·默森的酗酒案例中，他们都得到了所在俱乐部的支持，这对球员来说意义重大。

"我是在2月份第一次服用的毒品，我的目的不是在球场上作弊。那段时间我有伤在身，那一晚我非常难过，喝醉了。我并不经常喝酒，所以很容易醉。我犯下了错误，我现在明白了，我对此非常抱歉。我知道我让他们（球迷）失望了，我要对他们寄予最良好的祝愿。我希望看到切尔西的成功，然后回到斯坦福桥与切尔西对阵。我犯了错，我很抱歉。谁在人生中不会犯错呢？"

穆图解雇了他的几位经纪人，与尤文图斯总经理卢西亚诺·莫吉的儿子亚历山德罗·莫吉旗下的意大利经纪公司签了合同。他还送给了穆里尼奥火药味十足的临别赠言："我相信，穆里尼奥没有注意到我的私生活非常忙碌，因为他根本不关心我。我和他之间的问题在于国家队。对于一名不让我为国家队效力的教练，我跟他肯定会有问题。穆里尼奥有着出色的执教水平，但对于他的为人，我要打个大大的问号。"

2004年10月30日，星期六
西布朗 1∶4 切尔西

做客西布朗一战，切尔西连续第二场比赛打入4球并取得胜利之后，由于阿森纳本轮被南安普敦爆冷逼平，蓝军在积分上已经追平枪手。穆里尼奥再次表示，从统计数据上看，他的球队才是英格兰的头号强队。穆里尼奥说："我们上半时的表现是整个赛季最糟糕的。不过，球队的表现在下半时大为改观，替补球员起到了很大作用，再加上其他场次出现的有利结果，这对切尔西来说是美妙的一天。这就是英格兰足球的魅力——在葡萄牙联赛，如果有球队获得五六分的优势，冠军之争就结束了。在各项赛事的14场比赛中，我们在统计数据上比阿森纳更强大，因为我们获得了12胜2平，他们则是10胜4平[①]——今

---

① 如果不算阿森纳赛季正式开打前的社区盾比赛，两队迄今都是参赛15场，切尔西12胜2平1负，阿森纳10胜4平1负。

天，我们在这项统计上扩大了对他们的优势。我要说，他们只是在英超当中比我们成绩更好而已。"

切尔西在上半场尾声打破了僵局：特里将兰帕德开出的角球顶到门前，西布朗后卫反应迟缓，加拉凌空推射，罕见地取得了进球。穆里尼奥对局面依然很不满意，撤下了乔·科尔和布里奇。罗本激活了进攻，上场仅 2 分钟后就有一脚射门，可惜偏离了目标；古德约翰森第五十一分钟接达夫传中头球将比分扩大为 2：0；西布朗由佐尔坦·格拉扳回一分，一度看到了希望。但是好景不长，兰帕德奔袭 70 码给达夫传出好球，后者的射门越过门将拉塞尔·霍尔特滚入球门远角。兰帕德在第八十一分钟以一记强力远射将比分锁定为 4：1。

切尔西 2 轮联赛狂卷 8 球，抹平了与枪手的 5 分差距，英超形势已经大为不同。作为这场漂亮胜仗的导演，兰帕德承认，赛季初看到阿森纳打破纪录的强势表现时，他有过最糟糕的担心："如今看到阿森纳终究也是凡人，真是开心。本赛季他们的表现简直不可思议，每周不断取胜的那段时间，他们看上去完全不是人类。阿森纳的表现是现象级的，所有人都在谈论他们踢得有多漂亮，但是说到底，积分才是最重要的东西。我们已经追上了他们，足球的赛季就是这么奇妙。他们丢了一些分数，现在我们必须确保自己继续抢分。一直有人说我们的比赛无聊，但是今天的下半时，我们光芒四射。"

罗本在两翼自如地换位、疯狂突破并且参与回防的表现非常抢眼，穆里尼奥说："他为球队带来了不一样的东西。他的表现妙不可言，每次拿球都能制造危险。"

切尔西阵容

切赫／费雷拉，特里，加拉，布里奇（卡瓦略）／斯梅尔京，马克莱莱，兰帕德（蒂亚戈）／乔·科尔（罗本），古德约翰森，达夫

在莫斯科对莫斯科中央陆军取得一场颇具说服力的 1：0 胜利后，切尔西提前 2 轮小组出线，晋级欧冠淘汰赛。现在，他们可以集中精力于英超联赛，而阿森纳则在欧冠联赛中步履蹒跚，曼联在欧冠赛场也罕见地很不稳定。穆里尼奥说："我们自己给自己施加了压力，我们可没有提出多给我们一些时间。

我们从一开始就说，我们希望获得每一场比赛的胜利，成为欧洲最出色的球队之一。当然，下赛季我的球队会更加强大，下下赛季则会再强一些，但是现在，我们每场比赛都在拼着获得理想的结果，很好地应对了压力。本赛季我们将获得一些了不起的成就。"

阿森纳的低迷，令外界更加期待切尔西揽得 50 年来第一次顶级联赛冠军，但是穆里尼奥提醒球员们集中注意力做好自己的事。"我们不能去想阿森纳，我们必须赢下我们自己的比赛，然后看看阿森纳表现如何。他们无法赢下每一场比赛，但是也不可能每个周末都丢分。明天他们做客水晶宫，也许会丢分，也许会凯旋，我们必须要做的是赢下我们自己的比赛，继续留在积分榜首。我们对曼城输了 1 场，但自那之后获得了 5 连胜，这非常重要。你必须让大家看到，你在这场战斗中有着足够顽强的意志品质。"

2004 年 11 月 6 日，星期六
切尔西 1：0 埃弗顿

本场比赛之前，罗本在动员讲话中对队友们说，大家一定要好好踢，把阿森纳"吓得拉裤子"。穆里尼奥喜欢在开球前让一名球员对全队发表讲话，这确实起到了效果。罗本透露："我进行了简短的讲话，我说：'让我们继续表现出出色的状态，阿森纳今天比我们晚开球，所以咱们得给他们施加一些压力，给他们制造点难题。'"此前，埃弗顿是本赛季英超唯一保持客场不败的球队，然而，首次在英超首发的罗本，在下半时攻入精彩一球，打破了埃弗顿的金身；稍后的比赛中，阿森纳则在客场被水晶宫 1：1 逼平。

切尔西轮换了阵容，格伦·约翰逊、加拉和帕克让位于费雷拉、巴巴亚罗和蒂亚戈。上半场，马克莱莱和蒂亚戈试图逃出埃弗顿中场紧箍咒的努力收效甚微；蒂亚戈第五十八分钟被凯日曼换下。然而，凯日曼加盟以来的适应期是如此漫长而辛苦，直到完场前 20 分钟，埃弗顿门将奈杰尔·马丁才第一次彻底失去后卫的保护。不过，特里做出好球后，古德约翰森浪费了这次机会。

凯日曼的上场至少还是激活了古德约翰森，冰岛人漂亮转身之后的过顶长传，带来了打破僵局的进球。罗本高速突破，对方后卫大卫·威尔绝望的拉拽动作也没能阻止这位狡猾的边锋挑射攻破马丁的城池。之后，蒂姆·卡希尔的

头槌稍欠力量，这是难不倒切赫的——捷克门将用自己的表现证明，他是切尔西今夏最精明的引援。

因为其替补出场后改变比赛局面的能力，罗本得到了一个新的绰号：催化剂。每当他拿球的时候，看台上都会出现一阵充满期待的躁动。上半时中段，罗本便差点儿攻入技惊四座的一球，他将球挑过威尔的头顶，随即在禁区弧顶拔脚怒射，怎奈马丁做出了世界级的扑救。

穆里尼奥对于埃弗顿的表现给予了好评："他们拥有一批强壮而富有经验的球员，防守很不错。不过我们一直保持着信心，罗本进球后，我们得以改变战术，最终带着 3 分回家。我在中场休息时告诉球员们，如果想成为冠军，我们就必须展现出冠军的风采，必须敢于冒险。另一种策略则是享受生活，踢舒适的足球，但是那样的话，我们在本赛季结束时将不会获得奖杯。最终，大家在更衣室里都把这场比赛当成了杯赛决赛，本赛季余下的比赛，我们也要这样去对待。"

罗本在周中对莫斯科中央陆军的比赛中便有所斩获，他说道："再次进球感觉很好，而对全队来说，这都是美妙的一周。我可以告诉你们，我们不可能在赛季结束前赢得每一场比赛的胜利，我们会有输球的时候，这是足球竞赛的一部分。但是你必须要尝试赢得每一座奖杯，就应该这样。英超的竞争比荷甲激烈得多，每周都有重大比赛，但是我已经对这里在身体对抗上的高要求做好了准备。我来这里是为了夺取冠军的，我相信我能够和切尔西一起实现这个目标。"

埃弗顿主帅大卫·莫耶斯说："我以为我们能够坚持到结束，但是罗本改变了局面。如果我有 1200 万英镑，我也想买一个这样的球员。但事实是，如果你买不起阿玛尼的东西，你就得去马莎百货转转。"

切尔西阵容

切赫 / 费雷拉，卡瓦略，特里，巴巴亚罗 / 蒂亚戈（凯日曼），马克莱莱，兰帕德 / 达夫（胡特），古德约翰森（格雷米），罗本

穆里尼奥否认了将在 1 月购买皇家贝蒂斯边锋华金·桑切斯·罗德里格斯和托特纳姆前锋杰梅因·迪福的传言。他强调，球队现在的 23 人阵容已经足够应付英超和欧冠的双重压力，他没有购买穆图替代者的计划。穆里尼奥说："我在 1 月份不需要再买前锋或者任何其他球员。达夫和罗本表现很好，正在形成默契，我们不需要一个纯粹的右边路球员，我们有 2 名可以共同上阵的左脚将。古德约翰森则在赛季初的时候干得很棒。如果队里每个人都健康，我的选择将非常充裕。"

不过，尽管对阵容表示满意，穆里尼奥还是号召切尔西球迷要在比赛中更热情一些。他对切尔西官方电视台说："当我可以听到身后 2000 名埃弗顿球迷的声音，35000 名切尔西球迷却激情不足的时候，我感觉我们还需要球迷做到更多。"他还表示，希望自己能够长期留在斯坦福桥。"我对英格兰足球，对我的球员，对我在俱乐部的同事们都非常喜欢，我想在切尔西干上很多很多年。"

特里也表达了对俱乐部的忠心，他的上一份合同是 18 个月前续签的，而如今，他又在一份新的 5 年合同上签字画押。"我希望余下的职业生涯都在这里踢球。主教练是一位关键人物，他让我成为了俱乐部队长，我希望留在这里，为他效力。"

穆里尼奥表示，在需要增强球队实力的时候，他将首先寻求引进英格兰球员。他坚信，必须确保球队的骨干球员中有尽可能多的英格兰人，只有"疯狂"的要价才会阻止他对本土未来之星的搜寻。"特里的续约对我们非常关键，我们要保持球队核心力量的英格兰化，让拥有强大头脑的本土球员成为球队脊梁，这一点非常重要。我们必须只是去国外购买英格兰没有的球员——如果英格兰的市场在某个特殊的位置上没有特殊的球员，你自然只能放眼于国外市场。但最重要的一点是，我们必须首先努力寻找英格兰球员。不过，有时候英格兰球员的价格会高到疯狂的地步，那样我们就只能考虑其他的选择了。"

穆里尼奥领军的英超领头羊在下轮联赛中将做客克拉文农场，面对同城对手富勒姆，阿森纳则要在正午时分与托特纳姆进行北伦敦德比。穆里尼奥不忘调戏一下阿森纳，他声称，切尔西在英超有着极大优势，以至于他们将在赛季结束前 2 周便捧起英超奖杯。穆里尼奥的球队占据榜首不过 7 天时间，但是已经决心要长期把持这个位置，"10 分钟前，我和我的一名助手开车行驶在国王大道上，他说，5 月 14 日的时候，这里将陷入疯狂，因为那是赛季的最后一天。但是我说，也许我们会提前两周就搞定冠军并进行庆祝了。"

2004 年 11 月 13 日，星期六

富勒姆 1：4 切尔西

正午的比赛中，阿森纳在白鹿巷 5：4 报捷，但是切尔西做出了漂亮的还击，凭借罗本又一次扭转战局的表现重新夺取了积分榜上的 2 分优势。穆里尼奥把周中联赛杯击败纽卡斯尔联的阵容改得面目全非——首发更换了 7 人之多。

兰帕德将近 30 码外主罚任意球，直挂右侧死角，为切尔西带来了当之无愧的领先。富勒姆在比赛中根本无法站稳脚跟，在帕帕·博巴·迪奥普于门线处将特里头球摆渡造成的险情化解之后，主队又幸运地逃脱了点球判罚。第三十六分钟，罗本传球给禁区边缘的兰帕德，英格兰中场的射门击中了泽施·拉赫曼抬起的手臂，但是主裁判乌里亚赫·雷尼示意比赛继续进行。上半时补时阶段，兰帕德再走背字，尽管他看上去的确是被富勒姆后卫莫里茨·福尔茨绊倒的，但裁判却以假摔罪名对兰帕德黄牌警告。

第五十七分钟，富勒姆通过一记世界波扳平了比分，切赫对此实在无能为力。特里的头球解围落在距离球门 30 码的迪奥普脚下，塞内加尔中场迎球怒射直挂左下死角，他在富勒姆的处子进球竟然来得如此华丽。

仅仅过了 2 分钟，切尔西便再次将比分超出，罗本展现出鬼斧神工般的脚下技术，连过扎特·奈特、拉赫曼和马克·彭布里奇等富勒姆球员，最后 15 码外左脚低射破门。此球果然起到催化剂作用——不久后，迪奥普解围踢空，加拉门前 3 码头球得手。完场前 9 分钟，切尔西用一粒精彩进球完成了这场 4 球盛宴：蒂亚戈左路喂球给罗本，荷兰边锋漂亮地用脚后跟回敲，葡萄牙中场在禁区内有着充裕的时间和空间，16 码外一脚劲射直钻球门右下角。

又一次，罗本成为切尔西的胜负手，这堪称他加盟以来表现最出色的比赛。他一次次向富勒姆阵地发起进攻，助攻了球队的第四球，还打入了整个赛季最漂亮的进球之一。那么，究竟是拉涅利还是凯尼恩将罗本从曼联手中抢过来的？穆里尼奥深沉地说："如果是拉涅利先生的功劳，那么祝贺他，非常感谢。而如果是凯尼恩或阿布拉莫维奇先生的功劳，那我得说，他们真该当主教

练，因为他们实在太会看人了。"

切尔西的净胜球正在逼近阿森纳，穆里尼奥还讥讽了阿森纳那条做客热刺丢了 4 球的防线，"我没看阿森纳的比赛，但 5：4 这个比分简直是开玩笑。这不是一场真正足球比赛的比分，这更像是一个板球比赛的比分。对于丢了 4 球或者 5 球的球队来说，他们的后卫应该感到羞耻。我在训练中经常进行 3 对 3 对抗，如果出现 5：4 这样的比分，我会让大家中止比赛，让球员们回更衣室，因为这说明他们显然没有称职地做好工作，继续训练毫无意义，这还只是对 3 人分组对抗而言。在一场真实的比赛里打出这种比分的时候，我无法相信后卫们是在尽职工作，对主教练来说这简直是一场灾难。有些人在离场时也许会觉得这是自己看过的最美妙的比赛，但是作为主教练，你怎么可能会开心？"的确，阿森纳一场比赛便丢掉 4 球，而英超开季以来，切尔西一共才丢了 4 球。

穆里尼奥还说："我不认为自己过于自负或者傲慢，但是我相信，现在既然我们已经占据了榜首，最终就能够夺取英超冠军。我并非只是为了这么说而这么说，我这么说是因为我确实相信我们有足够的实力夺取冠军。这场比赛对我们是巨大的考验，然而我们交出了漂亮的答卷，让大家看到了我们能够应付压力。我依然非常确信，我们将成为冠军。"

切尔西的赛前备战一如既往地事无巨细。罗本说："每一场比赛之前，我们都会得到一份关于对手情况的文档，那上面不只是对方球队的情况，更有你将直接面对的球员的情况。比如，对富勒姆的比赛，我的直接对手大约有 2 米高，教练希望我赛前就了解这一点并做好准备。"

特里则透露，所有新加盟的球员都被明确告知了本场比赛的德比属性。"赛前，我们确保了更衣室里的每个人都确切地知道切尔西与富勒姆进行比赛的意义。两队之间的竞争关系和交锋历史对于我们的球迷来说非常重要，击败我们的近邻并借此重返积分榜首则是好上加好。"

切尔西阵容

切赫／费雷拉，特里，卡瓦略，加拉／兰帕德，马克莱莱，斯梅尔京（蒂亚戈）／达夫（凯日曼），古德约翰森，罗本为了寻找穆图的替代者，这个周末，阿布拉莫维奇在凯尼恩的陪同下，来到了荷兰阿贾克斯的阿姆斯特丹竞技场考察费耶诺德的新星萨洛蒙·卡卢。这位出生于科特迪瓦的前锋，在荷甲有着 12 场打入 9 球的惊人效率，在费耶诺德主教练吕德·古利特指导下风头正盛。19 岁的他在这场 1 : 1 战平阿贾克斯的比赛中无甚表现，但是他在费耶诺德的前景仍被大为看好。

意大利莱切队前锋瓦列里·博季诺夫在意甲攻入 8 球的表现，吸引了穆里尼奥的注意。18 岁的他比舍甫琴科、国际米兰的巴西巨星雷特·里贝罗·阿德里亚诺和罗马射手温琴佐·蒙特拉只少进 1 球。穆里尼奥派助手史蒂夫·克拉克去现场观看了这位保加利亚国脚出战尤文图斯和锡耶纳的比赛。阿森纳、巴塞罗那、马赛和多特蒙德也在追逐博季诺夫。

穆里尼奥对球队的迅速磨合非常满意："这原本是个巨大的问号。我永远不会忘记斯坦尼奇离队时我俩之间的一段对话。他离开了俱乐部，但我上任第 1 天时，他和我在一起。他对我说了这么一段话：'他们当中的很多人都是刚刚来到英格兰，他们需要适应英格兰足球的现实。我知道，你的方法、哲学以及思维方式非常特殊，不要改变你自己，即便这需要时间。不要改变你自己。'我永远不会忘记他的这番话。所以，我面对的问题就在于，球员们能否适应。我的前任是一位意大利教练（拉涅利），当你的前任与你的思维方式有着很大不同，接他的班必定不轻松。

"眼下，我感觉我们这支球队在防守上非常强大。我不是说我们是一支防守型球队，我是说，我们在防守上非常强大，但与此同时，我们的进攻还不够流畅，因为这需要时间。不过，我们有时候还是踢出了非常漂亮的足球。我唯一希望改善的，是我们能有更多的控球率。5 年来，我的球队从没有任何比赛会在控球率上输给对手，从没有过，从没有过。我们遇到过皇马，遇到过拉科鲁尼亚，甚至遇到过曼联，不过我们总是在控球率上占优。还是得强调，这需要时间，但是这支球队的确正在正确的方向上前进。

"我们必须对比赛有更多的思考，而不是单凭直觉踢球。当你的对手与你实力相当，通常是表现更好的那支球队会获得胜利。但是，当你面对的是其他一些会在比赛中暂时慢下来、集体进行思考的球队，难度就会陡然提升。你们看到西班牙人、意大利人和葡萄牙人是怎么踢球了吗？我并不是说他们是完美的，但是英格兰足球确实该向他们学习一些东西，就像他们也应该向英格兰足球学习很多东西。我自己就有很多东西要向英格兰足球学习，我对好的东西都会接受。但同时，我也有一些可以传授的东西。我和我的球员之间总是保持着开放的沟通，我们的目标就是通过每个人都做到最好，来改善整支球队。我相信这能使我们成为一支强大的球队。我无法说我们一定能赢得欧冠联赛或英超联赛冠军，但是我知道我们有这个能力。皇马阵中有一群巨星，也有一群还未准备好承受高压去参加高水平比赛的年轻球员，而他们缺少的就是我所说的非大牌球员。比如，在我的阵容之中，我很喜欢在板凳上给格雷米留个位置，因为他是那种时刻准备着帮助球队、为球队而战、按我的部署去比赛的非大牌球员。如果我需要他打右后卫，他就能打右后卫；如果我需要他打右边锋，他就能打右边锋；如果我需要他专门盯防对方一名球员，把对手盯牢盯死，他就会依令而行。"

2004 年 11 月 20 日，星期六
切尔西 2 : 2 博尔顿

穆里尼奥的执教生涯中，还不曾葬送过 2 球领先的优势，"不，不，不，从没有过，没有过，没有过，没有过。"创造各项赛事 9 连胜的俱乐部纪录的希望，被对方这群定位球专家毁于一旦。博尔顿的 2 粒进球均是通过任意球打入，第二球发生在完场前 3 分钟的时候。

这个下午，斯坦福桥最热烈的欢呼声因阿森纳而起。枪手坐镇海布里，匪夷所思地未能在对阵西布朗一役中保住胜果；然而，晚些时候，4 万名球迷又因为博尔顿的扳平进球而长吁短叹。阿森纳那边的冷门远早于斯坦福桥的战果，切尔西的这场比赛由于交通的混乱状况被推迟了 30 分钟开球。

尽管比赛延迟开始，达夫还是带来了闪电般的梦幻开局，开场仅 36 秒便首开纪录。兰帕德接到罗本传球后，为达夫送出一脚精妙的直塞，后者刚好不越位。他的停球看上去让皮球偏离了球门，但是他利用湿滑的场地倒地铲射将球从很小的角度送入了空门。而下半场伊始，蒂亚戈的进球似乎已经确保切尔西将榜首领先优势扩大为 4 分，然而，凯文·戴维斯和拉赫迪·贾伊迪的进球给阿森纳帮了大忙。

赛季至今，博尔顿在与上赛季英超前 5 名的交手中保持不败，他们的战斗力可见一斑。博尔顿主教练萨姆·阿勒代斯称赞了球队的"顽强、信念和团队精神"，认为这是让他们全身而退的法宝，他同时也承认："我们是偷走了一分。"

穆里尼奥难掩失望，但是保持着风度，"我觉得，不会有太多人喜欢博尔顿的风格，但是他们非常有效，很有威胁。这个结果很糟糕，因为我们渴望赢得每一场比赛的胜利。但是我们也得说句公道话，跟博尔顿比赛确实十分艰苦，博尔顿有能力击败任何对手，因为他们能够无中生有地制造威胁。我不喜欢这种风格，但是我们必须称赞他们。我很高兴本赛季跟他们的比赛只剩下一场了。"

穆里尼奥将博尔顿的进攻方式形容为"丑陋"，但是他承认，本队对于对方的高空轰炸束手无策——这还是在穆里尼奥赛前用 20 分钟时间，让球员们研习博尔顿定位球录像的情况下。

不过，很长时间里，主队唯一的忧虑还是自己造成的：布鲁诺·恩戈蒂的任意球诡异地弹到卡瓦略身前，卡瓦略差点儿将球碰入自家大门。博尔顿在半场前没有再让切尔西扩大比分，但是易边后仅 2 分钟即再度失守。在主队下半场的第一波攻势中，罗本开出战术角球，达夫接球后再敲回给罗本，荷兰人随即低平传中，蒂亚戈迎球抽射破网。

然而，之前一系列爆冷抢分的比赛让博尔顿上下信心爆棚。很快，一次成功的定位球战术便让他们和他们那些对 40 英镑门票怨声载道的球迷们重新焕发活力。中场加里·斯皮德开出的任意球越过了切赫头顶，球撞贾伊迪肩膀后，凯文·戴维斯头槌破门，这只是赛季开始以来穆里尼奥的球队在联赛主场的第二个丢球，也是将近 3 个月以来的第一个丢球。

切尔西有机会扩大比分，但是博尔顿门将尤西·耶斯凯莱宁扑出了兰帕德的劲射，加拉的补射不走运地打在了后卫身上，而古德约翰森接角球后的射门则被耶斯凯莱宁在门线处连扑两下化险为夷。后来，古德约翰森又击中了门楣。最终，博尔顿在完场前 3 分钟捅了切尔西一刀：恩戈蒂开出任意球，凯文·戴维斯头球摆渡，中后卫贾伊迪迎球劲射击穿了切赫的球门，2：2。赛季早些时候，这位突尼斯人就曾经在海布里取得进球，帮助博尔顿 2：2 战平阿森纳。和他的队友们一样，贾伊迪对争冠两强还真是一碗水端平。

尽管切赫对第一个丢球负有一定责任，但是穆里尼奥坚称："我不会批评我的球员们。我们现在是联赛领头羊，我对于夺冠的信心没有改变过，我对于球员们也依然十分满意。我的球员出现重大失误时，我从不会谈论他们，我从不将失利归结于某一名球员。如果非要找出一个应该承担责任的人，那应该是主教练。切赫将带着我的信任继续出战查尔顿。"

切尔西阵容

切赫 / 费雷拉，卡瓦略，特里，加拉 / 蒂亚戈，兰帕德，马克莱莱 / 达夫（凯日曼），古德约翰森（格伦·约翰逊），罗本

在两队相会于山谷球场之前，查尔顿决定与切尔西冰释前嫌。双方的仇怨起源于几年前斯坦福桥的"海滩"事件，切尔西没有将场地状况事先通知查尔顿，被英超联盟处以 5000 英镑罚款。1 年之后，查尔顿与阿布拉莫维奇政权发生了第一次冲突，不过斯科特·帕克的转会肥皂剧至少在结果上让查尔顿并不是那么无法接受。尽管查尔顿对于自己的中场大将帕克处心积虑推动转会的做法很不满意，怀疑帕克是受了什么人的恶意指使，但双方最终达成的 1000 万英镑的基本转会费还是颇为可观。

帕克转会协议的内容之一，是让切尔西前锋卡尔顿·科尔以租借方式为查尔顿再效力 1 年。然而，那年夏天，科尔拒绝留在查尔顿，这导致了又一场纷争。切尔西转而将卡尔顿·科尔租借到了阿斯顿维拉，却又无法提供一个能够让查尔顿满意的替代选择。查尔顿的律师仔细研读了合同的附属细则，他们又找到英超联盟试图讨个公道。但是这一次，两家俱乐部私下达成了和解协议，切尔西支付了一笔数目未予披露但相当可观的赔偿金。

3 家全国性报纸都在封底报道了切尔西将在 1 月转会窗求购热刺前锋迪福的消息，这促使穆里尼奥做出了辟谣："这完全是不真实的。我并非不喜欢这名球员——我很喜欢他。他是一名非常出色的年轻球员，但是我们对他不感兴趣。"

阿森纳主帅温格声称，他相信切尔西会在某个时候再次求购杰拉德。2005 年夏季转会期间，杰拉德差一点就以 2500 万英镑转投切尔西，但是后来回心转意，向利物浦效忠。温格说："切尔西想要的人，早晚都能搞到手，所以杰拉德留队或许只是一个暂时性的决定。但是，我并不嫉妒切尔西的钱，与这样一支财力远胜于我们的球队抗衡，让我感到非常兴奋。"

枪手的状态下滑，刚好是中卫索尔·坎贝尔因伤缺阵的这段时间。伹是穆里尼奥说："阿森纳、切尔西和曼联都拥有庞大的阵容，出现任何问题都能够解决，因此没有任何借口可找。我们自己以及阿森纳和曼联都遇到过伤病问题，但是我们完全应付得了。"

2004 年 11 月 27 日，星期六
查尔顿 0：4 切尔西

切尔西又赢了，蓝军战车的引擎则又是特里和兰帕德。特里在下半时相隔 3 分钟之内连入 2 球，他再次展现出他不仅是英超最坚固防线的领袖，还有着参与进攻的强烈渴望。而兰帕德则用自己的出色表现纪念比赛前一天辞世的祖父。

切尔西又是凭借达夫的进球取得了梦幻般的开局，开场 229 秒便首开纪录。古德约翰森中场得球，随即一脚长距离直传输送到了达夫前进的轨道上。爱尔兰人突破了查尔顿左后卫保罗·孔切斯基，随即充满自信地小角度捅射，皮球直钻守门员迪恩·基利大门的左下死角。

切尔西上半时的发挥近乎完美无缺，唯一的瑕疵是卡瓦略的鱼跃头球击中了自家立柱。然而，穆里尼奥对上半时仅获得一球领先一点儿都不开心，而且将自己的不满明确传达给了球员们。

易边之后不到 5 分钟，查尔顿扳平的希望便化为了泡影——特里开始了进球表演。他先是接到达夫开出的角球头槌攻门——面对在自己面前弹地的皮球，查尔顿门将基利几乎毫无机会；然后，又是达夫的角球，队友头球摆渡，查尔顿后卫拉多斯丁·基希舍夫的头球解围却顶到了特里脚下，切尔西队长垫射再下一城。

在被德罗巴换下前，古德约翰森完成了第 4 粒进球。古德约翰森一直与对方最后 1 名后卫平行跑动，反越位接到兰帕德巧妙直塞，他所要做的，只是面对出击的基利把握住这次单刀机会。

1 年前，阿兰·科比什利的球队给拉涅利那支冒牌争冠球队上了沉重的一

课——于节礼日 4：2 重创蓝军。但是，穆里尼奥的切尔西是另一个档次的球队，他们的高效胜利令海布里和老特拉福德的更衣室感到震撼。

切尔西阵容

切赫／费雷拉，卡瓦略，特里，加拉／蒂亚戈，马克莱莱，兰帕德／达夫（格雷米），古德约翰森（德罗巴），罗本（巴巴亚罗）

阿森纳在安菲尔德以 1：2 不敌利物浦，积分榜正在发生着翻天覆地的变化：枪手已经落后领头羊切尔西 5 分之多，而阿森纳队长帕特里克·维埃拉吃到赛季第 5 张黄牌，将在主场海布里迎战切尔西的关键战役中停赛，这令枪手的卫冕希望再遭重创。维埃拉表示："我们正在经历一段困难时期，这种时候我肩负着巨大的责任，我会尽自己的最大努力。作为团队，我们必须提高，这要靠我们自己。如果我们真有进步的意愿，我们就能够做到。我们不缺卫冕的渴望和实力，我们知道自己必须做好哪些事情。"在两个巴西后腰吉尔伯托·席尔瓦和埃杜有伤的情况下，温格别无选择，只能在与联赛领头羊的对抗中派出马蒂厄·弗拉米尼和塞斯克·法布雷加斯这对经验匮乏的年轻中场组合。过去 6 轮英超，阿森纳只取得 1 胜 4 平 1 负，他们迫切需要击败切尔西以重燃卫冕希望。维埃拉说："我们清楚，我们在赛季初的表现更好，我们需要更强大的团队精神来帮助我们赢得胜利。放在三四年前，客场与利物浦那场比赛我们或许就拿下了。我们很失望，因为我们渴望重新走上胜利的轨道。"

对切尔西来说，他们首先还要出战在新帅格雷姆·索内斯率领下的纽卡斯尔联队。这位苏格兰教头相信，多年以后回过头来看，球迷们会称赞穆里尼奥的切尔西在足球史上的一段黄金时期所扮演的突出角色。球员时代，索内斯曾是利物浦王朝极盛时期的核心人物之一。他说："总有人和我谈论起当年那些美好的时光，但 20 年后，我们今天所做的事情，也会被认为是'当年那些好时光'。我认为，现在就是一个美好的时代，我很荣幸能够作为一名主教练参与其中。多年后，我猜他们会说：'你还记得本世纪初那支伟大的切尔西和那支伟大的阿森纳吗？'"

索内斯还表示："对切尔西的成功表示不屑，说他们获得这些成就只是因为他们有钱，这当然很容易。但是，他们的主教练依然有大量工作要做，他必须签下正确的球员，挑选正确的阵容，让球队以稳定的状态连续获胜。在我看来，他非常漂亮地做到了这些。而且你还必须承认，他有着光辉的履历。如果你没有真才实学，没有做出正确的决策，你是不可能获得欧冠联赛和欧洲联盟杯冠军的。不过，我这些年所学到的一点就是，没有哪个主教练能够做到完美。是的，你会享受高峰，但是你也会跌入低谷，这是吃这碗饭的代价。作为主教练，你还会有一种巨大的责任感。"

2004 年 12 月 4 日，星期六
切尔西 4 : 0 纽卡斯尔联

凭借下半场的 4 粒进球，切尔西巩固了榜首的优势。在攻入一记精彩的进球之后，德罗巴享受着切尔西球迷的热爱，在他们面前怒吼着："我回来了！"英超素有一个魔咒，即当选英超当月最佳教练或者当月最佳球员者，随后往往会交上厄运。但是开球前分别接过这两项荣誉的穆里尼奥和罗本打破了魔咒，在本场比赛中各自做出了特殊的贡献。而此役的最大喜悦，则是凯日曼终于收获了联赛中的第一粒进球：一记帅气的勺子点球。

纽卡斯尔联队抵抗了 63 分钟，终被兰帕德敲开了大门。5 分钟后，替补登场的德罗巴贡献了至关重要的第 2 球。完场前，罗本和凯日曼锦上添花，切尔西 3 分入账。此役的首发阵容与大破查尔顿一役完全相同。开场不久，特里的头槌破门被正确地判为越位在先。开局阶段双方你来我往，场面相当热闹，切赫神勇地化解了法国中场洛朗·罗贝尔 [①] 25 码外的任意球攻门；之后，基隆·代尔用一记精准直塞撕开切尔西防线，但是威尔士前锋克雷格·贝拉米没能把握住这次极好的机会，他的射门被切赫扑出，罗贝尔的补射则脱靶而去，切尔西再逃一劫。

切尔西的一次攻势中，纽卡斯尔防线陷入混乱，古德约翰森直面门将谢伊·吉文，但是冰岛前锋面对偌大的球门却未能射正目标。中场休息时，穆里

---

① 洛朗·罗贝尔，中国球迷更熟悉的名字或许是劳伦·罗伯特，但是按照新华社《世界人名翻译大辞典》的翻译，按照法国人名翻译作洛朗·罗贝尔更合适。

尼奥用德罗巴将其换下。易边之后，罗贝尔的任意球再次逼迫切赫做出精彩扑救，之后，兰帕德便接到德罗巴头球摆渡，门前 6 码处准确无误地射门得分。

5 分钟后，两位功臣实现了角色对调，德罗巴接到兰帕德精准的长传，随即聪明地左脚低射，皮球撞柱入网。2：0，切尔西已经不可抵挡。在凯日曼击中立柱后，罗本突入禁区锁定了胜局。补时阶段，吉文禁区内放倒达夫，凯日曼凭借点球打破了英超"鸭蛋"①。

凯日曼赛后强调："过去三四个月中，我很不走运，今天再次击中了立柱，但是每个队友都帮助我保持着信心。我知道伙计们都支持着我，所以你可以进行一切尝试。为了今天这一刻，我每一天都在埋头苦干。我本赛季已经打了1000 多分钟的比赛，之前只在联赛杯打进 1 个球，日子真是很难熬。进球是我的生命，我就是要进球。没有进球，我的生活会异常艰辛。当你过去七八年每年都进二三十个球，最近 3 个月却只有 1 个进球时，那感觉非常糟糕。今天我进球之后，你可以看到我们的团队精神，每个球员都向我跑来，那真是太棒了。这就是本赛季我们这支球队的力量，我们可以依靠这种力量赢得冠军。"

这是切尔西在最近 7 场英超比赛中第五次单场攻入 4 球。和之前的布莱克本、西布朗、富勒姆和查尔顿一样，纽卡斯尔联被彻底击溃了。眼下，切尔西包揽英超、足总杯、联赛杯和欧冠 4 项冠军的赔率为 34.0。

切尔西阵容
切赫／费雷拉，特里，卡瓦略，加拉（布里奇）／蒂亚戈（凯日曼），马克莱莱，兰帕德／罗本，古德约翰森（德罗巴），达夫

当天下午晚些时候，阿森纳和曼联都在主场取得了 3：0 的胜利。弗格森爵士声称，切尔西在争冠道路上总会有跌一跤的时候："切尔西会有丢分的时候，会有输球的时候。届时他们的球员会做出怎样的反应至关重要。阿森纳和我们都有应对那种情况的经验。我们都见过一些球队在 3 月份退出冠军争夺，切尔西便缺乏在最关键时刻赢球的经验。"

———————

① 这是凯日曼在联赛中的第一粒进球。

060

切尔西聘来的场地维护工人进驻斯坦福桥，开始重新铺设草皮，工程会赶在 12 天后主场与诺维奇的比赛前结束。草皮情况已经严重恶化，击败纽卡斯尔联一役的场地状况便非常糟糕。

与阿森纳的天王山战役前，切尔西在欧冠客场输给了波尔图。特里说："每一场失利都会让我们受伤，我们习惯了赢球。比赛结果没有改变小组赛出线形势，但我们渴望的是胜利。我们不喜欢输球，我们派出了一个强大的阵容，为的就是赢。输球后我们都很生气，包括主教练在内。不过，你需要看得更远，本周日我们有一场更重要的比赛要打。"

被切尔西解雇后，拉涅利将首次来到现场观看故主的比赛。他说："意大利电视台邀请我担任本场比赛的解说，我接受了，并将前往现场。我不会去见切尔西的任何人，我计划直接进入球场。我离开那里后，便与他们再无联系，我不是喜欢表露情感的人。如果他们不想见我，没问题，我对事情的发展毫无怨言。我不想打扰任何人，我只是会观看比赛，会会老友。"

上赛季，拉涅利率领切尔西获得了英超亚军，还打进了欧冠 4 强，他相信本赛季球队可以更上一层楼，"切尔西无疑是欧冠联赛的夺冠热门之一，因为穆里尼奥之前就率队获得过这项冠军，而我的球员们去年则积累了有益的经验。他们完全有可能获得欧冠和英超冠军。为什么不呢？切尔西非常强大，我们去年给球队打下了很好的基础，他们现在在继续进步。"

上赛季欧冠 1/4 决赛充满戏剧性的胜利，是拉涅利任期的高光时刻。终结对阿森纳这个伦敦德比对手 17 场不胜的纪录，有着非凡的意义。拉涅利还说道："我非常高兴切尔西得到了德罗巴，因为我在米兰与阿布拉莫维奇最后一次会面时就说，他应该签下德罗巴、一名中卫以及杰拉德。买罗本是我的主意，我和罗本在埃因霍温有过会面。我看了罗本的很多录像，对他的印象非常好。我对罗本的成功一点都不意外，我见到他时，就立刻打定了买他的主意。我告诉他，他可以踢左翼，也可以踢右翼，他可以和达夫灵活换位。我一早就非常清楚他俩可以一起上场。"

罗本披露，年初他一度怀疑自己得了睾丸癌。他通过手术切除了一个肿块，然后焦急地等待着化验结果，"我当时非常害怕，那真是难熬。我发现了一个小肿块，然后去了医院。医生告诉我需要手术，然后我就焦急地等待着化验结果，我不知道会得到好消息还是坏消息。那几天的等待真是可怕，我不知道我会发生什么事，那种等待太痛苦了。后来，我听到了好消息，感觉就像心里一块石头落了地。那个时候，足球已经不再重要，最重要的事情是你自己的健康以及家人的健康。公开谈论这事挺好的，这有什么好尴尬的呢？这种事随时有可能发生在任何人的身上，可能会出现糟糕的后果。"

比赛前，温格让麾下球星们去了保龄球馆放松。在穆里尼奥带领帐下球星进行艰苦训练的时候，阿森纳的一线队球员们则享受了3个小时的九柱游戏①。阿森纳主教练强调，他的球队在对伯明翰和罗森博格取得至关重要的胜利后，已经找回了最佳状态，并将通过在海布里击败切尔西来证明这一点，哪怕他们将缺少停赛的维埃拉。温格说："我们只想着要赢。我不认为他们的球迷在输球之后还能笑得出来，我们已经做好了准备。上周以来，我们连赢了2场比赛，我们有实力，也有团队精神，我们相信自己能够取得胜利，我们期待着这场比赛的到来。"

不过，穆里尼奥有着不同的看法："这场比赛之后，切尔西无论如何都会依然待在英超榜首。所以这不是一场能够改变排名的比赛，这不是一场阿森纳赢了就能冲上榜首、让切尔西掉到第二的比赛。唯一的悬念在于：比赛之后，两队是相差2分、5分还是8分？我得告诉你们，8分会是非常大的差距。如果我们赢了，那将意义重大，我们接下来的2场比赛是在主场对阵诺维奇和阿斯顿维拉。所以，如果我们赢了，那将有着重大意义。"

温格相信，中立观众会支持阿森纳，因为切尔西的背后是阿布拉莫维奇的金山。他说："如果多数人不是支持我们，我会非常惊讶，因为我们的钱比竞争对手曼联和切尔西都少，他们的投资能力是我们的30倍。"

但是穆里尼奥对这番言论揶揄道："蒂埃里·亨利当年是免费加盟的阿森纳吗？是尤文图斯把他送给阿森纳的？维埃拉加盟时，难道是以租借的方式？阿森纳只花了10万英镑租借费？何塞·安东尼奥·雷耶斯是从塞维利亚免费来的？这还真让我吃惊呢，原来塞维利亚把雷耶斯当成了圣诞礼物啊。哈！我在切尔西花了多少钱？有时候，你谈论着切尔西花了多少钱，会混淆一些事

———————
① 一种类似保龄球的撞柱游戏。

情。我们并没有花太多钱，也许曼联比我花得更多。"

上任以来，穆里尼奥在有限的时间里花了阿布拉莫维奇 7000 万英镑，买了 5 名球员，而温格这些年虽然一共花了 9500 万英镑，但是他 8 年任期中在转会上的净开销只有 900 万英镑。温格反击说："我们当然也花钱了，我没说我们没花钱。我并不觉得我们很穷，但是如果我问你，哪家俱乐部的财力最为雄厚，切尔西还是阿森纳？你会怎么说？阿森纳？我想不会吧。我们买亨利的钱，来自出售尼古拉·阿内尔卡赚回的转会费，而且只用了不到一半；而维埃拉，我们当年是以 350 万英镑买进的，你不能说这是一次大手笔投资。我们的财政实力，使得我们必须要在转会市场上多动脑子才行。"

穆里尼奥声称，维埃拉的停赛是阿森纳的重大损失，但他同时指出，阿森纳赛季初进球如拾草芥的那段时期，同样没有法国人在阵，他当时正在养伤。"他们会想念维埃拉，就像如果我们这边特里无法上场，我也会想念他。然而，公平地说，阿森纳本赛季最好的时期是在赛季之初，那时他们每场比赛都赢四五个球，但是维埃拉并不在场上。这看上去有些矛盾，因为维埃拉是一名出色的球员，但事实的确如此。他们在那段时期并不想念他。我认为他们有很大潜力，他们的年轻球员非常不错：弗拉米尼不错，法布雷加斯不错，罗贝尔·皮雷能够胜任中场中路，因为他是一名顶尖选手，有着丰富的经验。所以，我认为他们有能力应对维埃拉的缺阵，他们拥有一套强大的阵容。'

穆里尼奥还说，他在训练中用凯日曼扮演了亨利的角色。"亨利是世界上最出色的前锋之一，这一点毫无疑问，他这些年在英格兰足坛的成就说明了一切。他是个威胁，他能够破门得分。你必须努力控制他的跑动，但是不能仅仅局限于此，你还要阻止他的队友为他创造机会。我们已经研究了他在场上的跑动，过去的 2 天中，我们在训练场上针对亨利的进攻跑动，演练了我们的防线该如何移动。凯日曼扮演了亨利，现在我认为我们已经做好了与亨利战斗的准备。"

穆里尼奥还指出，他整个执教生涯从未输过重要比赛。在波尔图执教的两个半赛季，穆里尼奥对主要对手本菲卡和里斯本竞技均保持不败战绩。而本赛季迄今，切尔西已经击败过利物浦和曼联。"在波尔图参加过的十二三场重大比赛中，我们从未输过。我在重大比赛中的纪录非常不错，我对自己的球队非常有信心。"

2004 年 12 月 12 日，星期日

阿森纳 2：2 切尔西

全球共计有 6 亿电视观众观看了这场比赛，这充分说明切尔西试图将伦敦死敌推下英超王位的努力引起了人们越来越浓厚的兴趣。球员们用他们的表现证明，一场紧张激烈的比赛完全可以拥有极强的观赏性，以此彰显出足球的美感。

双方的首发阵容一共只有 4 名英格兰球员，特里是其中之一。此役特里发挥的领导作用的重要性，丝毫不逊于那些更具星味的球员的贡献。不过，让穆里尼奥恼火的是，亨利第二十九分钟快速罚出任意球的进球被裁判算作有效，但当时主裁判格拉汉姆·波尔并未鸣哨，守门员切赫正在布置人墙站位。穆里尼奥对完场前逃过一劫则感到庆幸，亨利在第七十七分钟错过了为枪手锁定胜局的黄金机会。此役战罢，枪手依然落后领头羊切尔西 5 分。

穆里尼奥说："我对此不想谈论太多，否则我会被英足总叫去谈话，然后在看台上观看比赛，可能还会让我损失掉本来要去买圣诞礼物的钱。但是，我的确很不开心。'不开心'是个非常客气的词汇，我内心和灵魂深处真正的感受不能说。我无法忘记阿森纳的第二球，我不认为比赛结果是公平的。但是，我的球员们有着伟大的表现，比赛结果让我们依然领先其他球队一段距离。这场比赛有一个黑暗的时刻，这让我难以忘记。就两队的拼搏和表现来说，结果是公平的，但是切尔西进了 2 个球，阿森纳只进了 1 个球。"

亨利回应说："主裁判问我：'你想等待哨声，等对手退到 10 码之外吗？你可以射了。'我只是在等古德约翰森走开，然后就射门了。"

波尔则说："并不是一定要等哨声。我问亨利：'你要等人墙退后吗？'他说：'我直接射吧，好吗？'他非常礼貌，我说：'好的。'我给了他可以射门的信号，于是他就射门了。"

穆里尼奥声称，夏季准备期期间，一位知名裁判——很巧，正是波尔，来到切尔西训练场，阐明了一些规则。切尔西主教练表示："他向我们解释的问题之一，便是任意球，人墙、距离、哨声，他都说得很清楚。"上赛季，亨利对阿斯顿维拉进过一个类似的球，而爱尔兰后卫伊恩·哈特也曾代表利兹联进过阿森纳这样一个球。

特里对队友们的走神十分愤怒，严厉批评了切赫："我们做过这方面的演练，让一些球员面朝切赫，这样他可以布置人墙站位，另一些球员则面向对方主罚球员，以看清对手情况。但是我们在比赛中没能做到这一点，这非常令人失望。"

后来，切赫对一家捷克报纸表示："也许他（波尔）是一名阿森纳球迷，也许那只是一次失职的判罚。我们本来有能力获得比赛的胜利，但是主裁判为阿森纳攻入了一球，这真是骇人听闻。这是不可接受的。主裁判波尔欺骗了我们。他当时明显表现出了要等哨声的样子。我们对这种情况做过准备，在训练中进行了针对性练习。亨利脑子非常快，尝试了这一招，他最近在欧冠也试过这么做。正因为如此，古德约翰森当时才站在皮球跟前。古德约翰森问了裁判3次是否要等哨声，波尔命令他离开皮球，古德约翰森问他会不会吹哨，他说会的，但他没有。"

古德约翰森说，波尔帮了亨利一个大忙，以至于那就像是训练场上一种常有的情形。"我们请求主裁判先吹哨，他对我们队一名球员说了他将怎么做。我从亨利的样子看出他不想等哨声，最终那个球就像是训练场上的定位球演练，我们会让一名球员站在球前，然后跳开。有时候你这样射门能进，有时候则不会。但幸运的是，阿森纳并没有凭借这个进球击败我们。"

这场令人血脉贲张的比赛，正是由亨利定下的基调，开场仅75秒，他便取得了进球。法布雷加斯一记精准的长传找到亨利，法国人头球摆渡给雷耶斯，后者随即将球交还给亨利，切尔西防线出现了难以言状的松动，亨利右脚停球，紧接着转身左脚劲射得手。

西班牙门将曼努埃尔·阿穆尼亚此役再次优先于德国人延斯·莱曼获得首发，他全场都看上去更有自信，飞身扑出兰帕德怒射的壮举展现出了自己的实力。罗本将接下来的角球送入禁区，索尔·坎贝尔欲跃起争顶，却意外地被亨利拦住去路，无人盯防的特里头球中的，1:1。

战至半小时，皮雷在从特里和马克莱莱之间的缝隙中带球突破时倒地，为阿森纳赢得了任意球。波尔和亨利站在球前，古德约翰森拒绝退后。但是波尔给亨利亮了绿灯，亨利的射门击中蒂亚戈肩膀后改变了方向，缺乏准备的切赫猝不及防。切尔西对此愤怒不已，但主裁判认为这个进球是合法的。阿森纳

2：1 反超。

穆里尼奥在中场休息时换上了德罗巴和布里奇，这使阿森纳必须重新布置盯人职责。但下半时开球仅 35 秒，兰帕德左路任意球吊入禁区，加拉力压阿什利·科尔将球顶入小禁区，古德约翰森的头球攻门划出一记抛物线钻入网底。2：2，双方又一次回到了原点。

切尔西掌控了比赛局面，有一段时间，他们每一次任意球或角球轰入禁区看上去都即将制造进球。兰帕德为自己 6 码外的射门未能命中目标懊悔不已；之后，罗本拉风地接连突破 3 名后卫，但是他的射门被阿穆尼亚将将扑出。

不过，还是阿森纳浪费了最好的机会，亨利要对此负责。弗拉米尼充沛的体能和法布雷加斯出色的视野帮助皮雷在禁区右侧找到空间，他回敲禁区中央找到亨利，但后者差了半个步点，奋力伸出左脚射门，结果一脚轰上了看台。

赛后特里和亨利的拥抱显示出两位球星的惺惺相惜。看看亨利的表现，你就知道为什么一年前阿布拉莫维奇为了得到他而给阿森纳副主席大卫·戴恩拍出一张 5000 万英镑的支票。没有亨利的切尔西依然是英超联赛冠军的头号热门，若有亨利助阵，那便再无悬念可言。此役后阿森纳被埃弗顿超越，跌至第三，不过默西塞德人实属超常发挥。

在海布里面对英超卫冕冠军 2 次落后 2 次扳平，切尔西彰显了自己的强者气质。穆里尼奥说："我认为，我的球员们在阿森纳攻入第二球后的表现非常美妙。他们保持了镇静，控制住了情绪，展现出了强大的头脑。场上发生奇怪的事情时，球员们容易情绪失控，但是在阿森纳攻入第二球后——如果能称之为一个进球的话——我的球员们表现得棒极了。我们现在无法预见什么，所以无法做出任何许诺。也许我们最终会获得第二名或第三名，但是也许，我们会是第一名。"

对特里来说，他能够接受的只有冠军，"我们太多次接近冠军，我受够了那种与冠军失之交臂的感觉。本赛季我们的目标就是获得奖杯，如果能够获得英超冠军就太棒了，而我们在联赛杯中也表现出色，我们在参加的每一项赛事中都在全力争冠。从球员们的斗志，你就能够看出我们雄心勃勃。我们的球员非常有经验，我们希望迈过那道坎，赢得英超冠军。比起对手，我们现在已经占据一定优势，在 1：2 落后于多年来如此伟大的一支球队时，我们证明了这一点。"

切尔西阵容

切赫／费雷拉，卡瓦略（德罗巴），特里，加拉／蒂亚戈（布里奇），马克莱莱，兰帕德／达夫，古德约翰森（帕克），罗本

比赛过程中，一些无礼的球迷针对因停赛在看台上观战的阿森纳队长维埃拉进行了令人作呕的种族主义攻击。反种族主义组织"将种族主义踢出球场"要求对此做出处罚。该组织发言人利昂·曼恩表示："他们的歌声是一种种族主义攻击，但是我相信，很多切尔西球迷对此感到恶心。问题在于，一小撮人的声音会被人们听到，继而玷污俱乐部的名声。我敦促球迷们站出来，确保这些傻瓜为他们的行为付出代价。我将与俱乐部保持联系，确保这些人受到惩罚。我们与 2 家俱乐部都有着很好的关系，他们都积极推行反种族主义方面的工作。我会询问阿森纳能否通过监控摄像头还原事件现场，并看看天空体育台是否捕捉到了画面。"英足总发言人表示："我们没有接到关于种族主义歌声的投诉。但是如果接到投诉，我们将立刻展开调查。"

切赫仍在表达着对亨利进球的愤怒，声称波尔一定"良心不安"。但是，原英超裁判菲利普·唐表示："主裁判并非一定要通过鸣哨来让比赛重新开始，可以是语言、手势或者点头示意。"

乔·科尔现在在穆里尼奥阵中沦为边缘球员，热刺前锋迪福敦促托特纳姆趁机将其签入。"乔·科尔会很好地融入我们的球队，他可以踢左路、右路或埋伏在两名前锋身后。他是一名非常出色的球员，但愿他能够加盟托特纳姆。"然而，尽管乔·科尔自从 10 月客场击败西布朗一役便再未跻身首发，近几周甚至连替补名单都没进，他还是下定决心要在切尔西坚守到本赛季结束。穆里尼奥强调："他做好了为在球队占据一席之地而战的准备。事实上，我对他也是这种期待。我们进行过一次谈话，我告诉他：'我绝不会放你走，你想都别想。因为队里的每一名球员我都需要。'现在他只是需要得到机会的问题，我告诉他，他是一名好球员，他干得不错，很有雄心壮志，但是眼下球队一直在赢球，踢得很好，我如果对阵容做出太多改变那就太愚蠢了。"

弗格森爵士转变了对切尔西进行心理战的方式，"切尔西？他们会发现，去北方比赛将很难取胜。切尔西无疑是一股新鲜力量，但是他们现在的状态跟上赛季没有太大区别。看看过去几个赛季的情况就知道，切尔西在这个时期一直处于很高的排名。但是等他们到北部来，你就会发现问题了。他们还得去利物浦和埃弗顿打客场，新年之后的情况会很不一样，压力会截然不同，你看着吧。我一直认为，联赛是从新年第一天才开始。"

凯日曼表示，他加盟切尔西不久，就曾因为打不上主力万分沮丧，继而想过离开的问题。与穆里尼奥推心置腹的谈话避免了他的过早离去。凯日曼说："不止一次，我真想开车到机场，跳上第一班飞机回家。我太太和我都对这里的情况感到绝望。我甚至曾对自己说：'如果情况在1月仍无改观，我就必须换个东家了。'我必须把自己的感受告诉主教练，保持沉默不是我的性格。我清楚，如果我一脑门子不爽，我在场上的表现会受到非常糟糕的影响。我没有惧怕去与穆里尼奥沟通，我们谈了很多，所以跟他进行摊牌谈话并不是那么困难。我要很高兴地告诉你们，他立刻就让我冷静了下来，对我说：'别担心，你能行的。我对你作为前锋的能力有着巨大的信心。'我明确地告诉穆里尼奥，我来切尔西不是为了钱。我知道有些球员喜欢钱，喜欢巨额合同，但是对我来说，足球要重要得多。"

凯日曼还说，他曾经担心自己加盟切尔西几周后就会破产，"我们起初在肯辛顿租了一套公寓，那里离哈罗德百货非常近。那会儿我觉得我快破产了，我太太似乎觉得整个伦敦只有一家商店，所以她总是去哈罗德购物。幸运的是，我们已经买了新的房子，当时那房子的设施还不太完善，但是我们在那里找到了家的感觉。"

凯日曼继续说道："我和主教练之间有着很多相似之处。穆里尼奥是个感情丰富的人，他对自己所做的每一件事情都充满着激情，我觉得他有一种正宗的葡萄牙式的思维方式，这与塞尔维亚人的思维方式很像。穆里尼奥有些傲慢，但这是一种你会尊重的傲慢。如果我们想成为最好的球队，赢得重要奖杯，那么主教练必须是个赢家。穆里尼奥就是在尽一切可能确保自己是个赢家。他不停地告诉我们，我们会在本赛季夺取所有重要的奖杯，他这样反反复复地强调这一点，让球员们都相信自己就是天生的赢家。说实话，我们真的相信自己会赢得英超和欧冠冠军。我觉得穆里尼奥给我们所有人都洗脑了。他认为他是世界上最优秀的教练之一。他对比赛的分析非常到位，简直不可思议，他会将球员的心理状态调整到最优，将他们的战斗力最大化。不论我们的对手是谁，穆里尼奥都对对方的点滴细节无所不知。相信我，他简直和匕首一样锋利，没有任何事情能够逃脱他的控制。"

凯日曼还透露了阿布拉莫维奇人性化的一面——他会到更衣室里跟球员们讲没品笑话。"非主力球员们也保持着很好的情绪，这一点让我非常惊讶。这很大程度上是阿布拉莫维奇先生的功劳。他每场比赛之后都会到更衣室来，会和我们一对一地单聊，他表现出了温暖的一面。信不信由你，他其实是个非常有趣的人，每次来都会讲笑话，我们都会笑，因为他的大多数笑话都非常没品。很多人将他视作一个难以接近的富商，但其实他这个人特别好。"

对下一轮与诺维奇的比赛，穆里尼奥至少需要对阵容做出一处调整：布里奇将取代卡瓦略的位置。葡萄牙中卫脚趾骨折，将缺阵 2 到 3 周，胡特则仍在养伤，于是加拉将移镇中路与特里搭档。

2004 年 12 月 18 日，星期六
切尔西 4：0 诺维奇

切尔西本场比赛打出了速度和技术，打得客队丢盔弃甲，在半场前便锁定胜局，也借此确保将以英超领头羊的身份欢度圣诞。穆里尼奥说："我们打出了纯粹的防守反击足球。我们活力十足，充满速度，很好地利用了场上空间。事实上，我们本可能上半场只打进 1 球，下半场打进 3 球，因为我们在通过防守反击进球。现在有罗本在阵的战术体系非常适合我的球员们的特点，我们可以控制比赛。"

穆里尼奥对诺维奇表现出了令人感到疑惑的尊重，他派出了最强阵容。诺维奇开场之后很快适应下来，一度大有给切尔西制造难题之势。然而，托马斯·赫尔维格和加里·多尔蒂的失误，让切尔西获得了 2 球领先的巨大优势。第一次失误发生在第十分钟，赫尔维格的回传送到了达夫脚下，爱尔兰人带球疾进，随即低射破门。

前锋马蒂亚斯·斯文松在一次拼抢中重重地摔倒在地，扭伤了内侧韧带，

他的受伤离场令诺维奇再遭重创。利昂·麦肯齐入替登场，他在本方禁区内的明显手球幸运地逃过了点球判罚。然而，切尔西没有等待太久便斩获了第二粒进球：第三十四分钟，这次是多尔蒂馈赠大礼。这位前热刺后卫疯狂地将球送到罗本脚下，荷兰人横传，兰帕德的世界波直钻球门左上死角。特里赛前在《观赛指南》上的言论还真有预见性，他开玩笑说：由于兰帕德过于频繁地亲吻球衣上的队徽，他要给这位中场队友买点儿唇膏，以在圣诞期间保护其干裂的嘴唇。

半场结束前1分钟，罗本右路内切找到禁区内的兰帕德，后者将球做给蒂亚戈，葡萄牙人脚后跟巧妙回敲，罗本力拔千钧的射门完成了这次魔法般的配合，门将罗伯·格林没有任何机会。

被问到什么才能够阻止切尔西夺取英超冠军时，穆里尼奥耸耸肩："一支比我们更出色的球队。眼下，没有球队比我们更出色，但是你永远不知道未来会怎样。如果我们在心态和战术上保持现在的强大战斗力，我觉得没有人可以阻止我们。我们在联赛下半程肯定会输球，但眼下，没有人比我们更强。未来会如何，我不知道。也许阿森纳或曼联能够达到一个更高的水平，或者，也许我们会跌落至一个更低的水平。我们也许会遇到伤病或球员失去状态的情况，但是就目前来说，我对我们夺取英超联赛冠军信心十足。"

切尔西阵容

切赫／费雷拉，加拉，特里，布里奇／蒂亚戈（帕克），马克莱莱，兰帕德／达夫，古德约翰森（德罗巴），罗本（凯日曼）

完场前索尔·坎贝尔在朴茨茅斯主场技惊四座的进球，将阿森纳与切尔西的差距保持在5分。温格警告穆里尼奥说，切尔西并非不可阻挡："我们重新回到了冠军争夺之中，我们充满饥饿感，我们有足够的实力让冠军争夺变得非常有趣。"

巴巴亚罗拒绝了以租借方式加盟水晶宫、米德尔斯堡或者西布朗等球队，他要为自己的位置而战。在穆里尼奥任下，这位尼日利亚左后卫只有过1次联赛首发，但是已经加盟蓝军7年之久的他仍然希望在此效力更长时间。巴巴亚罗是阵中为切尔西服役最久的球员，他希望夏季合同到期后能够续签新约。

帕克得到了一条坏消息，他将因伤缺阵数周。X光片显示，他遭遇了跖骨骨折。帕克承认，伤病一定程度上是他自己造成的："我试图和达夫进行二过一配合，但是场地状况很糟糕，我扭了脚，甚至听到了东西断裂的声音。我们进球之后，我立刻找到了队医，主教练希望我下场，但是我想继续坚持，拿出好的表现，这让情况变得更糟了。"

对于弗格森爵士有关切尔西做客北方球队会丢分的言论，穆里尼奥做出了回应："我知道的是，曼联做客南方球队时会丢分，因为这已经在他们身上发生过了。他们在斯坦福桥丢了3分，在朴茨茅斯丢了3分，在富勒姆丢了2分。毫无疑问，他们在南方是有问题的。而我们到了北方会不会有问题，我们还得等等看。"

紧张而关键的圣诞赛程即将开始，之后便是冬季转会窗。兰帕德强调，阵容已经非常完善，"你当然总是希望加强阵容，但是切尔西的航船正在非常平稳地行驶，我们状况很好。"在萨里郡乡村地区的俱乐部新训练场，一堂训练课过后，穆里尼奥表示，冬季转会中，俱乐部的支票本最多只会动用1次，而这还是因为帕克的受伤。"过去2个月中，帕克对我们非常重要，正在成为出场阵容的常客。我不需要一个最顶尖的球员，忘了华金吧，忘了迪福吧，忘了你们想提的一切其他名字吧，如果我们有所动作，那只会是一个能够帮助我们的球员。然而，我还真不知道上哪去找比我们现有中场更强的球员。"

未来10天，从主场迎战阿斯顿维拉开始，切尔西将面临4场鏖战，而卡瓦略、胡特和巴巴亚罗却全部出现在伤病名单里。穆里尼奥清楚，他需要全队都做好准备。"1月和2月，我需要每个人都做好准备，但是我现在却只有16名健康的非门将球员。我没办法给球员们放假，每个人都在我的计划之中。"穆里尼奥对圣诞节做出的唯一妥协，是让球员们在圣诞节当天比平时晚几小时开始训练。

不过，维拉主帅大卫·奥利莱遇到的麻烦，还是让人们对穆里尼奥的境况有了更客观的认识。奥利莱甚至填不满自己的板凳席，他的球队饱受伤病摧残，而由于卡尔顿·科尔是从切尔西租借而来，他也无法派这名前锋出场。奥利莱说："我手头只有14名健康的非门将球员以及2名门将。这种情况下，你的选择余地就非常有限了。"

2004 年 12 月 26 日，星期日

切尔西 1∶0 阿斯顿维拉

达夫的进球已经足够帮助切尔西击败阿斯顿维拉，穆里尼奥强调，如果能够带来英超冠军，那么即使赛季余下的比赛都以 1∶0 的比分艰苦取胜，他也乐意之至，"我们的目标不是赢得冬季冠军，我们的目标是在赛季末成为英超冠军。现在，我们拥有 5 分的优势，本场的结果对我们保持这个优势非常重要。这个结果让我们处于有利的位置，现在的问题只在于我们的优势是会扩大为 8 分还是缩小为 2 分。球迷们相信我们能够夺取联赛冠军，他们明白，当你为冠军而战的时候，你无法承受愚蠢的丢分。人们都在谈论我们最近的几场4∶0 大胜，但是这些比赛我们所取得的零封同样非常重要。我们的目标是踢出漂亮的足球，早早进球，轻松取胜。但是当比赛进行了 75 分钟，比分仍是1∶0 的时候，你就需要挽起袖子，带着一颗顽强的心为保住领先而战，今天我们便做到了这一点。"

奥利莱坚称："除了那粒进球，这是一场势均力敌的比赛，我们从未想着到这里来死守。我今天只是勉强凑够了替补席的 5 个人。到斯坦福桥比赛，你无疑面对着遭受一场惨败的可能，但是我不想在后场死守，等着被对手暴打。我们奋力搏了一把，切尔西在比赛尾声非常紧张。"

在自己参加的近 9 场比赛中，达夫第六次首开纪录，让球队步入通向胜利的轨道。比赛进行半小时后，维拉的一波进攻在切尔西禁区内被阻断，兰帕德立刻传球给罗本，荷兰人从后场开始带球，维拉防线在他的疾进面前后撤，中场加雷思·巴里也内收保护中路，罗本随即将球分给肋部的达夫，后者内切突破利亚姆·里奇威尔，低射近角攻破了托马斯·索伦森的十指关。这是一粒迟到的进球。之前，特里已在接到兰帕德任意球后头槌顶高，达夫的另一次左脚攻门则擦着远端立柱而出。不过，维拉坚定贯彻着战术部署，拒绝冒进，他们在全力阻止切尔西获得 1999 年以来的首次节礼日胜利。

切赫说："我身前有特里、卡瓦略和加拉这些伟大的后卫，这让我信心十足。他们大大减轻了我们的比赛难度，因为我们都知道，我们通常只要打进一

个球就够了。我们 1：0 获得了胜利，比赛结束了，我们又拿到了 3 分。"

切尔西阵容

切赫／费雷拉，加拉，特里，布里奇／蒂亚戈，马克莱莱，兰帕德／达夫（斯梅尔京），古德约翰森（德罗巴），罗本（格伦·约翰逊）

阿森纳坐镇海布里 2：0 击败富勒姆的比赛中，亨利斩获了赛季第二十球，以 128 粒进球在阿森纳历史射手榜上升至与伊恩·赖特并列第二的位置。他说："我不关心切尔西的情况，我们只需要思考自己应该怎么做。如果我们不相信能够赶上他们，我们就不如现在放弃，回家算了。我们必须要相信我们能够做到。比赛后，我没有去问切尔西的结果，我们只是专心于自己的工作。"温格也坚称，他的球队并不操心切尔西的事情，"赛季距离结束还很远，我们最重要的事情是专注于自己。我们无须操心任何其他人的事。如果我们赢下自己的比赛，那么我会准备好在赛季最后阶段做做算术题。猜测切尔西会不会跌上一跤，这心操得太远了。我不会琢磨其他球队的比赛结果，我们能够改变他们什么吗？什么都改变不了。"

法国体育日报《队报》将穆里尼奥评选为 2004 年梦之队教练。在率领波尔图赢得欧冠和葡超冠军后，穆里尼奥这神奇的一年以他的切尔西占据英超榜首收尾。中卫特里和卡瓦略这 2 名切尔西球员，也入选了梦之队阵容。

对于英格兰足球圣诞赛程的初体验，实在不对穆里尼奥的胃口，"我明白，节礼日在你们的足球文化中是重要的一天，我可以接受 12 月 26 日这天进行比赛。但是，28 日这天再进行一场比赛是完全说不通的，如果一些重要球员在这些比赛中受伤，那我们就真应该反思一下这种赛程体系。事实是，与维拉的比赛后，我们只有 24 小时来进行下轮与朴茨茅斯比赛前的训练和旅行。我知道这种情况对每支球队都是一样的，我们必须在同等条件下进行比赛，但是两场比赛之间只有 1 天休息实在过于艰苦。你们可以去问问体能专家、生物化学家和生理学家，他们都会告诉你，一场英超比赛之后，球员是绝对没可能在 24 小时之内恢复过来的。"

击败维拉的比赛中，加拉扭伤了足部韧带，穆里尼奥已经要开始面对防线的头疼问题了。在胡特养伤，卡瓦略也不是 100% 健康的情况下，穆里尼奥的选择余地非常有限，"也许 28 日我们将看到很多进球，但那不会是因为球队踢得有多么好，而是因为球员们都累坏了。"

斯梅尔京上赛季曾以租借方式在弗拉顿公园踢球，他提醒队友，若想击败庞贝军团，他们需要遏制帕特里克·博格以及艾耶格贝尼·雅库布的发挥。这位俄罗斯中场表示："回到那里对我来说会是特殊的经历。我喜欢朴茨茅斯球迷，因为他们非常忠诚，而且很喜欢我。朴茨茅斯总是带着很好的精神面貌比赛。雅库布能力很强，身体很强壮，他很有饥饿感，动力十足。而他们最好的球员则是博格，他非常有威胁，我们必须小心他。"

2004 年 12 月 28 日，星期二
朴茨茅斯 0：2 切尔西

朴茨茅斯让切尔西体验了非常艰苦的 45 分钟，切尔西抵挡住了活力四射的庞贝军团的冲击。穆里尼奥对朴茨茅斯赞不绝口，"朴茨茅斯给我们制造了很大的难题，看了他们的表现，你就会知道他们之前为什么能够在主场击败曼联，为什么只是不走运地惜败给阿森纳。但是中场休息后，我们进行了很好的调整，我们毫无疑问获得了一场了不起的胜利。

"中场休息时，我对球员们说，今天这场比赛就别琢磨盘带或者美丽足球了，这是应该展现出如何成为冠军的一天——我们做到了。只有顶尖球员才能像我们今天这样去战斗。从心理角度来说，在圣诞赛程获得胜利，我们逾越了一道难关，两场全取 6 分表明我们没有遭受厄运。接下来还有一些艰苦的考验等着我们，但是我的球员们已经证明，他们对冠军有着强烈渴望，他们很清楚自己具备这个实力。"

穆里尼奥对两个问题感到不悦："是的，你可以两三天内踢 2 场比赛，但是并不意味着这么做是正确的。你可以抽上 3 盒雪茄，抽完也没死，但是这并不意味着这么做是正确的或者健康的。"同时，他还对阿森纳在圣诞赛程与纽卡斯尔联的比赛前拥有多一天的休息时间而感到恼火，"他们似乎总是能够休息两三天，好好恢复。也许这是由于电视转播安排的因素，但是我的球员们都很累，特里尤其如此，他连续踢了 2 场重要的比赛，好在周六与利物浦比

赛前他能得到几天休息了。"

罗本首开纪录后的脱衣庆祝招致了黄牌警告，2分钟后他便被替换下场。走向替补席的路上他一直在笑，还特意停下来与主裁判阿兰·威利握手。替补登场的乔·科尔在补时阶段的进球确保球队获得了在榜首8分的领先优势。回过头来看，罗本的赛季第八球是这个赛季的决定性时刻之一。比赛还剩11分钟结束时，乔·科尔、达夫和古德约翰森连续配合，罗本在禁区右侧觅得射门良机。他的射门处理得不错，而皮球碰到马修·泰勒后改变了方向，则让门将沙卡·希斯洛普一点扑救的机会都没有了。

乔·科尔替补登场带来了新的火花、创意以及杀死比赛的第二球——一记禁区弧顶的劲射。乔·科尔表示："我们现在就像一部机器。我可以想象，我们去年是怎么评论阿森纳的，他们现在就是怎么评论我们的。我们的防守非常稳健，前锋和中场的确吸引了更多目光，但是如果你看看4名后卫以及门将，不论我们上的是谁，表现都是一如既往地稳健，这真是了不起。切赫很有世界第一门将的样子，这个大个子现在让库迪奇尼失去了上场机会，而我们都知道库迪奇尼本身就是一位优秀的门将。拥有2名这样的门将会是我们在冠军争夺中关键的优势。我们现在必须拒绝自满，只要做到这一点，我不认为我们会遇到什么低谷。"

切尔西的庆祝包含着一种如释重负。上半场比赛中，你可看不出他们是冠军候选。庞贝军团在切尔西面前表现出了激情和不间断的侵略性，他们在弗拉顿公园正是凭借这样的精神面貌击败了曼联，并险些逼平阿森纳。奈杰尔·夸西在30码外带着诡异弧线的劲射被切赫单掌托出。和与富勒姆、纽卡斯尔以及阿森纳的比赛一样，下半场切尔西的局势突然大为改观。切尔西的阵线比上半时压得更加靠上，以其人之道还治其人之身，用庞贝的打法抢得他们无法控球。

格伦·约翰逊接罗本角球后的头槌在门线前被挡出，替补德罗巴登场的古德约翰森补射打高；而在一次罗本发起的攻势中，希斯洛普则倒地化解了古德约翰森的脚下球。比赛时间所剩无几，罗本再次为他的球队带来胜利。

德罗巴回到首发阵容却没有令人满意的表现，这是这场胜利消极的一面。穆里尼奥说："我们知道必须要对德罗巴保持耐心。史蒂夫·克拉克的职业生涯中也做过同样的手术，他说，你也许会自我感觉已经好起来了，但其实可能还没有完全康复，你需要更多的时间。所以我们会努力给德罗巴更多的时间。"

自从做客曼城遭受迄今唯一的联赛败绩以来，切尔西在 11 场比赛中只丢了 4 分，切赫和他的防线队友们在 20 轮英超中有 14 场零封对手。穆里尼奥表示，2004 年对他个人来说已不可能更加完美，不过，他的新俱乐部还尚未夺得任何奖杯。穆里尼奥说："这一年对切尔西来说非常不错，但是他们什么荣誉都还没有获得。2005 年，我们必须开始为俱乐部带回奖杯，我们目前为止所做到的事情还没有实质意义，我们必须在 5 月份时依然排在榜首，获得奖杯。英超冠军是我们万分期盼的。"

朴茨茅斯教练乔·乔丹说："我们踢得这么好，却还是输给切尔西，这感觉太糟糕了。但是在比赛尾声，你必须承认你的对手有一些特殊的东西，有一些这年头你不太经常遇到的东西。切尔西拥有才华横溢的球员和雄厚的财力，但是你必须承认，他们还有一些别的东西，是穆里尼奥带给他们的东西。"

切尔西阵容

切赫 / 格伦·约翰逊，特里，加拉 / 费雷拉，马克莱莱，斯梅尔京（乔·科尔），兰帕德 / 达夫，德罗巴（古德约翰森），罗本（格雷米）

客场击败维拉后，曼联近 8 轮的战绩刷新为 7 胜 1 平，但是他们与切尔西的 9 分差距并未缩小。弗格森爵士说："我们已经赶上切尔西身后的那些球队了，现在的问题在于追上切尔西。他们最近状态极佳，但是我们知道，只要我们保持自身的稳定状态，那么一旦切尔西出现波动，我们就能追到非常非常近。我们能做的就是保持自己的状态，如果我们继续最近这样的表现，就会得到回报。"阿森纳也保持着对切尔西的挑战，维埃拉 20 米外的凌空抽射帮助他们在客场 1：0 击败了纽卡斯尔联。

阿布拉莫维奇是俄罗斯俱乐部莫斯科中央陆军的赞助商，据报道，莫斯科中央陆军拒绝了切尔西对捷克国脚中场伊日·亚罗希克的报价。2003 年夏天，亚罗希克以创俄罗斯转会费纪录的 200 万英镑价格来到了莫斯科中央陆军，还曾在欧冠与切尔西交手。切尔西将他视为解决伤病危机的短期方案。

穆里尼奥拿出了一些精力用于转会市场，他允许巴巴亚罗以 100 万英镑的转会费加盟纽卡斯尔联。据传纽卡斯尔左后卫奥利弗·贝尔纳有望转战斯坦福桥。纽卡斯尔对切尔西每一位相关人士的配合和友好表示了感谢。巴巴亚罗在伦敦踢球期间，获得过足总杯、联赛杯、慈善盾和欧洲超级杯的冠军，但是，在阿布拉莫维奇的石油金元先后帮助拉涅利和穆里尼奥大手笔投资网罗各路精英后，巴巴亚罗越发成为边缘人物。效力切尔西期间，他一共参加了 197 场比赛。

穆里尼奥评论说："这个决定是着眼于球员利益而不是俱乐部利益做出的，这不是我或者俱乐部做出的一个自私的决定，而是为了球员的未来，为了他职业生涯的利益而做出的决定。我们收到了几份报价，但是纽卡斯尔的邀约最为特别，他们给了巴巴亚罗美好的愿景。我们会想念作为球员和作为个人的巴巴亚罗，我认为，我们在他转会一事上的配合是非常仁义的。纽卡斯尔是一家大俱乐部，他们是为宏伟的目标而战。"

伯明翰中断了前锋米凯尔·福塞尔的租借合同。这名芬兰国脚原本连续第二个赛季被租借到伯明翰，但是严重的膝伤几乎宣告他的赛季提前报销。伯明翰启动了租借协议中的解约条款，福塞尔将回到伦敦开始手术后的康复进程。

穆里尼奥将特里描述为"世界最佳中卫"，"从我来到这里的第一分钟开始，他就一直保持着同样的水准，没有起伏，没有失误。他不会对与曼联的比赛多投入一分，对与西布朗的比赛少投入一分。他也不存在喜欢与高大强壮前锋较量、应对灵巧快速型前锋就比较吃力的问题。每场比赛，他都是一样的，每个对手对他来说都是一样的，他的表现都会是相同的水准。他是球队的领袖，他在场上的声音非常重要，这一点是我所做不到的。他真是太棒了。"

特里的确在队中有着极大的影响力，在场上如此，在更衣室同样如是，他经常会在比赛前进行激情四射的演讲。穆里尼奥说："在有些俱乐部，队长是主教练的队长；在另一些俱乐部，队长是球员们的队长；还有的俱乐部，队长是俱乐部的队长，因为他已经在那里效力 10 年。在我们这里，特里具备以上一切属性。"

穆里尼奥还毫不掩饰对兰帕德的喜爱，"兰帕德每天都在进步，和杰拉德一样，他是世界上最棒的球员之一。很难说哪个球员是最好的，因为有些中场更偏重防守，有些更偏重进攻。我要说，兰帕德和杰拉德都是攻防兼备，他们都是伟大的球员。"

杰拉德依然是穆里尼奥的头号引援目标，但是利物浦主帅贝尼特斯说："如果我们表现不错，取得胜利，我相信杰拉德会认为我们有能力击败英超任何球队。我希望他留下，他也很清楚这一点。"

在出征安菲尔德之前，切尔西领先排名第六的利物浦 15 分。但是贝尼特斯坚信他的球队可以获胜，"10 月份切尔西在斯坦福桥 1：0 击败我们之后，我们已经变成了一支更好的球队。我们的心态更好了，更有信心了。切尔西的确拥有英超最强大的班底，拥有很多非常出色的球员，但是我相信我们有能力击败他们。过去两三个赛季，他们斥重金引进球员，但是我并不为此过分担忧。我在瓦伦西亚执教时的情况跟现在差不多，因为皇马和巴塞罗那都比我们有钱，我们却赢得了西甲冠军。"

2005 年 1 月 1 日，星期六

利物浦 0：1 切尔西

切尔西的胜利要感谢好运相伴。利物浦控制了比赛，还被裁判漏吹了一个明显的点球。和做客朴茨茅斯一役一样，切尔西打破僵局的进球来自一记折射。切尔西必须找回流畅的进攻——古德约翰森不在状态，德罗巴仍需恢复自己的信心和力量。切尔西倚仗的是发挥神勇的切赫。蒂亚戈将球踢到安东尼奥·努涅斯面前后，切赫神奇的反应速度让他扑出了西班牙人的近距离射门。

穆里尼奥为本队做客北方球队时的顽强斗志感到骄傲，这可是弗格森曾质疑过蓝军的问题。穆里尼奥说："我为我的球员们感到骄傲。我们借助了一些运气成分，但运气总是习惯在正确的时间和正确的地点眷顾冠军球队。我们向曼联和阿森纳证明，他们对冠军的争夺将极为艰苦。我认为，现在他们想赶上我们将非常困难。我为利物浦感到遗憾，他们说蒂亚戈手球了，我没有看到，但有些时候你确实会得到一些有利的判罚，这就是足球。我的球员们一直在战斗，他们配得上得到一些运气。不过我感觉利物浦也踢得非常出色，如果比赛以平局结束，将是公平的。"

继节礼日做客朴茨茅斯的进球后，乔·科尔此役又在比赛尾声攻入了制胜

球。切尔西上半时苦苦支撑，很大程度上是由于格伦·约翰逊这一侧的防守被阿尔内·里瑟突击得七零八落。比赛打到第七十六分钟，穆里尼奥用乔·科尔换下了达夫，立刻就收到了回报。罗本开出角球，约翰逊头球摆渡回做到禁区前沿，科尔大力低射破门。这个进球凸显出主裁判迈克·莱利之前2次漏吹利物浦点球的不公，但是切尔西展现出了他们的勇气，撑到了最后。

兰帕德的犯规让利物浦球迷的宠儿哈维·阿隆索遭受了脚踝骨折，而兰帕德此役的整体表现则平淡无奇。这次犯规让他领到了本赛季的第五张黄牌，将停赛1场。他说："和阿隆索将缺阵那么长时间相比，我停赛1场不算什么。我绝对无意去伤害他，发生这样的事情，我要对他说一声对不起。"

蒂亚戈用手将皮球从努涅斯头顶拍走，利物浦毫无疑问应该获得1个点球。马克莱莱放倒弗洛朗·西纳马－庞格勒，恐怕也该是1个点球。贝尼特斯说，切赫是切尔西最好的球员。切赫的确在第十五分钟做出精彩扑救，化解了吉米·特劳雷的单刀，而第四十二分钟救出努涅斯射门以及完场前4分钟封出杰拉德的任意球，亦相当精彩。

罗本第十八分钟反越位成功后本该进球，但是他稍微迟疑了一下，内切后射门被门将耶日·杜德克挡出底线。而第五十分钟，达夫送出传中，古德约翰森的包抄也应该更果断迅速才对。

不过，这是后卫们大放异彩的一天。蓝军完成了85年来在联赛中对利物浦的第一次双杀。贝尼特斯抱怨说："我们输掉这场比赛有两个原因，其一是阿隆索的受伤，他将缺阵5到6周；其二是主裁判错误地未能判给我们一个点球。"利物浦队副杰米·卡拉格也批评了裁判，"他本赛季执法的2场重要比赛中都出现了误判，而这2次误判或许就将决定阿森纳和切尔西谁能夺取英超联赛冠军。"10个星期前，在曼联与阿森纳的比赛中，迈克·莱利送给鲁尼一个极具争议的点球，间接导致阿森纳49场不败的纪录作古。卡拉格说："如果阿森纳在老特拉福德得到正确的判罚，谁知道会发生什么呢？顶级比赛需要顶级裁判，出现这些误判，足总需要想想这名裁判是否应该执法这样级别的比赛。他当时的站位完全应该能看清发生了什么，他都开始要把哨子放进嘴里了。我不知道他是突然失去了勇气还是怎么的。"甚至马克莱莱也承认："那应该是一个点球。"

切尔西阵容

切赫／费雷拉，特里，加拉，格伦·约翰逊／兰帕德，马克莱莱，蒂亚戈／达夫（乔·科尔），古德约翰森（德罗巴），罗本（凯日曼）

这一天的晚些时候，阿森纳和曼联都获得了胜利，他们继续追赶着切尔西，但是切尔西正在朝着刷新曼联 91 分英超纪录的方向前进。本场赛后，捷克国脚亚罗希克加盟了蓝军，他说："我非常高兴，这是我人生中最重要的一次机会。"

切尔西对英格兰中后卫里奥·费迪南德的兴趣，促使曼联开始考虑与这名后卫开启续约谈判，目标是将他的合同延长到 2010 年。阿布拉莫维奇一直非常喜欢这位英格兰球星，据称他准备在夏季转会窗以 600 万英镑的年薪引诱他转战斯坦福桥。尽管费迪南德周薪 7 万英镑的合同还有两年半才到期，弗格森还是告诉曼联俱乐部，他们必须采取行动阻止费迪南德离开。如果让切尔西拥有费迪南德和特里这样的中卫搭档，那他们无疑将变得更为强大。

切尔西下轮对手米德尔斯堡的主教练史蒂夫·麦克拉伦相信，切尔西必须要确保特里保持健康，才能继续强势的表现，"2004 年欧洲杯期间，我曾经和特里密切合作，他给我留下了极为深刻的印象。如果切尔西失去特里或兰帕德，那会对他们造成严重打击。他们都是彻头彻尾的切尔西人，是这家俱乐部的心脏、脊梁。他们上赛季便是如此，本赛季则变得更加成熟，更加强大。切尔西势头很好，但是如果他们失去这两名球员中的一个，那将是他们的重大损失。他们的核心球员就是特里、兰帕德、马克莱莱、达夫和罗本。如果他们遭受伤病，形势就会有所不同。"

2005 年 1 月 4 日，星期二
切尔西 2：0 米德尔斯堡

德罗巴的梅开二度帮助切尔西将榜首的领先优势扩大为 7 分，争冠对手阿森纳和曼联都在主场意外丢分。德罗巴如匕首般犀利，在第十四分钟和第十七分钟攻入 2 粒华丽的进球，宣告了自己的强势回归。

原本就是英超头号热门的切尔西，如今已被弗格森爵士称为候任冠军。在

主场 0：0 战平托特纳姆热刺后，曼联主帅直言："切尔西需要重大失误才会失去冠军。"而阿森纳坐镇海布里 1：1 战平曼城后，温格仍是不服输的态度，"如果我们自暴自弃，说切尔西已经是冠军，那就是犯罪，是极其不职业的。"

从德罗巴接兰帕德传球攻破马克·施瓦泽大门的那一刻起，比赛结果就不再有任何悬念。稍后，德罗巴又接到兰帕德任意球传中，头槌再下一城。两次破门，科特迪瓦前锋都摆脱了盯防他的加雷思·索思盖特。明白穆里尼奥为什么没有极力挽留哈塞尔巴因克了吧？开赛前，这位前蓝军射手的昔日锋线搭档古德约翰森为其颁发了一枚纪念奖章，但是荷兰人的首次重返斯坦福桥之旅也就只有这枚奖章可供留念了。

乔·科尔此役顶替蒂亚戈，获得 10 月以来的首次英超首发；斯梅尔京虽然充当的是临时左后卫，却表现得游刃有余，无论穆里尼奥怎样调整防线，他似乎总能找到胜利的办法。

米德尔斯堡门将施瓦泽两次扑出过罗本的低射，只可惜没有切尔西队友跟上补射；达夫的一脚劲射则惊险划过门前；德罗巴从空中争抢到了切赫的大脚解围，但是转身射门正中施瓦泽下怀；达夫第五十七分钟的左脚射门则击中了门梁；甚至，费雷拉也有过尝试，他接到兰帕德传球，可惜射门一脚打高；兰帕德也有一次攻门被施瓦泽封出。而全场最漂亮的配合，则是完场前全队经过 20 脚传球后，兰帕德施射偏出。

比赛唯一的瑕疵是罗本领到了赛季第五张黄牌，这意味着他要缺席联赛杯半决赛对阵曼联的首回合比赛。比赛结束 1 小时后，米德尔斯堡主教练史蒂夫·麦克拉伦才从更衣室走出，来分享他对这场本队被"摁住胖揍一顿"的比赛的想法，他对本队没有溃败感到欣慰。如果英超第六名球队的主教练满足于只输切尔西 2 个球，那么排名靠后的球队会是怎样的态度，想想都让人发抖。

切尔西阵容

切赫／费雷拉，加拉，特里，斯梅尔京（格伦·约翰逊）／乔·科尔（蒂亚戈），马克莱莱，兰帕德／达夫，德罗巴（凯日曼），罗本

亚罗希克披露，要不是为了和切尔西谈判而取消了在亚洲的假期，他就会赶上飓风灾难，"圣诞期间我本来是要去斯里兰卡度假的，但是由于转会谈判的缘故，我取消了这次旅行。上帝一定非常爱我。"亚罗希克起初被认为是以租借半年的形式加盟，但是后来的消息披露，他得到了更好的合同，正式转会的费用为 250 万英镑。这位多面手球员被认为与维埃拉风格相近，在帕克因脚伤缺席的情况下，他能够填补中场人手的不足。

亚罗希克强调，推动这笔转会成行的，不是阿布拉莫维奇，而是穆里尼奥，"穆里尼奥先生非常希望我加盟，这一点很重要。他告诉我，他对签一名高傲的超级巨星不感兴趣，他想要的是一个经验丰富、踏实肯干的球员。他对我说，我有机会立刻进入阵容。"

亚罗希克的离开令莫斯科中央陆军主教练瓦列里·加扎耶夫感到愤怒，他保持着强硬的沉默，但是私下里向朋友们抱怨，不理解俱乐部怎么能够放行这笔交易。和莫斯科中央陆军很多古怪的事情一样，根源在于阿布拉莫维奇和他的西伯利亚石油公司。阿布拉莫维奇是莫斯科中央陆军主席叶夫根尼·吉内尔的密友，而西伯利亚石油公司则是莫斯科中央陆军俱乐部的金主。

穆里尼奥曾将格雷米树立为忠诚可靠的替补球员的典范，但现在，这位喀麦隆国脚却希望改换门庭，以求踢上比赛。这位当初切尔西以 690 万英镑从皇马购入的球员，曾于 2002—2003 赛季以租借身份为米德尔斯堡参加了 33 场比赛。而今，他敦促米德尔斯堡再次与自己签约，"我在切尔西过得不如意，因为我踢不上比赛。穆里尼奥没有给我机会，我不喜欢坐板凳的感觉。我希望离开，米德尔斯堡是个很棒的选项，因为我在那里有过愉快的回忆。"格雷米是穆里尼奥任下第一个要求离开的球员，他声称更喜欢在拉涅利手下踢球的日子，"穆里尼奥是个好教练，但是很少做出改变。拉涅利的轮换比穆里尼奥更多，这种体系下球员们会更加开心。我有足够的实力在英超踢球，我在过去两个赛季中证明了这一点，本赛季我却无法展现自己的实力。我不后悔来到英格兰，因为我在这里学到了很多，但是我渴望踢上比赛。"

史蒂夫·克拉克强烈表示，穆里尼奥手下的球员谁都不会走，不开心的格雷米以及引起拜仁慕尼黑关注的后卫胡特也不例外。同时，切尔西还与费耶诺德就引进 19 岁前锋萨洛蒙·卡卢一事达成协议，转会费将为 1000 万英镑。这位科特迪瓦前锋要到夏天的时候才会来斯坦福桥，因为他至少还要等 3 个月才能拿到荷兰护照，这对于他到英格兰踢球至关重要。阿森纳在密切关注卡卢一事的进展，希望利用转会延期的机会半路截和。卡卢被广泛认为是欧洲足坛最有才华的年轻前锋，他全面的技术风格被与亨利相提并论。荷兰队主帅马尔科·范巴斯滕几乎向卡卢打了包票：只要他拿到护照，就铁定入选荷兰国家队。

穆图与尤文图斯签下了 5 年合同，他的 7 个月禁赛将于 5 月 18 日结束。理论上他甚至可能代表尤文图斯在欧冠决赛对阵老东家切尔西。严格说来，穆图确属自由球员，所以尤文图斯宣布了穆图免费加盟的消息。但是，据估遭受了 1370 万英镑损失的切尔西要求尤文图斯支付转会费，以填补亏损。切尔西依然握有穆图的注册，在英超联盟对穆图提出的非法解雇之诉举行听证之前，他的注册俱乐部仍将是切尔西。如果无法得到尤文图斯的转会费，切尔西或许会通过向法院起诉来索要赔偿。切尔西内部资深人士表示："我们的立场一点都没有改变，我们绝对认为球员或者他的新俱乐部应向我们给予赔偿。对于一笔 1300 万英镑的资产，你不可能只是挥挥手就说再见。"

马丁·约尔统军的热刺将是切尔西的下一个对手，这位荷兰教头表示，他相信罗本有望成为世界上最好的球员，"约翰·克鲁伊夫是荷兰的超级现象级人物。我 3 年前就说，罗本会是一个级别低一些的现象级人物，但未来他会是超级的，绝对超级。在英格兰，你们不明白克鲁伊夫有多么伟大，所以当我说罗本会级别稍低的时候，已经是一个巨大的褒奖了。在荷兰，我们都认为罗本是欧洲最好的边锋。我提出克鲁伊夫是史上最佳球员的时候，有人告诉我乔治·贝斯特① 才是。我能够理解这种观点，但是克鲁伊夫踢了 18 年美妙的足球，乔治·贝斯特虽然才华横溢，但只有七八年好光景，这是巨大的区别。罗本有能力实现克鲁伊夫那样的成就。16 岁的时候，罗本便跻身格罗宁根一线队，他那时踢得就和现在一样好。罗本在荷兰与我的球队交锋时，总会给我们

---

① 乔治·贝斯特（1946.5.22—2005.11.25），已故北爱尔兰职业足球运动员，是北爱尔兰球坛历史上最为人熟知的球员，为曼联夺得欧洲冠军的功臣。他被公认为英国足球史上最伟大的球员之一，也有不少人认为他是足球史上最有天赋的球员，若出生在足球强国，贝斯特能达到甚至超越贝利的高度。2008 年，曼联在主场老特拉福德球场竖立起贝斯特、博比·查尔顿和丹尼斯·劳三人的铜像，以表彰他们为俱乐部做出的贡献。

难堪。即便我们 1：0 领先，他也能够扳回来。与他交锋，我就没成功过。有人说，他能在荷兰联赛带球连过五六人，但是在英格兰想都别想。然而，他在英格兰照样带球连过五六人。"

2005 年 1 月 15 日，星期六

托特纳姆热刺 0：2 切尔西

兰帕德的梅开二度，令切尔西成为英超历史上首支获得 6 连胜且不失一球的球队。代替穆里尼奥出席新闻发布会的史蒂夫·克拉克说："这是一场艰苦的比赛，赛后全队的庆祝表明了这场胜利对我们这家俱乐部的意义。我不认为有任何中场球员比兰帕德更强大。他的表现非常稳定，英格兰同时拥有兰帕德和杰拉德这样 2 名中前卫非常幸运。他在主罚点球时展现了自己的实力，因为他当时肩上的压力非常大。比赛最后 1 分钟，他包抄到位接应古德约翰森的回敲，则展现出了了不起的体能。"

中场休息走下球场时，兰帕德对遭遇的谩骂做出了回击。他的"罪行"是在上半时罚进了一个有争议的点球。面对伸腿阻截的莱德利·金，斯梅尔京摔倒在地，这引发了热刺激烈的抗议。但是，兰帕德冷静地罚入了这个点球。热刺方面在球场大屏幕上播放摔倒瞬间慢动作的决定令人遗憾。中场休息离场时，通常十分冷静的兰帕德对球迷一些恶毒的辱骂进行了还击。

早些时候，罗本以令人熟悉的方式突入禁区后，诺埃·帕马罗有明显的推人动作。切尔西助理教练史蒂夫·克拉克说："点球之前那次禁区里的摔倒，我觉得应该判点球，而且我们下半时也有个该判的点球没判。"

第四官员示意全场补时 4 分钟，兰帕德最终击退了热刺顽强的抵抗。热刺拼得很凶，2：0 的比分对他们确实有些不公。不过，切尔西还是将不败纪录延续到了 14 场，切赫则已 601 分钟没有丢球。这项数据不仅说明了切赫的实力，也表明了切尔西整支球队强悍的防守能力。英超其他球队的中卫，身前都没有马克莱莱所提供的坚固屏障。

扑出迪福的折线射门，是切赫在将不失球纪录延续到 9 个小时之前唯一需要做的事情。而全场最接近攻破切赫球门的，是防守热刺定位球时斯梅尔京的一次严重误击，皮球擦着远门柱飞出了底线。

约尔强调，点球是不存在的，"我能够理解以裁判当时的视角，他为什么做出了这样的判罚。但是当你从另一个角度来看，你会发现是斯梅尔京踩了莱德利·金的脚。斯梅尔京当时奔跑速度很快，换作是我还真会失去平衡摔倒，但是我已经 48 岁了。这样的局面真是遗憾，因为那个时段我们才是表现更好的球队。与曼联的比赛后我说过，吃过的亏总会找回来，但是现在我对此有所怀疑了。"

帕马罗也很愤怒："比赛中切尔西有很多球员假摔。我觉得不会有人认为那应该是个点球，只有裁判例外。但是，还不仅仅是那个点球，罗本也在假摔，我认为这很不公平。罗本是个了不起的球员，但他一直在假摔……球迷的愤怒是可以理解的。"

帕马罗与罗本的争吵，缘于上半时在斯梅尔京点球之前的一次事件。罗本在法国人逼抢下摔倒在禁区之内，两名球员立即进行了言语激烈的交锋。

尽管包办了 2 粒进球，但是兰帕德强调，本队的防守应该得到称赞，"加拉和特里在防线的稳健表现给了我们很大信心，他俩的配合真是太棒了。人们对特里有着很多称颂，这太对了，因为他一直非常美妙。他和加拉刚好特点互补：特里的防守能力非常全面，照顾全局，他身旁的加拉则有速度优势，他俩的组合让任何对手都感到头疼，更何况他俩身后还有一位伟大的门将。我对他们怎么称赞都不为过，他们整个赛季的表现都一级棒。"

1 年前，切尔西对高歌猛进的阿森纳望尘莫及，兰帕德非常清楚那是一种怎样沮丧的感觉。如今，兰帕德相信，切尔西的追赶者们也会是这样的感觉，这让他非常高兴："去年，阿森纳以他们的方式设定了英超的标准。当你连续取分，而对手也在连续取分的时候，那可真让人不爽。最终，你跌了一跤，对手却依然在抢分。我们去年追赶阿森纳时情况便是这样。但是最近，我们成了上赛季阿森纳的角色，轮到了我们高居榜首，如果我们想获得联赛冠军，就必须保持这样的局面。以我们现在的团队精神和高昂士气，我们没有理由不继续领跑英超。我们现在有极好的团队精神，会庆祝每场比赛的胜利，因为我们知道每场比赛的重要性，而这次客场击败热刺则有着特殊的喜悦。"

甚至，连乔·科尔都已经洗刷了不回防的名声。下半时替补登场后，他有过 3 次重要的抢断，每一次穆里尼奥都在教练席上为他喝彩。乔·科尔说：

"今天，我们朝着冠军迈出了坚实的一步。你可以在比赛结束后看到，伙计们非常享受这场胜利。这个3分来之不易，但我们再次当之无愧。打赢胶着的比赛是感觉最爽的，这些才是伟大的胜利。主教练告诉我要去拼，我做到了，这非常好。这场比赛的结果给阿森纳施加了压力，我们知道去年他们接连取胜时，我们是什么感受。现在他们必须持续抢分才行。"

克拉克则对对手们提出了最严厉的警告："其他人在谈论我们会有低谷。可惜，我们的低谷或许已经过去了。我们在输给曼城的比赛前后都有过平局，也许我们已经走完低谷了。"

切尔西阵容

切赫／格伦·约翰逊，加拉，特里，费雷拉／斯梅尔京（亚罗希克），马克莱莱，兰帕德／达夫（乔·科尔），德罗巴（古德约翰森），罗本

当天晚上，阿森纳客场0：1输给了博尔顿，切尔西的领先优势扩大为10分，净胜球也大为占优。而在安菲尔德获胜后，曼联则把与枪手的差距缩小为1分。

1998年，枪手曾经在落后9分的情况下后来居上抢走了曼联手里的冠军。然而，正如他们2003年4月做客博尔顿曾经先进2球却最终2：2收兵，锐步球场已经习惯性地成为阿森纳冠军野心的坟场。

阿森纳赛季第三场失利最让人震惊的地方在于，他们似乎完全接受这样的结果。很难想象，这就是那支3个月前创造49轮不败纪录、被歌颂为"无敌舰队"的球队。温格说："切尔西是一支强大的球队，他们球队在各个环节都有丰富的经验。但是，如果说我们是因为年轻，所以输给了博尔顿，那这个借口实在有些廉价。切尔西每年都在进步，他们买进了德罗巴、罗本、蒂亚戈、卡瓦略、费雷拉、切赫这样的强援，这带来了很大不同。但是，他们有钱改善阵容并不令我感到愤怒，这确实给我们带来了问题，但是他们用钱改善阵容并不意味着我们就要输给博尔顿。我们输球不是切尔西或他们金钱的错，问题在于我们自己。"

穆里尼奥安排了对欧冠对手巴塞罗那的侦察工作，并想借机试探引进巴

萨的巴西巨星罗纳尔迪尼奥的可能。罗纳尔迪尼奥的转会费将高达 6000 万英镑。他的转会是有可能的，因为巴西人一个月前说过："任何伟大球员都愿意成为这支令人震撼的切尔西的一员。他们妙不可言，而我也可以预见自己有朝一日会去伦敦生活。"

弗格森爵士警告说，如果穆里尼奥认为，倘若继续扩大领先优势，冠军就必然归属切尔西，那穆里尼奥就太傻了，"过去，纽卡斯尔曾经葬送了 12 分的优势，我们也有一次丢掉了 12 分领先，布莱克本则险些浪费了 13 分的优势，所以我们知道一切都有可能。切尔西如果认为这不可能发生，那就太愚蠢了。如果他们遇到低谷，那么如何卷土重来将是最为关键的。看看阿森纳在老特拉福德输给我们之后的情况吧，他们在接下来的 5 场比赛中丢掉了 9 分。阿森纳和我们自己都只能寄望于这种事情会落在切尔西头上，你唯一能做的事情就是保持耐心。我同时还认为，如果他们的一名重要球员受伤——比如兰帕德或特里，罗本或者达夫——也会放慢他们前进的步伐。"

曼联队长罗伊·基恩支持主帅的说法，他相信切尔西有可能在高期望值的压力下崩盘，"我们曾经在切尔西现在的位置上待过，但是切尔西阵中的很多球员没有这样的经验。所以，一定要给他们施压。目前为止，他们交出的答卷很好，但是今后会怎样我们还得等等看。"

穆里尼奥说，他现在十分放松，以至于不再观看阿森纳和曼联的比赛，而弗格森与温格之间口水战的升级则让他高兴地在一旁看戏："他们想说什么都可以，这不会干扰到我的想法。待在榜首是没有压力的，老二或老三才有压力。领先的时候，你可以忘掉其他球队。我不会在电视上看阿森纳和曼联的比赛，也不会听收音机等待他们的比赛结果。如果我们赢了，我们这一周的工作就算结束了。"

德罗巴迄今在 22 场比赛中只攻入 9 球，对于那些将自己斥为"水货"的说法，他进行了还击："人们总是在谈论我的身价，他们不管叫我德罗巴，而是称呼我'2400 万先生'。他们看我的时候，总是更注意我的价格而不是我的实力。尽管外界有这些批评的声音，我对自己在英格兰前 6 个月的表现还是感到满意，我不认为自己的发挥受到了转会费的影响。"

阿布拉莫维奇将在瑞士法院面对正式的法律起诉。由英国纳税人贡献了部分资金来源的欧洲复兴开发银行（EBRD）声称，他们将通过在弗里堡法院的诉讼，向阿布和他的一名同僚讨回 1740 万美元（合 900 万英镑）。阿布拉莫维奇方面指责这家银行有过失行为，并警告说，如果 EBRD 再次对其提出某些指控，他或许会提起诽谤诉讼。这起案件的焦点，在于一笔据信支付给瑞士石油贸易公司 Runicom SA 的贷款，而这家公司据称是由阿布拉莫维奇和尤金·什维德勒掌控的，后者是西伯利亚石油公司的首席执行官。阿布拉莫维奇的一位发言人表示，有关切尔西资产面临威胁的说法纯属"牵强附会"。

穆里尼奥希望在购买斯科特·卡森的争夺战中击败利物浦，但是贝尼特斯打出的牌，是提醒这位 19 岁门将，由于切赫状态极其出色，他在安菲尔德抢夺主力位置会更有希望。穆里尼奥对切尔西电视台说："我们不需要再买一名门将，我们已经有了非常出色的门将储备。但现实是，我们需要这个国家最好的球员，特别是英格兰籍球员。如果一位非常年轻的门将可供购买，我们会着眼于俱乐部的未来进行考虑，毕竟我们现在只有兰尼·佩吉利一名年轻门将。我们可以同时拥有 2 位年轻门将，然后也许会将其中 1 人出租。"切尔西开出了 45 万英镑的报价，但是急需资金以缴纳税款的利兹联还是更愿意将卡森以 60 万英镑卖给利物浦。尽管库迪奇尼即将于夏天离队，但是对卡森这样尚未证明过自己的年轻人，切尔西不愿意提高报价。

弗格森已将部分心思用到了即将到来的联赛杯半决赛次回合上，他前所未有地夸奖了穆里尼奥："何塞来到英超之后，干得非常棒。他非常有自信，这种自信还感染了他的球队。他对球员很信任，决心要让他们变得更好。他的到来是英超的好事。他很聪明，很幽默，给人的印象很不错。我和他关系挺好，我们去年的确吵过一架，但是……"

切尔西将付出 2450 万英镑毁约金的代价，以结束与球衣制造商茵宝的赞助合作，因为他们即将签署世界足坛最巨额的球衣合同之一。茵宝从 1995 年开始便为切尔西提供球衣装备。2001 年，这家西伦敦俱乐部又与茵宝续约 10 年，合同总值 5000 万英镑。如今，这份合同将提前 5 年，于 2006 年结束。茵宝向证交所发表声明称，合同是经双方"协商一致"而撤销的。凯尼恩正忙于敲定新的巨额赞助合同，对方据说是阿迪达斯，切尔西如今名声大噪，当然要有更豪华的赞助合同与之相匹配。目前，曼联拥有英国足坛最贵的球衣赞助合同，凯尼恩当初在曼联工作时，同样是在抛弃茵宝之后，于 2000 年与耐克达成了为期 15 年、总值 3 亿英镑的合同。此外，切尔西已经宣布，他们与球衣胸前广告赞助商阿联酋航空的价值 2400 万英镑的 4 年合同，将于本赛季结束。

与此同时，切尔西或许还要在克雷斯波身上再损失 1100 万英镑。阿根廷前锋如今租借效力于 AC 米兰，米兰希望正式将他买下，不过只愿意出 500 万英镑。但是，克雷斯波在意甲找回了状态，他将自己在伦敦的失意归因于伤病和文化差异："我就是无法融入他们。意大利的足球风格比英格兰更适合我，但是即便如此，我对自己的进球纪录还是相当满意的。"

2005 年 1 月 22 日，星期六

切尔西 3：0 朴茨茅斯

德罗巴的梅开二度将他的赛季产量提高到 11 球，取代古德约翰森成为队内头号射手。但是切尔西这场 39 分钟便搞定的胜利，罗本才是总导演。

罗本说："以我们的防守能力，我们清楚，只要攻入 1 球，我们就能赢。但我们并不是只想着赢个 1：0。我们知道外界都盼着我们输，但是我们不会为此感到压力。我在更衣室感觉不到任何压力，我们现在带着十足的自信比赛，享受每场比赛的每一分钟。在其他人看来，我们简直就是不可战胜的。"

面对对方的犯规动作，罗本拒绝倒地，而是内切横传门前，助德罗巴首开纪录。不久后，罗本亲自攻入 1 球，他晃过门将时险些失去平衡，但是同样没有倒下，而是继续前进，将球送入大门。罗本通过自己的表现再次回击了对其喜欢假摔的讽刺。他说："如果你看了那 2 个瞬间——那应该是 2 个点球，就这么简单。不存在什么假摔，今天的第 1 个球我没有倒下，第 2 个球则晃过了门将。"

德罗巴的第二球则是罚入了罗本赢得的任意球。完场前罗本被换下时，当之无愧地赢得了球迷的起立欢呼。

切尔西此役的防线有所调整：布里奇复出，费雷拉移镇右路，乔·科尔再次进入三人中场，这是近 4 场主场比赛的第 3 次。朴茨茅斯开场后形成了一些威胁，马修·泰勒似传似射的一球被切赫扑出。切尔西泰然自若，只是等待

着他们的机会，这不过只用了 14 分钟而已。罗本加速突破加里·奥尼尔时，虽然助理裁判举旗示意对方犯规，但是主裁判莱利聪明地允许比赛继续进行。罗本闪过了对手时机欠佳的铲球，内切后喂给德罗巴一记妙传，后者近距离轻松破门。

6 分钟后，切尔西便锁定了胜局，兰帕德的直塞力道恰到好处，罗本接球后晃过门将杰米·阿什当，然后小角度低射得分。

兰帕德鲁莽的传球，让雅库布给特里制造了难题，但是朴茨茅斯浪费了他们全场仅有的一次机会：尼日利亚国脚突破特里杀向门前，不过在切赫已经无能为力的情况下，他的射门还是差之毫厘。这几乎是朴茨茅斯全场唯一像样的进攻。2 分钟后，罗本在禁区边缘全速奔袭，被后卫大卫·昂斯沃思放倒，德罗巴锐利的任意球射门攻破了阿什当的城池，上半场结束。

下半时成了切尔西的练兵。穆里尼奥撤下德罗巴、达夫和罗本，古德约翰森、凯日曼和蒂亚戈的替补登场展现出了切尔西的板凳深度。奥尼尔的 20 码外任意球被切赫托出，切尔西则更增加了破门的机会，乔·科尔接到队友传中后，射门欠缺角度，正中阿什当下怀。

史蒂夫·克拉克提醒阿森纳和曼联，切尔西绝不会骄傲自满："我们首先要做的事情就是赢下比赛，我们在上半时 45 分钟便做到了这一点，我们的表现令人叹为观止。这样一来，下半场的 45 分钟就变得十分容易了。处在这个位置上并不让我们感到奇怪，这是我们本赛季付出的艰苦努力所应得的回报。在这样一场比赛后，你显然会觉得我们似乎不会再输球，但是我们今后肯定有不少艰苦的比赛，我们对此保持着非常清醒的头脑。现在我们看不到什么危险，但是我们也不会变得骄傲自满。"

切尔西阵容

切赫／费雷拉，加拉，特里，布里奇／兰帕德，马克莱莱，乔·科尔／罗本（凯日曼），德罗巴（古德约翰森），达夫（蒂亚戈）

米德尔斯堡主帅史蒂夫·麦克拉伦一连 3 份对格雷米的报价都被切尔西回绝之后，双方最终达成了 300 万英镑转会费的协议。然而，这位中场球员却拒绝了米德尔斯堡的 3 年半合同。媒体方面的焦点集中于切尔西私自接触阿什利·科尔和杰拉德以求夏天与他们签约的传言，特里则为布里奇辩护说："布里奇整个赛季都表现得很棒，他在主力阵容进进出出，但是最近五六场比赛，他是我们最好的球员之一。去年夏天，他也遇到过同样的问题，当时的传言是皇马后卫罗伯托·卡洛斯会来，但是布里奇带着非常锐利的状态归队报到参加夏训，很好地应对了那样的局面。他知道他不比阿什利·科尔和罗伯托·卡洛斯差，所以他现在也同样能够应对自如。"公开场合类似这样的讲话，让特里在更衣室内很受欢迎。但实事求是地说，由于布里奇的经纪人乔纳森·巴尼特同时也是阿什利·科尔的经纪人，所以布里奇对自己在俱乐部的处境不会有任何不切实际的幻想。

在国际足球历史和统计协会的 2004 年世界最佳教练评选中，穆里尼奥力压温格和德尚当选。现在，他的计划是在英格兰足坛力压温格和弗格森。温格参加了英格兰足球记者协会（FWA）在萨伏依酒店举行的活动，却发现现场的英超奖杯被绑上了蓝色缎带，但是严格来说，阿森纳现在依然是卫冕冠军。温格得到的解释是：赞助商巴克莱银行（Barclays）的主题颜色是蓝色，阿森纳主帅颇具风度地接受了这个说法。

温格声称，切尔西不过是一支踢法很实用的球队，缺少阿森纳那样的才华。穆里尼奥对此回应说："起初，我们被称作'乏味的切尔西'；然后，我们被说成进不了球；然后，人们说我们虽然在榜首，但很快就会掉下来；然后，又说我们圣诞期间会输球；然后，又说节礼日的比赛切尔西从来赢不了；然后，又说我们到了北方赢不了；然后，他们说，如果输掉联赛杯半决赛，我们就会进入低谷。然而，如果他们真的认为我们没有足够实力夺得英超冠军，他们根本就不会谈论我们；他们谈论我们，是因为他们知道我们具备夺冠实力。"

温格错失了从法国雷恩俱乐部签入切赫的机会，后者当初为布拉格斯巴达效力时，阿森纳便关注过他。温格承认，这是一个从自己指尖溜走的好球员。

在捷克俱乐部效力时，切赫有过各项赛事超过 1000 分钟不失球的壮举，这吸引了阿森纳的兴趣。温格说："在他去雷恩之前，我们就想得到他，但是当时我们无法为他搞定劳工证，他为捷克国家队效力的场次还不够。是的，我们错失了一名好球员，但是这种事情在所难免。他不是我们唯一错过的好球员。他去法国踢球时，大卫·希曼还在我们队中，后来我们又有了莱曼。切赫现在表现很好，发展势头很好，他具备在英超当门将的素质。"

切尔西在联赛杯半决赛击败了曼联，然后又战胜伯明翰闯入足总杯第五轮，赛季走势依然强劲。接下来，他们将在联赛中出战布莱克本。这场比赛前，穆里尼奥清楚，切尔西的英超争冠对手中，即将有一家遭遇挫折，因为本轮阿森纳要坐镇海布里迎战曼联，"对我们来说，这是一场很好的比赛。"穆里尼奥说道。

阿森纳后卫索尔·坎贝尔直言，阿森纳此役不成功便成仁，"阿森纳上下都在等待着这场比赛。我们已经准备好了，我们知道自己必须要赢，平局对我们或他们都没有意义。"坎贝尔痛苦地承认，"无敌舰队"已从阿森纳变成了切尔西："我们上赛季是如此强大，现在则轮到了他们。这令人十分沮丧，除非发生一些极具戏剧性的事情，否则我们很难看到切尔西搞砸这个冠军。"

加里·内维尔对此表示赞同："我们与阿森纳的这场比赛，失利一方很难再重返冠军争夺。实际上，现在的争冠难度已经非常大。不过，在争冠道路上仍会有转折和波澜。我心里有一种感觉，我们和阿森纳这场比赛的胜者会让切尔西很有压力。"

最终，曼联和阿森纳又进行了一场脍炙人口的比赛——红魔以 4∶2 取得胜利。温格说："现在，冠军已经离我们太远了。"阿森纳遭受的另一打击，便是坎贝尔的膝盖严重受伤。亨利认为，枪手争冠失利的主要原因是板凳深度不够："埃杜、吉尔伯托·席尔瓦以及其他一些球员的受伤，成为了我们的赛季转折点。我不是要说谁的坏话，但是看看我们的板凳，再看看曼联和切尔西的板凳吧。"

切尔西的下一个对手布莱克本，现在是由马克·休斯掌印。马克·休斯是曼联 1994 年获得双冠王的成员，那支球队只差 1 场比赛便能获得史无前例的国内三冠。他认为，裁判现在对铲球的尺度把握得很严，这减少了比赛的身体对抗成分，让切尔西可以更轻松地比赛，"我当年效力的那支曼联是一支美妙的球队，那个时代，我们在开场二三十分钟就必须要应对激烈的身体对抗。但是以今天裁判的执法方式，我不认为各支球队还能那么做，这让强队踢起来容易一些。"

2005 年 2 月 2 日，星期三

布莱克本 0：1 切尔西

赢得这场苦斗拼来的胜利后，穆里尼奥拽着自己那件著名的灰大衣。几秒钟后，切尔西球员明白了主帅的意思，他们脱下球衣和背心，抛向随队远征客场的球迷。穆里尼奥赛后说："这不是一场足球比赛，这是一场战斗。"还记得弗格森当初讥讽切尔西到北方会举步维艰吗？这话看来还是有那么点道理呵。

罗本开场 5 分钟便攻入一球，切赫后来则神勇地扑出了保罗·迪科夫的点球，帮助切尔西将领先优势扩大为 11 分。切赫已经保持 781 分钟英超不失球，刷新了彼得·舒梅切尔[1]1997 年创造的纪录。切赫说："舒梅切尔是我最大的偶像之一，这让我对创造这个纪录更加开心。我希望我的职业生涯能够像舒梅切尔那样成功。"不过，切赫尚未追平在布拉格斯巴达创造的个人纪录。

然而，切尔西得到的并非都是好消息。罗本在第十二分钟便受伤离场，他坐在板凳上，身边放着拐杖，将于次日上午对受伤的脚部进行拍片检查。

马克·休斯本场比赛的战术意图在于从一开场就努力让切尔西浑身不舒坦。他派南非国家队队长阿隆·莫科纳这名屠夫式猛将站在防线 4 人身前，罗比·萨维奇则是全队枢纽。莫科纳在一次准备角球抢点时，几乎将兰帕德抱摔倒地，他释放出的信号很明确：他今天就是来玩肉搏的。然而，切尔西开场仅 5 分钟便取得领先，兰帕德长传找到古德约翰森，后者顺势摆渡给罗本，荷兰人晃过后卫卢卡斯·尼尔，随即劲射攻破门将布拉德·弗里德尔把守的城池。不久后，当罗本试图接球发起另一波攻势时，莫科纳出脚略晚的铲球将他伐倒在地，罗本不得不被乔·科尔换下。

罗本的不幸遭遇给布莱克本带去了信心。第三十三分钟，罗比·萨维奇在费雷拉防守下倒地，主裁判尤赖亚·雷尼判罚了点球。保罗·迪科夫的点球射向球门右下角，但是切赫飞身侧扑将球击出，随即又奋力将脱离控制的皮球抱入怀中，但为此被迪科夫踢中肋骨，引发了双方球员的剑拔弩张，当然，这只是全场多次冲突中的一次而已。穆里尼奥非常愤怒，而对方后卫多米尼克·马

---

[1]　又译彼得·施梅切尔。

特奥在切尔西替补席面前铲翻乔·科尔的一幕，当然不会对穆里尼奥平息怒火有任何帮助。

几分钟后，迪科夫再次袭击切赫，这次是冲着切赫的膝盖。切尔西的球员们彻底怒了，特里抓住苏格兰人的脖领，一场格斗近乎爆发。接下来，萨维奇在场上横冲直撞四处寻衅，比赛面临着失控的危险。易边之后，萨维奇掀翻达夫，莫科纳伐倒兰帕德，特里报复性地撞向迪科夫，为此吃到了黄牌，迪科夫则因掌推特里面门受领黄牌——他居然在比赛进行这么久之后才被裁判记名！

尽管乔·科尔替补罗本登场得到了证明自己的机会，但是穆里尼奥一直在场边责骂他没有站住自己的位置，结果在完场前 11 分钟，这名半途替换上场的球员又被替换下场。这毫无疑问是一种惩罚。乔·科尔直接走回通道，没兴趣在板凳上观看最后几分钟的比赛。

穆里尼奥指责布莱克本企图将切尔西踢出球场，"我认为，他们是觉得自己在足球上没机会战胜我们，于是就试图用另一种方式击败我们。我并不是说，他们有意要弄伤我们的球员，但是他们踢得很脏，试图恐吓我们的球员，我们今晚给出了强有力的回应，我们证明自己有能力应付这种战术。我们这场战斗打得非常漂亮，每个人都在为同样的目标而战斗。对方中场中路那个金发的家伙，对，罗比·萨维奇，犯规了 20 次都没有收到一张黄牌。这种情况下想控制住情绪非常困难。他们每个球都直接上脚，极具侵略性，很凶，很脏。"

穆里尼奥还指出，布莱克本比赛前便使出肮脏的把戏，"今天下午下雨了，只在球场内下雨了，我们的装备管理员看到了这一幕，很显然对方使出了一切手段。球场内肯定有一种独特的气候。但是，我们很好地适应了场地条件，这场与布莱克本的比赛，让我对今后再去其他客场比赛遇到相同情况充满信心。今天我们再次证明，我们能够应对任何困难。"

不过，布莱克本主帅马克·休斯同样恼火，他对终场哨响后穆里尼奥冲入场内与球员们庆祝而不是跟自己握手感到愤怒，"对方主教练连跟我握手的风度都没有，这让我很不开心。有些时候，你在胜利后要和失利后一样有风度才行。跟切尔西比赛，最好的方式就是杀杀他们的威风，我们做到了。切尔西清楚，他们能够带着 3 分离开这里是非常走运的。他们不是这个国家最优秀的球队，至少从这场比赛来看不是。"

切尔西阵容

切赫／费雷拉，加拉，特里，布里奇／蒂亚戈，马克莱莱，兰帕德／达夫，古德约翰森（凯日曼），罗本（乔·科尔，亚罗希克）

切尔西与阿什利·科尔的私会事件仍在发酵。阿森纳副主席大卫·戴恩表示："我们会先看看证据是不是过硬，然后再做出决断。阿什利·科尔忠于阿森纳，他的合同 2007 年才到期。"切尔西则发表声明称："对于引援传闻，不论情势如何，本俱乐部素有明确的应对政策。我们过去不做评论，现在也无意进行评论，今后亦然。"英超联盟则强调，只有在收到投诉的情况下，他们才会发起调查，而目前为止阿森纳方面尚未提出投诉。

讽刺的是，在葡萄牙《环球》报的一篇文章中，穆里尼奥将阿什利·科尔描述为"最优秀的英格兰后卫"。谈到未来的引援目标，穆里尼奥表示："我们会购买 2 名球员，首先是一名左后卫，因为我现在只有一个左后卫；然后还有一名其他位置的球员。这名后卫必须具备加入我们球队的实力，至于另一名球员，他必须是一名伟大的球员。我们已经在考察六七名世界上最好的球员，因为只有这样的球员才有实力加入我们这样超一流且非常平衡的阵容。"

温格坚称，阿什利·科尔将在海布里签下新合同，"我 100% 确信，阿什利·科尔会延长他的合同，他是我们队里的核心球员之一。阿什利说他对传闻受够了，他完全忠于俱乐部，他不想知道有关传言的那些事。"温格告诉切尔西，如果穆里尼奥和凯尼恩并未秘密会见科尔，那就应该对传言予以明确否认，"在我们提出投诉前，我们必须得到确凿的证据，证明他们的确见过面。但如果此事纯属子虚乌有，我想不通报纸为什么会登出那么多言之凿凿的说法。在我看来，是的，会面确实存在，但是我并不完全确信。"阿什利·科尔自己则说："阿森纳球迷希望知道发生了什么，但是我和阿森纳有 2 年合同，未来会怎样我们只能等等看。我现在只想重新上场踢球，努力赢得英超联赛冠军。"博彩公司威廉希尔就"阿什利·科尔在英超下赛季开幕第一天已经是一名切尔西球员"开出了同额赌注 ①。

　　谢菲尔德星期三队以自由转会的方式签入了切尔西中场克雷格·罗卡斯特尔，这名 23 岁的球员与新东家签下了两年半的合同。罗卡斯特尔 2002 年 8 月从金斯顿人队来到斯坦福桥，去年 8 月以来便以租借方式效力于爱尔兰人队，为这支苏超球队参加了 14 场比赛。

　　由于肿胀和瘀伤严重，罗本的拍片检查没有得出明确的结论，切尔西对其伤势非常担忧。穆里尼奥说："现在还没有结论，唯一的结论就是他非常非常疼。罗本现在走不了路，他的脚都不能撑地，他失去行动能力了。"

　　布莱克本和切尔西都遭到了英足总的检控，罪名是未能确保自家球员行为举止得当。指控针对的是莫滕·彼得森试图用头将切赫手中的皮球顶走后引发的混乱场面，两队均有多人参与了冲突。

　　穆里尼奥的合同为期 4 年，年薪在 400 万英镑以上。他表示，希望在切尔西长期工作，"我签下了一份星际级的合同，我的愿望是再签一份新合同，合同期最好是 4~8 年。只是简单地改善 4 年合同的条件是没有必要的，因为我知道我签下的是怎样一份合同，我会遵守合同。我对自己得到的待遇条件感到满意，我正全身心地投入于俱乐部在各个层面的发展。我非常喜欢英格兰足球，非常享受在英格兰的生活。所以，我想象不出我会去其他地方。我以前说过，我愿意去意大利以及国家队领域执教，这话是真心的，但是我觉得那一天还非常遥远。"

　　切尔西的下一个对手是曼城，这是赛季至今唯一击败过他们的球队。曼城主帅凯文·基冈对穆里尼奥不吝溢美之词，"赛季早些时候，我们在主场击败他们时，穆里尼奥表现得非常有风度。在我看来，他最了不起的一点就是，只用了几周时间便将一群才华横溢的个体捏合成了一支无与伦比的团队。"

　　不过，罗本注定无法参加切尔西与曼城之战了。罗本担心，他的脚部已经再次骨折，本赛季或许已经就此报废。不论骨折与否，罗本都已接受了要缺阵数周的事实，"这是一场灾难，在此之前，一切都是那么顺利。这是一次巨大的打击，我本来状态极佳，身体状况十分出色。但现在，这些都没意义了，我

_____

　　① 同额赌注即投注事项发生与否，赌民赢取或输掉的金额是相同的。

必须要进行本赛季与伤病的第二次搏斗，努力重返球场。"

2005 年 2 月 6 日，星期日
切尔西 0∶0 曼城

曼城再一次让切尔西感到沮丧。比赛最后 1 分钟，英格兰队门将大卫·詹姆斯不可思议地扑出了兰帕德的近距离凌空抽射。看到本队在榜首的优势缩小为 9 分，穆里尼奥相当恼火，"我要说，我的球员们今天临门一脚不够走运，大卫·詹姆斯做出了一些难以置信的扑救，为他的球队挣得了 1 分。今天只有一支球队有机会破门，但是我们无法完成进球，对方拼得很凶，一直在卖力防守，还拥有一名出色的门将。他们很走运。"

这番话让曼城主教练凯文·基冈有些不爽，"何塞需要学会肯定其他球队的表现。他需要避免自己过于恼火，说出一些会让他后悔的话。切尔西得到了重要的 1 分，因为他们本有可能输掉比赛。赛季结束前，切尔西还会遇到很多这样的情况。曼联和阿森纳还会来到这里，跟他们好好较量一番。如果詹姆斯没有做出那次扑救，那么比赛结果将是对我们出色表现的嘲弄。我们有着明确的战术部署，而且非常奏效。"

德罗巴，尤其是罗本的缺阵，对切尔西影响很大。开场不久，凯日曼在门前 25 码外截获对手糟糕的头球解围，几乎自己给自己创造出了机会。但是，将球捅过中卫理查德·邓恩之后，他却戏剧性地摔倒在地，主裁判没给凯日曼出示黄牌，已经算他走运了。

达夫在禁区右侧找到空间，低射考验了詹姆斯。詹姆斯及时做出扑救，凯日曼离门 1 码却没能补射入网。

曼城的球门如获天佑，第三十八分钟，保罗·博斯维尔特在门线处将加拉的头槌奋力解围。半场结束前，客队获得破门良机，肖恩·赖特－菲利普斯高速插上，接到队友长传，突破加拉后传中到小禁区前，关键时刻特里滑倒在地，罗比·福勒获得无人防守情况下的头槌攻门的机会，可惜，这位前利物浦射手的鱼跃头球偏门而出。

下半场，蒂亚戈换下了亚罗希克，乔·科尔后来则替下凯日曼，但切尔西就是无法斩获本赛季对詹姆斯的第二粒进球。赛后，切赫称赞詹姆斯是本队在

英格兰遇到的最优秀门将，"大卫·詹姆斯拯救了他的球队，献上了伟大的表现，我们没能取胜，都是因为他。"

切尔西阵容

切赫／布里奇，费雷拉，特里，加拉／亚罗希克（蒂亚戈），马克莱莱，兰帕德／凯日曼（乔·科尔），古德约翰森，达夫

本场比赛之前，英超联盟宣布，他们已经接到阿森纳方面的正式投诉，将组织专门委员会调查有关阿什利·科尔的私会指控。1 名王室法律顾问和另外 2 名委员组成的 3 人小组将主持听证会。

穆里尼奥对英超联盟的决定流露出轻蔑的态度，"我对此一无所知。我不知道，而且不想知道。我不是律师，我是一名足球教练。对我来说重要的事情是好好带队训练，争取获得好成绩。赢球我就开心，不赢球我就不开心。"

切尔西俱乐部则发表声明说："切尔西俱乐部证实，我们过去几天一直在和英超联盟进行商议，我们会完全配合英超联盟今天宣布进行的调查。在调查结束之前，我们都不宜发表进一步评论。"

英格兰队即将参加与荷兰队的比赛，特里和布里奇都因伤退出了三狮军团集训，但兰帕德还是得到了征召。与此同时，在英格兰足总官方网站上由球迷投票进行的评选中，兰帕德当选英格兰队年度最佳球员，他获得了 40% 的选票，遥遥领先鲁尼（16%）和杰拉德（10%）。

切尔西成为史上首支四冠王球队的希望遭到了最沉重的打击：检查结果证实，罗本的脚部骨折了。伤处消肿后，扫描结果显示，他的脚部有 2 处骨折，最多将缺阵 2 个月之久。罗本将缺席联赛杯决赛以及欧冠 16 强与巴塞罗那的首回合较量。

切尔西队医迈克·班克斯说："其一是脚侧面有一处碎裂，再者则是第三跖骨的轻微骨折。不过，这不是上届世界杯以来变得尽人皆知的典型跖骨伤势[1]，

---

① 2002 年 4 月，曼联球星贝克汉姆在欧冠与拉科鲁尼亚的比赛中左脚第二跖骨骨折，一度面临缺席两个月后韩日世界杯的危险。贝克汉姆的巨大影响力，令"跖骨"成为热门词汇。

之前斯科特·帕克也曾因为那种伤势休养了 2 个月。罗本这次骨折比较轻微，也许下个月就能重返球场了。"队医尼尔·弗雷泽在斯坦福桥工作 5 年之后，令人意外地宣布了辞职，这也被与罗本的受伤联系了起来。据说，弗雷泽是在与穆里尼奥的一系列冲突之后选择离开的，穆里尼奥曾经希望罗本能够赶上联赛杯决赛。

兰帕德指出，尽管球队肯定会怀念罗本，但是切尔西绝非 1 人球队，"我们当然会想念罗本，他速度飞快，加盟后给我们带来了很多东西。人们对他赞不绝口，但我们远不是 1 人球队。在他开始出场之前，我们就几乎已经登上联赛榜首了，现在他上不了，我们也必须继续前进。"

在代表爱尔兰队出场的第五十场比赛中，面对强大的葡萄牙队，达夫把对手搅得晕头转向。他的表现证明，在罗本缺阵时，他可以成为那个鼓舞切尔西前进的人选。达夫率领爱尔兰队 1∶0 获胜，穆里尼奥亲眼见证了他的表演。

比赛结束后，穆里尼奥拥抱了达夫，随后将他带进一辆梅赛德斯轿车，与费雷拉和蒂亚戈一道赶往都柏林机场，然后乘坐私人飞机返回伦敦。去年 9 月，穆里尼奥曾在都柏林观看了爱尔兰队对阵塞浦路斯队的世界杯预选赛，赛后没有跟达夫说话便离开了球场。那件事让这位 25 岁的边锋深感不安，他担心穆里尼奥在得到罗本后，便不再需要自己。此番与葡萄牙队的比赛，达夫的表现锐气逼人，而必须要感谢穆里尼奥的是，他把达夫变成了一名更优秀、更硬派、更结实的球员。也许穆里尼奥刚来到斯坦福桥时，的确并未将达夫列入自己的计划之中，外界一直有引进华金等边锋的传言，但显然，穆里尼奥已经修正了自己的观点。

如果切尔西勇夺四冠王，穆里尼奥将获得 420 万英镑的奖金。赢得英超冠军的奖金是 100 万英镑——比拉涅利合同中的联赛冠军奖金高 1 倍——问鼎欧冠联赛的奖金是 200 万英镑，数额同样是拉涅利的 2 倍。所有奖金加在一起，相当于穆里尼奥一年的底薪，把这些奖金都搞到手的话，穆里尼奥就是世界足坛主教练收入排行榜上遥遥领先的老大了。

在球员们丰厚底薪的基础之上，阿布拉莫维奇一直在给他们支付额外奖金：英超每赢一场，球员可以得到 4000 英镑；每打平一场，也有 1500 英镑进项。因为参加欧冠而从欧足联那里得来的奖金，超过一半都被阿布拉莫维奇发给了球员们。上赛季，球队分到了 300 万英镑，如果一名球员每场欧冠都进入名单，便能拿到 20 万英镑。这样的奖金分配方式，是阿布拉莫维奇收购切尔西时，球员们与之商定的。然而，穆里尼奥废除了这种按场付酬的体系，他不赞同给球员支付出场费，他将这些奖金都累积到赛季末一次性支付。至于给多少，那要看球队能拿到多少奖杯。

2005 年 2 月 12 日，星期六
埃弗顿 0：1 切尔西

这本应是切尔西一次非常艰苦的客场之旅，但是詹姆斯·比蒂开场 8 分钟一张毫无必要的红牌让切尔西轻松了很多，蓝军最终收获了本赛季英超的第九场 1：0。乔·科尔对于这场胜利的重要性有着透彻的分析："人们都想看看我们失去了罗本和德罗巴会怎样，他们或许对我们有所怀疑，但是我们打出了水平。这是一场重要的胜利，与在热刺和利物浦的主场获得的胜利同样重要。赛后看看我们的更衣室，你会发现每个人都决心不让曼联和阿森纳占到任何便宜。不论去哪里比赛——曼彻斯特、巴塞罗那还是通布图 ①——对我们都是一样的。我们感觉自己能够赢得每一场比赛的胜利。"

詹姆斯·比蒂丧失理智的疯狂举动令埃弗顿付出了惨痛代价。当时，他在左路追逐长传球，加拉挡住了他的去路。这名前锋首先推了切尔西后卫一把，紧接着又用头撞向加拉的后脑勺。不过，莫耶斯赛后还是为比蒂辩护："我不认为那是个红牌的动作，他首先有个推人动作，然后比蒂只是跑动中撞到了加拉的背部。对方中卫过于轻易地摔倒在地了。我以前就是踢中卫的，如果我自己以这种方式倒地，我会为自己感到尴尬。特里在这种情况下就绝对不会那样倒地。"

比蒂本人则说："我们向角旗处奔跑，追逐皮球，加拉注意着身后的我，挡住了我的前进方向。我们跑着跑着他就停了下来，我对自己说：'如果你要挡我的路，那我就直接撞向你好了。'我们的头几乎没有真正发生接触，如果我真是故意撞他，那他会在地上躺好久的。"

---

① 通布图，位于沙漠中心一个叫作"尼日尔河之岸"的地方，距尼日尔河 7 公里。

10 人作战的埃弗顿进行了长时间的勇敢抵抗，直到下半时古德约翰森轻松补射打破了僵局。切尔西此役恢复了 4-3-3 阵型，乔·科尔在右，达夫在左，开场阶段他们掌握了控球权，在被罚下一人之前，埃弗顿几乎没有真正拿过球。

主队的勤勉球风是他们整个赛季风格的写照，但是在切尔西持续不断的攻势面前，他们终究开始疲劳，并在第六十九分钟城门失守。费雷拉的低平传中送入禁区，加拉近距离抢点击中横梁，古德约翰森轻松补射空门得手。

不过，完场前，攻势更猛的是埃弗顿，他们歇斯底里的传中雨点般砸入禁区，切尔西阵线回收，全力防守。穆里尼奥被迫派上更多的后卫，用格伦·约翰逊和卡瓦略分别替下蒂亚戈和达夫，之前亚罗希克则已经换下乔·科尔，以应对苏格兰高个子中锋邓肯·弗格森的高空优势。最后阶段，切尔西 6 名后卫在本方禁区箍起了铁桶，埃弗顿门将马丁甚至也投入了定位球进攻，但他们最终还是无力阻止穆里尼奥的球队又获得一场胜利。

古德约翰森称赞这场胜利"意义重大"，"我相信，很多坐在家里看球的人都希望我们丢分，但是我们已经在上周日的小挫折后卷土重来。对方守门员马丁做出了一些了不起的扑救，但最终我们还是收获了进球和 3 分，在赛季这个阶段，没有什么比这个更重要。我们首先会专注于打赢自己的比赛，然后这就会给曼联和阿森纳施压。我们今天获得了意义重大的 3 分。"

穆里尼奥让助理教练史蒂夫·克拉克代替自己接受采访。克拉克说："埃弗顿的主场很不好打，我们对胜利非常满意。不过，我觉得红牌改变了比赛。开场之后的形势显示，这会是一场开放的精彩比赛，这样会十分适合我们。但是比蒂被罚下后，他们就开始关门防守，我们必须努力攻破他们严密的防线。中场休息时，我们说一定要保持耐心，继续传球，最大限度利用人数优势，进球早晚会来。我们最终以微弱的优势获得了胜利，不过你还是得承认，我们本有机会打出更大的比分，因为他们的门将做出了一些伟大的扑救。"

切尔西阵容

切赫 / 费雷拉，加拉，特里，布里奇 / 兰帕德，马克莱莱，蒂亚戈（格伦·约翰逊）/ 乔·科尔（亚罗希克），古德约翰森，达夫（卡瓦略）

研究了比蒂红牌的录像回放之后，埃弗顿主教练大卫·莫耶斯承认自己错了："我的第一次评论是赛后立即做出的，那个时候我只是简单地看了一眼回放。在更仔细地看了录像之后，我必须澄清一下，我得承认，比蒂的红牌是正确的。"

曼联 2∶0 击败曼城，获得了近 15 轮联赛的第十三场胜利。但是，切尔西的稳定发挥令曼联的状态显得无足重轻。弗格森爵士给英超领头羊贴上了"走运"的标签："切尔西的表现没有之前那么出色了，但是最近他们运气很好。毫无疑问，他们现在各种好运，我们却不然。我简直无法相信那个红牌，我们对此非常失望。"

在可疑的驾驶方式引起警方注意后，古德约翰森因涉嫌酒驾遭到拘留。在与队友们庆祝胜利之后，周日早晨 5 点 20 分，这位 26 岁的冰岛人的座驾被警方拦截。酒精测试显示，他的酒精含量略高于酒驾标准。交警开车将他带到了伦敦西北部的巴特西警局，他在那里进行了第二次呼吸式酒精测试，结果表明他血液中的酒精含量卡在每 100 毫升 35 毫克限度的边缘。接着，他又进行了血液测试。这位两个孩子的父亲在被拘留 3 个小时后获得保释，结果如何还要等待血液测试。警方消息源透露："目前还不确定他是否会遭到控诉。"在俱乐部，古德约翰森遭到了穆里尼奥的警告，因为他违反了俱乐部凌晨 2 点后不得外出的规定。

穆里尼奥对古德约翰森的喜爱是毋庸置疑的。在他眼中，这位冰岛人是个充满智慧的多面手球员，他是第一位在穆里尼奥手下改善了合同条件的球员，也是穆里尼奥信任的知己。古德约翰森与马克莱莱和库迪奇尼都是队委会成员。

切尔西向英超冠军进军的步伐将暂停 3 周，因为球队接下来要在 8 天内连打 3 场杯赛。穆里尼奥的球队首先将在足总杯做客纽卡斯尔，然后从纽卡斯尔直飞巴塞罗那，参加 3 天后的欧冠 16 强对决；再过 4 天，切尔西则将在加的夫千年球场出战与利物浦的联赛杯决赛。

切尔西包揽了 1 月份的全部英超奖项。率队获得 4 连胜的穆里尼奥当选英超 1 月最佳教练，特里是英超 1 月最佳球员，连续 10 场零封的切赫则得到了特别表彰。

切尔西的英超休战期收获了糟糕的开局，他们在足总杯和欧冠的巴塞罗那之旅接连失利。阿森纳队长维埃拉说，这或许会让切尔西的整个赛季脱轨。2004 年，阿森纳也遭遇过类似的考验，他们先是在足总杯半决赛输给曼联，3 天后又在欧冠被切尔西淘汰出局。维埃拉说："我们必须等等看切尔西会做出怎样的反应。他们输掉了一场重要的比赛，接下来还有很多比赛等着他们去踢，我们也是如此。前面的路依然漫长，我们落后一段距离，但是我不认为我们已经退出英超冠军之争。"

切尔西与一系列引援目标都扯上了关系，其中包括一些常见的人选，也包括西奥·沃尔科特这样一名还在学校读书的 15 岁边锋。一名口碑甚佳的球探将沃尔科特视为整个欧洲这个年龄段最出色的球员。切尔西甚至在他参加中考之前，便愿意为他付出 200 万英镑，但是他拒绝了斯坦福桥的丰厚邀约——这个男孩已经有了经纪人和球靴合同。切尔西身后，还有利物浦、曼联、阿森纳、皇马等俱乐部在追逐他。然而，沃尔科特计划继续效忠于南安普敦——他是从那里的青年学院成长起来的。

前锋排在切尔西引援名单的首位，从迈克尔·欧文到欧洲足球先生舍甫琴科，都被与斯坦福桥扯上关系。不过，AC 米兰和乌克兰队射手强调，尽管他非常尊重穆里尼奥和阿布拉莫维奇，但他并不准备加盟穆里尼奥的多国部队。

国际米兰的巴西前锋阿德里亚诺是穆里尼奥中意的选择，但是意甲豪门已经拒绝过皇马的 5000 万英镑报价，可见切尔西想收购他绝非易事。华金也依然是潜在的目标，穆里尼奥说："他是一名非常出色的球员，我承认我们有过接触，我们做出了询价，对方进行了回复。在他的问题上，我们没有放弃。我们也许会在 6 月或 12 月试图签下他。"这位 23 岁的边锋则表示："1 月份的时候，我曾经一度接近以 3000 万英镑的价格加盟切尔西，但是交易搁浅了。我在切尔西和皇马之间没有倾向，去伦敦生活对我来说不是问题。"华金的父亲兼经纪人奥雷利奥·桑切斯强调，双方俱乐部已就转会费达成协议，华金已准备进行谈判，"切尔西将为华金开出 2000 万英镑以上的价格，皇家贝蒂斯主席曼努埃尔·鲁伊斯·德洛佩拉已经被说服，现在他们必须要说服华金。"

利物浦队长杰拉德或里昂阵中极被看好的加纳中场迈克尔·埃辛则是中场的引援候选。与此同时，穆里尼奥否认了签下罗纳尔迪尼奥的可能："巴塞罗那不必担心我们去挖罗纳尔迪尼奥。我们不会再去追逐他，因为我们的特点完全不同。罗纳尔尼迪奥有能力为世界上的任何球队效力，没有主教练会傻到说出'不会接受他'这种话的程度，但问题关键在于建队政策。尽管我们的成绩不错，但是我们的球队仍在建设和发展之中，还没有实现最大潜力。"在罗纳尔迪尼奥开启与巴萨续约谈判的背景下，他的经纪人最近一直在大谈切尔西对他的兴趣。但是穆里尼奥说："我们很清楚改善阵容需要做些什么，不过我对现有阵容十分满意，我非常珍视切尔西已有的球员。我们不会每年都买买买、引进和售出球员，追求稳定的时候必会到来。"

埃弗顿和伯明翰仍是今夏潜在的帕克的买家。同时，福塞尔则拒绝重返伯明翰，而是要为在斯坦福桥的位置而战，他"期待着给正确的人留下良好印象的机会"；库迪奇尼被和 AC 米兰联系起来，他的经纪人费德里科·帕斯托雷洛表示："在连续 2 个赛季当选英超最佳门将之后，坐板凳可不是件好事。"阿森纳和曼联也对库迪奇尼很感兴趣。

穆里尼奥聘请了曾指导凯莉·霍尔姆斯夺取 2 块奥运金牌的医生来帮助切尔西在本赛季争夺冠军：来自英国田径协会的布赖恩·英格利希。

凯莉·霍尔姆斯在雅典奥运会摘得女子田径 800 米和 1500 米比赛 2 枚金牌，而英格利希对她恢复健康发挥了重要作用。英格利希让运动员快速恢复健康的纪录也正是穆里尼奥请贤的原因所在。

古德约翰森得到了一条好消息：虽然先前因为酒驾被拘，但是他不会遭到指控。不过，格伦·约翰逊由于在高速公路上载着 5 个朋友以每小时 180 公里的时速超速驾驶，被暂停了驾驶资格，他的驾照将被吊销 1 个月。约翰逊朋友的车坏在了 M25 公路，给他打了求救电话，约翰逊答应去接他的朋友，于是就发生了这样的事情。

在切尔西备战联赛杯决赛的时候，曼联击败朴茨茅斯，将与榜首的差距缩小为 6 分。但是阿森纳再遭打击，做客南安普敦被 1：1 逼平。切尔西这艰苦的一周以重回胜利轨道告终，他们赢下了对利物浦的联赛杯决赛，本赛季首次品尝了冠军的滋味。比赛过程中，穆里尼奥被命令离开教练席，但事后逃过了英足总的处罚。在一个星期刺激的杯赛鏖战之后，切尔西终于要返回英超赛场了。

穆里尼奥声称，他不会改变自己，但承诺不会重演那个充满争议的"嘘声"手势，"我知道，我在英格兰不能做这个手势。如果这么做，警察就会把我带进更衣室。我不希望再次被带进更衣室，所以我不会这么做了。事情就是这么简单，要认清我能做什么，不能做什么。"

曼联浪费了将差距缩小为3分的机会，比切尔西先开球的他们被10人作战的水晶宫0：0逼平。这样一来，切尔西依然保持着相当可观的5分优势，而且还比对手少赛2场。其中第一场是客场挑战诺维奇。

2005年3月5日，星期六
诺维奇1：3切尔西

诺维奇正在为保级而战，利昂·麦肯齐的进球一度让他们看到爆冷的可能，但是下半时7分钟内，凯日曼和卡瓦略奉献的2粒进球帮助切尔西让诺维奇安静了下来。最终，切尔西证明，英超冠军争夺的主动权已经牢牢掌握在他们手中。

穆里尼奥特意没有将曼联之前在水晶宫战平的消息告诉球员们。"我们不会去惦记他们，是他们应该惦记我们。"穆里尼奥说，"我总是希望让我的球员有一些压力。曼联的失分，对我的球员或许会有消极影响，所以我不想让他们知道这个消息。"

穆里尼奥还透露，罗本因脚部骨折休养一个多月后，有望在与巴塞罗那的欧冠次回合比赛复出，"他有机会，也许打不了90分钟，但是有出场机会。"

乔·科尔被评为了全场最佳球员，他尽一切可能证明了切尔西可以在没有罗本的情况下打好比赛。这只是乔·科尔在穆里尼奥手下第二次打满英超全场，他的出色表现不仅仅在于那粒精彩的进球，而且还给德罗巴送出了妙传，可惜后者未能把握那次机会；同时，他的跑动以及对于何时该玩花活、何时该走简单路线愈加出色的判断，也给人留下了深刻印象。穆里尼奥说："赛季早些时候，乔·科尔有时会有美妙的表演，有时则会游离于比赛之外。但是最近一段时间，他踢得很好。在与巴塞罗那比赛的困难处境中，他表现良好，而对利物浦一战，他的表现非常不错，这是他最稳定的发挥。眼下，他信心十足，表现上乘，在充分展现个人才华的同时也证明了自己是一名团队型球员，我对此非常满意。"

从比赛一开始，切尔西就在不断施压。蓝军中场一组美妙的配合后，对方球员杰森·沙克尔的神勇救险阻止了候任冠军的进球。德罗巴回撤，将球分给兰帕德，后者的直传让达夫获得了与门将罗伯·格林 1 对 1 的机会。达夫的挑射直奔球门而去，切尔西随军球迷已经开始热烈欢呼，但是很快被扼住了咽喉——沙克尔飞速回防，在皮球即将飞越门线时飞身头球解围。

第十二分钟，费雷拉干净利落地回做给兰帕德，后者的落叶球稍稍高出门楣。下一波进攻终于让诺维奇倒下。马克莱莱直传乔·科尔，后者丢掉球权后倒地，但又迅速起身，第一个抢到皮球，向前带了两步之后，乔·科尔左脚劲射，攻陷了罗伯·格林守护的大门。

乔·科尔故态复萌，于 6 分钟后浪费了比刚才容易得多的进球机会。随后，他又因为对达伦·哈克比愚蠢的铲球吃到黄牌。

诺维奇第一次真正的机会便带来了进球，利昂·麦肯齐抢在费雷拉之前，将哈克比的传中球顶入了球门。看上去切尔西已经白白丢掉了 2 分，切赫的英超连续不失球纪录也定格为 1025 分钟。穆里尼奥迅速采取行动，换上凯日曼和古德约翰森，并立刻得到了回报——2 名替补球员都参与了至关重要的第二球。乔·科尔的传中打在对手身上弹到古德约翰森面前，冰岛人凌空传球找到兰帕德，兰帕德伸脚一捅，皮球越过了门将罗伯·格林，但最终，皮球还是需要凯日曼完成最后一脚，才得以飞入空门。

第七十九分钟，卡瓦略接兰帕德角球斩获了他在切尔西的处子进球，比赛再无悬念。

切尔西球员赛后几乎没有什么庆祝，这更加显示出他们对争冠主动权的牢牢掌握；他们只是简单地拥抱和握手，可见全队已将注意力集中在接下来与强大的巴塞罗那的比赛。正如穆里尼奥预测的那样，联赛杯夺冠让他的球员们更加放松，能够带着强烈的自信去比赛。

穆里尼奥评论说："每一天、每一场比赛，我都试图向球员们展示我的经验和信心，我问他们：'当我们少赛 1 场却领先 6 分的时候，我们怎么可能会有压力？'周末的时候，我会鼓动他们，对他们说，我们还需要 8 场胜利，接下来一周则是 7 场，现在我们还需要 6 场胜利。"

切尔西阵容

切赫／格伦·约翰逊，卡瓦略，特里，费雷拉／兰帕德，马克莱莱，蒂亚戈（凯日曼）／乔·科尔，德罗巴（古德约翰森），达夫（亚罗希克）

穆里尼奥透露，球员们将客场对诺维奇的胜利献给了布里奇。布里奇在足总杯输给纽卡斯尔的比赛中脚踝骨折，将休战 10 个月，缺席下赛季相当部分的比赛。穆里尼奥已经与 1 名左闸引援目标联系在了一起，现在，他需要 2 个左后卫了。

由于穆里尼奥在联赛杯半决赛与曼联的首回合比赛后指责曼联球员假摔，足总纪律委员会对他处以了 5000 英镑的罚款，并警告其今后注意行为举止。因为那番"骗子，骗子"的评论而被罚款，穆里尼奥十分愤怒，以至于他在考虑减少与英足总在英格兰队事务上的合作。他曾经对英格兰队助理教练萨米·李来到训练场表示欢迎，如今因言获罪（而且穆里尼奥认为自己的话遭到了错误的解读），他不确信自己今后还能否对英格兰队人士如此友好。不过，他并不会拒绝球员前往埃里克森的英格兰队报到。

在背靠背的听证会中，切尔西和布莱克本双双遭到罚款，因为两队在英超交锋时，于比赛尾声发生了冲突。对于英足总"未能确保球员行为举止得当"的指控，切尔西不予承认，布莱克本则选择了认罪。切尔西被罚款 1.5 万英镑，英足总纪律委员会警告他们未来要注意行为举止，布莱克本则遭到了 1 万英镑罚款以及针对未来行为举止的警告。

对于下一个国家队比赛周，切尔西准备派友好使团出访中东，穆里尼奥将去拜访以色列一家同时招收犹太人小孩和巴勒斯坦小孩的学校。他说："这项邀请让我感到万分荣幸。很高兴能够为两个民族增进理解、加深友谊尽一点微薄之力，他们和我一样有着对和平的渴望。"

在与英超联盟律师登顿·怀尔德·萨普特的会面中，切尔西 CEO 彼得·凯尼恩表示，他本人、阿什利·科尔、阿什利·科尔的经纪人乔纳森·巴尼特、穆里尼奥以及皮尼·扎哈维的确进行了会面。但是，切尔西驳斥了阿森纳关于他们向这位英格兰国脚提出加盟邀请的指控，对他们已经和阿什利·科尔就周薪 9 万英镑的合同进行先期谈判的报道也矢口否认。切尔西的证词是，阿什利·科尔及其经纪人联系了扎哈维，要求会面，而扎哈维进行了安排，并预订了皇家公园酒店的房间举行会面，其间阿什利·科尔和乔纳森·巴尼特表现出了对与阿森纳续约谈判不顺利的失望情绪。

主持调查工作的尼克·菲茨帕特里克要求相关各方提供通话记录，以查实哪方首先进行了联系。如果调查委员会支持了切尔西的说法，阿什利·科尔便将被判违反了英超规则的 K5 条款，条款规定："有合同在身的球员，在未获俱乐部前置书面许可的情况下，不得亲自或由任何代表人直接或间接与其他俱乐部进行接触（以求与之商谈合同）。"阿什利·科尔同时还将被判违反了与阿森纳的合同；切尔西则面临违反 K3 条款的指控，该条款禁止任何俱乐部与其他俱乐部的球员进行未经授权的接触。

阿什利·科尔阵营承认，在与阿森纳的续约谈判陷入僵局后，作为谈判策略的一部分，他们提出了与扎哈维进行会面。不过巴尼特宣称："我很高兴在此公开证实，对阿什利的指责是完全虚假的。如果说我是玩世不恭地安排了与切尔西的会面，在违反他们意愿的情况下让他们卷入此事，那简直是荒谬。"阿森纳足总杯客场击败博尔顿一役，阿什利·科尔被温格放上了替补席。

就在阿什利·科尔到场讲述他这个版本故事的同一天，穆里尼奥也向英超联盟律师提供了证词。穆里尼奥支持了凯尼恩有关切尔西未进行违规接触的主张。和凯尼恩一样，蓝军主帅强调，他们只是出于好奇参加了会面，听了阿什利·科尔及其经纪人想说的话，然后就离开了。穆里尼奥强调，他们没有劝说阿什利·科尔撕毁与阿森纳的合同，没有向他提供任何邀约。阿什利·科尔则在证词中坚称，他从未有过要与凯尼恩和穆里尼奥讨论任何事情的想法。他对调查组表示，他在巴尼特办公室与之会面时，扎哈维打来了电话，告诉他们他希望在附近的皇家公园酒店谈一谈。

据报道，穆里尼奥说了这样一番话："我从未梦想过我会考虑签下你，你已经是世界上最出色的左后卫了，但是我想从你的脸上看到你为我们效力的渴望。加盟我们，你可以赢得一切：欧冠、英超、一切。"报道还强烈暗示，阿什利·科尔曾被告知，他下赛季将可以同杰拉德并肩作战。但是利物浦明确表示，他们不会提出投诉。

切尔西下个对手西布朗的主教练布赖恩·罗布森提醒穆里尼奥和他的球员

们，在赢得更多奖杯之前，他们应该保持安静，"切尔西有着喜欢挑逗别人的名声，但直到不久前，他们已经多年不曾赢得任何奖杯。看上去，他们已经挑逗过各行各业的人：裁判、官员、球迷、球员、记者。如果你赢得了双冠王或者三冠王，你大可以更多地谈论自己。但如果他们拿不到奖杯，他们会是第一个丢脸的。"

穆里尼奥参加了斯坦福桥对面"屠夫之钩"酒吧庆祝切尔西俱乐部成立100周年的活动。克劳迪娅·希弗①、戈登·拉姆齐②和伯尼·埃克莱斯顿③等各界名流赶来捧场。切尔西俱乐部的第一次董事会是1905年3月14日在古斯·米尔斯的主持下于这家小店召开的，只不过，一个世纪后的今天，这里的菜单上已经增添了俄罗斯鱼子酱。

切尔西前主席肯·贝茨表示，前任主教练克劳迪奥·拉涅利对切尔西现今成功的贡献应该得到肯定，"周一晚上拉涅利没有得到邀请，我很失望。我相

---

① 克劳迪娅·希弗是德国著名模特、演员。1987年10月，17岁的克劳迪娅被发掘，开始担任模特。1995年，被法国的《巴黎竞赛画报》杂志评为"世界上最美丽的女子"。在2003年，她出演英国爱情喜剧《真爱至上》。

② 戈登·拉姆齐出生于格拉斯哥，堪称英国乃至世界的顶级厨神，因为其在各种名人烹饪节目的粗鲁与严格，以及追求完美的风格，而被媒体称为"地狱厨师"。拉姆齐出身于苏格兰工人家庭，曾是一名足球运动员，19岁时因膝盖受伤被迫结束运动员生涯。凭借天分与不屈的努力醉心研究厨艺，2001年，他成为当时英国3位获得"米其林三星"称号的主厨之一，这只是他的第一家餐厅。入厨25年来，其旗下产业共获得了14颗米其林星。1998年，他开始电视主持生涯，他所主持的各种烹饪节目风靡欧美。如今，他拥有28间餐厅，著有烹饪书籍数十部。曾经主持多个电视烹饪节目，如早期在英国播出的《地狱厨房》《The F Word》《拉姆齐的最佳餐馆》及《拉姆齐的厨房噩梦》。后期在美国播出了《地狱厨房》《厨房噩梦》《我要做厨神》。

③ 在国际赛车界，伯尼·埃克莱斯顿无疑是最有权势的人。伯尼·埃克莱斯顿1930年出生于英国。他与朋友合伙创立了一家机动车销售公司，这家公司一度成为英国最大的汽车经销商。1972年初，他买下布拉罕姆车队。1974年，他联合各参赛车队，成立协会；经过6年的抗争，将F1比赛的商业经营权争在手，确定了车队、国际汽车联合会以及F1管理机构的利益分配原则。在改造F1世界的过程中，他卖掉了车队，而成为负责F1比赛商业经营的F1控股公司老板。正是他，将F1赛车从最初的混乱不堪、惨淡经营的比赛项目，变成今天这样一个产值数十亿美元的王国。正是他，使F1赛车成为全球观众人数最多的体育项目，每次大奖赛观众人数超过2亿，总计观众人数超过了四年一届的奥林匹克运动会和世界杯足球赛。正是他，使F1车队的老板和赛车手们一个个成为了百万富翁。与此同时，他也成为英国最富有的人之一，他的年薪在1997年超过8000万美元，成为世界上薪水最高的经理。1998年，他曾成为英国第六大富豪，拥有财产超过20亿美元。

信，克劳迪娅·希弗、伯尼·埃克莱斯顿和戈登·拉姆齐一定都对切尔西的历史做出了突出贡献，是吧？他们只是没有获得媒体的足够认可，是吧？拉涅利为现在的切尔西打下的基础应该得到认可，2002 年他率队闯入足总杯决赛以及上赛季打进欧冠半决赛，他应该得到肯定。在足球世界，经常能够看到一名主教练来到一家俱乐部，接手其他人留下的阵容，然后将它变得更强。我不是在批评穆里尼奥。他改变了战术，球员们对他评价很高，他发挥了自己的作用，但拉涅利才是那个更长期的建设者。"

2005 年 3 月 15 日，星期二
切尔西 1：0 西布朗

穆里尼奥得到了联赛教练协会的奖项，但是，他面临着英足总有关阿什利·科尔事件的检控，还因为欧冠与巴塞罗那比赛后的言论面临欧足联的处罚。作为一个身处几起风暴中心的男人，穆里尼奥的脸上带着一丝惆怅。德罗巴进球后，冲向了他的主教练，坚持与之共同庆祝。

一位年轻球迷高举着自制标语，上面写着：穆里尼奥是无辜的。这场比赛的精彩程度无法与对阵巴萨的那场经典名局相提并论，但是德罗巴上半时攻入的制胜球，令切尔西在联赛只剩 9 轮的情况下，获得了 11 分的巨大优势。

史蒂夫·克拉克表示："何塞只操心如何赢得奖杯，我们现在只有联赛杯一座奖杯。我们打进了欧冠 8 强，在英超领先 11 分，现在的目标是把这两座奖杯也拿到手。我们还能做到更多吗？我们还没有赢得这两座奖杯，但是我们又在这条路上迈出了重要一步，又获得了 3 分。我们赛前的目标就是如此，我们做到了。"

西布朗主教练布赖恩·罗布森怒称，杰夫·霍斯菲尔德有 2 个"进球"都被越位判罚抹杀了，"我希望再看一遍第二个进球，我觉得那球完全没问题，我现在依然不明白那球为什么被吹掉了。"

特里统领防线的表现完美无缺，他甚至在开赛第一分钟就有机会为球队获得完美开局。他将达夫的角球顶向门前，古德约翰森试图将球碰入球门，可惜头球偏离了目标。

德罗巴本该在第五分钟打破僵局，但是他 6 码外的转身射门欠缺力道。

之后，德罗巴又接到兰帕德的任意球，可惜攻门高出横梁。

乔·科尔在右路给对手制造着各种问题，送出了两脚不错的传中，怎奈德罗巴和古德约翰森都没能接到。未过多久，达夫在禁区边缘的左脚劲射稍稍偏离球门，德罗巴充满胆魄的接力攻门再次未果。在德罗巴浪费又一次机会之后，第二十四分钟，达夫恰到好处的传中送至门前。面对偌大的空门，德罗巴再想踢不进也不可能了。此球源于兰帕德的直塞撕开了对方防线，达夫直插空当，随后低传德罗巴建功。

中场休息之前，乔·科尔又送给德罗巴一次单刀，尽管后者晃过了守门员拉塞尔·霍尔特，但支球还是被对方及时解围。完场前 12 分钟，德罗巴又有 2 次令人扼腕的失机，他先是接乔·科尔的传中顶偏，后又在小禁区内劲射打高。

特里坚称，尽管切尔西掌握着英超夺冠主动权，但绝不会把英超冠军当成是理所当然的，"英超冠军尚未落入我们的口袋，前面的路依然很长。曼联一直在紧追我们，阿森纳也仍在竞争之中。我们能做的，就是连续赢得胜利，给他们施加更多压力。今天的比赛，我们有一点儿失望，因为我们上半时有不少机会。但我们只是为 3 分而来，一支为保级而困兽犹斗的球队是很不好打的。"

切尔西阵容

切赫／费雷拉，特里，胡特，加拉／马克莱莱，兰帕德，古德约翰森（亚罗希克）／达夫（斯梅尔京），德罗巴，乔·科尔（凯日曼）

已经开始踝伤康复进程的布里奇透露，他收到了来自四面八方的祝福，"阿布拉莫维奇先生和穆里尼奥先生以及大多数球员都来医院看望了我，这真是很棒。阿兰·希勒也来了①。每个人都很好。这么多人都试图让我振作起来。我出院后，伙计们每天都在我身边，我得到这么多的帮助真是难以置信。他们知道我的伤有多重，十分同情我的遭遇。他们也知道我本赛季已无法重返赛场，但他们许诺会为我赢得联赛冠军。我个人认为，英超冠军肯定没跑儿

---

① 2 月 20 日足总杯负于纽卡斯尔的比赛中，布里奇是因为对方前锋阿兰·希勒的凶狠铲球而遭受重伤的。

了，我已经等不及摸到奖牌的那一刻到来了。"

布里奇讲述了受伤带来的巨大痛苦，"医生们必须要等伤处消肿后才能进行手术。我不知道是哪里骨折了，但是他们最后为我介绍伤情时，我才知道情况比预想得更糟糕：我的右脚踝有 2 根骨头骨折，韧带撕裂了，腓骨也骨折了。他们来给我做手术之前，我是靠打吗啡支撑，因为疼痛实在难以忍受。手术进行了 2 个小时。我见到了主教练，他让我去休假几周，为后面艰苦的康复工作做好思想准备。"

尽管遭到了欧足联的纪律检控，但切尔西还是很有希望夺得"公平竞赛联赛"的冠军。这个"联赛"的积分榜，并不仅由红黄牌决定，欧足联发言人表示："一些其他因素也会被考虑进来，比如球队官员对待裁判的态度，球队以及球迷的行为举止等。"由于积分只计算英超比赛，切尔西才有机会位居榜首。

穆里尼奥决定将精力完全集中于下轮英超与水晶宫的比赛，不去为欧冠 1/4 决赛对阵拜仁慕尼黑分心。他说："我们现在不应忘记，我们还没有赢得联赛冠军。切尔西已经 50 年无缘顶级联赛奖杯，现在的这支切尔西队则还未在 2005 年的荣誉簿中添加英超这项锦标。我们渴望夺取联赛冠军，而且是以正确的方式登顶。切尔西已经 1 年多没有输过主场比赛，其中包括我到来以后的全部时间。我们的主场成绩不错，但是还可以变得更好。我们还有 5 个联赛主场，我们希望欧冠也还有 2 个主场，这样我们可以在单个赛季获得 24 场主场胜利，我相信我们能够实现这一成就。"

2005 年 3 月 19 日，星期六

切尔西 4：1 水晶宫

斯坦福桥感受着春天的气息，享受着罗本的归来。在这个烈日炎炎的下午，穆里尼奥却戴着围巾。乔·科尔不肯让伤愈归来的罗本独美，成为这场颇具说服力的胜利的总导演，穆里尼奥的球队向英超联赛冠军又迈出了重要的一步。

水晶宫让兰帕德在禁区外得到了充裕空间，这真是罪无可恕。第二十八分钟，兰帕德势大力沉的远射直入球门死角，1：0。切尔西继续保持着威胁，格伦·约翰逊的射门击中边网，德罗巴的凌空抽射遗憾打偏，兰帕德一次鱼跃

头球的机会则只恨没能顶正部位。半场结束前，水晶宫让切尔西为一次罕见的防守走神付出了代价——切尔西没能处理好韦恩·劳特利奇一个没什么速度的低平角球，近门柱的兰帕德解围却一脚踢空，皮球横穿禁区来到阿基·里希拉蒂面前，后者 6 码外的射门碰到卡瓦略身体轻微变线钻入了球网，1：1。

匈牙利门神加博尔·基拉利出于本能反应的扑救，将德罗巴的倒钩成功化解，卡瓦略的头球攻门则差之毫厘。乌拉圭后卫冈萨洛·索隆多似传似射的一脚歪打正着制造了绝杀机会，但是前锋安迪·约翰逊的射门却偏门而去。

乔·科尔成为罗本因伤缺阵这段时间的受益者，他第五十四分钟的进球充分证明了他的复活。切尔西的一次快速反击中，无球跑动的乔·科尔衔枚疾进，尽管一度跌倒在地，但他迅速起身，跑动时机恰到好处，接到了古德约翰森的传球。电光火石之间，乔·科尔权衡了自己的选择，随即大力低射远角，基拉利根本没有做出反应，2：1。

穆里尼奥的第一个换人调整着眼于加固中场，他用蒂亚戈换下了德罗巴。比赛还有 17 分钟结束时，罗本终于登场。值得注意的是，穆里尼奥换下的是达夫，而非乔·科尔。

荷兰人立刻帮助队友攻入了第三球。尽管这波攻势并没有太大威胁，但基拉利出现低级失误，他本应将凯日曼的射门抱入怀中，却让皮球从双手和两腿之间钻入了大门，切尔西 3：1 领先。

比赛尾声，罗本险些亲自得分。全场最后 1 分钟，水晶宫禁区一团混战，凯日曼近距离破门，将比分锁定为 4：1。

乔·科尔被评为全场最佳球员，切尔西无情地逼近冠军宝座，科尔激动得不能自已，"我真是太激动了，我忍不住一直盯着赛程表看，觉得我们这场能赢，这场能赢，那场也能赢，然后……不过，你必须要调整好心态，将注意力集中于下一场比赛。我不知道自己是否处于今生最佳状态，但这无疑是我最享受足球的一段时光，我们每周都在取得胜利。"

水晶宫只能深刻反思半场前安迪·约翰逊错失的机会。主帅伊恩·道伊表示："若能带着 2：1 领先的比分结束上半场，那会更好。不过，安迪·约翰逊本赛季的表现很好，所以我不会责怪他错失了那次机会。比分或许有点大，但是我们第二和第四个失球的防守实在太过低级，第二个失球，我们不该让乔·科尔突到那个位置。曼联、阿森纳和切尔西都是强大的球队，但是切尔西能够以不同的方式击败你。现在，另外两家想追上切尔西真是太难了。"

切尔西阵容

切赫／费雷拉，特里，卡瓦略，格伦·约翰逊／马克莱莱，乔·科尔，兰帕德，达夫（罗本）／德罗巴（蒂亚戈），古德约翰森（凯日曼）

英超联盟董事会就私会事件指控切尔西、穆里尼奥和阿什利·科尔违反了他们的规定。

英超联盟在声明中称："董事会要求当事各方在 14 天之内就指控做出正式回应。根据相关纪律程序，董事会已经开始了任命 3 人独立调查委员会的程序，以审理此案。董事会希望申明，目前为止，他们得到了切尔西俱乐部、穆里尼奥先生以及阿什利·科尔先生的合作，并期待他们继续合作。"

不过，声明也指出："作为持照经纪人，乔纳森·巴尼特先生和皮尼·扎哈维先生在此案中不在英超联盟的管辖范围之内。董事会将把调查过程中收集的信息递交英格兰足总，供其斟酌应否针对他们的行为采取进一步措施。"

世界杯预选赛开战意味着英超又迎来一个间歇期，但是切尔西的国脚们没什么休息的机会：乔·科尔火热的状态征服了英格兰队主教练埃里克森，他在与北爱尔兰队的比赛中获得首发，并在中场休息后为英格兰队打破僵局，成为这场 4：0 大胜的灵感源泉；兰帕德攻入了全队第四球，他的射门击中科林·默多克后变线，击败了爱尔兰队门将迈克·泰勒。

埃里克森表示："全世界也没几个比兰帕德更强的中场，我对此非常确信。我不想说他是世界上最好的，因为这么说不客观，但是我手下这条 4 人中场线，拿谁跟我换我都不干。"

杰拉德利用国际比赛周间歇，强调了对利物浦的忠心，"我在去年夏天举行新闻发布会时说我要留下，这一点自那之后一直没有改变。我没有与任何球队达成转会协议，这个问题我甚至想都没有想。本赛季有很多和我有关的垃圾文章，而且越来越荒谬。有些我不曾谋面的人却觉得自己知道我在想些什么。"

国际比赛周还是为切尔西带来了坏消息：在荷兰队 2：0 击败罗马尼亚队

的比赛中，为菲利普·科库助攻了打破僵局的一球后，罗本受伤离场。罗本说："很难说我要缺阵几周，但是很显然伤势不太乐观。接下来与亚美尼亚队和拜仁的欧冠比赛，我都肯定没戏了。"

应以色列总理希蒙·佩雷斯之邀，穆里尼奥国际比赛周的部分时间是在特拉维夫度过的。穆里尼奥说："来到这里，会让你意识到，足球不是最重要的东西。我所在的足球世界与他们的很不一样。足球在社会问题上拥有魔法般的能量，我很高兴能够利用这种能量帮助这项事业。我坦率地承认，职业足球并非总能树立最好的榜样。我离开足坛后，世界上会有很多让我开心的东西，这就是其中之一。从现在开始，如果我能帮上任何忙，我都乐意之至。如果他们需要我的支持，我不会让他们失望。"

穆里尼奥从切尔西带来了礼物，给年轻人们分发了奖牌。他参加了一场对阵以色列5人制足球冠军的比赛，那支球队是由巴勒斯坦背景和以色列背景的球员共同组成的。穆里尼奥对他们说："我们所拥有的通过足球改变世界的力量是不可忽视的。"他还说，他计划在切尔西再待10年，然后在祖国葡萄牙的国家队执教3年后，于55岁的年龄从足球教练的岗位上退休。

切尔西再遭重创：在葡萄牙队与斯洛伐克队的世界杯预选赛中，费雷拉疑似右脚骨折，预计就此赛季报废。切尔西立刻用私人飞机将费雷拉接回伦敦进行检查和扫描。这起伤病令球队的人员捉襟见肘，同时也是格伦·约翰逊的天赐良机。不过，穆里尼奥现在只剩下5名健康的后卫，边卫位置上再无替补。而特里现在腰部疼痛，卡瓦略也刚从脚趾骨折的伤势中康复。

葡萄牙方面的报道称，穆里尼奥也许会考虑在赛季结束后离开切尔西。这条消息最初是由私营的葡萄牙SIC电视台传出，切尔西立刻将之斥为愚人节笑话。

不过，这家电视台和穆里尼奥关系很近，穆里尼奥还定于5月份在这个频道开始主持自己的脱口秀节目。报道称，切尔西与巴塞罗那的欧冠比赛后，欧足联因为穆里尼奥对裁判发表的评论对其做出了禁赛2场的处罚，结果切尔西拒绝对此提出上诉，激怒了穆里尼奥。

该报道声称，穆里尼奥向当初博斯曼案的律师让·路易·杜邦征询了法律建议，得到的答复是：如果上诉，必获成功。据说，穆里尼奥与凯尼恩进行了谈话，对身为律师的俱乐部主席布鲁斯·巴克采取的不上诉立场表达了不满。报道披露，穆里尼奥表示，切尔西在这一事件上应该更加团结。

葡萄牙的信息源证实，这则报道确非空穴来风，穆里尼奥对于欧足联的处罚和切尔西的立场十分震怒。

2005 年 4 月 2 日，星期六
南安普敦 1 : 3 切尔西

从表面上看，穆里尼奥一切照常。尽管南安普敦自从去年 9 月以来一直保持主场不败，但是做客的切尔西表现出了高出对手一筹的实力。然而，欧足联处罚风波尚未平息，穆里尼奥没有参加赛后新闻发布会，而是急匆匆返回了球队大巴。

切尔西本场比赛并未使出全力，看来是为欧冠与拜仁慕尼黑的比赛保存实力。切尔西获得了一个有争议的任意球：兰帕德的大力施射击中人墙中的罗里·德拉普的身体后严重变线，门将安蒂·涅米只能缴械投降，切尔西 1 : 0 领先。主裁判马克·哈尔西的一些判罚让主场球迷很是不爽，在夸西对加拉一次看上去完全合规的拼抢之后，他判给切尔西任意球的决定气得主场球迷高唱："你们连裁判都买了！"

第三十九分钟，格伦·约翰逊带球直捣黄龙，连续闪过防守动作过于敷衍的多名南安普敦守将，随即巧妙回敲古德约翰森，后者卧射击穿涅米的球门，2 : 0。

替补登场仅 3 分钟后，英格兰前锋凯文·菲利普斯让南安普敦看到了一线希望。古德约翰森防守走神，让德拉普轻松送出传中，菲利普斯左脚射门中的，1 : 2。

但是，完场前 8 分钟，切尔西打出了一组流畅的连续短传配合，这是一支伟大球队的标志。这波攻势最终由替补上场的德罗巴完成最后一传，古德约翰森将球射入远角，3 : 1。

这是古德约翰森本赛季各项赛事的第十四粒进球，超越德罗巴成为队内头号射手，同时也帮助切尔西将榜首的领先优势扩大为 13 分——这个下午的早些时候，曼联在主场战平了布莱克本。古德约翰森说："主教练在联赛杯决赛

中派我出任中场，他说这给了他更多的选择。对巴塞罗那时，我就踢了这个位置，在最近 3 场联赛中效果都比较不错。这对于我来说有些陌生，因为我要承担更多防守职责，但是我很乐意接受这样的新任务。"

至于穆里尼奥的心情，古德约翰森说："我们再赢 3 场比赛就可以夺得英超联赛冠军了，我们又迈出了坚实的一步。这场比赛很不轻松，因为南安普敦最近表现很好。我们保持了注意力集中，特别是听说曼联丢分之后尤其如此。我相信主教练脸上一定挂着微笑。"

圣徒主帅哈里·雷德克纳普对外甥兰帕德赞不绝口，"我早就知道弗兰克会成为一名顶尖球员，因为他的态度非常积极，他一直在努力提高球技。但是，我以前不知道他有多好。我从没见过任何人像弗兰克那样在训练场如此勤奋——他爸爸除外。现在，他已经是另一个级别的球员，他的球技已经大为提高，他成为了一名全面的中场球员。看到他踢球我真是高兴，因为我是从他还是个婴儿的时候看着他成长起来的。他简直妙不可言，我希望看到他当选今年的足球先生，候选只有 2 个：他和特里。"

切尔西阵容
切赫／格伦·约翰逊，胡特，特里，加拉／马克莱莱，兰帕德，古德约翰森／达夫，凯日曼（德罗巴），乔·科尔（蒂亚戈）

主场与伯明翰的比赛之前，穆里尼奥再次拒绝了参加赛前新闻发布会。不过，《泰晤士报》刊发了一家葡萄牙报纸对他的专访。在采访中，穆里尼奥将兰帕德描述为足坛最全面的中场球员。同时，对于那些改当评论员的昔日主教练批评自己"过于傲慢"的做法，穆里尼奥也进行了公开反击。

穆里尼奥说："世界上最棒的工作，是当一名被解雇的教练。你每天可以10 点半起床，吃早饭，出门慢跑两圈，蒸个桑拿，然后坐在电脑前浏览体育网站。跟朋友吃过午餐后，你可以午睡，起床后散散步，然后跟顾问碰面研究下市场行情，然后去银行算算利息浮动情况，或者看看你依然在从俱乐部领着的工资是不是快该停发了。然后回到家，跟家人享受丰盛的晚餐。世界上有太多教练想工作却找不到，还有一些人则虽然从能力和名声上来说能够找到工作，但他们不想，因为天堂般的生活在职业和经济上已经能够让他们满足。你们这帮游手好闲的无赖，去工作吧！如果你不想工作，那就让别人安静地工作！"

穆里尼奥认为，本赛季的最佳球员毫无疑问是兰帕德，"从6月到8月，他一直是如此稳定，他的传球质量总是一流，不论是为了保持控球的传球还是纵深传球，不论是短传还是长传，不论是右脚还是左脚，不论是静态送出有力道的传球还是跑动中的传球，总是那么快速，保持着稳定的节奏。他的防守、抢断、被逼抢情况下对球的处理、跟对手一对一抑或无人防守的情况下，都是那么出色。在我看来，他就是现今足坛最全面的球员，我并不是因为他是我的球员才这么说的。"

2005年4月9日，星期六
切尔西1：1伯明翰

伯明翰的表现异常顽强，在中场不给切尔西时间和空间来打出平时行云流水的配合。最终，切尔西依靠德罗巴的进球惊险保住1分，阿森纳在客场击败米德尔斯堡后将差距缩小为11分。

穆里尼奥将古德约翰森和德罗巴双双留在替补席，但是这样的策略未能奏效。凯日曼重返首发，中场方面马克莱莱轮休，蒂亚戈和斯梅尔京被委以重任。斯梅尔京扮演起法国人的后腰角色，但中场休息时就和凯日曼一起被换下，古德约翰森和德罗巴入替。

不过，下半场还是伯明翰首先打破僵局。乔·科尔对伯明翰前锋埃米尔·赫斯基的犯规送出任意球，由于乔·科尔将球踢远，罚球地点向前推进了10码。杰梅因·彭南特将球吊入禁区，切赫出击失误，后卫马修·厄普森头球回做，乌拉圭射手沃尔特·潘迪亚尼10码外扫射破门。

穆里尼奥用亚罗希克换下了约翰逊，改为3后卫阵型，不过扳平比分的进球仍让他苦等良久。终于，左路的乔·科尔将球送入禁区，兰帕德转身妙传，德罗巴轻松破门。

穆里尼奥说，他对这"积极的1分"感到满意，但也承认："我们上半时表现很糟，看上去像是在打一场8月份的友谊赛，缺少赢下比赛的雄心。"

这是2周以来穆里尼奥的首次公开发言，对于一个开一场新闻发布会就能引起别人一辈子的争议的人来说，如此长久的沉默真是惊人。

穆里尼奥声称，有关他在切尔西不开心的传言实在谬以千里，"我们的情况非常好，简直好得不能再好。我们已经赢得了 1 座奖杯，现在在联赛中领先第二名 11 分，欧冠打入了 1/4 决赛而且获得了首回合的胜利。我们的情况不可能更好了。我非常开心。我唯一不开心的理由，是我们对伯明翰没有全取 3 分。

"下半场我们终于打得像点样子了，除了愚蠢地丢了一球，其他一切都不错。不过，丢球后，我们做出了很好的反应，给对手施加了很大压力，在为了胜利而比赛。我们有着强有力的表现，但是对手很拼，防守做得很好。我们丢的那个球十分愚蠢，在那之后，对手便相信他们可以全身而退，他们配得上带着 1 分回家。如果我们完场之前再进一球，对他们来说就过于残酷了。

"这个赛季也许比所有人梦想中的样子还要好，包括我自己在内。我一直认为我们能够夺取英超联赛冠军，但在赛季还剩 1 个月时领先 11 分，这比我预想的更好。我们现在比赛任务繁重，球员们难免会有些疲劳。我们要在 6 天内打 3 场比赛，周六的那场是 4 天内 2 场比赛的第一场。这非常困难。我们领先阿森纳 11 分，这个优势相当大。我们只需要控制住局面，拿到冠军所需要的分数。对我来说，今天、下周还是 2 周后夺冠，在客场还是主场夺冠，都无所谓，我只是渴望成为冠军。"

史蒂夫·布鲁斯花了 5 分钟时间颂扬穆里尼奥，说在他身上找不到任何问题，"我觉得，我能够代表所有主教练说，我们非常尊重穆里尼奥。他为我们这里带来了新鲜空气。年复一年的温格 vs（对决）弗格森我们已经看腻了。现在英超又多了一位大拿。英超历史上，除了布莱克本拿过 1 次冠军，一直是曼联和阿森纳在进行争夺，现在我们终于有了一股新势力。切尔西的确花了很多钱才走到今天，但是我们应该客观一些，穆里尼奥在很短的时间内做出了一些重要的决定，看看他是如何将克雷斯波和贝隆租借出去的就知道了。我们都在尽一切可能去尝试击败他，但我们无能为力，就是这么简单。"

切尔西阵容

切赫／格伦·约翰逊（亚罗希克），胡特，特里，加拉／斯梅尔京（古德约翰逊），兰帕德，蒂亚戈／乔·科尔，达夫，凯日曼（德罗巴）

　　切尔西阵中罕见地出现了不和谐的声音——加拉透露，他已经对于出任左后卫这个并非自己最擅长的位置感到厌倦了，"本赛季结束前，我会继续打这个位置，但之后，有一件事情是明确无误的，我不喜欢打左后卫，我在这个位置不太自在，我的位置必须在某个时候进行调整。我在为球队付出牺牲，但是我受了很大苦。我清楚，布里奇和费雷拉的受伤导致主教练现在除了我之外没有解决左后卫问题的其他方案，我目前可以接受这一点，但是，我重申，这对我来说已经越来越困难了。"

　　切尔西前主席肯·贝茨撤销了他与俱乐部围绕 200 万英镑费用提出的法律诉讼。切尔西在声明中说："切尔西同意进行和解，以避免浪费管理层更多时间，避免因为即将到来的庭审而造成更高的法律费用。虽然达成了这份和解协议，但是切尔西并不承认负有任何法律责任。我们当然为诉讼的终结而高兴，同时也要对贝茨先生的未来寄予良好祝愿。"阿布拉莫维奇和俱乐部避免了在高等法院接受调查，切尔西对此感到欣慰。

　　职业球员协会年度最佳球员的候选名单，几乎是切尔西的天下，特里、兰帕德和切赫都获得了提名，其他候选则是 2004 年这一奖项的得主、阿森纳前锋蒂埃里·亨利以及水晶宫前锋安迪·约翰逊和利物浦队长杰拉德。

　　年度最佳青年球员的奖项也有来自切尔西的候选，罗本和鲁尼、克里斯蒂亚诺·罗纳尔多、迪福、斯图尔特·唐宁以及肖恩·赖特－菲利普斯也都获得了提名。职业球员协会首席执行官戈登·泰勒表示，年度最佳球员评选中，兰帕德和特里难分伯仲。

　　兰帕德表示："我在切尔西度过了一个非凡的赛季，过去 2 年来我所发生的转变真让我难以相信。我不认为自己已经超越了维埃拉和基恩这样的球员，因为他们是最好的，他们很长时间以来都是最优秀的中场球员。维埃拉是一名美妙的球员，每次和他交手，你都能感受到他是怎样一名全能球员，而罗伊·基恩的表现这些年一直非常突出，我是他的超级球迷。在我看来，他一直是世界上最好的，是我很多年以来看到过的最全能的中场。某种程度上，你必须承认，杰拉德也在这个行列之中。我知道何塞说了些什么，但他是我的主教练，人们有理由认为，他多少有些不够客观。"

　　欧冠 1/4 决赛淘汰拜仁慕尼黑后，特里进行了 B 超检查，他是在与巴斯蒂安·施魏因斯泰格的碰撞中右大腿受伤的。伤势并不像起初担心得那么严重，扫描结果显示那只是严重瘀伤。特里回到了科巴姆基地进行治疗，其他球员则获得了 2 天假期，穆里尼奥也返回葡萄牙享受家庭假期。

特里表示，获得职业球员协会的提名，离不开自己在场上保持注意力集中的能力，而这则要归功于詹弗兰科·佐拉在训练中的指导，"我在青年队时，佐拉经常会每周花几个小时跟我一起训练。他经常会说：'盯着球，如果球不动，我的脚往哪动并不重要。'他会跟我进行 10 次一对一练习然后打进 10 球。后来，我变强了，他就只能进 9 个了！但是，无论面对边锋还是前锋，你都必须让他们早早就意识到，你在那里等着他们。比赛场上，无球状态下总会有一些事情发生。我刚为切尔西上场比赛时，皮球明明在场地另一端，对手却会来掐我的乳头，他们还会在定位球抢位中抓你的蛋蛋，或在天寒地冻时踩你的脚。"

切尔西的下一场比赛是与阿森纳的最后摊牌，好消息是：亨利受伤了。不过，特里感觉他已经知道该如何对付法国人，"你必须要让他背对球门，让他离球门越来越远。队友给他传球时，你要逼紧他，但也不要太紧，否则他会从你的侧面溜走。保持一条胳膊的距离，这样如果他转身，你就能够伸出胳膊推他一下。但如果你是被对手打反击，面对 3 打 3 的形势，你就要后退，直到其他队友赶回来。"

特里表示，他觉得防守荷兰前锋丹尼斯·博格坎普更加吃力，他非常感谢马克莱莱的屏障作用，"博格坎普在如何摆脱对手方面非常聪明，如果你跟着他走，另一名中卫就进入了独自面对亨利的境地。但是在切尔西，我们很幸运拥有马克莱莱这样的后腰，他能够贴死那些回撤较深的前锋。如果博格坎普拉到右边，我就喊'左肩'，而如果他拉到左边，我就喊'右肩'。我估计马克莱莱能够听懂的英语也就这两句！"

阿森纳是迄今最后一支在斯坦福桥击败切尔西的球队，那要追溯到 14 个月之前，距今已是 35 场比赛之前的事情。古德约翰森说："那场比赛我进了球，还吃了红牌，我们 1：2 输了。在那之后，我们有了极大提高，现在正逼近联赛冠军。我们很难被击败，我们将继续保持这样的状态。我们希望斯坦福桥成为一座堡垒，整个赛季保持主场不败。"

阿什利·科尔则警告说，阿森纳可不想当切尔西英超登基的垫脚石，"他们将夺取英超冠军？没问题，祝他们好运。但是他们还没有夺冠，我们不希望他们最终夺取冠军时，会感叹从我们身上拿到的 3 分是何其重要，何况我们仍然渴望把英超冠军留在阿森纳。切尔西依然需要继续获胜，我们不会放弃。我们现在势头很好，赛季早些时候，我们在海布里跟他们有过一场苦战，我们本应该赢得那场比赛的胜利……我们将无所畏惧地前往斯坦福桥，将去那里努力获得胜利。"

在阿什利·科尔的私会事件后，不难想象弗格森对里奥·费迪南德在伦敦餐馆与他的经纪人扎哈维以及凯尼恩进行会面的消息会做何反应。凯尼恩坚称会面纯属巧合，但爵爷骂道："也许在别人看来，会面只是误会，但我不这么看。我们的球迷是我的关切所在，我只是想让他们知道，我们对这件事很不开心。当一家英超俱乐部的 CEO——他们最近还有着那样不光彩的历史——就那样坐在餐厅里，真是不可思议。我不知道他这么做是出于轻蔑，还是故意冲我们翻鼻孔，往最轻了说，这么做至少是欠考虑的。"费迪南德强调，他希望留在老特拉福德。

温格坦承，切尔西打出了一个无与伦比的赛季，"赛季已经过了 32 轮，这不会再是什么偶然，你必须要对切尔西在场上取得的成绩表示尊重。他们领先 11 分之多，这意味着本赛季他们拉开了和其他球队的距离。不过，冠军之争还没有结束，本轮我们有机会缩小差距，然后则还有 5 场比赛。"

穆里尼奥没有做出评论，代替他发言的史蒂夫·克拉克说："我们是伦敦最好的球队，我们击败了阿森纳无法击败的拜仁慕尼黑。联赛积分榜不会说谎，表现最稳定的俱乐部就是最终会夺取英超冠军的俱乐部。过去 10 年中，阿森纳和曼联统治了英超，我们现在挑战这一秩序对足球是有益的。人们不断地谈论着我们，这本身就说明我们成功了，这也是因为我们排在榜首。别忘了上赛季是我们最终落后阿森纳 11 分，如今局面掉转过来，这很棒，这证明我们整个赛季一直保持着注意力集中。"

2005 年 4 月 20 日，星期三
切尔西 0：0 阿森纳
比赛结束后，温格与穆里尼奥握了手，温格终于承认："现在，切尔西肯

定会夺取英超冠军了。我一直觉得，如果他们这场比赛不输，他们就会成为英超冠军——除非有人在这里安放一枚炸弹！他们配得上冠军，因为他们的状态不可思议地稳定，在任何最高水平的运动项目中，做到这点都是最困难的。我只能说，我对他们所取得的成就表示祝贺。"

史蒂夫·克拉克表示："两支强大的球队打出了一场精彩的比赛。球迷们必须保持耐心，直到我们成为英超冠军的那一刻。何塞很开心，这个结果对我们非常不错，让我们保持着 11 分的优势。现在，任何人想追上我们都已经十分困难了。主教练很开心，球员们也是。我们周六会力争对富勒姆再取 3 分，然后集中精力于欧冠比赛。我们知道阿森纳不会束手就擒，但我觉得今晚是我们创造出了更好的机会。阿森纳开局打得不错，但我们很快稳定了下来，在控球上与他们旗鼓相当。"

大胆的切尔西球迷高举起"欢迎回家"的标语，试图让阿森纳后卫阿什利·科尔感受到家的温暖。穆里尼奥更加大胆，在阿什利·科尔离场时，甚至要跟他来个击掌动作。不过，阿什利·科尔对穆里尼奥没什么可说的。穆里尼奥这么做倒也并不稀奇，联赛杯决赛后，他就曾跟杰拉德握手。

在缺少弗雷迪·永贝里、索尔·坎贝尔和蒂埃里·亨利的情况下，阿森纳依然打出了不错的开局。开场不到 2 分钟，雷耶斯力压格伦·约翰逊抢到头球，皮雷怒射击中横梁。之后，皮雷浪费了一个更好的机会：特里解围被挡后，皮球落在这名边锋身前，但是他的射门偏出了远门柱。

接着，切尔西发起反击，达夫传球给德罗巴，但德国门将莱曼用腿封出了后者的射门。不久之后，德罗巴的传中本可以让乔·科尔获得必杀机会，可惜传球的力量太大了。

兰帕德在本方禁区前抢断皮雷，转眼间皮球来到对方禁区，德罗巴聪明地故意一漏，兰帕德射门差之毫厘。德罗巴本人在接到达夫横传后漂亮地转身完成射门，可惜也稍稍偏离了目标。

两队都做出了人员调整：罗宾·范佩西和杰雷米·阿利亚迭雷的出场凸显出阿森纳对于胜利的渴望，而蒂亚戈替下乔·科尔则显示出切尔西的坚强决心。凯日曼也上场了，他换下的是达夫。然而，两队都无法打破僵局，比赛最终以 0：0 收场。

温格表示："我们知道，我们这场比赛必须抢夺主动权，因为切尔西喜欢回收，然后打你的反击。开场后尽早进球对我们十分重要，我感到非常遗憾的是我们没能抓住机会，否则就能改变切尔西的战术部署，逼他们攻出来好好踢球。下半时，切尔西回收得更深了，变得更加谨慎。然而，我们缺少足够的穿透力来结果他们。怎么比较我们两支球队，就交给其他人去评论吧，但对于我们这场比赛的表现以及球队的实力，我是非常满意的。"

英超冠军已只有咫尺之遥，兰帕德已经将目光锁定在持续获得成功上，"英超冠军几乎已经到手了，但困难的事情在于如何保持。人们一直说，第二个冠军会比第一个更难拿，下赛季我们会从零开始。阿森纳没能保住英超冠军，但过去几年中，他们一直是英格兰足坛统治性力量之一。今年，我们是最好的球队。我们必须确保我们不是只有今年才是最好的，而是未来几个赛季都是最佳。我们充满饥饿感，不会满足于只拿 1 次冠军，我们渴望在每项赛事中夺取奖杯。明年我们会带着同样的态度比赛。"

切尔西阵容

切赫／格伦·约翰逊，卡瓦略，特里，加拉／马克莱莱，古德约翰森（亚罗希克），兰帕德／乔·科尔（蒂亚戈），德罗巴，达夫（凯日曼）

欧冠半决赛与利物浦的首回合赛事近在眼前，切尔西希望在不影响英超夺冠势头的前提下轮换阵容。史蒂夫·克拉克强调："对富勒姆的比赛，我们会派出一个有能力赢球的阵容，因为我们需要获胜。再拿 3 分，我们便会离英超冠军非常之近，到时候我们再看看会是怎样的形势。"罗本回到了球队阵中，使得穆里尼奥可以安排乔·科尔或达夫休息。

穆里尼奥承认，他在赛季过程中犯过错误，但他强调，只有最终结果才是重要的，"我的足球人生中，最重要的就是得到本队球迷的欢迎和爱戴，并遭受对方球迷的憎恨。我希望继续这样下去，因为这意味着我们在获得成功。毫无疑问，我犯过错误，我也许会在对一个问题进行分析后得出错误的观点。当然，争吵是难免的，我不会说我不喜欢争吵，因为我就是这样的性格。但有时候，也许我确实需要控制住形势，不要做出过激反应。我总是努力维护我的球队的最大利益，我的俱乐部和我的球员才是重要的。当我们的双手触及奖杯，我们就会忘掉一切。"

"我认为，一支 50 年不曾染指冠军的球队成为冠军，对英格兰足球来说是一件好事。我可以跟你说，葡萄牙足坛对这一天已经等待很久了。"

穆里尼奥对他手下的"豪勇七蛟龙"赞不绝口，正是这些球员稳定而出色的发挥，驱使着切尔西战车已经无限接近冠军。"整个赛季，我们有 7 名球员从未受伤或停赛，表现从没有糟糕的时刻，他们是球队的脊梁：切赫、加拉、特里、马克莱莱、兰帕德、古德约翰森和达夫几乎参加了每一场比赛。对于马克莱莱，我可以给他的最高赞扬是：他从我身上没什么可学的。马克莱莱无所不知。他 32 岁了，但由于他退出了法国国家队，他还会有 2 到 3 年的好年华可以奉献给切尔西。"

此刻的穆里尼奥态度极为直率，他甚至表现出了富有同情心的一面，"库迪奇尼的境况令我伤心。每天的训练中，他的表现都妙不可言。切赫能有如此出色的发挥，有他一份功劳。"

2005 年 4 月 23 日，星期六
切尔西 3：1 富勒姆

50 年前的这一天，是切尔西迄今最后一次夺得英格兰顶级联赛冠军。那支老英甲冠军球队的队长罗伊·本特利如今已是 81 岁高龄，本场比赛他亲临现场来纪念那历史性的一天。本赛季首回合在克拉文农场的比赛，罗本摧毁了富勒姆。而此役，在罗本替下乔·科尔之前，切尔西一直步履维艰。罗本带领球队取得了胜利，蓝军距离历史上第二次联赛冠军只差最后 2 个积分。

乔·科尔给切尔西带来了理想的开局，第十七分钟，接到德罗巴传球后，他的远程重炮击穿了荷兰人埃德温·范德萨把守的城池。德罗巴浪费了两次不算太好的机会，乔·科尔则在禁区内未能踢中皮球。渐渐地，富勒姆缓过劲儿来，半场结束前，卡瓦略罕见地出现失误，眼睁睁看着科林斯·约翰接到路易斯·博阿·莫特传球破门得分，1：1。就在这记扳平球的几秒钟前，德罗巴直塞让达夫形成单刀，范德萨出击化解了险情。

下半场伊始，罗本替补登场，立即改变了比赛走势。亚罗希克则换下了胡

特，达夫后撤到亚罗希克身后成为左后卫。这样的安排，连拉涅利也不曾做出，但是这使得切尔西的左路制造出了巨大威胁。

首先，罗本的传球找到了古德约翰森，但接下来的"进球"被吹为越位；接着，荷兰人又一脚射门偏离目标。最终，他加速超车富勒姆右后卫莫里茨·沃尔茨，然后用精准的传球帮助兰帕德破门得分。切尔西2∶1领先。

切赫将加拿大快马托马斯·拉津斯基的劲射托出横梁，又化解了科林斯·约翰发生变线的任意球攻门。完场前4分钟，古德约翰森锁定了胜局，接他替补上场的蒂亚戈直传形成单刀，攻入了在英格兰足坛的第一百粒进球。切尔西3∶1取得胜利。

穆里尼奥对于蓝军被安排在中午开球的决定抱怨道："一支球队刚刚在周三晚上8点打完比赛，然后又要在周六中午12点45分再踢一场，这太困难了。从90分钟整体表现来说，富勒姆不该输，他们的体能更加充沛。我觉得这个结果实在是不可思议，非常完美，要感谢球员们强大的品格，因为中场休息时我们简直是累死了。我对他们说，他们唯一的希望就是挖掘出自己的全部潜能。周三晚上踢了一场重大比赛，然后周六中午又要上阵，你必须得是超人才行。但我们的球员并不是超人，我们能够赢得这场美妙的胜利，归功于球员们坚强的意志品质。"

穆里尼奥对赛季至今的情况总结道："我们并不是为了3冠王而战，联赛杯并没有那么重要，但对当时的切尔西来说，夺取一座奖杯非常关键，不管那座奖杯够不够分量。不过，时隔50年再夺英格兰顶级联赛冠军，是非常重要的。50年前的那一次，球迷们至今没有忘记，这一次，他们也不会忘记。这些球员、工作人员以及主教练，任何人，他们都不会忘记。罗伊·本特利以那支球队队长的身份被球迷们铭记，特里也会作为这支球队的队长得到同样的待遇。没有人会忘记他们的名字。"

切尔西阵容

切赫／格伦·约翰逊，卡瓦略，特里，胡特（亚罗希克）／乔·科尔（罗本），马克莱莱，兰帕德，达夫／德罗巴（蒂亚戈），古德约翰森切尔西俱乐部主席布鲁斯·巴克表示，俄罗斯老板阿布拉莫维奇将长期致力于切尔西的事业，"如果你在摩纳哥的更衣室里见到了他眼中的泪花，你就会知道，他是一个投入了极大感情的球迷；你就会知道，他对这家俱乐部是多么在乎。他作为俄罗斯人的性格总体上不会丢失，但他同时也很有激情。我看不出他会失去这种激情的迹象，我看不出他有什么理由会出售俱乐部。如果他在球队夺取欧冠奖杯后就离开，那他为什么要斥资 2500 万英镑修建两年内都无法完工的训练场？"

巴克同时表示，切尔西的花钱力度会逐渐下降，"我们明白，超过 2.5 亿英镑的投资是很大一笔钱，但我们这样做只是为了填补与顶尖球队的差距。看看曼联、阿森纳、纽卡斯尔和利物浦最近 10 年花的钱，再看看我们最近花的钱，总的来说是差不多的。如果确实要给我们贴上花钱买来成功的标签，那么随便吧，但我不认为这是真的。我认为，钱确实帮助了我们，能够让我们大踏步前进，但钱并不能让皮球越过门线。我们要建设我们的青年学院，让更多年轻球员进入一线队，这是我们的目标。我们要培养出更多的约翰·特里。

"阿布拉莫维奇先生进行了大量投资，但是我要强调'投资'这个词。不止如此，我们还改变了我们的经营模式，引入了更优秀的赞助商，更换了球衣制造商、教练组以及俱乐部结构。我们所做的，远不只是阿布拉莫维奇先生一掷千金购买球员这么简单，我觉得我们的这些工作没有得到应有的肯定。尽管我很难让你们相信，但我们在花钱上的确非常谨慎，不论是 2400 万英镑签入德罗巴先生，还是花 1000 英镑采购铅笔，都是如此。我们每一分钱都花得非常谨慎。你们已经看到，我们的转会开支在第二年已经有所降低，未来还会持续降低。今年夏天，你们会看到我们买入一些球员，但同时也会出售一些球员。"

俱乐部新的经营举措之一，便是宣布将由新的赞助商取代阿联酋航空。切尔西与三星、西门子和诺基亚进行了谈判，新的赞助合同将创造英超纪录，超越沃达丰给曼联每年支付 900 万英镑的水平。切尔西的目标是在 2010 年之前便不再倚赖阿布拉莫维奇的投资，实现自给自足；而 2015 年之前则在球场内外全方位超越所有对手。

特里凭借着这个赛季美妙绝伦的表现，从阿兰·希勒手中接过了职业球员协会年度最佳球员的奖项①。特里说："这真是不可思议，被你每个星期在赛场上碰到的对手评选为最佳球员，这是至高无上的荣誉。我们即将在欧冠半决赛与利物浦交锋，在英超则再赢1场就可以夺冠，但愿接下来我还会捧起更多奖杯。切赫、兰帕德和我都获得了提名，由一名切尔西球员获得这一奖项，这十分重要。切尔西度过了一个非常特殊的赛季，这个奖项则令其更为特殊。我要感谢我的每一名队友，这是我第一年担任队长，他们不论是在场上还是场下都对我帮助良多。"

特里紧握着他的奖杯，在谈论起穆里尼奥时仍然不肯将奖杯放下，"何塞真的妙不可言，他对于我个人的巨大帮助，我真是无法用语言形容。他带给我极大的自信，在赛季初将队长袖标交到我的手中，他令我相信，我是英超最好的球员之一。"

切尔西与韩国电子巨头三星公司签署了为期5年总值5000万英镑的赞助合同。这笔合约使三星成为俱乐部的官方赞助商，下赛季开始，切尔西球衣的胸前广告将改为"三星手机"的字样。这是三星公司第二大的赞助合同，仅次于对奥运会的赞助。

阿森纳与阿联酋航空有着8年合约，总价值1亿英镑，其中包括对阿森纳主场的冠名以及球衣广告。曼联则于2004年与移动电话运营商沃达丰签约4年，合同总值3600万英镑。

凯尼恩表示："未来5年，我们的计划十分简单：将世界染成蓝色。我们需要赞助商企业有着全球知名度，特别是在英国、中国、俄罗斯和美国，这些国家是切尔西未来几年的目标市场。对我们来说，市场机遇要比商业赞助本身重要得多。我相信终有一天我们在场上场下都能够赶上曼联。"

保罗·史密斯是切尔西的商业事务董事，他相信俱乐部正在缩小与曼联的差距，"曼联也提高了营收水准，但是欧冠的过早出局对他们有所影响。我们感觉，我们能在3年之内追上他们。"

①　别称英格兰球员先生，于每年的赛季末期由英格兰职业球员协会（简称PFA）的会员互相投票选出前一年的年度最佳球员。首次PFA足球先生在1974年颁发。自设立这个奖项以来，获奖者多是英籍球员，自英超成立以来才开始有外籍球员获奖。首位得奖外籍球员是法国人埃里克·坎通纳，于1994年赢得。

相较于其他球队，曼联的一个明显优势在于老特拉福德球场有着接近 7 万座席的容量；阿森纳 6 万人的新球场——酋长球场将在 1 年后投入使用；而切尔西则只能固守仅可容纳 42449 人的斯坦福桥球场，除非他们采取一些激进的措施。保罗·史密斯表示："由于相关规定的限制，我们在球场容量方面无法接近曼联。我们目前不会考虑主场搬迁。我们本来能够达到 6 万的上座率，但是在这里无法实现，这需要我们买下附近的全部房产，拆掉那些酒店，但是这不会发生。我们希望在伦敦拥有巨大影响力，在整座城市提高俱乐部的吸引力。"

切尔西在计划给斯坦福桥球场扩容，给马修·哈丁看台多挤进 500 个座席。他们讨论过在周边地区购买土地的可能性，方案之一是购置巴特西发电站周边的土地，但是这项方案已经被否决掉了。可能性更小的办法，则是暂时将主场搬到新温布利球场。不过，切尔西声称这条动议"纯属猜测"，即便切尔西有此意向，也很难得到批准——托特纳姆热刺已经碰了一鼻子灰。

阿森纳在海布里击败了北伦敦死敌热刺，这意味着切尔西还要多等些时候才能确认英超冠军到手。比赛开始前，富勒姆路和富勒姆大道上那些临近球场的酒吧门口，聚集着大量球迷，他们盯着酒吧墙上的电视，高举着为切尔西助威的横幅。穆里尼奥从切尔西村酒店走出来时，球迷们一片喝彩。穆里尼奥穿着黑灰色的运动套装，招呼着球员们迅速登上大巴，去附近的意大利餐馆共进晚餐。切尔西此举表明，他们根本不在意阿森纳与热刺比赛的情况。在他们的头脑之中，他们已经赢得了联赛冠军。

这场比赛结束 5 分钟后，切尔西大巴返回了驻地。乔·科尔说："我们看了阿森纳的比赛，如果在与利物浦比赛前便确保英超冠军到手当然很好，但是现在我们依然牢牢掌握着主动权。我们很清楚客场与博尔顿的比赛应该怎么做。"

富勒姆大道上的商家，已经准备好了印有"切尔西，2004—2005 赛季冠军"字样的 T 恤和旗帜，等着今夜的比赛结束之后大卖特卖。虽然未能如愿，但是要不了多久，他就会有大笔生意可以做了。

穆里尼奥希望球员们能为做客利物浦的欧冠半决赛生死战保留充沛体力，但是也想在博尔顿的主场搞定英超冠军。正在治疗腰伤的加拉证实："我们希望在博尔顿夺取英超冠军，但是这取决于我们有多少球员被安排休息，恐怕不在少数。"

兰帕德对博尔顿的力量派打法感到忧虑，"他们在斯坦福桥拼得了一个2∶2的平局，他们对我们非常忌惮，不敢跟我们好好踢球。他们的主要威胁在于长传以及争抢第二落点。各队都越发意识到，比拼足球本身的东西，是很难击败我们的，因为我们拥有出色的球员。"

博尔顿仍在为欧冠席位而战，他们比第四名埃弗顿只落后4分。主教练萨姆·阿勒代斯表示："以切尔西现在的势头，想从他们身上抢分难度极大。我们倒不是没有能力做到这一点，如果能够击败他们，将是一个非常非常了不起的结果。"

萨姆·阿勒代斯还奚落了穆里尼奥，声称温格才应该被称为"特殊的一个"。他说："温格一直是这个国家最优秀的外籍主帅。他是英格兰足坛最成功的主教练之一，他所引进的球员，为这个国家的足球指明了前进方向。有一些来到这里的外籍教练成为了灾难，比如本赛季热刺的桑蒂尼，干了2分钟就下课了吧。"

不过，阿勒代斯还是强调："穆里尼奥干得很棒，因为他第一年就拿到了冠军。他来到伦敦和切尔西，从一开始就说自己会取得成功。他没给自己留任何余地。现在，看上去他真的能成功。切尔西不仅应该赢得英超冠军，他们还很有希望拿到欧冠奖杯。他们拥有全世界组织最严密的防线之一，在一场直接的比拼中，我们跟他们完全不是一个档次。我只能寄望于充分利用他们多线作战的消耗——他们本周刚刚经历过艰苦的赛程，下周则还有做客利物浦的关键比赛。我觉得，与利物浦的首回合比赛中，他们看上去会有些疲劳和紧张，但愿我们能够趁机占到便宜。"

与利物浦比赛当天的早报上，头条新闻充斥着有关切尔西的不和谐音符，罗本不愿在与利物浦的比赛中首发以及凯日曼对于替补身份的不满，都见诸报端。特里推迟了脚趾手术，他可能被安排休息；加拉饱受腰伤困扰；达夫则将因为腿筋扭伤而缺阵。有关在达夫未能通过赛前体检的情况下罗本拒绝出场的消息严重失实——荷兰人替补出场打了最后30分钟。

切尔西发表声明称，罗本与穆里尼奥的关系"非常好"，强调荷兰人正在

"努力恢复 100% 的体能"。不过，罗本的态度的确让队友们不太满意。

凯日曼在与利物浦的比赛中打了最后 12 分钟，但是他在切尔西的日子很难长久了。凯日曼加盟切尔西之后，在前 3 场比赛中攻入 4 球——不过全都是友谊赛——但是在随后的日子里，他的自信心遭受重创，以至于在与门将一对一时都失去了射门的勇气。阿布拉莫维奇请他吃过晚餐，试图帮助他振作起来。凯日曼说："阿布拉莫维奇与球队走得很近，我与他关系很好。他是个非常有趣的家伙，如果你不了解他的身份，你都不会看他第二眼。他穿着廉价牛仔裤和廉价夹克，戴着一块非常普通的手表。他理解我的境遇，后来就给我打了电话，跟我一起去吃饭。在任何方面你都看得出来，他对足球非常痴迷。"

凯日曼感觉，他从未得到穆里尼奥的全力支持，自从以 500 万英镑转会费从埃因霍温来投，他在英超只有过 6 次首发，却没有得到穆里尼奥的解释。他尤其感到愤怒的是，在切尔西对巴塞罗那那场激动人心的胜利之中，他做出了突出贡献，之后却依然遭到弃用。凯日曼说："何塞·穆里尼奥从未给予我支持，从未真正信任过我，这一点非常遗憾。如果一场比赛只得到 5 到 10 分钟的出场时间，我是进不了几个球的。我永远只是个备胎，不管我怎么做都不够，这就是我的感觉，这真的很难接受。我尊敬穆里尼奥，因为他的成绩非常棒。站在他的角度来说，他理解我的处境，但是他什么改变都不能做出，否则他就是疯了。这就是他工作的方式，这就是他过去几年中取得成功的方式，他觉得自己是最好的，是最美的。我们面对着两个不同的世界，穆里尼奥的世界和另一个世界。"

如果在客场与博尔顿的比赛中锁定英超冠军，切尔西球迷将向前副主席马修·哈丁致敬。1996 年 10 月，在联赛杯做客博尔顿的返程途中，这位百万富翁因直升机失事丧生。受到切尔西官方委托撰写切尔西俱乐部历史的里克·格兰维尔表示："越来越多的球迷说，在博尔顿的主场赢得冠军，然后向马修·哈丁举杯致敬，是再合适不过的。我相信切尔西球迷明天一定会打出一些马修·哈丁的横幅。"

马修·哈丁一辈子都是切尔西球迷，曾为俱乐部设计了宏伟蓝图，并进行了投资。他的遗孀露丝表示："球迷们依然记着他，这十分感人。这场客场与博尔顿的比赛，我不知道球迷们准备了什么，但是他们想着这件事真的很好，我们全家都对球迷们充满感激。"

穆里尼奥将实力出众的阿根廷中场小将哈维尔·马斯切拉诺列为引援目标，凸显出他对于球队的长远规划。马斯切拉诺将在明年的世界杯后加盟蓝军，切尔西已就这笔转会与巴西的科林蒂安俱乐部达成了协议。有趣的是，这位 21 岁的球员要到今年夏天才会从河床加盟这家巴西俱乐部。

有关切尔西对杰拉德不再感兴趣的报道相当离谱。穆里尼奥对俱乐部董事会表示，马斯切拉诺有可能成为比杰拉德更为优秀的球员，同时他对巴塞罗那的哈维·埃尔南德斯也颇为中意。不过，杰拉德依然是切尔西的重点目标之一，而葡萄牙布拉加俱乐部相对而言名不见经传的中场球员若奥·阿尔维斯，也受到了切尔西的关注。同时，切尔西还对 AC 米兰左后卫卡哈·卡拉泽表现出浓厚兴趣，格鲁吉亚人曾代表格鲁吉亚国家队 35 次出场，在志在重夺欧冠的 AC 米兰有着突出的表现。

接下来的一系列引援，彰显着穆里尼奥在未来数年继续保持统治地位的决心。喀麦隆前锋塞缪尔·埃托奥已经在巴萨证明了自己的实力，他也再次进入了切尔西的采购清单。

1955 年，也是切尔西上一次夺取英格兰顶级联赛冠军时，英国正在讨论如何应对更多加勒比移民的涌入；英国政府对 1961 年之内让女性公务员得到与男性同等的薪酬做出了许诺；温斯顿·丘吉尔爵士辞去了英国首相职务，他的继任者安东尼·艾登迅速进行了大选，加强了保守党的多数党地位；玛格丽特公主宣布取消与空军上校彼得·汤森的婚礼；美国影星詹姆斯·迪恩在他的保时捷座驾冲出加利福尼亚公路后丧生；在英国，司机们则相对小心一些，特别是在油价上涨为每升 0.05 英镑以后。

2005 年 4 月 30 日，星期六
博尔顿 0：2 切尔西

穆里尼奥创造了历史，成为第一位在英格兰足坛首个赛季便率队夺取顶级联赛冠军的外籍教练，这证明他上任第一天起便表现出的强烈自信不是虚张声势。兰帕德的表现和进球起到了决定性作用，他的梅开二度为切尔西赢得了胜利，他则以中场球员的身份成为这支冠军球队的队内最佳射手，这真是无与伦

比的成就。

穆里尼奥的执教天赋、对于成功的饥渴以及强大的精神属性是切尔西登顶英超的基石。他立即表达了对俱乐部的深厚感情，"我是'特殊的一个'吗？不，切尔西这个集体才是特殊的，没有人可以说我们配不上这个冠军。球员们非常美妙，我为他们每一个人感到自豪，他们是当之无愧的冠军。罗曼·阿布拉莫维奇，我们的大老板，同样无愧于这项荣誉。正是因为这些，我希望在这里待得越久越好，也许会比我的合同期更长。"

球员们在随队球迷面前庆祝时，穆里尼奥坐在教练席上打起了电话，"我是在与我的太太和孩子们说话。他们去葡萄牙过周末了，但是他们看了直播，他们当然和我一样十分开心。足球有时候真是疯狂。几个月前我们便取得了不小的优势，但是我们知道一切皆有可能，所以直到现在，我们才真正感觉自己是冠军了。我们为了这座奖杯走过了艰辛的道路，这个周末的比赛也是如此。在这样一场比赛后加冕堪称完美，因为博尔顿的打法很难对付，我们必须适应这种风格，我们做到了。我们像雄狮一样战斗，这支球队真是妙不可言。踢球时，我们一起踢球；战斗时，我们一起战斗；苦难时，我们一同承受。任何稍具公正心的人都不会否认我们配得上这个冠军。"

兰帕德说，他将终生难忘这一时刻，"这个感觉太棒了，这是我会永远享受的时刻。周中对利物浦错失那个机会后，我觉得我欠球迷一个进球，这是回报他们的最佳方式。我们渴望首先拿下联赛冠军，现在，我们渴望周二在欧冠赛场击败利物浦。等了50年，这是让球迷和每个人如释重负的时刻。我们本赛季的赛程非常密集，我们有很多比赛要集中精神去踢，我们早就知道这不会轻松，但是我们一直相信我们能够胜任这样的任务。"

兰帕德透露，夺冠几分钟之后，穆里尼奥便向球员们下达了禁酒令，"我们抿了一口香槟，然后主教练就有点不高兴了，因为他希望我们冷静下来。也许回到酒店后他会允许我们喝半杯，但是随后我们就必须去睡觉了。"

兰帕德还对第2粒进球形成单刀时没有传给更有把握的卡瓦略做出了解释，"特里赛前赢得猜硬币后问我，我们是不是就选我们所朝向的那一边，但我有一种感觉：如果我们能够进球并锁定冠军，最好还是在我们球迷看台这一侧进行。第1个进球非常棒，但第2个球形成单刀时，我告诉自己，'千万别他妈搞砸了。'卡瓦略就在旁边包抄，但我当时绝不可能把球交给他——他肯定会射到看台上去！那一刻，我可没什么开阔视野了。第 1 球对我们非常关键，因为之前我们一直没能打出最佳水平。但最终还是第 2 粒进球彻底杀死了博尔顿。"

兰帕德还对本赛季的争冠对手阿森纳和曼联进行了评论，"我们已经证明，最好的球队赢得了联赛冠军。我们听到了一些对我们非常苛刻的评论，说我们的比赛不够好看，说英超最好的两支球队终于在足总杯决赛会师了。但是，最好的球队是赢得英超冠军的那个，我们是英超冠军。看看阿森纳，他们客场打博尔顿输了，曼联则是平了，而我们来到这里取得了胜利。现在一些人该睁开眼睛看看了，他们应该意识到，我们绝对是最好的球队。"

穆里尼奥赛后从正在欢庆的球员中间夺路而出，他把荣耀留给了球员们。特里透露，在上半场战成 0：0 之后，穆里尼奥在更衣室里发了脾气，"上半时的战斗，博尔顿或许压倒了我们，这让主教练不太开心。中场休息时，他骂了我们一通，我们在下半时做出了反应。主教练当时非常生气，批评了每一个人，他告诉我们，我们距离英超冠军还有 45 分钟，我们必须振作起来。他说，上半时我们的表现还不如让他自己亲自上阵。他说得没错，上半时每个人都没能打出水平。你的确不可能每场比赛都表现出色，所以我们要做的就是拿出 110% 的劲头。而我们在上半时没有做到这一点，每一次争顶和拼抢，博尔顿都快我们一步。"

比赛最后时刻替补登场的乔·科尔简直不敢相信切尔西已经成为冠军，"说实话，我脑子有点蒙，我还得花几天时间才能消化这一切。对于任何英格兰球员来说，夺取英超冠军都是攀上了高峰，本赛季我们明白了夺取这座奖杯有多么艰苦。我们现在已经有了 2 座奖杯，我们都渴望成为三冠王。这个感觉太奇妙了，在与阿森纳的比赛之后，我们就感觉已经拿到了冠军。而现在，冠军实实在在到手了，这对我以及我们所有人来说是梦想成真的一刻。真是难以相信这真的发生了。本赛季，我曾一度怀疑我能否真正成为这里的一分子，但现在，经历了过去几个月的事情之后，一切都是值得的。我找不出我们不能再接再厉问鼎欧冠的理由。为什么不呢？我们即将做客利物浦，现在是高飞在天的感觉，我们已经等不及下场比赛了。"

赛前，曾在博尔顿效力的古德约翰森为队友们进行了激动人心的动员讲话。古德约翰森表示："在讲大部分内容时，我都保持着镇静，但最后我还是有些情绪激动。倒也没什么特别疯狂的，只是吼了几句。我只是对伙计们说：'今天，我们可以携起手来让每个人都成为冠军。'我们都是场上的英雄，特别是兰帕德，他非常神勇，为我们攻入了 2 粒进球，本赛季他是队内非常关键的球员，得到冠军荣誉当之无愧。跟这群伙计一起踢球是莫大的快乐。博尔顿给我们制造了很大的难题，我们上半时的表现不是太好，所以，主教练在中场休息时让我们清醒地意识到，我们是在为冠军而战。我们现在仍然沉浸在兴奋当中，或许对特里、兰帕德和我来说，这座奖杯的意义尤为重大，因为作为已经在这里效力数年的球员，我们承担起了更衣室领袖的角色。我们三个是一起成长起来的，夺取冠军是我人生中仅次于我的孩子出生的骄傲时刻。"

本场比赛，达夫和罗本都无法出场，乔·科尔则被穆里尼奥留在了板凳上。切尔西在比赛第一分钟便一场虚惊：兰帕德远射后疑似拉伤了肌肉，一度蹒跚起来。令穆里尼奥和队友们感到欣慰的是，英格兰中场并无大碍。和兰帕德一起出现在中场的，有格雷米和亚罗希克这样的边缘球员，派他们出场是为了加强切尔西在定位球防守中的硬度。博尔顿本赛季曾在斯坦福桥逼得 2：2 平局，那对穆里尼奥来说是一次惨痛的教训。而本场比赛，博尔顿一上来又立刻开始了高空轰炸。切尔西对对方一次界外球没有处理妥当，斯蒂利亚诺斯·扬纳科波洛斯抢射幸被切赫没收，而马克莱莱则因为阻截杰伊·杰伊·奥科查的下一次输送被黄牌警告。

之后，切赫又扑出了加里·斯皮德的头槌和费尔南多·耶罗的射门。开场前 20 分钟，客队仅有的射门便是兰帕德的一次远射，那次射门让兰帕德被撞了一下，好在他逐渐恢复了过来。接下来，博尔顿的任意球轰炸找到了无人防守的凯文·戴维斯，但是他的头槌攻门正中切赫下怀。

半场结束前，特里在与凯文·戴维斯的一次对抗中被撞出了"熊猫眼"，尽管视力受到影响，他还是坚持作战。场上火药味渐浓，特别是在格雷米面对艾尔·哈吉·迪乌夫的抢断过于轻易地倒地之后——迪乌夫为这次铲球吃到了黄牌。正是这次后场任意球，让局面被动的切尔西获得了领先，这让博尔顿球员非常不爽。接到德罗巴头球摆渡后，兰帕德极其冷静地和过文森特·坎德拉，随即劲射攻破了耶斯凯莱宁的球门。博尔顿门将因为抗议裁判而领到了黄牌。

穆里尼奥希望保住比分领先，很快便用高大后卫胡特替下了德罗巴，这样一来便只剩古德约翰森独自突前，防线则形成了 5 人配置。不过，切尔西还是险些失分——防守博尔顿一次传中球时，格雷米的头球直奔自家球门死角而去，切赫做出了精彩救险，却也在扑救过程中受了伤。

尽管博尔顿重整旗鼓，他们还是在完场前 14 分钟被切尔西的反击击倒。兰帕德长驱直入形成单刀，卡瓦略在他右侧全力冲刺包抄。不过，兰帕德只把卡瓦略当成了干扰对手注意力的诱饵，用假动作骗过耶斯凯莱宁后将球送入空门。场边的切尔西球迷疯狂了，穆里尼奥也欢快地跳起舞来，德罗巴甚至从看台上抓过一个充气奖杯模型庆祝了起来。不过，他还要再等 15 分钟，这一次才是真正的庆祝，切尔西完成了英超夺冠伟业。

阿勒代斯认为，兰帕德攻入第 1 球的那一波攻势中，亚罗希克对耶罗有犯规动作。他指责主裁判史蒂夫·邓恩相当于把冠军送到了切尔西手中，"主裁判为切尔西打赢了这场比赛，他有一次重大漏判，没能判罚亚罗希克对耶罗的犯规。那个犯规实在是再明显不过了。耶罗本来会抢到那个头球，但是亚罗希克冲撞了他。裁判却示意比赛继续进行，然后兰帕德就进了球。这个漏判，不仅是比赛继续进行的问题，还是葬送了我们这场比赛的问题。当然，我们上半时占据那么大优势，却没能惩罚切尔西，也让我们付出了代价。"

不过，阿勒代斯还是称赞了兰帕德，"我无意抹杀切尔西整个赛季的杰出表现，他们确实是当之无愧的冠军。他们的表现无与伦比，兰帕德绝对是现在全世界最出色的球员，这一点毫无疑问。他踢了那么多的比赛，总是可以满场飞奔，有着强大的得分能力，这真是太牛了。整个赛季，他的表现妙不可言。你绝对无法抹杀兰帕德的成就，这家伙一个赛季踢 100 场比赛也不成问题。他有着用不完的能量，这在第 2 个进球的过程中表现得淋漓尽致，真是不可思议。他是从本方禁区开始启动的，当时是我们的角球进攻，然后，他冲到我们的禁区完成了进球，他就是这么强悍，他的临门一脚也异常精准。他绝对是世界上最好的球员。"

阿布拉莫维奇参加了球员们在场内的庆祝，他与特里和兰帕德挽着手臂一起前行，2 名球员则与球迷们一起高唱着老板的名字。阿布拉莫维奇还接到了旧将詹弗兰科·佐拉从意大利打来的电话，后者确认自己将在下赛季出任俱乐部青训总管。离开锐步球场后，德罗巴和乔·科尔从球队大巴的天窗钻了出来，在车顶上面对球迷们欢快起舞。

特里还在球场内接受媒体采访，手里紧紧攥着一个透明塑料袋，里面是他本场比赛的球衣，这是他将永远珍藏的纪念品。终场哨响后，他的一些队友将球衣扔向了看台，其他人则换上了印有"冠军"字样的特制T恤，但是特里在走回更衣室之前一直穿着比赛球衣，"本赛季每场比赛的球衣我都保存着，谢天谢地我们赢得了冠军。我保留着每件球衣和每块队长袖标，我会做一个很大的框子，把它们裱在一起，我在赛季的前四五场比赛开始这样做之后，就梦想着完成这件事。"

这得是个多大的框子啊！

和兰帕德一样，特里参加了夺冠征程上的每一场比赛。上半时尾声，被对手手指戳到眼睛的他摔倒在地。中场休息时，他的眼睛肿得厉害，看东西都有了重影。然而，他依然参加了下半场比赛，"我非常激动，我现在只想好好哭一场，回到酒店房间独自一人坐下来观看比赛回放时或许我就会这么做。"

特里终于离开球场，登上了球队大巴。他和兰帕德从天窗探出头来的时候，球迷们爆发出了最大的欢呼声。1 个小时前，这 2 名球员还留在场内，依依不舍地不愿离开那些激动的球迷。

切尔西阵容

切赫/格雷米，特里，卡瓦略，加拉/蒂亚戈，马克莱莱（斯梅尔京），兰帕德，亚罗希克/古德约翰森（乔·科尔），德罗巴（胡特）

穆里尼奥赛后只接受了天空电视台的采访，他给记者们传递的信息是，他与媒体的关系没问题，他只是想把荣誉留给球员们。

不过，接受葡萄牙杂志《视界》采访时，穆里尼奥说："我让所有人明白，他们可以和过去所习惯的行为举止、备战方式甚至个人形象说再见了。我帮助英格兰足坛打破了一些禁忌，那些东西是被一些传统主义者、一些英格兰人至今当作真理的。他们试图贬损我的形象，试图加大我展现自我的难度。"

穆里尼奥将矛头指向曼联和阿森纳，他声称，这2支球队畏惧并嫉妒切尔西的成功，"问题的核心就在于切尔西这家俱乐部所代表的意义。首先，切尔西的老板是个外国人，他是外资入侵的象征；然后，切尔西已经很久没有获得过任何荣誉，而现在切尔西却想终结阿森纳和曼联两强争霸的模式。换句话说，这些要素全都齐了：富有的俄罗斯人，傲慢的葡萄牙人，作为暴发户象征的切尔西，习惯于包揽一切奖杯的两大豪门形成的秩序。而现在，两大豪门感到了恐惧，他们想方设法给我们制造困难。但是，我们在英超的成功将为英格兰足球带来态度和责任感上的变化。"

穆里尼奥的第一个赛季一点都不枯燥——切尔西12次遭到纪律检控，赛季开打2个月，由于在联赛杯比赛中未能确保球迷举止得当，切尔西就和西汉姆联一道遭到了英足总的指控；联赛杯半决赛与曼联的首回合交锋之后，由于穆里尼奥将下半场比赛描述为"一次又一次的哨声，一次又一次的错误，一次又一次的欺诈"，他被指控行为失当，遭到5000英镑罚款并被警告需要规范举止；2月是个糟糕的月份，切尔西由于在英超赛场与布莱克本的冲突被课以15000英镑罚款；在诺坎普与巴塞罗那的比赛之后，欧足联又向切尔西俱乐部、穆里尼奥、克拉克以及俱乐部安保官员莱斯·迈尔斯提起指控，罪名是，他们错误地宣称中场休息时瑞典主裁判安德斯·弗里斯克和巴萨主帅弗兰克·里杰卡尔德有过交谈，欧足联给切尔西俱乐部和穆里尼奥分别开出了33000英镑和9000英镑的罚单；联赛杯决赛，由于向利物浦球迷做出嘘声手势，穆里尼奥再次遭到警告，而与阿什利·科尔的所谓违规接触事件则持续发酵。

彼得·凯尼恩称赞穆里尼奥"毫无疑问"是英超最佳主教练，并预言这位42岁的少帅将在斯坦福桥至少再干9年。切尔西期待几天之内就与穆里尼奥谈妥新的5年合同，确保他在切尔西长期工作。凯尼恩相信，穆里尼奥梦想着建立一个切尔西王朝，确保蓝军在未来10年都是欧洲足球的先锋，"我们有着让切尔西处在足坛最顶端的强烈愿望。为了成为顶尖球队，你绝不能只拿1次冠军，而是要不断地获得成功。何塞正是因此才被切尔西所吸引，他是带领我们实现这个目标的正确人选，我知道这正是他的抱负所在。他想做的，不是用语言去告诉世人他是全世界最优秀的主教练，而是用行动去证明这一点。"

凯尼恩承认，切尔西终有一天需要实现自给自足，"去年，我们为使阵容规模合理化，做出了巨大的努力。我们送走了 14 名球员，引进了 7 名球员。今年，人员的进出将远远小于这两个数字。我们拥有一支年轻的队伍，平均年龄只有 25 岁，我们圈定了一些要加强的位置，仅此而已，我们很可能只引进 3 名球员，让阵容规模保持在 24 人。我们处在一个非常健康的位置上，我们相信我们的球员依然有潜力可以挖掘，所以我们只会选择性地补强阵容。我们拥有足够预算得到我们想要的球员，但是我们不会无休止地烧钱。我们已经做出承诺，5 年内，俱乐部将实现盈利，为此我们将让财政维持在合理的限度内。我们已经进行了大量投资，过去 2 年中花了 2.8 亿英镑购买球员，我们有着未来 5 年内收回这笔投资的长期规划。球队不会因为我们的投资计划而受到影响，但是我们必须摒弃购买任何球员的想法。"

加拉表达了加盟巴塞罗那的兴趣。巴萨方面联系了加拉的经纪人，探寻他的转会可能。不过，加拉的合同还有 2 年，他应该会在今年夏天得到新的合同，作为对其忠诚的回报。加拉表示："切尔西的团队精神是我职业生涯中见过最好的。每一个看过我们比赛的人都必须意识到我们是如何努力地为队友而战。我们毫无疑问拥有一切。我们有伟大的团队精神，有优秀的球员，还有一位为我们注入必胜信念的主教练。俱乐部每个赛季都在成长，这对未来大有裨益。我希望在切尔西工作，我不想离开。"

BBC 著名体育节目主持人、前英格兰国脚前锋加里·莱因克尔对切尔西这个赛季的表现总结道："在我看来，10 月底罗本上演处子秀是他们的关键时刻，当时他是替补登场参加了与布莱克本的比赛，帮助球队 4:0 取胜。他们无疑有过走运的时候，但是当你有那么多次的射门，就肯定会出现一些折线进球。看看他们在积分榜上的巨大优势，你必须承认，那些折线球对冠军归属的影响微乎其微。

"人们会指责他们花钱买来了冠军。然而，尽管穆里尼奥拥有巨额预算，他终究还是需要买入正确的球员，并把球队捏合成型。金钱并不能赋予你统治一切的权力，看看皇马就知道了。他们花的钱比任何人都多，但是现在看上去已经铁定连续第 2 个赛季无缘奖杯。切尔西花了很多钱，但是他们并没有买来一支皇马式的银河舰队。

"尽管买来很多球员，穆里尼奥还是实现了金钱无法实现的东西，那就是球员们的战友之情和强大的团队精神。虽然在与巴塞罗那比赛的各种纷争以及主裁判弗里斯克那件事之后，切尔西队内有一种受围心态①，但是他们的稳定性和团队精神从赛季刚开始的那几周就已经显露无遗。当然，当你取得良好的开局，形成了赢球的习惯，那么一切都会非常美好。但是，在这个充满新援和自命不凡的大牌球星的更衣室，穆里尼奥给球员们灌输积极思维方式的工作是非常艰巨的。他能够在这么短的时间内做到这一点，非常了不起，特别是他本人其实也是新来的。事实上，如此迅速地适应英超，适应这里与欧洲其他联赛不同的要求，或许是穆里尼奥最伟大的成就。也许他确实是'特殊的一个'。"

尽管拥有"特殊"的才能，穆里尼奥还是无法阻止切尔西在安菲尔德告别欧冠赛场。他立刻做出的反应，是给球员们放假 2 天，他本人则回到斯坦福桥与俱乐部就 5 年新合同达成了协议，开始为下赛季进行准备。他宣称，他的球队明年还会变得更强。穆里尼奥说："我很高兴签下这份新合同，我的心与切尔西和这群美妙的球员在一起。他们本赛季干得非常棒。与此同时，老板和董事会对于未来的愿景，也是我非常渴望参与其中的。我完全支持他们的规划，他们对实现这一目标给予的支持意味着切尔西会是我最开心的工作场所。"

彼得·凯尼恩则说："对于每一个与切尔西有关的人来说，这都是一条非常好的消息。这份合同显示出何塞对于切尔西的忠诚，也显示出我们非常确信，他就是带领切尔西进入新的激动人心的成功时代的最佳主教练。"

穆里尼奥等到切尔西欧冠战绩揭晓之后，才同意了这份合同。他说："新合同对我非常重要，我对它非常满意。我保证，我们明年会变得更加强大。本赛季，我们赢得了 4 座奖杯当中的 2 座，下赛季我们则会参与 5 项锦标的争夺，因为我们还将参加社区盾比赛。我们将努力赢得其中的两三座奖杯。我知道俱乐部对未来的渴望是什么，我与俱乐部有着同样的渴望。我们都知道，本赛季是一个良好的开始，它绝不是终点，而仅仅是开始。我们渴望赢得更多奖杯，我的球员也是。我们对本赛季非常满意，但是为了我们的生活和职业生

---

① siege mentality，指感觉别人总想伤害或者击败自己，因而一味自卫的心理。

涯，我们还渴望更多成功。俱乐部和老板也是如此。站在家庭角度来说，拿到5年合同非常棒。毫无疑问，我们的生活在伦敦，这对于我的孩子们非常重要。当我家庭的情况稳定下来，对我职业上的事情也会有所帮助，这样我就能够完全专注于切尔西的工作。我认为我的球员们会为我的续约感到高兴，他们未来5年都会和我一起工作。这对球迷应该也是好消息，因为我觉得我和他们已经建立了良好的关系，他们对我带给这家俱乐部的东西感到满意。"

切尔西为穆里尼奥的新合同设置了一个金额超过500万英镑的违约金条款。新合同赋予了穆里尼奥520万英镑年薪，但是如果获得更多奖杯，他的实际年收入将可能翻番。违约金条款则规定，穆里尼奥如果在未来5年之内离开切尔西，他的下一个雇主将赔偿切尔西相当于穆里尼奥一年薪资的赔偿金。

穆里尼奥希望引进的球员很有意思：国际米兰前锋阿德里亚诺。传说切尔西为这位23岁球员报价7000万英镑。虽然阿德里亚诺被认为是欧洲足坛最激动人心的射手，但这个价格还是高得离谱。不过，即便是在这个价位上，国际米兰主帅罗伯托·曼奇尼还是不从，"那会是个非常可观的报价，但并不是一个可以接受的报价，因为阿德里亚诺是一名无与伦比的球员。的确，我们可以用这笔钱买很多球员，但是阿德里亚诺对我们太重要了，不能卖。"

穆里尼奥和阿布拉莫维奇对欧洲足球先生舍甫琴科很感兴趣，但是乌克兰球星希望留在意大利。不过，切尔西倒是开启了购买舍甫琴科AC米兰队友卡拉泽的谈判。如果无法成行，他们则会转向毕尔巴鄂竞技的阿希尔·德尔奥尔诺。在AC米兰租借效力的克雷斯波则进入了清洗名单，被租给国际米兰的贝隆以及格雷米、斯梅尔京、帕克、库迪奇尼、格伦·约翰逊和凯日曼也在此列。

与此同时，杰拉德暗示他或许会留在安菲尔德，"欧冠决赛后，我会与俱乐部首席执行官里克·帕里和主教练拉法·贝尼特斯坐下来商谈未来。我们一直是这么计划的，所以这样来看的话，一切都没有改变。"

如果杰拉德效忠利物浦，里昂阵中极被看好的埃辛依然是切尔西中意的替代选择。加纳人首先被与曼联扯上关系，但是弗格森爵士没有足够资金签下这名被估价为1400万英镑的球员。里昂本赛季打入欧冠八强，埃辛是队内数一数二的功臣。

兰帕德击败特里获得了英格兰足球记者协会的年度最佳球员奖，成为

1994 年的希勒以来，第 2 位获得这项足坛最古老、最享誉盛名的个人奖项的英格兰球员。另一位则是 2001 年的特迪·谢林汉姆。兰帕德和特里包揽了超过 90% 的选票，第 3 名的利物浦后卫卡拉格被远远甩在后面。英格兰足球记者协会主席格里·考克斯表示："直到两周前，这 2 名切尔西队友还相互咬得很紧，但是兰帕德最终还是以明显优势获得了胜利。特里在切尔西这个美妙的赛季中扮演着举足轻重的角色，但是兰帕德显然用他的表现说服了我们的成员，他才是这个国家最好的球员，在世界最顶尖球员之列。他全面的风格不同凡响，他铁人般的体能以及本赛季各项赛事打入 18 球的成绩，意味着他在任何球队都会是一名特别的球员。"

在足球记者协会这个奖项去年的评选中，兰帕德曾经排在阿森纳射手亨利之后位列第 2，而今年职业球员协会的评选，他则连续第 2 年获得第 2，获奖的是特里。兰帕德成为历史上第 2 位获得足球记者协会最佳球员奖项的切尔西球员，第一位是 1997 年的詹弗兰科·佐拉。效力西汉姆联的最后 2 个赛季中，兰帕德被自家球迷冷酷地嘲笑为"胖子"，在他以 1100 万英镑来到切尔西后，这个称呼依然存在，"在西汉姆联的那些日子里，我挨了一些骂，但那是我成长道路上的一部分。今天我已经站在了这里，我现在强壮多了，坚强多了。现在再回忆起当年被人骂、被人质疑，我会感到，足球带给我的最大快乐，就是我证明了那些人是错的。

"我依然记得上赛季之初，我们在欧冠做客布拉格的时候，特里、古德约翰森和我自己都坐在板凳上。我们互相看看对方，某种程度上都很为自己的前途担心。从那之后，我们非常卖力地工作，得到了我们应得的回报。很难说冠军对我比去年夏天加盟的球员有着更重大的意义，但是特里、古德约翰森和我已经做了 4 年队友，我们曾经嫉妒地看着阿森纳和曼联这样的球队一次次夺取联赛冠军和足总杯冠军。显而易见，新老板让我们达到了他们的档次。我能够代表我们 3 个人说话，是因为我们非常亲密，我们对俱乐部取得的长足进步感到骄傲。如今的日子近乎完美，当然，如果欧冠半决赛击败了利物浦，感觉还会更好。我们对于继续取得成功充满渴望。球队以及我个人的发展都非常好，但是我还想捧起更多的奖杯。"

穆里尼奥坚称，切尔西的第一优先级一直是夺取英超冠军，而不是欧冠奖杯，"从我来到这里，我就一直说，赢得英超联赛冠军的球队才是最好的球队。我还可以说的就是，欧冠冠军并不经常是由最好的球队夺得。在英超，也会有一些意外发生，你可能某一天会犯下错误，另一天有球员因伤缺阵，还有一些日子则会交上好运或者霉运。但是最终，当战斗结束的时候，最好的球队总会赢得冠军。正因为如此，英超一直是我们的头号目标。我们希望证明，我们是最好的。欧冠则很不好打，那是杯赛赛制，一个很好的例子就是波尔图，我们去年是凭借最后 1 分钟的进球淘汰曼联的。本赛季，切尔西则是因为一个'幽灵进球'而出局。如果我们在英超赛场因为一个幽灵进球输给了利物浦，那不是什么问题，因为我们有很多比赛来走出失利的阴影。我们告别了欧冠赛场，但是正像每个人都知道的那样，我们在半决赛中一个球都没有丢。这就是杯赛。上赛季，波尔图最后 1 分钟进球晋级了。本赛季，古德约翰森本有机会在最后 1 分钟进球帮助我们晋级，或者，边裁本可以和其他所有人一样看出利物浦的进球无法成立。所以，赢得英超冠军，证明我们是最好的，让我非常开心，因为我们是一个年轻的集体，本赛季才开始在一起共事。在 4 项赛事中拿到 2 座奖杯是非常出色的，这就是切尔西美好时代我们想要的开局。

"接下来，我们的首要目标是实现英超卫冕，并确保留下重要的球员。俱乐部有条件做到这一点。我们会留下这批冠军球员，并继续改善阵容。比如，我们在左后卫位置上只有布里奇一名球员。我们可以在下赛季开始前加强这个位置。而对于前场的进攻球员，我们可以说我们还需要再买一人，中场方面我可以把现有球员全部留下，然后再补充一人。我们阵中有很多才来英超一个赛季的球员。在我看来，适应这里的足球很不轻松，所以这批球员下赛季还会更好。

"从现在开始，我的合同还有 5 年，这表明俱乐部非常希望我留下，我本人同样也非常希望留下，我们对彼此都很忠诚，我们希望为这家俱乐部的未来携手努力。这个赛季不是结束，而只是一个开始。时隔 50 年再夺英格兰顶级联赛冠军是一项美妙的成就。我们现在必须向前看，争夺更多的奖杯，不能再等半个世纪，而要年复一年地夺取冠军。

"现在，我非常爱我的球员们，但是这种爱并不会理所当然地永久存在。我可以因为他们本赛季取得的成就爱他们，但是如果他们明年不再如此出色，我就不会再爱他们。我无法对特里说：'你是我的队长和年度最佳球员，你一直很出色，所以我保证你明年总是可以上场比赛。'他想坐稳主力，必须要继续表现出色才行。切赫的表现一直美妙绝伦，但明年，他也必须再次证明他是世界上最优秀的门将。马克莱莱则必须立志带着更多奖杯在切尔西结束职业生涯。每个人都必须对继续提高充满饥饿感。我们不会让任何人觉得，由于本赛季有着杰出发挥，所以自己已经拥有了天赋出场权。"

这个赛季尚未尘埃落定，切尔西仍有 3 场英超要踢。穆里尼奥已经在为下赛季打基础，"我们在博尔顿为胜利而欢呼，但是与查尔顿的比赛将是他们享受冠军的最后一天。我们在利物浦的主场欧冠出局后第 2 天，我就和阿布拉莫维奇、凯尼恩以及董事尤金·特南鲍姆开会研究了下赛季的部署。我对我的球员们说，由于我们做到了一些伟大的事情，很多人都会喜不自胜。但是我们并不满足，我们想要的还多得多。有些球员赢得一个微不足道的杯赛冠军，就美得不知道自己姓什么了，他们带着一座奖杯就可以幸福地睡去。但是这样的球员，我是无法与之共事的。赢得英超冠军只是切尔西征程的开始，而不是结束。我永远只会向前看，而不是沉湎于过去。

"我们会在 7 月 6 日重新集结，开始季前训练，我期待到那时已经搞定全部新援。去年，我是 5 月底才来到切尔西的，只有 1 个月的时间对阵容和教练班子做出巨大调整。而现在，我只需要做出少量改变，却拥有 2 个月的时间。所以，这次会容易得多。我将很难签下任何英格兰球员，因为我需要非常顶尖的球员才能改善我的阵容。然而，英格兰最好的球员都已经在英超豪门效力了。在意大利，事情挺简单，因为 AC 米兰并不惧怕把球员卖给国际米兰或者尤文图斯。但是在这里，切尔西和曼联并不会交换球员，因为我们担心他们会为我们的对手奉献出色的表现。"

与查尔顿一役的《观赛指南》中，阿布拉莫维奇向球迷进行了特别致辞，他保证将继续经营俱乐部，立誓将让切尔西成为世界上最大的球会，"我只是将英超冠军视作切尔西新时代的开始，我希望在此重申，我将长期经营这家俱乐部。外界对于我们过去 2 年中的财政投入有着很多议论，但是，必须看到，这样做是为了在可持续发展的长远未来让切尔西与英格兰和欧洲的其他顶尖俱乐部进行平等的竞争。我们对于球员阵容、教练班子、训练设施和青年学院进行了坚实的投资，我们的青年学院将培养出下一代本土才俊。

"在场外，我们组建了俱乐部的管理班子，以求把'蛋糕'做大，充分利用我们赛场上的成功所带来的机遇。所有这些，都是经过深思熟虑的长远战略，目的是建设一家未来 10 年乃至更长远的未来在全世界最成功的足球俱乐部。我们拥有以主席布鲁斯·巴克、首席执行官彼得·凯尼恩以及何塞·穆里尼奥为首的强大的领导班子，他们和我对未来有着相同的愿景。"

2005 年 5 月 7 日，星期六
切尔西 1 : 0 查尔顿

这是为英超冠军而庆祝的日子，在切尔西上次问鼎英格兰顶级联赛冠军的 50 年之后，切尔西队长约翰·特里终于举起了英超奖杯。终场哨响后已接近 2 个小时，球员们依然留在场内，穆里尼奥则与妻子塔米以及 2 个孩子玛蒂尔德和小何塞悄悄离开了球场。

穆里尼奥表示："我很开心，也很疲劳，我需要一个假期。但是现在，我们已经开始着眼未来。好好享受今天吧，因为明天我们就要开始为下赛季进行准备了。为已经得到的东西沾沾自喜不是我的性格，我总是想要更多。"

切尔西的英超不败纪录延续到了 27 场。库迪奇尼得到了本赛季首次联赛出场，帮助切尔西实现本赛季第 24 场零封，创造了英超纪录。穆里尼奥透露，1 月 15 日那一天，他的球队做客热刺凯旋，而阿森纳客场输给博尔顿之后，他的球队就已经开始庆祝了。在《观赛指南》主帅专栏中，他列出了 102 名工作人员的名字，从队长到厨师无一遗漏，他介绍说："这些就是我的冠军成员。"

不论穆里尼奥和他的球员们还在如何为欧冠出局而痛苦，斯坦福桥的几万名球迷不会允许那场失利破坏他们的大日子。他们高唱着阿布拉莫维奇和穆里尼奥的名字，高呼着"请为冠军起立"，他们为特里和兰帕德欢呼。这一切都发生在开球之前。

与庆祝相比，比赛不过是一场助兴演出。切尔西的进球在比赛最后 1 分钟才姗姗来迟——兰帕德在禁区边缘被放倒在地，犯规地点看上去应该是在禁区之外，而对方与他的身体接触也只是微乎其微，然而主裁判依然判罚了点球。点球被交给马克莱莱主罚，他的第一脚射门被门将扑出，随后的补射虽然没有踢正部位，但皮球还是飞入了网窝。在代表俱乐部出战的第 94 场比赛

中，马克莱莱终于收获了处子进球。

队友们开玩笑说，马克莱莱即便在训练中也找不到球门方向：周五的点球练习中，他 2 次试射，罚丢 2 个。但比赛中，队友们还是把他推上了点球点。最终将球送过门线之后，马克莱莱立刻被队友们叠罗汉式的庆祝埋在身下。这起小插曲，是马克莱莱实力和人缘的证明。查尔顿刚一重新开球，主裁判迈克·莱利便吹响了终场哨音，切尔西的庆祝开始了。

穆里尼奥强调，他的球员们违反了他严格的命令，"我说的是，如果有点球，给兰帕德。如果我们 2：0 领先的情况下在第 90 分钟获得点球，那才是马克莱莱的。"

尽管进球来得有些偶然，但切尔西的胜利还是当之无愧。他们在上半场创造出了数次机会，可惜兰帕德一次无人防守的头球叩关高出门楣，古德约翰森的凌空抽射则偏门而出。查尔顿必须感谢他们的门将斯特凡·安德森，他的一次奋力飞身救险挡出了乔·科尔的远程重炮，皮球击中了门楣；之后，乔·科尔形成单刀，又是斯特凡·安德森快速出击化解险情。乔·科尔还有一次射门偏出了远门柱，而查尔顿的反击也形成过威胁，乔纳森·福琼将一次还算不错的机会挑过了横梁，还有一次攻门则擦柱而出；易边之后，查尔顿的球门依然如有神灵庇佑，特里接格伦·约翰逊的 45 度传中头槌再次击中门楣。

库迪奇尼则做出了自己的贡献，他精彩地扑出了马特·霍兰的劲射。切尔西仍在持续施压，也仍在浪费着机会。兰帕德直传找到乔·科尔，后者将这次机会一脚射偏，很快，他的另一脚射门又呼啸着越过横梁。

穆里尼奥需要进球，但是这一次他把人情放在了前面。完场前 9 分钟，他派遣第 3 门将兰尼·佩吉利出场，给了他一线队首秀的机会。佩吉利立刻做出了一次重要封堵，但最富戏剧性的一幕还是出现在比赛最后 1 分钟，马克莱莱利用点球机会攻入了迟来的制胜一球。

英超奖杯在等待着它的主人，斯坦福桥的庆典终于可以正式开始。颁奖仪式拉得很长，因为所有幕后工作人员都被逐一介绍给观众，他们挨个从球迷面前走过，先于球员来到了领奖台前。穆里尼奥解释说："我让全体工作人员都走进了场内，并对他们说：'请尽情享受这一天，因为明天我们就要开始筹划未来。'"

2005 年的这支切尔西冠军队捧杯之前，1955 年的切尔西冠军队的 13 名成员来到了斯坦福桥球场，与他们一同出现的还有当年老英甲的奖杯。特里和兰帕德将那座奖杯颁发到他们手中，也算是弥补了 50 年前从未公开颁发奖杯的遗憾。颁奖庆典加入这样的环节非常感人。接下来，这一天的压轴大戏终于上演：看台上出现了"你们在看吗，阿森纳？"以及"切尔西回来了！"这样充满激情的歌声，教练组成员和球员挨个走出通道。很多查尔顿球迷颇具体育精神地留在场内并为新科冠军送上掌声。1955 年的传奇人物罗伊·本特利和斯坦·威廉姆西携英超奖杯入场，特里将奖杯高高举起，全场欢呼，彩带飞扬。

此刻的斯坦福桥，有泪水，更有歌声，这个时候没有人希望回家。球员们的孩子在谢德看台前自发地开始了一场足球赛，乔·科尔加入战团时引来一片嘘声。最终，球员们依依不舍地走回了通道。最后离开的，是兰帕德、特里、古德约翰森以及那座银光闪闪的奖杯。

球迷们打出的一条标语上写道："什么低谷？切尔西俱乐部是 2005 年的冠军 ①。"另一条标语则写着："让何塞·穆里尼奥出任首相。"

切尔西阵容

库迪奇尼（佩吉利）/ 格伦·约翰逊（亚罗希克），特里，卡瓦略，加拉 / 马克莱莱，乔·科尔，兰帕德，蒂亚戈（福塞尔），格雷米 / 古德约翰森

2005 年 5 月 10 日，星期二
曼联 1 : 3 切尔西

曼联在比分领先的情况下最终输球，这是最近 103 场比赛中的第 1 次。蒂亚戈、古德约翰森和乔·科尔的进球不仅令曼联遭受了本赛季唯一的主场败仗，还让穆里尼奥的球队改写了历史纪录。此役获胜，意味着切尔西打破了曼联保持的英超单赛季积分和胜场纪录。吕德·范尼斯特鲁伊的进球让切尔西一度比分落后，但之后的比赛中，他们完全掌握了场上的主动。在场内留到最后的曼联球迷，在切尔西退场时对他们报以掌声。弗格森爵士现在知道自己的球

①　这条标语是在回敬弗格森，曼联主帅在赛季中期预测切尔西必将遇到低谷。

队究竟落后切尔西多少了。

尽管曼联自家的电视台针对切尔西是否配得上冠军举行了辩论，弗格森还是称赞穆里尼奥取得了"令人生畏的成就"。弗格森在《观赛指南》中许诺，"今晚在主教练办公室里，我可不会准备一瓶葡萄牙廉价劣质酒，而是要备一瓶配得上冠军的佳酿。

"穆里尼奥刚刚来到这个国家，刚刚来到英格兰足坛，完全是来开辟新的天地，取得这样的成绩真是一项令人生畏的成就。我们知道切尔西提高了财政赌注，但金钱并不是他们成功的全部原因，他们依然需要建设球队、保持平衡、贯彻战术并且塑造团队精神，而这些都是何塞完成的。他来到英超，然后令我们所有人瞩目，这真的非常了不起。曼联上下所有人都要对他们表示真诚的祝贺。"

弗格森让他的球员们开赛之前分列通道两侧，夹道欢迎穆里尼奥的冠军之队出场，这样的做法体现了体育精神，尽管他的目的或许是让麾下明白，他们的水准出现了下滑。罗伊·基恩对此举似乎不太感冒；切尔西球员在曼联球迷的嘘声中走出通道，鲁尼和加里·内维尔眉头紧锁。这是整个赛季最超现实主义的瞬间之一。斯特雷福德看台发出质问的声音："你们赢得过三冠王吗？"切尔西球迷则用反讽的歌声提醒曼联球迷，他们有个不受欢迎的美国老板，"世上只有一个马尔科姆·格雷泽。"

开场之后，罗伊·基恩很快就因为对乔·科尔的犯规受领黄牌，后来他又放倒了兰帕德，没被红牌罚下相当走运。在那之前，曼联已经取得领先。对于范尼斯特鲁伊第八分钟那记典型机会主义者的进球，基恩特别是鲁尼起到了重要作用。曼联角球被顶出后，基恩回敲斯科尔斯，后者势大力沉的射门被胡特解围到了鲁尼脚下，英格兰国脚将球打到门前，范尼斯特鲁伊用杂耍般的动作近距离将球碰入大门。格伦·约翰逊对此球负有直接责任，他不仅拖在后面，导致荷兰人处在不越位的位置，而且没有及时做出防守动作。缺少了特里的切尔西防线，水准无疑大打折扣。

在一场英超比赛中面对比分落后的局面，对于切尔西来说还真是一种少见的耻辱，但是他们很快做出了漂亮的还击。曼联仅把领先优势保持了10分钟，便被新科冠军扳平比分。蒂亚戈35码外拿球，看到曼联防线为了阻截他的传球而一味后退，遂一脚火箭炮轰向球门。面对这记精美的落叶球，曼联门将罗伊·卡罗尔呆若木鸡。

接下来，卡瓦略千钧一发之际的精彩拦截让范尼无功而返；一直非常活跃的鲁尼也曾与进球失之交臂；乔·科尔则有一记弧线球稍稍偏出……无疑，这是一个争夺非常激烈的上半场。

易边后，达伦·弗莱彻一脚与蒂亚戈同样精彩的射门不走运地击中了门框。不久后，切尔西便取得了领先。兰帕德传球给蒂亚戈，后者的直塞球让古德约翰森形成单刀。冰岛人等候弃门而出的卡罗尔先做出动作，随即冷静地挑射破门。

曼联防线开始松动，切尔西再入一球看上去要比主队扳平比分更有可能。事实的确如此，完场前 8 分钟，韦斯·布朗的后场横传被兰帕德断下，后者突入禁区横敲门前，乔·科尔将球捅入大门。尽管此球明显有越位嫌疑，但是随军出征的切尔西球迷不会在乎。

在那些结局更加美好的赛季里，弗格森爵士会在最后一个主场比赛结束后抓起麦克风，向曼联的球迷发表一番胜利演讲。如今切尔西建立了英格兰足坛的新秩序，曼联主教练沉默了。老特拉福德今晚听到的，是在离比赛结束还有很久的时候，曼联球迷就纷纷从塑料座椅上起身离场所发出的声音。那些留下的球迷，则看到了弗格森的球员们带着沉重的心情绕场一周致敬。赛后，弗格森不肯承认曼联遇到了什么问题，回避着对于自己球队的任何批评。不过，也有那么简短的一刻，他承认，他们遇到了更强大的对手，"切尔西打进第 2 球后，他们就成为了当之无愧的胜利者。切尔西的表现就是冠军级的表现，有着很强的统治力。"

穆里尼奥将打破曼联积分纪录称为"完美"，"这个纪录是我们的动力所在。我们希望打破这个纪录，这是一个特殊的时刻。今天是打破这一纪录的完美场合——在一座伟大的球场，面对弗格森爵士的球队。弗格森爵士在职业成就和公平竞赛精神方面都堪称典范。"

切尔西阵容

库迪奇尼 / 格雷米，胡特，卡瓦略，加拉 / 马克莱莱，格伦·约翰逊（亚罗

149

希克），兰帕德，蒂亚戈 / 乔·科尔（安东尼·格兰特），古德约翰森（莫莱斯）

英超年度最佳教练奖项的得主实在是毫无悬念。穆里尼奥率队以绝对优势问鼎英超联赛冠军，这使他在投票委员会得到了多数选票。英超历史上，冠军主帅只有一次让这个奖项旁落，那是在 2001 年，弗格森率领曼联夺得英超联赛冠军，但是带领大黑马伊普斯维奇拿到第 5 名的乔治·伯利被评为年度最佳教练，那也是热拉尔·霍利尔率利物浦夺取了 3 项杯赛冠军的一年。今年，率队获得英超第 4 名的埃弗顿主教练莫耶斯和率队夺取欧冠冠军的利物浦主教练贝尼特斯也有着不凡的成就，但他们还是无法阻止穆里尼奥当选。

2005 年 5 月 15 日，星期日
纽卡斯尔 1：1 切尔西

切尔西最终获得了英超史无前例的 95 分高分 ①，还创造了英超单赛季最低失球纪录——仅仅 15 球而已。穆里尼奥承认，他今后将很难超越这个横扫各种纪录的赛季，"创造新的纪录无疑会让你意识到，这是一个杰出的赛季。这个过程非常美妙，这也是我希望留在这个国家的原因，这是世界上最好的足球国度。我们的目标是再度夺取英超联赛冠军，在某些方面更上一层楼，但是我们知道，下赛季将更加艰难，因为人们了解了我们的球队，了解了我们的能力。"

纽卡斯尔幸运地取得了领先。第三十二分钟，查尔斯·恩佐比亚开出角球，阿兰·希勒前点头球摆渡，格雷米不慎将球碰入自家大门。主队的领先优势相当短命，兰帕德后场长传，切尔西旧将巴巴亚罗判断失误，在禁区内绊倒了古德约翰森。兰帕德点球射门时尽管滑倒在地，但他大力射向中路的皮球还是轰进了吉文的城池。这是兰帕德这个令人难忘的赛季里各项赛事的第 19 粒进球。

易边之后，杰梅因·耶纳斯近距离错失良机，库迪奇尼则神勇地扑出了帕特里克·克鲁伊维特的头球。吉文也有着出彩表现，先是扑出了古德约翰森的射门，后来又在比赛最后时刻将亚罗希克的射门拒之门外。

---

① 蓝军 38 轮 29 胜 8 平 1 负 95 分首夺英超冠军，95 分也成为英超单赛季第一高分。2004—2005 赛季的切尔西，是提前 3 轮夺得英超联赛冠军。

穆里尼奥通常都是胜利者，也通常都会品尝赛后饼干，但是这次他拿了 2 块——走出新闻发布厅时，穆里尼奥满面春风，抓起 2 块饼干，要留到返回伦敦的路上享用。他的球队本场比赛缺少了 8 名骨干球员，但还是为创纪录的英超积分又增加了 1 分，如果不是吉文完场前反应神速化解了亚罗希克的射门，他们便可再添 3 分。

切尔西本赛季的英超客场取得 15 胜 3 平 1 负。95 分的总积分，将是今后任何球队都无法轻易复制的壮举，本赛季的亚军阿森纳则落后他们 12 分之多。25 次零封对手的纪录也同样不可复制。穆里尼奥已经尽量保持谦逊，"这些纪录简直不可思议，95 分真是个很高的分数，那么多场次零封对手则成为我们冲向冠军宝座的巨大推动力。赛季初，我们的进攻不那么流畅的时候，防线的不失球带给我们很多分数。人们当时说切尔西很无聊，但那时的切尔西还在建设之中。"

穆里尼奥对切尔西的建设仍未结束，"我们几个月前便已开始思考下个赛季。在拥有一批冠军球员的情况下，对下赛季的准备是比较容易的，我们希望留住这批球员。我们希望对阵容做出两三处调整，但是我们的基础已经打牢了。"

切尔西阵容

库迪奇尼 / 格雷米，胡特，卡瓦略，格伦·约翰逊 / 乔·科尔（莫莱斯），马克莱莱，兰帕德，蒂亚戈，亚罗希克（史蒂文·瓦特）/ 古德约翰森（菲利佩·奥利维拉）

欧冠联赛

"我必须守护属于我的东西。欧冠冠军现在属于我。我是最近一位夺得欧冠的冠军主帅——所以这是属于我的赛事。"

何塞·穆里尼奥

切尔西的欧冠赛季征程，以不可能更具争议、更令人感兴趣的小组赛分组抽签迎来了开始。在蒙特卡洛进行的抽签，使得穆里尼奥将以这样的方式迎来卫冕之旅：他的欧冠奖杯是执教波尔图时赢得的，而如今他在 H 小组中的对手，分别是由切尔西老板阿布拉莫维奇赞助的莫斯科中央陆军、巴黎圣日耳曼以及……波尔图。

切尔西的俄罗斯籍老板在对莫斯科中央陆军的赞助合同中投入了 4000 万英镑，因此这位亿万富翁与 2 家俱乐部之间的联系还引发了欧足联的一场调查。讽刺的是，中央陆军在欧冠资格赛附加赛中淘汰了格拉斯哥流浪者，挺进小组赛时，阿布还专程去了苏格兰客场为这支俄罗斯球队加油，赛后他还获邀进入更衣室，得以直接向球队致贺。

阿布名下的西伯利亚石油公司是莫斯科中央陆军俱乐部的主赞助商。欧足联发言人威廉·加亚尔表示，"必须彻查（这 2 家俱乐部之间的关系），看看阿布是否持有莫斯科中央陆军的多数股权，因为这 2 支球队分在同一个小组。"在进行为期一周的调查之后，欧足联发布声明，对阿布未持有莫斯科中央陆军多数股权的结果表示满意。一位欧足联发言人表示，"调查结束了"。

不管是谁认为穆里尼奥只关心巨资引进的新援，他都应该在欧冠小组赛分组抽签那天早上来看看穆帅在做什么。葡萄牙人在一座球门后面观看了切尔西 U13 少年队的训练。"这是他两周内第 2 次来这里了。"切尔西青训学院总监尼尔·巴思说。

"何塞给（青训学院的）教练组和球探组制作了一份文件，其中陈述了他想要看到的哲学。"巴思说，"对于自己想要看到哪种球员（从青少年队中）晋升，他的思路非常清晰。他想要的是那种在身体、技术和战术层面都能够胜任一线队需求，并且熟悉他的战术体系和独特训练方式的球员。所以我们也花了些时间去看他的训练课，研究他的足球哲学。"

奔赴巴黎迎接首场欧冠小组赛之前，切尔西已经在英超联赛中有过 4 场比赛不丢球。穆里尼奥说，"防守牢固非常重要。这事关紧致牢靠，如果能做到这一点，球队也会呈现出一种美感。"

作为球队主力前锋的迪迪埃·德罗巴，已经预料到了自己会受到巴黎圣日耳曼球迷极具敌意的对待，毕竟他有着效力过法甲马赛的背景①。赛季打到这

---

① 巴黎圣日耳曼与马赛是法国国家德比死敌。

个阶段，巴黎圣日耳曼在法甲联赛中还没能赢过一场球，在联赛积分榜上仅仅名列第 14 位，所以穆里尼奥也想要调整自己安全第一的惯常做法，"如果你在主场开始小组赛征程的话，你必须赢球。而如果是从客场开始，那你就必须至少拿到 1 分。现在如果我们带着 1 分离开巴黎，一般来说这对于下一步计划已经足够好了，但这不是我们现在的想法。我们是带着赢球的念头来到这里的，我们不会打出一场防守至上的比赛。"

2004 年 9 月 14 日，星期二
巴黎圣日耳曼 0∶3 切尔西

从自己的名字被球场广播播报开始，德罗巴就遭受了巴黎圣日耳曼球迷的嘲弄。而在梅开二度帮助切尔西拿下客场胜利，使得蓝军晋级淘汰赛希望倍增之后，德罗巴有理由笑逐颜开。

实际上，此役唯一令人惊讶之处在于，切尔西花了 29 分钟才取得领先。乔·科尔灵巧的转身换来了角球，角球则带来了首开纪录的进球。兰帕德从左侧送出一记传中，巴黎门将利昂内尔·勒蒂齐出击接球却扑空，特里头槌将球点入网窝时，几乎难以相信自己会有这么好的运气。在比赛还剩 15 分钟的时候，切尔西前锋马泰亚·凯日曼被放倒在禁区前，德罗巴主罚任意球绕过人墙，门将完全没有机会扑救。

比赛其实早在上半场补时阶段就大局已定，蒂亚戈断球，乔·科尔立即送出直传，凯日曼反越位成功后突破到禁区弧顶处射门，替补古德约翰森出场的塞尔维亚人直接将球射向勒蒂齐的怀抱，但皮球弹回后，德罗巴球到人到，左脚射入球门右下角。每次进球后，科特迪瓦人都将双手张在耳朵后，做仔细听声音状，借此来嘲讽主场球迷——这是对主队葡萄牙前锋保莱塔进球后标志性庆祝动作的戏仿——他还向这些球迷额外奉送了一些飞吻。

终场哨响后退场时，德罗巴脱下球衣裸着上身下场，全场比赛一直被巴黎圣日耳曼球迷无情嘲讽的他承认，"我确实让他们变得很激动，但他们也让我激动了起来，不是吗？我上赛季效力马赛时输给了他们 3 场，所以对我来说，现在进球并且帮助球队赢球非常重要。我们非常开心。主教练赛前说我们能够赢球，我们想要拿到 3 分以夺得小组头名，因为我们知道自己就是那种应该

夺得头名的球队。"

穆里尼奥补充道，"人们总是喜欢谈论足球的阴暗面，但迪迪埃（德罗巴）今晚证明了我为什么要向董事会施压将他引进。他是全场最佳球员，打入 2 球，并且尊重每一个人。他只想要展现自己多么热爱这两个国家。如果你真的热爱足球的话，即便你是巴黎圣日耳曼球迷，看到迪迪埃的表现之后，也应该感到高兴。

"我们踢出了顶级的足球，从第一分钟就掌控了比赛，直到最后 1 分钟。我们对于球的处理极其出色，完全掌控了比赛的节奏和速度，在防守端我们也表现得不可思议。我们本来可以打入更多进球，但我们让比赛看上去很容易就赢下来了。这也能够证明我们踢得多么出色，因为巴黎圣日耳曼并不是一支很容易就可以击败的球队。"

兰帕德也向德罗巴致意，"迪迪埃拥有速度、力量以及无与伦比的射门得分能力。他这个赛季能够给我们带来 20 粒或者 30 粒进球，就像亨利为阿森纳做的那样。我们以前一直缺少一个真正拥有速度和力量的球员，现在迪迪埃填补了这个空缺。他非常强壮，脚下很棒，而且非常乐意为球队跑动。在进攻端拥有这么一个巨人般的人物，让你可以立刻用传球找到他，这是件很棒的事情。"

切尔西阵容

切赫／保罗·费雷拉，加拉，特里，布里奇／兰帕德，乔·科尔（格雷米），蒂亚戈，马克莱莱／德罗巴（达夫），古德约翰森（凯日曼）

恶作剧一般的赛程安排，将波尔图队带到了斯坦福桥，此时距离穆里尼奥率领波尔图夺取 2003—2004 赛季欧冠奖杯不过 4 个月而已。切尔西现在踢得就像是穆里尼奥时代的波尔图一样，中场使用菱形站位，将边锋的任务大部分留给边后卫。在保护后场方面，切尔西同样非常谨慎。"从切尔西现在的打法中，你可以看出上赛季波尔图的一些影子。"蒂亚戈说，"可能是对于球的控制，可能是对于比赛的组织——尤其是在中场，我们踢得非常紧凑，互相之间靠得很近。他们当初拥有德科，但除此之外，我想我们拥有更多的进攻选择。

你不能称呼我们为一支防守型球队。"

阿布花费 3300 万英镑从波尔图引进了 2 位后卫，保罗·费雷拉和里卡多·卡瓦略。波尔图还把德科卖给了巴塞罗那，把佩德罗·门德斯卖给了托特纳姆热刺。虽然通过卖人得到了一大笔资金，波尔图却只能艰难前行。在欧冠第二轮小组赛之前的那个周末到来时，他们已经在葡超联赛中连平 3 场，而在首轮欧冠，他们也只能做到在主场 0：0 战平莫斯科中央陆军。

反观切尔西，穆里尼奥在前 8 场比赛中已经取得了 6 胜 2 平的不败成绩，唯一让穆帅烦恼的，是他察觉到自己的战术受到了持续不断的不公正批评。切尔西不像阿森纳那样带着华丽风格踢球，但是通过保证控球率和控制比赛节奏的能力，切尔西展现出的是一种战术上的智慧，而阿尔塞纳·温格和弗格森爵士的球队都很少展现出这一点。

2004 年 9 月 29 日，星期三
切尔西 3：1 波尔图

这场比赛以一段令人讨厌的小插曲开始。比赛开始之前，穆里尼奥走过去和波尔图球迷握手，结果其中一个无赖冲上前，朝他衬衫上吐了口水。穆里尼奥对这一幕非常反感，他后退一步，让保安把那个白痴拉出了球场。

切尔西的报复很快到来。比赛开始仅仅 7 分钟，切尔西就打入此役第一球。达夫将球挑过一名后卫的头顶，古德约翰森第一时间将球挑传至禁区中央，无人盯防的俄罗斯中场阿列克谢·斯梅尔京劲射将球送入远角，斩获个人加盟切尔西以来的第一球。这一进球让穆里尼奥激情庆祝——而且是在离葡萄牙球迷不远的地方——第四官员赶紧警告这位前波尔图主帅，让他冷静一点。

身价仅次于鲁尼的英超第二贵前锋德罗巴，在英格兰神童于老特拉福德对费内巴切上演帽子戏法之后，也竭力让切尔西球迷拥有属于自己的欢庆理由。在斯梅尔京首开纪录之后，德罗巴第五十分钟接应达夫的任意球传中头球破门，重新点燃了比赛的激情。

第六十八分钟，波尔图中场卡洛斯·阿尔贝托的刁钻射门掠过特里头顶，切赫扑球脱手，南非前锋本尼·麦卡锡补射入网，给了波尔图一线生机。不过切尔西队长只花了 2 分钟就做出回应，他接应兰帕德开出的任意球，头球冲

顶再下一城。

赛后，穆里尼奥大肆表扬帐下球员，他相信自己拥有的这批球员完全可以将欧冠奖杯带回斯坦福桥，"棒极了！我们击败了欧洲冠军，已经拿下6分，要晋级下一阶段比赛，我们正处在极佳的位置。"

"我在切尔西拥有一批极其出色的球员。我们的球员拥有很棒的性格、很棒的品质，看到他们每一场比赛都战斗到底，我非常惊讶。在一些顶级豪门之中，那些明星球员往往更多地考虑自己而非球队，但我的明星球员都为球队而战。这就是为什么已经踢了9场比赛，却没有球队能够击败我们。"

波尔图主帅维克托·费尔南德斯则承认兰帕德的定位球着实出色，"我们需要应付的一大问题就是兰帕德的任意球，因为我们对阵的是欧洲最棒的一批头球大师。"

凭借这场胜利，切尔西终结了在斯坦福桥的欧冠4连平。考虑到他们在前一个赛季中打入了欧冠半决赛，而这却只是他们7场欧冠主场比赛中的第二次胜利，这一数据就显得有些令人惊讶了。

此役也终结了波尔图在欧冠赛场上破纪录的12场不败历程，同时延续了他们做客英格兰时的糟糕成绩——8次造访英格兰，输了7次，上赛季淘汰曼联时的那场1：1，是他们得到的唯一积分。

切尔西阵容
切赫／保罗·费雷拉，卡瓦略，特里，加拉／斯梅尔京，马克莱莱，兰帕德，达夫（蒂亚戈）／古德约翰森（凯日曼），德罗巴（格雷米）

斯坦福桥的口水事件之后，欧足联发布声明称他们将对波尔图采取行动，穆里尼奥则给欧足联高层写了一封私人信函，恳求他们不要处罚自己的老东家。

那名向穆里尼奥吐口水的球迷叫作埃尔德·莫塔，波尔图死忠球迷组织"超级巨龙"的一位成员。他形容穆里尼奥是自己的老熟人，而且激烈地对穆里尼奥进行了指责——穆里尼奥也激烈地否认了这一指控——莫塔说现任切尔西主帅给他妻子发过不雅的短信，"当我看到穆里尼奥的时候，我立刻血涌上头，无法自已。我想起了一切：他背着我给（我妻子）卢西亚娜发短信，他背弃了波尔图，而我们还曾经是朋友！周三他走到离'超级巨龙'所在看台只有几英尺的地方，结果他甚至没有向我打招呼。我跑向他，朝他脸上吐了2次口水。4名保安把我扔出了球场，我不得不在电视上看完这场比赛。"

莫塔还承认自己在欧冠决赛前夜对穆里尼奥发出过死亡威胁，"朝穆里尼奥吐口水只是我想对他做的事情的一半而已。我已经准备好了为此进监狱。"穆里尼奥很认真地对待了莫塔的威胁，通知了警方。次回合做客波尔图时，切尔西也将提升对穆里尼奥的安保级别。

切尔西主场对阵莫斯科中央陆军这一周，一部有关阿布生平的音乐剧宣布开始筹备，而与此同时，俄罗斯政府则继续调查他的财务情况。穆里尼奥表示："莫斯科中央陆军是一支非常出色的球队。他们做客波尔图时没有丢球，这表明了他们有多么强大。如果他们在斯坦福桥或者在莫斯科三场与我们交手时拿到积分，那他们也将获得很棒的小组排名。"

穆里尼奥最主要担心的是莫斯科中央陆军的巴西前锋瓦格纳·洛韦的状态，巴西人的进球帮助莫斯科中央陆军在俄超联赛中独占鳌头，在还剩4轮的时候以1分优势领跑。莫斯科中央陆军是在夏天买下洛韦的，为此花费了600万英镑，而提供资金的正是西伯利亚石油公司。由于德罗巴受伤，穆里尼奥只能让凯日曼和古德约翰森在锋线上搭档。塞尔维亚人已经代表切尔西出场10次，却还没能取得进球。

欧冠第三轮小组赛之前的那个周末，切尔西做客曼城以0:1败下阵来，遭遇了穆里尼奥执教以来的第一场失利。现在穆帅希望球队能够对此做出反应，"我们不怎么输球，我们也不喜欢输球的滋味。我的球员们会给我一个合适的答复，对此我坚信不疑。"

2004年10月20日，星期三
切尔西2:0莫斯科中央陆军

比赛之前，穆里尼奥从博比·罗布森爵士手中接过了欧足联年度最佳教练的奖杯。而在看台上，一群莫斯科球迷举起了一条巨大的横幅，上面有着用西里尔文字写的给阿布的信息："阿布拉莫维奇，给我们3分吧！"但他们的球队却表现得像是不需要阿布的帮助——虽然阿布每个赛季都支付给莫斯科中央陆军 1000 万英镑，以让自己的西伯利亚石油公司的名字出现在球衣上——切尔西很快发现自己陷入被动境地，莫斯科中央陆军一上来就全力出击了。

然而第九分钟时，切尔西让俄罗斯人付出了代价。莫斯科中央陆军暴露出了防守端的漏洞，兰帕德开出的角球落到远门柱，古德约翰森高高跃起，力压后卫头球摆渡，特里近距离俯身头槌将球顶入网窝。这是特里本赛季的第三粒进球，他继续保持着本赛季每场欧冠比赛都有进球的纪录。之后主队被惊出了一身冷汗。早早替补上阵的尤里斯·莱赞斯开出的角球穿过禁区，击中古德约翰森的背部弹向球门上角，切赫反应迅速，全力伸展开身体，精彩地用指尖将球扑出。

莫斯科中央陆军防线在空战中的孱弱，再度让他们遭遇打击。上半场补时阶段，切尔西又通过定位球得分。达夫右路任意球传入禁区，古德约翰森冲到 2 名中央陆军后卫之间，在完全没有受到阻碍的情况下飞身起跳，头槌将球顶入伊戈尔·阿金费耶夫把守的大门。这只是冰岛前锋本赛季的第二粒进球，但足以帮助切尔西在 H 小组中获得巨大的优势地位。

赛后穆里尼奥表扬了门将切赫，"这孩子做得真棒。上半场对我们来说打得非常艰苦，开局阶段他们踢得更好，制造出了一两次机会。我们的门将做出了一两次精彩扑救，然后第二球出现得恰到时机，给我们精神上带来了帮助。"

切尔西前 3 场小组赛全部获胜，似乎不可能做得更好了，但今晚的关键词是效率而非兴奋。本赛季最低的主场上座率——到场观众仅 33945 人——令人惊讶。要知道，像这种欧冠大赛之夜，向来是特别的、气氛极佳的时刻。穆里尼奥说："我喜欢看到满员的球场。没坐满可能是因为切尔西从前的欧冠主场成绩不佳。但既然我们现在已经在主场击败了波尔图和中央陆军，或许他们都会来看我们踢巴黎圣日耳曼吧。"

不过如果第四轮小组赛切尔西在莫斯科客场取胜的话，他们就能确保小组头名了，这就将使得主场对巴黎圣日耳曼的比赛变成例行公事。

切尔西阵容

切赫/保罗·费雷拉，加拉，特里，布里奇/斯梅尔京（帕克），马克莱莱，兰帕德，达夫（乔·科尔）/凯日曼（蒂亚戈），古德约翰森

前切尔西主教练克劳迪奥·拉涅利在瓦伦西亚的蜜月期，因为在欧冠中主场被意甲国际米兰5：1击溃而告终。输掉前3轮比赛中的2场之后，瓦伦西亚要想晋级下一轮的话，面临着的将是苦战。

斯梅尔京则宣称切尔西如今是在俄罗斯最受欢迎的球队。在祖国俄罗斯，斯梅尔京是个英雄人物，受欢迎程度和大卫·贝克汉姆、史蒂文·杰拉德或者迈克尔·欧文在英格兰差不多，"切尔西现在是在俄罗斯最受欢迎的球队。英格兰足球现在在俄罗斯是如此的重要，他们甚至可以看到每一场切尔西的比赛。每次我回家的时候，他们都想知道这里发生了什么事。"

做客莫斯科时，穆里尼奥的球队只需要1分就可以确保欧冠16强席位，而在联赛中他们只是因为净胜球的劣势排在榜首阿森纳身后。关于切尔西能否获得联赛和欧冠的双冠王，已经有了越来越多的期待，但是穆里尼奥试图打消这种期待，他断言欧洲主流联赛球队普遍难以同时征服欧洲和国内赛场。自从1999年曼联完成这项伟业以来，波尔图还是第一支在同一年获得联赛和欧冠双料冠军的球队，"我知道曼联1999年赢得了英超联赛和欧冠联赛的双冠王，但这真的太难了。是那种一辈子只会发生一次的事。对我来说，过去2年中这事已经（在波尔图）发生过2次了，我认为不会连续3年出现这样的场面。"

穆里尼奥和球员们与阿布坐着同一趟大巴抵达了火车头球场。阴谋论者们断言，只要切尔西不胜，这就是一场旨在帮助莫斯科中央陆军晋级的受"操纵"的比赛。训练开始之前，阿布走下切尔西球队大巴的时候，他显然很享受备受球迷欢迎的场面。上周日他已经在酒店接见了很多访客，其中就包括博比·罗布森爵士。但是他没有陪切尔西将帅去造访红场，也并不令人意外。天气已经很冷了，特里倒是展现出了硬汉的一面：身着短装、趿拉着拖鞋直面俄罗斯的低温。

穆里尼奥坚称，这只是阿布的又一场比赛而已，不过这一点很难让人相信。俄罗斯金融寡头此役回到了祖国，何况他不仅赞助了莫斯科中央陆军，还是莫斯科中央陆军俱乐部主席叶夫根尼·吉涅尔的密友，而且本赛季他至少出席过1次他们的主场比赛。

穆里尼奥向人们解释了阿布和球队的关系，"他非常坚定地与我们站在一起。他不仅是老板，他还希望我们像职业球员那样赢球。从赛季开始之日起，每场比赛他都参与其中……他就像是球队的一员，球队也感觉他是我们的一员。当他和我们在一起的时候，我们都感觉非常舒服，我想他在球员们中间也会有这样的感觉。"

很多人感兴趣的一点是斯梅尔京会不会在莫斯科出场。穆里尼奥说："我不能依靠情感、情绪或者两国关系来选择首发，而是要看怎样才是对球队最好的选择。"

一场胜利将可以让切尔西将未来一段时间的注意力集中到英超联赛上。实际上，打完最后一场欧冠小组赛即做客波尔图一役 5 天之后，他们就将在联赛中对阵阿森纳，所以这最后一场小组赛届时可能毫无意义。莫斯科一役的结果，或许会让双冠挑战变得不那么像是"不可能的任务"。

2004 年 11 月 2 日，星期二
莫斯科中央陆军 0：1 切尔西

罗本的处子球帮助切尔西成为在还剩 2 轮的情况下就晋级 16 强的第一队之后，穆里尼奥将荷兰人称赞为自己的"额外维度"。罗本上半场的这记精彩射门，就足以帮助切尔西书写从 H 小组中脱颖而出的华章。

这粒出现在第二十三分钟的进球，酝酿过程堪称优美。达夫斜线跑动时，罗本悄悄溜进了禁区，之后爱尔兰人脚后跟送出传球，罗本加速杀进了禁区。最后的射门同样堪称精妙，罗本盘带中晃过冲上前防守的谢尔盖·谢马克，然后只抬头看一眼就用左脚将球送入了球门死角。

皮球滚入网窝的时候，阿布露齿微笑了一会儿。董事包厢内离他不远处，前俄罗斯总统鲍里斯·尼古拉耶维奇·叶利钦则发了点脾气，让人觉得可能嗜酒如命的他一直都在畅饮伏特加。比分落后，俄罗斯豪门决定倾巢出动。

等到上半场打完的时候，切尔西已经防守了 10 次角球——本赛季不管什么比赛，他们全场比赛防守角球的次数最多也就是 11 次，也是对阵莫斯科中央陆军时。但是对于切尔西而言，成功的关键就是从固若金汤的防守到狂飙突进的反击的迅速过渡——这也是穆里尼奥版波尔图的标志。当你使用这种战术的时候，罗本无疑尤其具有价值。

下半场比赛中，切尔西后卫格伦·约翰逊在禁区内对尤里·日尔科夫野蛮地犯规，送出了点球机会，但是洛韦主罚点球却打了飞机，切尔西逃过一劫。穆里尼奥赛后表示："格伦（约翰逊）必须踢这样的比赛，才能够从失误中学到东西。他必须掌握好自己的站位，尽量避免倒地铲球。"约翰逊此役只是第二次在穆里尼奥帐下首发，回伦敦之后，他肯定会想，自己还能不能继续得到机会。

本赛季至今 16 场比赛，切尔西只丢了 4 球。这一表现在马德里、巴塞罗那、米兰、都灵以及海布里、老特拉福德肯定也都出名了。今天的比赛中，切赫身前的特里和卡瓦略几乎让对手无法逾越，而中场斯科特·帕克的表现，则表明他是多么坚定地想要获得一队的首发位置。

罗本此役与达夫的配合是如此精彩，之后还打入制胜球，赛后他表示："这是个非常重要的进球，我射得也挺不错。我知道自己在干什么，去年在欧冠中我也曾经这么做过，带球冲向一边，然后射向另一边。我这次和达明（达夫）的配合非常棒，最终的射门也不错。我相信我们可以在球队中共存——我一直都这么说。"

特里则认为，切尔西在欧冠赛场上的杰出表现，已经给整个欧洲赛场带来了冲击波，"皇家马德里和 AC 米兰可能是欧洲最好的球队，但是以我们现在的踢球风格，我相信，如果说我们还不能高出他们一头的话，至少我们能够和他们平分秋色。迄今为止，我们在欧冠赛场看上去非常稳固，我们也向欧洲其他球队发出了讯息。我们的表现非常出色，4 场比赛全胜无疑是了不起的开局。我们进了很多球，而且 4 场比赛只丢了 1 球，这一数据也能说明我们踢得有多棒。"

切尔西已经提前 2 轮赢得了小组头名，从现在开始直到淘汰赛阶段于 2 月底开战，他们可以将注意力集中到英超联赛之中了。不过穆里尼奥却表示球队不会有任何松懈："我们已经确定可以（以小组头名身份）在下一阶段对阵别的小组第二球队了，但是我可以向莫斯科中央陆军承诺，在对阵巴黎圣日耳曼和波尔图时我们会以同样的方式比赛。任何认为我们会松懈下来的人，都犯了个大错。"

切尔西阵容

切赫／格伦·约翰逊，卡瓦略，特里，加拉（保罗·费雷拉）／帕克（蒂亚戈），兰帕德，马克莱莱／罗本，古德约翰森（凯日曼），达夫

切尔西赛后向欧足联发出了正式投诉，因为大约有 50 名持有门票的切尔西球迷赛前被挡在了莫斯科中央陆军主场门外，错过了上半场比赛的大部分时间。欧足联还将调查另一桩事件：看台上有人向切赫投掷了焰火。

因为腹股沟手术缺阵 5 个星期的德罗巴，终于在对阵巴黎圣日耳曼的比赛之前伤愈回归。"因为在一起的时间长了，球队情况一直在改善。"德罗巴说，"回归一支不断胜利的球队，无疑是一件更加容易的事。我会竭尽我的所能。"

巴黎圣日耳曼现在积 4 分名列 H 组的第三位，他们迫切需要在第五轮拿到不错的赛果，才有机会晋级下一轮。"我们想要赢下最后 2 场比赛，"穆里尼奥说："我会进行一些调整，让一些球员得到休息的机会，但是我派遣上阵的球队仍然会是一套优秀的阵容。事实就是，我的球队已经完成了欧冠小组赛的晋级任务，而巴黎圣日耳曼和波尔图还没有。"

击败莫斯科中央陆军后离开火车头球场时，穆里尼奥向莫斯科中央陆军主帅瓦列里·加扎耶夫承诺，虽然切尔西已经晋级 16 强，球队仍然不会在对阵巴黎圣日耳曼和波尔图的最后赛程中放松。"在球员通道里，"穆里尼奥说，"我告诉那个俄罗斯教练，他可以确信我的球队会在对阵巴黎圣日耳曼和波尔图的比赛中继续为胜利而战斗。如果莫斯科中央陆军想要成为小组第二的话，那就需要他们自己努力了。"

"这可不是什么无用的比赛，"他坚称，"我告诉球员们，我们比巴黎圣日耳曼更加出色，但是对于比赛产生的影响将是积极的。我队中的球员们要为自己的位置而战，我不是看他们的脸，看他们是谁、花了俱乐部多少钱来决定使用他，我要看的是他能给我奉献怎样的表现。"

2004 年 11 月 24 日，星期三

切尔西 0：0 巴黎圣日耳曼

巴黎圣日耳曼有一个不祥的预兆：他们在欧洲赛场上已经有 7 年时间没

能赢过客场比赛了。虽然斯坦福桥的球票售罄，但是这场比赛的进程证明，无意义的比赛确实难以激发人们的兴趣。法甲球队仍然有理由奋战，毕竟他们与波尔图、中央陆军之间的出线竞赛仍然悬而未决，但是这场比赛最终还是没能激发起人们的热情。

穆里尼奥轮休了总身价高达 8000 万英镑的天才球员，包括切赫、特里、古德约翰森、达夫、马克莱莱和蒂亚戈。取而代之的是库迪奇尼、格伦·约翰逊、乔·科尔、帕克和凯日曼。德罗巴伤愈复出坐上了板凳席。最终，切尔西还是失去了在 H 组中 100% 的胜率。在比赛开始之前他们就已经确保了晋级淘汰赛，而比赛中他们却直到第八十一分钟才创造出了一次真正的机会，德罗巴的射门正中勒蒂齐下怀。

尽管如此，这场比赛还是为队中一些球员提供了冲击主力位置的绝佳机会，毕竟球队正在准备做客海布里对阵阿森纳的天王山大战。切尔西开场非常出色，罗本活跃异常，试图寻找首开纪录的机会，凯日曼在中锋位置上也一直很有威胁。

乔·科尔无疑是最想证明自己的球员，他为凯日曼送出了一次妙传，但塞尔维亚人自从加盟切尔西以来，就很少展现出他在埃因霍温效力时那种进球如麻的状态。当年他在荷甲可是非常有威胁，这一次，他又是在 20 码外错失了首开纪录的绝妙机会。讽刺的是，比赛最具娱乐性的瞬间来自穆里尼奥，中场休息之前的一次任意球，穆里尼奥在场边责骂了乔·科尔，只是因为后者站位不够好。

半场的时候，穆里尼奥向人们证明，即便是状态火热的罗本也不是不可替换的人物，他用达夫替下了荷兰人，希望能够给球队带来新鲜的动力。但穆里尼奥的备选阵容甚至直到第六十分钟才射正球门，当天的场上队长兰帕德的射门被轻松扑救。

巴黎圣日耳曼球迷继续忙于朝着有马赛背景的德罗巴喝倒彩，后者下半场替补凯日曼上阵，穆里尼奥之后还派古德约翰森替下兰帕德。最终，德罗巴在缺阵 7 个星期之后的复出，成为了这场比赛的唯一亮点。上场之后几分钟，他就有机会破门，报复法国球迷的嘲弄，但他把握得很出色的"进球"最终被判越位。

穆里尼奥派出的是一套变化巨大的阵容，他没有为此找借口，"我确实轮休了很多球员，但是这也是好事。对阵波尔图，我的态度也会是这样，因为不管怎样我们都会争取赢球。我们没有把这场比赛送给巴黎圣日耳曼——他们不得不战斗（才拿到平局）。

"我的所有球员都经常打比赛，而且他们还有国家队任务。所以如果我不给他们休息机会的话——我们现在不需要积分就可以晋级——那我肯定太愚蠢了。我们竭尽全力想要赢球，而且有不少机会，尤其最后一次机会，本来可以杀死比赛的。"

对于巴黎圣日耳曼主帅瓦希德·哈利霍季奇来说，球队晋级 16 强的希望仍然存活就已经算是完成任务了。"这一结果让我们有很大机会保住小组第二。"他如此宣称。

至于切尔西的欧冠全胜纪录被终结，穆里尼奥表示："拥有 100% 的胜率是件好事，但在这项赛事中，第一目标还是晋级。"

切尔西阵容

库迪奇尼 / 格伦·约翰逊，卡瓦略，加拉，布里奇 / 斯梅尔京，帕克，兰帕德（古德约翰森）/ 乔·科尔，凯日曼（德罗巴），罗本（达夫）

对于已经共事 4 个月的主教练，切尔西 CEO 彼得·凯尼恩的评价没有变化，"何塞拥有那种对自己的能力非常自信的人的一切个性：对于自己试图成就的事业，他拥有坚定的信念，尤其是他还有着极其精密的比赛方式。他创造了完善的团队规范，创造了一套完全团结的阵容。他的执教方法极富挑战性，而且非常有趣，他还是个天生领袖——让所有人肃然起敬。"

与此同时，在回到祖国对阵老东家波尔图的时候，穆里尼奥的律师请葡萄牙司法人员为他提供额外的安保。基于葡萄牙的法律，那位向穆里尼奥吐口水的波尔图球迷此役被禁止观战。当被问及自己是否需要保镖时，穆里尼奥说："是的。如果你去（西西里岛的）巴勒莫，你可能也需要（保镖）。"这一评论激起了意大利岛民的群情愤慨，巴勒莫主场对阵亚特兰大的比赛中，球迷们扯出横幅，上书："穆里尼奥——无知的冠军。"穆里尼奥还透露，他迄今最伟大的成就——带队夺得 2004 年欧冠——差点变成了噩梦。波尔图在盖尔森基兴 3：0 击败摩纳哥的前夜，穆里尼奥接了个电话，来自波尔图黑社会一个非常著名的人物，"电话那头的那个人对我说：'你以为你是最棒的？你个混蛋。我们现在不会做任何事情，因为你明天有一场决赛要打。但是一旦比赛结束，你就可以把自己当作死人了，因为我们会逮住你。一旦你回到波尔图，你就死定了。你绝对没机会（逃跑）的。'我回复他：'你肯定是疯了，我完全不知道你在说什么。'"

波尔图俱乐部主席平塔·达科斯塔给这场口水大战火上浇油，他认为穆里尼奥遭受死亡威胁是活该，因为穆帅在波尔图时期有过一些"怪诞"行径，他还坚称穆帅在合同还剩 2 年的情况下提前离开，让俱乐部陷入了混乱。

在这样的情况下，切尔西改变了旅行计划，请了私人保安，而且征询了警方的意见，以决定是否让穆里尼奥违反欧足联规定，避免公开亮相。最终俱乐部决定，球队赛前不在波尔图的球场训练，穆里尼奥则会缺席被欧足联规定为义务的赛前新闻发布会。

从机场到下榻酒店的路上，切尔西全队还得到了警方的护送。助理教练史蒂夫·克拉克承认："我们预计自己会遭遇怀有敌意的氛围，但是所有欧战客场比赛都会这样。我们不知道波尔图球迷会怎样对待何塞，我所知道的是，如果他为切尔西赢得了欧冠奖杯，之后率领另一支球队回斯坦福桥作战的话，他会得到异乎寻常的欢迎。"

如果波尔图失利的话，受益者将是阿布赞助的球队——莫斯科中央陆军。波尔图主席达科斯塔早就说清楚了，自己不会与穆里尼奥握手，但现任切尔西主帅能见到至少一位友好的波尔图旧部。后卫佩德罗·埃马努埃尔表示，"重新见到穆里尼奥肯定会让我感觉非常特别，是他把我带到波尔图，然后给了我机会。因为他执教这家俱乐部时的出色工作，我与他的关系非常好。"

和保罗·费雷拉一起跟随穆里尼奥从波尔图加盟切尔西的卡瓦略则表示，"波尔图上赛季赢得了欧冠，但是如今切尔西拥有更为优秀的球员。我相信何塞、我自己和保罗（费雷拉）都将获得很棒的欢迎。我想 90% 的波尔图球迷会为我们喝彩，因为我们曾经一起有过如此快乐的时光。不过如果一位老队友准备射门的时候我把他放倒在禁区边缘，我想他们就不会再为我欢呼了。"

2004 年 12 月 7 日，星期二

波尔图 2：1 切尔西

穆里尼奥派上了一支看上去非常强有力的球队，粉碎了任何会让老东家好过的希望。但是，波尔图拼尽全力，拒绝成为第一家小组赛就惨遭淘汰的欧冠卫冕冠军，而且他们不想让前主帅穆里尼奥成为将他们淘汰出局的人，所以他们动力十足。而他们也有一个历史纪录拿来充实底气：7 次主场对阵英格兰球队，波尔图从来没有输过。

不过，这一次来的可不是普通的英格兰对手。开场之后切尔西顶住了压力，上半场他们是机会更多的一方。开场仅仅 3 分钟，布里奇的右脚射门就擦着远门柱偏出。德罗巴之后接应兰帕德的传中头球攻门，迫使波尔图门将努诺·埃斯皮里托·桑托做出精彩扑救，皮球最终击中横梁弹出。

第三十三分钟达夫进球了。爱尔兰人独闯龙潭之后劲射，努诺让皮球从指间滑入网窝，这一失误也证明了为什么维克托·巴亚平常健康的时候，他只能坐上替补席。这场比赛为切尔西的阵型优劣提供了令人信服的证据，证明蓝军使用 4-3-3 才能运转到最佳。随着比赛的推进，穆里尼奥今晚使用的 4-4-2 阵型的菱形中场，越发暴露出缺乏进攻宽度的问题，问题实在是太明显了。

比赛进行到 1 个小时的时候，波尔图中场迭戈以一记世界波做出回应。当这位巴西中场组织者在 25 码外劲射的时候，切尔西门将切赫只能站在原地目送皮球从他身边飞驰入网，皮球入网的势头是如此凶猛，以至于差点在球网上留下一个洞。南非前锋本尼·麦卡锡之后头球破门为波尔图逆转了比分，令切尔西遭遇了本赛季欧冠的第一场失利，也仅仅是各项赛事的第二场失利。

但其实，这场比赛对穆里尼奥的骄傲的打击，比对他所率球队的长远前景的打击更大。中场斯科特·帕克被挑出来，遭受了严厉的批评，在波尔图机场，他因没能及时封堵迭戈下半场的扳平进球而被痛斥，穆里尼奥甚至质疑了他比赛的积极性。"我的球员们为获得平局感到满意，这看上去过于安逸，但是波尔图则有额外的动力。今天晚上我感觉非常兴奋，我工作非常努力，全身心投入，竭尽全力想要赢下比赛。对我来说这是个特殊的球场，因为在 2 年时间里它是属于我的球场。我来到这里就是尽力想要赢球，最终失利的结果让我很失落。"

蓝军主帅为失败的结果恼火不已，但是他坚称这不会影响到他对海布里之战的备战。"你不能把这场比赛与对阿森纳的比赛联系在一起。如果你坚持这么做的话，那我应该已经在这场比赛中派出了将对阿森纳首发的阵容——还得包括马克莱莱和罗本。"

在这场失利之前，穆里尼奥在执教切尔西的前 24 场比赛中只输过 1 次。主场球送还进一步毁了他的这个特别的晚上，他们把怨气撒在了德罗巴和加拉这 2 位黑人球员身上，每次开角球的时候，2 人都遭遇辱骂，还有球迷学猴子叫，不过随队出征的切尔西死忠球迷的支持声淹没了主场球迷的猴子叫。

最糟糕的时刻出现在第十八分钟，德罗巴被巴西前锋德尔莱铲伤。穆里尼奥和教练组其他成员激动地跳到球场上，展现出了自己的狂怒，但主场球迷的反应是再度送出可耻的猴子叫声，这一做法无疑玷污了这场本来和善的比赛。总的来说，这是个让人相当沮丧的晚上。

切尔西阵容

切赫／保罗·费雷拉，卡瓦略，特里，加拉／斯梅尔京（蒂亚戈），兰帕德，帕克，布里奇／达夫（罗本），德罗巴（凯日曼）

在瑞士尼翁进行的欧冠 1/8 决赛抽签中，切尔西可能遭遇的对手包括皇家马德里、巴塞罗那、拜仁慕尼黑、埃因霍温和不来梅。大卫·贝克汉姆宣称，欧洲精英球队全都会在淘汰赛被抽到皇家马德里的可能性吓到发抖。小组赛最后 1 轮，皇家马德里靠着罗纳尔多的闪电进球和菲戈的梅开二度，在客场的闭门比赛中击败了罗马，而英格兰队长在这场胜利中也起到了关键的作用。

皇家马德里前锋迈克尔·欧文也表示自己想对阵英格兰球队："在罗马赢下了一场艰苦的比赛之后，我们为晋级感到高兴。"那场比赛只出席了最后 5 分钟的欧文表示，"我想要对阵切尔西或者阿森纳，因为我想这将是非常有吸引力的对决。"

乔·科尔也希望切尔西能够对上一家西班牙豪门。他说："我希望能碰上巴塞罗那或者皇家马德里，我敢肯定，不管我们对上其中哪一家，比赛都会势均力敌。不管我们抽到了什么样的对手，我想我们都会有很大的赢球机会，并且晋级下一轮。"

穆里尼奥则更加明确：他想要与加泰罗尼亚巨人——巴塞罗那抽到一起。毕竟，他当初正是在诺坎普球场随博比·罗布森学到了执教技能。"出于情感上的因素，我想要对阵巴塞罗那。首先，我热爱这家俱乐部和这座城市，我在那里经历了不可思议的 4 年；第二个原因，是每个人都在说他们是欧洲最佳，踢的是美丽足球。我想要与他们交手。"

"每个人都认为他们将赢得这项赛事。他们踢的是非常伟大的足球，所以这将是两场不可思议的比赛。西班牙领头羊对阵英格兰领头羊，这将是了不起的对决——本轮抽签中最劲爆的对决。不过我们可能遇到的是一批了不起的球队：巴塞罗那、皇家马德里、拜仁、不来梅和埃因霍温——他们都不好打。你总是会想要对阵大牌球队、大牌主帅和大牌球员。但我不喜欢对阵意大利球队，我们不会遭遇 AC 米兰、国际米兰和尤文图斯的结果让我很高兴。"

作为小组头名，阿森纳和切尔西需要先在客场打首回合。抽签结果揭晓，切尔西果然像穆里尼奥预测的那样，对阵上了曾获得 16 次西班牙甲级联赛冠军的巴塞罗那。

巴塞罗那在欧冠历史上与切尔西有过一次相遇，即 2000 年 4 月的 1/4 决赛。首回合切尔西在斯坦福桥 3：1 取胜，不过巴塞罗那回到诺坎普之后将比赛拖入了加时赛，最终 5：1 取胜，也将总比分逆转为 6：4。

巴塞罗那这时候正在西甲联赛中以不小的优势领跑，对阵这样的对手无疑意味着巨大的风险，穆里尼奥倒是满不在乎，他声称自己最优先考虑的事情是率领切尔西 50 年来第一次夺取英格兰顶级联赛冠军，"切尔西现在已经是一支强队了——但是我们需要面对的是与阿森纳、曼联和埃弗顿的竞争。我们现在境况不错。在足球里面，我不喜欢'恐惧'这个词，因为我不相信恐惧。

"巴塞罗那在自己联赛中的境况比我们好，因为他们没有对手。巴塞罗那在西甲是一枝独秀。皇家马德里和瓦伦西亚都落后太多了，拉科鲁尼亚本赛季则一直表现惨淡。巴塞罗那联赛排位很舒服，所以可能他们能够以不同于我们的方式备战欧冠。

"在波尔图，我在欧冠比赛之前可以轮休八九名球员，因为我 12 月的时候就能将葡萄牙联赛冠军收入囊中。而在英超联赛之中，我们必须战斗到最后一刻，所以他们（巴塞罗那）在这方面可能有优势。一周又一周，一场又一场比赛，英格兰赛场越来越比西班牙赛场艰难。

"我从来没有拿过英超联赛冠军，而我喜欢赢得新的奖杯。英超联赛才是终极考验。要想赢得欧冠你需要一支伟大的球队——但是伟大的球队也需要运气。而英超联赛每个赛季有接近 40 场比赛，只有最佳球队才能赢得桂冠。"

穆里尼奥认为，让他最终成为欧洲最热门主帅并拥有执教技能，是他在博比·罗布森和荷兰教头路易斯·范加尔执教巴塞罗那时学习到的。在帮助巴塞罗那对切尔西取得两回合 6∶4 的史诗级逆转之后，他于 4 年前离开，他说："我现在是以欧洲冠军和切尔西主帅的身份回到巴塞罗那。我在这里的每一个角落都有朋友，所以这对我来说会是非常动情的时刻。但是我热切盼望着与他们交手，因为他们想要赢球，并且想要踢出纯粹的足球。巴塞罗那不只是一家俱乐部，它代表的是一个国家。对他们来说加泰罗尼亚就是一个国家，巴塞罗那就是加泰罗尼亚在全世界的脸面。

"我儿子小何塞在巴塞罗那出生，他拥有西班牙护照；他也是个小加泰罗尼亚人，这也可以说明问题。不过他会支持切尔西。

"切尔西是英格兰最优秀的球队之一，我们希望能够在未来数年间成为最重要的球队。巴塞罗那也是一家大俱乐部，但是在球队层面，他们并不比我们出色。我在那里做助理教练的时候，就与切尔西交过手，那真是两场伟大的比赛。那时候切尔西就是一支优秀的球队，那时候还年轻的詹弗兰科·佐拉身边围绕着一批优秀的球员。那时候还是卢卡·维亚利执教，他们赢下过几座奖杯，而我们当时在巴塞罗那几乎赢得了一切。"

与此同时，巴塞罗那球星罗纳尔迪尼奥暗示自己未来某个时刻或许会有兴趣加盟切尔西。那个赛季已经斩获 12 球的巴塞罗那前锋塞缪尔·埃托奥，则夸耀了小罗的重要性："罗纳尔迪尼奥的价值等同于切尔西半支球队，这就是我们在场上的巨大优势。"

但是身为非洲足球先生的埃托奥，坚持认为切尔西不是总能得到自己想要的球员——他知道这一点，因为切尔西就没有得到他！这位身价 1800 万英镑的前马洛卡球星表示："有好几次我都很接近签约切尔西，但是合同从来没有敲定过。现在他们就要在欧冠赛场上看到我为对手效力了，他们会以失利告终。对每一个相关人员来说，这都是一场非常特别的比赛。全世界似乎都认为切尔西不可战胜，是欧洲最优秀的球队，但是我想帮巴塞罗那证明这并不真实。

"切尔西的进攻？我根本不担心。首先，罗本受伤了，而德罗巴并不比我强。科特迪瓦队从来没有击败过喀麦隆队，我才是非洲足球先生，而不是德罗巴，全世界都知道这一点。德罗巴赢得过什么？切尔西的防守确实很出色，但那是因为他们还没有与巴塞罗那交手。特里、卡瓦略和保罗·费雷拉都是优秀的球员，但是他们没办法应付我的速度、罗纳尔迪尼奥和德科的技艺。我们都知道切赫很长时间都没有丢过球了，但那也是因为他还没有与我交过手。

"与巴塞罗那交手，不管是在诺坎普还是在伦敦，对于切尔西来说都会是一场噩梦。我们必然是这一签位中的晋级热门，因为巴塞罗那是比切尔西更加优秀的球队。这场比赛将是欧洲最棒的交锋——球迷们已经等不及了。我不是个自大的人，但是我可以向你保证，我已经以最大的专注准备好了这两回合比赛。我想要踢出 200% 的状态，因为对我来说这就是 2 支冠军球队之间的决赛。我梦想着我们击败切尔西，然后继续前行，赢取西班牙冠军，以及欧冠冠军。"

穆里尼奥则表示："我的梦幻决赛将是切尔西对阵阿森纳。英格兰足球在欧洲赛场上没有赢得足够的奖杯，这是不对的。现在是终结这种不公平状态的时候了。"

切尔西在联赛中继续追逐着冠军奖杯，但是"小磕磕绊绊"最终还是出现了，而且是以失去关键球员罗本这一意外的方式出现。在对阵布莱克本的联赛中，他为切尔西打入制胜球之后不久就被踢伤了。肿胀消退后，队医的诊断结果是足部 2 处骨裂，至少缺阵 6 个星期。巴塞罗那主帅弗兰克·里杰卡尔德对于罗本错过这一欧冠交锋的结果很开心："罗本的伤病对荷兰国家队和切尔西来说是坏消息，但对巴塞罗那则是好消息。我们不再需要面对现阶段欧洲最优秀的球员之一了，这也将让他们在对阵我们的时候踢得不那么复杂。罗本是切尔西拥有的最优秀前锋——穆里尼奥也知道这一点。"

里杰卡尔德是个极其注重细节的主教练，他花了不少时间来研究切尔西的比赛方式，"我在电视上看过一些比赛，他们是一支杰出的球队，非常实用……"

这一隐约的奚落，反衬出了巴塞罗那与切尔西截然相反的球场名声——巴塞罗那的足球风格是极其注重策略与技巧的。因此场边 2 位主教练之间的个人对决，将与场上球队之间的对决一样吸引人。尽管如此，2 人之间还是有一些显而易见的相似之处：他们都是 42 岁，却都老于世故，他们都通晓多国语言，举止间也都透出一股自大。当然他们的差异同样非常明显。穆里尼奥之所以雄心万丈，那是被自己球员时代的失败所刺激——他从来没有踢上过一队主力，而里杰卡尔德则与吕德·古利特、马尔科·范巴斯滕组成了"荷兰三剑客"。里杰卡尔德球员时代赢得过 3 座欧冠奖杯——2 次在 AC 米兰，1 次在阿贾克斯——并且有机会成为少有的先后以球员和教练身份夺取欧冠的足球人。

虽然承认里杰卡尔德球员时代有着"不可思议的"遗产，但穆里尼奥又评论道，作为主教练，他的对手"奖杯数为 0，而我有很多"。

"我还没有见过他，"里杰卡尔德回应道，"我所知道的一切全都来自电视或者报纸。我们这里的报纸对他很感兴趣，因为他曾经在这里工作过。"里杰卡尔德还对于口水大战可能制造的杀伤力惊奇不已。"你把这叫作心理战术？它们是怎么生效的？"在听到记者转述的穆里尼奥几个狡黠的讥讽案例之后，里杰卡尔德大声笑了起来："谢谢！谢谢！我很期待这种心理战。他迄今为止都说了些什么？"

不过荷兰教头最终还是倾向于与口水战保持距离，"当（抽签中）我们的名字与切尔西出现在一起的时候，我没有太大的反应。甚至在抽签之前我就说过，我们与谁交手并没有太大关系。当你打入 16 强的时候，对手是这支球队还是那支球队其实没有太大区别，可能我们与切尔西交手还更好。在大牌球队之间交手时，你的球员们会全神贯注。与切尔西交手，球员们必须好好表现才可能晋级。"

他也意识到了危险，"切尔西拥有出色的团队精神，他们的防守也非常强。他们纪律严明，也有一些美妙的球员——尤其是在中场。罗本对他们来说非常重要，因为当他身体健康的时候，他能够为他们提供一些特别的东西。他们之所以危险，也因为他们面临着取得伟大成就的挑战。你看得出来他们（对于荣誉）很饥饿，这也让他们成为了欧洲最优秀的球队之一。"

里杰卡尔德发现自己很难不去谈论穆里尼奥，"我还不能说自己会不会喜欢他。在还没有面对面碰过头的时候，你怎么去评判一个人？可能未来几周的时间内我能够看出来他到底是怎样的一个人。我知道他非常成功，但是对于他和他的球队，我们都还需要继续研究。对于我，他也可以这样评价。所以当我们最终见面的时候，那肯定会是一个非常重大的时刻。"

罗纳尔迪尼奥则认为兰帕德是对他的夺冠梦想威胁最大的人物，"兰帕德整个赛季在切尔西的表现都非常突出。切尔西让我想到了巴塞罗那。他们在场上各个位置都拥有很优秀的球员，但是他们最突出的一点还是（团队）精神。切尔西的优势在于防守，也在于他们总是团队作战，他们总是为队友而战。他们拥有很多伟大的球员，在这次交手中，我们必须小心他们每一个人。"

德科则抨击了穆里尼奥的切尔西，认为他们只是在征服一个品质低劣的联赛而已，"切尔西本赛季取得了 8 连胜，这就能够说明一切问题，说明英超相比西甲而言是一个多么容易的联赛。英超全都是一些普普通通，或者坦率地说非常差劲的球队。"

穆里尼奥现在备战的，是他踏入英格兰足坛之后最重大的比赛，"我必须守护属于我的东西。欧冠冠军现在属于我。我是最近一位夺得欧冠的冠军主帅——所以这是属于我的赛事。我必须为切尔西而努力，为切尔西而战，我也会为自己而战，守护我的奖杯到最后一刻。可能赢得欧冠让我获得了加盟（英格兰）这样的足球大国的机会，所以这一赛事对我而言意味良多。42 岁的我作为主帅还很年轻，我在足坛还可以工作 15 年，我希望再次尝到赢取欧冠的滋味。但是它实在太难赢了，你可能表现出色，拥有一支杰出的球队，而且雄心万丈，但是仅仅犯一次错，你可能就会被淘汰出这一赛事——纵然你本不应该遭遇这样的结果。"

穆里尼奥还换了个思路来抨击巴塞罗那："巴塞罗那是一家伟大的俱乐部。但是在 200 年的历史①中，他们只赢得过 1 次欧冠奖杯。我执教才几年而已，而我赢得的欧冠奖杯数量已经与他们一样了。"

---

① 此处为穆里尼奥夸张的说法，巴塞罗那俱乐部成立于 1899 年，至 2005 年 2 月时历史尚不足 106 年。

穆里尼奥认为这支切尔西尚不如他执教的那支波尔图，但是他认为自己帐下的球员更出色了。在球队层面上，这支切尔西距离达到能够让波尔图夺取欧冠的技术水准，还差 2 年时间。穆里尼奥表示："我们现在拥有的球员比去年的波尔图队更为优秀，但是在我执教波尔图的第三年中，我拥有的是一支技术更精湛的球队。他们知道我所知道的一切，他们知道如何适应，如何从一套战术体系切换到另一种战术体系，他们知道何时高位逼抢，何时低位封堵。

"波尔图在第三年赢得了欧冠——而我现在执教切尔西才 7 个月而已。我与切尔西签的合同长达 4 年，等到第三年或者第四年的时候，我想你将见到我最强大的切尔西队。我们还有很长的路要走，下赛季的开局对我们的前进非常关键。有很多事情我现在还不会做，因为我不想在球员们还没有为技术改造做好准备的时候就把事情搞得很混乱。你不能过于跳跃，而是需要稳定地进步，一步一步地达成目标。所以总的来说，切尔西拥有更好的球员，但是可能波尔图拥有更好的球队。"

切尔西对阵巴塞罗那命运如何，很大程度上要看他们如何应付罗本的缺席。穆里尼奥处理问题的办法，就是完全不提及荷兰边锋，"我不想考虑罗本，应付一位重要球员的伤病的最佳方式，就是忘记这个球员。我现在不和他说话。当体能教练告诉我他准备好了、可以上场的时候，我会欢呼雀跃，但是现在我不想考虑他。他没办法出场，所以我必须对其他球员表示支持。

"我不会把罗本的缺席当作任何事情的借口——毕竟我们还拥有其他球员。在罗本缺席的时候给达夫施加更多压力，这不是公平的做法。我没有亲自考察过达夫在布莱克本效力时的表现，但是我相信切尔西之所以买他是因为他在那里踢得非常出色。但是我怀疑他以前的表现都不如这个赛季，现在他表现得异乎寻常。"

穆里尼奥已经构想出了一个他认为可以让埃托奥和罗纳尔迪尼奥在场上失效的计划，他的自信可以从他的话语中得到阐释——他认为，他执教切尔西的前 6 个月，已经开始在改变英格兰足球的面貌了。

切尔西首选的 4-3-3 阵型，已经被曼联等其他英超球队采用，英格兰队主帅斯文－约兰·埃里克森也在对荷兰队的比赛中进行过尝试——虽然并不成功。"长传冲吊的战术仍然存在，但是传统的 4-4-2 阵型正在发生变化，"他表示，"在 2 年之内，一切将变得截然不同。"

备战期间，特里在斯坦福桥的一堂训练课上客串门将，结果扭伤了脚踝。这是一堂特别的训练课，因为有几百个孩子前来参观斯坦福桥球场，特里和队友们的表现让孩子们兴奋异常。虽然一瘸一拐的，特里还是没有让观战的孩子们失望，和队友们一起给他所有人签了名。他说："罗纳尔迪尼奥是现阶段世界足坛最突出的球员，他在比赛中的表现堪称全能，他技术娴熟，脚下飞快，能够与他交手肯定是件令人愉快的事。不过他们在场上各个位置都有顶级球员：埃托奥看上去就非常了不起，他进球如麻。不过我队也有诸多优点，去诺坎普做客的时候，我们信心满满。"

在意大利的一个颁奖典礼上，阿布被人拍到，他坐在 2004 年欧洲金球奖得主、切尔西可能的引援目标安德烈·舍甫琴科身边，这时候 AC 米兰正在准备的是与曼联的巅峰对决。

足总杯 1/8 决赛在客场被纽卡斯尔 1：0 淘汰出局之后，切尔西周日晚上直接从纽卡斯尔飞到了巴塞罗那，第二天就在奥林匹克球场进行了轻度训练。穆里尼奥坚持让 3 位伤兵也随队来到西班牙，希望他们能够在最后时刻恢复健康，赶上比赛。这其中，达夫是膝盖有伤，加拉则是腹股沟问题，这都没有阻止穆里尼奥将他们带到巴塞罗那，他认为他们都能够及时康复。

但是穆里尼奥更对德罗巴及时告别大腿拉伤、复出上阵持乐观态度。自击败曼联的联赛杯比赛之后，德罗巴就再也没有为切尔西出过场了，但是穆里尼奥告诉他，要为对阵巴塞罗那做好准备。不过在达夫对喜鹊军团的比赛中伤到膝盖之后，更有可能在诺坎普与古德约翰森搭档锋线首发的还是凯日曼。除此之外，蓝军还失去了布里奇，后者离开圣詹姆斯公园球场的时候脚踝和小腿受伤，另一位左后卫人选加拉也还在康复的奋斗之中。

穆里尼奥回忆起了他认为是过去 12 个月中意义最重大的时刻，"我的球员们都疯狂地想要赢得一些重要的东西。去年夏天在美国集训的时候，我们每天 24 小时都待在一起，我们有过很多谈话，交流了感情。在讨论之中我们明确了一点，那就是虽然我们俱乐部里面全都是球星，全都是挣得很多的富翁球员，但是却只有马克莱莱和我从波尔图带来的人曾经赢得过联赛冠军。其他人的联赛冠军数？——0。当我这么跟他们说的时候，他们都说：'你说得对，确实是这样。'所以我说：'如果我是对的话，那么为什么你们没有赢得过任何冠军？如果我是对的话，你们为什么不试着接受我的观念和计划？'这就是我们所做的。现如今我拥有的是一个雄心勃勃的班底。"

所以当罗纳尔迪尼奥、德科等人前来叫阵的时候，穆里尼奥可以期待他的"3个球队领袖"保持坚定，"心理上的领袖是特里和兰帕德，"穆里尼奥解释道，"但是在战术上，组织领袖是马克莱莱。"

与此同时，巴塞罗那对于西甲联赛冠军之梦的追逐已经越发接近真实，他们的上一座西甲冠军还是1999年获得的，穆里尼奥是巴塞罗那时任主帅范加尔的助手。如今，他们已经对皇家马德里拉开了7分的差距。在巴塞罗那2：0击败马洛卡的比赛中，德科梅开二度，而皇家马德里则在主场0：2输给了毕尔巴鄂。在这时候迎来切尔西的挑战，加泰罗尼亚首府球队无疑处在最佳情绪之中。

穆里尼奥告诉自己的球员们，现在没空自我怀疑了，"你必须充满自信，在这种比赛之前你必须这么做。我一直都对我的球员们说，当你刚刚遭遇失利或者碰上伤病的时候，你不应该总是往后看，并且忘了你未来应该做的事情。我不能说'我没有这人或者那人，所以我们没办法期待好的赛果'，我们必须找到其他办法。我们仍然还有很多其他优秀的球员，但是我们也必须对我们的比赛方式稍作调整。我们现在失去了罗本和达夫，所以必须有所改变。等到在那里出场的时候，我们仍然会为胜利而战。你必须积极地考虑问题，你要意识到比赛是180分钟，甚至可能更多——他们做客伦敦的时候，同样不会好受。"

穆里尼奥还自豪地炫耀，自己作为主教练从未连输2场比赛，"我们非常自信，"穆帅说，然后他还对一位记者的提问做出了讽刺的回答，"从我来这里算起，这八九年间我的生活一直在进步，我有了新发展，而你没有。"

之后他还改掉了自己惯常的策略，即将本队的首发名单当作秘密暗藏在心中，反而排出了他心目中的巴塞罗那首发阵容，之后才说了本队的首发。

"我们还有一堂训练课，但是我认为德罗巴能上，加拉能上；达夫我认为不行，"穆里尼奥说，之后他对巴塞罗那的首发阵容进行了预测。然后他补充道，"你想要知道我的首发？好吧：切赫；保罗（费雷拉）、里卡多（卡瓦略）、特里、加拉；蒂亚戈、马克莱莱、兰帕德、乔·科尔；德罗巴和古德约翰森。"

穆里尼奥的行事方式带有他典型的搞怪风格，他之所以这么做，是想通过宣布自己的首发来给里杰卡尔德的心理带来不确定因素。他说达夫没办法恢复健康，然而达夫参加了训练，而且没有放弃突然上场的希望。

里杰卡尔德很不情愿地强忍着想说的话，他说："我没有必要做出回应。"但是当记者问这位前荷兰球星，为什么他给手下的球员们放了几天假，而且没有派人去斯坦福桥执行侦察敌情的任务——而切尔西在西班牙却使劲这么做时，里杰卡尔德忍不住了，"切尔西提前 3 天来了，闭门训练然后宣布了自己的首发名单。那么暗地训练有何意义？不过赛前你说什么都行——比赛才能够告诉你真相到底是什么。大部分主教练认为球员们才了解球队，而不是媒体。但是现在切尔西的情况似乎很不同寻常。他们被淘汰出了足总杯，联赛中也被曼联紧紧追赶。让我们看看这样的局面会对他们造成多大的影响吧。很多时候人们在比赛前滔滔不绝，是他们对于即将到来的比赛感到不安的征兆——他们不太镇定，而我丝毫没有焦虑。"

穆里尼奥备战期间的心理战术可能会产生事与愿违的后果。罗纳尔迪尼奥就发现，"切尔西可能觉得自己非常有动力打这场比赛。但是穆里尼奥也说了，他执教以来从来没有连输过两场比赛——这却让我们有了更多的动力。希望我们可以让他第一次尝到连败的滋味。"

2005 年 2 月 23 日，星期三
巴塞罗那 2：1 切尔西

两支球队 4 年之前在诺坎普交锋时，瑞典主裁判安德斯·弗里斯克将切尔西后卫塞莱斯廷·巴巴亚罗罚下，还判给巴塞罗那 2 粒点球，最终帮助西班牙球队在加时赛中 5：1 狂胜。头顶金发的弗里斯克当时被普遍视为世界足坛最顶尖的裁判之一，但是在他执法的比赛中，这位时年 42 岁的主裁很少不给人留下持久的印象。这一次也是如此。

开场之后，巴塞罗那充分利用了边路发动攻势，但是切尔西在防守端的表现也颇为稳固。穆里尼奥的排兵布阵之中有一处颇为惊人，那就是让达夫首发——而仅仅一天之前，他还坚称这位边锋"几乎不可能"这么快从膝伤中恢复。第三十三分钟，正是达夫接应兰帕德的 40 码精准长传，狂奔之后将球

精确地停下，然后为无人盯防的乔·科尔送出传中，巴塞罗那右后卫儒利亚诺·贝莱蒂近门柱飞身滑铲，却将球挡入自家大门。贝莱蒂的乌龙动摇了巴塞罗那的防守，可惜德罗巴几分钟后错过了一次黄金机会，在直面守门员维克托·巴尔德斯时将球射偏——此球若进，这一对决将悬念尽失。

比赛在第五十五分钟突然出现转折，在德罗巴与巴尔德斯进行了一次合理的争抢、试图抢点之后，弗里斯克将切尔西前锋红牌罚下。德罗巴此前一系列略显莽撞的争抢，导致了他下半场的这次被逐出场——而他不情愿下场，更是有可能引发欧足联的后续处罚。在争抢中 2 位球员都倒地了，但是德罗巴领到的是第二张黄牌，上半场他已经因为对巴塞罗那中后卫拉斐尔·马克斯犯规染黄。这就使得蓝军不得不长时间 10 人应战。他们感觉自己遭遇不公对待，因为巴塞罗那球迷对德罗巴进行带有种族歧视色彩的侮辱而更加强烈——德罗巴艰难地下场走向客队看台的时候，主场球迷们有节奏地学猴子叫。

德罗巴被逐不久之后，巴塞罗那打出了一波由罗纳尔迪尼奥和埃托奥参与的进攻，最终前锋马克西·洛佩斯在人群之中摆脱加拉，找到了一丝防守空隙，右脚将球精准地射入了球门远角。对切尔西而言最糟糕的时刻出现在第七十三分钟，洛佩斯右路踢跐变成似传似射，结果卡瓦略没能有足够的警觉，埃托奥从 2 名蓝军后卫之间出现，在距离球门 8 码处射入 1 粒将比分改写为 2∶1 的制胜球。

穆里尼奥如今尝到了独立执教以来的第一次两连败，但是真正让葡萄牙人陷入狂怒的，是输掉比赛的方式，是主裁对德罗巴过于严厉的处罚，是半场时分的一场争论。

里杰卡尔德中场时与弗里斯克进行过一场交谈，针对这一情况，切尔西俱乐部准备向欧足联发送一份正式投诉。穆里尼奥认为瑞典籍主裁与巴塞罗那主帅之间关系过于亲密，而在下半场开战不久，切尔西就减员到 10 人，穆帅对此非常不满。这一幕简直是上个月联赛杯半决赛首回合（切尔西主场 0∶0 平曼联）一幕的翻版，当时穆里尼奥怒指曼联主帅弗格森爵士试图影响主裁判尼尔·巴里的判断。穆里尼奥是如此愤怒，以至于他拒绝接受任何赛后采访，此举违反了欧足联相关章程，很可能招致罚款。

也有消息称穆里尼奥和里杰卡尔德的助理教练亨克·滕卡特发生了肢体冲

突，有报道透露是滕卡特飞踹了穆帅的臀部。虽然切尔西没有立刻向欧足联递交投诉书的迹象，他们也没有否认这些迅速传播的流言，并未试图平息争议。

不过有一点可以确定的是，滕卡特和切尔西门将教练西尔维诺·洛罗及一队教练巴尔特马尔·布里托之间肯定发生过争执。两位切尔西教练甚至越过了分开主客队教练组及替补球员的那道障碍线，冲到了球员通道出口的那一边，与巴塞罗那教练展开了激烈的言语交锋，甚至还发生了小规模的扭打。穆里尼奥还把巴塞罗那中场哈维·埃尔南德斯赶出了切尔西的更衣室，他拒绝与哈维握手。

后来里杰卡尔德证实他确实与弗里斯克有过一次交谈，但是他坚称，"我不是（德罗巴染红）那次事件的起因。我对主裁判说了'你好，很高兴见到你'，然后对他说了一些关于比赛的事情，但都是礼貌而且非正式的方式。所以切尔西方面的反应有点言过其实。主裁判进入我队更衣室的传言是不正确的，我很高兴出现了这样的传言，因为现在这一传言对我来说更加荒谬可笑了。可能他们想搞出点什么麻烦来，然后让事情变得比现在更糟糕。"

巴塞罗那后卫马克斯则谴责伦敦人总是在找借口，"谁都看得出来场上究竟哪边才是更优秀的球队。切尔西愤怒只是因为他们输球了。每个人赛前都在谈论'超级切尔西'，但是我在比赛中看不出他们哪里超级了。场上唯一在踢球的球队是我们。当有一支球队只是在等待对手或者主裁判犯错的时候，这实在是让人恼火。但是即便切尔西进球的时候，我们也没有感觉情况危急，因为他们在场上基本什么表现都没有。"

滕卡特也在口水大战中火上浇油，"足球本应该意味着快乐。付钱来看球的观众并不是为了切尔西踢出的那种足球而买票的。他们的射门次数很少，而我们则有很多。我们本来有机会以更多的进球赢下这场比赛的。场上唯一真正在踢球的球队是我们。"

不过穆里尼奥说过，他的哲学是"当一场比赛结束之后，另一场也已经开始"。所以在斯坦福桥的次回合比赛，将是对他执教才能的真正考验。

切尔西阵容

切赫／保罗·费雷拉，卡瓦略，特里，加拉／马克莱莱，兰帕德，蒂亚戈

（斯梅尔京）/乔·科尔（格伦·约翰逊），德罗巴，达夫（古德约翰森）

　　荷兰足球人联合起来反对穆里尼奥。约翰·克鲁伊夫就对巴塞罗那批评切尔西"无聊"的声音表示了支持，托特纳姆热刺主帅马丁·约尔则认为主教练与比赛官员交流没什么问题——他认为这在欧洲大陆联赛中是经常出现的事情。克鲁伊夫说："我相信穆里尼奥将成为世界最佳主帅，但是我并不支持他的足球风格。他的风格无聊到让我想睡觉。我承认切尔西防守得非常出色，但这不是我想看到的。切尔西只是波尔图的一个复刻版，它是英格兰足球和葡萄牙足球融合的产物，却只是在防守的基础上踢球。"

　　在联赛杯决赛前的新闻发布会上，穆里尼奥最终就与里杰卡尔德和弗里斯克的争执给出了他自己的版本。穆里尼奥坚称巴塞罗那主帅和主裁是"在私密场合"而不是在球员通道里交谈，"有时候你可以与主裁判谈话，但一般是在公共场合。如果是在球员通道里，周围有 20 个人，那情况就不一样了。不是说不允许你与裁判交流，或者说应该有一堵墙隔着（教练和裁判），但是如果你在私密场合与裁判交流，那就是另一回事了。"

　　在葡萄牙体育报纸《记录报》副刊《十》的每周个人专栏上，穆里尼奥要求意大利著名裁判皮耶路易吉·科利纳为第二回合主哨，"有人在伦敦对我说，第二回合的主裁可能是科利纳，世界最佳裁判，（与两队都）没有利益关联，能够掌控任何压力，完美的主裁。

　　"在巴塞罗那的时候，那位裁判很不称职。所以比赛结果也是掺假的。当德科在禁区内做出一次可笑的假摔的时候，主裁判甚至没有向他出示黄牌。当我看到里杰卡尔德在半场时走进裁判更衣室的时候，我几乎无法相信这一幕。当德罗巴被罚下的时候，我并不惊讶。当比赛结束的时候，我甚至解脱般呼出一口气。德罗巴并不是'不走运'，要说不走运那也是你在巴尔德斯面前浪费一次射门机会，但是这张红牌并不是因为不走运。这是事实，（里杰卡尔德和弗里斯克）这么做是错的。

　　"在巴塞罗那，踢得更好的那支球队赢球了。但是他们只是踢赢了一支只剩 10 人的球队。如果是 11 对 11 的话，我认为我们根本不会输掉这场比赛。"

　　欧足联发言人威廉·加亚尔则表示，"我们根本还没有（就谁会吹罚第二回合）做决定。依照常规程序，我们要到本周末才会做出决定。如果穆里尼奥认为主裁会是科利纳，你得要问他为什么会这么想。在 8 场比赛中我们拥有 8 位杰出的主裁判，我们唯一能够确定的是（第二回合主哨的）主裁不会是弗里斯克，因为我们不会让同一位主裁吹罚两回合比赛。

与此同时，前任切尔西主帅拉涅利从瓦伦西亚下课了，这是他第二次执掌西班牙冠军的帅印，但是这次只坚持了 8 个月就被解雇。瓦伦西亚在联盟杯中被布加勒斯特星队爆冷淘汰出局，俱乐部董事会不得不提前召开会议，最终做出了炒帅的决定。

联赛杯决赛开战前几个小时，切尔西 CEO 凯尼恩确认，俱乐部将就里杰卡尔德与弗里斯克的对话向欧足联发送一份投诉书，不过这份报告直到次回合结束之后才会得到审理。

有医疗专家预测罗本将缺席 6 个星期，但是参与罗本康复的比利时按摩师让·皮埃尔·梅尔塞芒认为，荷兰边锋有机会出战巴塞罗那。罗本之所以会接受梅尔塞芒这位 AC 米兰队医的治疗，是因为阿布亲自介入此事，他打电话给 AC 米兰俱乐部副主席阿德里亚诺·加利亚尼，请求 AC 米兰派队医飞去伦敦护理罗本。梅尔塞芒透露，"阿布询问了加利亚尼，问我能否去给罗本治疗，我想他同意了，因为我来了伦敦。他们是非常好的朋友，加利尼亚很高兴能够给阿布帮上忙。切尔西和 AC 米兰之间这几年关系一直非常好。阿布与加利亚尼很熟，还与我们（意大利）总理西尔维奥·贝卢斯科尼很有交情。"

一家俱乐部为一个直接竞争对手提供这样的援助，实在是不常见，而这也能够说明阿布的影响力有多大。"我希望他（罗本）能够及时复出，赶上对巴塞罗那的比赛，我会帮助他达成这一目标的，"梅尔塞芒说，"12 天前我第一次见他的时候，我就把他的脚伤全部处理好了。他的骰骨和第三跖骨有骨折情况。我给他正了骨，然后处理好了伤处附近的骨头。我还把他的肌肉调整到平衡状态，并试图让他改变跑动姿势。他对我所做的一切非常满意，现在他又能跑动了。"

巴塞罗那的法国球星吕多维克·久利得到了队医的允许，可以复出打斯坦福桥一战，但是马克斯将因伤缺席。久利的复出对巴塞罗那来说是个激励，因为本周早些时候他们还认为法国人赶不上比赛。

上赛季欧冠半决赛输给摩纳哥的惨剧带来的伤痛，仍然会让古德约翰森偶尔失眠，"每当有人让我想起去年欧冠发生了什么的时候，我晚上都会睡不着觉。首先是因为我们曾经如此接近胜利，其次是杀进欧冠决赛对我而言会是个了不起的成就。（在队里）大家都是这样的感觉，因为我们曾经如此接近决赛，因为我们曾经有过如此好的机会。

"我们（首回合）在摩纳哥一度打成1:1，而且还有人数上的优势。所以当你回想起那场比赛的时候，你会感觉那真是一团糟。回到主场的时候，我们开场打得棒极了，很快取得了2:0领先，我们一度想，'就这样了，我们只需要等待比赛结束。'但是他们在半场前的补时阶段给我们突然一击，然后重新回到了比赛中来。那粒失球让球队有点泄气。我们本来有两次机会淘汰他们，但是可能我们还是缺少经验吧。我们本应该满足于在摩纳哥客场拿到平局（而非继续进攻导致1:3落败）。"

像是兑现穆里尼奥的预言一样，意大利金哨科利纳被任命为切尔西主场对巴塞罗那一役的黑衣法官。科利纳曾经执法过2002年巴西对德国的日韩世界杯决赛和1999年曼联对拜仁的欧冠决赛，他已经确定将在夏天挂哨，今后将担任"指派员"这一职务，即为意甲联赛安排主裁判。

兰帕德号召切尔西球迷在主场制造特殊气氛，"第二回合我们必须利用自己的观众来帮助球队获得好成绩。在巴塞罗那发生在迪迪埃（德罗巴）身上的事情很让人讨厌。我们当时11人作战情况非常有利，但是红牌改变了一切。裁判将他罚下是过于严厉了，但是在那样的地方，在现场球迷声势浩大的情况下，裁判的判罚自然会偏向于他们。现在轮到我们了。我们必须阻止他们进球，这任务会很艰巨，因为他们拥有那样的球员。但这是可以完成的任务。"

穆里尼奥培养的这种我为人人、人人为我的心态，应该能够给切尔西带来优势，正如兰帕德所说："我们做的赛前动员非常棒。我们搂着肩膀围成一圈，每个人都参与其中，包括理疗师。如果是特里做赛前动员讲话的话，他从一开始就会非常投入，但如果是我来，我会做得更加循循善诱一点。对巴塞罗那的比赛之前是我来做动员——我说了三四个F词（脏话），但是总的来说不如特里的多。一开始有几个人会口吃，像加拉这样的伙计还有点腼腆。但是赛前动员对我们来说是件好事——这使得球队里的每个人都感觉自己很重要，都知道自己在队里有一个角色。"

根据"神灯"兰帕德的说法，复仇的情绪弥漫在空气之中，"自从对决的抽签敲定之后，他们就说了很多。他们攻击了我们的主帅、球队和某几个球员。你可以忽略他们的说法，或者说这些说法没给你造成困扰，但是当我看到对手这样谈论我们的时候，我就想要做点什么。这就是为什么我等不及他们来这里了。像他们这样经验丰富的职业人士，竟然会在两回合比赛打到一半时就这样畅所欲言，我真是感到惊讶。他们有点开心得太早了，因为现在他们要在我们的场地上、在我们的球迷面前与我们交手，比赛会与诺坎普一战很不一样。现在的情况变得有点像是人身攻击了，这会给我们更多的优势。"

罗纳尔迪尼奥还说切尔西是一支肮脏的球队，又给争论之火添上了一根柴，"比赛结束之后，我浑身都是伤痕。那场比赛中踢得干净的切尔西球员？我半只手就能数得过来。"

在口水大战愈演愈烈的时候，穆里尼奥更改了赛前新闻发布会的时间，这样他就可以给口水大战下个最终定论了。穆里尼奥本来应该在下午4点半出席发布会，现在他将自己的"布道"拖到了傍晚7点，比里杰卡尔德的晚半个小时。

在巴塞罗那的首回合，率先出席赛前新闻发布会的是穆里尼奥，当时他出了奇招，不仅报出了自己的首发，还预测了巴塞罗那的阵容。这一次，穆里尼奥在说出自己的想法之前，想要先听听里杰卡尔德对媒体说些什么。他相信，这种心理战可以对比赛结果产生重大影响。

里杰卡尔德被发布会时间的更改搞得有点不知所措，但是他感觉到如果自己抱怨的话，会正中穆里尼奥下怀。不过荷兰教头还是忍不住在罗本是否首发的事情上开了个玩笑。当记者请他猜测今晚切尔西的首发时，巴塞罗那主帅说道："1号，罗本。2号，罗本。3号，罗本。"

里杰卡尔德还试图与穆里尼奥言和，即便两队之间维系的和平非常脆弱，即便穆里尼奥肯定会忍不住继续火上浇油。在长达两个星期的口舌之争之后，里杰卡尔德情绪平和，在这种混战之中这实在是少见。"何塞在切尔西干得很棒。"他说。

穆里尼奥则挑衅般提议，他更愿意弗里斯克来执法这场比赛，"如果你问我想要哪位裁判来执法的话，我会选弗里斯克，因为他会像帮助巴塞罗那那样帮助我们。不过现在的裁判（科利纳）不会对比赛结果产生直接的影响。"

穆里尼奥确实也恭维了西班牙豪门，当然，这次他的恭维也是绵里藏针，"巴塞罗那拥有优秀的品质，踢的也是漂亮足球，但是他们不应该有这么多假摔。"

切尔西只需要一场1∶0就可以晋级。但是罗本最终还是输掉了与时间的赛跑，甚至没能够坐上板凳席。取而代之出现在替补阵容中的是帕克，英格兰中场的回归有点让人惊讶。在种种心理战和批评声音之后，乔·科尔表达了切尔西对胜利的渴望，"考虑到这一切论战与戏剧性事件，胜利将非常甜蜜，"乔·科尔说，"这将是激励我们的因子。"

大约42500名球迷将挤进斯坦福桥球场，但是有雄心成为欧洲最大俱乐部的切尔西，本可以轻而易举地再卖出1万张球票。

2005年3月8日，星期二
切尔西4∶2巴塞罗那
（1/8决赛两回合总比分切尔西5∶4淘汰巴塞罗那）

日后谈及这场比赛的时候，人们会说，切尔西凭借一场比赛的伟大胜利，在欧冠的传说中获得了一席之地。这可不是一般的比赛，而是一场充斥着爆炸性剧情和动荡运势的经典大战。

被指责在诺坎普使用消极战术的穆里尼奥，勇敢地派上了凯日曼，让他在古德约翰森身前担任进攻箭头。凯日曼立刻发挥出了功效，他接应兰帕德断球后的传递，从右路突破后为锋线搭档送出传中。古德约翰森通过第一脚触球晃过了巴塞罗那中场赫拉德·洛佩斯，然后突然劲射攻破了巴尔德斯的十指关，而这时比赛才开始8分钟。仅仅凭借这一比分，切尔西就完全可以晋级下一轮，但是蓝军的兴致起来了，兰帕德此后8码外的劲射高出横梁。

当乔·科尔的射门击中防守球员产生折射的时候，巴尔德斯拼尽全力只能将球挡出，却无法阻挡兰帕德一瞬间插上的补射。"无聊，无聊切尔西"的反讽歌声响彻斯坦福桥球场。之后乔·科尔继续在中场展现出更多的灵感，他为达夫送出的一记直传，帮助爱尔兰人面对进退两难的巴尔德斯低射破门。

这本来已经算是比赛结束了，但是巴塞罗那却突然杀了回来。切赫竭尽全力化解了埃托奥的射门，罗纳尔迪尼奥则接应角球头槌偏出，差之毫厘。之后保罗·费雷拉在背对皮球的情况下毫无必要地禁区内手球犯规，主裁判科利纳吹罚点球，罗纳尔迪尼奥操刀命中，尽管切赫猜对了方向，而且一只手还触到了皮球。不管怎样，形势又发生了变化。巴塞罗那这时候只需要一粒进球就可以晋级，尽管切赫再次杂耍般将德科的射门化解，小罗却变戏法般演绎出了欧冠最伟大的进球，一粒配得上被誉为绝世经典的进球！

面对卡瓦略的防守，罗纳尔迪尼奥不断地旋动脚和髋关节，在极其微小的一次扯动之后，他在原地以极其精妙的技术将皮球旋进远角，切赫对此无动于衷。此后埃托奥还接到小罗一记极具穿透力的直传，但是射门高出横梁。连番遭遇打击后，切尔西终于恢复了组织，乔·科尔命中了门柱，达夫补射未能命中。如此种种，上半场才算结束。

比赛充斥着如此多令人激动的情节，以至于上半场结束后费雷拉就以为90分钟已经打完，开始与小罗交换球衣也可以被原谅了！下半场开始不久之后，费雷拉就被替换下场，因为他已经被小罗玩弄于股掌之中，备受折磨，取代他的是格伦·约翰逊，但是后者很快就成为了被巴西人折磨的新对象。

不过特里和兰帕德还是率领切尔西重新振作了起来，比赛也继续让人兴奋不已。兰帕德有两次射门非常接近目标，切赫则飞身将贝莱蒂的远射扑出，随后又做出精彩扑救，把巴塞罗那队长卡莱斯·普约尔的射门拒之门外。巴尔德斯同样表现神勇，先是扑出了乔·科尔的突施冷箭，随后又化解了兰帕德和古德约翰森的威胁。大举压上之后，切尔西的后防留给了巴塞罗那反击的空间，不过切赫将安德烈斯·伊涅斯塔的射门扑到了门柱上，埃托奥则没有抓住约翰逊片刻犹豫带来的战机，将球射高。切尔西需要的正是巴塞罗那的这种"宽恕"。当特里将达夫开出的角球顶入网窝的时候，巴塞罗那球员辩解称巴尔德斯被犯规，但是他们的意见被主裁判科利纳忽略了。

穆里尼奥很快用蒂亚戈换下古德约翰森，然后又派上了后卫胡特加强防守。比赛最后这段时间形势混乱，德科伤停补时阶段的任意球射门只是稍稍偏出门外。

终场哨声的响起，意味着切尔西在一场让人如坐针毡的缠斗过后终于挺进了欧冠8强，而特里第七十六分钟的头球，最终成为了制胜进球。穆里尼奥在场边手舞足蹈，然后加入了狂喜的球员之中——后来他坚称，切尔西这场不可思议的胜利，比他在波尔图夺得欧冠奖杯更加甜蜜。

穆里尼奥说："击败被视为世界最佳的球队，我真是高兴极了。即便是在波尔图赢下欧冠决赛之后，我都没有像今晚这样庆祝。今晚这场比赛每隔5分钟都会发生形势变化，最终结果直到终场哨响前还悬而未决。

"我正准备把胡特派上去踢中锋的时候，我们（由特里）进球了，所以我把他派上去踢中卫了！如果他们最后几秒钟进球的话，我们就出局了。这就是为什么最终赢球的感觉这么棒。这场比赛让人完全没有喘息的机会，我非常享受，这是一个让人难以置信的夜晚，一场华美无比的比赛。我们进了4个球，还击中过门柱，我们本应该进6到7球。巴塞罗那进了2球，他们本来有机会进4球或5球。但是最终的现实是两回合我们进了5球，他们只进了4个。

"这也显示了两队之间的差别。经过180分钟的比赛，最优秀的球队晋级了。但是今晚最关键的不是击败巴塞罗那，最关键的是挺进1/4决赛。"

现在轮到里杰卡尔德感觉遭受不公平待遇了。终场哨响后，双方在球员通道又发生了一场争斗，切尔西的葡萄牙籍敌情侦察员安德烈·维拉斯-博阿斯①故意向里杰卡尔德送出飞吻，引发肢体冲突。里杰卡尔德被球场保安粗鲁地拉开，才没有同博阿斯大打出手，但是此后埃托奥、小罗和普约尔全都加入了战团。

里杰卡尔德指责切尔西人不仅侮辱人，还说谎，他愤怒不已，"当我输球的时候，我向来感觉痛苦，但是今晚我更加痛苦，因为他们赛前谎言满天飞，所作所为令我不齿。有人冲过来侮辱我们坐在板凳席上的人，我不想说我对这人看法如何。因为备战期间的一切事件，我比平时更想赢下这场比赛。所以最终只能带着失利告别的时候，我更加感觉受伤了。"

切尔西的惊人胜利，因为一些丑陋场面而被玷污，埃托奥声称自己被一个

---

① 安德烈·维拉斯-博阿斯，葡萄牙人，先后担任过博比·罗布森和穆里尼奥的助手。2011年5月，他率领波尔图1:0力克布拉加，捧起欧联杯。以33岁又213日成为欧战史上最年轻的冠军教练。后来执教英超切尔西、热刺不太成功，目前执教俄超圣彼得堡泽尼特。

球场保安骂作猴子。"切尔西的晋级，是一场足球的灾难。"他如此对巴塞罗那当地报纸《世界体育报》表示，"如果这支球队赢得欧冠，这简直会让你想要就此退役。他们拥有这么多的金钱，拥有这么多的球员，但是他们踢的却不是足球。"

切尔西助理教练史蒂夫·克拉克则有不一样的观点，"我们认为自己是欧洲最优秀的球队之一，第一回合的落后使得我们晋级面临困难，但是小伙子们带着强大的信念出战次回合，最终成功晋级。输掉第一场比赛让我们感觉有点不公平，之后我们就准备改变这一局面。我们的开局打得很不错，我想我们证明了如果我们想要进攻，我们就能够打出优秀的进攻。在整个赛季中我们一直都在证实这一点。我们在主场令人畏惧，必然会让他们深陷压力。"

切尔西队长特里拥有总是能够打入关键进球的能力，但是以往的进球恐怕没有一粒比得上他此役终场前的制胜球。特里说："感觉真是棒极了。比赛堪称完美。我们的球场比诺坎普小得多，我们知道如果能够给他们施加压力的话，他们肯定不会高兴。我不关心他们的球员赛前说的话，今天我只关心切尔西。这场比赛也给整个欧洲传递了一个信息。我们还有很长的路要走，还有很多优秀的球队要面对，但是我相信，已经有很多人在看过比赛之后害怕我们了。"

就和平常一样，阿布最后也出现在了更衣室。古德约翰森注意到，"阿布先生喜欢感受球队的气氛，喜欢看伙计们会有怎样的反应。每一场胜利都会给你带来快乐，但是这一场尤其特别，因为这是一场对巴塞罗那的重大比赛，人们一直都这么说。在报纸上你可以随便说你想说的话，但是真正的回应永远是在足球场上。那才是你应该对批评做出回应的地方。切尔西已经从一家大俱乐部变成了豪门俱乐部。主帅给我们带来了赢家心态。我们精诚合作，只为团队不为个人。我们拥有强大的团队精神——始于约翰（特里）和弗兰克（兰帕德）。英格兰本土球员让外籍球员了解了英格兰足球文化，这一点非常重要。我现在也可以被认为是英格兰人了！"

切尔西阵容

切赫/保罗·费雷拉（格伦·约翰逊），卡瓦略，特里，加拉/乔·科尔，马克莱莱，兰帕德，达夫（胡特）/凯日曼，古德约翰森（蒂亚戈）

根据兰帕德的说法，切尔西之所以能够取得如此惊人的胜利，很大程度上要感谢西班牙巨人的批评造成的激励，"赛前西班牙方面有很多说法，但是我认为我们向欧洲很多人证明了我们拥有杰出的品质和能力。那些认为我们无聊的看法最终被证明是错误的。我认为巴塞罗那方面在两场比赛之间的言论有点过于激烈，因为两回合比赛才打到'半场'而已。我想他们的言论是我们开场如此迅猛的原因之一，这给了我们额外的优势。巴塞罗那有些时候的控球打法很不可思议，但是足球比赛可不仅仅是控球。

"两回合打到'半场'的时候我仍然对我们最终晋级保持信心。我们只是需要耐心。巴塞罗那说了很多，但是我们聪明地意识到，比赛还有 90 分钟要打。我们的表现证明了我们是一支顶级球队。我们是一支英格兰球队，但是以完美的方式混合了英格兰精神、伟大的外籍球员和外籍教练。主教练战术头脑非常清楚，他还很快地了解了英格兰足球的真谛。这是我参加过的最让人满足的比赛之一，可以与上赛季欧冠击败阿森纳的比赛媲美。"

最让人感觉奇怪的是，克鲁伊夫现在改为支持蓝军了，"切尔西有机会成为欧洲冠军，因为他们拥有一位重要球员——兰帕德。审视切尔西的班底，我认为兰帕德也能够融入巴塞罗那的阵容之中。他能够让巴塞罗那中场变得更强，与此同时他也能够在为巴塞罗那效力时受益。他是个非常具有攻击性的球员，而巴塞罗那一直都在踢攻势足球。他如果效力巴塞罗那，能够打进多得多的球。另一个能够让巴塞罗那受益的球员是达夫。他是少有的真正能够在边路踢得风生水起的球员之一。巴塞罗那是一支非常出色的地面配合球队，更是一支充分利用边路的球队，而达夫能够在左路给巴塞罗那带来特别的东西。巴塞罗那在防守上之所以会遭遇失败，是因为他们打了太多的地面传递，而在这样的比赛中面对这样的对手，这无疑非常危险。

"穆里尼奥一直以来都让他的球队踢得很保守。看切尔西的比赛我没有得到过乐趣。这无疑是一种遗憾，因为我喜欢英式足球。但是切尔西踢得一点都不英格兰。他们踢得像葡萄牙人：防守至上，一心只想反击。"

由于皇家马德里也在 1/8 决赛中被尤文图斯淘汰，欧冠 1/4 决赛中 12 年来首次没有了西班牙球队的身影。但是欧洲足球最伟大的一些名字仍然横亘在切尔西与 4 强席位之间。8 强球队之中有 6 家昔日欧洲冠军，另 2 个席位为切尔西和里昂所占据。同国球队在这一轮抽签中不再有回避原则，所以切尔西和利物浦有可能在下一轮碰面，如果成真，这将是联赛杯决赛的重演。

大卫·贝克汉姆对切尔西表示了支持，"穆里尼奥曾经夺得过冠军，他的经验对于手下的球员和球队将起到作用。看看切尔西击败巴塞罗那的方式，看看他们整个赛季的发挥，他们必须被视为本赛季欧冠冠军的主要竞争者。以他们的踢球方式，他们可以被视为新的'银河战舰'。他们拥有阿布的金钱可供花费，他们拥有一位年轻的新教练，甚至可以说没人见过像他这样的教练。穆里尼奥拥有能够让压力远离帐下球员的自信和傲慢，你必须为这一点而尊重他。切尔西还拥有由优秀而年轻的英格兰球员与天才的外籍球员混编而成的团队，他们的外援一加盟就有所表现。而一开始人们都以为他们要花好长一段时间才能让新援融入，但是他们立刻就开始赢取奖杯了。"

与此同时，引发巨大争议的瑞典主裁判弗里斯克宣布挂哨，对他自己和家人安全的担忧，促成了他的这一决定，"在巴塞罗那对切尔西首回合比赛之后的几个星期里，针对我的威胁不断升级。"弗里斯克对瑞典足协官网表示。具有讽刺意味的是，弗里斯克是个切尔西球迷。他说自从诺坎普那场欧冠比赛过后，自己就收到了死亡威胁，"再这么坚持下去没有必要了……我和我家人的安全比任何其他的东西都要重要。过去的几周是我生命之中最糟糕的日子。我仍然要说，我在巴塞罗那所做的一切是正确的。"

弗里斯克还对瑞典报纸《晚报》表示："切尔西在全世界很多其他地方也有球迷，所以这（威胁）不仅仅来自英格兰。如果俱乐部无法接受失利或者球员被罚下的话，很快主裁判就没办法执法欧冠比赛了。"

因为这一切导致弗里斯克退役的事件，欧足联裁判委员会主席福尔克尔·罗特责备了穆里尼奥，"像何塞·穆里尼奥这样的人就是足球的敌人。是教练们鼓动了球迷，让他们对人们进行死亡威胁。我们最优秀的裁判之一由于这样的原因被迫退役，我们没办法接受这样的局面。"瑞士裁判乌尔斯·迈尔曾经因为在 2004 年欧洲杯英格兰队对葡萄牙队一役判罚英格兰队后卫索尔·坎贝尔的进球无效，而遭遇了英格兰球迷的一场仇恨运动，他也对此事发表了自己的看法，"主教练给主裁判施加这么大的压力是不正确的，他（穆里尼奥）必须因此而受到处罚。"

但是穆里尼奥坚称自己不应该为此负责，"罗特先生，他只有两条路可走——道歉或者被控告。弗里斯克最终决定离开足球，对此我感到抱歉。但是如果有人说他的决定与他因为那场比赛的执法而受到的批评有关，那我会觉得很奇怪。每天每个地方都有教练、技术总监和球迷们（对裁判）进行这样的批评。这是很正常的局面。像弗里斯克先生这样经验丰富的裁判，完全不需要因为他在这场比赛中的表现所受到的批评而做出如此极端的决定。如果他如此决定是因为有其他我不知道的动机，那我希望他能够说出来。如果他真的是因为受到威胁而退役——这些威胁确实应该受到谴责——那这就是警方的事情了。"

国际足联主席塞普·布拉特则呼吁职业球员们向比赛官员们表示更大的尊重，"那些针对裁判的言语攻击让我感到震惊，像这样的极端行为经常会引发球迷之间的纠纷。"

如果继续与欧足联唇枪舌剑的话，穆里尼奥将在欧冠 1/4 决赛中面临禁令，无法出现在场边指挥，也不能进入更衣室。欧足联媒体主管威廉·加亚尔证实，穆里尼奥最近的一次爆发已经被"记录在案"。

当然，欧足联也将自己与罗特称穆里尼奥是"足球公敌"的言论撇清了干系。威廉·加亚尔说："我们完全支持而且尊重罗特，但他不是欧足联的雇员。他是以一个裁判、一个独立个人的立场对此事做出反应。欧足联从未说过穆里尼奥是足球的敌人。总的来说，我们所做的只是为了给裁判寻找尊重。我们的声明与切尔西或者穆里尼奥无关。

"欧足联从未说过是穆里尼奥导致了弗里斯克退役。这里存在巨大的逻辑跳跃。我们一直在说的，是有些主帅和球员的言论被公众曲解。而公众一般而言心理上并不稳定。"

穆里尼奥在巴塞罗那的举止也将受到欧足联纪律机构的考量，"鼓动针对弗里斯克的运动绝非穆里尼奥的本意，但是我们恳请所有教练在发表此类声明时务必要小心谨慎、尽量克制。"威廉·加亚尔说，"我们希望与切尔西保持良好的关系。（在我们这里）谁都不会受到歧视。明天抽签的时候，切尔西代表团将受到我们的热烈欢迎。"

但是在幕后，冲突仍然存在。欧足联向媒体泄露了一些材料，对切尔西那场比赛的反应进行了评价，比如他们下半场上场之所以迟到，是因为他们"太紧张了"，比如穆里尼奥之所以没有出席必须参加的赛后新闻发布会，是因为他太心烦意乱了。欧足联控制和纪律机构的一个高层信源透露："他们的所作所为和他们的所谓证词，都让人惊讶。"很明显，盛怒的欧足联并不接受切尔西版本的事件描述：巴塞罗那主教练里杰卡尔德半场时走进了当值主裁判弗里斯克的更衣室。

穆里尼奥仍然表示，他希望在抽签中避开意大利球队，"看看成绩就知道，他们是欧洲赛场上最难对付的球队。对阵一支意大利球队与对阵西班牙球队或法国球队完全不一样。（与他们交手时）我们需要仔细思考，而不能够只是用心比赛，或者凭借本能踢球。你必须做到足够聪明，用脑子踢球。"

拜仁董事会主席卡尔－海因茨·鲁梅尼格也想避开切尔西，他将蓝军形容为"欧冠最强的球队之一"，"我们比较喜欢在这一阶段避开他们。如果我们必须与他们碰面的话，我更希望是在下一轮（半决赛）。"

最终的抽签结果显然非常让人感兴趣。切尔西还是碰上了拜仁，AC 米兰则与同城对手国际米兰分到了一起，被视为没希望夺冠的里昂和埃因霍温配对了。利物浦则将在 1985 年海瑟尔惨案之后首次与尤文图斯交手，那次惨案是利物浦球迷闹事导致，最终造成了 39 名球迷死亡[①]。

是祸躲不过，拜仁抽到了鲁梅尼格最不想要碰到的对手。这将是这两支球队在欧战历史上第一次交手。胜者将与尤文图斯和利物浦之间的赢家会师半决赛。

拜仁主帅费利克斯·马加特表示，"如果是 3 个月之前交手，我们对切尔西毫无胜算。但是我们德国有冬歇期，这就会让比赛形势产生巨大变化，现在是与切尔西交手的理想时机了。"

在斯坦福桥球场进行的首回合比赛，将是切尔西本赛季的第四十九场比

---

　　① 1985 年 5 月 29 日，利物浦与尤文图斯在布鲁塞尔海瑟尔体育场的欧洲冠军杯决赛中相遇，欧足联赛前把一个球门后的看台分配给利物浦球迷，但是却有不少尤文图斯球迷从比利时人手中买到该看台的球票。看台上也没有足够的警察和工作人员将两队球迷分开。在比赛中，不断有双方球迷的辱骂和投掷行为。混在利物浦球迷里的足球流氓与尤文图斯球迷大打出手，导致看台倒塌，当场压死 39 名尤文图斯球迷，并有 300 多人受伤。无心恋战的利物浦也以 0：1 输掉了决赛，赛后所有英格兰球队被禁止参加欧洲赛事长达 5 年之久，利物浦则达 7 年。

赛，比拜仁多了 6 场，而且后者在圣诞节到新年期间休息了 6 个星期。不过切尔西从来没有输给过德国球队，穆里尼奥就表态："没有什么对手是容易对付的，有的只是感觉和事实。每个人都想要抽到里昂或者埃因霍温，但是我不那么想要碰里昂，因为他们是一支极有组织性的球队。他们是第二个波尔图。上赛季如果不是波尔图夺冠的话，那就会是他们了。他们是一支真正的球队。不过拜仁也很强大，他们有着优秀的球员，是一支典型的德国球队。"

拜仁正在追逐 3 冠王伟业，总经理乌利·赫内斯豪气万丈，"抽到切尔西，还是先打客场，这样的签位正是我想要的。切尔西拥有一支优秀的球队，但是我们已经在对阵阿森纳的（1/8 决赛）比赛中证明自己能够完成任务。这一签位棒极了。"

拜仁还抓住了这次机会，表达了对切尔西的德国中卫罗伯特·胡特的兴趣。赫内斯说："我们已经和切尔西及胡特的经纪人谈过了。"德国国家队主帅尤尔根·克林斯曼则表示，胡特必须经常得到出场机会，才能够争取到出战 2006 年世界杯的机会。身价 500 万英镑的胡特自己也明确表态："我一直说我对在德国本土踢球很感兴趣。我身上当然有压力，因为我知道，我必须在一家能够保证我一队位置的俱乐部踢上球，我需要借此获得出战世界杯的机会。"

不过胡特在几天之内就改口了："我会继续留在（切尔西）这里，除非俱乐部想要甩掉我。根本就没有（转会）问题，即便有些人这么说。"

德罗巴则公开向弗里斯克表示道歉："如果我可能——以任何方式——导致了弗里斯克先生结束自己裁判生涯的话，我想要向他道歉。"他对法国电视一台表示，"我真心希望他能够回心转意。足球界需要伟大的裁判，而弗里斯克先生正是其中的一员。我们每个人都会犯错，裁判也是凡人，我们必须接受这一点。"

虽然欧足联非常努力试图让弗里斯克回心转意，国际足联也劝说他改变主意，但是瑞典人表示他不会更改自己的决定。在接受英国报纸《星期日泰晤士报》采访时，弗里斯克将巴塞罗那一战之后的那段日子形容为"我人生中最糟糕的 16 天"。他没有直接点出穆里尼奥的名字，但是他如此说道："他亵渎了我的正直。正直对执法而言是如此的重要，对我的个人修养是如此的重要，当你攻击我的正直，攻击我此前 26 年的最大爱好的时候，你当然会给人带来痛苦。"

穆里尼奥最终放弃了对欧足联裁判委员会主席福尔克尔·罗特提起诉讼，并且私下里承诺不再公开批评比赛官员，这也是切尔西俱乐部和欧洲足球最高管理机构之间的和平协议的一部分。

最终，穆里尼奥被欧足联指控损害比赛名誉。与他一同坐上被告席的还有助理教练史蒂夫·克拉克和安保主管莱斯·迈尔斯，他们都被控在巴塞罗那一战后发表了"毫无依据的不正当言论"。欧足联发布声明如下："本指控涉及发布虚假声明的行为，2月23日对阵巴塞罗那的欧冠比赛后，切尔西递交的投诉明显存在虚假内容。切尔西还允许其技术组成员故意在球队中制造消极有害的氛围，给裁判员施加压力，进一步散布了这些毫无依据的不正当言论。"

3人将面临罚款或者球场禁令。切尔西俱乐部的回应是他们将"检讨自己的立场"。穆里尼奥则已经失去了钻任何规则空子的机会，因为欧足联已经通过他的个人授权传记的某些章节了解到了他从前的做法——他在那本传记①中炫耀过自己担任波尔图主帅时，曾在面临球场禁令的情况下，通过使用一个"小型的尖端通信设备"达到传达战术信息、指挥换人策略的目的。

欧足联发言人威廉·加亚尔发布了针对切尔西的一系列详尽而极具伤害力的指控，其中包括认定切尔西"本质上是将谎言用作赛前策略"。他指控切尔西"试图通过向裁判和比赛官员施加压力来晋级下一轮"，"他们的说法存在明显的矛盾之处。他们说史蒂夫·克拉克和莱斯·迈尔斯也看到了（里杰卡尔德和弗里斯克在裁判更衣室）会面，但是仔细研究可以发现，从他们所处的位置，他们根本没办法看到任何东西。然后穆里尼奥在一篇署名文章中说他才是看到这一幕的人，这也是错的。我们从主裁判和比赛监督的报告中了解到的是，穆里尼奥先生冲出客队更衣室，朝着弗里斯克挑衅般喊道：'我能够也进入你的更衣室吗？'"欧足联甚至在听证会上拿出了诺坎普球场的平面图，来证明切尔西方面是捏造出了这个故事。

谁在球员通道里看到了什么，一般来说是件小事，但是对于穆里尼奥持续

---

① 《穆里尼奥：葡萄牙制造》（*Jose Mourinho: Made in Portugal*），本书由穆里尼奥授权他的好友、葡萄牙著名体育记者路易斯·洛伦索撰写。

不断地质疑其雇员的正直，欧足联领导层显然无比震怒。

在 1/4 决赛抽签时与欧足联高级官员商讨之后，切尔西俱乐部本来已经为纪律处罚做好了准备，但是处罚力度是如此之大，让斯坦福桥很多人都震惊了。在威廉·加亚尔发出如此评论之后，切尔西显然已经不可能得到宽大处理了。不仅如此，欧足联还在等待关于斯坦福桥第二回合比赛之后争执的报告。

切尔西仍然坚持着自己最初的辩词，并考虑着自己在法律层面所处的形势。切尔西还对欧足联使用的煽动性言辞非常愤怒，有些高层人物担心俱乐部已经被判定有罪，有些人甚至开始质疑欧足联控制与纪律委员会的独立性。

切尔西俱乐部要求让穆里尼奥获得个人听证会的机会。在欧足联规则之下，纪律事务一般是通过文件投递来处理的，不过在特殊情况下，他们也会承认口头证词。控制与纪律委员会的 9 位成员中，有 6 人曾经或者正在担任欧足联比赛代表，主席是何塞普·路易斯·比拉塞卡，一个与巴塞罗那有着关联的西班牙人，但是欧足联坚称，委员会的成员立场都是中立的。

不管控制与纪律委员会最终做出怎样的裁决，赫内斯都表示自己希望穆里尼奥能够出现在对拜仁比赛的场边，"我们希望两回合比赛穆里尼奥都能出现在教练席上。我们希望与最佳状态的切尔西交手，意思就是他们的主帅也在教练席上。如果他无法在场边指挥球队的话，那将是个巨大的遗憾。"

媒体的报道让事件进一步朝荒谬的境地发展，有报道称斯坦福桥的客队更衣室被巴塞罗那的球星们破坏了，有疑似照片证据表明木质护墙板被损坏了。

正当欧足联试图打压穆里尼奥越来越不节制的行为时，切尔西主帅竟然准备录制自己的专属电视节目了！这是一档时长 50 分钟的现场直播节目，每个月在葡萄牙播出一期，考虑到穆里尼奥会在节目中"谈论除政治之外的一切话题"，这档节目一旦公之于世显然可能引发更多的争议。第一期节目定在 4 月 18 日晚上 9 点播出——这一时间正是欧冠 1/4 决赛两回合比赛之后。

与此同时，切尔西俱乐部主席布鲁斯·巴克则与 CEO 彼得·凯尼恩会面，试图为切尔西的辩护策略做好计划，因为欧足联发言人威廉·加亚尔指责切尔西准将将他们与欧足联的问题转化成世仇。在此次漫长的争斗之中，加亚尔是个核心人物。他曾经在国际航空运输协会担任媒体主管，在"9·11"事件之后，他曾经致力于消除公众对于全球范围内航空安全问题的恐惧。1 年之前，53 岁的加亚尔辞职，成为了欧足联的媒体主管。

切尔西的律师们则试图说服纪律委员会撤销此案，他们还引用《欧洲人权公约》的第六条，要求得到公正审判的权利。穆里尼奥则在接受采访时表示："他们根本没有听我们这边的证词，就已经决定袒护另一边（巴塞罗那）了，在欧足联的正式判决出台之前，我们就已经被定为有罪了。我们只是对我们看到的事情发表了看法——在这次事件之中不是我看到了这件事，因为我当时看不到，但是与我共事的人看到了。他们告诉我他们看到了什么，我相信他们。"以上言论来自西班牙报纸《先锋报》对于穆里尼奥的直接引语，这也在一个很不恰当的时机提醒着人们穆里尼奥制造麻烦的能力。切尔西很快做出反应，否认穆里尼奥曾经说过这样的话。

总而言之，事件最终闹到了堪称闹剧的阶段——切尔西说穆里尼奥没有谈论这件事，欧足联则认为这件事并未发生过。

在听证会的前夜，欧足联将下达一道长达 5 场比赛——包括可能的欧冠决赛——的禁令的消息在坊间流传。但是切尔西坚持了自己的立场，称是史蒂夫·克拉克和莱斯·迈尔斯看到了里杰卡尔德出现在一个不允许教练和球员出现的禁区，然后将自己的担心报告给了穆里尼奥。他们还声称，欧足联的报告中存在着太多不准确、前后不一致的说法。

最终，穆里尼奥被欧足联判处 2 场禁赛，罚款 20000 瑞士法郎（约合 8900 英镑），史蒂夫·克拉克和莱斯·迈尔斯遭到警告，切尔西俱乐部收到了一份 75000 瑞士法郎（约合 33000 英镑）的罚单。值得注意的是，欧足联撤销了最初的关键指控，即切尔西俱乐部"制造了消极有害的氛围"，欧足联几乎是在私下里承认威廉·加亚尔的所作所为越权了。

穆里尼奥缺席了听证会。欧足联纪律机构主管彼得·利马谢表示："执行球场禁令期间，被禁止履行其职务的教练，将只能够从看台上跟进他被禁的比赛。在比赛之前或比赛之中，他都不被允许进入球队更衣室、球员通道或者技术区域，他也不被允许与他的球队产生任何联系。"

切尔西中场马克莱莱倒是不怎么担心这一禁令，"何塞的缺席完全不会对我们造成重大影响，虽然这确实是个打击。穆里尼奥的在场会有可观的影响，他坐在板凳席上能够给我们带来巨大的帮助。穆里尼奥是个不可思议的主帅，他能够用自己的指令改变比赛。这一才华使得他成为了最优秀的主教练。他拥有迅速做出反应的特殊能力，通过人员更换、位置调整或者战术改变，总是能够改变球队的面貌。我们只需要看看教练席上的穆里尼奥，就能够立即知道我们在做什么，又需要做出怎样的修正。"

切尔西在最近 9 场欧冠主场比赛中保持不败——他们的上一场主场失利还要追溯到 2003 年对贝西克塔斯——但是拜仁前锋罗伊·马凯认为，切尔西的防守很脆弱，人们害怕他们只是想当然了，"还在西班牙效力时我就知道穆里尼奥，当时他是博比·罗布森的助手。现在他成为了主教练，发展也很不错，但是优秀的成绩可能冲昏了他的头脑。他认为他们当然能够淘汰我们，我很不喜欢这一看法。他们说切尔西拥有欧洲最出色的防守，但是他们还没有踢过拜仁呢。第二回合在慕尼黑打将给我们带来一点微弱的优势，但是我们不能降低自己的专注程度。可能在这两场比赛过后，他们就名声不再了。"

德国的全国性日报《图片报》也不再拐弯抹角地说话了，他们打出了"你认为拜仁自大吗？看看切尔西的粗人主帅吧！"的头条标题，下面是穆里尼奥最为放肆的一些言论。

与此同时，流言也在流传，流言称穆里尼奥因为切尔西俱乐部没有全面支持他对抗欧足联，准备离开俱乐部。切尔西俱乐部之所以没有对欧足联的决定提出上诉，因为他们认为这几乎肯定将给自己心直口快的主帅招致更长的禁令。切尔西老板阿布飞到伦敦，与穆里尼奥进行了会谈，在比赛之前他向来会这么做。但这一次报纸的头条标题都喊出了"危机！"。穆里尼奥的经纪人若热·门德斯参与了此次会谈，这为穆帅未来的模棱两可提供了更多的"证据"。

穆帅经纪人门德斯的出席传递了一个信息——而欧洲足坛一些最大的豪门据悉也与他有接触，尝试性询问过他，穆里尼奥是否想要改换门庭。不过，门德斯在会谈中并没有要求条件更佳的合同，也没有威胁切尔西。他所做的只是为自己的客户争取到可以恢复信心的承诺。

虽然穆里尼奥远没有真正走到接近辞职的地步，但他和自己的雇主都意识到，问题必须在深化之前得到解决。

切尔西当然不想要失去这位主帅，他已经将他们带到捧起 50 年来首座英格兰顶级联赛冠军的边缘。穆里尼奥同样倾向于留在斯坦福桥，虽然自己收到了众多邀约，"他喜欢切尔西，喜欢切尔西的球员和整个俱乐部，他还喜欢这个国家。"穆里尼奥的一位朋友透露，"他得到了来自其他地方的邀约，这一点并不重要。但是何塞不是那种憋着自己的想法不说出来的人。别忘了他当初是怎么离开本菲卡的。他想要与主席说明白自己的情况，希望得到一份关于他将在下一个赛季中继续担任主帅的声明，但最终这份声明没有出现（所以穆里尼奥选择了离开）。何塞只想要在一汪清水（开诚布公的环境）中工作。"

穆里尼奥与俱乐部高层之间的关系确实出现了裂痕，助理教练巴尔特马尔·布里托证实了这一点，他还透露，穆里尼奥会在一个"私密地方"通过电视转播观看切尔西对拜仁的比赛，他不会通过手机或者任何其他通信工具与教练席进行任何联络。

在赛前新闻发布会上被问及主帅未来如何时，布里托没有试图澄清持续不断的流言。他只是表示："当何塞来到一家俱乐部、开始一份新工作的时候，他会奉献自己的100%，他也希望能够收到100%的回报。何塞不开心，因为他感觉在禁令一事上受到了不公正的对待。"这是穆里尼奥团队第一次公开确认问题的存在，但是穆里尼奥仍然把自己的想法藏在心里。

为切尔西对拜仁的首回合比赛，欧足联委任了一位强硬派主裁判勒内·海明克，海明克身高6英尺6英寸（约合1.98米）、体重17英石（约合108千克）。10月份执法海牙与埃因霍温的比赛时，他在还剩10分钟时听到球迷带有种族歧视意味的喊声，于是终止了比赛。11月切尔西0：0战平巴黎圣日耳曼的比赛，执法者也正是海明克。

拜仁主帅马加特在评价穆里尼奥时很小心，不像奥特马尔·希斯菲尔德那样将穆里尼奥形容为目中无人。"如果我不认识一个人的话，我就没办法做出判断，"他说，"但是我当然知道穆里尼奥取得了怎样的伟大成就。"

"我们拥有次回合主场作战的优势，所以明天切尔西肯定会为此做点什么，"他继续说道，"他们不能够只是依靠防守反击，他们必须主动来攻击我们，这会给我们带来帮助。我相信明天我们不会输球，我们还能够进一两个球。德国有冬歇期，所以我们的球员现在面貌一新，状态上佳。而英格兰赛场的比赛一直没停，一直打到了今天。当我们（欧冠1/8决赛）打阿森纳的时候，我们就察觉到了这一迹象。"

虽然遭受禁令，穆里尼奥终究还是有机会在半场的时候向球员们"发号施令"。欧足联没办法阻止他向帐下所有球员——以及整个国家——说话，因为只要有人在独立电视台的比赛直播半场时看电视，就能看到穆里尼奥给美国运通做的广告的第一次播出。嗯，这就已经很令人满意了。

2005 年 4 月 6 日，星期三
切尔西 4：2 拜仁慕尼黑

穆里尼奥本来应该无法出现在比赛现场，但结果在一个充斥着神秘事件、阴谋诡计与间谍行动的晚上，他却出现在了每一个地方。

他出现在球迷的横幅上，出现在欧足联主题曲赛前奏响时球迷的嘘声中，出现在《观赛指南》里特里书写的支持文章中。切尔西拒绝透露关于穆里尼奥下落的任何信息，只说他在一个"安静的地方"，这无疑增添了戏剧性。

不知道通过怎样的神秘途径，教练席上的助手们中间传递着纸条。这些纸条是穆里尼奥传出来的吗？他真的是在与球场仅隔 50 米的健身俱乐部吗？有人说看到他出现在切尔西村酒店，躲在一个房间里面俯视球场。没有人知道确切的消息，虽然有一家报纸抓拍到他戴着一顶棒球帽、穿着长运动服离开的画面。

穆里尼奥收到的禁令，给斯坦福桥带来了一种"受围心态"，并且很快就显露了出来，因为赛前切尔西球迷就在欧足联主题曲奏响时发出嘘声，他们高唱了穆里尼奥的名字，将主题曲的声音淹没了。"何塞，"一面巨大的横幅写道，"他们可能都讨厌我们，但我们全都热爱你。"另一条写着"何塞就是最棒的"。

兰帕德则很快向外界表明，切尔西在场上场下都有领袖。两记左脚射门得分，证明他可能正在成长为欧洲最优秀的中场。在此之前，乔·科尔的射门产生折射为切尔西早早打破僵局，拜仁替补中场巴斯蒂安·施魏因斯泰格则抓住切赫罕见的失误扳平比分，比赛的走势一度让人感觉穆里尼奥的缺席可能意味着沉重的代价。正当切尔西赛季剩余征程都可能陷入危局的时候，兰帕德站了出来……

他的第一粒进球帮助切尔西在施魏因斯泰格扳平后仅仅 7 分钟就再度获

得领先。这粒进球的产生简单直接，格伦·约翰逊长传，德罗巴头球将球点下，兰帕德后撤一步，调整得当，然后一脚低射精准地穿透了拜仁守门员奥利弗·卡恩的十指关。

第二球更加精彩，马克莱莱将球送入禁区。兰帕德胸部停球，然后旋转身体大约100度，凌空射出雷霆一击——一粒世界波。

德国人完全没办法应付切尔西的长传冲吊战术，德罗巴让拜仁中卫组合罗伯特·科瓦奇和卢西奥的日子非常难过。赛后，欧文·哈格里夫斯对切尔西的风格进行了指责，他形容他们是一支"长传"球队，他们依赖于如此直接的战术，是因为他们没办法通过短传渗透撕破拜仁的防守。切尔西还充分利用了拜仁阵中关键球员缺阵的机会，马凯和克劳迪奥·皮萨罗二位受伤的前锋此役都只能作壁上观，要知道这二人本赛季迄今的进球总数达到了40粒。马加特的球队失去这二人，对切尔西无疑是好消息，尤其是比赛还剩10分钟的时候，德罗巴在角球混战中近距离射门得手，将比分进一步扩大。

补时阶段进入尾声时，这一晚的比赛迎来了最后的剧情转折，而且这一情节就和那些对阵巴塞罗那时令人难忘的事件一样极富戏剧性。这一次，是卡瓦略在禁区内拉扯了米夏埃尔·巴拉克，后者的表演让主裁判海明克决定判处极刑。特里赛后指责巴拉克是通过假摔为拜仁赢得点球——德国国脚中场亲自操刀命中——切尔西又一次陷入了欧冠裁判争议之中。

马加特认为，巴拉克的进球提高了球队在慕尼黑扭转2球劣势的机会。"在比赛结束前打进一球很棒，这给我们带来了希望。"他说，"次回合如果顺利的话，我们将有一些球员可以复出。我们在应付高球方面存在困难，丢4球无疑是个让人失望的结果。今晚我们的表现是个例外，平常我们都能够应付这样的战术。"

马加特希望能够在次回合迎回两大前锋——马凯和皮萨罗，"但是在欧冠这一阶段的比赛中，历史上只有3支球队曾经扭转过首回合2球落后的劣势，兰帕德现在状态如此火热，穆里尼奥的球队肯定认为他们能够在慕尼黑进球。"

此外，新的争议又出现了：穆里尼奥是否将一队教练鲁伊·法里亚和洛罗作为联络员，给助教克拉克和布里托传达信息？那个戴着帽子的体能教练法里亚无疑有一些非常可疑的行径，他很少坐在教练席上，却戴着一项无檐便帽，有几次他朝后仰靠，似乎在听耳机，之后他会记下一些便条，然后对克拉克和布里托说点什么。门将教练洛罗曾经在对巴塞罗那比赛后陷入一场群架的纠纷之中，这场比赛之中他 3 次被拍到手里攥着一张纸，而且每一次攥纸都触发了切尔西的一次换人。下半场，人们发现欧足联新闻官汉斯·胡尔特曼站在主队教练席旁边，一直监督这三人，第七十五分钟，他请比赛第四官员彼得·芬克问询了法里亚。之后布里托也否认自己在比赛中与穆里尼奥有过任何接触。

拜仁承诺，自己会在第二回合回到奥林匹亚球场之后奉献更加兴奋的表现。"我们将如此猛烈地攻击他们，以至于球场的墙都会开始动摇，"拜仁总经理赫内斯说："我们必须击败他们，就是这样。我们已经有 2 粒客场进球了——不管怎样我们都将击败他们。我很有信心。"

切尔西阵容

切赫 / 格伦·约翰逊（胡特），卡瓦略，特里，加拉 / 乔·科尔（蒂亚戈），兰帕德，马克莱莱，达夫 / 古德约翰森，德罗巴（福塞尔）

比赛结束不久之后，神秘事件中的一件水落石出。穆里尼奥实际上是在切尔西俱乐部及水疗会所的一台巨屏等离子电视之前看的切尔西对拜仁一役，这个会所是切尔西村酒店的一部分。

晚上 11 点过后不久，当现场观众逐渐离去之后，穆里尼奥的经纪人若热·门德斯从切尔西村酒店的入口溜了进去。几分钟之后，CEO 彼得·凯尼恩也出现在了拐角处，路过斯坦福桥死忠集中的谢德看台[①]，然后走向反方向的贵宾停车场。双方终于就穆里尼奥的新合同达成协议，他们都可以在得知合同敲定之后安安稳稳地回家。

---

① 谢德看台，是斯坦福桥南看台的专属名称。1930 年，斯坦福桥球场南侧新建了一个阶梯式的站席看台，以容纳更多的观众。它最初的名字是"富勒姆路看台"，但球迷们都称它为"谢德"。这甚至导致了俱乐部官方进行了更名。谢德看台变成了那些最狂热、最铁杆的蓝军球迷的圣地。直到 1994 年，希斯堡惨案发生后，在泰勒安全法案的指引下谢德看台被拆除，代之以现代化的拱棚全坐席看台，它仍然被人们称作"The Shed"。和对面的马修·哈丁看台一样，它是切尔西球迷们声浪最大的地方。

阿布当然总是会给穆里尼奥他想要的东西。但是双方的谈判被提前了，因为当穆里尼奥读到俱乐部主席巴克在欧足联禁令发布之后的评论时——巴克宣称听证会"公平公正"，他被彻底激怒了。穆里尼奥觉得俱乐部没有支持他，巴克的评论更是在他的伤口上撒了一把盐。

切尔西如今终于可以正当地宣称，有关方面对于 2 月 23 日诺坎普欧冠首回合事件确实有掩饰之举。切尔西俱乐部一直坚称主裁判弗里斯克在更衣室外与里杰卡尔德有过对话，并坚定地表示这一对话确实发生过——而如今，他们的这一表态终于得到了欧足联的支持。切尔西对事件的描述版本得到了比赛监督自己提交给欧足联纪律委员会的报告的支持。

欧足联此前选择忽略身处事件中心的关键人物的证词，实在是令人吃惊。控制和纪律机构调查员埃德加·奥博蒂费尔编制的一份长达 25 页的报告中，竟然没有包含主裁判对本次事件的描述，一条都没有提及。

切尔西与欧足联联络，请求得到弗里斯克的报告，一天之后报告到达切尔西俱乐部手中，他们发现瑞典主裁判其实是在支持他们对事件的描述版本。弗里斯克说里杰卡尔德 3 次接近他，最终他失去了耐心，告诉里杰卡尔德回自己的更衣室去。虽然欧足联确认切尔西已经"宣布放弃了上诉的权利"，但是俱乐部仍然想商量看有没有办法通过其他的手段得到"赔偿"，因为他们认为穆里尼奥——后者仍然为俱乐部没有上诉感到愤怒——在此事中做了替罪羊。

欧足联完全没有心情为穆里尼奥洗清罪状，但是他们没有处罚里杰卡尔德，越来越有让事件成为闹剧的趋势。不过切尔西还是要因为对拜仁第一回合之后的事件受到处罚。依照欧足联规则，俱乐部将被处以罚款，因为这场比赛他们有 4 位球员——德罗巴、卡瓦略、加拉和马克莱莱——受到了黄牌警告。

兰帕德上一次做客慕尼黑奥林匹克体育场，还是在 2001 年 9 月，那场比赛英格兰队 5∶1 击败德国队，令人难以忘怀。兰帕德说："这会是一个雄伟的球场，尤其是当他们的球迷制造出主场氛围的时候。但是当我们掌控优势的时候，我们可不会轻易放弃。"

穆里尼奥则承认，他在教练席上的角色的重要性，比不上球队备战的重要性，"我不在教练席上，但是球员们在球场上啊。我一直都这么对他们说，我们的工作——教练团队的工作——在比赛前的一周已经完成了。在比赛的 90

分钟里面，我的直接指挥并没有那么重要。在首回合比赛过后，我从来没有说过这结果是好是坏，因为你永远都不知道它究竟如何。首回合的时候，我从来没有感觉到必须赢球或者不失球的压力。次回合比首回合更加重要，就和在联赛杯半决赛打曼联的情况一样。在主场的时候没能够击败他们（0∶0），但是我们并没有惊慌失措，而是在客场（2∶1）赢下了次回合。我认为球员们已经准备好了。"

抵达慕尼黑的时候，每一位切尔西球员都还在为自己身上的长传冲吊标签感到愤怒。乔·科尔说："如果有人真的以为我们踢不了地面传递的话，他们真的应该看看我们最近10场比赛中的任意一场，我们都是通过短传配合撕开了对手的防线。我们当然能够传好球，但是我们在对拜仁的时候踢出了一场更加直接的比赛，因为我们感觉他们没办法应付这样的打法。并没有说在某个特定的时刻有人告诉我们要开始（长传）找禁区里的德罗巴，一切都是自然而然地发生的。

"有时候你需要全力拼抢，有时候你需要尽快将球送入禁区。如果你踢不出效率的话，踢得漂亮又有什么意义呢？我们为什么要迎合拜仁的长处呢？我们上周踢的方式非常高效，因为我们进了4球，而且本应该进得更多。"

马加特则正在密谋扭转局势。"我们能够在前45分钟里打入2球，这就是我们需要在对切尔西比赛中做到的，"他说这话时，拜仁刚在德甲中在落后一球的情况下2∶1逆转击败了门兴格拉德巴赫，"这会给我们带来帮助，即便我们接下来的比赛是欧冠。我们能够带着额外的自信迎接那场比赛，我们相信自己能够淘汰切尔西。"

切尔西又向欧足联表达了轻慢之意，只派体能教练法里亚和边缘前锋米卡埃尔·福塞尔出席了赛前新闻发布会。而且此次发布会也演变成了一场闹剧。在被记者问及他那顶不大光彩的羊毛便帽时，法里亚迅速做出反应，而且是以非常傲慢的方式向欧足联对穆里尼奥的禁令发起了攻击。法里亚否认自己在斯坦福桥向克拉克和布里托传递了手机短信，而且补充道，他的帽子里什么也没藏！

在第二天的报道里，法里亚得到了一个"迷你穆"的绰号。当他朝台下观众们使眼色时，他甚至没办法止住自己的微笑，他的举止表明了他是穆里尼奥的翻版——就像是以独特的方式宣布了自己也是"特别的一个"。可怜的欧足联代表沃尔夫冈·艾希勒意识到切尔西在做什么的时候，几乎要被气到落泪，他说："我会向欧足联报告这一切。看看两支球队的区别吧。拜仁（在新闻发布会上）派出的是马加特、卡恩和哈格里夫斯，切尔西却是这样！"

但是拜仁对于穆里尼奥最新的花招并不感兴趣，哈格里夫斯开玩笑道："他们把纸条传来传去，就像是课堂上顽皮的学童。我们看到了电视上的片段。这没什么大不了的，我们不会被这样的'马戏'转移注意力。"

经验丰富的门将卡恩，则呼吁他那些轻量级队友们站出来负起责任，"上周连丢 4 球让我非常震惊。在拜仁的欧冠历史上这是前所未有的事情。这一赛果对我们来说是个严肃的警告，次回合我们只有不再被切尔西突袭，才有机会扭转局势。他们以极富侵略性的比赛风格和强悍有力的身体对抗著称，我们必须回应以自己的侵略性和决心。否则我们会输球的。"

固执的《图片报》又把这场比赛作为头版头条的主题——"拜拜，切尔西"[1]。而内页的足球版块则有一个特别的设计：一架纸飞机瞄准了切尔西教练席，上面写着据信是穆里尼奥指令的英文字样："换德罗巴和兰帕德！"

2005 年 4 月 13 日，星期二

拜仁慕尼黑 3：2 切尔西

坐在切尔西球队大巴前座上抵达时，穆里尼奥做出了一副不自然的冷漠模样：双脚架起，双眼紧闭。如果说他的登场与众不同的话，那么他的离场就堪称奇观了。当大部分身处球场的摄影师们在对着贵宾席调试镜头的时候，穆里尼奥突然出现在了球场内的大屏幕上，他又回到了球场外，登上了一辆米色的慕尼黑出租车，准备回到不远处球队下榻的酒店。一位切尔西发言人后来宣称，穆里尼奥的"隐私"在球场里受到了侵害。他本来准备在贵宾区域观看比赛，但是由于摄影师们的聚焦，他倍感烦闷，于是在比赛开始前的几分钟离开了球场。

比赛开场哨一响，拜仁就遵守诺言，扮演了主动攻击者的角色，胡特则在

---

[1]　Bay Bay, Chelsea，将拜仁 Bayern 用作再见 Bye Bye。

首发右后卫的位置上迎来了倒霉的开局，在边路他几乎要被泽·罗伯托生吞活剥了。巴西人从他脚下断球，传给禁区内的巴拉克，后者的射门被切赫伸腿艰难地挡出。

而在另一条边路，施魏因斯泰格也开始给左后卫加拉制造同样的麻烦，年轻的德国中场在第十八分钟就用经典的穿裆过人羞辱了法国后卫，之后他又突破了兰帕德，送出一记传中，皮球危险地穿过了禁区。

不过拜仁还是要小心切尔西的反击。实际上，仅仅几分钟之后，兰帕德一记力道略大的传球，就帮助德罗巴摆脱了拜仁防线，边裁没有举旗，但是门将卡恩离开门线出击，比德罗巴先抢到皮球的落点，解围化解了威胁。比赛打到半小时之前，切尔西取得了领先。兰帕德近期不断地进球，不断地支配比赛，意味着他的胜利远不是侥幸取得。不过他本赛季的第十五粒进球有些运气成分，皮球击中后卫产生了明显的折射飞入网窝，就像乔·科尔上周的首开纪录一样。

巴拉克很快又表演了他首回合的"跳水"技巧，但西班牙籍主裁判曼努埃尔·梅胡托·冈萨雷斯防患于未然，早就看破了他的花招。切尔西半场前有两次惊魂时刻，尤其是泽·罗伯托再度突破胡特——这也再次为胡特绝不适合踢边后卫提供了证据——送出了一记极具威胁的传球。但是巴拉克此后又浪费了一次好机会，胡特头球判断失误，给德国中场送出了一次近距离射门得分的良机，结果后者没能够压住球，射门高出。

达夫之后获得了杀死比赛悬念的完美机会。兰帕德的任意球本来没有什么威胁，结果却穿过拜仁防守落到爱尔兰人脚下，达夫扛住了维利·萨尼奥尔的防守，起脚近距离射门，但卡恩还是将球拒之门外。

拜仁的进球终于在第六十五分钟出现，等到那时，主队终于取得了对比赛的控制。萨尼奥尔右路传中，作为这场比赛最具影响力球员的巴拉克顶出了一记漂亮的头槌攻门，切赫扑到了皮球，但球击中门柱内侧后弹回，沿着门线滚动，被克劳迪奥·皮萨罗补射命中。切尔西防线不再是刀枪不入了，皮萨罗的门前轻推入网，意味着蓝军最近 11 场比赛只有 1 次没有丢球。

扳平比分之后，拜仁大举压上。在 4 分钟之内，比森特·利扎拉祖的传中被胡特挡到横梁上弹出。此后的角球中，巴拉克再度展现出了空战的优势，切尔西靠古德约翰森门线解围才没有再丢球。

在比赛还剩 11 分钟结束的时候，切尔西差点无中生有般拿下比赛。乔·科尔完成了一次绝妙的突破，然后冲去角旗边无私地护球，拜仁防线以为他是要去浪费对他们而言极其宝贵的时间，结果他却从左路送出传中，德罗巴头球越过卡恩的十指关飞入远角。德罗巴这场比赛被罗伯特·科瓦奇踢了两次——后者因此吃了黄牌——他通过力压克罗地亚后卫进球的方式完成了复仇。

这粒进球终于让拜仁惊醒，截至此时球队的表现让大部分主场球迷们失望地提前离场，以至于没有等到制胜进球的出现。第一球来自于何塞·保罗·格雷罗，秘鲁人接应施魏因斯泰格的右路传中，近门柱射门扳平比分。伤停补时阶段，穆罕默德·绍尔抓住了本场比赛最后 1 次射门机会，破门制胜。这是穆里尼奥的切尔西第一次在比赛中丢球达到 3 粒，但他们终归还是晋级了。半决赛中穆里尼奥的球队将对阵利物浦或者尤文图斯，后者将于次日晚上在都灵交手。

比赛进行到半场休息的时候，欧足联官员与体能教练法里亚当面对质，要求后者证明自己没有与穆里尼奥联络。法里亚被叫到了一个侧边的房间里，被要求脱下帽子——因为首回合有人认为他将通信设备藏在了帽子里，然后将穆里尼奥的指令传递给克拉克和布里托。虽然法里亚进行了抗议，声称欧足联规则里没有（脱帽检查）这样的要求，但切尔西体能教练还是脱下了帽子，证明下面没有任何贴在耳朵上的通信设备。

赛后，切尔西一度为特里的健康状况捏了把汗，因为他在赛后承认自己的腿都"碎了"。在主场对阿森纳的比赛之前，特里还有一周的时间恢复。但下一轮的欧冠无疑更加重要。

穆里尼奥能够成为现代足球中第一位率领不同球队连续两个赛季夺取欧冠的主帅吗？

切尔西阵容

切赫／胡特，卡瓦略，特里，加拉／乔·科尔（莫赖斯），马克莱莱，兰帕德，达夫（蒂亚戈）／古德约翰森（格雷米），德罗巴

比赛结束后，穆里尼奥去马克西米利安大街逛了逛，直到球队回到酒店，慕尼黑的这条街就相当于切尔西地区的斯隆街。等球队回来之后，半夜的时候，穆里尼奥和球员及教练组成员们一起去了慕尼黑颇为时髦的罗马餐厅，参加了阿布举办的庆功派对。这家餐厅是名流时常出没的地方，距离球队下榻的五星级凯宾斯基酒店只有 400 码。赛后走出酒店大堂的时候，穆里尼奥因为球队的胜利获得了掌声。

从慕尼黑回到伦敦盖特威克机场的时候，特里一人拖在队友身后，落后大部队约有 20 步。他只有一只脚能够正常移动了，但他还是成功地做到了既有侵略性，又有统治力，还没有发脾气，而在欧战历史上，很少有英格兰传统硬汉能够做到这一点。

次回合那天晚上比赛的基调很快就确定了。首回合穆里尼奥设计的战术伏击非常成功，特里与卡恩频频出现身体接触，球员们总是长传球找德罗巴；次回合特里和队友们则成功地击退了试图复仇的拜仁。

利物浦在都灵 0∶0 战平尤文图斯，总比分 2∶1 晋级后，主帅拉法·贝尼特斯宣称自己感觉"自豪、高兴但不惊讶"。利物浦晋级对阵切尔西，意味着欧冠历史上第一次出现了英超球队之间的半决赛对决，这也就意味着决赛中必然有一支英格兰球队。贝尼特斯说："切尔西本赛季已经 3 次击败过我们。但是最近 2 次交手我们都更接近平局了，可能下一次我们就能够拿下比赛。在欧冠上我们当然很有信心，虽然这两回合比赛肯定会非常艰苦。切尔西是英超积分榜首球队，对我来说他们是取胜的热门球队。但是我们没什么可输的，却有东西可以去赢。"

利物浦后卫杰米·卡拉格坚信，如果利物浦将切尔西淘汰出欧冠的话，队长史蒂文·杰拉德将不再理睬以 3500 万英镑转会费加盟切尔西的邀约，"谁想要离开一支杀进了欧冠决赛的球队呢？利物浦现在正在享受好时光，这一赛果表明球队正在取得成功。我们迫切地希望他能够留下，但最终做决定的还是他。如果我们能够杀进欧冠决赛，这（对他的决定）肯定会有影响。

"对我来说，史蒂维① 就是英格兰最佳，他会在对切尔西的比赛中证明这

---

① 杰拉德名字的昵称。

一点。我想要打进决赛——我们都想——因为我们都想要取得成功。如果史蒂维赛季末要做决定的话，那最终要取决于他自己。但是不管发生了什么，利物浦俱乐部都会继续前进，虽然我们肯定都希望他能够留下。"

利物浦主教练贝尼特斯知道，在通往决赛地伊斯坦布尔的路上，切尔西当然是具有压倒性优势的热门。但是他认为，以利物浦的欧战底蕴，自信如穆里尼奥也会感到焦虑，"所有的压力都在切尔西身上。如果你花 1 万英镑买西装，得到的西装肯定比花 1000 英镑买到的好。你可能会认为足球也是一样——一般来说，如果你花了一大笔钱，那你确实会赢。但是欧冠不一样，你可能只需要一粒进球就能够获胜，而那一球可能来自一次角球或者任意球，或者你根本无法想到的方式。在西班牙赛场上，皇家马德里和巴塞罗那花了很多钱，但是瓦伦西亚还是能够夺得西甲联赛冠军，所以你看得出来，足球与其他事务有着很大区别。切尔西是世界上最优秀的球队之一，他们当然是晋级的热门……但是我们状态好的时候，能够击败任何对手。我们出击的时候，绝不会畏惧切尔西，或者畏惧这比赛。

"我们是不被看好的一方，因为他们是世界上最优秀的球队之一。但是我们在 1/4 决赛中击败尤文图斯的方式非常重要，因为这使得球员们相信自己可以赢得本以为赢不了的比赛。我们需要把用心做的事情与用脑子想的事情结合起来，最重要的是我们对于切尔西无所畏惧。

"为了对付切尔西，我已经研究出了自己的问题所在，我们也一直在致力于研究出如何给他们制造麻烦。但是穆里尼奥也会做一样的事情。在英超客场比赛的时候，我们有时候会暴露出三四处弱点。在主场的时候，我希望弱点只有一处，或者根本没有。当你只以一球劣势失利的时候，你就知道你与他们的距离非常近了。我敢肯定，他们的踢法会和在英超联赛中一样，但是我们会把这场比赛当作欧冠来对待。我也不知道到底是为什么，但是我们踢欧冠和英超的时候存在着巨大的差异。可能球员们感觉在欧冠赛场上更特别吧。如果你在 6 个月之前说我们会在安菲尔德与切尔西竞争欧冠决赛席位，我肯定会接受这样的局面。"

利物浦的锋线攻击手路易斯·加西亚想要为联赛杯决赛的失利复仇，"那场决赛给我们留下了糟糕的滋味，因为我们根本就不应该输球。现在是复仇的时刻了。这是整个赛季最适合打这一半决赛的时刻，因为我们有一些关键球员从伤病中复出，我们现在踢得也更出色了。踢欧冠决赛对于任何球员来说都是个梦想，而我们距离决赛只有 180 分钟之遥。我已经治愈了心中因为联赛杯决赛输给切尔西留下的伤痕，如果现在击败他们的话，那肯定棒极了。"

英格兰足球依靠外籍教练的领导，才重新成为了欧洲足坛的重要力量。穆里尼奥对此表示："英格兰足球需要在某些方面适应欧洲赛场。英格兰主帅非常出色，但可能我和贝尼特斯那种更具战术性的思路，会给我们带来一点特别的优势。"

在斯坦福桥比赛时，教练席后面肯定会有一些利物浦球迷距离他只有咫尺之遥，穆里尼奥已经准备好迎接他们的喋喋不休了。在加的夫进行的联赛杯决赛中，杰拉德的乌龙球帮助切尔西扳平后，穆里尼奥把手指放在嘴唇上示意利物浦球迷闭嘴，因此被主裁判赶出场外。他还一直在与利物浦后卫卡拉格打嘴炮，后者很不喜欢穆里尼奥与利物浦球员握手的行为，"我告诉他该干吗干吗去，他回以同样的话，所以我们打成了'1∶1平'。"

穆里尼奥还补充道："在对手球迷那里，我得到的款待一直很糟糕，很负面。我认为这很正常，不仅仅是利物浦球迷，每个球迷都是这样。他们坐在我身后，几乎可以摸到我。我想我们是一家特别的俱乐部，因为我们总是给对方球迷整个球场里最好的位置。当我们做客利物浦、纽卡斯尔和曼联的时候，我们的随军球迷都要被安排到月亮上去看球了。但是对手的球迷来我们这里却总是能够得到最好的位置。这表明了我们的特殊性。他们总是想扰乱我，但是我总是试图让他们冷静下来，试图对他们足够友好。"

当然还是有一些事情带来了干扰，加拉透露巴塞罗那想要签他，凯日曼则宣布自己想要离队，因为穆里尼奥不会给他主力位置。加拉现在的说法，距离他上一次的表态有 2 周时间，当时他说想要在赛季结束后搞清楚自己在斯坦福桥到底是怎样的处境，因为他很明确地表示自己在左后卫的位置上很不舒服。

里杰卡尔德则将加拉视为中后卫。"是的，巴塞罗那想要签下我。"加拉如此对巴塞罗那本地报纸《世界体育报》表示，不过他没有明确表态自己是否愿意转会。穆里尼奥估计会试图劝说他留下，一旦球队签下新的边后卫，加拉就可以竞争中后卫首发位置了。

与此同时，达夫则遭遇了左腿腘绳肌伤病，他需要比赛前最后的检查来确定能否出战。在对利物浦比赛的前夜，他进行了单独训练，但做往返跑的时候面部表情似乎有些痛苦。罗本则能够出战，不过他还在接受治疗——之前对富勒姆的比赛打了 45 分钟后，他的脚踝很痛。

2005 年 4 月 27 日，星期三
切尔西 0：0 利物浦

下午 5 点的时候，腘绳肌有伤的达夫最终还是没能通过检查。罗本的身体状况比他略好，但脚踝伤情意味着荷兰人只能在比赛的最后半小时上场。切尔西失去了这两位创意型球员，面对的又是一支全力以赴的利物浦，比赛最终演变成了一场互交白卷的平局。切尔西非常不习惯同时失去达夫和罗本这两大边锋。除去两场穆里尼奥轮休球员的足总杯比赛，这还是他们自从 9 月中旬以来第一次首发没有这二人中的任意一个。

比赛打得很不直接，而是非常具有战术对抗的意味。在 90 分钟时间里，利物浦门将耶日·杜德克没有做出什么关键的扑救，切赫则不得不两次化解险情，避免做客利物浦之前让红军拿到一粒客场进球。此役切尔西的边路跑动主要交给右路的乔·科尔，因为左路的古德约翰森经常要移动到中路，与中场进行串联。

不过 14 分钟后，古德约翰森倒是以一记传球帮助乔·科尔化解越位陷阱，后者紧接着送出一记传中，但是德罗巴虽然凭借着强大的力量突入禁区接应到皮球，却在面前只剩门将的时候将球射偏，浪费了一次好机会。5 分钟内，切尔西又在左路制造了一次更好的机会。德罗巴将球传给加拉，后者右脚将球控下，然后送出一记纵深传球。身材并不高大的乔·科尔高高跃起，力压利物浦后卫吉米·特劳雷，头槌将球顶下，但兰帕德的近距离射门竟然莫名其妙地高出。

利物浦左后卫约翰·阿尔内·里瑟则在第十九分钟接到哈维·阿隆索的传球，不过由于他是以非惯用脚右脚控球，所以虽然突破了卡瓦略，却只能将球直接送入切赫怀中。半场结束前 6 分钟，切赫做出了本届欧冠赛事中最出色

的扑救之一：他本来已经扑向了一边，却硬是反身过来，用指尖扑出了利物浦
前锋米兰·巴罗什飞向球门的头球。

"欢迎回家，史蒂文·G——再来个乌龙球吧。"斯坦福桥的谢德看台上打
出了一条这样促狭的横幅。这横幅一语双关，意指联赛杯决赛中杰拉德头球吊
射自家门将，帮助切尔西终场前扳平比分。杰拉德和兰帕德此役在中场中路的
碰撞，是英格兰最强的 2 位中场为分出高下展开的直接对话，2 人下赛季有可
能在同一支球队里并肩作战，也给此次遭遇增添了风味。

"只有一个史蒂文·杰拉德。"当杰拉德在比赛最后 1 分钟接应阿隆索开
出的战术任意球，30 码外远射却将球送上谢德看台的最后一排时，身着蓝衣
的切尔西球迷们如此戏谑地唱道——而有意思的是，赛后杰拉德和穆里尼奥进
行仪式性握手时，2 人并没有进行眼神交流。与此同时，阿隆索因为一次对古
德约翰森略显争议的犯规，领到 1 张黄牌，离场的时候，他愤怒地指责冰岛
前锋，认为他是蒙骗裁判给出黄牌。此次判罚使得阿隆索因累积黄牌错过次回
合比赛。

穆里尼奥在比赛结束时倒是没有显露出任何惊慌的迹象。终场哨响时，他
满意地与助手克拉克击掌。首回合主场拿下 0∶0，穆里尼奥是少有的因为这
一结果而受到激励的人之一，这主要是因为他想起了过往的经历。穆里尼奥对
切尔西将杀进决赛的信念非常坚定："我们需要在心理上足够强大，但是我相
信压力在他们那一边。在现在的局面下，99.9% 的利物浦球迷认为他们已经
踏入了决赛，但实际上他们并没有。来我们这里为一场平局而战很简单，他们
也确实在防守上做得很好，但是第二回合情况会不一样。我非常喜欢现在这样
的局面，因为现在次回合就像是足总杯比赛，90 分钟决定最终结果。

"别忘了，联赛杯半决赛首回合曼联也在（斯坦福桥）这里拿到了一场
0∶0 的平局，但是我们去老特拉福德拿下了次回合。上赛季在波尔图时的半
决赛，我们在主场 0∶0 打平了拉科鲁尼亚，但是他们因为终场阶段的一张黄
牌而失去了毛罗·席尔瓦，结果我们在他们的主场击败了他们。今晚利物浦失
去了哈维·阿隆索，下周四他将无法出战，所以情况有很多相似之处。"

贝尼特斯同样拒绝放弃他的球队将获得决赛席位的信念，"他们没有一次
射正目标，而这正是因为我们掌控了整场比赛。如果有人在赛季初说我们将能

够在安菲尔德为欧冠决赛席位而战，我肯定会感谢他们。但是今晚我们没能够赢球，我其实也有点失望。"

终场哨响的时候，利物浦就像是赢得了一座奖杯那样庆祝，但是古德约翰森相信，次回合他们会在自家球迷面前感受到压力，"我们决不会惊慌失措，而是会信心满满地去往安菲尔德。这肯定将是一场艰苦的比赛，但是当他们坐镇主场的时候，他们就必须主动对我们发起攻击了。这会给我们带来好处，因为他们身上压力巨大，而我们则会像平常一样赢下比赛。"

切尔西阵容

切赫／格伦·约翰逊，卡瓦略，特里，加拉／蒂亚戈（罗本），马克莱莱，兰帕德／古德约翰森，德罗巴，乔·科尔（凯日曼）

切尔西对利物浦的首回合比赛之前，有一条俱乐部内部消息被泄露了出来：在达夫没能通过赛前体检的情况下，穆里尼奥要求罗本首发，然而荷兰国脚表示自己虽然被俱乐部医疗组认定身体没有问题了，但其实还没有完全康复。媒体将此事解读为这位球星与主教练之间的一次冲突，但是穆里尼奥竭力予以否认。虽然对于罗本的态度感到失落，穆里尼奥还是对罗本的境况表示理解，他决定一直到赛季结束，他都会严格控制罗本的出场时间。

杰拉德提醒道，当切尔西次回合来访的时候，安菲尔德绝对没有懦夫的藏身之处，"我们需要 11 个角斗士，替补球员和球迷们也全部都需要做好准备。安菲尔德当然是欧冠晚间比赛的最佳场所，比其他地方都好，周四晚上的比赛对每个人来说肯定都是一场盛事。在这样的场合，球员们身上奔涌着的信心，向来不可思议。

"联赛杯（的失利）是个巨大的失望。那天我运气不佳，但是希望下个月的交锋我会走运，我将有机会带领伙计们打进另一场决赛。对阵切尔西的首回合比赛最重要的是保持与切尔西的距离，给自己留下次回合可以为决赛名额而战的机会。那场比赛我们表现出色，在斯坦福桥保持不丢球是个可观的成就。但是我们也知道，我们远没有达到大功告成的地步。切尔西是一支星光璀璨的球队，完全能够来安菲尔德击败我们。我们会向他们表示足够的尊重——但是那肯定会是个了不起的晚上。"

而在获得穆里尼奥的鼓励致辞之后，切尔西球员们胸间也充溢着自信，卡瓦略就坚称："切尔西能够杀进决赛——这是肯定的。我非常自信。踏上安菲尔德球场的时候，我们会高昂着头颅。我们知道自己能够赢球。我们拥有进球、赢球所需的素质。首回合不丢球对我们来说非常重要。现在我们都知道，我们必须进球来赢得这次对决——我们能够做到，而且也会做到这一点。对我们来说，现在最优先的任务就是进军欧冠决赛。"

当口水战愈演愈烈的时候，贝尼特斯在与穆里尼奥的斗争中转弱为强，他坚称坊间所有的期待都在切尔西同行身上，"切尔西说我们太过于自信了，但是我认为这只能说明他们有多担忧。他们想要做的就是把压力转移到我们身上，因为他们知道，在现实中他们才是真正感觉身上压力巨大的球队。

"当你拥有世界上最昂贵的球队的时候，你肯定需要赢得冠军来自证身价。切尔西已经在转会市场上花费了 2 亿英镑。花费了那种规模的资金之后，他们当然会被期待着赢下欧冠，而这就是为什么他们现在感觉压力如此之大。我知道人们可能会觉得，如果切尔西进球的话，我们就没办法赢球了——因为客场进球（的优势），但是这事我完全不担心。我唯一关心的就是我们要赢下这场比赛。如果切尔西进一球的话，那么我们就得进 2 个。如果他们进 2 个，那我们就得进 3 个。我不想考虑客场进球规则，我只专注于赢下比赛。"

在次回合比赛之前，罗本仍然没有完全恢复健康，但是他说自己甘愿冒险。此前切尔西对博尔顿那场确保联赛冠军奖杯入手的联赛，罗本就作壁上观，但是他说自己会为安菲尔德一战主动请缨，即便他认为自己的身体还没有完全做好准备。

穆里尼奥这回不愿意过多地透露自己的计划——他只是承认自己一直很怀疑罗本和达夫能否上场。被问及利物浦是否会想念将停赛的哈维·阿隆索时，他回复道："他们对他的怀念程度，不会比我们怀念罗本或者达夫的程度更高——我们有些比赛很怀念这二人，明天可能也会如此。阿隆索当然是一位非常出色的球员，但他们还有伊戈尔·比斯坎、杰拉德、迪特马尔·哈曼和哈里·科威尔。他们有很多解决方案。而对我们来说，情况就困难得多了，因为我们只有 2 位纯边锋球员。如果失去其中一人，我们就有麻烦了；如果失去了2个，那就是个我们没办法解决的问题了。"

穆里尼奥"邀请"KOP看台①制造尽可能大的噪声。因为他表示，新科英超冠军绝对无惧于在足球历史上最伟大的球场之一取得欧冠决赛席位。

穆里尼奥和贝尼特斯都坚称，在欧冠英超内战中取胜的压力在对方身上更大一点，但是2人都没办法否认，失利将对他们的赛季造成不可挽回的伤害。

穆里尼奥对英格兰足坛接连几周残酷的关键赛程进行了抱怨。切尔西周六击败博尔顿，正式拿下英超联赛冠军，这使得球队终于有机会进行一个时长1个小时的庆祝——"没有家人、妻子、孩子在场，没有晚餐，没有香槟，什么都没有的庆祝"——然后他们就要重新开始准备对利物浦的比赛了。他并不谈论等待着他的是怎样重大的成就——率领不同球队连续夺得欧战奖杯——只说自己的球队没有受到联赛争冠过程中的疲倦的影响。

"他们（利物浦）在自己主场的回合中自然有更大的优势，但是我们赢得冠军之后，心理上占据了更大的优势。"穆里尼奥说，"赢得英超比赢得欧冠更加艰难。你必须在任何情况下去到整个国家的各个地方比赛，无论大风、大雨、冻雨甚至冰雹，无论好草皮还是烂场地，无论南北，而且你一直都会感受到来自曼联和阿森纳的巨大压力。"

达夫和罗本没有通过赛前的最后体检，最终都只是坐上了替补席，还有其他几名球员则在周六击败博尔顿夺冠的比赛后精疲力竭。但是穆里尼奥表示："干劲能够创造奇迹。切尔西上下非常疲倦，但是已经为决赛做好了准备。利物浦本周六轮休了六七名球员，但是只需要更加努力一点，我们就能杀进决赛。我们在对博尔顿的比赛中派出了最强的阵容，因为赢得联赛冠军可以帮助我们忘记自己的疲劳。我们相信我们能够赢球。

"上周我说过，细节能够带来巨大的差异。斯坦福桥的那场比赛打得非常平衡，但是我们本应该1：0赢球。我认为现在这场比赛也会非常平衡，可能某个细节就会决定谁挺进决赛。"

① 指红军利物浦的忠实拥趸所在的看台。

2005 年 5 月 3 日，星期二

利物浦 1 : 0 切尔西

（两回合总比分利物浦 1 : 0 淘汰切尔西）

首回合斯坦福桥的平局之后，任何人都不会想到次回合会出现早早进球的情况，但是开场 4 分钟之后，利物浦确实进球取得了主动权。杰拉德第一时间给巴罗什送出一记过顶传球，切赫出击与巴罗什撞在了一起，但斯洛伐克籍主裁判卢博什·米海尔示意比赛继续进行。路易斯·加西亚将球补射向球门，虽然加拉最后一刻拼命解围，但边裁认定路易斯·加西亚射出的皮球已经整体越过了门线，进球有效。帮助自家球队取得领先后，路易斯·加西亚几乎险些在上半场中段送给了切尔西扳平的机会。他在自家禁区边缘控球的时候被兰帕德抢断，后者将球交给乔·科尔，但是乔·科尔射门角度太小，虽然皮球成功越过杜德克的十指关，最终还是偏出。

下半场开局阶段的情况类似，继续朝着蓝军进攻、红军防守的方向发展。卡拉格在利物浦防线中路的表现可谓神勇，他领衔的防线顶住了切尔西一波又一波的进攻。比赛进行到 1 小时的时候，筋疲力尽的巴罗什被贾布里勒·西塞换下。

2 分钟之后，德罗巴弧线任意球射门堪堪高出横梁，杜德克仍然没有做出此役第一次扑救。不过第六十八分钟的时候，利物浦在危险区域送出一记任意球，这一次杜德克终于有事可做了。兰帕德的任意球射得漂亮，直奔左下死角，但是门柱在最关键的时候做出了一次"精彩扑救"，将球挡在了门外。

卡瓦略此后对于替补上场的科威尔犯规，逃过了 1 张黄牌，如果染黄而且切尔西杀进伊斯坦布尔决赛的话，卡瓦略也将累积黄牌停赛。穆里尼奥派罗本换下表现令人失望的乔·科尔，又用凯日曼取代了蒂亚戈。罗本在战局最为紧张的时候上阵，立刻对局势产生了影响，他的一次射门被卡拉格精彩地封堵，此后补射又高出。

打到最为孤注一掷的时候，切尔西派上身材高大的中后卫胡特，取代右后卫格雷米。但下一次进球机会属于利物浦，吉米·特劳雷的传中落点完美，但法国前锋西塞的头球软弱无力，而且直入切赫怀中。

切尔西之后也浪费了一次不错的机会。罗本送出左路传中，德罗巴在中路

本有很大的机会破门，但他却完完全全地错过了皮球，皮球只是打在特劳雷身上出界，成了一个角球。此后利物浦一次少有的突袭中，卡瓦略差点送上大礼，他将球送给了西塞，但是后者的射门变向后擦着门柱出界，切赫全力扑救也没能够到皮球。

打到伤停补时阶段，切尔西还有一次黄金机会。特里在禁区内高高跳起争顶头球，杜德克击球不远，给远门柱的古德约翰森送去了一次不可思议的进球机会。但是紧盯着球门的古德约翰森射门还是差之毫厘。不久之后，终场哨就响了。

贝尼特斯赛后表示，他一直相信自己能够击败穆里尼奥，"我说过，在球迷们力挺我们、球员们表现出色的情况下，我们有很大的赢球机会——最终我们也确实做到了。是的，他们给了我们巨大的压力，但是次回合我们才是更有掌控力的一方。小伙子们欢呼雀跃，更衣室里一片喜悦。整支球队都棒极了。"

穆里尼奥赛后在球场上祝贺了所有的球员，甚至向利物浦教练组的每一个人表示祝贺，他还力挺利物浦夺取欧冠奖杯，"他们非常走运，我们最好的机会出现在最后1分钟，那时候如果我们进球的话，我们就将杀死安菲尔德。可能这一幕没有发生也是件好事。"

虽然欧冠半决赛遭遇失利，穆里尼奥坚称，切尔西仍然能够获得球迷的欢呼，毕竟他们拿下了联赛冠军。他也不免失落，声称"最好的球队输了"，而且贝尼特斯的球队从一次争议判罚中获利，他指的是第四分钟路易斯·加西亚的进球被判有效，即便加拉似乎在皮球整体过线之前将球解围，"我的球员们仍然是英雄，这一点毋庸置疑。他们已经取得了50年来这家俱乐部从没有人取得过的成就，赢得了英超联赛冠军。所以对我来说，他们就是英雄。他们可以输球，但只要我的球队还如此坚定，如此可靠，他们就将一直是我的英雄。我认为球迷们对我的球员们的态度也会是一样的。"

即便是失利，穆里尼奥也根本没有失去他那与生俱来的自信，他仍然将自己视为"特殊的一个"，"我当然还是（特殊的一个）。你想要像我一样，在3年的时间里取得像我一样的成功？你根本没机会。"他告诉一位记者，"当然，球员们很不开心。每个人的反应都不一样，但是他们都很伤心。加拉哭了，但不开心的程度并不比我高。"

穆里尼奥还补充道："我能说什么？我只能说最优秀的球队输了。这一点毫无疑问。最优秀的球队不应该遭遇输球的局面，但是足球有时候就是非常残酷，你必须接受现实。有时候运势顺着你，有时候则逆着你。现在我希望利物浦能赢（决赛）——我全心全意这么希望。"

与此同时，古德约翰森受伤的脸上流下了泪水。终场补时第六分钟他那记滑门而过的射门，意味着切尔西从预订去伊斯坦布尔的机票，变成了只能以"无冕之王"的身份重回伦敦。古德约翰森说："那次射门角度非常小，而且实际上卡拉格在门线上解围了。我控下了皮球，射得也很好，我以为球要进了，但卡拉格用大腿将球挡出。如果那一瞬间球门移动了就好了，但昨天晚上卡拉格就像是克隆了自己。球场上哪里都是他。"

古德约翰森比去年的半决赛失利后更沉着了一点，但是他坚称，这一次他内心中的伤痛更加严重，"这比去年更让人失望了，因为我们现在是一支更加出色、更加成熟的球队了。更加让人失望，但是我们本赛季也前进了一大步。我们赢下了 2 座奖杯。等到从这场失利的打击中恢复后，我们会带着笑容杀回来的。"

穆里尼奥同样看到了乐观的理由，"对俱乐部来说，这是历史性的一批球员，我希望球迷们给他们以他们应得的赞誉。整支球队团结一致，下赛季我们也将继续精诚合作。我们不会改变整个球队，可能会有两三名新球员，但是整体也就这样了。不过现在，在赛季末段，我希望切尔西球迷能够给这些球员展现他们理应得到的爱。"

在周六对查尔顿的联赛之前，穆里尼奥给了球员们 2 天休假，但是他明确表示，自己决不会不思进取，"我想要球员们休息一下，但是明天我自己就会出现在斯坦福桥，为下赛季做准备。下赛季很快就到了，这将意味着新的夺取冠军的机会。"

切尔西阵容

切赫／格雷米（胡特），卡瓦略，特里，加拉／蒂亚戈（凯日曼），马克莱莱，兰帕德／古德约翰森，德罗巴，乔·科尔（罗本）

此后的电脑技术证明，路易斯·加西亚射出的皮球其实并没有整体过线。天空电视台拍摄到的高科技图像表明，加拉及时地将球解围，这粒"进球"本不应该成立。天空电视台评论员安迪·格雷坚称，这套开发自以色列导弹科技的程序，证明了斯洛伐克籍边裁罗曼·斯利斯科的判罚出错了。

但斯洛伐克边裁斯利斯科表示："我相信我的判罚是正确的。我的第一感认定这是个进球，我显然仍然相信这一点。我100%确定无疑。我清楚地看到球进了。我的位置足够好，能够看到那一幕。那是个非常艰难的局面，在那样的情况下，你只有几百分之一秒的时间来做出反应。在足球比赛中，总是会有这样的情况出现。球进之前也有一次情况，涉及切赫和巴罗什，这次情况本来很可能就会被判罚成红牌加点球。"切赫则坚持表示，他在那次导致进球的事件中对巴罗什的防守，不应该被判罚点球或者红牌。"我只是合理占据了空间，"他说，"米兰（巴罗什）踢到了球，然后冲撞到我身上。在我看来，这不应该是个点球。"但是作为切赫的国家队队友，巴罗什不同意，"这本来是个点球。他飞向了我，我想他甚至没有击中皮球。但是现在这已经不重要了。"

斯洛伐克主裁判米海尔则说道："我相信切尔西肯定更愿意此球被算作进球，而不是遭遇被判点球、比赛剩余时间10人应战的局面。如果我的助理裁判没有向我示意这是进球，我就肯定会判罚点球，并且把门将切赫罚下了。穆里尼奥赛后与我握了手，他也没有向我抱怨这球。我很欣赏他的姿态。我本来已经准备好要解释这一切了，但是没有人就那个情境询问过我。"

穆里尼奥倒是再次被欧足联抨击。事后他再次批评裁判后，欧足联裁判委员会的瑞典籍副主席拉尔斯－奥克·比约克在《每日电讯报》上如此做出反应："他没有学习任何东西的气度，这可真是令人难以置信。尤其是他最近已经遭遇了停赛和罚款的双重处罚。这（评论）给足球带来了伤害。我们只能希望穆里尼奥的表态这次不会招致同样的结果。"

但是《太阳报》援引自同一位官员的话语，则更加有敌意，"他没有从自己的上一次错误中吸取教训，简直是没脑子，这可真是令人难以置信。真是不可思议，尤其是你想想，他最近已经遭遇了停赛和罚款的双重处罚。如果欧足联接到报告的话，我们会很快处理此事。这种表态给足球以及所有足球相关事务带来了伤害。"

瑞典裁判长布·卡尔松表示，他希望斯利斯科不会遭遇与弗里斯克一样的命运，"我衷心希望这位边裁不会受到和安德斯（弗里斯克）一样的可怕威胁。"卡尔松说，"我们只希望穆里尼奥的言辞不会像上次那样带来糟糕的后果。"

这场失利仍然让特里倍感消沉，"再次欧冠半决赛出局，我们当然极受打击——尤其是我们一直都认为我们才是更出色的一方，他们的进球根本就不应该成立。"他说，"我们感觉进军决赛的本应该是我们，但是最终情况不是这样。希望下赛季我们能够再次赢下英超，并且杀进欧冠决赛。我们相信下一次就能轮到我们了。这是所有伙计们全都迫切地想要的荣誉——在这 2 场比赛中，我们感觉自己理应晋级。我们本赛季已经更进一步了，赢下了联赛杯和英超，这是个伟大的成就。对我们来说，这仍然是个伟大的赛季，但是这场失利会让大家有点沮丧。连续两年在赛事的这个阶段被淘汰出局，这尤其让人失望。击败巴塞罗那和拜仁慕尼黑这样的球队后，我们已经走到了这一步，我们都感觉球队能够一路夺冠。我们本赛季与利物浦交手 5 次，他们只击败了我们 1 次，所以总体而言，我们有资格感觉自己是更出色的一方。"

比赛结束后，加拉又在场上啜泣，他说切尔西众将在安菲尔德失踪了，"我们只差一场就能打进决赛。为什么我们没能走到那一步？在只剩一场比赛要打的时候，你不应该感到疲惫。我们本来应该全心全意地比赛，这也是我们整个赛季的强项。但是这次我们没有做到。"

古德约翰森则说，当被授予英超冠军奖杯的时候，他和队友们会重新振作起来，"我们应该试着享受这一刻，我们也将把这当作成功的一年来铭记，下一次我们会更加团结。"

足总杯

"现在我能够看出足总杯意味着什么了，足总杯不可思议！"
切尔西对英乙球队斯肯索普联的足总杯赛后，穆里尼奥如此表态。

已去世的布赖恩·克拉夫是布赖恩·劳斯效力诺丁汉森林时的主教练。如今执教切尔西在足总杯第三轮的对手斯肯索普联的布赖恩·劳斯，认为能够在城市球场为克拉非（克拉夫昵称）效力 5 年，是自己的荣幸。布赖恩·劳斯认为，他的恩师和穆里尼奥之间存在着很多相似之处，"他们以前叫克拉非'老自大'，现在可以叫穆里尼奥'小自大'了，因为他只有 41 岁！"布赖恩·劳斯说，"听到何塞的采访的时候，他确实让我想起了克拉非当年的做法。但是这不仅是目中无人，更像是一种自负或者说自信——不仅是他这样，他手下的球员也会如此。克拉非就非常信任我们，而且他早就准备好了想要用这一点来让人感到不爽。他根本不在乎（别人对此的看法）。我想在这方面穆里尼奥也展现出了自己的个性。他昂首阔步踏进斯坦福桥球场，然后从第一刻起就坦率地说，他知道自己的球队今年能够赢得冠军——这样的做派真是让人感觉耳目一新。"

布赖恩·劳斯还补充说道，他感觉抽中切尔西就像是"赢了彩票"。抽签进行的时候，他在谢菲尔德陪着妻子为圣诞购物，不过他还是在一家电器店看到了抽签，"我当时在一家卖电视的商店，所以在 40 块屏幕上看到了这一结果 40 次。他们肯定以为我绝对是个疯子，因为（看到结果之后）我尖叫不止，上蹿下跳。这一结果对我和这家俱乐部来说就意味着这么重大的意义。但是我们去切尔西的时候绝不会只是说'非常感谢'，然后就这么接受失利，我们要尽力给他们制造麻烦。"

切尔西的首席敌情侦察员维拉斯·博阿斯警告球队，绝不能轻视斯肯索普联，"就一支英乙球队来说，他们有着优秀的组织。他们的原则是简单直接的足球风格，但是是带着一些基本要素和品质的简单风格。最让人印象深刻的球员是彼得·比格里，他经验丰富，在 1 对 1 的时候仍然能够突破后卫。"

比格里听到抽签结果的时候，正躺在沙发上看电视，他 9 岁的儿子萨姆做出了如此的反应，"爸爸，你们肯定会被狠狠地揍一顿。"上一次他在斯坦福桥踢球的时候，盯防他的后卫还是马里奥·梅尔奇奥特，再往前就是阿尔韦特·费雷尔了，"可能他们这次会宽大地对付我们，只派上格伦·约翰逊！如果我们与阿森纳或者曼联交手的话，他们可能只会派出一支由边缘球员组成的球队，但是切尔西即便是年轻球员的身价也有六七百万英镑。可能不管他们排出怎样的阵容，总身价都会达到 1.5 亿英镑。既然这样，我们能够要求的就是不让自己受窘。如果我们能够把比分控制在 5 球以下，我想我们就没什么可羞愧的了。"

捷克中场伊日·亚罗希克在 3 天前加盟球队之后，如今迎来了首次试水英格兰足球的机会。他说："我希望我能够成为球队阵容的重要一分子，希望能够帮助切尔西达成赛季目标。我在这里能够得到很好的机会，我会竭尽全力来争取机会。穆里尼奥将切尔西的情况解释给我听了，他说我肯定会得到属于自己的机会。"

斯肯索普联队的门将保罗·马塞尔怀特敢肯定，穆里尼奥的助理教练史蒂夫·克拉克肯定会警告这些超级球星们，对阵英乙球队其实是一件非常危险的事情。作为前苏格兰国脚，克拉克曾出任过切尔西的右后卫，1988 年蓝军在联赛杯于格兰福德公园球场被斯肯索普联 4∶1 击败时，他正在场上。马塞尔怀特那时候非常年轻，为亨伯赛德郡球队出战了这场比赛。17 年过后，马塞尔怀特仍然是斯肯索普联门将，他完全等不及与克拉克任教练的切尔西交手了。他说："现在当然与 17 年前不一样了，因为切尔西现在已经成了一支充斥着超级球星的球队。不过他们当年同样有一套非常出色的阵容，锋线箭头是克里·迪克逊。他们那年赢得了老英乙联赛的冠军。我当时只是个 19 岁的孩子，踢的只是代表斯肯索普的第九场比赛——但是我们那天晚上表现非常出色，彻底击败了他们。次回合在斯坦福桥，我们表现同样出色，当时人们仍然看好切尔西，认为他们肯定很容易就能够得到自己想要的结果。他们的球迷是如此肯定球队能够晋级，以至于只有 5000 人出现在了斯坦福桥现场。但是最终我们拿到了一场 2∶2 的平局。我想他们的很多顶级球员现在甚至根本没有听说过斯肯索普联，但是克拉克肯定记得那场比赛。所以我相当肯定他会刺激球队，告诉他们不要过于轻视我们。"

克拉克承认："我本来试图不告诉球员们这件事。我实在是太尴尬了。对我们所有人来说，那是个非常丢脸的晚上。我们刚刚从老英甲联赛中降级，即便如此这仍然是个巨大的冷门。在很长时间里比分都是 1∶1，然后突然之间我们就垮了，那时候切尔西经常会出现这样的情况。我想他们大概在五六分钟的时间里连入 3 球。我还记得比赛结束后下场时我感觉非常羞愧。我们以为次回合可以在斯坦福桥扳回比分，结果却只拿到了 1 场平局。对我们来说，这是杯赛冷门的一个提醒。我们为斯肯索普联所做的准备就和我们对阵阿森

219

纳、曼联或巴塞罗那前做的准备一样。我们不会以不同的方式对待他们。"

2005 年 1 月 8 日，星期六
切尔西 3：1 斯肯索普联

穆里尼奥与布赖恩·劳斯碰面时，交给了他一份多达 5 页的备战文件，穆里尼奥对这场比赛的准备方式也说明，切尔西绝不会认为晋级是理所当然。而比赛的进程，也确实比最终比分显示的那样更艰苦。

斯肯索普联队的前锋保罗·海斯开场 8 分钟就以一记巧妙的转身穿裆射门，攻破了切尔西门将库迪奇尼把守的城门，也让 6000 名随军出征的客场球迷陷入狂喜。之后凯日曼劲射扳平，安迪·克罗斯比让人痛苦的乌龙球则恢复了"自然秩序"，不过替补出场的克利夫兰·泰勒距离将比分再度扳平只有一个门柱的差距。

最终切尔西只是凭借着此役场上队长古德约翰森的近距离射门得手，才真正终结了比赛悬念。斯肯索普联主帅布赖恩·劳斯赛后说，这是球队可以感到自豪的一天，"切尔西就像是对待国王一样对待我们——而且我们还差点拿下了作为被俘国王赎金的巨款。我们证明了他们也不过是凡人而已，并非来自另一个星球——即便他们确实能够像外星人一样踢球。何塞进来之后给了我一份侦查报告，是他针对我们做的报告。我也准备好了把我的给他，不过我敢肯定他不怎么经常需要。我发现他们唯一的弱点，就是他们提供的馅饼是冷的。比赛结束后他对我说：'如果我们继续这么走运的话，我们将赢得英超联赛。'这是个非常友善的举动，他让我的球员们都感觉很特别。豪门球队很容易就会忽略比他们更弱的球队，但他对我们做得足够多了。"

斯肯索普联的进球者保罗·海斯也对穆里尼奥满是赞扬："打入那粒进球，对我来说是梦想成真——我还以为自己接下来就要梦醒了。这一整天都棒极了，这都要归功于穆里尼奥。他对我们好极了，带我们参观了一圈，还让我们进入主客两队的更衣室，比赛结束后他对我们场上每个球员说'干得漂亮'，还又走进了更衣室。

"何塞告诉我们，我们可以走进主队更衣室，和任何我们想要找的人聊天，并且得到签名和球衣。我得到了乔·科尔的，我一直都想要他的球衣。他（穆

里尼奥）本来不需要做这些事情，但是他做了。我见过别人形容他自大无礼，但是他今天的所作所为让我们这一天过得棒极了。"

穆里尼奥在比赛中轮休了特里和加拉，斯梅尔京则在中卫位置上得到了上阵的机会，与他搭档的是前途无量的年轻后卫史蒂文·瓦特。切赫已经500多分钟没有丢球了，此役代替他出场的库迪奇尼开场8分钟就城门失守了。斯肯索普联的中场马特·斯帕罗抓住了切尔西小将努诺·莫赖斯的粗心失误，送出一记传中，直接将球交到保罗·海斯脚下。后者突然转身突破斯梅尔京，然后一记低射穿过库迪奇尼双腿之间入网。

在这粒进球的出现过程中，德罗巴错过了放倒马特·斯帕罗的机会——这一个瞬间，能够告诉你切尔西球员们在这场比赛中一开始的态度。切尔西没有低估斯肯索普联——他们只是根本就没有对斯肯索普联进行过预估。

此后，古德约翰森送出一记传中，德罗巴象征性地包抄射门未果，皮球落到凯日曼脚下，后者精准的劲射扳平比分，这时候切尔西的正常状态才恢复了一点。

之后，德罗巴独自突破了后卫克利夫·伯恩，3大步就甩开了他。此后，德罗巴本来是有意识地低传，但触球有些草率，不过不幸的克罗斯比没能及时收住步子，将球碰入自家大门，马塞尔怀特本来已经扑向了另一边，这时候手忙脚乱也没办法化解乌龙了。

此后，切尔西依靠库迪奇尼全力扑救，才保住了领先优势，克利夫兰·泰勒10码之外的头球攻门，被库迪奇尼扑到了门柱上。但在比赛还剩5分钟的时候，古德约翰森终于用一记6码外射门得手，正式为球队拿下胜利，这粒进球出现得有些繁复：罗本和乔·科尔的射门都被化解，最终皮球反弹到了古德约翰森脚下，无人盯防的他轻松射门得手。他的大力射门，让皮球从横梁下方入网，也意味着在这项杯赛中战斗至今的小球队终于被终结。

布赖恩·劳斯总结道："在比赛的前20分钟，我们在很大程度上占据了优势——当时进入了比赛状态的球队只有1支，我们才是看上去更有可能进球的一方。但是随着比赛的继续深入，切尔西球员们开始加速了。他们意识到必须拿下比赛，但是总的来说，我们的球员让我们、让球迷们、让俱乐部都感到十分自豪。"

曼联在老特拉福德主场被埃克塞特城逼平，重赛要去埃克塞特打，而穆里尼奥建议，像这样的客场比赛应该变成强制性的，"当打到杯赛的时候，英超球队如果抽到了低级别联赛球队的话，应该始终去低级别球队的主场比赛。"他说，"如果我们是在斯肯索普联的主场比赛的话，我可以想象我们可能会输掉比赛。我知道，对他们来说，来到切尔西的主场，在4万名球迷面前比赛意味良多，尤其是他们的球迷制造了了不起的氛围。我想埃克塞特城做客老特拉福德的时候情况也是一样。对他们来说，这是非常重要的一天。但是我认为我们应该一直都在客场打这种比赛。因为这可以给小球队更大的赢球机会，给更多他们的球迷看英超球员比赛的机会，他们一般没有这样的机会。"

乔·科尔——这场比赛英格兰队主帅埃里克森来现场考察了他的表现——以另一次精彩的发挥博得了穆里尼奥的欢心，"乔·科尔在技术层面上进步很大。他当然一直拥有才华，但是2个月前我告诉他，他不可能在我的球队中踢中场。结果上周对阵米德尔斯堡，他踢的就是中场，而且表现惊艳。现在他能够更多地思考比赛应该如何踢，不是以个人的身份，而是以十一人之一的身份思考。他理解比赛应该如何组织，理解球队需要什么，理解当我们不控球的时候他需要做什么。作为球员，他的提高非常大。他也是个很棒的小伙子，为人坦率，他不会（为了自己的位置）大哭小叫，而是只想要提高自己的实力。"

足总杯对于乔·科尔来说是个继续在队中形成突破的机会，也给了凯日曼进球提升自信的机会。凯日曼自己也说道："我感觉我们这里正在酝酿什么非常特别的事情。我们为什么不能赢下全部4座奖杯呢？！正常情况下讨论将英超、欧冠、足总杯和联赛杯全部拿下当然很难，但是现在俱乐部内部的情绪和信念都是绝妙至极。我们都想要创造历史，提前考虑太长远的事情是不对的，但是我们会继续这么做。"

穆里尼奥承认："我们需要很多运气。斯肯索普联有过很棒的扳平的机会，但是不幸击中了门柱。他们不仅仅踢得非常投入，还展现出了自己的品质，最终我们非常努力才拿下胜利。他们的队内氛围棒极了，希望这一段经历能够鼓舞他们最终升级。"

穆里尼奥一度对于比赛非常担忧，以至于他在常规时间还剩9分钟的时候将罗本替换上场。也正是荷兰人的转身和射门造成斯肯索普联解围未果，才有古德约翰森最终的进球。穆里尼奥补充道："现在我能看出足总杯意味着什么了，足总杯不可思议！斯肯索普联是带着赢球的梦想来到我们这里，而不是只是在球场参观一下，然后尽可能不输得太惨，这是好事。如果我们要在斯肯索普联打这场比赛的话，我不敢排出现在在主场排的这套阵容。我会排出一支更为出色的球队，因为我会害怕失利。我很尊敬（斯肯索普联的）这些伙计们。"

切尔西阵容

库迪奇尼／格伦·约翰逊，史蒂文·瓦特，斯梅尔京，莫赖斯／格雷米（保罗·费雷拉），蒂亚戈，乔·科尔／德罗巴（亚罗希克），古德约翰森，凯日曼（罗本）

回到格兰福德公园球场后，布赖恩·劳斯浏览了一下穆里尼奥的备战报告：4页电脑制作的彩印文件，当然，还有一张漂亮的封面。"最重要的是他猜对了我们的阵型，猜对了我们将如何比赛。"劳斯说，"他知道我们迟早会将控球权交还给他们，而这份报告里面写着的全都是我们的弱点。我们进攻的时候是我们最脆弱的时候，毕竟低级别联赛球员的注意力持续时间不大长。切尔西没有将注意力集中在我们某些球员身上，而是专注于我们的阵型，专注于我们将如何进攻，如何防守。"

足总杯第四轮抽签把切尔西和伯明翰抽到了一起，伯明翰俱乐部老板大卫·沙利文承认："我被惊呆了。我们不可能抽到更糟糕的签了。切尔西是英国最优秀的球队，甚至可能是现阶段世界最强的球队。"

切尔西队长约翰·特里的哥哥保罗·特里效力于英乙球队约维尔，后者第四轮的对手是查尔顿，他们想要爆冷击败查尔顿，约翰·特里决定为他们出一份力。在约翰·特里的帮助下，约维尔在蓝军的训练基地备战了这场比赛，之后这支英乙领头羊就去山谷球场做客比赛了。约维尔主帅加里·约翰逊说："多亏了特里兄弟的牵线搭桥。保罗和他弟弟约翰·特里说了一下，我想约翰跟穆里尼奥说了。对保罗·特里和约翰·特里两兄弟，以及切尔西和穆里尼奥先生，我都非常感激。备战这场对我们来说极其重大的比赛，这无疑是最理想的地方。"

梅尔奇奥特效力斯坦福桥5年间，曾经随队杀进过2次足总杯决赛，赢下了其中一次，输了另一次。上赛季结束后，梅尔奇奥特离开了切尔西，最开始想要去海外踢球。不过受到伯明翰主帅史蒂夫·布鲁斯的魅力感召，他改变了主意，转投其帐下。不过本赛季伯明翰没有取得预想中的成功，只是危险地在降级区之上徘徊。梅尔奇奥特说："在上赛季结束前我就做了决定。我需要一些新鲜的东西，我已经在切尔西效力5年了。每个人都知道我想要去另一个国家，尝试新的联赛。但是我从来没有在一位像史蒂夫·布鲁斯这样如此想要我的主帅帐下效力。目前的情况当然不像我们期待中的样子，但是我并没有后悔。对于切尔西，我也没有负面的想法。俱乐部等待联赛冠军已经等待得太久了，我希望他们能够赢得奖杯。穆里尼奥让每个人都努力前行，他拥有将球队带上另一个水准的能力，我认为他已经做到了这一点。他是个心理上非常强大的人。他知道自己想要什么，知道如何得到自己想要的东西，他也会让自己手下的所有球员都相信这一点。"

梅尔奇奥特还发誓要好好"教训"一下老伙计马克莱莱，"当我回看我们在切尔西踢球的镜头时，我会微笑起来，因为我感觉很有意思。"他说，"我们想要晋级下一轮，所以如果是对阵一支没有他们这么出色的球队的话，就会简单多了。但是你对这样的抽签结果也没有办法。这会是一场很棒的比赛，现在也是踢这场比赛不错的时机。抽签结果出来的时候，朋友们就开始打电话给我，本周我又和马克莱莱聊过。他开了我的玩笑，说如果他在场上有机会踢我的时候，他一定会踢的。我告诉他：'别担心，如果我有机会，我也会踢你！'"

伯明翰主帅史蒂夫·布鲁斯也为穆里尼奥着迷，"他是一股清风，"布鲁斯说，"我们都在关注他。我不知道他表现出来的是否真的就是自己的个性，也不知道他是否真的特立独行，但是他真的非常出色，帐下球队的表现也证明了这一点。本赛季早些时候我和他聊了会儿天，他这人非常有趣。他才到这里6个月而已，但是我们都被他激起了兴趣。"

布鲁斯5年之前曾经执教过赫德斯菲尔德，他透露当时自己曾经引诱特里加盟，那时候赫德斯菲尔德挺成功的。布鲁斯说："执教赫德斯菲尔德的时候，我曾经与切尔西就他（特里）的转会达成了一份 70 万英镑转会费的协议。我当时以为他真的会加盟。我不知道自己当时从他身上看到了什么，可能是潜力。如果我真的签下他的话，谁知道会发生什么呢？我可能在赫德斯菲尔德把他打造成巨星！"特里转会这支约克郡球队的交易最终告吹，因为赫德斯菲尔德董事会没能够筹集到足够的资金。

现如今，布鲁斯认为特里是切尔西取得成功的主要原因之一，"约翰（特里）和兰帕德是这支切尔西的心跳所在，"他说，"从某种程度上来说，他有点不走运，因为在争取英格兰队主力位置上有太多的竞争。但是在我看来，他已经接近成为主力了。而且现在我肯定买不到他了。你肯定不会经常碰见像他这样的球员。他作风勇猛——说他有多坚韧就有多坚韧——而且是一位领袖。说真的，你可以遍览切尔西阵容，你肯定没办法找到太多的弱点。"

迎接足总杯的时候，穆里尼奥有着与他此前备战联赛杯早几轮时同样的态度，"那时候，我们每过一轮都会使用更强大的球队，等到晋级半决赛的时候，我们用上了自己的最佳阵容。足总杯第三轮对斯肯索普联，我们轮休了一些球员，现在对阵伯明翰，我们会排出一套更强的班底。幸运的是，我们所有的球员都可以出场，我认为三四处人员调整不会削弱我们太多。"

2005 年 1 月 30 日，星期日

切尔西 2：0 伯明翰

队长特里在比赛还剩 10 分钟时的进球，终于让切尔西在最后时刻不用继续紧张下去，当时球队只能以 10 人应战，而且只领先对手一球。遭遇少一人的局面，是因为首开纪录的胡特受伤时，穆里尼奥已经将兰帕德、德罗巴和罗本用作替补，用光了换人名额。特里进球之后，胡特直接下场了。"我认为我们上半场踢得非常非常好，我们本应该已经两球领先，甚至拥有三球四球的优势。"穆里尼奥说，"下半场我们踢得不行。出错的是我们自己，而他们的表现也提高了一点。不过最重要的是杀进下一轮。"

比赛仅仅打到第六分钟，特里就在一次角球进攻中聪明地挡住了伯明翰门将迈克·泰勒，让胡特有空间头球破门。比赛结束前 10 分钟，特里又接应兰

帕德传中头球再下一城，这也是他本赛季打入的第七球。赛后谈及自己对第一球的看法时，特里坦率地承认他与泰勒并非"意外碰撞"，"这并非我们在训练中练习的套路。胡特和我只是说一个人去争顶，另一个人就去阻挡门将。我很满意我的进球。能够把名字写入记分牌总是一件好事。2∶0领先之后，伙计们才终于有种解脱的感觉。伯明翰开局打得很好，埃米尔·赫斯基赢得了很多头球，对防守来说这是让人失望的局面。但是总体来说，我认为我们配得上这场胜利。"

胡特进球之后，布里奇在上半场结束前 4 分钟给达夫制造了一次破门良机，但是这次达夫的射门被封堵后只是制造了角球。角球传入禁区后，胡特又一次寻觅到了射门的空间，但是这次他射出的皮球弹地后击中横梁。

半场的时候，切尔西更换了一名突击的边锋，因为穆里尼奥决定，应该让罗本接达夫的班，来继续摧残伯明翰的防线了。

但是第五十二分钟的时候，伯明翰差点就扳平了比分，朱利安·格雷的传中落到远门柱附近的达伦·安德顿脚下，前英格兰国脚中场劲射颇具威胁，库迪奇尼拼尽全力才将球托出横梁。

特里之后犯了个错误，头球回顶没有落在库迪奇尼控制范围内，但是伯明翰浪费了这一次机会，切尔西队长之后才有机会终结这个看上去越来越无心恋战的对手。

大部分的赛后讲话主题都没有集中在比赛本身上，而是聚焦在称切尔西已经非法接触阿森纳左后卫阿什利·科尔的传言上。穆里尼奥对这样的传言轻描淡写，"我其实去了米兰，和阿德里亚诺在一起呢，"他开玩笑说，"周四的时候我去了米兰，所以我不可能跟阿什利·科尔在一起。"为免让任何人起疑心，他很快让大家了解到他的说法全都是在开玩笑，"杰拉德、阿德里亚诺、阿什利·科尔——下个星期就又是另一个人了。我有一套不可思议的完美阵容，本赛季我不再需要任何其他球员了。下赛季我需要一两个球员，所以不断有各种各样的名字与我们联系在一起，因为我们是切尔西。每个人都想来，每个人都想把球员与我们联系在一起。但是我没时间去会见球员，我专注于自己在俱乐部的工作，那就是赢得奖杯。"

切尔西阵容

库迪奇尼／格伦·约翰逊，胡特，特里，布里奇／乔·科尔，斯梅尔京，亚罗希克，达夫（罗本）／古德约翰森（德罗巴），凯日曼（兰帕德）

在种种场下争议的影响之下，下一轮足总杯抽签似乎是在完全没有被察觉的情况下进行的。切尔西抽到了客场对阵纽卡斯尔，蓝军在杀进联赛杯决赛的路上就已经击败过喜鹊军团。但是纽卡斯尔主帅格雷姆·索内斯相信球队这次可以抵挡住切尔西的进攻，"本赛季早些时候的联赛杯我们没能击败他们，这有点不太走运，所以我们现在等不及打这场比赛了。"

纽卡斯尔阵中有一位"间谍"，那就是塞莱斯廷·巴巴亚罗，他曾经在切尔西效力长达 8 年，在穆里尼奥之前还历经古利特、维亚利和拉涅利这 3 位主帅的执教。他说自己对于阿布的影响完全没有心理准备，"切尔西在阿布入主之后发生的事情，和以往发生过的任何事情都不一样。"这位尼日利亚国脚表示。在西伦敦生活将近 10 年之后，巴巴亚罗带有更多伦敦英皇大道的口音了，而不是家乡卡杜纳的口音，"他就像是突然冒出来了一样。没有人能够预料到，像他这样的人会接管切尔西。他投入的资金量真是不可思议。如此多的球员来来去去，更衣室里总是有各种各样的面孔。一切都变化得如此迅速。"1997 年从安德莱赫特以 225 万英镑的转会费加盟切尔西后，巴巴亚罗共为蓝军出场 197 次，在本赛季转会纽卡之前他只出场了 5 次，这个对于切尔西而言具有重大历史意义的赛季，他完全沦为替补。

巴巴亚罗 15 岁就离开了尼日利亚，加盟切尔西的时候也只有 19 岁。他在俱乐部不断成长，在诸多新援来来去去的过程中成为了球迷熟悉的面孔。拉涅利是第一位获得阿布支票簿无限使用权的切尔西主教练，巴巴亚罗在他的精挑细选中幸存了下来，但是在穆里尼奥帐下，他就没有这么幸运了。"当我发现纽卡斯尔对我感兴趣的时候，我完全没有犹豫，"巴巴亚罗说，"我在切尔西待了 8 年时间，但是我发现自己的合同只剩下 5 个月了。我本来可以继续留下，主帅也这么跟我说了。我也考虑过续约，但是我没有得到常规的出场机会。我是在俱乐部效力时间最长的球员了，我看过球员和主帅们来来去去。我已经在 4 位切尔西主帅帐下效命，所以（转会）这不是件容易做的事。

"在阿布接收切尔西之前，切尔西和纽卡斯尔可谓是势均力敌。我们都在同一个水准之上，看上去都能够赢得联赛冠军，但最终却总是做不到。因为阿布，一切都发生了改变。现在的切尔西已经不是我当初加盟的切尔西了，但是他们表现得非常不错，我也为他们感到高兴。我在这里也很开心。这（转会）是正确的决定。现在球队在场上的表现不如我们的预想，但是我们能够改变这一局面。

"我认为他们能够夺得四冠王吗？不，因为我希望我们能够把他们淘汰出足总杯。如果真能够做到的话，这会让我非常满意。击败切尔西，是那种可以成就一个赛季的赛果。切尔西在联赛中以 9 分优势领跑，所有杯赛也都全部存活，所以你确实得承认四冠王是有可能的。现在把他们淘汰就是我们的任务，虽然如果他们赢下其他奖杯的话我也会感到高兴。切尔西现在展翅高飞，但是没有一支球队是不可击败的，足球里面任何事情都有可能发生。"

巴巴亚罗曾经跟随切尔西赢得过足总杯和欧洲优胜者杯，他相信切尔西从联赛中功亏一篑的失败者变成所向披靡的领头羊，很大程度上要归结于一个人的贡献，"穆里尼奥的一大力量在于他的信心和组织。他准确地知道自己正在做什么。他来到切尔西之后改变了一切。有人说他傲慢自大，但是我认为他只是对自己从事的一切事情非常自信而已。他也把这种心态灌输给了球员们，他们也都相信自己，这对切尔西来说是个巨大的变化。上赛季迎来比赛的时候，我们会觉得比赛肯定很难打，我们可能只能够拿到一个平局，但是今年他想要从每一场比赛中都拿到 3 分，甚至没有人想过输球的可能性。穆里尼奥备战比赛的方式非常职业，他是我共事过的考虑最周全的主帅。我们以前会在每场比赛之前观看相关视频，但是穆里尼奥会让我们把同一份视频看 3 遍。比赛前几天，他会把相关笔记放到每个人的衣夹上，笔记上记着你需要对付的对方球员的名字，这样每个人都知道自己应该做什么了。球队里充满团结与信念，大家都知道球队将会取胜。"

但是对阵纽卡斯尔时，穆里尼奥帐下有罗本、帕克和德罗巴等伤兵，特里则被停赛。兰帕德和布里奇染上了流感，切赫、马克莱莱和达夫则都为了备战接下来那个周中对巴塞罗那的重头戏而被轮休。穆里尼奥说："我们将以一支二队出征纽卡斯尔，我们对阵的将是一支强大的球队。"他补充道，"如果比赛是安排在周六踢的话——我认为本来应该安排在周六——我会派出我的最强阵容。但是现在比赛是周日打，如果让他们上场，然后第二天凌晨飞去巴塞罗那的话，那就太强人所难了，我手下毕竟没有超人。纽卡斯尔周四打过一场（欧洲联盟杯）比赛，在这样的情况下，我也理解他们不想要在周六与我们交手。换作是我也一样。但是在我看来，欧洲联盟杯比赛有 2 个比赛日，而纽卡斯尔本来可以在周三打海伦芬。如果他们这 2 场比赛分别安排在周三和周六，而不是周四和周日，我们就会在足总杯派出我们的最强阵容了。英足总在此事上本应该有所作为。他们应该捍卫所有代表英格兰出征欧战的球队的利益。

"没有人能够说我不尊重英格兰的杯赛，因为当别的球队在联赛杯中派出预备队的时候，我还是派出了我们的最强阵容。我们和曼联都在半决赛里用了最强阵容，这也是我们对这项赛事能够表示的最大尊重。但是这一次我做不到。"

2005 年 2 月 20 日，星期日

纽卡斯尔 1：0 切尔西

切尔西的四冠梦想破灭了，穆里尼奥的双重赌博最终事与愿违。在特里已经被停赛的情况下，穆里尼奥选择为欧冠客战巴塞罗那一役轮换其他 6 名关键球员，在帕特里克·克鲁伊维特开场 4 分钟就帮助纽卡斯尔首开纪录之后，穆里尼奥被迫重新考虑自己的排兵布阵。

达夫、古德约翰森和兰帕德都在半场之后替补上阵，但他的 B 计划很快被摧毁，因为下半场开打不到 2 分钟，布里奇就因为遭遇疑似脚踝骨折的重创，被担架抬下场。切尔西最终在一片混乱中结束了这场比赛：达夫在出场后很长时间里实际上扮演了看客的角色，甚至加拉也在与自家门将库迪奇尼相撞后有些腿脚不便，被迫下场。库迪奇尼甚至在伤停补时阶段被红牌罚下，切尔西最后时刻甚至是 9 人在场上应战——且 2 人受伤。所以在 5 分钟的伤停补时结束之前，穆里尼奥就和索内斯及其教练团队握手，也就不奇怪了！

这是切尔西在 16 场比赛中遭遇的首场失利，仅是 30 场之中的第二败。喜鹊军团之所以如此热心地将球场上的积雪清理掉，可能很大程度上要归结于他们想要抓住特里停赛、罗本和德罗巴缺阵的机会。当然，切尔西队长也知

道，如果他的停赛延期的话，那他就没办法打紧接着的联赛杯决赛了。

喜鹊军团从一开场就进入了状态，他们显然意识到了这场比赛有机可乘，而在开场 4 分钟就取得领先后，他们也继续稳扎稳打。

乔·科尔试图策动攻势未果，纽卡斯尔的基伦·代尔和尼基·巴特在中场中路打出配合，然后传球找到了左路的洛朗·罗贝尔，后者狂奔送出一记传中，克鲁伊维特抢在盯防他的加拉之前，顶出一记势不可当的头槌，越过库迪奇尼，直入球门上角。第二十四分钟，凯日曼的射门越过了谢伊·吉文的防守，但是没能够越过横梁这最后一关，实在不走运。9 分钟之后纽卡门将又做出一次精彩扑救，化解了亚罗希克的射门。

穆里尼奥做出的反应是决定性的，他的反应也非常迅速：半场的时候换下乔·科尔、格雷米和蒂亚戈，古德约翰森、达夫和兰帕德取而代之。但是当下半场开始 2 分钟阿兰·希勒从身后铲断布里奇时，穆里尼奥肯定希望自己刚才没有这么冲动。

英格兰左后卫因此次铲抢陷入极大的痛苦，在场边进行长时间的治疗之后，他被担架抬下，左脚踝包裹上了保护性的护套，当他去往医院的时候，球队只能 10 人应战。

比赛打到最后 20 多分钟的时候，索内斯也进行了换人调整，用肖拉·阿梅奥比和詹姆斯·米尔纳替下了希勒和代尔。此后凯日曼和古德约翰森都远射叩门，吉文始终保持着警觉。

纽卡右后卫史蒂芬·卡尔有机会在比赛还剩 16 分钟的时候终结比赛，詹姆斯·米尔纳的传球让他得到了射门机会，但是达夫和库迪奇尼联手将危险化解，不过切尔西门将在此次防守中弄伤了自家的边锋。库迪奇尼之后遭遇了更加痛苦的事情，他被红牌罚下，出战联赛杯决赛的梦想因此被终结。"如果是个自私的门将的话，他可能就放阿梅奥比进球了，"穆里尼奥说，"但是卡洛（库迪奇尼）想着的是球队，为此他甘心赌一把。他最终只是送出了一次任意球机会，自己却被罚下，但是纽卡斯尔没有进球。我想这说明了他是个怎样的职业球员。"

"你可以写出这样的头条，'失利，罪在穆里尼奥'。"切尔西主帅还承认，"在半场的时候就换上 3 人是一次冒险，但是我并不后悔。我的人生就是一场冒险。我之前就这么做过，以后也会这么做。我是主教练，我总要做决定。我为失利负责，我的球队只为胜利负责。我以为替补球员们的上场能够符合球队的需求。我们在下半场大部分时间都是 10 人应战，我们却踢得比他们好。你可以想想，如果我们有 11 人的话……"

现在布里奇将因伤长期停战，达夫（腘绳肌）和加拉（腹股沟）能否出征诺坎普也存疑。但是在执教切尔西以来最关键的一周到来之际，穆里尼奥拒绝抱怨伤病名单是如此之长，"我不会为伤病而抱怨，"他说，"当我们登上飞机的时候，我只会考虑对手巴塞罗那。这就是我们现在应该做的。对于伤病我们无能为力，医疗组会竭尽全力。有时候你会为球队赢球而感到自豪，有时候即便球队失利，你也会为他们自豪，而今天我就倍感自豪。

"我想球队的心态棒极了——球队的反应非常棒，不管是丢球之后，还是下半场 45 分钟都 10 人应战，甚至最后时刻达夫受伤的情况下以 9 个半人应战。有时候失利会让你觉得你的球队非常伟大，你根本不担心未来。我知道四冠王是可能取得的成就，我在波尔图也做到过。但在英格兰这里，在国内赛事上赢球更加艰难。这样的结果对我们来说是不公平的，但是我也得承认，联赛中在斯坦福桥交手的时候，他们上半场踢得更好，但是我们最终赢了个 4 : 0，所以那场比赛的结果也不公平，足球就是这样。就我今天派上场的球队而言，他们踢得非常出色。"

纽卡斯尔队长阿兰·希勒将这场胜利形容为"大胜"。当被记者问及主队纽卡斯尔下半场是否感受到巨大压力时，希勒说："我并不这样认为。看看我们创造的机会，看看他们创造的机会，我认为他们没有真正让守门员谢伊（吉文）费心。至于布里奇的伤病，我认为我们之间并没有身体接触。"

索内斯则强调了球队在没能打出某些球迷想要的风格的背景下仍然取胜有多重要，"之前对阵切尔西的 2 场比赛，运气没有站在我们这一边。这一次运气垂青了我们。他们在我们门前占据着控球优势。我们不是经常能够保住领先，最终 1 : 0 获胜，实际上，这是我来这里之后我们第一次做到这一点。不可能再有比这样更加折磨人、更加让人小心翼翼的比赛了。我们最终 1 : 0 赢了，打进了下一轮，我们很高兴。切尔西赛季之初受到了不少批评，但是他们一直在赢球，自信也随之增长，然后也开始打进更多球了。"

泰恩河畔的纽卡斯尔在席卷英格兰东北的暴风雪中庆祝这场胜利时，穆里尼奥突然面临着最严峻的挑战。他们必须将赛季第三场失利抛诸脑后，并且找到在诺坎普应对罗纳尔迪尼奥及其队友的良策，心理上、身体上他们都要做好准备。别忘了，之后切尔西还要在联赛杯决赛中对付状态正佳的杰拉德和费尔南多·莫伦特斯。一整个赛季，切尔西似乎都有好运气相伴，但在他们最迫切需要运气的时候，运气却似乎离开了他们，球队开始遭遇怀疑。

兰帕德发出了挑战的号召，他坚定地认为他们仍然能够取得伟大的成就，"当你一直在赢球的时候，突然被淘汰出一项赛事确实很受伤，但是我们还有别的事情要关心。我们接下来将面临的是至关重要的一周，很多事情将取决于这一周，我们要确保自己找回状态。我们仍然可以继续打出一个伟大的赛季，我们拥有很棒的意志和自信，我们会继续战斗，争取赢下比赛。现阶段确实有让人失望的事情，但是我们的反弹或许就会出现在明天。我们会精诚团结，意识到自己今年正处于伟大成就的边缘。在很多方面我们都有很长的路要走，但是我们必须确保自己渡过难关，以精彩的方式完成这一切。"

穆里尼奥则说："今天不是个好日子，但是我们没时间品味这种戏剧性的时刻，尤其是我们现在有机会赢得我们真正想要的荣誉：英超联赛奖杯。对于我的球员们，我只有赞扬的话语。"

切尔西阵容

库迪奇尼／格伦·约翰逊，卡瓦略，加拉，布里奇／亚罗希克，斯梅尔京，蒂亚戈（古德约翰森），格雷米（兰帕德）／乔·科尔（达夫）／凯日曼

联赛杯

"我喜欢何塞。他有着很棒的幽默感和智慧。他把自己视作一位年轻的枪手，来到小镇上挑战已经在此经营多年的警长。他心中满是这种机智，他叫我老板、大人物。不过如果他问候我的时候还送上一瓶好酒的话，那肯定会更有用。但是他送给我的酒简直像是脱漆剂，我注意到他没有好酒……甚至阿布也没有。"

2005 年 1 月 12 日，在斯坦福桥进行的联赛杯半决赛之后，曼联主教练弗格森爵士如此表示。

切尔西这个赛季的联赛杯征程，从被抽到坐镇斯坦福桥对阵伦敦德比对手西汉姆联开始。切尔西阵中的 3 位前西汉姆联球员——兰帕德、乔·科尔和格伦·约翰逊都曾经在厄普顿公园球场备受尊崇——都需要做好经受西汉姆联球迷仇恨考验的准备。助理教练克拉克说这 3 名球员已经准备好了打一场艰苦的比赛，"我和这几个伙计聊过了，他们都认为自己不会从西汉姆联球迷那里得到什么太好的对待。"

自从 2001 年转会之后，兰帕德已经和西汉姆联交过手，但这将是乔·科尔和格伦·约翰逊第一次与老东家碰面。"他们都将对阵老东家，这很正常，"克拉克补充道，"但是这不会影响到我们的阵容选择。3 个人都有可能上场，但也有可能是 2 个，甚至可能是 1 个。"

切尔西派出了一套强大的阵容，因为穆里尼奥准备将联赛杯变成他在英格兰足坛的第一座冠军奖杯。执教波尔图的最后两个赛季，穆里尼奥拿下了全部 6 座可以拿的冠军中的 5 座，他无疑想给自己的新俱乐部植入同样的赢家心态。"波尔图和切尔西之间的唯一区别，就是在波尔图我们赢得了一切，而在切尔西则没有，"穆里尼奥表示，"当你们在一起赢得冠军，这会使得球队变得更加强大。我们在波尔图的时候，有两年半的时间一直在夺冠、夺冠、夺冠……"

上赛季切尔西在联赛杯 1/4 决赛中输给了阿斯顿维拉，克拉克说，这一次，穆里尼奥已经告诉了球队他想要什么，"他已经告诉球员们，他希望我们能够赢下这场比赛，然后在联赛杯上一路狂奔直至夺冠。这一点与以前的主教练相比是很大的改变。"

2004 年 10 月 27 日，星期三
切尔西 1：0 西汉姆联

上周切尔西主场击败莫斯科中央陆军的欧冠比赛，有时候几乎是在无声的环境中进行的，但是到了联赛杯的时候，球场内的气氛显然兴奋得多——更确切地说，直到观众中的一小部分人失控之后，整个球场里的气氛才发酵了起

来。穆里尼奥对球队阵容进行了几处调整，但是他排出的仍然是一套极具竞争力的阵容。库迪奇尼、巴巴亚罗、格雷米和蒂亚戈都得到了首发出场机会，帕克则连续第二场比赛首发上阵。

这场比赛中，凯日曼打入了加盟切尔西之后的首粒正式比赛进球，这粒进球实在是花了很长一段时间才出现。实际上，上半场就挥霍掉几次板上钉钉的机会之后，塞尔维亚人还受到了41774名现场观众中一部分人的批评。不过在第五十六分钟，他终于因为自己坚持不懈的努力得到了奖赏。乔·科尔送上助攻，凯日曼射出的皮球躲开了西汉姆联门将吉米·沃克的指尖，擦着球门上沿飞入了网窝。赛后，塞尔维亚人如释重负的感觉非常明显。"这对我来说是一粒非常重要的进球，"凯日曼说，"现在我感觉非常自由，我相信接下来我会进更多球。虽然我之前错过了一些机会，但是我从未放弃。我从这场比赛的第一刻开始就想着我能够进球，实际上，我甚至有机会上演帽子戏法。"

这场比赛在最后15分钟变了味，凯日曼赢得了一粒点球，但是他被6000名西汉姆联随军球迷丛中扔出的1枚硬币砸中了前额，就在眼睛上方，鲜血从伤口涌出，前埃因霍温前锋不得不接受了治疗。而西汉姆联球迷的昔日挚爱兰帕德，则遭遇了更多的硬币袭击，最终他罚丢了这粒点球。

切尔西替补古德约翰森之后头球击中横梁，西汉姆联在终场前最后几秒钟还有机会扳平比分，但是在最后时刻被顶上锋线、成为西汉姆联搏命战术棋子的中后卫安东·费迪南德，接应到鲁弗斯·布雷维特的传中后，头球同样击中横梁。

西汉姆联球迷做的还不止这些，至少有2个塑料水瓶被扔到了球场上，西汉姆联球迷这一次的目标是他们的昔日英雄乔·科尔。防暴警察后来与不断用硬币和水瓶袭击球场的球迷发生了冲突，甚至有一位斯坦福桥安保人员在这个过程中被挤伤，然后被送往了医院。终场哨响后暴力事件再起，斯坦福桥北看台马修·哈丁看台低层的西汉姆联球迷与警察打了起来，而上层的切尔西球迷似乎往下扔了垃圾。直到15分钟之后，场内才恢复了秩序。双方球迷此后还在回家的路上，于富勒姆大街地铁站外发生了冲突。警方以扰乱公共秩序、携带攻击性武器和持有毒品的名义逮捕了11人。

媒体注意力集中到了伦敦连续第二晚的足球暴力上，实在是件令人遗憾的事。这天晚上这些狼藉场面出现 24 小时之前，利物浦客场 3∶0 击败米尔沃尔一役，红军球迷也将硬币和座椅扔向了警察。

比赛结束后，西汉姆联主帅阿兰·帕杜说，"刚发生的这一切是个耻辱。两队之间本来有着互相戏谑的关系，俱乐部之间对抗已久，但是球迷之间的关系不算差。"一位警方发言人则补充道，"大部分球迷表现良好。"

与此同时，帕杜对于球队的表现相当满意，"我们很难将球从切尔西脚下抢下，但是当我们抢到球的时候，我们的表现水准很高。"

"西汉姆联踢得很好，"克拉克承认，"但是我们本来有机会打进更多球，赢得更有说服力。"

切尔西阵容

库迪奇尼 / 保罗·费雷拉，卡瓦略，加拉，巴巴亚罗 / 格雷米，帕克（兰帕德），蒂亚戈 / 乔·科尔（达夫），凯日曼，罗本（古德约翰森）

切尔西的下一个联赛杯对手是纽卡斯尔。克拉克曾经在纽卡斯尔担任过 2 个赛季的助理教练，他深知在那个为足球而疯狂的城市工作有着怎样的压力，"纽卡斯尔有一批很强的球员，他们也获得了球迷的巨大支持，但是他们需要赢得 1 座奖杯。他们对球队投入很大，所以需要展现出这一点。他们迫切地想要取得成功，但是上周日主场输给富勒姆肯定会让他们很伤心，因为他们不喜欢在主场输球，而且 1∶4 是个惨痛的失利，所以这场比赛他们肯定想要有所补偿。"

与此同时，穆里尼奥的球队在周六 1∶0 击败埃弗顿之后，第一次升到了英超联赛榜首位置。克拉克说："我们从来没有真正考虑过现在的排名是联赛第一、第二、第三还是第四。我们只是想要赢下尽可能多的比赛。接下来这场是联赛杯，我们会有完全不一样的心态。球员们每次穿上切尔西球衣都会感觉到身上的压力，因为人们期待他们能够有所表现。我敢肯定他们能够处理好这种压力。

"我们会对阵容进行一两处调整，但这不会削弱球队的实力，因为我们拥有大批顶级国脚。到一年的现在这个阶段，我们需要轮休一两名球员，因为我们有着艰苦的赛程，有很多比赛要打。从现在到圣诞节，情况都不会变轻松。"

2004 年 11 月 10 日，星期三
纽卡斯尔 0：2 切尔西（加时赛）

　　直到比赛的加时赛阶段，教练席上的穆里尼奥都留给人沮丧的形象。洛朗·罗贝尔是纽卡斯尔掌控场上形势的关键人物，并且 3 次远射叩关，不过全都被库迪奇尼精彩地化解。切尔西的 A 计划——乔·科尔突前策划进攻，达夫左边路突破，蒂亚戈中场调度——没能奏效，所以穆里尼奥在比赛还剩 20 分钟的时候切换到了 B 计划，派上兰帕德和罗本攻击纽卡斯尔。比赛场面由此改观。

　　罗本很快变成了场上的最大威胁，他在左边路一次突破后将球送到古德约翰森脚下就证明了这一点。冰岛人虽然刚上场 3 分钟，但还是犀利到以一记低射打破吉文的十指关，这时候，这场引人入胜的比赛已经进行到了第一百分钟。这也意味着主队抵抗的终结。12 分钟之后，比赛真正终结了，"神奇小子"罗本上演了一次个人突破，他在距离球门 45 码外得球，盘带突破了纽卡斯尔防线核心地带，然后将球射入球门远角。

　　赛后新闻发布会上，穆里尼奥承认："我们本来已经准备好踢点球大战了。但是我告诉球员们，纽卡斯尔在加时赛中肯定比我们更累，我们会得到空间的。（球员们给出的）答案非常了不起。我的所有球员都奉献了无与伦比的表现。卡洛（库迪奇尼）和格伦·约翰逊都给出了精彩的答案。特里和加拉在整支球队身后堪称定海神针。"

　　纽卡斯尔主帅索内斯也在赛后表达了自己的看法，"我们功败垂成。我们有比他们更好的机会，所以最终的结果对我们而言不公平。我们非常努力，但是最终却一无所获。我们的防守做得非常棒，上半场让他们黯然失色。但切尔西确实是一支强大的球队，第一球非常重要，而他们打进了。到赛季结束的时候，切尔西会登顶联赛。"

　　看到自己的队长带领俱乐部晋级联赛杯 1/4 决赛之后，穆里尼奥坚称特里配得上他那份丰厚的新合同的每 1 分钱。这位英格兰国脚刚签下一份 5 年合同，周薪 8 万英镑，穆里尼奥相信这笔钱花得很值，"他是个顶级球员，总是准备好了应对一切。老实说，这个国度拥有世界上最好的中后卫——特里、索尔·坎贝尔、里奥·费迪南德、莱德利·金、乔纳森·伍德盖特。但是对我来说特里才是唯一，这在一定程度上是因为他是切尔西的孩子——他在这里出生，在这里长大，他对切尔西的感情其他任何人都比不上——此外，他还在更衣室里产生着巨大的影响，他配得上得到（新合同的）每1分钱。"

这是切尔西在最近11场比赛中获得的第十场胜利，也是第七场连胜，而且蓝军在最近18场比赛中只丢了4球，只输了1场。下一轮，蓝军将去到不远的邻居——富勒姆的主场做客。

切尔西阵容

库迪奇尼／格伦·约翰逊，加拉，特里，布里奇／保罗·费雷拉，蒂亚戈，帕克（古德约翰森），达夫（罗本）／乔·科尔（兰帕德）／凯日曼

1/4决赛之中，切尔西的对手将是富勒姆，蓝军对待联赛杯很认真，因为他们本赛季想要举起全部4座奖杯。罗本说："我们仍然留在全部4项赛事中，我们的目标就是将它们全部赢下来。征战一项赛事的时候，你不能带有其他的态度。全取4冠肯定有很大难度，但是我们会尝试一下。"

"我们现在进入轮换时刻了。"当对富勒姆一役越来越近的时候，穆里尼奥如此说道。切尔西也借此展现了他们的板凳深度，正是阵容的整体强大让他们看上去越来越可能赢下联赛冠军了。切尔西的第二纵队仍然是一流的：帕克（英格兰国脚）、布里奇（英格兰第二好的左后卫）、斯梅尔京（俄罗斯国家队队长）、凯日曼（在埃因霍温时极其高产）、乔·科尔（英格兰队迫切期待他的未来发展）以及库迪奇尼（上赛季的首选门将）。

"你可以拥有顶级的球星，你可以拥有最好的球场，你可以拥有最优秀的设施和转会市场上最完美的策略，但是如果你不赢球的话，（俱乐部的）人们做的这一切都会被遗忘。你必须赢球，尤其是赢得某座（对俱乐部而言是）第一冠的奖杯——就像我以前做到过的那样。"穆里尼奥说。

最近3场英超比赛，切尔西每场都打入4球，英超联赛中只有阿森纳的进球记录比切尔西更出色。但是阿森纳从1993年以来就没有赢得过联赛杯，

而曼联在这项赛事历史上的唯一一座冠军，比他们还要早上 1 年。如果切尔西能够在联赛杯上取得成功，与此同时继续冲击英超、欧冠和足总杯冠军的话，切尔西阵容的深度能够得到更深入的展示。

2004 年 11 月 30 日，星期二

富勒姆 1：2 切尔西

在比赛的上半场，富勒姆的 4 人中场给了他们人数上的优势，但是半场之后穆里尼奥的变阵，让切尔西开始击垮主队。第五十四分钟，达夫在禁区边缘的射门击中后卫伊恩·皮尔斯伸出来的腿，皮球产生巨大的折射，越过被晃点的守门员埃德温·范德萨飞入球门，切尔西看上去似乎接近胜利了。这次折射对于富勒姆而言是一次残酷的打击，因为主队希望历史上第一次杀进联赛杯半决赛。

但是富勒姆决心奋战到底，他们也确实一度得到了回报。第七十四分钟，出生在加纳的前锋埃尔维斯·哈蒙德，在替补上阵仅仅几秒之后，就接应到布赖恩·麦克布莱德越过特里的低传，然后突破卡瓦略，将球送入网窝。

对富勒姆主帅克里斯·科尔曼而言不幸的是，他的球队没有足够的体能来继续冲击这个联赛中最强韧的防线，锋线箭头安迪·科尔更是至少错过 3 次破门良机。

最终，在比赛还剩 2 分钟结束的时候，替补兰帕德打入了制胜球，手忙脚乱的范德萨没能将他 20 码外的射门挡出。12 分钟之前，这位英格兰队中场的"马拉松高手"替代了达夫出场，当每个人都开始为加时赛做准备的时候，只有他拒绝让比赛继续拖延下去。

兰帕德其实差点就没能够打上这场比赛，因为他正在为上周末去世的外祖父比尔·哈里斯服丧戴孝。比赛之前，穆里尼奥主动提出让他休息，"比赛之前，我和弗兰克（兰帕德）聊了一下，问他是什么感觉。他说他想要待在这里帮助球队。他是个伟大的男人，一个伟大的职业球员。他的态度实在是出色。我问过他这场比赛和下周对波尔图的比赛想怎么安排，因为葬礼在下周一进行。下周他会单独前往客场与我们会合。我们会一早出发，他晚点过来。但他还是想要去与我们并肩作战。"

比赛结束之后，兰帕德评论道："这粒进球献给我的外祖父。现在我们想要继续前进，赢下这项赛事，在 2 月底的时候把奖杯收入囊中。

"我们不会把自己想象成'无敌之师'，那是用在上赛季阿森纳身上的词汇，但是我们也想要达到那样的高度。我们还没有达到这一水平，因为我们还什么都没有赢得。但所有的球员都想一路前进，拿下联赛杯。"

富勒姆主帅科尔曼则说他从球队那儿得到了自己想要的反应，毕竟球队上周末才遭遇了惨败布莱克本的灾难，"我们和全国最强的球队交手，最终以这样的方式输掉，实在是让人失望。"

科尔曼还认为切尔西可能无法赢下所有想要的奖杯，"他们的阵容当然有着足够的品质，但是我认为要想全取 4 冠肯定会很困难。我认为他们可以赢下 2 座——英超，可能还有欧冠。他们打进了联赛杯半决赛，所以夺冠也有可能。但是我认为打到赛季末的时候比赛会越来越多，（结果如何）会是个巨大的疑问。"

切尔西阵容

库迪奇尼／格伦·约翰逊，卡瓦略，特里，布里奇／斯梅尔京，马克莱莱，帕克／达夫（兰帕德），德罗巴（古德约翰森），罗本（乔·科尔）

虽然联赛杯在穆里尼奥的夺冠优先级中排名最低，但葡萄牙人还是相信，赢下他作为切尔西主帅的第一座奖杯，会让球队跨过最后一道心理障碍。

"我告诉球员们，这项赛事在 2 月份就会结束，而不会拖到 5 月或者 6 月。如果我们能够杀进决赛的话，肯定很棒，而且对俱乐部而言也会很特别，因为俱乐部已经有几年没有看到这样的大场面了。这就是那种你能够杀进决赛就一定要进的时刻，如果我们能够夺冠，我们肯定就会夺冠。"

由于在斯坦福桥打联赛杯的时候球迷们"投掷异物"，切尔西和西汉姆联都受到了英足总的处罚。12 月 15 日，英足总在官方网站上宣布："因为在斯坦福桥进行联赛杯比赛时球迷行为不当，切尔西俱乐部和西汉姆联俱乐部均受到了控告。2 家俱乐部被控违反了足总章程 E22（a），即未能确保其观众、球迷或追随者的举止合乎规矩，不产生威胁、暴力行为以及煽动性行为。"

足总杯半决赛将切尔西和曼联抽到了一起。曼联因此得到了给切尔西的完美赛季搅局，同时补救自己的赛季的机会。从赛季的第一场联赛开始，曼联就是表现不及切尔西的球队，那场比赛，穆里尼奥的新球队在斯坦福桥 1：0 击败了红魔。21 场比赛过后，切尔西队内充盈着自信，而且在联赛争冠中对曼联保有 11 分的优势。他们不仅把曼联甩到了第三的位置上，把卫冕冠军阿森纳力压在第二位，同时杀进了足总杯第四轮，还在欧战赛场上表现出色，是第一支杀进欧冠淘汰赛的英超球队，这时候小组赛还剩 2 场没打，而他们在前 4 场小组赛中一球未丢！

大战当前，弗格森放弃了派遣替补球员出战的政策，重新征召了主力级的明星球员，他表示："我现在派不出最强的球队，而切尔西则会派上更强的球队。我知道我说过我会继续使用上轮击败阿森纳的那套班底，但是伤病和现状改变了我的想法。这支球队将由一队球员和年轻队员混编而成，我没办法让所有主力冒险，因为周六我们还要打利物浦。我来到这家俱乐部之后，我们在半决赛中的成绩非常棒：我从来没有在国内杯赛的半决赛中输过，当你走到距离决赛如此近的地方时，你肯定想要一路赢下去。"

由于切尔西和曼联在联赛中的次回合要到 4 月 16 日才进行，弗格森知道，这将是他对联赛领头羊进行心理打击的最后机会之一，"切尔西正在享受一个伟大的赛季，你无法否认这一点。他们动力十足，领先我们 11 分，领先阿森纳 7 分，这足够说明问题。但是从历史观点来看，接下来几个月他们就会遭遇一段状态的滑跌。不过不管怎样，他们拥有很多球员，拥有一套强大的阵容，所以事情会变得很有趣。"

2005 年 1 月 12 日，星期三

切尔西 0：0 曼联

在斯坦福桥战成互交白卷的平局，确保了曼联在两回合中获得优势，次回合曼联就可以在老特拉福德好整以暇了。随军出征的客队球员在比赛结束后的庆祝方式，表明他们认为自己的球队能够晋级。

弗格森说蓝军没办法赢得全部 4 座奖杯——他可能是对的。但是曼联很幸运。下半场的时候，他们有 2 次门线解围，赛后穆里尼奥也对当值主裁判尼

尔·巴里下半场的表现非常恼火。

穆里尼奥声称，从下半场一开始曼联就得到了判罚方面的好处，因为弗格森"搞定了他（尼尔·巴里）"，他举了个例子，曼联的昆顿·福琼铲断德罗巴时抬脚过高，随之引发了一场双方球员的大混战，但是福琼最终逃过了处罚。

弗格森则表示曼联上半场受到了不公正的待遇，第十分钟时，曼联球员们申诉了点球，却被巴里拒绝。因为膝盖受伤缺席 14 场比赛后复出的曼联前锋路易·萨哈，在禁区内被蒂亚戈和保罗·费雷拉包夹防守时倒地。之后不到 2 分钟内，克里斯蒂亚诺·罗纳尔多被特里滑铲后四脚朝天地躺倒在地，但 C 罗"跳水"的名声已经传开了（所以主裁判也没有判定特里犯规）。兰帕德此后头球顶偏，古德约翰森曾经接应达夫传中破门，但是被判越位在先。鲁尼之后以一记强有力的头球攻门考验了门将库迪奇尼，后者飞向自己的左侧，全力化解了危机。

下半场切尔西用德罗巴换下古德约翰森，穆里尼奥的球队殖之扭转了比赛的情势。曼联门将蒂姆·霍华德糟糕的解围让乔·科尔得到了劲射的机会，第四十八分钟，兰帕德又展现出了出色的技巧，他突入禁区以一记近距离射门越过霍华德的防守，但是阿根廷后卫加夫列尔·海因策及时补位，在门线上将球解围。

海因策此后因为对德罗巴的一次犯规被黄牌警告，接下来这次任意球，兰帕德为德罗巴制造了射门良机，后者的射门击中曼联球员产生折射，被霍华德抱住。比赛虽然仍然没有进球出现，却一点都不无聊。此后兰帕德再度接近得分，德罗巴头球回做，兰帕德 25 码外劲射稍稍偏出。切尔西理应得到比平局更好的结果，但你也不能批评曼联全力以赴牵制切尔西的做法。

替补上场的切尔西中场亚罗希克此后突然出现在禁区内，一记很有角度的突施冷箭飞向远门柱，但是菲尔·内维尔在门柱边将球化解。穆里尼奥之后也参与到了一场群架之中：皮球在教练席附近的地带出界了，德罗巴和 C 罗起了冲突引发大混战，德罗巴掐了福琼的脖子，C 罗则疯狂地挥手还击。

德罗巴和 C 罗都被黄牌警告，但是这远不是麻烦的终结，英足总一旦研究视频之后必将有追惩措施。足总肯定还要和穆里尼奥聊聊，因为后者指控曼联主帅弗格森在半场的时候影响到了主裁判尼尔·巴里。

赛后，穆里尼奥以他冷静、刻意的专属风格展示着自己的愤怒，"上半场是一个裁判，下半场就是另一个了。我认为他半场的时候在更衣室里肯定没有'独行'。他应该和2位边裁及第四官员一起回到更衣室，但是有其他人也去了更衣室，跟他在一起。如果足总问我这事的话，我会告诉他们的。

"可能当我有一天60岁了，我在同一个联赛中待了20年，我认识每个人，他们也都尊敬我，我想那时候我也会有一张口就让人吓到发抖的权势。下半场比赛是一次又一次的犯规、一次又一次的假摔，有一打一打的任意球；皮球有好几次飞上了曼联的看台，但是最终他却只给了2分钟的伤停补时。我不是在质疑主裁判的正直，我相信他是个好人。问题在于，这是某个大人物对另一个在英格兰足坛没这么大威望的人施加了影响。比赛结束后我对第四官员说了我的感受。半场的时候，我看到、听到、感受到了一些事情，理解这一切对我来说很重要。"

弗格森没有否认自己与尼尔·巴里对过话，但是他坚称："好吧，我上半场肯定没有影响到他！"曼联主帅认为自己的球队理应在萨哈于禁区内倒地时得到一粒点球，"我在电视上重看了回放，这看上去肯定是一次犯规。但我们是在切尔西的主场，在这里向来很难获得点球。"

穆里尼奥反驳道："在上个星期对托特纳姆热刺一役发生的事情（佩德罗·门德斯比赛最后一刻的40码外射门已经越过门线，在老特拉福德执法的裁判们却没有判定进球有效）之后，曼联应该至少禁止在1年内谈论主裁判。那是很长一段时间以来我见过的最荒谬的事情。"

特里则坚持表示切尔西仍然会晋级，"我认为伙计们这场比赛表现不错。我们没能击败他们，为第二回合赢下1球或2球的缓冲空间，这是个遗憾。赛前我们就说过，如果首回合没能拿到想要的结果的话，次回合我们就会去客场做到，而现在这就是我们真正要做的。我们不会就此放弃联赛杯，我们很认真地对待这项赛事，因为这是赛季之中的第一场决赛，我们想要出现在决赛赛场。"

切尔西阵容

库迪奇尼/保罗·费雷拉，加拉，特里，布里奇/蒂亚戈（凯日曼），马克莱莱，兰帕德/乔·科尔（亚罗希克），古德约翰森（德罗巴），达夫穆里尼奥一开始逃过了足总对他言论的处罚，但是裁判主管基思·哈克特希望他道歉，"穆里尼奥说的都是胡话。真相是半场时候弗格森朝主裁判吼道：'这里可有 2 支球队在踢球！（指别偏袒切尔西）'。尼尔·巴里是我们经验最丰富的主裁判之一，他没有因此受到影响。事实可以说明一切，下半场出现了19 次任意球，其中 10 次给了切尔西，9 次给了曼联。我希望穆里尼奥可以重新考虑自己的言辞。半场的时候主帅不能进入裁判的更衣室，周三的时候（弗格森）也确实没有这么做。主裁判是公正的，尼尔·巴里正是最优秀的裁判之一。这一次，是因为主帅没有得到想要的结果，所以有了这样的言论。"

但是数据统计显示，尼尔·巴里对切尔西球员的处罚比对其他球队多，他执法曼联比赛时则更加宽大为怀。自 1998 年以来，他在 7 场比赛中给了切尔西 17 张黄牌，相反执法 13 场比赛只给了曼联 10 张黄牌。

穆里尼奥此后通过谴责曼联"欺诈"，将他与弗格森之间的战争推向了新的高潮。但是切尔西主帅的这一步爆发走得太远，以至于现在深陷足总处罚的麻烦之中。穆里尼奥说："亚历克斯爵士（弗格森）半场的时候给裁判施加了压力，此举非常聪明——如果可以这么说的话。下半场就是鸣哨接着鸣哨，犯规接着犯规，欺诈接着欺诈。"

穆里尼奥是在接受切尔西自家俱乐部电视台采访时进行如此表述的，他对"欺诈"一词的使用，可能会激怒弗格森和足总。赛季早些时候，温格因为指责吕德·范尼斯特鲁伊是个"骗子"，而被罚款 1.5 万英镑。这一次，足总肯定会在压力之下将穆里尼奥带到位于苏活广场的总部来进行处罚。

另一方面，弗格森可能也会将穆里尼奥的怒火视作自己的心理战术已经扰乱葡萄牙人的标志。仔细考虑穆里尼奥的评论之后，弗格森得出结论，葡萄牙人之所以如此暴怒，背后的主要原因或许是试图给格拉汉姆·波尔施加压力，后者将是切尔西做客白鹿巷球场对阵托特纳姆一役的当值主裁判。

弗格森虽然没有暴怒，但也被惹恼到想起了波尔图上赛季的所作所为——在欧冠对阵曼联时，穆里尼奥的波尔图不断假摔。正好特里声称尼尔·巴里拒绝在比赛中听他说话，弗格森就这一言论发表了看法，"我想穆里尼奥自己都有问题没有解决。我们都还记得在波尔图发生过的事情，再看看几周之前对切尔西有利而对利物浦不利的点球判罚，以及贝尼特斯当时的处理方式吧。但是我认为他现在的评论不是为了周三已经发生的事情，而是为了给明天对托特纳姆一役的主裁判施加影响。"

穆里尼奥则回以同样精彩的攻势，他坚称自己愿带一批人马前往苏活广场，抗诉任何会让自己声名扫地的指控，他同时坚持表示，自己与曼联主帅之间没有发生争执。他还透露，在两周之后做客老特拉福德的联赛杯次回合结束后，他会带一瓶葡萄牙好酒去与弗格森分享，因为首回合之后曼联主帅强烈抱怨过，他们在穆里尼奥办公室喝的酒太差！穆里尼奥说："我愿意带六七个当时与我同在球员通道里的人一起去足总。我不会接受任何罚款，如果他们罚款，我会不得不付钱，但是我不会认罪，因为我没有做错任何事。从我来到英格兰的第一天起，我对裁判就没有做过错事。

"我知道我可能会因为指出别人做的错事而被处罚。所以如果足总这么做的话，我会认为这是不公平的。我认为他们不应该为亚历克斯爵士做的事情而处罚他，我认为他们应该只是告诉裁判们别允许这样的事情发生——不管当事人是这个国家里最顶尖的主教练，还是一个刚从更低级别联赛过来的家伙。我一直坦率地说出我的想法和感受，我不担心会因此引发怎样的后果。如果弗格森能够在斯坦福桥球员通道内这么做的话——那条球员通道只有 10 米长——我可以想象他也可以在老特拉福德的通道里这么做，那条通道可是有 30 米长。如果足总想要我去总部说这 10 米里发生了什么事的话，我会去的。"

穆里尼奥的"欺诈"言论似乎并非指向当值主裁判巴里，而是指向曼联球员，穆里尼奥认为曼联球员喜欢一被碰到就摔倒。他承认"欺诈"一词在某些情况下似乎不适用，但是他仍然暗示，曼联球员们在假摔，"可能这个词汇不太正确，而且这次与主裁判没关系，我说的是球员们试图让对手被判犯规。可能'欺诈'一词并不准确，但对我来说，'欺诈'的意思就是某个球员一被碰到就假摔。"

穆里尼奥上一次造访老特拉福德的时候，他执教的波尔图凭借 1 粒终场进球，将曼联淘汰出了欧冠，结果他兴奋地在场边狂奔庆祝。这一次，他同样希望能够庆祝，而且不仅仅是因为生日将近——比赛次日就是他的 42 岁生日。

弗格森在此前的 4 次交锋中都没能够击败穆里尼奥，而切尔西英超时代12 次联赛造访老特拉福德，也只输过 3 次。但这也将是切尔西第七次在杯赛中造访梦剧场，迄今还一场未胜。何况，弗格森执教曼联 18 载，从未输过国内杯赛的半决赛。

曼联阵营认为，这场比赛若能获胜，对于阻挡切尔西联赛争冠的势头至关重要。不过弗格森也不太确信取胜会对穆里尼奥及其球队产生怎样的影响，"我们要想追赶 11 分的差距，他们需要受到巨大的伤害。在一年中的这个时候，这样的领先优势实在是太大了。"

一整个星期的时间里，弗格森都对穆里尼奥和切尔西满是赞誉，但是当记者问及这家伦敦球会有一天会不会变得比曼联更大时，弗格森不再恭维了，"这是我今年听到过的最愚蠢的问题。你甚至应该为自己提出这样的问题而道歉。"

首回合斯坦福桥有 41492 人观战，而次回合将有 68000 人督阵。在 2 年时间内，老特拉福德的容量还将增至 75000 人。此外，俱乐部的博物馆和奖杯陈列柜也能够佐证弗格森的论据。虽然，超越曼联和皇家马德里成为足坛头号豪门，正是切尔西的目标所指。

2005 年 1 月 26 日，星期三
曼联 1：2 切尔西
（两回合总比分切尔西 2：1 淘汰曼联）

当赛前穆里尼奥在球员通道里与曼联球员们握手时，他们看上去有一点困惑、腼腆、一头雾水。只有 C 罗笑着回应，紧紧抓住了同胞递过来的友谊之手。

弗格森的球队刚刚创造了连续 8 场比赛不丢球的俱乐部纪录，但是穆里尼奥已经找出了曼联的缺陷，并且毫不留情地让自己的球员们进行定点打击。德罗巴不断地拉到边路，为兰帕德首开纪录的进球送出了助攻，此后他还送出一次妙传，罗本本应该抓住机会扩大领先优势。

比赛未到半小时，曼联发现自己已经落后了。状态火热的兰帕德，此前就已经给了曼联一次警告，他以标志性的跑动冲入禁区，但是接应达夫回传后的射门擦着门柱偏出。之后一次机会又是兰帕德的，这一次他帮助客队领先了。这次进攻由兰帕德策动，他从本方半场送出一次直传，罗本随之将球交到曼联

禁区内的德罗巴脚下，科特迪瓦人控住皮球，精准地传给兰帕德，后者突破了罗伊·基恩，第一脚将球停下，紧接着第二脚立刻将球射穿霍华德的十指关，直入球门远角。

曼联在比赛中拥有大量的控球率，但是在马克莱莱的中场巡查下，曼联无法突破到蓝军的防线。半场结束前，布里奇伸出一脚从身后将福琼放倒，曼联曾经索要过点球。英格兰左后卫根本没必要做出这样的防守动作，毕竟皮球当时正在飞离禁区。对切尔西来说幸运的是，当值主裁判罗布·斯泰尔斯可能是被兰帕德挡住了视线，他挥手示意比赛继续。

霍华德此后做出一次精彩扑救，避免了红魔再丢致命的第二球，而不久之后，瑞安·吉格斯就展现魔法般将曼联带回了比赛之中。美国门将现在虽然已经被确定为罗伊·卡罗尔之后的 2 号门将，但是他最近的状态着实出色——除了他此后铸下大错，将达夫的任意球放入身后的球门。

他两次让曼联保住了比赛的希望，一次是将兰帕德的必进之球封出门外，一次用脚挡出了罗本的射门。接着吉格斯奉献了他在 1999 年足总杯半决赛对阿森纳的个人表演之后的又一次半决赛惊艳表现。加里·内维尔从右边路送出一记弧线球传中到禁区内，特里背身将球让过，切赫则准备出击拿球，结果吉格斯从 2 人中间插入断球，第一时间将球射入无人把守的球门之中。1∶1！

老特拉福德陷入狂热的气氛之中，但是切尔西克服了客场障碍，冷静地追逐着第二个进球。他们也确实得到了这粒进球，虽然得益于霍华德的判断失误——达夫右路任意球传中，皮球躲过了所有人，飞入网窝。

曼联同样在比赛恢复之后发动了攻势，布里奇在门线上将米卡埃尔·西尔维斯特的射门解围，切赫也精彩地将 C 罗的射门扑出，最终比分没有再发生改变，穆里尼奥终于能够庆祝在老特拉福德拿到的又一场著名胜利。

赛后吉格斯指出，切尔西被曼联搞得非常紧张，"当我们在第二回合提高比赛速度之后，我认为切尔西根本应付不了我们。我们都知道切尔西是一支优秀的球队，但是我从来没有见过他们之前这么慌乱过。我们进球之后，看上去只会有一个赢家，我们肯定觉得做得足够多，能够从比赛中得到点什么，但是如果你在半决赛中与像他们这样出色的对手交手时自己犯错，你肯定会受到惩罚。"

穆里尼奥说："堪称完美。我永远不会忘记这场比赛。我们给所有人传达了一个信息，那就是我们真的非常强大。伙计们干得漂亮，我们现在已经准备好赢下英超冠军了。如果你能够带着如此重要的一场胜利结束这一天的话，这肯定是完美的一天。我们的比赛计划就是为了赢球、杀进决赛，但是我们也知道——有这样的对手，球场又是这样的氛围——半决赛总是非常困难，所以我们为一切都做好了准备。"

如今已经对穆里尼奥5战不胜的弗格森，对于球队防守达夫制胜球的表现很不高兴，"在18年间，你肯定会预料到自己会在什么时候输掉半决赛。但是我不想要今晚输球。我们对50码外的任意球破门很不高兴——在丢了这样的球之后，你肯定不指望能够赢球。我们在下半场踢得尤其出色。这是一场伟大的比赛，你无法将两队分出高下。他们的反击威胁很大，但是我们应付得很好。我认为我们下半场动力更足。"

穆里尼奥赛后给弗格森送上了一瓶价格240英镑的葡萄牙红酒，有记者问，拿这酒来交换弗格森引以为傲的18年国内杯赛半决赛不败纪录划不划算，穆里尼奥优雅地表示："我希望在他那个年纪的时候也能够丢掉这么一个纪录，因为他的纪录实在是无与伦比。如果我不断赢球然后在20年后输掉一场半决赛的话，我会很高兴的。"

切尔西阵容

切赫 / 保罗·费雷拉，加拉，特里，布里奇 / 马克莱莱，兰帕德，蒂亚戈 / 达夫（亚罗希克），德罗巴（古德约翰森），罗本（乔·科尔）

在加的夫进行的联赛杯决赛，对穆里尼奥时代的切尔西而言意味着第一座即将触及的奖杯，这也将是对斯坦福桥一切巨资投入和惨淡经营的回报。穆里尼奥说："决赛对于阿布来说是一份大礼，他给予了俱乐部这么多。从一开始我就知道我们能够成就一些好事。"

利物浦和贝尼特斯将成为切尔西在加的夫决赛中的对手，穆里尼奥似乎非常高兴，"拉法（贝尼特斯）实在了不起，因为他刚刚经历过艰苦的一周，而现在他带队杀进了决赛。对主教练来说，适应一个新的国家很不容易。利物浦就是利物浦，利物浦就意味着历史，所以对 2 家俱乐部、像我这样的职业人士和球迷来说，这都将是一场了不起的决赛。"

曼联在联赛杯最后两轮坐镇老特拉福德先后与阿森纳和切尔西交手的票房，对于这项赛事 45 年的历史来说，已经是除决赛之外的最高上座率了。今年的决赛也将比上赛季的更加抢眼，去年交锋对手只是博尔顿和米德尔斯堡，而且今年的决赛两队都会派出接近于最强班底的阵容，虽然两队在决赛几天之后都将有欧冠任务，分别和巴塞罗那及勒沃库森交手。切尔西本赛季已经 2 次击败过利物浦——而且都是凭借乔·科尔的全场唯一进球取胜。

穆里尼奥相信，2 月底决赛打响的时候，对手利物浦只会变得更强。"我们上一次（联赛）做客利物浦的时候，他们失去了莫伦特斯，巴罗什也受伤了。而在一个月之后，他们可能重新拥有这 2 人，这会大幅增强他们的锋线实力。当然，他们还有史蒂文（请注意此处穆里尼奥直呼杰拉德的名字！），防守组织也很棒。"

史蒂夫·本内特被任命为联赛杯决赛主裁判，这也是这位 44 岁的主裁判执法的第一届国内杯赛决赛，本内特来自肯特郡，2001 年就成为了国际级裁判。

穆里尼奥此后被足总指控"行为不当"，原因自然是他在对曼联的半决赛首回合后的"欺诈、欺诈、欺诈"言论。穆里尼奥否认了这一指控，并请求举行一场个人听证会，为自己辩护。

穆里尼奥打破了英格兰足坛的传统，只想要把这场决赛和其他任何客场比赛一样对待，所以球队不会穿什么定制西装。穆里尼奥不希望自己的球员分心，他命令球员和教练组在备战期间保持低调。切尔西上一次杀进国内杯赛的决赛是 3 年之前的足总杯决赛。他们 0：2 输给了阿森纳，不过赢得了时尚分，因为他们赛前穿上了乔治·阿玛尼的蓝色细条纹西装。但是这一次，球员们将穿着与以往去客场时一样的雨果·博斯牌俱乐部标准款正装。穆里尼奥则毫无疑问地会穿上他的灰色风衣，那是冬天到来时他妻子买给他的，他相信这件衣服会给他带来好运。

穆里尼奥执教切尔西首个赛季最重要的一周，以最糟糕的方式迎来了开始：足总杯他们输给了纽卡斯尔，之后球队去巴塞罗那打了欧冠首回合，结果在出现大量伤病的情况下输了个 1：2。布里奇脚踝可能骨折，库迪奇尼则因为对纽卡斯尔终场时分被罚下，将无缘联赛杯决赛。

切尔西就库迪奇尼的红牌向足总提请申诉，意大利门将需要等待 48 小时，才能知晓自己能否被洗掉红牌，以出战对利物浦的决赛。此前对纽卡斯尔的比赛中，库迪奇尼在禁区边缘放倒了阿梅奥比，主裁判马克·哈尔西认定库迪奇尼"破坏了一次明显的进球机会"，虽然电视慢镜头回放显示，阿梅奥比被放倒在地时，其实是朝着偏离球门的方向。穆里尼奥曾经承诺库迪奇尼，他将在加的夫千年球场出战这场决赛。但是切尔西最终还是放弃了申诉，因为他们觉得，在没有得到裁判协作的情况下，撤销红牌判罚的机会微乎其微。

贝尼特斯表示，利物浦在欧冠赛场上 3∶1 击败勒沃库森，让安菲尔德振奋了起来，"那场胜利给了我们征战联赛杯决赛的自信。在一场欧冠比赛上打入 3 球棒极了，也应该会提升我们球队的士气。而且别忘了，我们还迎回了杰拉德和莫伦特斯。"

去年夏天，杰拉德的父亲保罗·杰拉德——一个说话直截了当的利物浦人——警告儿子说，如果他加盟切尔西的话，他将成为利物浦俱乐部历史上最被痛恨的前球员，他的家庭也将被他们热爱的家乡城市所抛弃。听到父亲这么说之后，杰拉德站在安菲尔德的荣誉室宣布，他无意转会切尔西，他的未来将一直在利物浦。俱乐部至少能够再留住这位最受欢迎的球员一个赛季。杰拉德决定留在安菲尔德，意味着他拒绝了切尔西一份工资涨幅达 1500 万英镑的合同。

虽然利物浦拒绝了这笔转会，切尔西内部人士现在却坚称，两家俱乐部最终会就杰拉德的交易达成协议。似乎在葡萄牙随英格兰队征战 2004 年欧洲杯时，杰拉德就做了决定，甚至发短信给穆里尼奥和凯尼恩，告知过他的决定。他距离完成转会甚至只有"不到一个星期"的时间。利物浦 CEO 里克·帕里据信在皇家伯克戴尔高尔夫俱乐部与杰拉德的父亲保罗·杰拉德进行了至少 2 次私人会谈，以说服他史蒂文的未来在安菲尔德。莱斯特大学足球研究中心的约翰·威廉斯——他同时也是利物浦季票持有者，一直关注安菲尔德事务——表示："董事会动员了他的家人来做他的工作。所以需要强调的是，这事不仅仅是足球和金钱事务，而是有关家庭和忠诚，以及利物浦才是杰拉德真正的归属之地。杰拉德的家人，尤其是他的父亲，一再请求他留下。"

前利物浦球员霍华德·盖尔和杰拉德一样出生在这个城市，如今仍然与俱乐部有着密切的联系，他说："有人觉得，当杰拉德在葡萄牙参加 2004 年欧洲杯时，有人改变了他的看法，告诉他他需要转会。而杰拉德的父亲很快就把他的看法扭转了回来，他跟儿子说了些很严肃的话，'照照镜子，你在这里是个英雄，你真的能在这个时候背弃你的俱乐部吗？'"

这一次，情绪不一样了。利物浦本地的人们感觉他的转会已经不可避免，甚至已经为他加盟西伦敦球队做好了准备。杰拉德与父亲达成的协议，是他会在贝尼特斯执教下再待一个赛季，如果到时候他仍然对利物浦的进步不满的话，他就会离开。约翰·威廉斯补充道："史蒂文都已经在离港的候机厅了，如果他今年夏天想要走的话，对利物浦球迷来说这不会是个太大的意外。很多球迷感觉他已经尽了他的那份力，他应该得到离开的自由了。这会让人伤心，但他们已经做好了准备。"

杰拉德率领球队挺进决赛的时候，认为球队完全可以给切尔西制造大麻烦，毕竟切尔西此前刚被纽卡斯尔淘汰出足总杯，又在欧冠中做客巴塞罗那被击败，而且两场比赛切尔西都被罚下了球员。利物浦想要让切尔西遭受连续第三次痛苦。杰拉德表示："我真的认为压力现在在切尔西身上。每个人都认为他们去加的夫就能够拿下冠军，这可能会给他们带来负面作用。我们去往加的夫的时候，会抱有制造意外的打算。"

不知道已经多少年了，杰拉德一直梦想着以这家他从小支持的俱乐部的队长身份捧起一座冠军奖杯，"如果有人想要知道，以队长身份为利物浦捧起一座奖杯对我而言意味着什么的话，那他们只需要在我周日成功之后看看我的脸就知道了。"

贝尼特斯的球队本赛季已经 2 次在联赛中被切尔西击败，但是杰拉德坚信，伦敦球队在这 2 场比赛中只是走运，才 2 次拿下 1：0 的胜利。元旦在安菲尔德进行的那场比赛，利物浦在很长时间内掌控了局势，结果乔·科尔以终场时分的制胜球偷走了 3 分，赛季早些时候在斯坦福桥的交锋，也是乔·科尔一击制胜。

杰拉德说："切尔西是一支满是世界级球员的顶级球队，所以这将会是一场艰苦的比赛，但是我们相信我们可以赢球。他们在安菲尔德与我们交手的时候有点走运。对利物浦来说这是非常重要的几个月。我们在为联赛第四的席位而战，与此同时还在两项杯赛中征战。我们自信可以杀进欧冠 8 强，但是我们最重要的目标还是周日击败切尔西。那才是我们夺取冠军的最佳机会。"

如果带领俱乐部获得 5 年来的首座奖杯，穆里尼奥也不会得到奖金。虽然穆里尼奥的合同里除了 225 万英镑的年薪之外，确实有着丰厚的奖金条款，但是并不涵盖联赛杯——这也表明了俱乐部对这项赛事的态度。如果切尔西赢得英超联赛、足总杯或欧冠的话，穆里尼奥将获得巨额奖金，但是联赛杯并不被俱乐部视为足够重要、配得上额外报酬的奖杯。

但是穆里尼奥迫切地想要拿下他在英格兰足坛的首座冠军奖杯，所以他会选择一套全主力阵容。

特里则仍然在经受他上一次造访加的夫千年球场时的记忆的折磨，那是 2002 年足总杯决赛，他因为一次神秘的耳部感染缺席了比赛。"我在比赛那天早上醒来的时候，发现自己从床上摔下来了。耳压因此失去了平衡，出现了头晕的状况。我此前从来没有经历过这样的情况，在那以后也再没有碰到过。在那一天犯病可真是挑错了日子！我下半场最终还是上场了，但是我们 0 : 2 输球了，我那天拿到的亚军奖牌最终没什么意义。

"2000 年决赛对阿斯顿维拉后我拿到过冠军奖牌 ①——但是那天我根本没有离开板凳席替补出场。现在，我终于迎来了机会，可以去加的夫享受赛前氛围，顺利的话再拿下一座奖杯。

"俱乐部内部的每一个人都知道，赢得我们的第一座奖杯有多么重要。如果能够把一座奖杯收入陈列柜，并且获得继续前进的自信，那样我们就很有机会收获更多奖杯。很多人说决赛终于将是切尔西犯错的时候了，所以我们也有绝佳的机会堵上他们的嘴。在足坛，总是会有一点忌妒存在，当你正值巅峰的时候，总会有人想要否定你。而如何应对这一批评，最终还是要看我们自己。连输两场比赛对本赛季的我们而言是一次新的体验，但这场决赛将是反弹的绝佳机会。"

对阵西班牙前锋莫伦特斯，特里也有需要证明的东西，上赛季欧冠半决

---

① 2000 年足总杯决赛，切尔西凭借着迪马特奥的进球 1 : 0 击败阿斯顿维拉夺冠。

赛，正是莫伦特斯在他面前进球，帮助摩纳哥将切尔西淘汰出局，"我们当时真的以为我们可以一路杀进决赛，所以如果这次能够复仇，也是件好事。

"莫伦特斯是个了不起的球员，空战出色，身体强壮，还能控住球，为杰拉德这样的球员提供了中场插上的机会。我们必须让这些球员保持安静，因为我们为这一奖杯付出了诸多努力，如果输掉决赛，这些努力将全无意义。"

对巴塞罗那的比赛之后，穆里尼奥挑衅般对媒体实施了新闻封锁，如今在决赛之前，他举行了一次新闻发布会，并在会上奚落了弗格森和温格。穆里尼奥坚称这 2 人肯定愿意与他交换位置，愤怒的"狂人"否认蓝军目前正在经历的，是曼联和阿森纳期待已久的状态波动，并认为在这 3 支球队中，最有可能打进欧冠 1/4 决赛的还是切尔西，"他们不能谈论我们的状态波动，因为他们现在的处境也没有比我们更出色。他们想要和我们交换位置吗？我们可是在联赛排名榜首，领先优势多达 9 分，而且打进了联赛杯决赛；我们可没有（像曼联那样）欧冠主场输给 AC 米兰，也没有（像阿森纳那样）在慕尼黑 1：3 失利。如果你认为 2 场失利就会让我质疑我们的工作成果，或者质疑我们未来能够取得的成就，我得告诉你：没门儿。他们唯一能谈论的，只有他们在足总杯成绩比我们出色。"

被问及他执教切尔西首座冠军奖杯的重要性时，穆里尼奥回答："我不是重点。我更倾向于将它视为切尔西新时代的第一座奖杯。对于我们俱乐部在引援上的投入，人们谈论得很多，这也无可厚非，但其实我们在谈论的是一个进步的过程——打造一支球队、打造一家俱乐部的过程——而切尔西还远远不是一件成品。我们只是在这个进程的开端而已。如果我们能够在这个阶段就获得奖杯，那肯定很棒，因为一般情况下你得要等到产品完工的时候（才能夺冠）。现在就夺冠绝对是个了不起的成就，我相信利物浦肯定也会有同样的感受。当然，他们在投资的金额上不像我们，但是他们拥有与我们一样的雄心。我的朋友贝尼特斯来英格兰可不是为了观光，他来这里是为了把利物浦重新打造成一支胜利之师。他可能有更多的时间（来做到这一切），但是他们同样想要夺冠。

"我们现在拥有优势，但这不是因为切尔西俱乐部拥有的财力。我们之所以能够在诸多奖杯上参与竞争，是因为我的苦心工作、训练课指导以及我给球队灌输的团队精神。我的哲学是：你不是在 90 分钟里把比赛赢下来的，一支胜利之师是一天天、一堂堂训练课，一分钟一分钟打造出来的。赢得联赛杯会是对这种哲学的证明。一支球队应该依循其主帅的形象来踢球。他们必须要有闭着眼睛踢球的能力。这可不是只靠金钱，或者让人们一起工作多年就可以做到的。最关键的是我让他们努力工作，在训练课上好好训练。然后成功才会到来。"

2005 年 2 月 27 日，星期日
利物浦 2：3 切尔西

比赛开始之前，穆里尼奥的一个安排显露了他性格中的另一面，球队出场的时候，带领切尔西上阵的是被禁赛的库迪奇尼，当然真正首发的还是切赫。然而比赛开始仅仅 45 秒，捷克 1 号门将就发现自己在从身后的网窝里捡球。莫伦特斯送出一记颇具穿透力的传中，里瑟在远门柱无人盯防，其劲射带着雷霆万钧之势入网，让切赫站在原地目瞪口呆。杰拉德则树立了队长的榜样，在个人全场第一次 50% 机会的拼抢中，就气势汹汹地击败了兰帕德。

下半场刚开始，利物浦中卫萨米·海皮亚就差点被罚下。此前他已经因为放倒乔·科尔而领到了黄牌，主裁判本内特看上去本来要给他另一张黄牌，但是他突然意识到这么做会有怎样的后果。所以海皮亚逃过一劫，而穆里尼奥则开始发脾气了，随着比赛越发激烈，他在场边怒斥了利物浦的路易斯·加西亚和卡拉格。

切尔西主帅半场时对阵型进行了调整，用古德约翰森取代了亚罗希克。古德约翰森给球队重新带来了活力，切尔西逐渐对利物浦的球门形成围攻之势，虽然杜德克变戏法般做出连续 2 次精彩扑救，先后化解了古德约翰森和加拉的射门。贝尼特斯也调兵遣将，换上巴罗什，片刻之后，杰拉德差一丁点就带给利物浦 2：0 的领先优势，他接应安东尼奥·努涅斯的传中，近距离射门差之毫厘。

此后，哈曼放倒兰帕德，给了蓝军任意球扳平的绝佳机会。保罗·费雷拉的传球本来并不着调，杰拉德却高高跃起，力压队友将球顶入杜德克把守的大门。这一刻穆里尼奥完全没有办法控制住自己的庆祝，以至于被主裁判逐出场

外。杜德克此后在与达夫相撞后受伤，由于利物浦的 3 个换人名额已经全部用完，贝尼特斯一度非常紧张，不过后来波兰门将还是坚持了下来。

加时赛下半时刚开场 1 分钟，海皮亚就没能够化解格伦·约翰逊开出的界外球，德罗巴近距离将球送入网窝。杜德克此后没能抓住古德约翰森的大力传中，凯日曼及时将球送过门线，波兰门将这回又慢了一步。利物浦很快也重新集结了起来，努涅斯头球击破切赫的十指关，扳回一城，但此后比赛没有出现更多进球，切尔西最终在一场 3:2 的鏖战中获胜。

当终场哨响后穆里尼奥重新现身时，他得到了切尔西球迷对待英雄般的欢迎。在执教切尔西的第一个赛季中，穆里尼奥就给俱乐部带来了 5 年里的第一座奖杯，而这也是俱乐部历史上仅仅第十座重要冠军。

但是他这个下午同样引发了争议。尤其是一位警察的干预促成了他被驱逐出场，令他感到震惊。那是在比赛的第七十九分钟，切尔西凭借杰拉德的乌龙球扳平之后，穆里尼奥转向了身后看台上的利物浦球迷，做出了将手指放在嘴唇上的动作，然后就被第四官员菲尔·克罗斯利命令出场，与克罗斯利一同做出这一决定的还有全国裁判组主管吉姆·阿什沃思。"对我来说，被警方而不是第四官员罚下，实在是不同寻常。警察告诉第四官员穆里尼奥先生必须被罚下，所以对我来说这可真是特殊情况。但是如果我真的犯错了，如果我真的做了一些我在英格兰足坛不能做的事，我就必须适应。"

一位联赛官员此后证实，穆里尼奥之所以被请出了技术区域，是出于维持公共秩序的目的。

此前穆里尼奥已经因为痛斥利物浦球员而被裁判警告。最明显的一次，是他直指卡拉格，而切尔西终场前扳平之后，他也因为将手指放在嘴唇上刺激红军球迷，而遭受责难。

他此后在一次新闻发布会上透露，他的手势并非针对利物浦球迷，而是送给媒体的批评家们，"这个手势的意思是说，冷静点，把你的笔放回你的衣袋去。"

最后是德罗巴劝穆里尼奥回到球场，与球员们一起庆祝。"我得为我的队友们把他拉回来，"德罗巴说，"我告诉他，我们一起赢球，一起输球，现在我们也得一起庆祝。是我去把他找回来的，但也可能是我们队里的任何一个人（会这么做）。这就是这支球队的精神。"

就像他后来所说的，德罗巴"必须进球"，"我知道在巴塞罗那的时候我让队友们失望了，我那场比赛被罚下了，现在我必须得为此做出补偿。我知道第二回合比赛我上不了场，但是我相信球队即便没有我也能够晋级。如果在对巴塞罗那一役前我（伤愈）打了一两场比赛的话，我敢肯定我可以恢复到更快的速度，也就不会被罚下了。不过不管怎么说，现在这座奖杯对我们来说非常重要。我们本赛季没有太多比赛落后太久，最终我们赢球了，这会给我们带来巨大的信心，并在欧冠和联赛中双线并进。"

穆里尼奥认为，自始至终都掌握控球优势的切尔西理应获得胜利，"我们是最出色的球队。他们战斗了很久，防守做得很棒，组织同样出色。他们尽了全力，但是当我们在比赛还剩 10 分钟的阶段进球时，我们在心理层面上就有了巨大的优势。

"我的球员们的态度无与伦比，我们理应获胜，这一点毫无疑问。"

贝尼特斯也说，他的球队在坚持了 79 分钟的领先之后理应获胜，"如果你在 1：0 的时候有进球良机，如果你打进第二球，你就能够终结比赛。我们自己犯了错，最后丢了球。不过我告诉球员们，我们必须保持自豪，因为我们打了一场出色的比赛，他们掌握了控球率，但是我们在球队的组织上做得更棒，而且也有进球机会。对阵切尔西向来艰苦，但是我们打入 2 球，而且非常努力。我想赛后我们需要重新分析一下这场比赛。"

当杰拉德的名字响彻加的夫千年球场切尔西球迷看台的时候，利物浦队长的脸上就像是戴了一张强忍着暴怒的面具：在他打入乌龙球之后，球迷对他即将叛逃西伦敦的看法，与对他扳平比分这一"贡献"的感谢有趣地混合在了一起。切尔西球迷的欢唱，明显就是在暗指，这是杰拉德对他的"新东家"的第一桩重大贡献！

事后贝尼特斯坚称利物浦队长不应该承受任何责怪，他还表扬了球队大胆对抗豪强的表现，"我后来对杰拉德说过了，也对其他球员这么说——我说他们应该感到自豪。对球队和球迷来说此役的结果很遗憾，但这不是任何一位球员的问题。打入乌龙球就是坏运气而已，就是这样。"

杰拉德在比赛结束后心烦意乱，还试图躲开穆里尼奥，但是切尔西主帅还是找到他与他握手。球迷们自然不会忽视此举的意义，但是穆里尼奥说："我没看到杰拉德躲开我，他心情非常低落，因为他打入了那粒乌龙球，所以我想要安慰他。我向利物浦教练组的每个成员表示了致意，我不认为这是什么消极的事情。我并没有单独挑出杰拉德，我只是很同情他。"

在比赛进行中，切尔西老板阿布表现得非常活跃，人们可以看出来，他非常希望本队进球，为此一度烦躁得坐立不安，而当进球之后，他欢呼雀跃。这只是一切的开始而已：这是切尔西老板和新主帅的第一座奖杯，但不会是最后一座。

切尔西阵容

切赫／保罗·费雷拉，卡瓦略，特里，加拉（凯日曼）／亚罗希克（古德约翰森），马克莱莱，兰帕德／乔·科尔（格伦·约翰逊），德罗巴，达夫

在接受葡萄牙电视台采访时，穆里尼奥继续坚持表示，他是被警方罚上了看台，"我不是被第四官员驱逐的，而是被当局罚下。这个国家不一样，有好也有坏。我最终被驱逐，只是因为一个让英国媒体闭嘴的手势。对他们来说这里是第一世界，而葡萄牙是第三世界。我不会闭嘴，因为切尔西需要一个第三世界的主帅来赢得奖杯，而过去5年中这一幕都不曾发生。"

根据天空电视台捕捉到的画面，穆里尼奥对卡拉格说了"滚蛋"，而且多达5次！但是针对穆里尼奥的另一个指责似乎不太可能是真的，虽然足总还在等待正式报告。筛选信息的过程花了比预想中更长的时间，因为当事各方的说辞并不一致。南威尔士警方表示，他们与穆里尼奥扳平后被罚下的决定完全没有关系，足球联盟也支持其这一主张，"请穆里尼奥离开技术区域的决定来自比赛官员，最开始有这想法的是第四官员克罗斯利，"一位发言人表示，"主裁判本内特也意识到场边发生了什么，对于将穆里尼奥罚下这一正确的处理方式，他也表示满意。"

切尔西媒体主管西蒙·格林伯格说穆里尼奥已经道歉——他怕有利物浦球迷误解了他的手势，"主教练道歉了，这可不是人们经常会做的事。他非常慎重，说如果他做错了的话，他为此道歉。他是个有自己想法的人，也是个愿意倾听他人看法的人。他知道自己为什么做这个手势，对于他此举是否正确，我

们不予置评。"

据特里透露，赛后切尔西的俄罗斯老板阿布陷入"狂喜"之中，在更衣室里与球员们打成一片。"他和伙计们以及奖杯一起合影，"特里说，"他也喝了几杯香槟，真是棒极了。"

阿布的财富当然也带来了忌妒和怨恨。特里表示："我们不会被那些攻击我们的人激怒。有时候受到批评确实让人沮丧，因为我们本赛季做得棒极了，但要阻止人们的批评，最终还是要靠我们自己。要想这么做，只有一种办法，那就是在场上用脚说话。我们已经让一些人闭嘴了。对我们来说，这是一场伟大的胜利，希望这可以在短期内阻止人们的批评。我们这里肯定没有什么危机。当你正值巅峰时，人们总是想要把你击落。我们现在就在巅峰，所以我们也必须处理好这一点。"

特里将联赛杯称为"一座重要的奖杯"，他补充道："这座奖杯对我们来说就是全部。不管是球员们、教练组、俱乐部、球迷——每个与俱乐部有关的人（都有这样的感觉）。这是个伟大的成就，对我们来说也是个伟大的出发点。我们是职业球员，我们是成年人，我们会处理好这一切。我们会在此基础上继续发展，如果我们直到赛季结束都一直展现出这种斗志，这对我们来说会是伟大的一年。这是我们赢取更多奖杯的开始。"

最重要的一点在于，切尔西已经从他们短暂的落潮期中重新恢复，拿下了奖杯，就如切赫指出的那样："我们的'黑色一周'已经结束了。足总杯在纽卡斯尔输球、欧冠在巴塞罗那输球之后，我们面临巨大压力，但是我们展现出了赢球的内在力量与强烈意愿。我们一度跌到了赛季最差的境地，但我们反弹回来，击败了利物浦。我们就像是一台运转良好的机器。"

兰帕德庆祝获得了自己的第一块冠军奖牌后，还透露了穆里尼奥心理状态的内幕，"我们的主教练能够应付好压力，他积极地予以应对。他喜欢战斗，喜欢吵架，敢于对抗。这就是我们传达出来的信息：我们不会投降，我们会在联赛中继续这么战斗下去，对巴塞罗那也是如此，因为我们想将这些奖杯全部赢下。如果这场我们输了，压力肯定会很大。甚至可能从四冠王变成四大皆空。但是我们面对外部如此巨大的压力和批评，却取得了成功。"

穆里尼奥此后得到了好消息，他不会因为在加的夫一役的所作所为遭受足总的罚款或者禁赛，但是足总训斥了他，要求他未来的举止更负责任一点，"穆里尼奥已被提醒，自己有责任遵守足总关于教练举止的管理规章。"英格兰足球管理机构如此表示，"他不会面临任何纪律处罚，足总如今认定此事告一段落。"

　　布里奇也终于在病床上捧起了联赛杯。队长特里率领队友们造访了这位脚踝骨折的伤兵，当然，他们带上了奖杯。在圣詹姆斯公园球场的足总杯失利中，脚踝受伤的布里奇，也收到了一枚冠军奖牌，毕竟在切尔西通往加的夫决赛的路上，布里奇出战了 6 场比赛中的 4 场。

第二部分　持续成功

背靠背的英超冠军

2006 年 4 月 29 日，星期六

切尔西 3 : 0 曼联

穆里尼奥的球队将最好的留到了最后，切尔西在一场天王山之战中赢下了连续第 2 座联赛冠军奖杯，对手正是英超史上唯一曾经连续夺冠的俱乐部——曼联。蓝军一度 50 年没有赢得过英格兰顶级联赛冠军，如今却迎来了 2 冠，穆里尼奥执教前 2 年各有一冠。

切尔西的胜利始于加拉本赛季的第 5 粒联赛进球——这一进球总数，意味着这位法国后卫的产量相当于古德约翰森和达夫 2 人之和。当时兰帕德开出角球，特里起跳过早，潜伏在队长身后的德罗巴则头槌将球顶向球门。守在门柱旁的加里·内维尔本有机会将球解围，但是加拉半路杀出，以一记更有力的头槌将球接力射入网窝，加里·内维尔对此无能为力。

特里此后在与鲁尼的一次对抗中落于下风，但他克服了伤痛继续作战，不过特里和他的防守搭档此役都被鲁尼搅得手忙脚乱，前埃弗顿前锋狂飙突进，给曼联带来了希望。他给萨哈送出一记纵深传球，然后急速插上，相当于与萨哈做了次二过一配合；特里试图铲断，却最终屁股着地，而保罗·费雷拉则被穿了裆；鲁尼随后冲到了直面切赫的位置，不过最终射偏。此后鲁尼又用一记 20 码外的突施冷箭考验了切赫，蓝军门将做出了一次精彩的扑救。

不过切尔西整体上还是控制住了场面，德罗巴接应切赫的解围做球，乔·科尔敏捷地将里奥·费迪南德和内马尼亚·维迪奇甩在身后，将球送入范德萨把守的大门。此后鲁尼因对德罗巴犯规领到黄牌，卡瓦略则以精妙的方式结束了比赛。他从本方禁区将球交给兰帕德，然后后排插上参与进攻。皮球被传到乔·科尔脚下时，他也没有停下步伐，乔·科尔将球传出时，卡瓦略已经杀到了禁区左路，他内切之后用右脚将球送入远角。

即便在第七十八分钟曼联 3 球落后时，鲁尼也仍然状态火热，直到他被保罗·费雷拉铲断后痛苦倒地。当鲁尼被担架抬下的时候，他的英格兰队友们——兰帕德、特里和乔·科尔——明显非常担心。

不过之后就是庆祝的时刻了，在 90 分钟结束之前，穆里尼奥就与曼联教练组成员全部握了手，包括弗格森，之后他就可以在终场哨响后得意扬扬地大步跨上球场，脖子上还系着葡萄牙国家队的围巾。系围巾的举动，更多的是与爱国心有关，而不是微妙地讽刺英足总——英足总希望在 2006 年世界杯后请葡萄牙队主帅路易斯·菲利佩·斯科拉里执掌教鞭。

穆里尼奥的所作所为和他平常一样令人无法预测。他上场的时候带着一大瓶巴克莱赞助的最好的香槟，一步步走着，一口口呷着。他完全没有发出警告，就走向人群，然后将绣有他名字首字母的俱乐部外套扔给了欢唱的人群，然后他还将冠军金牌扔了出去。之后他得到了另一块替代奖牌，他也扔给了球迷。他展现的是自己对于球迷的欣赏，但是演绎的方式，却是这位切尔西"特别的主帅"独此一家的。

确实，看得出来他这时的情绪仍然难以令人理解，赛后新闻发布会上，他没有夸赞自己打造的这支伟大球队，而是指责批评家们只看得到切尔西的"金钱、英镑符号、大笔开支和转会费"。他甚至透露，自己本赛季有 2 次差点辞职，因为如果要担任主帅的话，切尔西是"世界上最糟糕的俱乐部"。"你能够取得成功，你能够赢得联赛，"他说，"但是这还远远不够。"

穆里尼奥说，他的成就只是通过月度英超最佳教练奖项得到过承认，这两年间他 2 次得奖。但是在葡萄牙国内，有一些被他形容为"鼠辈"的敌人，想要伤害他。而且每当切尔西想要买一位球员，其所在俱乐部都会开出过高的转会费。穆里尼奥还用一杯水做比喻来详细解释此事，"对其他任何人来说，这杯水的价钱都是 200 万英镑，而对切尔西，价钱就变成了 2 亿英镑。"

弗格森对于失利则表现出了足够的雅量。他不仅称赞了穆里尼奥及其球队，还表示："从赢得联赛的数据和历史来说，切尔西都得到了所有的表扬。赢得联赛绝非易事，他们配得上夺冠，因为他们主场不丢球。我们今天有进球机会，最终却浪费了，如果你对战切尔西时浪费了机会，以他们在主场的成绩，你当然会被击败。"

但是切尔西赢取冠军的方式，完全扫清了外界对他们是否配得上冠军的怀疑。他们那些激动人心的表现，凸显了其他球队与他们之间的差距。穆里尼奥还提醒每一位听众，他已经连续夺得4座国家级联赛冠军奖杯，前两冠是在波尔图取得的，"最终的比赛结果没有表明曼联将比赛变得多么难打，他们今天其实表现得极其出色。"

虽然知道他们只需要一场平局就可以确定夺冠，切尔西仍然主动出击，以确保自己不会有出错的机会。穆里尼奥说："这是一种不可思议的感觉。这是我在英格兰的第二座联赛冠军，如果算上波尔图时期的话，这也是连续第四座联赛冠军。总有一天我们会失去冠军，但至少现在我们还是这个国家中的最佳球队，这一刻是我们应得的。"

在欧洲赛场上，他们或许确实输给了巴塞罗那，在足总杯半决赛上他们也输给了利物浦，但是自从穆里尼奥抵达斯坦福桥，他们就一直掌握着联赛的霸权。在迄今74场比赛中，他们赢了58场，只输了4次，对对手的得失球平均为4：1，无论在什么时代，都很少有冠军球队的数据能够接近这一比例。

在主场斯坦福桥，切尔西整个赛季仅仅丢了2分。后来解释自己为什么将奖牌以及夹克扔到马修·哈丁看台上的时候，穆里尼奥也引用了这一纪录。"我认为坐在那座球门背后的人们，是我们拥有的最佳球迷。"他说，"我们之所以能够成为冠军，原因之一是我们在主场有着非常棒的成绩，而他们为此做出了一部分贡献，所以我想要与他们分享这一刻。接到奖牌的人是个幸运的家伙，他得到的无疑是一份非常棒的纪念品——或者他也可以去eBay上面拍卖，赚上一笔！"在向斯坦福桥球迷致敬的时候，穆里尼奥或许确实戴着葡萄牙的围巾，但是他赞扬的是俱乐部的英格兰中轴，那些浓缩了球队精神的本土球员，"特里的下一步转变，是要让人们把他视为一位伟大球员——他确实是这么一位球员。对我来说，他就是世界足坛最佳中卫。我在球队里面不可能继承到一位更好的领袖了。"但他是比兰帕德更为优秀的"首席中尉"吗？"弗兰克（兰帕德）完全是另一种人，"穆里尼奥说，"他是特里的最佳护法。弗兰克没这么情绪化，但是在每一天的球队生活中，他是队长的最佳护法。我没办法把他俩分开。"

特里则表示："伙计们度过了怎样的一个赛季啊！联赛卫冕无疑是不可思

议的。我们一起踏实苦干，最终再次成功了。我今天在这里看到的，是我在蓝桥见过的最佳氛围——联赛主场两年不败，真是不可思议。"

为切尔西打入 20 球的中场头号进球者兰帕德也参与了评论："在 50 年没有夺取顶级联赛冠军之后连续夺冠，对球迷，对每个人来说都是特别的一天，棒极了。对我来说，这意味着一切。"

离开斯坦福桥的时候，特里拄着拐杖一瘸一拐，但是穆里尼奥坚信，这位英格兰后卫不会缺席 2006 年德国世界杯，"我知道他受伤了，但不是那种对未来造成问题的伤病。他的问题是疼痛。有些人的痛阈非常低，有些人则非常高。特里上赛季就是在令人难以置信的糟糕的身体条件下坚持作战。今天他又是带着伤痛上阵，以队长的姿态带领着我们前进。要想成为一位更出色的球员是很困难的，他能做的就是保持那种水平。"

切尔西队医布赖恩·英格利希后来证实，在对阵曼联的夺冠之战中，特里是带着两处伤痛坚持作战的，接下来他需要在脚踝扭伤的伤处接受扫描，以确诊伤情不太严重。英格利希说："我们半场的时候给他缝了 2 针，赛后把这 2 针的线给拆了，然后又缝上 3 针。下半场他的脚踝还有点扭伤，所以他实际上是带着 2 处伤作战。明天他需要进行一次扫描，但我不是太担心，希望他能够完全恢复健康，为英格兰队上场。"

穆里尼奥率领切尔西加入了少有的联赛连庄球队的行列，和利物浦、曼联并肩，他也希望球员们坚守斯坦福桥的堡垒地位。他们整个赛季在主场只丢了 2 分。穆里尼奥评论道："是的，我们的主场状态非常惊人。我们之所以成为冠军的原因之一，就是我们在主场不丢分。在 57 分之中我们只丢了 2 分。对我个人来说，现在已经是带队主场 4 年保持不败，不可思议。在切尔西拿到了两座冠军，加上波尔图，我如今已经是连续四年加冕。"

28 岁的加拉合同还剩一年就将到期，切尔西如今不得不将他转卖，否则他就可以以自由转会的方式离队了。巴塞罗那和 AC 米兰在对这位法国后卫的争夺中处于领先位置，5 年前切尔西将他从马赛买来时，转会费不过 400 万英镑而已。这位经验丰富的后卫说："我没有和切尔西签署任何新合同，我不知道我是否还会留在这里，因为我是个想要赢得一切的人。我想要在不同的国家做到这一点，下个赛季可能我就会在别的地方了。我需要和主教练聊一聊，我心里感觉有点困惑，因为可能我真的想要离开。我在这里待了5年，可能待够了。当我开始球员生涯的时候，我告诉自己我想在每个（主要的）国家踢球，我想在西班牙、英格兰、意大利和法国踢球。作为球员，你有机会在这些地方踢球，可以说很幸运。"

罗本承认他这个赛季代表切尔西时不在最佳状态。这位22岁的荷兰人说："我希望能够为球队扮演更重要的角色。第1年的时候我可以轻易地在比赛中施加影响，而在过去的几个月中，我没办法做到这一点。本赛季我的开局不够好，伤病缠身。我也认为其他球员对我的踢球方式有了更多的准备，所以防守得更好。"

有传言称罗本可能会成为离队球员中的一员，但是他对荷兰报纸《共同日报》否认了这一点，"我敢向你保证，这不是真的。现在我只对我们球队感兴趣，我相信我们完全配得上冠军头衔，我们是奖杯的合法所有人。我们在赛季早期就取得了巨大的领先优势，最终成功地坚持到了最后。"

而这对于穆里尼奥来说，也是将胸中的不满一口气全部宣泄出来的机会。为球队从欧冠联赛中出局，他责怪了媒体，还严词批评了只处罚他的球员，而放过罗纳尔迪尼奥这样的大牌球星的体系。"巴塞罗那对阵本菲卡的时候，有一次任意球机会，罗纳尔迪尼奥亲自去量了人墙与罚球点的10码距离，"穆里尼奥说，"如果有别的球员这么做的话，肯定是黄牌，再见，消失。罗纳尔迪尼奥，走上几步，笑上一笑，就搞定了。"

与此同时，阿布最热爱做的就是在更衣室里与球员们打成一片，享受他们的高潮，共度他们的低谷。自在地穿着牛仔裤和套头衫的俄罗斯老板，就像平常一样，从联赛连冠之中尽情享受着荣耀时刻。

俱乐部主席、美国律师巴克早在阿布接手切尔西之前很长时间就是阿布的幕僚之一，他注意到，在球队以最令人满意的方式——在蓝桥彻底击败曼联——夺得第2冠之后，阿布加入了庆祝的狂欢之中。巴克评论道："我在更衣室看到了罗曼（阿布拉莫维奇），他脸上带着最明朗的笑容。我们已经完成了很多任务，但是未来还有很长的路要走。他赞成我们对未来应该有这样的期待：成为世界上最大、最好、最知名的俱乐部。我们还有很多要做的。我们希望在足球层面做得更好。很多人会说很难相信你能够做到这一点，但是我们希望去做。"

显然，阿布的雄心还是拿下顶级的荣誉——欧冠。但是在他们光荣的联赛第二年中，切尔西最终拿下了 29 场英超胜利，追平了上赛季他们自己创造的纪录，此外还有 4 场平局和 5 场失利。他们的总积分达到了 91 分，而净胜球更是骄人的 50 球。他们的赛季开局状态更是难以匹敌，前 16 场比赛有 15 场获胜，要不是 3 月出现状态的波动，他们完全可以平稳地拿下联赛冠军。而实际上，曼联一度打出了好状态，取得了 10 连胜，将蓝军的领先优势从 18 分缩减到了 7 分，但是最终他们还是在蓝桥臣服于切尔西脚下，一切就此尘埃落定。

切尔西阵容

切赫／保罗·费雷拉，卡瓦略，特里，加拉／马克莱莱，埃辛，兰帕德／乔·科尔（克雷斯波），德罗巴（马尼切），罗本（达夫）

切尔西球迷塞巴斯蒂安·凯尔接到了穆里尼奥扔向人群的第一块奖牌。快意的切尔西主帅之后又将另一块替代奖牌也扔给了球迷，这一次接到的球迷是乐开了花的迪安·朱克斯。35 岁的招聘顾问塞巴斯蒂安·凯尔来自于伯克郡的宾菲尔德，他说："我们不仅 3 : 0 战胜了曼联，我们还赢得了联赛冠军，我还得到了穆里尼奥的奖牌！比赛结束后我们在庆祝，何塞走到我们的看台这边，我看到他扔出奖牌。我的座位旁边有栅栏，我利用它给自己加了把力，然后接到了奖牌。我身边的每个人都快疯了——他们都想要和奖牌拍照。我会把它裱起来，放到我的书房里。"

已婚的 25 岁车库业主迪安·朱克斯则是来自东苏塞克斯郡的伊斯特本，他补充道："3 : 0 击败曼联已经像个童话了，但当我接到奖牌的时候，感觉就更是不可思议了。我是用左手抓到奖牌的，我身边的人们都发了疯，我的镜头也上了大屏幕。"

安德鲁·麦卡纳尔蒂则是穿着穆里尼奥的俱乐部外套离开了球场，里面是他自己的毛衣。他是在与几个球迷争抢之后得到这件外套的，当穆里尼奥将外套扔向人群的时候，安德鲁的兄弟西蒙帮助他在混乱的人群中紧紧抓住了外套。外套里面绣着切尔西主帅的名字缩写。35 岁的麦卡纳尔蒂来自北伦敦的伊斯灵顿，是 3 个孩子的父亲，他说："要我放手，没门儿！"

2007 年联赛杯决赛

切尔西 2 : 1 阿森纳

20'、84' 德罗巴 / 11' 沃尔科特

在联赛杯上，穆里尼奥又一次取得了成功，这一次多亏了德罗巴两粒把握得非常精湛的进球。这一次，实打实的进球再度战胜了得势不得分的风格。

比赛的前 20 分钟完全属于阿森纳，枪手的精准传递、娴熟技巧与流畅跑动让他们在加的夫掌控了场面，但是穆里尼奥证明，赢球才是最让人激动的事情。

切赫先后扑出了法布雷加斯和儒利奥·巴普蒂斯塔的劲射，但是第十一分钟的时候，他还是不得不将球从身后的网窝内捡出。沃尔科特在距离球门 35 码的地方断下了切尔西的草率解围，他将球传给禁区边缘的阿布·迪亚比，然后冲入禁区，接到迪亚比准时送到的传球，当切赫冲出门线出击封堵时，17 岁的沃尔科特保持了冷静，将球送入球门死角。

但是在第二十分钟，切尔西突然扳平了比分。德罗巴在中路摆脱了盯防他的球员，然后在右路找到了空当——不过巴拉克送出一记精妙的过顶传球时，德罗巴似乎稍微越位了。但是边裁并没有举旗，科特迪瓦前锋就停了一下球，然后面对守门员曼努埃尔·阿尔穆尼亚精准地将球送入网窝。

切尔西开始显示出自己的威力了。

半场的时候，穆里尼奥认定不让阿森纳迫近的最佳办法，就是给他们持续施加压制的力量，所以他用罗本换下了马克莱莱。荷兰人几乎是立即发挥了作用，他在第四十八分钟连续突破 3 名后卫，为舍甫琴科送出一记精妙的直传，只可惜差之毫厘。

切尔西本赛季遭遇的最大打击之一出现在了第五十五分钟，一次角球攻势中，特里试图头球攻门时，意外地被迪亚比用脚踢中了脸。英格兰队长直接被踢昏了，在接受了几分钟治疗后被担架抬下场，然后被送往医院。在坐上救护车之前，他才恢复了意识。

当比赛恢复的时候，切尔西不得不放弃了埃辛的后排插上进攻能力，加纳中场被回撤到防线上顶替特里打中后卫，而米克尔则上场填补埃辛的位置。但是兰帕德在第七十七分钟打出了一记精彩射门，25 码外发炮击中横梁。7 分钟后，切尔西取得了领先。埃辛中路猛扑，抢断得球，然后立即将球送到右路的罗本脚下，荷兰人触了一次球，向上看了一眼，然后向禁区内的德罗巴送出了一记精准传中，科特迪瓦中锋强横地头球顶入远角。

切尔西差点就凭借另一次简单而极富穿透力的反击斩获第 3 球。德罗巴将切赫的长传轻点给舍甫琴科，后者控下皮球，摆脱后卫，然后射穿阿穆尼亚的十指关，可惜皮球没能越过横梁这最后一道防线。

比赛进入到 11 分钟伤停补时的第一分钟时，米克尔在拼抢中拉扯了科洛·图雷的球衣，科特迪瓦后卫报复地推了尼日利亚中场的胸部，然后场上其余的 20 名球员全都加入了混战。在武斗之中，布里奇被推倒在地。双方主帅和几位比赛官员不得不介入，才将缠斗在一起的球员们拉开。最终花了好几分钟，比赛秩序才重新恢复，当值主裁判霍华德·韦伯罚下了米克尔和图雷，此后在边裁建议下，又将阿德巴约罚下。

切尔西最终赢得了本赛季的第 1 座奖杯，这个赛季他们看上去将向历史性的四冠王发起冲击。

但是特里头部受伤这一打击所带来的后果，或许可以被视为切尔西将联赛冠军奖杯送给曼联的原因之一。穆里尼奥已经没有其他中后卫可用了，埃辛代打中卫时，他在中场的驱动力也就随之消失了。

从联赛杯决赛下半场离场到在救护车去医院的路上清醒过来这段时间内发生的事情，特里已经完全记不起来了。特里在受伤的一刻自咬舌头，一时停止了呼吸，并且出现脑震荡。他的伤势是如此严重，以至于其他球员立刻召唤队医入场，他在球场上接受了 5 分钟治疗，才被担架抬下。不过不久之后特里就恢复到可以离开医院，然后加入了比赛结束后的庆祝，"我告诉伙计们我记不清发生了什么。我记得下半场离场，但是直到我在去医院的路上、在救护车上清醒过来之间的事情，我都记不得了。我接受了扫描，他们说没大碍。能够回来（和伙计们在一起）真是棒极了，他们已经是不一样的水平了。不过我现在感觉还有点头昏眼花。夺冠多亏了我的伙计们，因为下半场我没怎么踢。在整届赛事中，他们都表现得非常出色。"

"在特里昨天联赛杯决赛的伤病之后，足总可以澄清的一点是：规章中关于头部伤病的条文并不要求遭受冲撞的球员必须自动休假，而是规定每一例伤病都必须接受医生的评估。"足总发布的一份声明说："足总的医疗建议如下：'因为所有头部损伤对脑部造成的影响都不一样，所以职业足球中球员在受伤后应该何时恢复训练比赛，也没有合适的固定时间。脑部对损伤的反应将决定复出比赛的时间，而且休战时间必须由俱乐部医疗官员或者神经外科专家／神经病医师评定。足总的医疗规章只规定，任何球员都不应该在症状消失，或者在休息及受刺激时都无病症出现之前，恢复训练或比赛。'"

穆里尼奥则主张，在那场玷污了决赛的18人大混战之后，足总不应当对双方进行大搜捕，"发生的这一切不是我或者温格的责任。有时候即便成熟的成年人——包括主教练——失去了对自己情绪的控制，做了些不应该做的事情，我们也不能因为这些事情而'杀'掉某个球员。"

穆里尼奥和温格都及时冲上球场，因为他们担心混战的事态会进一步升级。穆里尼奥说："我在场的时候，我可以阻止一些切尔西球员，而温格在场则可以控制一下他的球员的情绪。这是我们必须做的，我们必须帮忙控制局面。"温格则表示，他"想要确保不出大事"。

阿德巴约也因为在混战中的所作所为被罚下场，这位阿森纳前锋之后对主裁判韦伯进行了抗议，而且没有及时离场，还做出了一些显然有侵略性的手势，这都在赛后成为了足总调查的对象。"我很担心足总的反应，"温格承认，"只要是足总，那就总是有很大机会出点什么事，所以你最好先担心起来。我对这场混战很失望，因为它不能反映这场比赛的质量。两支球队都是以积极的方式争取胜利。"

穆里尼奥补充道："我的球员里面吃红牌的是米克尔。如果他做了错事，我不会杀了他，我只会教育他。最后十分钟，阿森纳球员的情绪非常激动，而且是错误的激动。我认为现在不是找出谁有罪谁没罪的时候，现在应该想的是比赛中的那些好事。这场比赛中我们有很多好事，尤其是决赛中最重要的事：我们带着奖杯回家了。"

切尔西自己在更衣室里对混战进行的调查表明，阿德巴约其实是被错怪了，更有责任的其实是阿森纳后卫埃马纽埃尔·埃布埃。两位主帅都承认，这次缺乏纪律性的事件对切尔西有利，因为他们此前在第八十四分钟凭借德罗巴的头球取得了领先。"我感觉如果我们保持冷静的话，我们其实有足够的能量和自信心来扳回比赛。"温格说。

穆里尼奥赢得了执教切尔西两年半时间内的第5座冠军奖杯，所以他用"面对老板阿布张开五指"的手势进行庆祝，对于球队的胜利，他非常高兴。"我们战斗得非常艰苦，"他说，"我们一度落后，他们上半场也比我们出色，所以能够在半场打成1∶1很棒。毕竟他们比我们出色多了。下半场的情况完全相反，我们控制了比赛，两次射中门柱，我们打入了制胜球，并且重新掌控了比赛。"

温格为自己的球队参与混战表示了道歉："我觉得我们根本就不应该做出反应。总而言之我们为发生的这一切感到抱歉。当你没有按照自己想要的方式表现时，你就需要道歉。我们想要专注于踢出好球，我们想要处理好挫折，并且表现得值得他人效仿。但是我们也想提醒大家，我们过去几年中有两次拿到公平竞赛排行榜的头名。今年我们也是联赛中犯规最少的球队，还是被犯规次数最多的球队。刚刚发生的事情，过去三年中只在我们身上发生过一次，我们为此感到抱歉。这是一场好比赛，而这次混战不过是一分钟的事情而已。但是我们确实不想这样表现，这事就到此为止吧。"

兰帕德也站出来对温格表示支持，他还表示自己没有被阿德巴约拳击。不过足总已经要求温格对自己的暴怒做出解释——因为一位边裁据称报告说看到阿德巴约拳击了兰帕德，而温格怒斥他说谎。温格还呼吁切尔西中场站出来说出冲突中的"真相"，如今兰帕德确实这么做了。"我和弗兰克（兰帕德）说了，他告诉我他没有被拳击。"兰帕德的经纪人史蒂夫·库特纳如此表示。

不过足总确认埃布埃在混战中有重大罪责，他打了布里奇。"和温格的指控不同的是，边裁的报告没有说阿德巴约拳击了兰帕德，"一位足总发言人表示，"报告说的是阿德巴约态度极具侵略性，他推了卡瓦略，还想要拳击兰帕德。报告没有说阿德巴约击中了兰帕德。质疑比赛官员的正直、指控他们说谎，是对比赛整体正直性的严重论断。我们也拒绝任何声称执法系统偏袒或者不诚实的指控。我们会要求温格对这些评论做出解释。"

一开始，切尔西方面以为特里很快就可以复出上阵，但他最终不得不接受自己需要一段时间来恢复的现实。扫描中没有发现他有脑部损伤，切尔西还将此次扫描形容为"例行公事"。尽管如此，考虑到情况有可能更加糟糕，他还是征询了一位神经科医生的意见。最终不会有长期影响的结果让特里感到放心，但由于他遭遇的是头部创伤，所以他其实本不应该被允许在比赛结束后离开医院。特里不记得受伤后发生了什么，所以他其实不应该被允许判断自己的情况。事实上，他在赛后就立刻回到了更衣室，不过他没有喝酒，而且俱乐部的按摩师斯图尔特·沙利文一直在监视他的情况。切尔西试图对伤势的严重程度轻描淡写，"我们强调，这一次扫描完全是例行公事，是这种伤病后的正常程序，没有任何理由让人担心。"俱乐部的一份声明表示。"约翰（特里）没事。他还有点头昏，但是他情况正在好转。"助理教练克拉克补充道，"如果你头部被踢了，而且被踢昏了，你肯定会有几天感觉摇摇晃晃的。"

为切尔西打入联赛杯制胜球的德罗巴，也被选为 2006 年的非洲足球先生，他以仅仅 5 票的优势战胜了巴塞罗那的埃托奥。科特迪瓦前锋终结了喀麦隆前锋对这个奖项为期三年的垄断，他从非洲足联下属国家队主教练那里获得了 79 张选票。德罗巴的切尔西队友、加纳中场埃辛名列第三，他的票数是 36 张。

切尔西阵容

切赫／拉斯·迪亚拉，卡瓦略，特里（米克尔），布里奇／巴拉克，埃辛，兰帕德，马克莱莱（罗本）／德罗巴，舍甫琴科（卡卢）

何塞的困境

当 2006—2007 赛季抵达高潮的时候，切尔西历史性的四冠挑战仍然还有希望成功。穆里尼奥希望只专注于足球事务，然而关于他在切尔西未来如何的流言却从未断绝，不管穆里尼奥怎样敦促俱乐部董事会表明立场，还是没办法扫清流言。

他显然是在鼓动董事会发表对他表示支持的声明，"我通过谈话来化解我的球员们身上的压力，同样地，如果我的上级部门也能够站出来说话，消除我生活中的压力，我肯定也会更好受一点。如果我可以选的话，我宁愿不要自己这么说，如果他们说话的话，我肯定不会说这么多了。所以请站出来说吧，给我留一点空闲时间。但不幸的是，足球就是这样。主教练和球员有义务通过媒体向公众说话，但是其他人则可以自己选择说不说。从我这里球迷可以知道一切，我已经说过我想要留下。设想一下如果赛季末我告诉他们'再见，我走了'的话，人们到时候对我会有怎样的看法？这家伙是个骗子？所以我向来不留疑问，我把一切都说得很清楚。如果赛季末我离开了，那你就有资格过来对我说：'何塞，滚蛋，你这个骗子。'我说过 200 遍，我想要留下。所以每个切尔西球迷都相信我。"

切尔西 CEO 彼得·凯尼恩随后公开发布的信任声明，意在终结这几个月以来的猜测、谣言和反谣言，其计划是在对利物浦的欧冠半决赛首回合、对曼联的联赛和足总杯决战前夜稳定更衣室，但不幸的是，这一声明并没有起到想要的效果：各大报章的封底仍然充斥着关于穆里尼奥未来的复杂戏码。

然而，在彼得·凯尼恩刻意发布声明之后，穆里尼奥还煞费苦心地指出，如果他的未来由他来决定的话，他肯定愿意下赛季继续执教切尔西。在凯尼恩为漫长的流言画上终止线之后，穆里尼奥热切地希望关于他未来的热烈猜测能够结束。但是他显然没有这么走运。切尔西令人失望地在纽卡斯尔拿到客场平局。一份周日报纸很快表示：在还有那么多奖杯等待挑战、赛季如此关键的时刻，关于穆里尼奥未来的讨论俨然是在前线扎营，根本没办法安定下来。还有消息称，不能把凯尼恩的话太当真，因为仅仅几周之前，凯尼恩就在洛杉矶的一次高层会议上和德国人尤尔根·克林斯曼会过面。

纽卡斯尔的法国前锋安托万·西别尔斯基则声称，自己看出了切尔西阵营中的不安迹象，他还给出了一个细节，那就是在定位球防守中盯防特里的时候，他干得太过于出色，以至于特里反复向当值主裁判马克·哈尔西抱怨他的防守动作。"他们觉得比赛形势对他们不利，因为我们踢得非常出色，"西别尔斯基说，"我们让他们感到失落。他们需要 3 分来保住赢下联赛的机会，最终他们非常失望。他们最终非常担心，而我们则非常开心。"

有一段时间，有传言称穆里尼奥与亿万富翁老板阿布发生了巨大分歧，穆里尼奥的帅位因此岌岌可危。然而，看过球队错过曼联战平米德尔斯堡的机会，0∶0打平纽卡斯尔后，葡萄牙主帅竟然乐于和媒体谈论他目前境况的解决办法，以及他对这家俱乐部的感情。"对我来说，这当然不只是一份工作。可能是这个国家很特别，可能是这个国家的足球很特别。切尔西是我在这个国家的第一份工作，如果让我离开切尔西去邻居家（这个国家的另一家俱乐部）执教肯定非常困难。因为我们都成为了俱乐部历史的一部分，我们夺得了50年来的第一座联赛冠军，我们与球迷之间的情感很深，我们都联系在一起。我喜欢这家俱乐部，我非常非常喜欢我的球员们，我喜欢与凯尼恩共事的方式——我认为他是个顶级经理，我们共事的方式让我非常非常高兴。"

穆里尼奥还确认了他对这份工作的投入，他补充道："我不会说这份工作非常非常简单，我也不会说它非常非常困难。我有一份工作要做，我一直都专注于这项工作。你现在会考虑我的未来，这很正常。但是这份工作帮助我开阔了眼界，我向他们吐露心声，说我想要留下，我只会专注于我自己的工作。如果董事会说他们想要我留下，关于我未来的猜测就会终止，这很重要。

"棒极了，感觉棒极了。现在我们可以一起为未来而战了。如果媒体再有新的报道，对我来说也不成问题了。对我来说真正重要的，是他们想要我留下，而我的决定早就做好了。我根本不想自己的未来或者其他俱乐部，现在我不想其他的，因为我知道我会留在切尔西。"

虽然穆里尼奥和凯尼恩都公开发声了，但是毫无疑问的是，正是由于切尔西还在冲击四冠王，阿布和穆里尼奥之间才能维持着脆弱的和平。穆里尼奥的未来一直是媒体每一天力图渲染的内容，而凯尼恩对穆帅表示支持的时机，则是在他与克林斯曼会面的消息被泄露之后。俱乐部之后——只是在被戳穿之后——才发布了第一份留任穆帅的声明。这份简短的声明对于很多人来说是个巨大的意外，即便它其实并没有终结穆里尼奥帅位的不确定性。凯尼恩说："我们不会解雇他（穆里尼奥），他拥有俱乐部的支持。这就是现状，我们已经达成一致。"

根据俱乐部的说法，这个"我们"包括阿布本人。不过，在某些地方还存在重大疑问，这主要是因为，最终的决定究竟如何，很大程度上取决于球队赛季末在英超、欧冠和足总杯中取得了怎样的成绩，即使他们在2月份就已经拿下了联赛杯。

在如此多的争议事件之后，不管凯尼恩态度明确的声明看上去究竟如何，仍然有很重大的疑点存在。据广泛报道，"交易"之所以能够达成，其条件在于穆里尼奥同意了阿布在合同中实施的新规定。穆里尼奥自己当然否认任何附加条款的存在，但是很快事态就又说明了问题，当老板和主帅最终面对面坐下来就新赛季的备战展开讨论时，两人之间仍然存在分歧。

这一足坛最长肥皂剧之一的关键点，在阿布意识到穆里尼奥是如此天才以至于难以被取代时出现。克林斯曼也没有表现出任何想要加盟的迹象——他不想要告别在洛杉矶稳定的家庭生活——即便切尔西开出了 700 万英镑的惊人年薪。

但是同样地，很明显阿布也不会再容忍穆里尼奥任何的公开中伤，否则两人之间脆弱的休战协定将被撕毁，冷战又将迅速回归。此外，阿布和他庞大的幕僚队伍还考虑在俱乐部的足球班子中新委任一位高级人物，以色列教练阿夫拉姆·格兰特是被选定担任此职务的最热门人选，他现在正在朴茨茅斯担任技术总监，而朴茨茅斯的老板萨沙·盖达马克也是俄罗斯人。

欧冠 1/4 决赛次回合击败瓦伦西亚这场非同寻常的比赛之后，穆里尼奥的言辞缓和了不少，却也进一步强调了他多么想要留在俱乐部，这份声明也对他和阿布的关系起到了很大帮助，因为阿布早就受够了他在新闻发布会上的批评。考虑到阿布缺席了这场比赛，他身边的人都感觉到，需要用一些折中的解决办法，来让投资超过 5 亿英镑、建构了俱乐部伟业的老板重回现场，毕竟切尔西在三项赛事中都已经走到了历史性的收官阶段。他们感觉，必须尝试一切办法，来制造出让阿布想要重新出席比赛的环境。

凯尼恩长期以来都是穆里尼奥的支持者，正是他做出决定，让切尔西主帅下赛季留任的消息公开化。"我想明确一件事情：我们支持何塞担任主帅，我们全力支持他，而且考虑到之前那些传言炒作的程度，我们现在取得的（让穆帅留下的结果）就是更大的成就了。"凯尼恩说，"不管你读到或者听到过什么，我们从来都没有草拟所谓的（穆帅接班）人选名单，我们没有给任何人提出邀约。所以让我们立刻把这个话题甩到脑后吧。何塞现在有一份持续到 2010 年的合同，而且他想要留队。我们不会解雇他，他拥有俱乐部的支持。这就是现状，我们已经达成一致。（在传言中）把我们与多达 14 名主帅联系在一起，但是我们根本没有过这么一份名单。我们没有向别人发出邀请，何塞·穆里尼奥才是我们的主教练。"

凯尼恩所说的每一个单词都被仔细分析。他说"没有给任何人提出邀约"，意思是要粉碎这份工作已经被"提供"给克林斯曼的传言？还是真的只是字面上的意思？可能切尔西帅位没有真的被提供给前热刺球星，但是这传言还会延续下去吗？不过不管怎样，俱乐部公开对他表示信任，这正是穆里尼奥最近几周一直要求的。而俄罗斯老板同样要求有些多嘴的穆帅完成自己的承诺，也就是缓和脾气，不再公开发表任何可能被视为藐视老板的言论。

作为停火的结果，阿布在圣詹姆斯公园球场出席了切尔西客战纽卡斯尔的比赛，考虑到邦交已经恢复，分歧已经消除，阿布又可以重新在赛后造访球队更衣室了。在 1 月 13 日主场对阵威根一役后，随着双方的敌意升级，阿布便中断了自己的这一传统。

不过在此时，去年夏天率领德国国家队打入世界杯半决赛的克林斯曼，在媒体报道中仍然与斯坦福桥的帅位联系在一起，弗朗茨·贝肯鲍尔，这位曾经分别以球员和主教练身份夺得过世界杯的德国传奇人物仍然认为，如果克林斯曼愿意放弃他在加利福尼亚的家的话，会很"适合"执教这家西伦敦俱乐部，"于尔根和切尔西很配，但是如果他想要在工作地和家庭之间通勤的话，那就不可能了。尽管如此，如果机会出现的话，于尔根就应该紧紧抓住。42 岁的他，是一个可以在顶级俱乐部工作的年轻人。于尔根做起事来有种特别的魅力，而且他精力充沛。由于他在托特纳姆效力的经历，他现在在英格兰仍然很受尊敬。"

但是现在既然克林斯曼的选项已经不复存在，凯尼恩就用自己的信誉做保证，来打赌穆里尼奥留队了。如果阿布之后认定他已经受够了主帅的态度，决心逐客的话，切尔西 CEO 的信誉就会严重受损了。起码，当未来的新帅加盟时，他就会越来越难以告诉新任主帅，他与俱乐部最具权势的人物全面保持一致了。凯尼恩肯定会经人提醒而想起他曾经对拉涅利表示过类似的支持，结果几周之后阿布就将拉涅利解雇，用穆里尼奥取而代之。另一点有些似曾相识的感觉，是凯尼恩当初在拉涅利于摩纳哥备战欧冠半决赛之前，率一个代表团去试探时任波尔图主教练穆里尼奥心意的，高层对拉涅利接班人的寻找，无疑严重影响到了切尔西对欧冠决赛席位的追逐。

在穆里尼奥的未来之外，凯尼恩还继续驳斥了关于兰帕德和特里未来的流言蜚语，有报道称两人因为续约受阻，未来陷入未知数。特里刚确认他与俱乐部的新合同谈判中断了，他的合同到 2009 年 11 月结束，兰帕德的合同则是到 2009 年 7 月，不过在国际足联全新的规则下，他今年夏天就可以买断自己的合同——买家只需要支付他 2 年的工资，约合 800 万英镑。

"每一份合同都是独一无二的，没有任何两份合同是一样的，"凯尼恩说，"埃辛、布里奇和德罗巴都签了新合同。对切尔西的未来而言，这是非常好的消息。特里和兰帕德的合同还没有敲定。在关于合同的猜测中，最重要的只有两个决定性的阶段：合同谈判开始时，以及结束时——不管最终是达成协议还是没能达成协议。"

穆里尼奥仍然是一号媒体宠儿，他说出的每个单词和一举一动都是填充大片报纸版面的材料。他很久以前说过的只言片语也被重新挖掘出来，展现在公众面前。有两家报纸就挖出了一件逸事：两年前对阵拜仁慕尼黑的欧冠 1/4 决赛两回合，穆里尼奥因为此前一轮对巴塞罗那赛后的不当言行，被欧足联禁赛，禁止接触球员，而他却藏在了一个用来运送俱乐部球衣装备的洗衣筐里，逃过了欧足联的禁令。

在主场比赛那天晚上，观众们都以为体能教练法里亚是用一个藏在毛绒帽子里的听筒来与穆帅交流。其实穆里尼奥那天提前来到了球场，并且在更衣室里通过电视转播观看了比赛，赛前和中场时他都对球员们发表了讲话。在这场切尔西 4∶2 取胜的比赛结束前 10 分钟，穆帅爬进了一个洗衣筐，然后被推车送到了斯坦福桥的一个休闲会所，这天晚上的其他时间，他都在这里待着。对各大报章的这些报道，切尔西发布了一份声明："情况很明显。两场比赛都受到了欧足联的严格监控，他们这两个晚上都对自己的管理未被打搅非常满意，所以才有了欧足联当时发布的声明。媒体在距离一场重头比赛如此之近时发布这一报道，唯一的理由就是他们服务于有意破坏我队的目的。"

欧足联则不太可能根据这样的报道采取行动，毕竟此事已经过去太久。在对利物浦的欧冠半决赛首回合比赛前的新闻发布会上，记者们又与穆里尼奥展开了对质，穆帅本来准备做出回应，结果切尔西媒体主管西蒙·格林伯格为他进行了调解，再次声明这件事欧足联两年前就已经处理完了。但是切尔西方面从来都没有坚决地否认过穆帅暗度陈仓这件事。

在备战半决赛之前，乌克兰射手安德烈·舍甫琴科明确地表示他希望曼联在另一场半决赛对阵中失利，因为他更愿意在决赛中对阵老东家 AC 米兰，而不是在赛季末与红魔打三场天王山之战，要知道，联赛和足总杯冠军奖杯都取决于另外两场红蓝大战的结果。如果这两队都杀进 5 月 23 日在雅典进行的欧冠决赛的话，切尔西就将在 14 天之内与他们的联赛争冠对手交手 3 次，欧冠决赛之前的两次交手分别是联赛次回合交锋与足总杯决赛。

有一件事值得铭记，那就是两年前那场利物浦从 0：3 落后扳成 3：3、最终以点球决胜方式夺得欧冠奖杯的大战中，乌克兰前锋代表 AC 米兰在最终点球大战中射丢了 1 粒点球。那一年的半决赛中，利物浦凭借着路易斯·加西亚的一粒争议进球淘汰了切尔西——穆里尼奥至今仍然坚称这粒"进球"没有过线。舍甫琴科说："本赛季我们在各条战线上都与曼联直接作对。除了国内联赛和欧冠之外，我们还要在足总杯上与他们交手，这一奖杯也很重要。但是我已经说过，我想要在雅典与 AC 米兰交手。不过我其实不喜欢谈论一场还不在计划之中的比赛。"

舍甫琴科还表示，在半决赛中他会摒除掉利物浦大逆转 AC 米兰一役的一切回忆。在接受《米兰体育报》采访时，舍甫琴科补充道："不会有任何的复仇，为什么每个人都谈论过去？对我来说关键的是未来。对阵利物浦的时候，我不会想发生在那场被诅咒的欧冠决赛中的事情。利物浦非常强大，尤其是在欧冠赛场上。"

舍甫琴科在斯坦福桥的第一个赛季过得很艰难，并且一直因为惨淡的表现——尤其是在英超联赛中的低迷表现——备受批评。对阵布莱克本的足总杯半决赛下半场，他因为错过了一次可以帮助蓝军将比分扩大到 2：0 的黄金机会，而被替换下场。这位 30 岁的乌克兰前锋承认，他在适应新的风格上存在问题，他也承认批评的声音让他苦恼，"我自己确实存在问题，但是这些问题都是在适应另一种社会、另一种语言、另一种足球风格上出现的，一切都很不容易。在这里你得踢更加激烈的比赛。只是在赛季初一切都还没有步入正轨的时候，就有如此多的人批评我，这让我感到忧愁。我和（同时期加盟的）巴拉克聊过这事。我接受一切对于我表现的批评，但是我不能接受对我个人层面的批评。即便巴拉克也因为他的表现而遭遇严厉的批评，人们不给他改善的时间。"

在凯尼恩站出来发布穆里尼奥将留队的声明之前，有一件事就已经很明显，在比赛中一直高唱着主教练和球员们名字的切尔西球迷，坚定地站在葡萄牙"狂人"背后。与此同时，特里也明确表示，他希望俱乐部能够就"特殊的一个"做出"正确的决定"。舍甫琴科也坚称球队紧紧地团结在一起，但是被问及穆里尼奥的未来如何时，舍甫琴科也没有受到媒体怂恿，"这话不应该由我来说。我只是个球员，我只做好自己的事。其他的话只会制造争论。我们非常团结，比一切都强大。他能够以不同的方式为球队'充电'。他对自己非常有信心，不管其他人说什么，他对我的看法从一开始就很明确。"

在凯尼恩协议出台之前的那一周，有无数迹象表明穆里尼奥在切尔西的执教快到头了。而现在，站在风暴中心里的穆帅公开表示，那些报道声称的将接任他帅位的人的数量是如此之多，以至于他的工作变得更加难做了，何况，坐在这个帅位上的人拥有的，是世界上任何主帅所能够拥有的最高额支票。在西班牙报纸《马卡》报发表的评论中，穆里尼奥说有好几位主帅被视为他在斯坦福桥的接任者，即便他坚称他想要留在俱乐部，直到 2010 年合同到期时。"在一支不稳定的球队中要想好好工作、取得成就显然更困难，"他说，"曼联有的是稳定；阿森纳今年将会四大皆空，但是他们俱乐部内也相安无事，对于未来从没有过任何质疑；利物浦情况也是一样，他们有了新的老板，而且每个人都在积极地谈论他们的未来，专注于讨论贝尼特斯将得到多少用来增强球队实力的资金。与之相比，前几天我数了一下被'委任'为切尔西下赛季主帅的人有多少，结果我们下赛季会有 13 位主帅。最近一个被提及的名字是马克·休斯，他的名字是上周刚刚出现的。"

穆里尼奥暗示，如果他今年夏天被迫离开切尔西的话，他不会继续留在英超，这就让媒体更加相信他肯定会离开了。穆里尼奥还暗示，他觉得自己有可能会失业——虽然他也贬斥了今夏转投皇家马德里的猜测。"我不希望我的名字与皇家马德里或者任何其他俱乐部联系在一起，因为我想要留在切尔西，"他说，"我的合同直到 2010 年才结束，我希望将合同继续履行下去。"

但是他又补充道："如果我还是因为某些缘故，或者因为有些人希望我离开而告别，那也只能说这就是生活。如果我离开的话，我下赛季想要在另一家欧洲俱乐部继续执教。我喜欢英格兰足球，我想要执教另一家英超俱乐部，但是现在不行。我没办法想象离开切尔西然后立刻转投另一家英超俱乐部。那样情况会很怪异，我不希望这一幕发生。"

穆里尼奥不想继续谈论他与阿布的关系，"我的工作是在球员身上，我们才是赢下比赛或者输掉比赛的人。"

又有消息称，穆里尼奥在瓦伦西亚拿下一场重大胜利，率领切尔西晋级欧冠半决赛之后，凯尼恩向他表示了热烈祝贺。凯尼恩无比钦佩穆里尼奥，很明显，即便是现在他也一直想要让穆帅留下，但是他最终的忠诚还是要留给阿布。"我和凯尼恩聊过很多次，我们经常见他，"穆里尼奥说，"他当然在支持我的一方，从第一天开始就这样，一直如此。真是了不起。彼得（凯尼恩）告诉我，'真棒，我非常满意你（留下）的决定。'我说过至少 20 次我想要留队，我不会做除此之外的事情。我不是骗子，我很诚实，所以当我在过去两个月中对我的球员、球迷、董事会、对你和每个人说了 200 遍我想要留队、想要尊重我的合同的时候，我是认真的。我爱这家俱乐部，我想要留下。我爱英格兰足球。我禁止我的经纪人与其他俱乐部会谈。我不想让我的名字与其他工作联系在一起。我过去两个月把这话说了 200 遍，没办法再说其他的了。"

穆里尼奥还对老板阿布表示了称赞，称赞他提供了这个国家最棒的设施。此外他继续表达了自己对这份工作的忠诚，说他已经为自己的两个孩子预留了 9 月份的学校名额，"我想离开切尔西对我造成的伤害，会比离开其他俱乐部更大。我在波尔图成就了一段伟大的历史，但是我想要离开。现在我非常想要尊重我的合同，我感觉一切都棒极了，我在各个方面都非常满意，而且家庭非常重要。比如，我们已经为下一年预留了学校名额——我们告诉学校我们想要留住孩子们的名额。切尔西的一切都是最棒的。如果你下楼的话，你会发现这里有全国最棒的健身俱乐部，有着不可思议的设施。俱乐部的未来不可思议，因为工作条件真是棒极了。这里的发展是董事会的工作，老板（阿布）对此负责。"

嘴炮大作战

穆里尼奥一直热衷于延续与贝尼特斯的口水大战，贝帅声称切尔西主帅只会以友善的方式对待他能够击败的对手，而穆里尼奥则说利物浦主帅正在度假——他指的是利物浦本赛季只剩欧冠一条战线有夺冠希望，切尔西则仍然在追逐四冠王的希望——进一步火上浇油。"如果我开始度假，只剩下欧冠可打的话，我会仔细考虑怎么打好欧冠。但是我毕竟不在度假。从1月以来，每场比赛对我们来说都是决赛，他们则有时间考虑这种事，因为他们只有欧冠可打。我可没有时间，何况周日还有一场重头比赛。"

穆里尼奥指的重头比赛，是对阵布莱克本的足总杯半决赛。执教布莱克本的马克·休斯，正是被认为可能接任他的13个教练之一。通过加时赛的进球击败马克·休斯及其布莱克本之后，穆里尼奥表示，切尔西对四冠王的冲击，命运可能会掌握在利物浦手里。"我的一位助手周六去看了利物浦的比赛，结果他在比赛60分钟后就离场了，因为那就像是一场纪念赛，他还看过他们对埃因霍温的欧冠比赛，情况也一样。很明显，他们把精力都放在了备战欧冠半决赛上。但是在切尔西打完对布莱克本长达2个小时的比赛之后，我们两天之内就有另一场必须赢的比赛，周末还有一场必须赢的比赛。不过这正是我们为之战斗的，我们战斗就是为了出现在如今的位置上。我们不能为此而抱怨。"

穆里尼奥说，弗格森在去年11月他俩碰面的时候预测过两队可能会在欧冠决赛中会师。"他邀请我出席一个慈善晚宴，晚宴上我见了他。他告诉我他觉得欧冠决赛会是一场英格兰内战，我告诉他我相信他。现在如果我们都能够打入决赛的话，那就会是蛋糕上的樱桃了。肯定棒极了。"

穆里尼奥对弗格森有着极度的尊重，"当一个人成功，另一个人失败的时候，我们肯定没办法一起高兴起来。我们当然想赢，但是我们更互相尊重。"

贝尼特斯则以承认他不会在赛后与穆里尼奥喝一杯的方式，加剧着他与切尔西主帅的敌对关系。他表露出的明确迹象，说明两人之间的冷战在接下来的大战之前绝不可能缓和，不过他拒绝被记者诱导，拒绝就他是否喜欢穆里尼奥这个人做出表态。作为英超争冠对手，弗格森和穆里尼奥经常在赛后分享一瓶昂贵的红酒，贝尼特斯却从来没有与切尔西主帅一起坐下来畅饮过。"我不知道他赛后会不会和其他主帅喝酒，但是我前几天刚和加雷思·索思盖特[①]喝过，还有大卫·莫耶斯[②]，所以我和其他教练之间不存在问题。"贝尼特斯透

---

① 加雷思·索思盖特，前英格兰队国脚后卫，时任米德尔斯堡主教练。

② 大卫·莫耶斯，苏格兰人，时任埃弗顿主教练。

露，"赛后我会和一些主帅碰面，我们会聊上 5 分钟，但是你没办法侃上半小时，因为一般来说赛后都有太多的事情要做。我不指望周三赛后与他喝上一杯，因为我们从来没这么做过。但是在安菲尔德和温格、弗格森以及其他主帅碰面的时候，我们都会邀请他们赛后到靴室 ① 来喝一杯。"

很明显，两人之间仍然针锋相对，这段恩怨要追溯到 2005 年 4 月安菲尔德的欧冠半决赛次回合，利物浦那粒所谓的"幽灵进球"引发诸多争论。贝尼特斯随后带领红军在伊斯坦布尔决赛中奇迹般逆转 AC 米兰，这让穆里尼奥倍感受伤。

那粒进球让切尔西主帅痛苦不已，当两队本赛季被抽签抽到一起的时候，他又提起了这件往事。但是贝尼特斯认为穆里尼奥这只是"酸葡萄心理"而已，而他自己只想着将这事翻篇，然后继续前进。他认为穆里尼奥应该别再继续为路易斯·加西亚那粒进球过没过线而纠结，应该从中恢复过来。"我们没必要继续讨论这件事。他们可以谈论那粒进球，而我们可以谈论那粒点球和红牌！我们可以谈上好几天——但现在最好还是考虑新的比赛、新的半决赛吧。我们会知道自己能够在这些比赛中取得什么成绩，对于我和我的球队来说，这才是最重要的。"

当被问及他是否喜欢穆里尼奥这个人时，贝尼特斯只是说："作为主教练，他是个好教练。他对待比赛总是很自信，因为他工作干得很棒，知道自己正在做什么。他有着不同的比赛方式，但是作为主教练，他很棒。我跟其他主教练之间没有问题——我们只是谈论足球，专注于自己的工作。每一位主教练都会决定如何处理自己的比赛、如何对待自己的生活。我想要过得心平气和。如果其他主帅谈论足球的话，我也会。如果可能的话，我不想要谈论其他球队，但是每个人都会决定自己该做什么。这与我曾经在皇家马德里任职、他曾经在巴塞罗那任职没有关系。他对切尔西来说是个好教练，你可以从他的成绩看得出来，所以作为主教练，我对他非常尊敬。"

曾经有一段时间，这两人拒绝在两队交锋时握手，如今贝尼特斯也仍然不

---

① 靴室是指香克利主政时代，助理教练佩斯利和贝内特使用的更衣室走廊另一侧的一间旧房。球靴存于此处，挂在墙上，故得名靴室。

想将两人之间的关系伪装成好伙伴。"我们现在会握手了——所以我们已经告别了一桩没有意义的（关于两人不握手的）辩论，"他补充道，"谈论杰拉德、兰帕德或其他球员的品质，显然比一起谈论私人关系更好。"

当被记者问及他是否认为穆里尼奥下赛季会继续留任时，贝尼特斯没有被诱导得激化两人之间的紧张关系。"人们说他夏天可能离开的时候，我一点都不惊讶。我有过那种经历，那还是在西班牙的时候，一位主帅会在榜首领先 8 分的时候被解雇。但是我不想要与切尔西开战。他们是否有压力？我不知道。我们有自己的压力，那是因为我们想要赢下每一场比赛、每一座奖杯。击败他不会给我带来特别的满足感。要说开心，那也只是纯粹为打进欧冠决赛开心而已，而不是因为我们击败了穆里尼奥和切尔西——对手换作弗格森或者温格也是一样。"

穆里尼奥方面则挑衅般预测道，利物浦球员们会故意激怒德罗巴，让他吃到黄牌然后停赛错过次回合。切尔西主帅还指责利物浦前锋迪尔克·库伊特在赛季早些时候故意领牌来"洗牌"。那是在利物浦对埃因霍温的 1/4 决赛首回合，库伊特染黄后累积黄牌停赛错过次回合，然后就可以出战半决赛了。在穆里尼奥看来，这是蓄意布置的策略，这样他在半决赛就没有停赛的风险了。"他们在欧冠分到了一个很容易打的小组，所以有机会洗牌。"穆里尼奥说，"他在对埃因霍温比赛的最后 1 分钟领到黄牌，这是因为他不想打次回合，这样他就可以洗牌打上剩余的比赛了。"

切尔西中场埃辛在对阵利物浦的首回合比赛中停赛，乔·科尔、巴拉克、拉斯·迪亚拉、罗本和德罗巴距离停赛都只差 1 张黄牌。穆里尼奥最担心会失去自己最珍视的头号中锋，"如果他们整场 90 分钟追击德罗巴，让他领牌然后在次回合停赛，我一点也不会奇怪。"

穆里尼奥试图通过口水战来"耍手段"，贝尼特斯则不把它放在心上。"我不知道他为什么会这么想，"他说，"可能是因为 2 年前他对阿隆索这么做了吧，可能他脑子里就是会想这些事。我们想的只是踢球。如果这是他给主裁判传达的信息的话，我想裁判有足够的经验来应对。黄牌或者红牌，都无所谓。"

穆里尼奥还抱怨了切尔西近期的赛程以及漫长的伤病名单。贝尼特斯则又一次展现了自己的冷漠无情，"我了解到了很多我不知道的事情，每个人都说我们是热门，而他们已经累了，我们的重头比赛比他们少——我不知道是谁对告诉大家这些事情这么感兴趣。我向来不想要在比赛中耍手段。他（穆里尼奥）是个伟大的教练，这一点确实如此，但他也喜欢耍手段。"

穆里尼奥之后又指责贝尼特斯将一支曾经伟大的利物浦队，降格为一支和杯赛球队没什么区别的队伍。"历史有目共睹，而历史上利物浦甚至不仅仅是一家豪门俱乐部，他们是个怪物，"穆里尼奥说，"但是最近几年，你可以发现他们只专心打一项赛事，他们在淘汰制赛事中取得了成功。我不是数据统计员，但是我想在英超联赛中切尔西的积分能比利物浦多上 60 分，我不清楚，可能 50 分、55 分或者 60 分吧，但是我想说是 60 分。这显然是个很大的差距。他们在淘汰制赛事中是一支伟大的球队。我们必须承认这一点，并且称赞他们：他们毕竟赢得过欧冠和足总杯，现在他们又杀进了欧冠半决赛。但是从 1 月以来他们就只打一项赛事：欧冠。"

利物浦如今落后于英超领头羊曼联 15 分之多，而且踢的比赛还多了 1 轮。在切尔西主帅看来，这种一心一意打一项赛事的奢侈做法，让利物浦得以精神饱满，而他只能对此表示艳羡。"利物浦是取胜热门，因为在 2007 年的三四个月中，我们已经打了 27 场比赛①，而利物浦只打了 4 场。"他说，这一夸张的说法当然是在讽刺利物浦只专注于欧冠比赛，"在对巴塞罗那赛前，利物浦在葡萄牙待了一个星期备战这场比赛。而那个星期我们打了 3 场比赛。我们打了联赛杯决赛，打了足总杯 1/4 决赛——而且是和托特纳姆热刺打了两场（第一场打平之后重赛），还在一场英超比赛后过了 24 小时又打一场比赛。我们足总杯半决赛对布莱克本打到了加时赛，我们欧冠 1/4 决赛对瓦伦西亚打了两回合。我们的对手可不是埃因霍温。所以现在和利物浦交手，我们的体能完全不一样。但是我相信我们能赢。"

贝尼特斯针锋相对地发起了反击，说切尔西的财力远超利物浦，但是穆里尼奥则一直在重复一点，"利物浦也打了 21 或 22 场比赛，但是他们轮休了球员。你认为杰拉德和兰帕德明天比赛时的身体条件会一样吗？我认为明天的对决不会是一场公平的战斗。"

———————————

① 作者注：实际上为 24 场。

如果贝尼特斯是切尔西主帅，他会像在利物浦得到高层的耐心那样，得到同样的耐心吗？被问及这样的问题时，穆里尼奥深表怀疑，"3 年没有英超冠军？你得问问巴克先生，"穆里尼奥转头看向切尔西俱乐部主席布鲁斯·巴克，"我不这么认为。"

穆里尼奥最终以对曼联和弗格森的看法结束了新闻发布会——几乎就在更新了他与利物浦之间的仇恨的同一时刻。穆里尼奥抱怨说每当到了点球判罚的时候，总是曼联有一种规则，切尔西是另一种，曼联董事博比·查尔顿爵士为此斥责穆里尼奥愚蠢、无知。

曼联此前一周之内两次逃过了点球极刑，而切尔西在对纽卡斯尔的比赛中一次手球申诉却宣告无效，因此穆里尼奥被激怒了。曼联的两个对手谢菲尔德联队和米德尔斯堡队都是在老特拉福德得到绝佳的获判点球的机会时被无视，这促使穆里尼奥表态："看上去足球里面有一条规则，这规则禁止了曼联被判罚点球。"

曼联主教练亚历克斯·弗格森爵士拒绝被拖进与切尔西主帅的口水大战，但是曼联传奇博比·查尔顿爵士对 BBC 广播 4 台的"今日"节目表示："这真是有点愚蠢。他是个非常聪明的人，结果却说出这样愚蠢的话，真是无知。我们今年有很多比赛都没有得到公正的判罚，而且那些误判也都非常明显。但是你会继续前进，我想他的说法有点无知。这话会成为媒体报道的绝佳题材。他无疑是个不可思议的主帅，但是有时候，我想他的一些表态实在是没有必要。"

打到赛季这个阶段，切尔西的四冠梦想仍然存在实现的可能，"我们只是带着赢下每一座奖杯的渴望，一场比赛一场比赛地打下去。"切赫说。但是联赛中对纽卡斯尔的 0：0 平局，使得切尔西在曼联前一晚对米德尔斯堡丢分后错过了缩小积分差距的机会，这场平局可能代价巨大。"当然，那场比赛能够赢下肯定更好。但是争冠还在继续。"切赫补充道。

最后审判日

2007 年 4 月 28 日星期六，这一天在 2006—2007 赛季英超争冠之中成了决定性的一天，联赛第二名切尔西坐镇斯坦福桥对阵博尔顿，领头羊曼联则造访古迪逊公园对阵埃弗顿。中午 12：45 比赛开场哨响时，两支在榜首相持的球队积分差距只有 3 分而已。

有那么极好的 20 分钟，切尔西实际上追平了曼联的积分，他们很快就对"快马"博尔顿取得了 2：1 的领先。而在 15 分钟过后博尔顿扳平比分，他们也只落后红魔 2 分。但是 10 分钟之后，两队的积分差距被扩大到了 5 分。电子比分牌上不断变化的比分，曾经给了切尔西一线生机，但是最终这点希望也破灭了，他们只在博尔顿身上拿到了 2：2 的平局，曼联则先输后赢，4：2击败了埃弗顿。

博尔顿的两次定位球得分，导致切尔西今年在主场第 1 次丢分。兰帕德、乔·科尔和德罗巴本来都被轮休，但是在比赛打到 1 小时之前，他们都被召唤上场。埃辛在中场首发上阵，但是不到半小时，他就后撤去顶替受伤下场的中卫卡瓦略了。此前博尔顿后卫阿卜杜拉耶·梅特已经力压埃辛，助攻了后防搭档卢博米尔·米哈利克首开纪录的进球。之后前锋凯文·戴维斯又抢在埃辛身前头球为博尔顿将比分扳成了 2：2。现在当安菲尔德之战趋近，切尔西防线又出现裂缝时，埃辛作为英格兰足坛最出色的中场球员之一又要去修补防线了。"这么做当然很过分，但是我一直都跟你说，要同时征战每一项赛事的话，非常非常困难，"穆里尼奥说，"我的球员们当然累坏了，但是利物浦应该也被摧残得差不多了，因为他们在联赛中只是名列第 3，而且他们落后那么多分，以至于在 1 月就与联赛冠军无缘了。我希望我的球队记住我们身在哪里、我们在做什么、我们要做到什么。球员们仍然有很大的机会为自己的职业生涯、为这家俱乐部取得惊人的成就。"

穆里尼奥在边线外不断鼓掌，敦促球员们争取每一个机会，但是他的球队没办法像身在 200 英里外的古迪逊公园的曼联那样取胜，这一天，切尔西的联赛夺冠机会终于消失了。贝尼特斯还给他和穆里尼奥的仇恨火上浇油，他说穆帅对球队阵容的修修补补"让他付出了联赛冠军的代价"。贝尼特斯肯定听到了穆里尼奥称利物浦人这几周都在踢"纪念赛"的说法——因为他们只专注于一座奖杯。切尔西主帅还一直在批评贝尼特斯在利物浦欧冠之前的国内赛事中轮休球员的做法。贝尼特斯则反唇相讥，称穆里尼奥在 2：2 战平博尔顿的比赛中也这么做，结果却因此丢失了英超王冠。

两年之前，切尔西正是在安菲尔德的欧冠半决赛次回合之前 3 天，于博尔顿的主场夺得了英超联赛冠军头衔。但是这次要想击败利物浦，肯定更加艰难，因为巴拉克刚做了脚踝手术，卡瓦略也将因膝盖伤病缺席。切尔西最近一场失利正是 1 月做客安菲尔德，利物浦两大前锋彼得·克劳奇和库伊特趁切尔西防线不整的时候斩获了进球，穆里尼奥很快指出，卡瓦略那天也缺席了比赛。穆里尼奥还指出，克劳奇和库伊特都缺席了利物浦的上轮联赛，当时红军派出了一支空壳球队，结果在朴茨茅斯被击败。

在执教切尔西三个满是成功的赛季中，这还是穆里尼奥第一次对英超争冠失去掌控，这使得他立即将球队的优先目标调整到被他称为 "这家俱乐部历史上最重要比赛" 的大战上。对利物浦的欧冠次回合比赛，对穆氏切尔西的征程而言将成为一个决定性的瞬间。"如果我们能够打进欧冠决赛、打进三项赛事决赛、联赛排名第二，那也将是不可思议的感觉。" 在那个动荡的下午，在对阵博尔顿那场令英超冠军归属有如跷跷板般摆动不定的比赛结束后，他如此宣布。

贝尼特斯则抓住机会，对穆里尼奥 "特殊的一个" 的标签进行了刻薄的挖苦，"我们这里也有 '特殊的一个'，那就是我们的球迷，他们一直用心表现。" 他还挖苦切尔西："他们知道自己有怎样的压力，但是每个人都有自己的问题。我们想要赢下这场比赛，想要在联赛中名列第 3，至于他们，我不需要给他们施加更多压力，因为他们都知道他们要想夺冠将会面临巨大的压力。他们想要赢得一切——不用我说，这就是足够多的压力了。他们知道自己面临的压力，你只需问问阿布先生想要什么：欧冠还是联赛？他们就知道，他们会处于压力之下，因为他们一直在谈论奖杯、奖杯、奖杯。可能现在他们少了 1 项冠军可争了，所以欧冠成了他们优先考虑的目标。"

穆里尼奥一直对利物浦球迷不满，但是贝尼特斯的回击则是，不像切尔西，利物浦不需要拿出什么旗帜，就能够将球迷们的情绪调整到合适的状态。他补充道："在斯坦福桥，即便切尔西球迷全部都拿出旗帜来摇动，我们的球迷还是赢得了球迷间的战斗。我们的球迷全都是在用心去战斗。我们不需要给球迷拿出什么旗帜来摇动，我们的球迷一直在用心战斗，这就是我们需要的。我的目标是在半决赛之后只专注于一项赛事，至于切尔西到时候是有一项还是两项赛事要考虑，我不关心。他们会发现安菲尔德是个很难造访的地方。我知道他们会说没问题，他们之前就经历过，但是我们知道，他们肯定会在这里遇到麻烦。我们的球迷是'特殊的一个'，这一点很明显。切尔西知道为什么。"

两年前一个值得铭记的晚上，安菲尔德拥趸在利物浦对阵切尔西的比赛中用狂吼将球队送入了伊斯坦布尔的欧冠联赛决赛，贝尼特斯相信他们能够再次做到这一点，虽然默西塞德人本次在首回合客场以 0∶1 失利。他说："我们可以用两年前的记忆给我们带来优势，因为我们知道球员们和球迷们联合在一起的话能做到什么。我还记得，在 2005 年那场比赛之前，切尔西球员们说了很多他们已经为安菲尔德的氛围做好了准备的话，但是当比赛开始之后，他们完全没办法应付现场氛围。任何 11 个人的对手要想准备与 12 个人交手，无疑都会很困难。我们的球迷没办法给人出示红牌，也没办法给自己的球队带来点球，但是他们能够进球。我喜欢我们的球迷，因为我们知道他们明天晚上将再一次证明，自己是世界最佳。

"球员们可以利用这些积极的回忆。我们会带着巨大的自信迎接这场比赛，但是我们知道切尔西是一支非常优秀的球队，我们承受不起犯错的代价。他们是一支用大量资金建设，旨在赢取奖杯的球队。他们去年花了很多钱在舍甫琴科和巴拉克身上，因为他们优先考虑的是欧冠。但现在他们在英超遭遇了困难，这一点很明显，如果他们想要赢下一座重要奖杯的话，（欧冠）才是他们想要赢的奖杯。"

贝尼特斯透露，他花了不少时间研究利物浦首回合在斯坦福桥所犯的错误，"我们试图从首回合比赛中所犯的错误里吸取教训，切尔西很棒，但是我有信心，因为场上有 12 名球员作战，对我们来说是巨大的优势。我们从一开始就会打出极快的速度，这一点不是秘密，要知道首回合我们正是没能够做到这一点。如果我们能够在 90 分钟内都保持高速的话，那就肯定会非常理想。首回合我们没有表现出最高的水准，对我来说这才是关键。如果我们打出最佳水平，我们就能够赢球。"

穆里尼奥的同胞克里斯蒂亚诺·罗纳尔多（C 罗）并不承认曼联很少被判点球，他的言论因此刺痛了穆里尼奥，但是在这场越发激烈的口水大战中，穆帅当然不愿让步。弗格森也对此做出了回应，表示穆里尼奥针对主裁判的抱怨经过了精心的算计，穆帅被问及此事时如此答复："这甚至都不是我和他（弗格森）之间的游戏，而是一个孩子的游戏。这个孩子说了一些不成熟、缺乏尊重的话，这可能是因为他所受的教育所致，他有过苦难的童年，缺乏教养——可能是这样的经历造成的结果吧。这就是为什么我不得不给予答复。亚历克斯爵士之后则感觉自己得站出来保护他的孩子。"

曼努埃尔·梅胡托·冈萨雷斯被任命为切尔西对利物浦欧冠一役的主裁判，肯定会更加激起穆里尼奥的反感。这位西班牙主裁判执法了 2005 年欧冠决赛利物浦点球大战击败 AC 米兰一役。那场比赛利物浦上半场 0∶3 落后，结果连扳 3 球扳平了比分，但正是点球大战中梅胡托的宽大对待，给了红军胜出的机会。穆里尼奥还担心利物浦会将德罗巴锁定为目标，因为德罗巴只需要再得 1 张黄牌，就将缺席潜在的雅典决赛。乔·科尔和拉斯·迪亚拉与德罗巴情况一样。

贝尼特斯表示，这场比赛的形势已经因为切尔西英超联赛夺冠希望越发渺茫而被显著改变，"很明显他们会面临压力。如果你花了这么大数额的资金的话，你就得赢得奖杯。这就意味着如果他们不能赢下联赛的话，他们就肯定会面临压力。现在联赛争冠对他们来说已经相当困难了，欧冠可能也是一样。他们花了数以百万计的钱，所以他们需要夺冠。对阵切尔西这种过去 5 年中花的钱比世界上其他任何球队都要多的球队的时候，我们必须保持冷静，对自己说：'好，如果我们能够战胜他们，那就棒极了。'如果你分析过去 5 年中的转会，以及每个球员的身价，那我们肯定是不被看好的一方。"

朴茨茅斯主教练哈里·雷德克纳普则预测，额外的休息会是决定比赛结果的一个重要因素，"切尔西现在几乎跑没油了。我不知道他们是怎么坚持的。兰帕德、特里和德罗巴每一周都踢了比赛，而且踢的都是非常重大的比赛，何况他们赛季开始前才从德国世界杯回来。这种连续作战会对赛季这个阶段的征战造成损伤，而这正是利物浦的巨大优势。"

利物浦占据优势的另一个因素，当然是他们的主场优势。"听到球迷的助威声时，我们的球员们跑得更快了，"贝尼特斯表示，"两年前的比赛，球迷就是我们的'关键球员'——是球迷们让我们一直奔跑，奔跑。"

利物浦边锋鲍德韦因·岑登还很令人不爽地补充道："我知道安菲尔德会为了这场比赛而沸腾——有些切尔西球员会感到压力。"

安菲尔德灾难

2005 年，利物浦凭借着点球大战赢得了半决赛[①]，2007 年杀向雅典决赛——这是他们的第 7 次欧冠决赛的路上，他们走了同样的路线。利物浦守门员佩佩·雷纳扑出了罗本和格雷米射出的点球，而这就足够了。利物浦只射 4 轮点球就赢得了胜利，最终决胜的一球是库伊特打入的。利物浦作为点球大战的专家，已经将他们在 12 次点球大战中的胜利场次增加到了 11 场。"我们拥有世界上最棒的门将，"杰拉德说，"在他加盟之前我们就看过了他扑点球的技术，所以我们了解他的一切。"

佩佩·雷纳追随他父亲米格尔·雷纳的脚步，也杀进了欧冠决赛——米格尔·雷纳在 1974 年欧冠决赛中为马德里竞技守门。在加盟利物浦之前效力比利亚雷亚尔的最后 1 个赛季中，雷纳这位点球专家 9 次面对点球，扑出了其中的 7 粒，而去年的足总杯决赛点球大战中，他又扑出了决定性的一球，挡出了安东·费迪南德的射门。

切尔西本来可以在伦敦的首回合就拿下与利物浦的对决，但是他们最终只拿到了 1：0 的胜利。而在安菲尔德，利物浦凭借后卫丹尼尔·阿格的进球，在第二十二分钟就扳平了总比分。一切都发生得太快了。只差一张黄牌就将在决赛中停赛的乔·科尔，在对杰拉德犯规后一度非常担忧，但是主裁判曼努埃尔·梅胡托·冈萨雷斯没有向他掏牌，让他顿觉解脱。在卡瓦略继续因伤缺席的情况下，切尔西认为利物浦会在这次任意球配合中送出高球找克劳奇，但是最终红军一次精心设计的任意球让蓝军无能为力。杰拉德将任意球回敲，后排插上的阿格以一记大力低射将球送入球门近角。丹麦中卫在斯坦福桥的首回合曾经备受折磨，如今则完成了完美的反击。

利物浦在防守上做得非常突出，但是在进攻创造性上不如切尔西。德罗巴——必然是他——曾经有过最佳进球机会。第三十二分钟，米克尔的妙传让

---

① 这里是作者记错了，2005 年利物浦欧冠半决赛是两回合 1：0 淘汰的切尔西，并非点球大战，当年决赛利物浦对 AC 米兰是点球大战取胜，因此利物浦 2005 年和 2007 年 2 次通向欧冠决赛的轨迹是有差异的。

德罗巴得到了在阿格身后挣脱防守的机会，但是他的第 1 脚触球将球停远了半码，于是射门角度就变小了，他直接将球射向门将，后者站位非常合适，将这记暴力射门拒之门外。

利物浦方面也有反击，库伊特射中了横梁，还有 1 粒进球因为稍稍越位被判无效。杰曼·彭南特在场上直接与老朋友阿什利·科尔对位，他在第五十六分钟送出了一记纵深传中，克劳奇力压保罗·费雷拉头球攻门，最终被切赫用脚挡出。第七十一分钟，特里判断长传球落点失误，皮球擦着他的头皮滑过，彭南特冲上前射门被客串中卫的埃辛挡出，获得一次角球。

切尔西前锋舍甫琴科这场比赛因伤只能坐在看台上观战，但是考虑到他的状态，如果他健康的话，能否在场上影响局势也是问题。第七十六分钟，阿什利·科尔内切射门被卡拉格挡出横梁之外。加时赛上，穆里尼奥终于进行了换人调整，先是罗本，然后是赖特·菲利普斯，他想以此给边路带来速度，而后者的地面传中确实带来了杀机，切尔西罕见地得到了空当，德罗巴差点包抄得手。

点球大战过后，当利物浦第 7 次打入欧冠决赛的时候，切尔西仍然没能够晋级，哪怕是一次决赛，而且迄今仍未有伦敦球队赢得过欧洲足坛的最高荣誉。

当比赛终场哨吹响时，特里和杰拉德这对英格兰队的队长和队副，互相拥抱致意，利物浦队长还说了一些安慰的话，特里则对其慷慨地表示了祝贺。不过事实上，特里内心的态度肯定没有这么大方。

虽然很难承受，但是切尔西确实在三年之内两次倒在了欧冠半决赛中，且都是输给了利物浦。"第一次很特别，而第二次是在一球落后的情况下淘汰像切尔西这样了不起的球队，真是棒极了。"杰拉德说，"主教练的战术恰到好处，我们跨过边线上场之后，就团结在了一起。球员们一起为每一个球而战。打进决赛，让一切努力的付出变得有价值。"

穆里尼奥曾经说利物浦只是"在历史上曾是个怪物"，他坚称本赛季的局限性已经将他们变成了一家小俱乐部。赛后，杰拉德承认，穆里尼奥的话鞭策了他。"球员们会阅读报纸，"他说，"我们知道这话，但这可是穆里尼奥说的。他给英格兰足球争了光，但是他这话让我们发笑，他说我们是一家小俱乐部，这有点不尊重人。一家小俱乐部在 3 年之内两次杀进欧冠决赛，挺不错的，不是吗？但是兰帕德和特里赛后的表现堪称高贵，他们给切尔西增了光。他们祝我们决赛好运，我要向他们脱帽致敬。"

穆里尼奥则拒绝道歉，他声称自己的球队想要胜利，而体能上更充沛的利物浦则只想要熬到点球大战。"我感觉，即便是对阵一支长期以来只打欧冠的球队，我们也非常强大。在下半场和加时赛上，我们是唯一想在 90 分钟内、120 分钟内赢球的球队。但是点球大战是比赛的一部分，他们进球了，而我们没进，所以他们晋级决赛。切尔西展现了更多赢球的欲望。我们可以谈论首回合，我们是场上的最佳球队，但是历史不会记得我们那场比赛是最佳，今晚是最佳，加时赛也是最佳。"

由于英超联赛奖杯正在从指尖滑落，穆里尼奥的球队现在只有足总杯决赛可争了，虽然联赛杯奖杯已经陈列在了他们的奖杯室。在任何别的地方，取得这样的成绩就已经不错了，但是对切尔西来说这却不太能够被接受。阿布对其主帅的承诺又会引发新的质疑，尤其是如果他们在新温布利大球场输给曼联的话，肯定会流言四起。

当记者问起贝尼特斯拥有而穆里尼奥还欠缺的东西时，穆帅反唇相讥，再度展现出标志性的直言不讳的风格，"我们有而他们没有的？我们过去 3 年中有两座英超奖杯，他们 0 座。"关于他未来的问题当然不可避免，穆里尼奥的回复则是不予置评。"传言？"他问，"又有了？更多传言？"这似乎是他离队的信号。

但是穆里尼奥对他下赛季会留任充满信心，"我们相信总会有下一次机会，"他在离开安菲尔德之前如此评论道，"明年是新的一年。现在的结果让人悲伤，因为我们配得上打进决赛，但是点球、点球……有时候足球就是不公平的。这样的结果很难接受，但是我们性格坚强。下赛季我们的阵容与现在相比不会发生太大的变动，可能会有一两处调整。我们的打算是留住大部分球员。我赢得过这项赛事，所以我非常非常失望。我知道球员们现在正经历什么。欧冠对每个人来说都无比重要。"

前蓝军主帅拉涅利为穆里尼奥的未来感到担心，他对 3BC 广播 5 台表示："阿布想要赢得欧冠。他希望切尔西立于世界足坛之巅。穆里尼奥做得非常棒，但我不知道接下来会发生什么。联赛杯对我而言不够，对穆里尼奥而言够吗？我不知道。我不知道会发生什么。但是阿布想要欧冠。我认为两回合比赛非常非常精彩，次回合尤其出色。当雷纳在斯坦福桥做出两次精彩扑救的时候，切尔西其实已经在主场输掉了这次交锋。"

拉涅利在离开切尔西后加盟了瓦伦西亚，如今则执教于意甲球队帕尔马，他承认自己可能会被回归英超的机会所吸引，"英格兰有着不可思议的氛围、伟大的足球以及伟大的球迷。不过我现在执教帕尔马，情况也很好。"

利物浦 CEO 里克·帕里则对穆里尼奥进行了最后一击："我不关心他说什么，我不听。我想，当你投资了 5 亿英镑的时候，你夺取了联赛杯，这肯定也算是个很棒的赛季。他可以自由表达意见，但是我们只关心利物浦。"

贝尼特斯的球队如今落后联赛榜首的曼联 18 分之多，不过帕里相信利物浦明年能够挑战英超联赛冠军。"对我们来说，最大的荣誉是英超冠军，我们从不掩饰这一点。我们每个人都希望成为联赛冠军。我们还不太够格，但是我们会尽一切力量，让我们成为争冠球队。"

这一结果对切尔西，尤其是对穆里尼奥造成的影响非常深远。切赫为自己未能和雷纳一样在点球大战中表现神勇而烦恼，"我非常疲惫，倍感失望。在这一赛事的半决赛中遭遇失利，总是让人伤痛。这是我职业生涯迄今最大的失望。在点球大战中，我向来能够扑出至少两次对手的射门，这在现在也被终止了。这一次我完全没机会表现。但是生活还要继续，时间会给我帮助。"

舍甫琴科是被买来帮助球队赢得欧冠的两位超级巨星之一（另一人是巴拉克），但他却是失望的缩影。根据媒体报道，切尔西的备战还因为他而受到了影响，据说他因为一次腹股沟伤势，与穆里尼奥发生了口角。舍甫琴科说："我们本来有很大的机会。我非常非常失望、非常非常悲伤。球队全心全意表现出色。但是点球大战就像是彩票抽奖。"

失利带来的不利后果肯定会继续悬在切尔西全队心头，而关于穆里尼奥未来的猜测，又开始有了新版本。

在安菲尔德进行的赛前新闻发布会上，穆帅抱怨了自己球队的坏运气，尤其是提及缺少了中后卫卡瓦略损失巨大，却丝毫没有提及舍甫琴科，舍瓦对此非常震惊。而直到球队去安菲尔德训练，舍甫琴科却缺席，俱乐部才宣布他遭遇了腹股沟拉伤。在一场如此关键的比赛中弃用舍甫琴科的决定，以及根本未提及他伤势的做法，在舍瓦经历了一个极度困难的处子季后，更加无法让他确信自己在切尔西还能够找到未来。但是如果阿布不愿批准的话，舍甫琴科转会离开只是空谈。

　　球员们尽管带伤却仍然继续作战，对穆里尼奥来说是件大事，在赛后新闻发布会上，他特别强调了这一点。他用的例子是罗本，让人有点意想不到，这是自3月19日以来罗本的首次上场，而他曾经因为还没伤好不愿上场而与穆帅发生龃龉，如今穆帅表示，荷兰人在还没有完全恢复健康的情况下仍然做好了上场准备。"阿尔扬来这里是为了帮助球队，他训练了两三天，然后告诉我们：'你们人都不够了，我想要帮忙。'"穆里尼奥说。布里奇则推迟了脚踝手术，以继续出场，与此同时巴拉克则决定在慕尼黑进行脚踝手术，此举激怒了穆帅。

　　对于自己为何未能出战对利物浦一役，舍甫琴科给出了他自己版本的解释。"队医和主帅及俱乐部讨论过之后，他们在上周日就做出了我无法上场的决定。我真的想要打这场比赛，但是伤势不允许。我今天早上做了一次扫描，看看队医分析的结果是怎样吧。"

　　两周之前发布声明称穆里尼奥帅位稳定的凯尼恩，这次站出来表示球队还有"很多可以争取"，俱乐部享受过了一个"伟大的赛季"。谈及联赛冠军争夺时，凯尼恩表示："我知道现在的成绩确实对争冠没有帮助，但我们的态度是永不服输，直到希望真的落空之前，我们都不会认命。"

　　切尔西的四冠王梦想因为利物浦的胜利而化为泡影，而且在联赛三连冠的争夺中，他们也逐渐落于下风。如果本周末曼联击败同城死敌曼城，而切尔西在酋长球场输给阿森纳的话，蓝军将只剩足总杯可以争夺了。但是凯尼恩表示："令人失望，但是每个在现场或者以切尔西球迷身份看球的人的感受，言语根本没办法表达。我知道球队上下赛后也都心烦意乱。这是欧冠半决赛，我们如此接近晋级，但是我为球队感到自豪，我们非常努力，打进了加时赛，直到点球大战。你不能要求更多了。

　　"一旦打到点球大战，任何事情就都有可能发生了，而这次情况就对我们不利。但是你要站在整个赛季的角度看问题，虽然我们肯定要花上好几天的时间才能够从周二晚上的失望中恢复过来，但是我们还有很多可以争取。对阿森纳、曼联和埃弗顿都是非常重大的比赛，在赛季最后一周连打3场就尤其如此。（打好的话）这对球队来说会起到大大振作士气的作用。之后我们还要打对曼联的足总杯决赛，而且要回温布利打。虽然输给利物浦让人失望，但这还是一个伟大的赛季。是的，我们确实想要拿到四冠王，但是现在我们还有很多可以争取。球队正在好转，我们拥有一套不可思议的阵容，我们拥有很多值得庆祝的，让我们忘掉昨晚，然后在联赛中继续前进。"

足总杯决赛将在 5 月 19 日于新温布利大球场进行，对手是曼联，凯尼恩还称赞了抢购决赛球票的球迷，他对切尔西电视台表示："他们对球队本赛季的成功颇有贡献。我们要给球迷送上大大的感谢，因为他们对球队现在所处的位置贡献良多。我知道当我们周日去阿森纳的时候，我们同样会得到随军出征的球迷的支持，这对球队而言会是个很大的激励。"

蓝桥的黑臂纱

切尔西球员们将在下周坐镇斯坦福桥对阵曼联的比赛中缠上黑纱，这是因为切尔西俱乐部名誉副主席、44 岁的菲利普·卡特在一场直升机坠机事故中遇难。卡特是在欧冠对利物浦赛后回家时出事的，他的儿子安德鲁也死于此次事故，另有一位切尔西球迷乔纳森·沃勒及飞行员斯蒂芬·霍尔迪奇遇难。

一位切尔西发言人表示："菲尔将作为我们最忠诚的球迷之一被铭记，他也是个非常受欢迎、非常有传奇色彩的人物。他是切尔西终身球迷，曾经是东看台多年的季票持有者，西看台一建好他就在那订下了一个包厢。他此后被邀请担任了 5 年的俱乐部名誉副主席。他在董事包厢中拥有 4 个席位，他经常和 17 岁的儿子安德鲁，以及父亲汤姆一起来看球。他出席每一场主场比赛，随队去看了大部分的国内客场比赛，以及每一场欧战客场比赛。为表示对他的缅怀与敬意，切尔西队将在下个主场对阵曼联的比赛中缠上黑臂纱。"

舍甫琴科需要在赛季结束后进行一场腹股沟手术。正是这一伤病让他缺席了输给利物浦的欧冠半决赛。切尔西希望这位乌克兰国脚在手术前能够出战本赛季剩下的最后 4 场比赛。切尔西需要在联赛中对阵阿森纳、曼联和埃弗顿，之后又要在新温布利的足总杯决赛中与曼联交手。

弗格森拒绝与穆里尼奥争吵，并且表示，如果阿布抛弃穆帅的话，英超将变成一个更加枯燥的地方。弗格森表示，如果他被邀请到穆帅在斯坦福桥的办公室喝上一杯昂贵的红酒的话，他会感到很高兴。"最近，我对何塞所说的一些话做出了回应，而且我也对此事划出了一条界线，"弗格森说，"当他对 C 罗的成长背景进行评论的时候，他把阶级观念带进去了，我这就有必要站出来说点什么，因为我想他说得有点失控了。现在这事已经结束了，我不想继续谈论它，因为我现在即将迎来非常重要的比赛，足球里面还有很多更有意思的事情可以考虑。我不认为现在发生的事情对我们的关系造成了伤害，如果他邀请我去他办公室喝杯酒的话，我当然会去的——我们都有自己的观点（但是这不妨碍我们的关系）。"

弗格森还拒绝支持反穆里尼奥阵营。"对于有关何塞未来的说法，我一点都不关心，真的不关心。看看阿布来到这个国家之后的行事方式吧——他从来不（公开）说什么，也不评论任何事。所以如何了解何塞的未来实在是超乎我的理解范围，我认为这些关于他去向何方的报道其实也没有太多实质性的内容。我想他明年可能还会在这里，我也希望他能够继续待在这里。"

弗格森认为，穆里尼奥的奇谈怪论给英超教坛带来了丰富多彩的感觉。"很明显，不同球队的球员之间需要有竞争，但有时候穆里尼奥作为主教练的不断表态，也会让你感觉很有意思。它可能会给比赛带来一点特别的东西，因为有了他的话，你就会对比赛更加热切，更加专注。何塞可能会带来新的话题，如果你愿意的话你可以参与其中，也可以后退一步，欣赏他说出的话语。但是不管怎样，我认为他下赛季还会待在切尔西。"

虽然在穆里尼奥执教的 3 年之中，切尔西未能杀入欧冠决赛，曼联本赛季在英超联赛争冠中也已经高出其一等，弗格森仍然相信，这支伦敦球队会继续成长为一支强大的力量——因为他们有着强劲的财力。"但是花大价钱并不一定能够保证成功，这已经不断得到了证明。你甚至可以回溯到 20 世纪 50 年代，桑德兰尝试过这条路线，结果却降级了，所以失败的先例可谓数不胜数。你可以看到利兹联花大钱引援，结果却陷入了怎样的麻烦，你看看他们现在在哪里？但是如果你购买到的是那些真正优秀而且合适的球员的话，那么你当然可以期待成功，切尔西正是这么做的。"

弗格森坚称，英超争冠直到切尔西在数学层面上也没有翻盘可能的情况下才会结束。"我们只会专注于我们自己的比赛。我不会高兴得太早，因为我知道这不明智。我不知道还会不会有剧情转折出现——希望没有，毕竟现在我们的位置很不错。"

弗格森还加入了穆里尼奥批评利物浦放弃英超联赛冠军、只为欧冠荣誉的阵营之中。穆里尼奥说利物浦从 1 月以来就只着眼于一项奖杯，他也借此贬低了贝尼特斯率队杀入欧冠决赛的成就。弗格森同意这种看法，"拉法（贝尼特斯）在三个赛季中 2 次打进欧冠决赛的成绩非常了不起，但是有时候运动员确实会只备战一项重大赛事。我想他在 1 月就已经下定决心，他没有办法赢得联赛，所以欧战就将是他的目标了——当利物浦在足总杯第 3 轮被阿森纳淘汰之后，他就更可以这么做了。他的目标非常简单，他的备战和战术非常出色。这么做没错，但是你肯定需要胆量，以及球迷的耐心。"

切尔西需要在阿森纳主场取胜，以让联赛冠军希望继续存活下去，但是最终他们只拿到了一场 1∶1 的平局，吉尔伯托·席尔瓦点球帮助主队领先，埃辛扳平比分。切尔西在半场之前几分钟就因为哈立德·布拉鲁兹送上红牌加点球，而遭遇了少一人作战、一球落后的局面，但是他们下半场发动了无畏的反攻，最终由埃辛打入一记世界波扳平，大部分时间内，他们甚至在少打一人的劣势下压制住了主队阿森纳。

虽然在 10 人作战的情况下在酋长球场正式丢掉了夺冠希望，穆里尼奥还是将手下的球员们称为"英雄"。比赛结束后，穆里尼奥大踏步走上球场，走向切尔西球迷，热情地将手指向他的球员们，虽然看到冠军奖杯将被送去老特拉福德，球迷们还是为蓝军欢呼。穆里尼奥先行去了客场看台，迅速将他们调动到了极度激动的状态，也确保他的球队走过来时能够得到热烈的欢迎。球员们将球衣扔上了看台，与球迷拥抱、击掌，四处都是球迷祝贺球员的声音。切尔西自从 2004 年以来第 1 次交出了英超联赛冠军头衔，但是他们依然昂首挺胸。

被问及是否最佳球队夺得了英超冠军时，穆里尼奥回答："这不重要，重要的是拿到了更多积分的球队夺得了冠军。我必须祝贺冠军球队，祝贺他们的球员、主帅、球迷、董事会和一切帮助他们成为冠军的人们。但是我必须说，我今天比我是冠军的时候还要自豪，我的球员们是英雄。整个赛季与一切对抗的过程中，他们都做得无比出色。这个赛季简直不可思议，我认为今天的比赛值得铭记。因为它展现出了切尔西球员们有多么伟大，对于比赛的结束方式，我不可能更满意了。"

穆里尼奥补充道："我们防线上一直都有巨大的问题，一整个赛季中卫都只有卡瓦略可用，但现在不是讨论这一点的时候。我为我的球员们感到自豪。一般而言，一支非常成功的球队最终丢掉冠军奖杯，往往是因为缺乏动力、不再具备同样的精神或者雄心，但是我们的情况恰恰相反。我的球队不可思议。"

穆里尼奥许诺会在下周三坐镇斯坦福桥迎接与曼联的比赛时，给新科冠军送上"仪仗队"的款待，但是他同时向新科英超冠军保证，他们将在2007—2008赛季迎来卫冕的大战。两年之前当蓝军获得穆里尼奥时代的第1座冠军后，弗格森非常高调地命令他的球员们在老特拉福德的比赛开始之前摆出"仪仗队"姿态，欢迎新科冠军入场。如今在切尔西三连冠的残存梦想终于破灭之后，穆里尼奥确认，他的球队会以同样的姿态列队回报弗格森的球队。"他们（两年前）为我们这么做了，所以我们现在也应该为他们做同样的事情。"穆里尼奥说，"现在不是找借口的时候。联赛争冠已经结束，曼联是新科冠军。我想要祝贺他们每一个人，从主教练到球员、董事会——以及每一个帮助他们夺得冠军的人。我们现在还有足总杯可争，我保证我们下赛季会（为联赛争冠）做好准备。"

穆里尼奥还表示，他在满怀闲情逸致地等待霍华德一事的结果。1周之前，霍华德没能在埃弗顿主场输给红魔的比赛中出场，为此引发了曼联、埃弗顿和英超联赛的三方争论，不过最终英超联赛方说他们为两家俱乐部均未违规感到满意。

"我不是当局，"穆里尼奥说道，"我什么都做不了。我只需要坐下来等待结果，看看是否会赞同当局最终的决定。"

虽然在此前对博尔顿的比赛中雪藏了德罗巴、阿什利·科尔和卡瓦略，穆里尼奥仍然宣称他没有放弃夺得连续第三座联赛冠军奖杯的希望，直到对阿森纳一役的主裁判阿兰·威利吹响了终场哨。他的球队没有让他失望，这一点毋庸置疑。虽然对枪手一役，在布拉鲁兹因为禁区内对巴普蒂斯塔犯规，被红牌罚下，吉尔伯托·席尔瓦点球命中后，切尔西整个下半场都只能10应战，他们还是战斗到了最后。乔·科尔有1粒进球因为越位被判无效。阿森纳门将延斯·莱曼则在终场前用指尖扑出了萨洛蒙·卡卢的射门，穆里尼奥感觉他有理由感到自豪。"我当时感觉英超联赛夺冠仍然是有可能的，"穆里尼奥说，"如果我们今天赢了，然后在周三击败曼联的话，收官轮开打时我们之间的分差将被缩小到仅仅 2 分，那样的话任何事情都有可能发生。最终这一切没能发生，但是我为我的球队而自豪。我一直都知道，我总有一天没办法夺冠。但是当这一幕出现时，我不想责怪自己，也不责怪球员或者任何同事。有时候，当你赢得过许多奖杯时，你会到达一个不再竭尽全力的节点，你的投入和雄心都不再如从前，或者你不够饥饿了。但是今天的情况恰恰相反，任何加盟我们球队的球员，都应该看看这场比赛的视频，看看要想成功的话需要做到什么。"

弗格森承认，他在电视上观看切尔西客场战平阿森纳一役的尾声时非常"痛苦"，幸好最终的比赛结果帮助曼联敲定第 9 座英超冠军。曼联本轮 1：0 击败德比死敌曼城，切尔西则只从北伦敦带走 1 分，曼联在还剩两轮的时候领先身处第二位的蓝军 7 分。在终于将英超联赛冠军收入囊中后，弗格森对曼联电视台表示："对克里斯蒂亚诺（C 罗）、韦恩（鲁尼）以及从前没有拿过英超冠军的伙计们来说，这是个很棒的结果，希望这也能促进他们继续成长、继续前进。"

苏格兰教头希望继续在帅位上待上一段时间，并承认他几年前那次最终被放弃的退休计划是个错误。"要想退休很容易，是个很快就能做的决定。几年之前我这么做过，但是几天之内我就后悔了。俱乐部的年轻球员，以及吉格斯、加里·内维尔和保罗·斯科尔斯这些每周比赛都出现的球员，让我感到充满活力。他们让我感受到了完美的氛围。我现在不知道我会坚持多久，但是我很享受。"

谈到争冠的时候，弗格森补充道："在长达 6 个月的时间里保持领头羊的位置，感受到切尔西一直在身后紧紧追赶，这实在不是一件容易的事情。最关键的，是当我们开始出现伤病时球员们的反应。夺冠要归功于那些每一周都为我们努力的球员们。他们的努力不可思议。"

被问及此次夺冠与前 8 个英超夺冠相比如何时，弗格森说："所有冠军都很棒。过去两年切尔西统治了英超，我们非常努力才追赶上他们。关键在于出色的赛季开局，我们做得非常棒。这给我们带来了动力，而从那一刻起，我们就没有丢掉这种动力。"

舍甫琴科的糟糕赛季，在接受腹股沟手术后遭遇了全新的神秘事件的打击。手术意味着他将错过足总杯决赛，而有说法称乌克兰人本来可以在赛季结束后才接受手术，提前手术意味着他的赛季最后一场比赛已经打完了。穆里尼奥感觉舍甫琴科夸大了伤病的影响——舍瓦此前因此错过了对利物浦的欧冠半决赛次回合。不过切尔西还是坚持表示，提前手术的决定是俱乐部医疗团队做出的，队医们认为再比赛可能会招致更严重的伤势。

舍甫琴科的缺席进一步削减了穆里尼奥的阵容深度，球队对阵阿森纳时已经失去了德罗巴，后者脚踝受伤缺阵。自从去年夏天以 3080 万英镑的转会费从 AC 米兰加盟以来，舍甫琴科一直各种问题缠身，整个赛季只打进 14 球。他的加盟，很大程度上被视为是阿布插手的结果，舍甫琴科也为自己失去状态而十分沮丧。

相比舍瓦，德罗巴才是穆里尼奥更偏爱的前锋，1 月的时候爆出新闻，阿布想要引进朴茨茅斯技术总监阿夫拉姆·格兰特，让他直接与舍甫琴科共事。阿布的这一想法遭遇了穆里尼奥的强烈反对，不过格兰特仍然准备好了在赛季结束后加盟，担任足球总监一职。

"明年我们必须确保自己能够专注于争冠，"兰帕德表示，"如果遭遇不顺的话，你唯一能够展现俱乐部力量的办法，就是以更强的方式回归。这就是曼联 20 世纪 90 年代所做的——他们确实没办法每年都拿下联赛冠军，但是每当失去冠军，他们似乎都能够以更强的状态回归，然后下一次将其拿下。这就是我们现在的目标。俱乐部保持延续性、主教练继续留下非常重要。我们过去三年取得了很大成就，你不能忽略这一点。切尔西此前有 50 年没有夺得顶级联赛冠军，而我们两次将奖杯带回了家。我们还赢得过两座杯赛冠军（联赛杯），其他赛事也走得很远，而且我们打出了伟大的风格。我们让俱乐部前进了很远，而这是俱乐部从上到下一同协力的结果。我们必须确保这一切能够以同样的方式得到延续。"

兰帕德认为，在温布利赢得足总杯的话，他们就能够将这个赛季的失望抛诸脑后，而此前他们的联赛杯夺冠，已被联赛卫冕失败和欧冠遭利物浦淘汰所掩盖。"能够反弹很重要，因为这是足总杯决赛。我从来没有赢过足总杯，我们很多人也从来没有拿过这一奖杯。这是新温布利大球场重建后的第一届足总杯，所以这是个重大奖杯。在没能够赢得英超联赛、没能够打进欧冠决赛的失望之后，我们仍然能够赢得另一座奖杯。直到决赛到来，我们接下来这几周都不能失去专注度。"

当谈及所谓传统与底蕴的时候，切尔西仍然经常被描述为"街上来的新孩子"。"切尔西拥有历史，"兰帕德如此反应，"我们短期内的历史比其他任何人都更出色，我们更长期的历史更是点缀着伟大的球员、杯赛和联赛奖牌。阿森纳短期内的历史不太出色，所以他们想要怎么说，都随他们去吧。"

切尔西向雷丁中场史蒂夫·西德维尔开出了邀约，前阿森纳中场与雷丁的合同 6 月份就将到期。西德维尔的到来，会给马克莱莱和巴拉克的未来带来疑问，虽然穆里尼奥下赛季确实需要更多的中场中路球员，因为米克尔和埃辛需要参加在加纳举行的非洲国家杯。

虽然穆里尼奥拒绝在接受采访时提及具体的名字，他显然相信，有几位球员对球队上赛季在他治下第一次失去英超联赛冠军负有责任。这几位未被他点名的球员，很可能是舍甫琴科和巴拉克，两人在赛季关键阶段对伤病问题的反应，尤其让穆里尼奥感到愤怒。

英超奖杯被送往老特拉福德，阿森纳主教练温格并无怨言。"正确的球队赢得了冠军。"他说，"积分榜不会说谎。曼联进了更多球，我只能说他们理应夺冠。他们拥有能够对比赛产生影响的球员，他们今年是最稳定的球队，没有表露出任何弱点。切尔西和曼联都是强队，但在几个转折点上，曼联没有表露出任何弱点，他们拥有的进攻能力是其他人所无法企及的。对我们来说结果确实有点沮丧，因为我们整个赛季对前四球队只输过一场比赛。但是这同样让我们倍感鼓舞。"

穆里尼奥暗示曼联之所以能够赢得英超联赛，是因为切尔西因伤失去了一些关键球员，尤其是切赫、特里和乔·科尔，费迪南德对此的反应是："夺冠没什么好办法坏方法。你最终夺冠就够了，就这么简单。其他任何人说什么，他们说自己的球队出了什么事（所以没有夺冠），都不重要。每个人都有自己的观点，但是我认为我们绝对配得上夺冠。

"我们依靠全部的球员才能够最终夺冠，每当需要他们的时候，他们都会行动起来。人们一直谈论伤病，但是他们可能过度强调伤病了。每一支球队在赛季某个阶段都会遭遇伤病。我们也有一些可怕的伤病，维迪奇遭遇了锁骨骨折，我们还失去了世界上最好的右后卫——加里·内维尔。"

刚加冕的弗格森，即将带队造访斯坦福桥——最终这场比赛以0：0告终——他宣称："我一直都对别人说：'有没有人来把德罗巴枪杀了！'他的表现不可思议，我想，可以说他是在扛着他的球队前进，而且他一直在进令人难以置信的球。像对埃弗顿那球（3：2绝杀，第八十七分钟），几乎就是全场比赛的最后一击了。他不得不出战他们的每一场比赛，因为他们离不开他。"

德罗巴本赛季在各项赛事之中已经打进了31球，其中联赛19球。弗格森一度考虑过引进他，"我记得我们现场考察过德罗巴。他的身价大概是2500万英镑，这在当时是一大笔钱。他只在马赛效力了一个赛季，但是切尔西选择了冒险，为他出了这个价钱。他是个非常强壮有力的家伙，体格壮硕，力量出色，而且能够出战每一场比赛。如果你回顾这个赛季的话，你会说上半程是德罗巴的出色表现让切尔西留在了争冠行列。但是自从1月以来，C罗的表现进入了另一个'宇宙'。

"我们将以冠军身份去到斯坦福桥，这让我高兴。如果我们还不是冠军的话，这场比赛就非常重要了！"

费迪南德警告切尔西别想在下赛季夺回联赛冠军，"我们想要再次赢得联赛，我们还想要在欧冠中取得进步。我们拥有能够在欧洲赛场上捧杯的球员，我们至少应该杀进决赛。"

穆里尼奥则发出了他下赛季仍将担任切尔西主帅的最强烈暗示——他透露了自己对下赛季一队阵容的计划。虽然切尔西本赛季未能在欧冠折桂、未能在英超卫冕，球员的疲劳和伤病被广泛认为是一大原因，但是穆里尼奥不要求在下赛季得到一套更大的阵容。"一支球队有35人肯定也不可能，"穆里尼奥说，"我们需要做的只有祈祷，因为我们本赛季伤病方面的情况不大可能重演。我想我队本赛季有7次手术，有14名球员遭遇外伤——而不是肌肉或者肌腱拉伤——我们的问题都是骨折、膝盖韧带撕裂、颅骨骨折，所有伤病都非常严重，使得我们无法拥有更大的阵容。可能下赛季我会有挑选首发方面的大问题了，因为到时候24名球员都保持健康，可以上场。伤病这种事情我们没办法控制，我认为我们本赛季的阵容人数是合适的。"

切尔西的主要问题出现在圣诞新年赛程期间，特里和切赫双双因伤缺阵，穆里尼奥没办法给球队防守端增添新的人手。他认为再来 1 位中后卫就够了，却也没有如愿。穆里尼奥也知道几个月后的非洲杯可能给他带来怎样的影响，届时德罗巴、卡卢、米克尔、埃辛和格雷米都可能参赛。"非洲杯在 1 月 20 日至 2 月 10 日期间进行，所以大概是 20 天，"穆里尼奥说，"根据规定，球员们要在赛事前 8 到 10 天去备战，所以总的时间大概是 1 个月。那个月还有联赛杯和足总杯的比赛，而不是一个月 7 场英超联赛，联赛最多只有三四场吧。我们要把这段时间当作'这些球员受伤了、我们没办法用他们'的阶段。"

穆里尼奥想要增强年轻球员的素质，将其作为一队阵容的补充。在本赛季早些时候成功租借效力普利茅斯后，18 岁的前锋斯科特·辛克莱出战了 1∶1 战平阿森纳的比赛。"如果我们要想给一队一点保障的话，那就需要有一支满是有潜力的孩子的预备队，比如斯科特·辛克莱。"穆里尼奥说，"他在这场比赛中上场并踢上 15 分钟，很不简单，但是我想斯科特正在提高，我们需要三四名十八九岁的球员在我们需要他们的时候为一队做好上场准备。"

他还终于与 C 罗达成了和解。葡萄牙球星说："穆里尼奥向我道歉了，现在我和他之间没有问题了。（他道歉）这事让我很高兴。就我个人而言，这整件事都已经过去了。"

一条狗的生活意见

穆里尼奥的足总杯决赛备战计划被一桩长毛狗事件所中断，这事情可能只会发生在"奇怪的一个"身上。穆里尼奥因为自己的宠物约克郡犬被牵扯到了一个小事件之中，随后他受到了警方的警告，不过他向大家保证自己全力配合了当局。决赛前出现此事，这宠物真是招惹是非！

一地鸡毛过后，穆里尼奥得到开释，没有被指控，这事起因是在犬类文件上出现了误会。穆里尼奥的一位发言人表示："穆里尼奥可以确认，在一个牵涉到他的宠物狗的事件后，他今天早上在受到警方警告后得到开释，没有被指控。此事之所以发生，是因为在兽医规章要求的文件上出现了误会。穆里尼奥先生想要证实，他的宠物狗是在英格兰向一位声誉良好的宠物饲养者购买的，接受过一切必需的疫苗接种。在涉及任何动物健康的问题上，他将与有关当局进行全面合作。"

警官担心这条狗去过国外，然后没有接受必需的疫苗接种就被带回到英国。有报道称穆里尼奥拒绝让警方将狗带走，并与警官发生了争论。他最终因妨碍执法受到了警告。苏格兰场 ① 发言人说，警官在足总杯决赛前那个周二的晚上 7：45 和一位动物健康及福利署职员去伦敦中部某个地方，"一位 44 岁的男子因涉嫌妨碍执法被拘捕，然后被带到伦敦西部的一个警察署。他随后因为妨碍执法受到了警告。"

苏格兰场说这条狗因违反 1981 年《动物卫生法》和 1974 年《狂犬病法》而被扣押。发言人称警官与狗的主人就带走这条狗进行了讨论。44 岁的穆里尼奥当时正在参加切尔西年度最佳球员颁奖典礼，妻子塔米打电话告诉他狗要被带走了，于是就有了之后发生的事。

总而言之，这只是穆里尼奥的怪诞世界里"普通"的一天。但是在足球层面，"特殊的一个"很快便重新专注于足总杯决赛，这一次足总杯决赛回到了温布利球场，它属于这里。带领切尔西队在如此具有历史性的场合第一次杀进足总杯决赛，穆里尼奥特别自豪。由于切尔西训练基地全新的总部还需要最后的修缮，穆里尼奥在几百码之外一处老旧的建筑里召开了新闻发布会。在这栋办公大楼的外墙，靠着蓝色大门的地方，有一处标语写着："犬类禁止入内。"

穆里尼奥对他的孩子们在上学路上被媒体拍照的行为，发出了正式的投诉。但是他自己是否会失宠，则是另一个问题。不过在这次新闻发布会上，完全没有他会被夺走这份年薪 520 万英镑的工作的迹象。由于所有问题都是谈及他的家庭，他在发布会上采取了守势。

被问及坊间普遍认为曼联打出了本赛季英超最具吸引力的足球，此事是否让他"受伤"时，穆里尼奥表示："没什么能让我受伤的，我不想要谈论这个

---

① 苏格兰场，是英国人对首都伦敦警察厅总部所在地一个转喻式的称呼。苏格兰场这个名字源自 1829 年，当时坐落在白厅广场 4 号的伦敦警察厅设有一扇后门，而后门正对着一条名为"大苏格兰场"的街道。其后这扇后门变成了警察厅的公众入口，而"苏格兰场"也渐渐成为了伦敦警方的代名词。

话题。自从发生在我家人身上的事情以来，还没什么能够伤到我。尤其是在足球上，因为足球跟我的家庭根本没法相比。真正能够伤到我的，是发生在我家人身上的事——不是伤害我，是伤害我的家人。"

弗格森则在曼彻斯特开玩笑说，他不准备买狗，"而且我肯定不会带它去机场。"

穆里尼奥还说，两支球队都有"责任"让足总杯决赛呈现出合适的场面。"比赛应该踢得很正当——如果球员们一直假摔、互相挑衅或者试图让别人得到红牌的话，我会非常失望，"他说，"我认为（主裁判）本内特先生（史蒂夫·本内特）有足够的经验，他这个赛季的执法非常慎重。保持低调是作为主裁判的最佳品质之一——当你不记得裁判的存在的时候，那肯定是因为裁判表现得非常完美，我想本内特先生本赛季就保持了这种低调。"

穆里尼奥肯定是第一位将足总杯决赛形容为"社会事件、文化事件、值得铭记的一天"的主教练。他对传统表示了恰当的敬意，回顾了他孩提时代在葡萄牙通过电视观看英格兰足总杯决赛的日子，他当时对"小球队总能赢得足总杯"难以置信。穆里尼奥还记得 1987 年观看考文垂的比赛，记住了他们通过加时赛 3 : 2 取胜，而不记得他们的对手是托特纳姆热刺。

"这是我们一直梦寐以求的东西，"穆里尼奥说，"从第一天开始我们就说，我们想要出现在这里，打新温布利球场的第一届足总杯决赛。切尔西出席了老温布利的最后一届决赛，我们也想要进入新温布利的第一届决赛。"

弗格森嘲弄了一番穆里尼奥，他说压力都在切尔西身上，因为曼联已经赢得了联赛冠军。弗格森声称，切尔西在失去英超联赛冠军之后很难提高表现水准——就像曼联 1995 年那样，红魔当时在联赛争冠中输给了布莱克本，6 天之后他们又在对阵埃弗顿时输掉了足总杯决赛。"一方面，切尔西像是一头受伤的野兽，他们刚刚在联赛争冠中输给了我们，但是另一方面，切尔西也可能变成一支充满自信的球队。我想这两种形象的球队在求胜欲望上并没有太大的区别。1995 年的时候（我们的情况跟现在的切尔西差不多），我们本应该赢得足总杯。以当时在比赛中的机会，我们本应该能够击败埃弗顿，但是最后的事实却并非如此。毫无疑问，打完西汉姆联那场比赛、输掉联赛冠军回来后，要想恢复显然非常难。有两三天时间每个人都情绪低落，但是我们当时指望，等到奔赴温布利的时候我们会恢复正常。可事实却并非如此。"

穆里尼奥则决心以强劲的势头给赛季下一个结论。"从自私的角度来说，"他说道，"你肯定会想要赢得新的东西，而不是自我重复。关键在于这是足总杯决赛，这是这支球队这些年共事的过程中唯一没有赢得的荣誉。我想这是一次特别的决赛，因为这是新温布利。我想这对每个人来说都有许多含义。我不是英格兰人，但是对我来说它也意味良多。对我而言，它意味着重新忆起我的青年时代。我梦想过赢得一些好东西，而足总杯决赛就是其中之一。（本赛季）我不得不站在俱乐部的角度来分析一些事情，因此我不得不说欧冠和英超是重要目标。但是几个月之前我就对你们说过，足总杯是我从来没有拿过的奖杯。从自私的角度来说，足总杯对我而言有很大意义。"

对于争议，穆里尼奥向来熟悉。所以博彩公司给他开出的在足总杯决赛中被罚上看台的赔率是 1 赔 8，而他的伟大对手弗格森的同一赔率是 1 赔 20，这两位易怒的主帅同时被逐出场外的赔率则是 1 赔 50。但是更重要的问题，是穆里尼奥是否会被老板阿布解雇。虽然仅仅几周之前才从 CEO 彼得·凯尼恩那里得到过担保——而且穆里尼奥在赛季结束前大声宣告，新赛季开始时他仍然会在切尔西帅位上——但传闻仍然不可避免地复苏了，很多猜测在说，穆里尼奥在切尔西的未来会在决赛之后敲定。所以击败曼联，会比仅仅赢得赛季第二冠更有意义。

阿布还没有与穆里尼奥进行充分坦诚的会谈，而后者的态度很明确，那就是他想要留下，执行完自己 2010 年才到期的合同。对穆里尼奥而言，好消息在于，阿布也知道穆里尼奥很难被取代，像克林斯曼、巴塞罗那的里杰卡尔德、尤文图斯的迪迪埃·德尚都没怎么表达出转投斯坦福桥的意愿。

所以穆里尼奥很可能会留任，但是他也必须接受改变，其中就包括阿夫拉姆·格兰特从朴茨茅斯的加盟，以及新赛季转会资金会比往年更少。穆里尼奥已经知道了这一点，所以他会说今夏阵容不会大变，"不会有大的投入，不会牵扯到重磅转会。"

他承认，在这个切尔西联赛卫冕、冲击欧冠双双失利的赛季之中，球队确实犯了错。"我们应该批评自己的一点，在于其他赛季中我们有 4 名中后卫，"他说，"而这个赛季实际上只有 3 个。第四中卫是胡特。你可以设想一下，如果胡特这个赛季身体健康的话，他将扮演怎样的不可思议的角色。"

舍甫琴科在接受疝气手术后将错过决赛，对于乌克兰人来说，这绝非一个伟大的赛季。这位英格兰足坛历史上引进的最昂贵球员打进了 14 球，但是其中只有 4 球出自联赛。穆里尼奥尖刻地评论道："希望他对自己这个赛季感到很不满意。我希望他对自己给这支球队的贡献不满意。如果他不满意，那这就是个好的开始。"

穆里尼奥准备进入转会市场寻找一名新的前锋，穆帅的波尔图旧部本尼·麦卡锡是可能的猎物之一。不过穆里尼奥坚称自己还没有对舍甫琴科失去信心，"他是个切尔西球员，他还有合同在身。如果他不开心，如果他想要为我们赢得一切，这都得取决于他自己。"

斩获 20 粒联赛进球的德罗巴，完全配得上英超金靴。穆里尼奥说："我认为他完全配得上金靴，而且他的进球中没有一个点球。"

穆里尼奥还言简意赅地与 C 罗重燃战火。当切尔西主帅被问及有没有什么话要传达给同胞、曼联前锋 C 罗的时候，穆里尼奥说："好好踢，别受伤，因为我不喜欢我的球员或者对手出现伤病，而且像他这么重要的球员，他会想要公平地对待对手的。"

切尔西 2 月赢得联赛杯后，穆里尼奥提及了曼联对热刺一役中的一个小插曲，他暗示 C 罗那场比赛是依靠假摔赢得点球的。之后，22 岁的 C 罗反击称穆帅从不承认自己的错误，穆里尼奥则称 C 罗"没教养、不尊重人、不成熟"。穆里尼奥后来为此道了歉，不过现在他想把各方聚在一起，让温布利一战值得铭记。"我认为周六的比赛会非常特别，"穆里尼奥说，"无论是作为一场体育盛事还是社会事件。要把这项赛事变得值得铭记，要看我们主教练、球员和裁判了。

"这可是温布利，将有 9 万人观战，而本来甚至可以卖出 18 万张球票的，这说明了这是个社会事件以及文化事件，会是值得铭记的一天，历史性的一天。"

国内大满贯

对曼联的足总杯决赛，也给了穆里尼奥完成赢得四冠——英超、联赛杯、欧冠、足总杯——之中的第三冠的目标。切尔西已经错过了单赛季豪取四冠王的机会，但是穆里尼奥仍想集齐全套奖杯。"如果我们赢下这座奖杯，我们就可以说自己赢下了国内赛场的所有冠军。小时候你会更关注决赛，一场定胜负的比赛。对我来说，这种比赛就是葡萄牙杯决赛和足总杯决赛——因为这是每个人等待了一整年都想在电视上看到的——以及欧冠、世界杯决赛。如果我能够实现这一梦想，那肯定棒极了。但是我认为这场比赛无法让我们忘记这个赛季发生的事情。"

穆里尼奥仍然为未能完成英超三连冠而倍感受伤，何况蓝军再次在欧冠半决赛阶段惨遭大敌利物浦淘汰。他坚称，球队会认真对待足总杯，"在温布利打足总杯决赛，这是从赛季第一天起我们就说想要做到的事情。整届赛事之中，我们都派出了优秀的球队、优秀的球员。我从没有进行轮换。我想我们应该享受打进决赛这一事实，我们应该带着快乐打这场决赛，而不应该有任何压力。"

穆里尼奥知道，虽然球队遭遇了过多的伤病，球员们仍然会为决赛做好准备。"我们有太多伤病球员，但是我相信我们足够强大。使用米克尔会是个巨大的冒险。他想要上场，但是决赛要鏖战90分钟，还可能多打30分钟加时赛，所以用他会有很大风险。"

这将是穆里尼奥第三次造访温布利，在这里他只有美好的回忆。"我此前只来过温布利两次。一次是1996年欧洲杯看英格兰队打苏格兰队，加扎（加斯科因的昵称）打进了那粒世界波。另一次是（以助理教练身份）随巴塞罗那来的。我们在欧冠中对阵阿森纳，赢了个4：2。我就去过那里两次，而两次的感觉都绝对是不可思议。"

除去9月中的短短一个星期，曼联在整个英超赛季中都领先于穆里尼奥的球队。曼联也比伦敦对手多进了19球，他们极具风格的表演，取悦了那些更喜欢才华而非效率的球迷。而足总杯决赛，将是切尔西证明曼联并没有比他们优秀的绝佳机会。这将是一场"诸神之战"，自从21年前利物浦击败埃弗顿以来，这还是第一次有联赛排名第一和第二的球队在足总杯决赛中会师。"我认为出战新温布利首场决赛，这是最合适的两支球队，"弗格森强调了他想要为全球数以百万计的观众打造出一场经典决赛的承诺，"我们想要看到一场以最佳方式展现英格兰足球的决赛。我们说过我们在欧冠四强中占据三席，说过英超可能是欧洲现在的最佳联赛，现在就是我们两支球队有所表现，证明这一点的时候了。"

自新年以来，穆里尼奥非常清楚以球队现在的人员配置难以完成他的目标任务。所以表现配不上 3000 万英镑价签的舍甫琴科不会再为俱乐部出场的赔率已经高达 4 赔 6，也就不奇怪了。而切尔西休赛期中在引援上花费比其他任何英超俱乐部更多资金的赔率，也高达 8 赔 13。穆里尼奥决意让球队重回联赛争冠之中。

但是目前弗格森则将双冠王视为目标。他要求本赛季的英格兰双料足球先生 C 罗和鲁尼"猛攻"，用曼联更具攻击性的哲学冲击切尔西，"我认为我们拥有未来，我真的这么想。以切尔西拥有的资源，他们确实有可能打造另一支球队，不管怎样，我想他们都会是我们明年的联赛挑战者。但如果说是在温布利双双摆出最强球队来交手的话，那么我完全不担心他们能够在比赛中做到什么，我只关心我们能够做到什么。我们会带着已经赢下联赛的信心去那里，我们知道自己拥有能够赢下比赛的球员，我一直都认为拥有这种球员是一件好事。我们本赛季已经强有力地证明了这一点，如果你看看数据，你会发现我们拥有更多能够决定比赛的球员，82 个联赛进球是个非常不错的成绩。我们很多进球来自球队各个位置上的球员。

"切尔西则非常依赖德罗巴。周三在斯坦福桥与我们交手的时候，他们缺了德罗巴，结果阵容就缺了关键的一个板块。这家伙度过了一个不可思议的赛季，有时候他几乎是以一己之力帮助球队前行。赢得足总杯将是个特殊事件。我们还记得（1995 年）在温布利输给过埃弗顿，我们也知道享受温布利之旅的最佳方式就是赢下冠军——而这就是我们的目标。"

刚刚在 4 年中第一次举起联赛冠军奖杯的弗格森补充道："我们会冲着进入温布利。赢得英超联赛冠军当然对我们有帮助，现在我们非常期待足总杯。在新温布利球场出战第一场决赛，是一件非常棒的事。

"我已经在期待下赛季了。我希望这支球队继续成长、成熟，继续赢得欧冠和英超奖杯。与切尔西的对抗非常激烈，他们花了那么多钱，不费吹灰之力就赢得了最近两座联赛冠军。我们不得不对此做出反应，幸好我们做得很正确。"

将英超联赛冠军丢给曼联，在欧冠中被利物浦淘汰，是特里职业生涯中受到的两大打击。5 天的伤痛让穆里尼奥的球队接连丢掉了欧冠和联赛的至高荣誉。特里还点出，在安菲尔德的失利是切尔西这个命途多舛的赛季中最让人悲伤的时刻，"赛后整整两天，我都不想走出家门。你会经历这种人生中的低谷，感觉就像是你让家人朋友、切尔西球迷和队友失望了。我们从来没有打入过欧冠决赛，而我们本来有这么多机会做到——对摩纳哥、两次对利物浦——3 次绝佳机会，结果却没能做到。看到利物浦晋级决赛让人非常苦恼，真的。"

不得不在斯坦福桥组成"仪仗队"，向新科联赛冠军致敬，对英格兰队长而言完全是极大的痛苦。"我得说，我最近都不太开心。我们不得不对曼联表示敬意——因为他们此前对我们这么做过——但是我脑中当时的想法完全不重要，这么说吧，我不喜欢这做法，我想他们上赛季对我们这么做的时候也不高兴。"

没能完成联赛三连冠让他痛苦不已。"总的来说，这可能是最让我痛苦的事。"他说，"我真的想要在本周末举起那座奖杯——所以我现在感觉很不爽。我们会感觉自己少了点什么。现在轮到了我们球员和教练来重新振作每个人，重新冲击冠军了。因为这将是我们未来重新崛起的基础。英超必须成为我们每一年成功的基石，我们要继续前进，统治联赛——（获得）赢下整个赛季每一场比赛的统治力。"

特里也知道，曼联下赛季又将成为他们最可怕的对手。"他们这次能够夺冠，是因为他们一整个赛季都表现出色。"特里说，"你可以从他们的阵容之中挑出四五个身在另一个级别的球员。现在回顾起来，我们可以说正是在像对纽卡斯尔这样的比赛中错过了机会，使得我们没有给他们施加足够压力，但是曼联最终能够夺冠，还是因为他们一整个赛季都非常出色——就这么简单。他们夺冠让我很不高兴，现在我想要夺回冠军。我们决心明年赢回来。"

特里还计划在今年夏天坐下来和穆里尼奥谈谈，聊聊他对于球队前进方向的看法。"这会像是一场讨论会。我和兰帕德会和主教练谈谈。我们在季前备战期还有很多时间，所以会进行一些讨论——我们会做一些小调整，做一些小事，来提高我们自己，提高我们这里的一切。这都要归功于主教练，因为他愿意从他的球员这里听取意见。"

特里坚称在温布利取胜会是对欧冠和英超失意的合理补偿。"人们会说这对我们而言是个令人失望的赛季，但是如果我们赢下足总杯的话，那就不失望了。足总杯是个重要的奖杯，这次是新温布利首次决出足总杯冠军，就更有理由让人激动了。我们有机会在一起赢得足总杯。如果我们能够继续在这种冠军的基础上前进的话，那明年欧冠奖杯就很可能入手了。"

特里的龙凤胎儿子乔吉和女儿萨默都会出席温布利决赛，而且决赛日是他们1岁生日之后的第二天，特里自然希望自己能够以完全健康的姿态拿下这座著名的奖杯。当切尔西在千年球场击败阿森纳、庆祝联赛杯夺魁时，特里正因为被枪手中场阿布·迪亚比踢昏而躺在加的夫的一家医院里。"我不太记得联赛杯决赛了——只记得我后来回到更衣室，与其他伙计一起庆祝。所以如果我们赢下这次足总杯，在这里举起奖杯，肯定会很棒。"

乔·科尔则想要通过举起这座奖杯来圆孩提时的梦想。"对我来说，足总杯决赛如果说不比欧冠更重要的话，它们的分量也算得上一样重。在这个我遭遇了不少伤病的赛季中，仅仅赶上决赛就已经不可思议了——而赢下决赛就更会是梦想成真。这个赛季我噩梦不断，季前在美国时我就受伤了，但是如果我在温布利上场、在足总杯决赛中施加影响、帮助切尔西赢下又一座冠军的话，这会是我的最佳赛季之一。

"那天我开车走在伦敦西路上，放眼眺望，然后就看到了温布利巨大的拱桥，突然我就全身激动到起了鸡皮疙瘩。每个人都知道温布利意味着什么，但是对英格兰球员来说它尤其特别，我自己想过：'老天，我也能这么幸运。'未来5年内，我或许能够得到很多在那里比赛的机会，在这座每个人都梦寐以求的球场，在极其重大的比赛中上场。踏上那座球场的草皮、在那块对英格兰足球而言如此重要的球场上踢球，本身就意味着特别的荣耀。何况我还有机会实现梦想——我的梦想一直都是举起足总杯。人们低估了足总杯的重要性，尤其是对我们英格兰孩子的重要性。我记得每一届足总杯决赛，我记得在电视上看，或者去比赛现场看。对我来说，足总杯的重要性如果说没有比欧冠更大，也差不多是等量齐观。

"看看那些足总杯历史上有过的伟大比赛吧，我能够记得每一场比赛，我最棒的回忆都是属于足总杯的。从我在帕丁顿出生之后，我去过了切尔西的所有足总杯决赛。1994年我在温布利现场，他们被曼联4∶0击败，我完全震惊了。大卫·埃勒雷是主裁判，他判给了他们一粒离禁区千里之外的点球，结果加文·皮科克主罚射中横梁，后来曼联就取得领先了。这种事情会一辈子留在你心中。"

由于乔·科尔有过长时间的伤病史，穆里尼奥在圣诞赛程期间没有起用他，而且以为他本赛季无法出场了，但是乔·科尔证明穆帅错了。"我知道，在我做完手术后，包括何塞在内没有人指望我本赛季能够恢复健康。他以为我可能要等到下赛季才能复出。人们问我，在英超联赛中错过卫冕后，会不会很难让自己振作起来。其实不会，因为（养伤的时候）我和其他的伙计不在一条船上。我现在只为缺席这么久之后回归赛场而高兴。我们必须接受一点：这不是属于我们的赛季。一切有可能出错的事情全部都出错了，但是我们现在仍然有机会赢得本赛季的第二座冠军，我想如果我们做到的话，那么这对切尔西来说也是很棒的一年。这将是一场极具代表性的决赛，两支国内最优秀的球队，一座所有人都想要的奖杯。谁能够夺冠，我想最终要靠一些小细节来决定……可能是一次任意球，可能是某支球队防守的方式。但是我很积极地认为我们会更有优势，因为我们是如此群情激昂。对我来说，仅仅能够赶上比赛就很不可思议了，但是如果我能够帮助切尔西举起足总杯的话，我可以想象会有怎样的感觉……"

埃辛补充道："我们会为了胜利而战，我们会踢得很好，但是最重要的是我们为球迷赢下奖杯，把奖杯带回切尔西。我们输掉欧冠和联赛的那一周已经被忘却了。我们必须将它清除出我们的记忆，而最佳方式就是赢下足总杯。这场决赛的意图并非复仇。不管我们的对手是谁，都不会改变我们的目标——那就是赢球。我不认为这场决赛会对主帅是否留任产生重大影响。如果说主帅在过去两个赛季中做得非常棒，那我就不理解了，为什么人们现在会开始质疑他。上场的球员们会竭尽全力将奖杯带回家，并且将它献给那些在安菲尔德欧冠半决赛后哭泣的球迷们。然后下赛季我们可以只考虑赢得一切——在切尔西，人们的期望就是这样。球员们都接受这样的期望，这将是我们下赛季面临的挑战，尤其是在欧战赛场上。"

另一方的观点

瑞安·吉格斯刚刚跟随曼联赢得他个人的第 9 座英超冠军奖杯，现如今他想要将不可思议的第 4 次英超和足总杯双冠王荣誉也收入囊中。这位红魔老兵说："这支球队有潜力成为最佳，基于球队的素质和年龄，我当然相信这一点。队里有这么多球员的职业生涯才刚开始，或者刚开始抵达巅峰状态，你可以看得出来，我们队里真的有很多世界级球员。像费迪南德、克里斯蒂亚诺·罗纳尔多、鲁尼和维迪奇——球队素质真的非常出色，而且板凳深度很可观。压倒切尔西拿到联赛冠军是个了不起的成就，球员们都希望进一步拿到双冠王，在此基础上继续进步。我相信我们有饥饿感，虽然你还需要不太受伤病方面的影响，但是球队在未来五六年中可以一直这么出色。这意味着赢得欧冠，而非仅仅英超，因为成为欧洲最佳永远都会是你想要取得的成就。你无法对这种事情进行优先排序，但是本赛季我们的目标是赢得英超，下一步就将是欧冠夺魁。"

在过去 3 年中，吉格斯只能看着切尔西和阿森纳统治英超，他甚至可能怀疑，曼联的光辉岁月是不是已经永远地逝去了，"在过去的 3 年中，我们这支球队一直在进步，现在肯定已经足够出色了。我们过去几年只是没有切尔西和阿森纳那么稳定。他们当时配得上夺冠，我们配不上，但是我认为今年的冠军是我们应得的。我们踢出了美妙的足球，表现一直很稳定，而且足够坚强。

"你确实会感到担心，因为我从来没有经历过联赛 3 年无冠的情况，但是看到球队的能力和饥饿感，以及有过夺冠经验的球员和还没有夺过冠的球员之间的混合，我又感到乐观。现在的考验是如何继续夺冠。我们以前也踢出过美妙的足球，但是表现出色却不夺冠也没什么意义。不过现在我们又尝到了成功的滋味，我相信球员们又有了继续赢得更多奖杯的决心。队里有几名球员，像 C 罗和鲁尼，仅仅是观看他们踢球就能够让你兴奋。他们仿佛也让我得到了新生。尤其是过去几天之中，我看到这些首次联赛夺冠的伙计们的面孔，真的感觉非常兴奋。我还记得我第一次联赛夺冠时的感觉——那是世界上最美妙的感觉。"

如果曼联在温布利夺冠的话，吉格斯将超越利物浦名宿菲尔·尼尔在英格兰足坛豪取 16 枚冠军奖牌的原纪录，创造一个新纪录。但是只要他继续踢下去，回忆就没有太多意义——除了 1999 年足总杯半决赛对阿森纳的那粒进球的回忆。"当我还在踢的时候，过往的纪录对我真的没有太大意义。我的奖牌都在曼联博物馆里，放那里也很安全，因为我也不知道怎么处置它们。我不记得自己重看过哪场联赛，当我结束球员生涯的时候，我可能会把录像带拿出来看看，但是当我还在踢球的时候我不会这么做。当我感觉有点失落或者踢得不顺利的时候，我会把对阿森纳那粒进球的录像带拿出来看几次——我看过好多遍，那真是个伟大的晚上。"

吉格斯也知道，曼联没办法像在 1994 年那样 4∶0 横扫切尔西。"我希望我们能够做到，但是我知道没有希望！这是一支不一样的切尔西队。我们踢得更加自在，而他们则更有耐心。他们屯兵中场，试图获得控球率。他们也有一些创意型球员，比如兰帕德、德罗巴和乔·科尔，但是他们的基础还是防守。我们则有顶尖的边路球员，以及能在各个位置上进球的球员。这也是曼联一直以来的风格，这也将是为新温布利开光的非凡方式。"

主裁判史蒂夫·本内特希望曼联和切尔西都展现出自己足球风格的才华，并且表现出良好的品行，来让他在整场比赛中变得默默无闻，不成为人们关注的焦点。"这是个给全世界做广告的绝佳机会，我希望能够掌控好局面。有时候你要被迫对比赛进行干涉，如果需要我这么做的话，我会做的。但是我只会把这场比赛看作是简单的红方对蓝方而已——这也确实是属于他们的比赛。只要球员们不做出什么可能造成风险的事情，我可以后退一步，让他们继续。让我们一同期待，足球本身成为真正的赢家。我们都有自己要做的事。对我们所有人来说，由于这场比赛的意义，这将是个会带来激情和巨大压力的环境。所以我们都要保持冷静，不反应过度，这很重要。

"迎接每场比赛的时候，我都尽量让自己从零开始。我看到的只是穿着不同颜色球衣的伟大球员。两支球队都能够打出美妙的足球。唯一能让你注意到球员品格的方式，是他们是否会卷入他们本不必要卷入的事情中去。如果他们这么做的话，你就能够以错误的原因真正认识他们。希望这场比赛我所需要做的只是掌控局面、劝导球员，这样我就可以不过多干涉比赛了。我不想陷入任何对抗之中。我对两位主帅——他们都是足坛的大师——以及此役所有相关人士都有着最大限度的尊重。我们都希望取胜，赛后总有人会不开心。但是我希望比赛结束时，我们作为比赛官员能够得到一点尊重。"

温格认为，曼联在迎来决赛时拥有心理上的优势。阿森纳主帅回想起手下的球员们在面对类似的两场比赛时的心理状态，来解释曼联球员备战在英超争冠中输给他们的对手时，会有怎样的自信。"曼联正在追逐的是双冠王的荣誉，他们会带上冠军的态度，必然斗志高昂。我经历过两次这样的情况，我们有机会赢得双冠王，虽然两场比赛（1998 年对阵纽卡斯尔、2002 年对阵切尔西）

我认为我们踢得都不够出色，但是我们当时正值连胜的态势，这种惯性推动着我们继续赢球。我们对于自己能够夺冠从无置疑。即便我们那天的表现没那么出色，也能够赢球，因为我们能够站在冠军的位置上（俯瞰对手）。"

受伤的英雄

切尔西后卫阿什利·科尔需要在出现问题的脚踝上注射抗炎药物，然后在打完足总杯决赛 3 天后进行一次小型外科手术，他也将因此错过代表英格兰队对阵巴西队和爱沙尼亚队的比赛。巴拉克也遭遇了类似伤病，但是他选择回德国接受手术，虽然手术很成功，但是伤口缝合处没能充分愈合，无法经受比赛中的身体接触，因此巴拉克错过了这场比赛。

阿什利·科尔是否首发还是个问题，因为布里奇在左后卫位置上有过出彩的表现，不过阿什利·科尔虽然还在忍受踝关节骨刺引发的炎症，却仍然坚决认为自己可以出场，穆里尼奥对此印象深刻。阿什利·科尔觉得自己的某些表现似乎让穆里尼奥和队友们失望了。自从去年夏天以极具争议的方式从阿森纳转会切尔西之后，这位英格兰国脚后卫就一直不在最佳状态，赛季大部分时间里，他的表现都受到了脚踝伤病的困扰。

穆里尼奥也有着同样的看法，他用"不够杰出"来描述阿什利·科尔这个赛季的表现，但是葡萄牙大师仍然盛赞科尔为"整个赛季都带伤作战的英雄之一"。科尔自己回应道："老实说，我真的觉得自己让球队和教练有点失望，因为我的表现没有我能够做到的那么出色，而且我一直有这不断烦扰我的脚踝伤病。这个赛季有些比赛我们的防线有点不稳定，有一些愚蠢的丢球，给我们造成了损失。但是我希望下赛季我可以恢复健康，真正证明自己能够做到多么出色。"

切尔西的主场联赛不败纪录，受到了 7 场平局的玷污，而上赛季他们只有 1 场平局。出现在斯坦福桥的 3 场意外的 2：2——分别对阵雷丁、富勒姆和博尔顿——最终证明对争冠形势产生了关键影响。阿什利·科尔也和穆帅一样，将伤病解释为球队失误的原因。"我们遭遇了一些可怕的伤病：彼得（切赫）、里奇（卡瓦略）、JT（特里）、乔（科尔）、罗比（罗本）、卡洛（库迪奇尼）——如果我们没有在如此关键的阶段失去这些关键球员的话，我认为我们可以横行英超，这一点毫无疑问。当我们准备填补积分差距的时候，我们无比怀念这些球员。我并不是不尊重恩里克·伊拉里奥和库迪奇尼,他们在上场的时候都表现得非常出色,但是彼得(切赫)可以凭借一己之力在一个赛季赢得至少 10 个积分。如果我们差不多整个赛季都拥有这些关键球员的话,我认为联赛就将是另一副模样了。但我们只是凡人,只能做到这么多。这可真是让人筋疲力尽。"

阿什利·科尔缺席了最近 3 场比赛,以让脚踝得到充分的休养,不过他已经恢复了全面的训练。但是米克尔似乎已经确定将无法出战了。阿什利·科尔是球队现役阵容中唯一赢过足总杯决赛的球员,他在阿森纳 3 次举起过这一奖杯,不过这一说法没有把也拿过奖牌的特里算在内,7 年之前切尔西击败阿斯顿维拉夺冠,特里当时坐在替补席上。

不过这将是阿什利·科尔第一次在温布利打足总杯决赛,他非常期待,"我打过很多次足总杯决赛,能够夺冠让人感觉很棒,"他说,"如果我们和曼联都打进欧冠决赛的话,那我想足总杯的重要性就不那么大了,但现在它显然是我们的首要目标。对我来说,如果能够在温布利上场那显然很棒,因为我从来没有在那里踢过决赛,之前几次都是在加的夫球场踢的。新温布利看上去宏伟至极,但你一旦去到那里,你就只想着比赛,而不是球场了。"

切尔西的伤病问题是如此严重,以至于穆里尼奥开起了玩笑:他可能不得不把被人遗忘的 3 号门将恩里克·伊拉里奥也放进 16 人名单,用作非常时刻的代班前锋。"如果阿什利(科尔)准备好了的话,我们决赛将有 15 名球员,"穆里尼奥说,"我得在伊拉里奥——他打前锋还不赖——和某个青年队的孩子中间挑选一下,来组成 16 人名单。"

弗格森说过,曼联此次英超联赛夺冠"对足球是一种促进",因为他们是"带着华丽风格"夺冠的,不过这一言论在斯坦福桥可不怎么受欢迎。兰帕德——他成为了很多小报封底报道的主角,流言称这很可能是他在切尔西的最后一场比赛——就认为,切尔西延续他们不惜任何代价赢球的哲学没有错。"弗格森的言论是大部分主帅的典型玩笑而已,大部分最优秀的主帅都这么开玩笑。当你赢下联赛冠军的时候,你这么说当然很容易。过去几年他们没怎么评价切尔西,因为我们是冠军。我会记住这个玩笑,当我们接下来举起奖杯的时候,我会用上的。"

兰帕德坚称,球队虽然已经赢得了联赛连冠,却尚未获得应有的赞扬。

"几年之前当我们每周都以 4：0 赢球的时候，还是有人批评我们的踢球方式。当你花了这么多钱的时候，你该怎么赢得民心？每个人都想要我们打得和哈林花式篮球队一样，但是事情没这么简单。我们来这里是要赢得比赛的。我们想要漂亮地赢下比赛，我们想要打出精彩的风格，但是首先我们想要赢球。我尊重那些生来就是赢家的人，穆里尼奥就是这么一个人，泰格·伍兹也是这么个人，这些人都是这样。"

兰帕德提醒人们，切尔西首要关注的不是如何打出一场经典比赛，"我们并没有责任一定要奉献一场精彩的比赛。我感受到的责任只是赢球而已。弗格森想要曼联赢球，并且以正确的方式打这场比赛，但是在两者之间你需要取得平衡。人们在说，他们赢下联赛是因为他们打出了精彩的比赛，就好像他们把足球带回了地球，这种说法显然是不对的。人们尊重的是一支能够打出精彩比赛并且最终赢球的球队。这才是曼联本赛季做到的。"

兰帕德认为，现在面临的逆境让更衣室更紧密地团结在一起。"我们想要让我们的赛季恢复正常。我们这里（英超）拥有极高的水准，没有球队能够一直占据统治地位，不断赢得英超联赛冠军。所以明年我们想要杀回来，复辟夺冠，但是足总杯是我们在穆里尼奥麾下唯一没有拿过的国内赛事奖杯。这是一项非常重大的赛事，谁都不应该低估它。过去几年中，足总杯凭借着比赛的质量迎来了复兴，像去年的决赛就非常精彩。足总杯仍然意义重大，现在（决赛）回到温布利举办就更是如此。我长大的时候足总杯还在老温布利打，半决赛和决赛都在那里打。能够去那里比赛，我非常高兴。

"这个国家最优秀的两支球队会出现在那里，针锋相对。还会有更好的结束赛季的方式吗？我们有过一些小问题，圣诞节后的那段日子很难过，但是我们以强劲的方式挺过来了，联赛里落后曼联也不太多。这是我们迄今最艰苦的赛季，因为这一年面对过的所有问题，使我们学到的东西比夺冠赛季还多。这就是足球，这就是生活。我们必须回顾经历过的事情，从中获得对未来有帮助的东西。这一个赛季给我们展现出来的侧面，与我们过去几个赛季一帆风顺时不一样。这会让我们整支球队变得更加强大。"

德罗巴的空战能力，本赛季已经为斯坦福桥带来过一座奖杯，那是在加的夫的联赛杯决赛中，他以雷霆万钧的头球击溃了阿森纳的抵抗。德罗巴承诺，自己会在登陆英格兰足坛 3 年后第一次攻破曼联球门。本赛季各项赛事已经攻入 32 球的德罗巴表示："我还没有对曼联进过球。这是因为他们是一支很难对付的球队。对阵曼联的时候，你向来很难进太多球——除了上赛季的那场3：0。一般而言，都是一两球差距的鏖战。但是去温布利比赛，会是我改写这一进球纪录的良好时机。这正是我想要做到的。"

德罗巴在对阵埃弗顿的比赛中攻入本赛季联赛第 20 球，确保自己获得英超金靴。自从欧冠半决赛首回合对利物浦一役以来，他一直经受着肋骨骨折的痛苦，但在训练中他仍然表现得精神饱满，状态犀利。"这是我来到英格兰3 年中唯一没有赢得过的（国内）奖杯，我想要赢下它。这也是整支球队的想法。我们为这场比赛而激动，但是一场决赛只有你真正赢下来了才会是令人满意的决赛。我赢过很多决赛，但是也输过很多，而输球向来都让人痛苦。在足球里，有时候你可以用'复仇'这个词。曼联 7：1 击败了罗马，如果他们再次碰面的话，你肯定可以在罗马身上用这词，但是我们对曼联不一样。我们不会说自己为丢掉英超冠军而复仇，这只是另一场我们必须赢下来的比赛而已。曼联联赛夺冠，是因为他们配得上夺冠，他们夺冠不是靠一场比赛，而是靠一整个赛季。我们比他们伤病多，但是他们配得上冠军。击败冠军肯定会很棒，我们也能从这一愿景中汲取力量。我们知道明年应该怎么做。对我个人来说，这是个成功的赛季，但是如果能赢回英超联赛和欧冠的话，我很乐意放弃我赢得过的一切。但是现在让我们从足总杯开始。"

利物浦名宿、电视评论嘉宾阿兰·汉森表示，现在英格兰拥有世界上最棒的联赛，这要归功于穆里尼奥和切尔西。这位苏格兰专家表示："今年欧冠半决赛中有三支英格兰球队，这就是英超现在是世界最佳联赛的明证。这都要归功于切尔西。他们提高了这个国家的联赛门槛，迫使其他有雄心的俱乐部做出反应。在 80 年代甚至 90 年代，你可以凭借一支稍微高过平均水准的球队赢得英格兰顶级联赛，但是现在做不到了。要想成为现在的英超冠军，你必须有非常非常高的水平。自从穆里尼奥成为主帅以来，切尔西的品质变得不可思议，本赛季曼联站出来接受了挑战，而且与他们不分伯仲。利物浦做的也是一样，这也是为什么他们能够三年内第二次打入欧冠决赛。"

汉森在 BBC 的同事、英格兰名宿加里·莱因克尔则表示："如果你赛季初坐下来挑选两支在新温布利首场足总杯决赛对阵的球队时，你就会选择曼联和切尔西。它们是这个国家最优秀的两支球队，甚至可以说是欧洲最佳的两支球队，而且它们之间完全是不分上下。不管是谁有信心预测这场比赛谁是赢家，我都会不服。几周之前，看上去我们将迎来属于英格兰的世界级巡回赛——这对大敌之间的三场对决将决定一切的归属（英超联赛、足总杯和欧冠），而这场比赛将是其中的第二场。但不幸的是，他们都在欧冠半决赛被淘汰，甚至上周末他们在斯坦福桥迎来联赛次回合交锋的时候，联赛冠军归属也已经尘埃落定。但是这都不会让这场足总杯决赛减色，我相信，两支球队都会竭尽全力，证明自己才是最优秀的。"

等到挑选阵容的时候，穆里尼奥没有冒险使用阿什利·科尔，而是在米克尔身上赌了一把。阿什利·科尔恢复了训练，但还是只能坐上替补席，毕竟他本赛季的出场没有布里奇那么稳定。虽然总共首发了 26 场比赛，他还是被认为不适合打满全场。布里奇则因自己的坚持得到了足总杯决赛首发位置的奖赏。"我从来没想过离队，我一直喜欢待在这里。"布里奇说，"甚至在阿什利（科尔）加盟后，我仍然想要留下来为自己的位置而战。如果我打的比赛没这么多的话，情况可能就不一样了。"

曼联右后卫加里·内维尔则没能够及时恢复能够打上决赛的体能。尝试过回归训练之后，他很快发现，3 月 17 日对博尔顿一役中受创的脚踝伤处实在太痛，他完全没办法比赛。曼联队长还需要接受探查手术，来确认伤情到底如何。

切尔西主席布鲁斯·巴克则在造访中国时，谈及俱乐部的新经济计划，穆里尼奥的未来也需要与此保持一致。计划的大部分内容此前已经被披露过，巴克说的是切尔西不会在转会市场上被骗了，24 人的阵容已经意味着人员足够充足。但是他也能够预见到明年的非洲杯将引发的问题，"1 月时我们的阵容会捉襟见肘，"巴克说，不过他又补充了自己对于转会的看法，"在转会投入总额上，我们每年都在下降，今年我也期望看到这一点。"

但是在足总杯决赛 48 小时之前，穆里尼奥的宠物狗的下落占据了和足球一样多的头条。穆里尼奥披露了自己被逮捕和被扣押在警局 4 小时的内幕，"我是在英格兰买的这只狗，它也是在英格兰接受的疫苗接种，而且在伦敦最好的狗舍之一登记过。和兽医所说的、所想的不一样，这只狗从来没去过葡萄牙。因此这一切之所以发生，是因为做文件工作的兽医发表了一个声明，但其实所有相关文件都合乎程序。"

穆里尼奥还说当 8 个警察出现在家门口的时候，他的孩子们被吓哭了，他的家人们也不知所措。"由于警察没有资质检查狗的文件，他们都说他们只能对狗进行检疫隔离。我提议说第二天把所有相关文件都带去给他们看，让他们知道这些文件全都合法。但是他们却坚决要求把狗带走。我回应道：'不！你可以把我带走。'我们没办法达成一致，所以我对警察说：'等我一会儿。'我回到房子里，我的孩子们哭得根本停不下来。

"我把狗送去了圣特罗佩①！15分钟之后我回到前门，警察问道：'告诉我狗在哪儿。'他们问狗是不是进屋去了。我说：'你是指我吗？我是隐形人。'"

被扣押4小时之后，穆里尼奥在凌晨3点时被释放。他说："有20名记者在那里等着。这事怎么可能发生？有些警察和媒体有这样的联系，这种做法可真是不光彩，真是令人反感。警方是因为所谓'妨碍公务'逮捕我，把我带到了警局。但是为了我的狗，为了围绕在我家人身边的这一闹剧，我甘愿迎接世界末日。那天伦敦发布了红色警报，他们抓捕了4个恐怖分子嫌疑犯，他们怎么能只为了一条狗，就派8个警察来我家？这真是耻辱。我强调了自己愿意合作，为当局提供所有他们需要的文件。如果他们正直可靠，真的是想要看文件的话，那一切都好说。但是我与很多朋友有过接触，他们之中有些人告诉我，他们为自己是英格兰人而羞愧。我出现在各种报纸的头版，但是如果我只是个普通人，那我在报纸上一行报道都得不到。好吧，让媒体冲我来吧，但是他们别惹我的家人。"

至于对足总杯决赛的备战情况，穆里尼奥强调："我会证明自己足够冷静，去科巴姆训练基地②的时候，我就冷静了下来。训练对媒体公开，每个人都看得出来我很冷静。虽然私下里我仍然没办法理解，为什么一切会发展到这种地步。我认为一切发展至此，不是因为我们即将迎来一场非常重要的比赛，而是因为我是个公众人物。我的孩子们现在也冷静了下来，因为他们知道狗现在的情况很好，但是孩子们仍然很难受，因为我们现在没办法把它留在身边。我真的非常讨厌家门前有警察在，但是我必须接受，因为（如果没有警察在）我

---

① 圣特罗佩，法国东南部小镇，海滨疗养胜地。此处穆里尼奥是夸张说法。
② 科巴姆训练基地为切尔西俱乐部的训练基地。斥资数千万英镑建造，占地约130英亩。拥有15块足球场以及一座供冬天训练使用的室内足球场。这里集伤员康复、医疗和媒体服务等功能于一体，切尔西一线队、预备队、青年梯队（从9岁以下队至18岁以下队），甚至小区足球活动都在这座基地内进行。

根本没办法安静地离开。这样好吗？"

根据代理穆里尼奥家族事务的律师表示，宠物狗现在在英国当局的准许下，生活在葡萄牙。穆里尼奥夫人的律师伊丽莎白·罗宾逊声明道："在动物健康及福利署的知悉和协助下，穆里尼奥家族的宠物莱亚已经在今天下午随穆里尼奥夫人回到了葡萄牙。穆里尼奥家族再度请求您尊重他们的家庭生活，尤其是穆里尼奥夫人及其儿女的生活。穆里尼奥先生希望人们能够专注于他明天在切尔西俱乐部的工作，不再重复与这一事务有关的问题——因为这一事务的解决已经让各方满意。"

但是在别的人看来，这事根本没完。伦敦市法团发布的一份声明表示："根据伦敦市法团第 13 条法案，我们可以确认，遵循相关动物健康法律，问题动物已在今天下午经由希思罗机场离开英国。伦敦市法团对此事的调查将继续下去。"

自从事件发生，电视新闻报道团队、记者和摄影师们都在穆里尼奥家门口扎营了——这使得穆里尼奥一家进一步提出能够安静地出门的要求。切尔西主帅还说，有一次他的孩子们在去上学的路上，被 20 个摄影师跟着。

穆里尼奥承认，他或许会因为拒绝透露宠物狗的下落，而在足总杯决赛前被正式逮捕。考虑到这条约克郡犬的隔离状态，动物福利官员至今没有对其进行检查。"可能我会在足总杯决赛前被正式逮捕，"他在接受葡萄牙 TVI 电视台采访时表示，"我的狗去度假了，而且——如果人们继续这么不诚实的话——会继续度假。但是与此同时他们却不会忘记我是一个外国人，一个公众人物，既然他们不把我当个普通人看待，我也就不想与他们合作。他们根本就是想先隔离我的狗，然后再调查。我说我的狗不会被隔离的。他们应该先调查，如果一切合法，那狗就可以与我在一起。如果不合法，他们可以随便带它去哪里。"

穆里尼奥乐意给当局提供一切相关文件，但是却不愿说出狗在哪里。"如果他们想的话，他们可以看狗是在哪里买的，看我买时候的支票、所有文件和疫苗接种说明，然后他们就会说：'先生，你是对的。'但是结果除了我没人知道它在哪儿，而且我不想透露它在哪儿。当一只 3 个月大的狗上了这个国家的报纸头版的时候，你根本没办法相信你读到的东西。"

与此同时，即将上演的，则是切尔西对曼联的足总杯决赛了，和这次事件相比，这次决赛都像是小事一桩了。

通向决赛之路

第 3 轮

切尔西 6 : 1 麦克尔斯菲尔德

凭借下半场的 1 粒点球，兰帕德完成了他效力切尔西的第 1 个帽子戏法，此后肖恩·赖特－菲利普斯、米克尔和卡瓦略也各进 1 球。

曼联 2 : 1 阿斯顿维拉

借将亨里克·拉尔森以一记漂亮的劲射纪念了自己的处子秀。巴罗什一度扳平，但是曼联的超级替补奥勒·居纳尔·索尔斯克亚补时阶段打入制胜球。

第 4 轮

切尔西 3 : 0 诺丁汉森林

舍甫琴科劲射击中对手，皮球折射入网，切尔西开启了一场轻松的胜利。德罗巴和米克尔都有斩获。

曼联 2 : 1 朴茨茅斯

曼联这次又踢得很艰苦。维迪奇的头球虽然越过门线，却被判罚进球无效。直到第七十七分钟，鲁尼才为主队扳平，此后更精准地搓射入网，为曼联确保胜局。

第 5 轮

切尔西 4 : 0 诺维奇

肖恩·赖特－菲利普斯第三十九分钟首开纪录的进球很大程度上要归功于运气，皮球运行路线上出现了变线。德罗巴、埃辛和舍甫琴科也都取得进球。

曼联 1 : 1 雷丁

重赛：雷丁 2 : 3 曼联

两队的主帅都排出了削弱版阵容。迈克尔·卡里克为曼联取得领先，此后布林亚尔·贡纳松令人意外地头球扳平。雷丁门将亚当·费德里奇是前一场比赛的明星，所以他重赛时的愚蠢失误帮助曼联早早领先，就显得颇为讽刺了——海因策第二分钟的射门从费德里奇身下入网。萨哈和索尔斯克亚此后4分钟内各进一球，雷丁终场前疯狂反扑，终究功亏一篑。

1/4 决赛

切尔西 3：3 托特纳姆

重赛：托特纳姆 1：2 切尔西

一场令人激动到全身发抖的比赛，迪米特尔·贝尔巴托夫帮助热刺取得领先。此后兰帕德为切尔西扳平比分，但是埃辛的自摆乌龙和胡萨姆·加利的进球，为客队在上半场取得 3：1 领先。穆里尼奥敦促球队全力以赴。热刺换下贝尔巴托夫是比赛的转折点，此后兰帕德和替补上阵的卡卢各下一城，为切尔西抢得平局。

重赛对切尔西而言令人意外地舒服，舍甫琴科精美的搓射死角，与肖恩·赖特－菲利普斯的劲射，为蓝军确保胜利。

米德尔斯堡 2：2 曼联

重赛：曼联 1：0 米德尔斯堡

在河畔球场进行的比赛满是争议。C罗的点球命中，为曼联避免了一场 1：2 的败局。米德尔斯堡的进球英雄乔治·博阿滕被判在禁区内故意用手挡出费迪南德的头槌攻门，招致了点球判罚。

重赛就没什么波澜了，C罗的又一粒点球决定了比赛的胜负。

半决赛

布莱克本 1：2 切尔西（加时赛）

这场在老特拉福德进行的比赛中，兰帕德第十六分钟就突破越位陷阱取得了进球，但是舍甫琴科一次踢空触发了布莱克本的反击，此后杰森·罗伯茨将莫滕·加姆斯特·彼得森开出的任意球挡入切尔西大门。直到第一百零九分钟，切尔西才由巴拉克打入制胜球。

沃特福德 1：4 曼联

鲁尼这一天展现出了旺盛的创造力，开场仅仅 6 分钟就为曼联取得领先，但是沃特福德通过阿默尔·布阿扎的进球扳平。不过鲁尼只花了 2 分钟就助攻 C 罗再度取得领先，此后鲁尼梅开二度，基兰·理查森也搓射补上一刀。

伸出六指致意

在新温布利大球场进行的足总杯决赛中，切尔西凭借德罗巴加时赛中的进球，1：0 击败曼联。去年将联赛冠军奖牌扔给球迷的穆里尼奥，这一次承诺他会珍视这一块奖牌。"我不会扔掉这块奖牌，因为它意义重大。我们在三年时间内赢得了英格兰国内足坛的所有奖杯。因为这个艰苦的赛季，球员们绝对配得上这个荣誉。对每个人来说，这都是个值得庆祝的时刻。我认为我们配得上带着这座奖杯和奖牌迎来假期。球队踢得非常棒，完全理解了赛前的计划。球员们配得上赢得本赛季的最后 1 座奖杯，胜利送给他们，也送给球迷。"

穆里尼奥走上温布利球场的 107 级台阶时，伸出了 6 根手指，这是为了强调他在斯坦福桥执教期间赢得了多少座奖杯。谈及那些高唱他名字的球迷，他说："他们永远在我心中——不管是艰难时刻还是欢庆时刻。我爱这些球迷。"

在错过联赛冠军和欧冠决赛后，穆里尼奥迎来足总杯决赛时是否感受到巨大的压力？被问及这一问题时穆帅回答："我只感受到了督促自己去赢球的压力……除此之外再无其他。我们知道比赛计划是怎样的，我们也知道如何击败他们，我认为小伙子们配得上这一伟大的时刻。"

葡萄牙"狂人"补充道："在这周上了这么多次电视之后，每个人都知道我住哪里了，我现在要搬家到伦敦的另一个房子里去。我要以搬去新家的方式准备新赛季，所以我不会离开。如果人们对我的未来有怀疑的话，我能够怎么办呢？我有一份还有 3 年到期的合同，我想要留下。俱乐部也说我会留下。我和主席巴克、CEO 彼得·凯尼恩有过 3 年的交往，如果他们说我会继续担任主教练的话，那么就全无疑问，因为他们不是骗子。待在这家俱乐部让我很高兴，我爱这个国家的足球，如果切尔西对我不满意的话，我想我会是第一个知道这一点的人。7 月 9 日我们将在洛杉矶打一场比赛，正式开始我们的季前备战，届时我会在那里坐镇指挥。"

终场哨响之后，穆里尼奥消失在了球员通道里，他是去打电话给没能来决赛现场的孩子们。"我想要给我家人打电话，而当时我的电话不在板凳席上，在更衣室里。对球队和我来说这是个重大的胜利，在所有这些重大的时刻，我都想要和我的妻子、孩子在一起，我想要和他们说话。我打了几个电话，然后才回来加入全队的庆祝。"

弗格森认为，疲劳是他的球队失败的重要原因，德罗巴是在距离加时赛结束还剩 4 分钟时为切尔西拿下这场胜利的，科特迪瓦人打进的是个人赛季的第 33 球。"两支球队难分伯仲——谁都不应该赢球或者失利，我们最终输掉比赛真是让人失望。草皮有点黏黏的，这对比赛没什么帮助，从我们的角度来看，我认为我们有两三个位置的球员过于疲劳，这对我们没好处。球员们过去几个月做得非常出色，我们应该表扬这一点，但是我们今天没办法突破限制取得胜利。可能他们踢过的这些过多的比赛终于对他们产生影响了。"

比赛的争议瞬间出现在加时赛上半场，吉格斯飞身滑铲，想要接应鲁尼的传中，但是他没能很好地控下球，反而把球铲到了切赫的身体上，威尔士边锋的惯性让他冲撞到了切尔西门将，导致后者抱着球被撞过了门线一点点。弗格森感觉吉格斯本应该获得 1 粒点球，此前埃辛在禁区内对红魔老将犯规，爵爷还指责主裁判本内特没能看到这一幕，"那是个点球。门将抱着球过了门线，这对于边裁来说可能太难判断了，但是主裁判应该有更好的站位。输掉这场比赛，而且看着这样的镜头不断重放，这怎么说也太残酷了。这是个明显的点球，主裁判本应该站位更好一些，来发现这一点。"

穆里尼奥以足总杯夺冠的方式结束了这个混乱的赛季，他很快就确保每个人都了解到了这一点。"我发现要想杀我实在是非常非常难。"考虑到他赛前面临的压力，胜利实在是非常重要，他也没有掩饰自己的战术，他在本周之初就将球员们聚集起来，给了他们两个选择。"我问他们：'你们想要享受这场比赛，还是在比赛结束后享受？你们想要打出一场漂亮的比赛，还是想要赢下这场比赛？'"

穆里尼奥告诉球员们，首要的任务是击败对手。"这场比赛不太能让人享受，"穆里尼奥承认，"这是一场你需要仔细考虑的比赛，你需要控制自己的情绪和站位，同时考虑如何控制对手的战术要点。你必须让至少 6 名球员站在皮球之后，这样如果你丢球的话，你就有 6 名球员可以堵截对手。如果可以的话，你还需要在边路进行双重盯防，边锋也要盯防对方边后卫。"

不过至少德罗巴和兰帕德还是联手展现了一瞬间的才华，打出了流畅的二过一配合，造就了制胜球。

穆里尼奥预测切尔西很快就会解决与队长特里和副队长兰帕德的续约问题，而他也会在执教团队的人选上做出让步。前以色列国家队主教练格兰特就坐在阿布的私人包厢中观看了这场比赛，他即将被任命为俱乐部的足球总监。

这对穆里尼奥来说又是个考验，不过就像他指出的，他已经经历过很多这种事情。"我意识到我已经为艰难时刻做好了准备，我总是能够从艰难时刻中幸存下来，这种困难不会把我吓退。很多认识我的人都在我们拿到联赛第二冠之后告诉我是时候说再见了。但是我告诉他们：'不，我想要继续。我爱这份工作，为什么不呢？'"

特里否认了他将递交转会申请，以逼迫切尔西给出一份新的长期合同的传言。在俱乐部备战足总杯决赛时，特里的未来却引发了越来越多的外界猜测。据信特里已经拒绝了切尔西开出的一份最新的合同，就像《每日快报》中报道的那样，他可能正处于递交转会申请的边缘。不过特里宣称："这种说法真是荒唐可笑。我永远都不可能这么做。现在切尔西的赛季结束了，我认为事情很快就将得到解决，我相信我们会开始谈判。我不想要在赛季这样关键的时刻进行谈判，因为我们要备战足总杯决赛，本来还有机会卫冕英超。我告诉俱乐部等等，到夏天的时候我们就可以重新开始谈判了。如果脑子里想着其他的事情、过得不开心，以这样的状态迎接重大比赛是不对的。希望这事可以尽快得到解决。"

特里对于谈判的说法得到了 CEO 凯尼恩的回应，后者说俱乐部给队长特里和副队长兰帕德的续约信息一直都是非常积极的。兰帕德也正在进行一份新的长期合同的艰苦谈判，他坚称自己想要继续效力俱乐部，直到球员生涯终结，他的言论也得到了凯尼恩的回应："我们正在与他们进行大型合同谈判，合同涉及诸多利益。我们双方都想要合同能够谈成，因此你必须相信这事最终能成。切尔西给兰帕德的关键信息向来都是'我们想要你留下'，而老实说他自己的回应也一直是'我想要留下'，所以现在的情形就很棒了。我认为在不远的将来这事就能够得到处理。兰帕德说他想要在下赛季开始前解决这件事，我们也是这么想的。对各方面而言，这都是越快越好。"

兰帕德再次声明他想要留在切尔西，虽然有报道称合同谈判已经中断。英格兰中场动情地承诺了自己对球队的忠诚："这里都是我的朋友，我想要留下。这是我的俱乐部，我希望事情能够很快得到解决，因为我想要永远留下。"

最终，这个国家最顶尖的两支球队没能像预期的那样奉献一场令人激动的决赛，兰帕德承认漫长的赛季产生了影响："（德罗巴制胜）那球花了很长时间才出现，因为这场比赛实在是太胶着了。在一个漫长的赛季后，我们势均力敌。我们最终需要一记高质量的射门来终结这场比赛，我们最终也做到了。两支球队都奉献了自己的全部。这是一场不相上下的比赛，双方都有好机会。我们最终打进了赢下比赛的那粒进球，这对我们来说非常重要。伙计们为此付出了如此多的努力。"

德罗巴打进了这座新球场正式比赛中的第一粒进球，他与兰帕德做了一次二过一配合，在第一百一十六分钟绝杀了对手，避免比赛进入加时赛的补时阶段。赛后，科特迪瓦人可以享受属于自己的时刻，"我感觉棒极了。如果我们没能赢下这座奖杯，我们会非常非常失落。能够打进新球场的第 1 球，我非常高兴。"

德罗巴还借此机会向穆里尼奥和阿布表达了敬意，"（又夺一冠）这就是何塞这 3 年展现出来的东西。我要特别祝贺他和罗曼（阿布拉莫维奇）。"

特里则觉得赢得足总杯能够"弥补"在英超联赛争冠中输给曼联的伤痛。"这会带来补偿的。输掉联赛很不好，但是来这里（夺冠）却很棒。不可思议，这是我经历过的最美妙的感受之一。我们战斗到最后的方式、德罗巴进球的方式，都是一流的。我们开局阶段都在互相试探，都丢了球，也都犯了错。但是我们不断尝试，终于收到了成效。"

被问及那次吉格斯也牵涉其中的事件时，切赫答道，"球确实过线了，但是反正这也会被判对方犯规在先。我很难知道发生了什么，因为当时球员们的脚都踹到我脸上了。"

切赫也觉得，夺得足总杯能够在球队欧冠和联赛失意后提供一点安慰，"我听过很多关于足总杯的说法，最终夺冠这种感觉真棒。我们本赛季本来在追逐全部四座冠军，结果我们因为点球大战输了欧冠半决赛，在最后一刻输了联赛，所以这座奖杯是个真正非常棒的成就。"

BBC 评论嘉宾马克·劳伦森补充道："吉格斯的那次机会确实可能过线

了，但是别管这些争论，这就是一次犯规。"

特里则透露了打入制胜球的德罗巴，在开球前几秒钟是如何用一次赛前讲话激励球队的。当时德罗巴召集所有球员在本方半场围成一圈，特里宣称："迪迪埃（德罗巴）将每个人都叫过来，然后发表了一通伟大的讲话。他说：'我很紧张，我知道每个人都很紧张，但是有一点我很确定，我会战斗到底，竭尽全力。'然后他看向每个人的眼睛，这让很多人都感动了。我本来不知道他要这么做，他就是把每个人都召集起来，当他说自己会不顾万难去战斗，并且在场上为队友全力奉献的时候，这真是非常特别。他这个人真是不可思议，不仅是在场上，在场下也是如此。"

这位科特迪瓦巨人平常说话非常温柔，所以赛前这么做确实与他的形象不符。一般来说，激励球队的任务是由队长特里来完成的，但是德罗巴在这次振奋人心的演讲之后，拒绝将功劳归于自己，"我们都知道，成为切尔西球员实在不容易，所以我们一直团结一致。我很难找到合适的词汇来形容，当我进球的时候，我胸中充溢着那么多情感。我只是纯粹的高兴。我认为我们会有好几天，甚至好几年都没办法意识到自己取得了怎样的成就……这是一场在一个伟大球场进行的伟大比赛。当你赢球的时候，你必须享受胜利，因为明天你可能就输球了。"

德罗巴在终场哨响后跑下了球员通道，他是这么解释的："我当时跑下通道是去追穆里尼奥，因为他对我而言非常重要。我来这里就是因为他和阿布。他们给了我机会，所以我必须对他们说声谢谢。"

特里则无法掩饰自己成为第一位在新温布利捧起足总杯的队长的自豪感，何况这还是对曼联夺走联赛冠军后的成功复仇。"走上台阶、走出球员通道最后一步的时候我感到无比自豪。捧起奖杯有一种不可思议的感觉。我是如此的自豪，如此的动情。本赛季经历过欧冠和联赛中的事情后，在最后一天捧起足总杯意味着我们可以快乐地结束这个赛季。我对此非常满意。当我们在球场上庆祝的时候，我确实感觉非常累，但是你总能够从什么地方得到点能量。

"在这样的场合，在这样的球场里，这样的表现是发自内心的，也是我们一整年都展现出来的，不仅是我，每个人都是如此。切尔西是最后一支在老温布利赢得足总杯的球队，现在我们又成为了新温布利第一支加冕足总杯的球队——这件事本身就非常特别。可能很多人、很多球迷都不能接受我们本赛季只赢得了联赛杯，这就是为什么足总杯夺冠非常重要。即便曼联三周前赢下了联赛，我们也可以作为最快乐的球队结束这个赛季。"

切尔西想要在休赛期间卖走 3 名球员，但是 CEO 彼得·凯尼恩确认这其中不包括舍甫琴科或巴拉克，"（出售舍甫琴科和巴拉克）不可能发生。我们引进这些球员是为了三四年的计划，我们买他们不是只为了一个赛季，我们知道他们有着怎样的能力，知道他们会奉献怎样的表现。我相信他们下赛季会在这里成为重要的球员。他们感觉自己还有很多可以奉献，他们毕竟需要时间来适应。他俩都是极其出色的职业球员，看到他俩下赛季找回巅峰状态，这样的前景真是令人兴奋。"

凯尼恩还补充道，俱乐部想要给球队补充 3 到 4 名新球员，毕竟球队这个赛季因为一系列的长时间伤病而备受打击。"我想我们大概会送走 3 名球员，然后补充进三四人。我认为我们不会有巨星级签约，因为我认为我们不需要这样的新援。但我们肯定需要为中卫、中场和锋线寻找替身。"

穆里尼奥从来没有忘记过路易斯·加西亚为利物浦打进的那粒"幽灵进球"，但是他现在则在足总杯决赛中受益于主裁判的门线判断。穆里尼奥没有过分关注他是怎样夺冠的，或者说他只是在"假装"自己不关心而已。过早地换下乔·科尔真的让很多人惊讶，但这是一个正确的决定，因为 C 罗在他所处的那条边路上没有提供太多的防守贡献，而换上罗本，就突然给切尔西带来了他们一直缺少的威胁。

媒体很快展开了对整个赛季的分析，讨论整个赛季在老板阿布看来到底是出色还是不出色。舍甫琴科对球队的贡献仍然备受争辩。因为腹股沟伤病错过决赛胜利的舍甫琴科，坚称自己不应该被谴责为引援失败。

这位花费了切尔西 3080 万英镑从 AC 米兰引进的乌克兰人辩称，"这（对我来说）不是个伟大的赛季，但也不算是最糟的赛季。人们一直对我期望良多。我前 4 个月表现不佳，这一部分是因为德国世界杯后的疲劳，另一部分是因为我当时的伤病。但是之后我在赛季中段打出了一段好状态。即便出现了这么多干扰，最终我还是打入了 14 球，送出了 11 次还是 12 次助攻——这不是个太糟糕的赛季。我知道人们可能想要我打进 30 球，但现实是这不可能每个赛季都发生。考虑到我的问题，我认为我做得不算差。"

舍甫琴科认为他之所以在门前没这么多斩获，是因为穆里尼奥没有把他完全当作一名前锋来使用。"我今年没有踢我擅长的位置——我不是进攻端的最关键人物。我的位置更靠后，远离了球门，这与我在 AC 米兰时的位置不一样，可能这就是为什么德罗巴今年能够打进这么多球。有一段时间，我在他身后为他提供支援，我们配合得很不错。在 AC 米兰，我打的是我最适合的角色。而在这里，我不得不习惯于成为其他角色，我这么做了，因为这样我可以帮到球队。对我来说，最首要的就是在下赛季感觉良好。"

当各大报章头条还在宣称两座国内杯赛冠军对于切尔西而言"不够好"时，穆里尼奥则对曼联发表了最后的看法，他根本不在乎自己又将戳到曼联的痛处。"我们完全配得上赢球，这对我们来说是个伟大的赛季。我们有两座奖杯入账，欧冠半决赛只是点球失利，然后联赛也排名第二。我们已经创造了历史，不仅是击败了曼联，还是在这座宏伟球场的第一场正式比赛中击败了曼联。"

穆里尼奥进一步为自己这三年的执教辩护，"我们在过去的三年中一直统治着英格兰国内赛场，这就是为什么我伸出了 6 根手指，表明我在这里赢得过 6 座奖杯。曼联本赛季是英超联赛冠军，但是我已经能够看到下一次我们将与他们再度直接对话。"

穆里尼奥感谢球员们拯救了这个看上去似乎要让人失望的赛季，"我的第一个赛季非常重要，因为我们赢得了 50 年来的第一座顶级联赛冠军，第二个赛季我们又在英超中夺冠了，但是我认为，考虑到我们有过的麻烦，第三个赛季甚至比第二个更棒。我不是巫师，我没办法做预测，但如果我们不是每周失去一位重要球员，谁知道这个赛季会变成怎样？如果切赫和特里没有休战 4 个月，如果卡瓦略没有缺阵？罗本是带伤作战，阿什利·科尔也是一样。在这个国家的这个历史性时刻，我们配得上得到这样的快乐。切尔西创造过历史，赢下了老温布利的最后一座奖杯，我们现在是在向那批夺冠球员表示致敬，然后我要给我自己手下的每个小伙子一个大大的拥抱，因为他们真的表现得棒极了。"

穆里尼奥的切尔西成为了历史上第三支夺得足总杯和联赛杯这一特别的"双冠王"的球队，前两队是 1993 年的阿森纳和 2001 年的利物浦。如果你算上 2005 年和 2006 年的英超联赛冠军的话，这位极具感召力的葡萄牙主帅已经在三个赛季中获得英格兰所有的国内赛事冠军了①。但是他承认，举起足

---

① 2 座英超冠军、2 座联赛杯、1 座足总杯、1 座社区盾杯。

总杯非常特别。"不可思议，"他说，"我听说过很多关于足总杯的故事，它的传统、它的决赛，但这种感觉真是不可思议。这是一场如此重大的胜利——这不仅是足总杯，它意义更大，这是新温布利决出的第一座足总杯，还是对阵曼联取得的足总杯，现在我们赢下了英格兰所有的国内赛事冠军，而且是 3 年 6 冠。在这个艰苦的赛季之后，这尤其惊人，我们本来在追逐全部四座奖杯。而我们在欧冠半决赛中输掉了点球大战，我们在最后一刻输掉了联赛，所以这是个伟大的成就。"

被问及他是否认为曼联中场吉格斯理当在补时阶段得到点球时，穆里尼奥说："球过线了，但是吉格斯的脚划到了切赫脸上，所以我认为这不管怎样也应该给个任意球。"

被问及他是否会和切尔西老板阿布举行会谈时，穆里尼奥的说法则是："我会和他商谈的，没问题。他没必要每天都待在俱乐部，因为有人代他这么做。但是我在《比赛指南》中提到了他，我心里想着他，因为我知道在温布利赢球也是他的一大目标。"

足总杯决赛技术统计

项目	切尔西	曼联
射门（射正）	18（4）	12（4）
犯规	18	18
角球	1	6
越位	0	5
控球时间	50%	50%
黄牌	4	3
红牌	0	0
扑救	3	3
上座人数	89826 人	

切尔西阵容

切赫 / 保罗·费雷拉，特里，埃辛，布里奇 / 马克莱莱，兰帕德，米克尔 / 乔·科尔（罗本，阿什利·科尔），德罗巴，赖特－菲利普斯（卡卢）

第三部分　王之再临

在意大利如此特别，
在西班牙特别，还是不那么特别？

在离开斯坦福桥后的"空档年"①，何塞·穆里尼奥将他的赢家心态带到了意大利，之后是西班牙，他继续收获着那些对他而言很寻常的东西：奖杯、敌人，还有被媒体引发的纷争和无休无止争议的头条新闻。

迄今为止，他是唯一一位在英格兰、意大利和西班牙三个国家都夺得过该国顶级联赛冠军的教练。其实他在葡萄牙也拿到过联赛冠军，最近10年里，他两次率领最弱小的队伍夺取了欧洲冠军联赛冠军（2004年的波尔图和2010年的国际米兰）。他也赢得了一些杯赛冠军、超级杯冠军，保持着一项骄人的纪录——不论他走到哪里，执教哪家俱乐部，他从未在主场的联赛中输给任何对手——直到重回斯坦福桥的第一个赛季末，这一纪录才意外地被终结了。

在穆里尼奥的批评者眼中，他是一个愿意牺牲漂亮风格去换取胜利的教练，精力旺盛，喜欢打心理战，也面临着不光彩的指控——他是一位有着缺陷的天才。对于崇拜他、谈论他们之间不可思议的关系的球员们来说，或者从他光辉灿烂的履历来看，他是真正的天才。

虽然离开了蓝桥，但是穆里尼奥从未远离切尔西球迷的牵挂，他们一直期待着他看上去不太可能的回归，考虑到当初他和切尔西老板罗曼·阿布拉莫维奇翻脸的方式，回归确实不太可能。但是他在意大利和西班牙所制造的新闻头条不断地传回英格兰，在那里"穆里尼奥"这个名字深受怀念。

穆里尼奥只花了3个月时间便掌握了意大利语，这便是他的语言天赋，

---

① 空档年或者是间隔年，于20世纪60年代兴起于英国，指在大学之前或开始工作前空出的1年时间，可以让学生们去旅行、参与海外义工活动或者到国外打工度假，好好享受人生。素有走出去传统的欧洲，空档年就是年轻人"转大人"的阶段，他们绝大多数是选择出国壮游来完成这项成年礼。

才来到国际米兰 3 周他便能说出一口流利的意大利语了。故事就是这样的，"穆里尼奥神秘性"是如此夸张，以至于让人很难区分事实与虚构。

穆里尼奥的公开讲话直接而强硬，他打造的球队的风格也一样，他总是能够随时随地地制造头条新闻，不论身处哪一个国家，或者使用哪一种语言。

不少外籍主教练刚来到英格兰执教时往往会遇到语言障碍——也常常因此受到嘲笑——穆里尼奥对语言的利用生动、明确、犀利，他将语言变成了自己的优势。对他而言，在遣词造句上做到完美是至关重要的，因此在抵达意大利之后，掌握好意大利语是极其重要的，他坚持不懈地努力来达成自己的目标。

穆里尼奥会走进他的队员们的内心世界，和球员进行直接、私人的交流，也会操纵媒体来延续所谓的主教练之间的心理战。球员们对于穆里尼奥和他个性化的人员管理风格来说是"个个重要"。

穆里尼奥说："重要的是能够理解问题。有时候你有一个球员的表现水准在下滑，你不理解原因何在。他在训练中表现不错，也没有受伤，一切都很完美，但他就是没有表现出好的结果。到底为什么？为什么？这一定有个原因。必须让球员们信任你。我不是个警察，因此我不会在俱乐部之外跟踪球员。即便我的俱乐部热衷于这么做，我也不会允许他们去盯梢球员的。他们拥有自己的生活和隐私。"

"穆里尼奥方法论"基于拉近与球员们的距离，建立个人关系，往往除了在俱乐部一同工作之外也能够一起消磨时间。一张 C 罗和穆里尼奥趴在对方肩膀上哭泣的照片，非常典型地展现了他与球员们之间所建立的深厚情谊，不论他制造了怎样的轰动和争议。

穆帅的前弟子们透露，教练会和自己保持长期联系：不时给他们打打电话，发发短信，了解他们睡得怎样，确定他们是否"很开心"，或者他们是否饮食规律。甚至连球员们的女友和太太们也成为了穆里尼奥了解部下们底细的重要渠道。因此，她们感觉到自己是他的"球队"的一部分，会努力确保他的球员们开心。穆里尼奥的任务是激励他的球员们全力以赴。

当穆里尼奥即将返回斯坦福桥的消息传来时，拉米雷斯从穆帅那里获悉，他在执教国际米兰和皇家马德里时曾经希望签下他这个巴西中场。这便是典型的"穆里尼奥方法论"，在和新队伍见面之前，他已经和他的球员们进行了个人的接触。拉米雷斯当时被巴西队主教练路易斯·费利佩·斯科拉里排除在了联合会杯名单之外，正在放暑假，"我对能够安下心来和穆里尼奥一起工作感到相当激动，"他说，"几天之前他出人意料地给我打电话，让我有些惊讶。我们聊了挺久，他说了我不少好话，包括他还在带国际米兰和皇家马德里时就希望从本菲卡签下我。穆里尼奥告诉我他很高兴终于能够在切尔西拥有我了。我很高兴听到这些，我告诉他他可以指望我。他也谈及了他的兴奋之情，知道他是如此希望和我一起工作，让我更加期待着下一个赛季的开始。我有一种感觉，这对我们来说将是一个非常好的赛季。"

在穆里尼奥回归斯坦福桥之后，那些在意大利和西班牙的争吵也继续跟随着穆里尼奥的步伐来到了英格兰。在他的新切尔西做客伊斯坦布尔对阵土耳其劲旅加拉塔萨雷的前夜，谴责从一支球队的营地传到了另一支球队。土耳其球队如今由穆里尼奥在国际米兰时的前任主教练罗伯托·曼奇尼执教，曼奇尼离开国际米兰后执教过曼城，而穆里尼奥在国际米兰接班自己的背景也让曼奇尼十分痛苦，因为 2008 年他在率领球队拿到意甲三连冠后不到两周即被解雇。

穆里尼奥接手国际米兰之后，在两个赛季之内大获成功，2009—2010 赛季帮助蓝黑军团荣膺意甲、意大利杯和欧洲冠军联赛三冠王，自 1965 年以来首夺欧洲冠军，这一伟绩让曼奇尼黯然失色。而曼奇尼并不认可穆里尼奥的执教纪录因此而有什么过人之处。"不，"曼奇尼强调说，"穆里尼奥之所以夺得欧洲冠军联赛是因为他接手了一支优秀的球队。他接手了一支球队，就像曼城一样，那是一支我已经打造成型的队伍。一支拥有着强大精神力量的球队，当我前往国际米兰的时候，他们踢着相当糟糕的足球，我们改变了这一局面。要赢得欧洲冠军联赛你需要运气。欧冠是一项相当艰难的赛事，但也是很奇怪的赛事，奇就奇在你可以在 10 月、11 月、12 月赢得小组赛，但是在 2 月之后（欧冠淘汰赛阶段），一切都改变了。"

当被问及对穆里尼奥的看法时，曼奇尼笑了："很不走运，我和穆里尼奥没办法亲自踢这场比赛。"意大利人说，至少在两人谁是更优秀的球员上没有任何争议。

不过当话题落到谁是更为出色的主教练的时候，穆里尼奥正在争取 10 年来第 8 次打进欧冠半决赛，他最终做到了，可惜被马德里竞技挡在了决赛门前。而曼奇尼在执教生涯中只有 1 次打进过欧冠 8 强，且从未打过 1/4 决赛之后的淘汰赛，因此穆里尼奥对曼奇尼试图从 2010 年国际米兰欧冠联赛夺冠中沾光十分不满。"这太有趣了，挺有意思。之所以有趣是因为我那支参加欧冠决赛的球队中有卢西奥、蒂亚戈·莫塔、迭戈·米利托、塞缪尔·埃托奥、戈兰·潘德夫和韦斯利·斯内德。首发的 11 名球员之中，有 6 名都没有和曼奇尼一同工作过。因此他只打造了一支 5 人制球队，因为我只用了他留下来的 5 名球员。"尽管蒂亚戈·莫塔因为半决赛吃到红牌停赛错过了决赛，但是穆里尼奥这么说有理有据。

穆里尼奥很快就得到了意大利俱乐部的喜爱。他在 2007 年离开切尔西之后执教国际米兰的两年时间里，帮助他们夺得了意甲、意大利杯、意大利超级杯和欧洲冠军联赛冠军。当穆里尼奥重返斯坦福桥之际，国际米兰主席马西莫·莫拉蒂宣布："最受欢迎的一个"将于 2016 年重回国际米兰。"我给穆里尼奥打电话祝他回归切尔西好运。何塞怎么说的？他说我们 3 年后会在国际米兰再见。"

和切尔西一样，这家意大利俱乐部也长留于穆里尼奥心中。他仍然保留着在执教期间于米兰购置的房产，也让莫拉蒂保留着有朝一日他会回去的希望。

如今效力巴黎圣日耳曼的瑞典前锋兹拉坦·伊布拉希莫维奇，在被卖到巴塞罗那之前，于 2008—2009 赛季在穆里尼奥的国际米兰效力过。在他的自传《我是兹拉坦》中，伊布对穆里尼奥的激励方式和工作规范提供了非常有趣的见解。"和其他所有主教练的备战相比，他会让我们付出双倍的努力。他让我们一周 7 天每天 24 小时以足球为生，靠足球呼吸。我从未遇到过这样一位对于对手如此了解的主教练。几乎是无所不用其极，细致到了对方第三选择门将的球鞋尺码。赛前他会帮助我们建立自信心。就像是在剧院里，一种心理战。他会给我们展示我们踢得很糟糕的视频，说：'看看这个，如此可怜！毫无希望！这些家伙肯定不是你们。他们一定是你们的兄弟，你们更弱小的自我。'而我们点点头表示同意。'今天我不希望你们像这样。'他会继续说。没门，我们心里想着，绝无可能。"

足迹遍布欧洲大陆、见多识广的伊布曾经效力过尤文图斯、AC 米兰和阿贾克斯。他形容穆里尼奥会使用道具来点燃球队的激情。"'像饥饿的狮子，像勇士一样上场比赛。在第一次战斗之中你们就像这样——'，他会用他的拳头捣向另一只手掌。'而之后第二次战斗——'他会一脚把幻灯片踢飞到房间里。我们体内的肾上腺素不断上涌，我们像患有狂犬病的动物一样走出去。一直都会有类似的事情，意想不到的事情，让我们有动力，我越来越感觉到这个家伙为球队付出了一切，因此我希望为他全力以赴。"

穆里尼奥回应道："这并不是强迫症。我认为细节很重要：细节可以让球员们发挥得更好；细节可以让球队表现得更加出色；细节可以帮助我们赢球。当然，世界上有少数球员只依靠他们自己就帮助球队变得更好。但是基本上，足球事关团队，如果你更加关注细节，团队也会更好。因此，这并不是强迫症，我的经验告诉我，细节可以决定成败。"

穆里尼奥对于他的球员们的心理进行着最伟大的改变：在一场国际米兰的比赛半场时，他告诉伊布拉希莫维奇应该将他获得的意甲最佳外援奖献给他的母亲——"真正配得上它的人"。或者他坚持让斯内德在赛季中途休假 3 天，去伊比萨的海滩上晒晒太阳。

在穆里尼奥第一次执教切尔西后不久，天赋十足的罗马尼亚前锋阿德里安·穆图——是在阿布拉莫维奇入主切尔西后第一波烧钱时的匆忙引援——脾气很成问题。穆里尼奥告诉他，他可以去战斗，在切尔西夺得一些特别的东西，或者——他已经很富有，在罗马尼亚受到国王一般的礼遇——他可以为现状沾沾自喜。"但是当你离开足坛 5 年之后，没有人会再记得你，"他警告说，"只有当你干成大事，才会创造历史。"不久之后，穆图就在可卡因检测中呈阳性，并因此被禁赛 7 个月。

穆里尼奥的国际米兰时代高光时刻之一是"近乎完美"的——用他的话来说——那就是 2009—2010 赛季带领球队在欧冠联赛 1/8 决赛中回到斯坦福桥 1：0 击败切尔西，以两回合总比分 3：1 将切尔西淘汰出局。

在回到切尔西俱乐部的第一场正式比赛开始之前，穆里尼奥受到了切尔西支持者们的热烈欢迎。穆里尼奥的国际米兰随后的表现令人眼花缭乱，德罗巴第八十七分钟因为脚踹蒂亚戈·莫塔被红牌罚下，而在埃托奥下半场攻入了确保国际米兰欧冠八强席位的进球之后，切尔西球迷看到的是穆里尼奥尽最大可能克制兴奋之情的画面。

穆里尼奥只是相当低调地做了几下握拳振臂的动作，而剩下的国际米兰教练组成员和球员们已经疯狂庆祝了。"我爱切尔西，我爱这座球场，我爱这里的人们，但我是个职业教练，"穆里尼奥说，开球之前，他在自己的球员于斯坦福桥替补席落座之前率先走出了球员通道，"我在更衣室里好好庆祝了一下，我赢了，自然很高兴。我不高兴的是我昔日的部下们输了，因为罗曼（阿布）输了，或者因为球迷们失望地回家了。这对于作为教练的我来说是一场相当重要的比赛，但是却并非是我人生中的最大胜利。我很难让自己做好心理准备，以敌人的身份来到这里。赛前我和约翰·特里互发短信说了几句，我告诉他总有人会高兴地回家，而另一些人会失望。我的人永远会是我的人，但我是敌人——敌人赢了。这就是生活。有些人问如果我没有赢，我是不是还是很特别，现在我可以说，我对于切尔西球迷并不是那么特别，他们也许永远都无法原谅我。"

国际米兰带着首回合主场 2：1 取胜的微弱优势来到客场，穆里尼奥抛弃了他通常使用的防守战术，选择了进攻阵型。"球队接受了我的冒险——作为主教练你并不总会这样做。我并不认为这是战术，这其实是在球场上的态度。"

何塞·穆里尼奥给自己重返英超留下了敞开的大门。"天知道，未来我也许会执教另一支英格兰球队，我会作为对手来到这里。"

切尔西自从 2006 年以来第一次未能打入欧冠八强，主教练卡尔洛·安切洛蒂对此毫无怨言，而欧冠早早出局也让人们对剩余的赛季充满着期待，球队当时在联赛中位居领头羊曼联之后，暂列第二位，也打进了足总杯半决赛。联赛杯赛双冠正在招手，就像安切洛蒂所评论的："我很失望，因为我们输了，被淘汰出了一项重要的赛事。我希望祝福国际米兰好运，因为我对穆里尼奥或者对国际米兰没有任何不满。如今我们还有两项重要的赛事希望夺得冠军。"安切洛蒂接下来率领蓝军夺得了英超和足总杯双冠王。

穆里尼奥对国际米兰的感情，以及他们对于他的感情，在国际米兰欧冠联赛决赛中 2：0 击败拜仁慕尼黑，结束了俱乐部 45 年来对重夺欧洲顶级荣誉的等待之后得到了进一步巩固。阿根廷前锋迭戈·米利托在那场凭借着出色防守和个人表现夺得胜利的比赛中梅开二度。国际米兰成为第一家夺得三冠王的意甲俱乐部。

　　拜仁慕尼黑从比赛一开始便控制了大局，他们的表现更为出色，保持着控球权，一次又一次考验着国际米兰的后防线。不过德国人没能够抓住机会，第三十四分钟，米利托将门将儒利奥·塞萨尔的大脚解围球顶给了韦斯利·斯内德，后者将球传回到阿根廷人脚下，米利托首开纪录。

　　下半场国际米兰回收较深，奉献出了出色的防守，任由拜仁控制球权。第七十分钟，埃托奥的传球找到了米利托，后者再下一城。穆里尼奥智取了恩师路易斯·范加尔。他们曾经在 20 世纪 90 年代于巴塞罗那合作过，当时穆里尼奥刚刚作为一名球探和翻译开始他的足球生涯。这也给他带来了"翻译"的外号，而此前切尔西与巴塞罗那在欧冠对阵时，巴萨球迷也曾以此外号来嘲讽他。

　　没有人预料到，国际米兰在时隔这么多年后能够再次成为欧冠奖杯的所有者，更不必说一路上淘汰了英超冠军切尔西、西甲冠军巴塞罗那和德甲冠军拜仁慕尼黑，这也让穆里尼奥成为了历史上第三位带领不同俱乐部夺得欧冠冠军的主教练[1]。

　　然而对穆里尼奥而言，他的管理模式在延续。接下来就又是自我辩护的时间，又是和意大利媒体的冷漠关系，他经常承认自己在意大利过得很不开心。和通常一样，媒体还是充斥着各种关于他将离开的猜测，他的下一个目的地据传将是皇家马德里，而很快这就变为了事实。

　　他在国际米兰的最后一场胜利正好是在伯纳乌球场——皇家马德里的主场，这无疑是最完美的告别。欧冠决赛的终场哨响起之后，当年的门徒和教授热烈拥抱，穆里尼奥接下来和球队一同庆祝，并捧起冠军奖杯，而路易斯·范加尔面无表情地朝着拜仁球迷挥了挥手。

　　但是穆里尼奥转会到皇家马德里也是他自己始料未及的。在他担任皇马主教练的 3 年期间，他似乎决意要打垮巴塞罗那——可以说是历史上最为优秀的俱乐部——以及他们的主教练佩普·瓜迪奥拉。2011 年，两队甚至闹到了肢

---

　　① 奥地利名帅恩斯特·哈佩尔和德国名帅奥特马尔·希斯菲尔德此前先后率领不同俱乐部夺得欧冠冠军。哈佩尔的第一座欧冠奖杯是在 1970 年，当时他率领费耶诺德 2∶1 击败凯尔特人，而第二座冠军则让他等待了 13 年之久，他执教的汉堡 1∶0 小胜尤文图斯。1997 年，希斯菲尔德率领多特蒙德夺冠，他们在决赛中以 3∶1 战胜意甲豪门尤文图斯。2001 年决赛，希斯菲尔德率领拜仁击败瓦伦西亚，两队在常规时间内 1∶1 打平，最后点球大战中德国球队获胜。

体冲突的地步，在一次赛后的扭打之中，穆里尼奥似乎用手指戳到了瓜迪奥拉的继任者蒂托·比拉诺瓦的眼睛。那是在一场西班牙超级杯比赛的最后时刻，在皇马后卫马塞洛·维埃拉对巴塞罗那的塞斯克·法布雷加斯严重犯规导致混战之后，穆里尼奥被拍到悄悄走到了比拉诺瓦的身后攻击了他。据说当时穆里尼奥称呼比拉诺瓦叫"pito"——西班牙语的"阳具"。

穆里尼奥马上走开，比拉诺瓦很自然的反应便是推搡攻击自己的人，这也引发了皇家马德里队的愤怒，但是他们并未看到自己主教练的行为，主裁判大卫·费尔南德斯·博巴朗却并未在他的比赛报告中提及此事。这次令人震惊的事件发生在一场美妙比赛的最后阶段，巴萨凭借安德烈斯·伊涅斯塔和莱昂内尔·梅西的进球两度领先，而 C 罗和卡里姆·穆斯塔法·本泽马两度扳平比分。但是在加时赛即将到来之前，梅西接到后卫阿德里亚诺·科雷亚·克拉罗的右路传中凌空抽射破网，巴塞罗那凭借此球取得了险胜。之后皇家马德里球员们的失望情绪开始蔓延，马塞洛因为对上演处子秀的法布雷加斯的粗野铲球被直接红牌逐出场外。这直接触发了一次争吵，穆里尼奥和比拉诺瓦发生冲突，而两队的替补球员巴塞罗那前锋大卫·比利亚和皇马中场梅苏特·厄齐尔也吃到了红牌。巴萨的中后卫赫拉德·皮克评论道："这真是丢脸，这种事情不是第一次发生，总是一模一样的。某些人必须在这件事情上采取行动，有人认为是加泰罗尼亚人的错误，但问题出在马德里。"

穆里尼奥因为之前一个赛季在欧冠之中对巴塞罗那做出不当言论而被处以停赛处罚，正要开始执行。

主教练对一个问题特别不满，他觉得半场之后球童似乎消失了，而主队当晚以首回合 2：1 领先迎来比赛，最终总比分 4：3 获得胜利。他说："皇家马德里从比赛一开始直到最后 1 分钟都有着精彩的表现。我们来到这里就是要有所作为。我想说的并不是批评，我只是在指出一个事实：下半场比赛缺少了球童，这对小球队来说司空见惯，特别是局面很困难的时候。我不会说我们很开心，因为我们没能赢得西班牙超级杯，如果那么说我会显得虚伪。但是我们希望像男人一样踢球，而不是在场上一遇到最轻微的身体接触就往地上摔。"

穆里尼奥被西班牙足协处以了两场比赛停赛的处罚，比拉诺瓦被停赛一场。两位教练均被罚款 600 欧元，而停赛只需要在未来的西班牙超级杯中执行——这是一项赛季正式开始之前由前一个赛季的西甲冠军对阵国王杯冠军的传统赛事。西班牙足协主席安赫尔·马里亚·维拉居然解除了对穆里尼奥的禁令，作为特赦，穆里尼奥此后一年可以继续坐在这项传统赛事的替补席上，首战在巴萨的诺坎普球场，回程在皇马的伯纳乌球场。穆里尼奥过了一些时候承认自己当初戳比拉诺瓦的眼睛是不对的："我本不应该那么做，当然不应该。在那里把事情搞砸的是我。"

比拉诺瓦当时还是瓜迪奥拉的助理教练。穆里尼奥的皇马后来结束了巴塞罗那对于西甲冠军的 3 年统治，他表示自己和比拉诺瓦的关系自那次事件后已经得到了修复。"为此我和我的队员们付出了极大努力，控制我们的情绪，只考虑踢球和出色表现。关键的问题是负面形象，就像蒂托几周之前所说的，画面将永远留下。他和我之间其实并没有什么问题。故事结束了，现在我们需要做的是确保不要再让类似的事情发生。"

在穆里尼奥看来，外界对他场外行为和他"黑暗艺术"战术心理战的不断讨论，无疑过分夸大了。"在足球之中，我唯一知道的比赛是 90 分钟的。这并不是心理战；我不会尝试那样做。赛前的备战阶段，要影响舆论、性格、个性和感情是相当重要的，当然，我利用那些来影响我的球员们，影响对手们，影响支持者们。但是对我而言，足球里唯一的比赛是 90 分钟比赛。"

这种"交火"是否会变成人身攻击？"不，我从不那么做。"他坚持说。

与瓜迪奥拉和温格的关系如何？"我更倾向于和最优秀的球员、最优秀的球队以及最优秀的主教练交手。永远不会是人身攻击。"

他执教皇马的第一个赛季——在率领波尔图夺得 2004 年欧冠冠军，并在前一个赛季帮助国际米兰夺得该荣誉之后——有人认为他坚定决心要创造一项纪录，成为历史上第一位率领三家不同俱乐部夺得欧冠冠军的主教练。在欧冠中哈维·阿隆索和塞尔吉奥·拉莫斯似乎故意让自己被红牌罚下后，欧足联指控穆里尼奥和四名皇马球员存在违反体育道德的行为。他俩都是在皇马做客 4：0 大胜阿贾克斯一战的最后阶段，因为浪费时间吃到了第二张黄牌被罚下。这一结果首先确保了皇马提前一轮以 G 小组头名入围淘汰赛，而阿隆索和拉莫斯也将在最后一轮小组赛对阵欧塞尔时停赛，这样就避免了进入淘汰赛后因为累积黄牌停赛的风险。电视镜头抓拍到了耶日·杜德克在球场边和穆里尼奥谈话的一幕，之后这位替补门将走到主力门将伊克尔·卡西利亚斯身边说了几句，后者之后又和拉莫斯说话。但是他们所有人都否认是在传递主教练的指令，让球员们去主动找苏格兰主裁判克雷格·汤姆森要红牌。欧足联为此对穆里尼奥、阿隆索、拉莫斯、卡西利亚斯和杜德克违反体育道德的行为提出指控。

比赛之后，穆里尼奥坚持表示："比赛过程中我和很多球员说过话，并不只是拉莫斯和阿隆索。这种故事倒是挺受欢迎的，但是重要的是 4:0 的胜利，以及我们打出的梦幻比赛。让我们谈一谈那些，而不是其他事情。"拉莫斯因为在开球门球时拖延时间被罚下，他也坚称："我们并不是主动找牌吃，看看最后的比分，裁判本可以省省黄牌，但是他将我罚下，就是这样。"

穆里尼奥此前担任切尔西主教练时已经和欧足联有过冲突，2005 年他曾经指控巴塞罗那主教练弗兰克·里杰卡尔德，在欧冠十六强战首回合诺坎普一战中场时走进了裁判更衣室，拜访了瑞典主裁判安德斯·弗里斯克。

其实通过故意吃红黄牌来洗牌并不是什么新鲜事，此前有过不少通过故意吃牌来操纵停赛时机的案例。贝克汉姆担任英格兰队队长时，曾经在一场对威尔士队的世界杯预选赛上有意犯规吃到黄牌，事后他解释称自己已经肋骨受伤，他知道自己肯定无法参加下一场国家队比赛，因此干脆吃到预选赛阶段的第二张黄牌，因此停赛一场。"现在我知道了这么做是错误的，我向英格兰足总、英格兰队主教练、我的队友们，以及所有英格兰球迷道歉。"贝克汉姆说。澳大利亚队长卢卡斯·尼尔也曾承认自己在一场对阵卡塔尔队的世界杯预选赛上故意吃到黄牌，这样他就可以很快停赛，而不至于将停赛带入南非的世界杯决赛圈比赛（比赛结束后他告诉澳大利亚记者们，自己的这张黄牌是出于"战术"考虑）。里昂球员马克斯·克里斯和儒尼尼奥·佩南布卡诺，也曾因为在欧冠对阵佛罗伦萨的比赛中故意吃到赛季第二张黄牌而被欧足联处罚，他们的目的是错过对拜仁毫无意义的一场小组赛，从而彻底洗白进入淘汰赛。欧足联在一份声明中说："两名里昂球员已经被分别罚款 10000 欧元和 15000 欧元，他们为了得到黄牌而故意犯规。"

在西班牙国王杯决赛以加时赛 1:2 不敌同城死敌马德里竞技之后，穆里尼奥哀叹这是"我执教生涯最糟糕的赛季"。大家普遍认为他将重返切尔西，在看到最后一个夺冠机会溜走之后，穆里尼奥向媒体明确表达了自己的感受。

球队赛季初在西班牙超级杯击败巴塞罗那夺冠之后显示出了极大希望，之后却一步步走向黯淡，遭遇了欧冠半决赛不敌德甲球队多特蒙德、西甲冠军之争输给巴塞罗那的命运。"这是我执教生涯最糟糕的一个赛季，一个冠军（西班牙超级杯）并不足以令皇家马德里满意，因此这是个糟糕的赛季。1 次决赛，1 次半决赛，联赛第二名，西班牙超级杯，对于很多人也许是个不错的赛季，但是对我而言确实是最糟糕的。"

被问及加盟切尔西的可能性时，穆里尼奥拒绝做出任何评论："我（和皇马）还有 3 年合同，我还没有坐下来和主席讨论过我的未来。我必须诚实。除非有一天主席和我一起坐下来谈，俱乐部发出一些正式声明，这才能够算数。"

巧合的是，穆里尼奥在圣地亚哥·伯纳乌球场的谢幕也不是 C 罗表现最好的夜晚，他在最后时刻吃到了红牌。穆里尼奥因为在下半场后期抗议 1 次判罚被主裁判责令离开教练席，马德里竞技之后夺得了他们 17 年来第一座国王杯冠军。穆里尼奥也遭到了对方球迷们的调侃，"穆里尼奥留下！"他们的"深情恳求"是最大的讽刺。这场踢得很不连贯的比赛出现了超过 12 张黄牌、2 张红牌，在加时赛的第八分钟由马竞后卫若奥·米兰达的头球破门决定了胜负。这是马德里竞技自从 1999 年以来第一次击败他们的同城对手，他们注定将捧起冠军荣耀。在 C 罗第十四分钟以一记典型的犀利头球首开纪录之后，巴西前锋迭戈·科斯塔在第三十五分钟接到了锋线搭档、哥伦比亚射手拉达梅尔·法尔考的超级做球，在一次反击中扳平了比分。

皇家马德里在加时赛之前 3 次击中立柱，马竞门将蒂博·库尔图瓦做出两次惊人的扑救确保了胜利，也帮助他的球队结束了国王杯决赛的三连败。

但是在比赛进行最后阶段时，事态变得糟糕起来，C 罗因为脚踹马竞中场加比被直接出示了红牌，双方替补席上的球员一拥而上，好不容易才被拉开。库尔图瓦被看台上飞下的小东西砸中后倒地。

穆里尼奥相信自己的球队本应该捧起国王杯，只是很不走运，"90 分钟比赛的结果是 1∶1，但是击中立柱 3 次并不是什么寻常事。即便你不是个足球魔法师也知道这结果不够公平，马德里竞技不配赢得决赛胜利。裁判的判罚被忘掉了，射门打中立柱被忘掉了，人们记住的一切就是马德里竞技是冠军。"

按穆里尼奥的说法，他帐下有几个球员更关心的是自己在公开露面时的形象，而不是赢得冠军，在执教伯纳乌 3 年之后，他对这些球员的态度依然很不感冒，"在皇马有很多时候，球员们会在赛前跑到镜子前面排队，而裁判已经在球员通道里等着他们进场了，但这就是如今的社会。年轻人们很关注这些：他们正当二十多岁，而我已经 51 岁了，如果我希望和这些孩子们一起工作，我必须了解他们的世界。叫我怎么能够在球队大巴上阻止球员们发那些叫什么来着……哦推特之类的东西？如果说我自己的女儿和儿子在做同样的事情，我怎么可能阻止他们呢？因此，我必须适应现状，我是 2000 年开始执教的，所以这是我的第二代球员。我的感觉是，之前，球员们在他们的职业生涯之中努力挣钱，在退役的时候可以变得富有。但是现如今，围绕在他们身边的人们甚至希望在他们开始职业生涯之前就让他们发达。他们会尝试在他们签下第一份职业合同时就让他们发财致富，但是他们都还没踢过一场英超比赛，他们根本不知道在欧冠联赛中踢球是怎么一回事。有些时候这会让俱乐部处于不利境地。你必须找到正确的小伙子：希望取得成功，拥有骄傲和对比赛的热情。他的梦想不是多赚一百万或者少赚一百万，他的梦想应该是在更高水准上表现，赢得冠军头衔，因为如果你做到这些事情，当你退休时一样会十分富有。因此我们努力工作，希望给年轻球员指明最好的方向，让他们跟随过去的球员的榜样——兰帕德们、特里们——他们总是为了胜利而疯狂。

自从他接手波尔图，10 年来第一次，他经历了带队（除去西班牙超级杯）四大皆空的局面。穆里尼奥说："但是我不认为有哪个教练能够每个赛季都获得成功。对于其他人而言，这也许是个成功的赛季：联赛第二，杯赛打进决赛，欧冠打进半决赛。但是对我而言这是最糟糕的，这个赛季我失败了。"

各大报纸报道称穆里尼奥和两位"银河战舰"的球星发生了争吵：伊克尔·卡西利亚斯和塞尔吉奥·拉莫斯，分别是世界闻名的守门员和后卫。在输给巴塞罗那之后，媒体报道称拉莫斯口头上讥讽了穆里尼奥："因为你不曾做过球员，你不知道这有时候会发生的。"也有说法称当穆里尼奥在西班牙的执教时代进入尾声时，C 罗和他基本都不交流了。

相反地，伊布拉希莫维奇感觉他的主教练让他"感觉自己像一头狮子"。荷兰中场组织核心韦斯利·斯内德甚至更进一步："我随时准备为他杀人，替他去死。"当弗兰克·兰帕德的母亲在 2008 年去世之后，穆里尼奥每天都会给弟子打电话，安慰他并提供一些建议，而当时穆里尼奥已经不是他的主教练了。"他是我所合作过的最忠诚、最富有同情心的主教练，"兰帕德说，"这也许是我的偏见，因为我热爱着这个男人，但是他迅速做到了，他立即带来了成功。"

穆里尼奥则表示："我不可能让每一位球员做到更好。某些人我不可能调教成功，有些人我无法帮助他们提高。但是——如果一个一个地来研究——球员在我帐下达到他们的最佳状态和职业生涯最好时光的比例挺高的。当然，也有一些球员并不是太好沟通，因为我们彼此个性不搭，或者因为我不喜欢和他们一起工作。但是这一比例是极低的。"

穆里尼奥 2008 年曾经面试过巴塞罗那主教练的工作，但是他们最终选择了佩普·瓜迪奥拉。首先巴萨教父约翰·克鲁伊夫不喜欢穆里尼奥（实用主义）的足球风格，而其他人也觉得他太傲慢，不好相处。曼联本应该追求穆里尼奥来取代亚历克斯·弗格森爵士，但是他们却选择了争议要少很多的大卫·莫耶斯来担任长期主教练。穆里尼奥否认他在得知自己被老特拉福德回避之后哭了，他也否认自己曾经接触过这份工作。

那么，穆里尼奥认为担任足球主教练有巨大压力吗？"不，我发现生活有时候是有压力的，但不是在伦敦，而是在马德里，在意大利，并且压力挺大的。"

那有什么事情会让他夜不能寐呢？"没有。我才不会睡不着觉呢！我每天晚上能睡七八个小时。我不能将自己的工作和做心脏手术的医生相比。区别是有数百万人知道我工作的结果，而在手术台上工作的人，只有躺在那上面的病人的亲属才会了解他所做的工作。但是他身上仍会有着比我更重的责任，这也是为什么有时候我会觉得，相比起那些在造福人类事业上比我们付出更多的人，我们挣得实在是太多了。"

"什么是足球？"穆里尼奥继续说，"足球是一种情绪，仅此而已。"

他并不同意本队巴西中卫大卫·路易斯关于"没有冠军就是失败赛季"的说法。"我并不认为这是个糟糕的赛季。我认为这是个转型赛季，对于转型期而言，能够达到我们的程度已经相当不错了。如果要说自从 2010 年的国际米兰（三冠王赛季）以来我的 4 个赛季都很糟糕，我表示同意。"

穆里尼奥对于有关他最近执教战绩的批评声异常敏感，"去年，我在对阵巴塞罗那时夺得了西班牙超级杯。现在我要告诉你一些关于我执教生涯的事情。2010 年，我达到了执教生涯的巅峰，赢得了一切。在西班牙的第一个赛季，我面对世界上最出色的球队夺得了杯赛冠军，在西甲联赛中排在世界上最出色的球队后面获得亚军，在欧冠半决赛上输给了世界上最出色的球队，之后我们在面对世界上最出色的球队①时赢得了西甲冠军，创造了各种纪录。我们在欧冠半决赛中输了（对阵拜仁慕尼黑），两个世界上最优秀的点球手却罚失了点球（指 C 罗和卡卡）。下一个赛季，我们在所有重大比赛中击败了巴塞罗那，我们只是以一球劣势输掉了欧冠半决赛。我连续第四个赛季带队进入了欧冠半决赛，我们为冠军战斗到了最后一刻，因此这算是我执教生涯 4 个糟糕的赛季？我出问题就出在做到了其他人没能做到的事情。因此达到了一种如果你联赛拿到第二、杯赛打进半决赛就不够好的境界。所以如果你说出问题了，那问题就出在不该每年都和人家不一样，不该进入一个拿第二、输掉半决赛就不好的境界。因此如果说我有罪的话，我会为这样的罪行而骄傲。本赛季是我们为联赛冠军和欧冠之战所迈出的重要一大步。非常好的一步。我们为下赛季需要的改进做好了准备，我们需要这样做。如此多的球队需要很多年来打造。我们处在转型期之中，但是如果说这支球队理应在下赛季开始时获得赖以成功的基础，这并非断章取义。"

穆里尼奥认为，针对他的各种批评的根源，是他面对着与其他主教练不同的衡量标准，"我因为（受到更高标准的判断）这一原因而有罪，但是我很骄傲有这种罪恶感。"

他补充道："这是我们输球之后这些天里我最高兴的一天，因为我有问题……更因为我没有问题。"

错过穆里尼奥的那些年：
第一座欧冠荣誉

曾经有一段时间，切尔西有过"小穆里尼奥"——从 2004 年夏天到 2007 年 9 月穆里尼奥执教切尔西时担任球探、负责考察对手球队的安德烈·维拉

---

① 穆里尼奥在形容巴塞罗那时连用了 4 次"世界上最出色的球队"。

斯－博阿斯（简称 AVB），在时隔不到 4 年之后回归了切尔西。

他也是第一位在切尔西将侦察对手作为一份专门、全职工作的幕僚，并开创性地利用了最新的电脑和视频技术来了解对方教练团队和球员的基本情况。博阿斯的工作在切尔西拿到背靠背的英超冠军和联赛杯胜利之中发挥了重要作用。他后来也追随穆里尼奥去了国际米兰，体验了更多的荣誉和成功。

在执教葡萄牙的科因布拉大学队一年之后，博阿斯加盟了波尔图，带队的第一个赛季就夺得了葡萄牙超级杯，葡超和葡萄牙杯国内双冠，还有欧联杯冠军——在都柏林的决赛中，波尔图以 1：0 击败了另一支葡萄牙球队布拉加。仅仅 33 岁 213 天的他，成为了历史上夺得欧战冠军的最年轻主教练。他也打破了穆里尼奥时代留下的波尔图主场战绩纪录，在赛季初各项赛事中保持不败。

重返斯坦福桥的安德烈·博阿斯是一位异常自信的年轻主帅，他概括性地将自己的执教简化为完善"计划"，还经常用"转型"来指代这个"计划"，但是这不可避免地将导致团队内部的个性冲突，这个团队仍然由一些对穆里尼奥相当忠诚的资深球员们掌控。

人们对于博阿斯的改革能否改变西班牙射手费尔南多·托雷斯的状态表示担忧。博阿斯被招募来，正是为了将他们历史上最昂贵、表现最名不副实的球星的能量激发出来：这位身价 5000 万英镑的中锋在门前失去了他的自信，而且几乎没有任何改善的迹象。

阿布拉莫维奇同意保持耐心，但是他没有做到。尽管博阿斯暗示即便他第一个赛季两手空空，帅位也不应该受到威胁。切尔西老板阿布从来不以有耐心著称，幕后的嫌隙渐渐被展现出来；内讧总是不可避免地被泄露给媒体，也毁掉了赛季初建立起的对博阿斯的信心。更糟糕的是对错失欧冠联赛席位的恐惧，因为切尔西注定无法以前四结束赛季。

博阿斯不可避免地被提前解雇，这也给了助理教练罗伯托·迪马特奥机会，让他临时代管帅位，带领切尔西创造几乎不可能的欧冠胜利。

切尔西解雇他们 8 年来第 8 位主教练的决定，正值他们在欧冠联赛 1/8 决赛中被淘汰的边缘——这很明显是博阿斯切尔西短暂执教生涯的决定性时刻。时间点正好在他们联赛 0：1 输给西布朗之后，这让他们通过联赛晋级欧冠的机会命悬一线，他们最近 12 场比赛只取胜了 3 场。阿布拉莫维奇必须尽快决断以挽救一个迅速崩溃的赛季。迪马特奥成为救火教练，被赋予了执教到赛季结束的临时合同。其实迪马特奥并非博阿斯自己选择的助理教练，他出自阿布拉莫维奇的阵营，是老板的助手和顾问们的选择。让迪马特奥临时救火是个合适的决定，他曾经有过带领西布朗踢英超的经验，后来在山楂球场被解雇。

博阿斯时代只持续了 257 天，无疑是切尔西历史上最大的执教失败者。特别是考虑到成本付出，还有最终成绩。博阿斯签下了一份三年合同，由于博阿斯与波尔图俱乐部的合同未到期，阿布为他付给了波尔图 1330 万英镑的违约金作为赔偿，并为解雇卡尔洛·安切洛蒂和他的教练团队支付了 1000 万英镑的解约金。

博阿斯的三年合同只进行了 36 周，他的周薪高达 9 万英镑，只执教了 40 场比赛就拿到了 350 万英镑，外加被解雇时的 1100 万英镑分手费。而切尔西已经花了总价 4500 万英镑引进了西班牙中场奥里奥尔·罗梅乌、比利时前锋罗梅卢·卢卡库和西班牙中场胡安·马塔。博阿斯执教的第一个完整月份战绩并不糟糕，一度赢得了四连胜，但是最后一场做客 1 : 3 输给了曼联。从 10 月到 11 月，切尔西在 9 场比赛中只赢了 2 场——其中还包括主场 3 : 5 不敌阿森纳。从 1 月到 3 月，切尔西自从 1 月 28 日击败女王公园巡游者起 7 场比赛只赢了 1 场。俱乐部的官网声明表示："不幸的是，球队的表现和比赛结果不够出色，在赛季的关键时刻也没能够展现出改善的迹象。切尔西俱乐部仍然在欧洲冠军联赛和足总杯参与淘汰赛阶段的竞争，还在英超之中争夺前四位置，我们希望在全部战线上继续竞争到底。考虑到这些，我们感觉到唯一的选择是在此时此刻做出改变。"

博阿斯和队内资深球员的工作关系很难维系，不少人只比他年轻几岁。阿内尔卡，32 岁，而经验丰富的后卫阿莱士被打入冷宫，之后被卖掉；副队长兰帕德也被排除在球队之外。博阿斯的人员管理艺术很成问题。

解雇博阿斯的时机很不同寻常，正好是在切尔西面临足总杯和欧冠 2 场至关重要而且很难应付的比赛之时：足总杯第五轮重赛中做客英冠球队伯明翰，之后是看起来不可能完成的任务，在斯坦福桥的欧冠联赛 16 强战次回合逆转首回合客场 1 : 3 不敌那不勒斯的劣势。很少有人——如果真有的话——会认为他们还有戏。

雷·威尔金斯①觉得穆里尼奥仍然是最适合执教球队的，他应该回来："我会说是穆里尼奥，因为我认为穆里尼奥会离开皇家马德里。我认为他将轻易地夺得西甲冠军，他会认为他在那里的工作完成了。他仍在欧冠联赛之中，他仍然有机会赢得奖杯。他在那里拥有一套出色的阵容，但是我认为他会离开。他对我而言，将是完美人选。"

切尔西俱乐部已经调查了一批拥有丰富经验的主教练，但是要接受一份临时合同，事实上是到赛季末的试用合同，这很难让像拉法·贝尼特斯这样的教练满意。因此，迪马特奥——作为球员 1996 年到 2002 年之间为切尔西效力，帮助球队夺得过两座足总杯，在 1997 年对米德尔斯堡的足总杯决赛中开场 42 秒就攻入 1 球（也是在老温布利球场举行的足总杯决赛中的最快进球）——被授予了临时主教练的岗位。在斯坦福桥期间他也帮助球队夺得过联赛杯、欧洲联盟杯、欧洲超级杯和慈善盾。

他的教练生涯 2008 年开始于米尔顿凯恩斯，执教第一个赛季便带领他们打进了英甲升级附加赛，在半决赛的点球大战中输给了斯肯索普。带西布朗之后，头一个赛季他就帮助球队以英冠亚军身份升级，仅次于纽卡斯尔，但是他的球队在英超第一场比赛就遭到 6∶0 痛扁——巧合的是做客输给了切尔西——2011 年 2 月他被解雇。4 个月之后，迪马特奥②成为了博阿斯的助理教练，讽刺的是，切尔西输给意大利人的前东家之后，博阿斯下课。

前切尔西球星埃迪·纽顿加入了迪马特奥的教练团队直到赛季结束。罗伊·霍奇森是博阿斯的最后一个对手，那场令人震惊的胜利将西布朗主教练推向了英格兰队主教练的帅位，也将博阿斯推向了切尔西的大门出口——这便是

---

① 雷·威尔金斯，切尔西名宿，在 20 世纪 80 年代是英格兰的中场领军人物，曾效力切尔西、曼联及 AC 米兰。2008 年 9 月 18 日重返切尔西担任主教练斯科拉里的助手。2009 年 2 月 9 日斯科拉里被解雇后，威尔金斯担任了看守主教练，此后担任主教练胡斯·希丁克的助手。2010 年 11 月 11 日被切尔西解雇，原因没有公布。

② 球员时代的迪马特奥在斯坦福桥有过光辉的历史，对于切尔西更衣室的文化十分熟悉。担任切尔西救火教练期间，他令人惊讶的战绩，场边从容淡定的表情、稳如泰山的指挥，发布会上拿捏得当的言论，调教安抚更衣室各大佬们的精妙手腕，加上光头形象慈眉善目，让他被中国球迷冠以"佛帅"的雅号。

顶级联赛执教的起起伏伏。

伊恩·赖特① 怀疑热门人选佩普·瓜迪奥拉是否愿意接受切尔西这份扭转乾坤的复杂任务。他认为："阿布拉莫维奇此刻为主教练付出的赔偿金，甚至要比购买球员的转会费更高。这种现实令人尴尬。他解雇教练的方式以及他过去处理教练——出色教练的方式令人尴尬。如今，人们一直在谈论佩普·瓜迪奥拉，也许何塞·穆里尼奥会回来，但是佩普·瓜迪奥拉怎么会想离开巴塞罗那，不论他们准备付给他多少钱？他已经说过如果要离开巴塞罗那他想要休息一下，他为什么会接受切尔西的工作？怎么会有人希望接受有这样一位老板的切尔西主帅位置？"

穆里尼奥出现在伦敦买房，引起了人们对于他回归英超的猜测，但是穆里尼奥在一年的那一阶段总是和很多俱乐部有绯闻。穆里尼奥有充分理由留在马德里，尽管伊恩·赖特相信他有可能回归："我对于穆里尼奥不太确定。人们会说他为什么回来啊，他和阿布拉莫维奇关系不好之类的。我认为他们关系没那么差，最初分手是罗曼的大错误。你就是无法知道，在足坛你无法知道（事情会怎么变化）。我永远不会猜到他们起初会让一位 33 岁的主教练来执教切尔西。阿布拉莫维奇是老板，他做了他想做的，之后他又做了他希望做的事情。"

迪马特奥在人们最意想不到的时候贡献了最不可思议的执教功勋。切尔西成为历史上第 45 支欧洲冠军联赛淘汰赛首回合输掉 2 球或者更多球的球队中，最终成功晋级的第 4 支球队，2012 年 3 月 14 日，蓝军主场通过加时赛 4：1 取胜，最终以两回合总比分 5：4 晋级。切尔西加入了 1957 年的曼联和 1992 年的利兹联的行列，成为仅有的三支欧战之中首回合净负 2 球或者以上还能够翻盘的英格兰球队之一。

切尔西随后淘汰了本菲卡，打进了对阵巴塞罗那的半决赛，也让人回想起了他们在 2009 年欧冠之中被瓜迪奥拉的球队淘汰是多么不走运，当时挪威主裁判汤姆·奥夫雷伯的一系列争议判罚引发了切尔西的极大抗议。这次半决赛两回合比赛，是两队自从 2000 年在诺坎普的戏剧性比赛相遇以来的第九次和

---

① 伊恩·赖特，阿森纳传奇射手，近年转型为一位艺人，活跃于电视和电台节目，也为一些报章撰写足球专栏。

第十次交锋——巴萨与切尔西这一系列的对话也充满着事件与争议：瑞典主裁判弗里斯克在穆里尼奥表示看到他在半场时和巴塞罗那主教练弗兰克·里杰卡尔德聊天（弗里斯克否认了这一指控）后受到切尔西球迷的死亡威胁，提前宣布退出足坛；穆里尼奥指责梅西利用夸张的表演导致自己的后卫阿谢尔·德尔奥尔诺被红牌罚下（"我从不演戏。"当时 18 岁的阿根廷人做出回应，否认了这一指控），切尔西有 3 次明显的点球机会没有得到判罚。2000 年当巴萨主场击败切尔西的那一晚，迪马特奥当时的转会费 490 万英镑还是俱乐部的纪录，卡莱斯·普约尔和哈维·埃尔南德斯都是年轻球员。而接下来一年，时年 30 岁的瓜迪奥拉离开了俱乐部。尽管里杰卡尔德取得了巨大成功，但直到瓜迪奥拉回来执教之后，他们才不仅将自己变成了世界上最出色的球队，也改变了足坛的风格。

随着瓜迪奥拉任由合同续约一事搁置，也不断被传说将执教切尔西，迪马特奥需要为了他在俱乐部的未来而执教，但是众所周知老板阿布拉莫维奇心仪的是一位鼎鼎大名、经验丰富的主教练。3 年之前，切尔西在赛季中途解雇了费利佩·斯科拉里，胡斯·希丁克临时救火帮助球队重燃斗志。他们击败了尤文图斯和利物浦，在半决赛中遭遇巴塞罗那。通过两回合的比赛，他们压制了巴塞罗那，首先做客诺坎普战成 0：0，回到斯坦福桥他们 1：0 领先，直到安德烈斯·伊涅斯塔最后一刻攻入扳平进球，一系列糟糕的裁判判罚阻止了希丁克的球队赢得那一晚的较量。

德罗巴决心夺取欧战最高荣誉，因为这也将是他在蓝军的最后一个赛季。他在斯坦福桥凭借着对巴塞罗那的 1：0 胜利中的制胜一球，回答了那些批评他已过巅峰的人们。34 岁的魔兽抓住了球队唯一一次射正球门的机会。几乎没有人认为，他们能够在回程的比赛中抵挡住主队巴萨潮水般的进攻。

切尔西当时在英超之中排名第 6 位，他们通过联赛晋级欧冠的希望越来越渺茫，而他们唯一有可能拿到下赛季欧冠参赛资格的机会将是夺得欧冠联赛冠军，尽管他们必须首先干掉巴塞罗那，之后还需要击败皇马或者拜仁慕尼黑。

切尔西演绎了欧战足球史上最著名的胜利大逃亡之一，在诺次普的戏剧性夜晚中，他们居然逃过特里开场不久被红牌罚下这一劫，最终晋级决赛。抵挡住巴萨从头至尾的猛攻，梅西还射失了 1 粒点球之后，托雷斯替补登场在伤停补时阶段攻入了锁定胜局的一球，也以最引人注目的方式为他们 2009 年的失利复仇了。特里的轻率让他错过了慕尼黑的决赛。中场劳尔·梅雷莱斯、拉米雷斯和右后卫布拉尼斯拉夫·伊万诺维奇都因为累积黄牌停赛。切赫将这场的表现评为他在切尔西期间最伟大的表现，"我不知道你在足球史上是否能够找到这样的情况，一支球队 0：2 落后，面对着世界上最出色的球队不仅失去了两名主力中后卫，还少一人，但是仍然能够自信地比赛。"

接下来终究不会有与"特殊的一个"的迷人决赛，穆里尼奥很自然地支持他的"切尔西英雄们"，因为在半决赛第二回合，他的皇马在点球大战中被拜仁慕尼黑淘汰，这也阻止了他与老东家决赛重逢。之后，皇马主教练还反驳对于切尔西战术的批评，告诉那些批评家：你们什么都不懂。

两队两回合打成 3：3 之后的点球大战之中，C 罗和卡卡的点球被扑救，拉莫斯的点球高出横梁，皇马以 1：3 败下阵来。穆里尼奥和往常一样继续捍卫他的弟子们，放大了"令人难以忍受"的压力，表扬球员们拥有踏上点球点的"血性"。至于人们对切尔西打巴塞罗那一战的保守战术提出质疑，穆帅也以同样的方式为前队员们辩护："约翰（特里）缺阵，但是切尔西不会倒下，这是最重要的事情。我希望这成为一场出色的决赛，当然，我希望蓝军赢得胜利，即便我对红色的球队有着极大敬意。但是我连肋骨都是蓝色的。国际米兰和切尔西对我而言意味着很多。我认为切尔西的孩子们都是英雄，绝对的英雄。有些人自以为是对比赛了如指掌的大师，他们批评切尔西的风格就跟他们两年前批评国际米兰一样，但是他们什么都不懂。一无所知。他们对性格和个性一无所知。他们对 10 人应战时的努力，或者身体、情绪和技术等各个层面的对抗也一无所知。他们也不懂组织。他们什么都不知道。这也是为什么那些切尔西的英雄一直在我心中，为什么切尔西配得上杀进决赛。足球最伟大的特征之一便是不可预测性。切尔西拥有梦幻的球迷，拜仁慕尼黑也是，因此我希望他们能够享受决赛。我希望切尔西取胜。"

拜仁主教练尤普·海因克斯对切尔西打进了决赛十分惊讶，但是称赞了他们在对阵巴萨时的"战术杰作"。他坚持表示切尔西累积的决赛 4 人停赛对于本队并不算优势，他特别指出拜仁同样有关键球员缺阵：左后卫大卫·阿拉巴、中后卫霍尔格·巴德施图贝尔和后腰路易斯·古斯塔沃。"很遗憾最优秀的球员却无缘决赛。"海因克斯说，"切尔西和拜仁慕尼黑都一样。我们必须重新考虑规则。我们已经失去了 3 名球员，他们在本赛季欧冠之中发挥着惊人的作用。我不认为我们相比对手有什么优势。我很惊讶切尔西能够打进决赛，但是最近几周里切尔西给人印象深刻。他们是一支拥有着许多美妙职业球员的球队，如果他们打进决赛那是因为他们配得上。我认为巴塞罗那遭受了极度疲劳的折磨，他们已经筋疲力尽了。切尔西之所以采用这一策略，是因为他们很清楚不能和巴萨打对攻战，我们必须祝贺他们。这是战术的杰作。"

穆里尼奥正式宣布他希望留在伯纳乌，也结束了媒体对他将重返英超的猜测。他被赋予了超过皇马历史上任何历任主教练的权力，但是他也明确表示自己需要更多改变。当被问及是否是失败令他选择留下再战、争取夺得下一年的冠军时，穆里尼奥回答道："完全正确。"他补充说："如果说我的头脑里有什么念头，那便是和这些（球员们）一起尝试去赢得荣誉。上赛季夺得杯赛非常重要，如果我们今年能够赢得联赛将会同样重要。两次打入（欧冠联赛）半决赛并不糟糕，但是我们想要的更多。我的感觉是，我们作为一支球队仍然有能力获得成长，俱乐部也能够成长。俱乐部必须适应时代的变革，改变心态。在 20 世纪 80 年代很拉风的轿车，到了 20 世纪 90 年代或者 2ˉ 世纪就不那么流行了。如果俱乐部认为我仍然能够带来一些东西——我认为他们是这么想的——如果球员们也这么认为的话——我认为他们也是这么想的；我感觉默契感正在提升——我会继续努力。"

当瓜迪奥拉宣布离开巴萨的决定之后，切尔西希望说服他推迟暂时离开足坛的休息期。阿布拉莫维奇期待着自己的球队能够花些时间复制巴塞罗那的足球风格与青训培养体系。他和巴塞罗那的前足球总监特希基·贝吉里斯坦会面，希望他能够接手斯坦福桥的类似角色，但是遭到了对方拒绝。瓜迪奥拉甚至拒绝了和阿布拉莫维奇进行类似的会面。这位自 2008 年入主诺坎普以来夺得了 16 座冠军荣誉中的 13 座的主教练，将被他的助理教练蒂托·比拉诺瓦所取代。瓜迪奥拉的决定是在他们周中欧冠输给切尔西、周末联赛输给皇马之后所做出的。尽管他在发布会上表示自己将先休假一段时间，但是媒体还是猜测阿布拉莫维奇将会给他开出无法拒绝的报价。

曾经效力过拜仁和切尔西的德国中场米夏埃尔·巴拉克相信拜仁拥有"情

感上的优势"，因为这次决赛将在德国球队的主场安联球场举行。而巴拉克是 2006 年夏天从拜仁转会切尔西的，他认为拜仁所具有的主场优势将是伦敦球队很难逾越的障碍。"我认为巴塞罗那应该是唯一有能力在海外打决赛并且夺冠的球队。当你在主场踢决赛的时候，这无疑是巨大的优势，因为巨大的情感因素将发挥作用。这将是切尔西无法弥补的情感优势。"巴拉克坚持说，尽管他表示自己是完全中立的态度，他补充道："我会为双方祈祷好运。"

在切尔西击败利物浦的足总杯决赛之中，德罗巴成为了第一位在四届足总杯决赛中进球的球员。特里成为了现代足球中第一位捧起四届足总杯冠军的队长。阿什利·科尔不可思议地摘得个人第七枚足总杯金牌①。尽管他们在赛季最后一轮联赛中击败了已经降级的布莱克本，但是切尔西最终只获得英超第六名，因此他们只能够通过欧冠决赛击败拜仁才能入围下赛季欧冠。同样地，拜仁也面临着夺得球队第五座欧冠冠军的压力，他们已经在联赛争夺中输给了多特蒙德，而在德国杯决赛中也以 2:5 不敌德甲冠军。

拜仁之前在欧冠决赛中曾经不敌穆里尼奥的国际米兰，如今他们成为了历史上第一支在自己的主场进行欧冠决赛的球队，这也是拜仁该赛季的最后一个夺冠机会。拜仁队长菲利普·拉姆相信，俱乐部自从路易斯·范加尔的球队输给穆里尼奥的国际米兰之后取得了长足进步，而在主场作战将是关键，"我们相信我们这一次更有可能夺得冠军。我们比两年前经验更加丰富，而尤普·海因克斯帮助我们在进攻和防守方式的结合上把握得更好了。所有这些都会带来巨大优势，因此所有来到这里，来到我们的地盘想赢我们的球队都会这么想。很自然地，如果我们输了那肯定很糟糕。"

荷兰边锋阿尔扬·罗本很享受在穆里尼奥手下的三年斯坦福桥时光，他参与了英超连庄、两座联赛杯和一座足总杯的夺冠历程。他和达米安·达夫、乔·科尔在边路令人眼花缭乱的组合，让那支切尔西成为穆里尼奥带过的最令人激动的防守反击球队。他在切尔西的最后一次出场是 2007 年足总杯决赛，

---

① 阿什利·科尔代表阿森纳夺得 3 个足总杯，2001—2002 赛季、2002—2003 赛季、2004—2005 赛季；代表切尔西 4 次夺冠，2006—2007 赛季、2008—2009 赛季、2009—2010 赛季、2011—2012 赛季。

他替补上阵，最终却不得不被替换下场。

罗本谈到效力切尔西和 2007 年夏天以 2400 万英镑转会伯纳乌时说："总体来看，我在那里有过美妙的时光，特别是在第一个赛季，我成为了 50 年来第一次夺得英格兰顶级联赛的球队中的一员。能够在那里效力很棒，在我健康的时候我发挥了自己的作用，展现了我在球场上所能够做到的一切。当然，我本来希望能够奉献更多，但是因为伤病我无法一直这么做。他们自那之后彻底改变了踢球的方式，但当我在那里时我们踢得很有观赏性，拥有两名边锋和攻势足球。也许从战术而言，他们现在踢得更加保守一些。他们仍然能够踢出漂亮的足球，但并不总是像你所看到的阿森纳或者曼联那样最富有技术性的足球风格。对于他们的大批球员来说，这将是他们最后一次夺得欧冠联赛冠军的机会。人们说，他们的球队并未进化过，那也许是一个失败，但这也可能是一种优势。他们的不少球员在俱乐部待了很长时间，这可以令他们非常强大。他们的球队拥有丰富的经验和很多领袖，即便最大的领袖（约翰·特里）无缘决赛也没有太大问题。我们知道他们能够制造怎样的威胁，他们在这项赛事之中曾经几乎夺得冠军，而且夺冠仍然是阿布拉莫维奇先生的重要目标。他们 4 年前打进过欧冠决赛，对阵曼联，而我在那里的时候，我们和利物浦踢过两场半决赛（但被淘汰）。但最重要的是赢得冠军。如果你希望进入史册，你必须赢得冠军。而我们如今是 3 年内第二次打进决赛，对我们而言，轮到我们夺冠了。"

当迪马特奥领着他的球员们，爬上了看上去永无止境的台阶到达看台上高高的颁奖台时，他拥抱了被他称为"老板"的男人，"我赢了，"迪马特奥对他的老板罗曼·阿布拉莫维奇说的话清晰可闻。这是意大利主教练第十次夺得欧洲冠军杯；他也是第一位带领一家国外俱乐部做到这一成就的意大利教练。对于切尔西而言，这是他们历史上第一次捧得欧洲冠军杯——也成为第一支夺得该荣誉的伦敦俱乐部，第二支同一个赛季夺得足总杯和欧洲冠军杯的球队，之前一支是 1998—1999 赛季夺得英超、足总杯和欧冠三冠王的曼联。

4 年之前，当特里在点球点上滑倒将点球踢中门柱外侧，切尔西输掉了点球大战，有谁知道当时的主教练阿夫拉姆·格兰特会发生什么，当曼联夺得国内冠军的时候他就被认为注定将被扫地出门。看上去切尔西将再次输掉点球大战，他们一开始就两球落后。胡安·马塔罚丢了第一个点球。德国人在点球大战之中 2：0 领先，比赛确定结束了吗？但是路易斯、兰帕德和阿什利·科尔都成功地将球打进。拉姆、马里奥·戈麦斯和守门员曼努埃尔·诺伊尔都将球打进。罗本在常规时间内将点球射失后无法参加点球大战，将点球权交给了他的门将，后者虽然射门很轻却依然打进了大门。切赫每次防守点球都猜对了方向；距离他扑出第一粒点球只是时间问题。当切赫封出伊维察·奥利奇的点球，施魏因斯泰格的点球射中了立柱之后，轮到了属于德罗巴的决定性时刻。

德罗巴让自己冷静下来，之后助跑了三大步将点球完美地射进了门柱内侧。切尔西球员们、工作人员和球迷们立即进入了兴高采烈的庆祝。德罗巴开始在球场上疯狂飞奔，将球衣撩过了自己的头顶，最终将它脱下来狠狠地甩到了球场上。他代表切尔西所参加的 9 次杯赛决赛，场场进球！

回到更衣室里，德罗巴对着奖杯说话，他肩膀上搭着科特迪瓦的国旗，突然跳到了更衣室中心位置的一个桌子上，说道："你为什么要躲着我们这么久？既和我们调情，又对我们若即若离。"他谈到了 "2009 年的巴塞罗那"，之前的 "莫斯科决赛"，最终集中说起了那一晚的戏剧性事件，说起了那件事是怎样发生的。几乎没有其他球员去打断他，但是当他们这么做的时候，他们向老板阿布拉莫维奇表达了一个明确的信号，他们希望德罗巴留下：他们向着德罗巴歌唱，也向着阿布拉莫维奇和切尔西董事会歌唱。

"这就像是他在对着奖杯祈祷，"切尔西主席布鲁斯·巴克说，"这就像是一种宗教体验。他谈到了巴塞罗那——不是今年的巴塞罗那，而是上一次——还有莫斯科决赛。真的挺有意思的。"

阿布拉莫维奇做了演讲，让董事尤金·特南鲍姆担任翻译，"罗曼在更衣室里做了一次感谢大家的演讲，"巴克说，"他所表达的信息便是一切都归功于小伙子们，他们做到了。我们刚结束一个艰难的赛季，起起伏伏，但是他们抓住了机会，配得上一切赞誉。他们的确配得上。当安德烈（博阿斯）离开的时候球队处境艰难，因为安德烈是个很不错的家伙。我猜我们只是感觉到这是我们必须完成的事情，当然，我们最终获得了正确的结果。在那场比赛之后更衣室的氛围令人难以置信，大家之间的友情（难以置信）；他们坐在那里聊了很久很久。直到差不多凌晨 3 点才回到了酒店。"

当阿布拉莫维奇给他的欧洲冠军得主致辞的时候，他明确表示对切尔西俱乐部而言"这只是一个开始"。

德罗巴在切尔西俱乐部的敞篷大巴花车游行时通知了队友们自己的决定。他艰难地将那些话说出口，不禁泪流满面。在切尔西待了 8 年时间，出场 341 场攻入 157 粒进球，夺得 10 座冠军奖杯，包括在欧冠联赛的常规时间最后时刻扳平比分，并在最终点球大战中绝杀对手，现在他在这家俱乐部的时间走到了尽头。

穆里尼奥 2004 年 7 月以 2400 万英镑将他从马赛签下。德罗巴说："我、弗兰克（兰帕德）、约翰·特里——我们都是新时代的一部分，我们创造了一种身份。如今，不论你去到世界上哪个地方，所有人都身穿切尔西球衣。能够身着蓝色球衣并且赢得我们在这里所赢得的一切冠军，是一种快乐也是一种荣誉。对我而言最好的就是在欧冠决赛中以高潮收场。就像我们在法语中所说的，（这是）精华中的精华。"

德罗巴和穆里尼奥的关系并不仅限于共同服役切尔西期间，而是一直持续着，"所有人都知道他是给予我力量，教会我很多的人。作为一个人，一位教练，我都从他身上学到了许多。他教会了我赢家的态度，以及这种对创造历史的渴望。他创造了这些，如今这已经成为了我们的 DNA。如果能够为他赢得欧冠冠军会很美妙，但当时我们尝试了很多次（却没有做到）。就像我在赛后说过的，这座奖杯献给所有为这项荣誉付出过的主教练。"

"粉碎机"罗恩·哈里斯[1]告诉我："我生命的大部分时间都是在切尔西度过的，有超过 20 年作为职业球员效力于此，我们赢得第一次欧战冠军是击败那一代最伟大的俱乐部——皇家马德里，我必须说，赢得欧冠联赛是终极大奖——因此，我必须说这是俱乐部历史上最伟大的成就。不论我们多么热衷于怀旧，回顾过去的球队认为这支或者那支切尔西队才是最优秀的球队，我们都需要更全面地考虑问题。当我在切尔西的时候，我们夺得联赛杯、足总杯，蛋

---

① 罗恩·哈里斯是前英格兰球员，切尔西最优秀的队长之一。司职右后卫，在他的带领下，切尔西 1971 年击败皇家马德里捧起了欧洲优胜者杯，并创造了 20 世纪 70 年代的辉煌。1961—1980 年间一共代表切尔西出场 795 场，是球队历史上出场最多的球员。他强硬的拦截球风也为他赢得了"Chopper"（粉碎机）的绰号。如今担任足球评论员。

糕上的糖霜是在一项欧洲重要赛事欧洲优胜者杯的重赛上击败了皇家马德里。皇马是那时候最强大的球队，因此能够在决赛中击败他们是不错的成绩。但是我们第一次赢得欧洲冠军杯：这才是最终的荣誉。没有什么能够和欧洲冠军杯相提并论，这就是俱乐部最伟大的成就。

"我知道很多人会说切尔西运气太好，当然，他们运气不错，不仅仅是在决赛如此，但是在多年之后当我们回头看慕尼黑决赛，人们会说：'拜仁1：1切尔西，切尔西点球大战获胜。'没有人会老是惦记着他们是走运还是不走运。球员们的身体语言告诉你，他们在前任主教练手下过得并不开心。就算是个盲人也能够告诉你球员们看上去不太开心。某些事情正在发生，当时很多人在讨论究竟什么地方出了问题。我在斯坦福桥的接待室工作，你可以听到不少——当然，我只听不说——有大量的谣言，不少故事，但是你可以了解到太多重要球员不高兴。罗伯托·迪马特奥改变了这一切，当他接手的时候，很多球员发现自己满血复活了。他们在他手下表现出了前所未有的水准，因此这绝非巧合。你可以在更衣室里看到，你必须拥有和谐，你需要将所有人团结到一起。

"迪马特奥将所有人聚到了一起，你可以从欧冠联赛第一场比赛他接手对阵那不勒斯开始看到，就是从那时开始，球员们为他而战。当一辆车熄火了，所有的11个人一起去推它肯定更容易一些；如果只有半数的人在车后面推，就另当别论了。老实说，迪马特奥令这支已经看上去非常平庸的球队发生了改变。他们最终落后英超冠军20分，从这一点也可以看出，这支曾经总是为英超冠军而战的球队现状有多么糟糕，更糟糕的是他们的排名，有可能被排除在前四之外。联赛排名如此之低，如果不能夺得欧冠冠军，他们甚至有可能无法入围下赛季欧冠联赛。这是自从罗曼·阿布拉莫维奇从肯·贝茨手中接手切尔西，并将俱乐部带向更高的成功境界以来闻所未闻的，（阿布接手以来）他们在为冠军而战，决心赢得最重要的奖杯，欧冠联赛。

"当切尔西打进欧冠联赛之后，主席布鲁斯·巴克和我打了招呼，然后我从俱乐部首席执行官罗恩·古尔利那儿接到一个电话，邀请我去带领球队领取最终冠军或者输家的奖牌，如果他们赢了，就还有欧冠奖杯。彼得·凯尼恩在莫斯科也这么做过，但他们很明显需要一位真正的足球人，他们找到了在俱乐部待了这么久的我。但是我没办法去，因为每年这个时候我都要参加爱尔兰的一个晚宴，当我做出承诺，我不会让人失望，不论我多么想参加，因此我回绝了飞往慕尼黑带领大家领取奖牌的邀请。那将是多么大的荣誉啊！在他们夺得奖杯之后，我给罗恩·古尔利发了一条短信，问他他们是否会让我下赛季去带领球队领取奖杯和奖牌！"

对于阿布拉莫维奇而言，欧冠联赛是圣杯：猛砸了 10 亿英镑，8 年换了 8 任教练，在莫斯科的雨夜中点球大战输给曼联——终于，在经历了所有的失望之后，阿布拉莫维奇摸到了他期待已久的奖杯，令他魂牵梦萦的荣誉，用俄罗斯巨富 160 亿英镑的财富可能都无法买来的荣誉，不论他花了多少钱购买球员——即便是 5000 万浪掷于托雷斯身上。

在所有球员都将他们的手触碰上珍贵的大耳朵杯之后，德罗巴在颁奖仪式上最后一个捧起了奖杯，随后他就将奖杯直接交给了一位身穿羊毛衫的不速之客：詹弗兰科·佐拉。

德罗巴和佐拉不相上下，都是西伦敦俱乐部最受球迷欢迎的球员。佐拉在球场下魅力十足，在球场上令人眼花缭乱，但是即便在他的黄金时代，他也并不具有一位中锋的强悍进球效率。德罗巴已在自己的生涯末期，他忍受着挥之不去的疟疾的影响，找到了状态和体能，召集所有的老伙计向欧冠发起疯狂冲击。在慕尼黑时间当晚 11 点 29 分，德罗巴以最冷静的方式罚入了决赛的制胜点球夺得了冠军，这也将是他在切尔西的最后一脚射门。德罗巴的生涯之中有过最凄凉的回忆——在当年欧冠决赛对阵曼联时他被红牌罚下，无缘最终的点球大战。他本应该是那个主罚点球的人，而不是滑倒在湿透的草皮上，将皮球射中门柱外缘的特里。

但是德罗巴仍然将被斯坦福桥的人们永远深情地回忆，因为那个英格兰球队点球击败了德国球队的夜晚。

快乐的一个

何塞·穆里尼奥形容自己回归斯坦福桥对他个人是个"伟大的时刻"，此时距离他第一次在切尔西正式亮相过去了将近 10 年。穆里尼奥 2004 年第一次执教切尔西时立即带来了"特殊的一个"的影响力，2005 年和 2006 年夺得背靠背的英超冠军。

他意识到了他的回归不太可能制造媲美当年的成功，这也许会毁掉人们对他最初成就的印象。"当我决定回来的时候，面临着某种让事情搞砸的风险，但是我并不害怕。我相信自己，我认为我可以再次做到。我并不害怕丢掉我的工作，当你不害怕的时候，你也不会感觉到任何压力。你不会太担心，你可以以完全不同的方式表达自己。在我看来，这会让你变得更出色。"

他在赛季开始之后给人的印象是他已经改变了：随着年纪增长，他更睿智了，球队将更少踢出"性感足球"，但是他的动力依然——动力就是对于更多成功的渴望。41岁第一次出现在西伦敦时，他显得温文儒雅，头发乌黑没有一点灰色。他面对英国媒体的处子秀也制造了永远伴随着他的名句："我可不是突然从瓶子里跳出来的人①——我是特殊的一个。"

当他刚来的时候，曼城球迷传播了一条谣言，说他那件独特的灰色大衣是英国服装品牌马塔兰制造。但其实是阿玛尼的。他第一次执教切尔西时荣誉等身，即便是他没能帮助球队拿到真正的无价之宝——欧冠联赛：那座奖杯似乎一直回避着罗曼·阿布拉莫维奇，讽刺的是，在穆里尼奥不在的时候它却落入了阿布囊中。

如今，他回来了，已经步入知天命之年，头发全灰了。英超半数以上的教练比他年轻，穆里尼奥不再是时尚偶像。"我穿衣是为了感觉良好，而不是看上去很美。有时候我可以穿一件运动服，其他时候我需要一条领带和一件夹克衫，这取决于环境，但是我永远不会操心自己是否时髦，或者看上去很好之类的。自己感觉好就可以了。"

不过，自封的"特殊的一个"仍然保持着对潮流和时代的引领。他的公寓在相当时尚的伊顿广场。他喜欢车，也拥有不少，他还将自己的名字借给了1辆新型的穆里尼奥超级跑车，全球限量11辆。

媒体热切期待着给这位主教练的回归贴上一个新的标签，这位能够创造100万头条标题的男人没有令人失望，自我标榜为"快乐的一个"。

媒体接受他这一自我标榜时，心中普遍带有高度的怀疑：穆里尼奥心中的

---

① 此处化用《天方夜谭》阿拉丁神灯典故，指从神灯中出来的精灵。

"满足"，从未远离自负、愤怒、喜怒无常和争议。他没有让人失望。告别马德里时代的动荡之后，他在西伦敦找到了平静，然而这平静并没有维持太久。不过相对而言，伦敦的生活容易了许多。穆里尼奥回到了崇拜着他的切尔西球迷之中，一旦他将自己的球队磨合成型——尽管进攻上存在缺点——和穆里尼奥有关的老歌很快就会在主场和客场比赛中响起，他回到了他被球迷们热爱和欣赏的地方。

球迷们也承认，穆里尼奥接手的是一支远远无法令他满意的切尔西队，随着新赛季展开，球队之中天才全能射手的缺乏，导致了球队最终的下滑，他们5天之内输掉了欧冠半决赛，又失去英超联赛夺冠机会。除了之前一个赛季拿到的西班牙超级杯，穆里尼奥连续两个赛季一无所获，这也迫使穆里尼奥对他整个执教生涯进行激情澎湃的辩护。在给阿森纳主教练温格贴上"失败专家"的标签之后，这可并不是他失败的正确时机，不过从他的球队的短板来看，这并非是完全不可预料的结果。

穆里尼奥在皇家马德里待了三个赛季之后和俱乐部分手，他夺得过西甲冠军和西班牙国王杯，看上去他将前往老特拉福德，但是他并不是曼联"那杯茶"，亚历克斯·弗格森爵士推荐了埃弗顿主教练大卫·莫耶斯作为自己的接班人。尽管苏格兰人和葡萄牙人之间保持了不可思议的亲密关系，而且他们关于红酒的质量有着开不完的玩笑——当穆里尼奥还执教切尔西时，曾经在弗格森来斯坦福桥打客场比赛时拿红酒款待爵爷，不过老特拉福德董事会却不愿意拿自己的声誉来冒险聘请这样一位充满争议的教练。他们没有冒险，选择了"天选之子"大卫·莫耶斯。但是莫耶斯和曼联的6年合同被残酷地提前中止，很明显他永远无法扭转球队的命运了。曼联如今选择了路易斯·范加尔，几乎和穆里尼奥同样充满着争议。

在带皇马之前，穆里尼奥曾经将国际米兰带上欧冠冠军宝座，2008年和2010年间他还夺得了两座意甲联赛冠军。他爆料称在2007年带切尔西夺得足总杯之后，皇马就向自己发出过执教邀请，那也是他带切尔西第一期的最后一座冠军荣誉。他留下来了，但是在2007年9月被阿布解雇。

穆里尼奥对国际米兰颇有感情，但是对皇马却并非如此，正是在那里，他与各方的对立和对抗达到了前所未有的巅峰。但是穆里尼奥当初离开国际米兰接受皇马那份工作的时候，非常想给自己的履历再添光辉的一笔。但不幸的是，这段爱情故事以丑陋的离婚结束。皇马的管理层很高兴甩掉了一位因为各种错误的原因而显得过于高调的主教练。穆里尼奥作为主教练在皇马的成绩到底如何，观点不一——其实争议的焦点并不是关于他执教带队的能力，而是因为经常出现的负面新闻头条。他在西班牙执教时期不断地和西班牙媒体发生冲突，和自己的一些关键球员也产生了矛盾。

考虑到他当初是因为和切尔西俱乐部发生冲突而选择走人，穆里尼奥的回归引人注目。

虽然如此，他还是与切尔西俱乐部签下了 4 年合同，取代了相当不受欢迎的前利物浦主教练拉法·贝尼特斯，后者在 2012 年 11 月取代球迷挚爱的罗伯托·迪马特奥，开始担任切尔西临时主教练之后，帮助球队拿到了英超第三名和欧联杯冠军。

回归时，穆里尼奥解释了他是怎样修复了与俄罗斯巨富已经破裂的关系，"我很高兴，我必须让自己不要对回到俱乐部太过激动，但是很明显我很开心。这是个很容易的决定。我和老板会面，短短 5 分钟内我们对一些简短但非常实际的问题进行了商讨，然后立刻做出了决定。我问老板：'你想让我回来吗？'老板问我：'你想回来吗？'我考虑了几分钟，做了决定。"

在葡萄牙、英格兰、意大利和西班牙赢得了冠军"大满贯"后，穆里尼奥认为是回到英格兰的合适时机了。他补充道："我喜欢这里，我和这家俱乐部有着深厚的联系。我认为我们已经准备好了再次步入婚姻殿堂，快快乐乐，再次取得成功。"

谈到当初和切尔西的分手，他解释说："我认为我当初离去让俱乐部很难接受，但是如果你冷静下来分析，抛开一些情感因素，这一结果是非常合适的。因为在我之后的生涯中我拥有了我在那一阶段所追寻的目标。切尔西则以其他方式获得了重要的冠军，在俱乐部历史上留下了重要时刻，现在我们又在一个对双方而言都很伟大的时刻走到了一起。在我的执教生涯之中我有两大挚爱，国际米兰和切尔西，切尔西对我而言更加重要。对阵切尔西对我而言是相当相当困难的。如今我许下和 2004 年许过的同样诺言，区别是我现在是你们之中的一个。"

很明显马德里在他的心中留下了消极的印记，不论皇马多么兴奋地将穆里尼奥送客出门，这对于他来说都是一种解脱，因为他能够远离不断困扰他生活的持续动荡。

穆里尼奥希望在西伦敦寻回稳定性。他坚持表示"将长期留下"的说法很有意思——考虑到他执教以来在一家俱乐部的最长执教时间不过是三年两个月，也就是从2004年到2007年之间效力切尔西。"每一天你都必须考虑自己，考虑发展。我有着同样的本质，但是我会更加成熟一些，处理事情有不一样的方式，我已经比以前更乐意在一家俱乐部待上很长一段时间。"

阿布拉莫维奇统治切尔西的10年经历了7位正式主教练和两位临时主帅，俱乐部如今准备在开启穆里尼奥第二次执教时代时以稳定关主，但是要从一直在流浪的穆里尼奥身上找到稳定性，看上去有点自相矛盾。

穆帅带领切尔西在2004—2005赛季创造了95分的英超历史最高积分纪录，这一成绩至今无人能超越。他的离去令人怀念，而他的归来令人望眼欲穿。自从他离开，俱乐部就变成了主教练们的旋转木马，5年换了7位教练。

尽管穆里尼奥是俱乐部历史上最为成功的主教练——仅就国内的冠军荣誉而言——但他无法只依靠强大的球迷基础来渡过难关。"我来到这里并不是想趴在过去的荣誉上睡大觉的，因为我们（穆里尼奥和球迷们）有着很美妙的联系，很可能从我踏上斯坦福桥的第一步开始他们就会唱起我的名字。我不是那种人，不是那种职业教练。我对自己严格要求。我当然需要他们的支持，但是我希望从零开始，我需要重新努力工作，建立一支和过去我所打造过的完全不同的球队。"

穆里尼奥带国际米兰时曾经尝试过签下弗兰克·兰帕德，但是现在他很高兴这一幕当初没有发生，他解释说："他就是切尔西。他就应该属于这里。当初他非常接近转会，非常接近。当他最终拒绝我的时候，我告诉他他做出了正确的决定。"穆里尼奥说起了他对切尔西老将们的高度尊重：约翰·特里、阿什利·科尔和兰帕德——这批球员也曾经被他称作"不可替换的"。"他们让我的生活变得更轻松。有些教练初来乍到时会引进4名或者5名他们相当了解的球员，而我不需要这么做。他们已经在这里了。"

他们帮助主教练将他的执教理念传递给球队，因为他们曾经得益于多年之前在他手下效力。"他们和其他人交流沟通的方式，他们对我的了解，他们帮助其他人理解我的想法，这对我而言是个帮助。他们都是好小伙儿，他们是职业球员，他们和我的关系对于他们的职业生涯而言是完美的，因为他们信任我。"

穆里尼奥继承的是一支进化中的切尔西，存在一些缺失的环节和一些有问题的位置。他有熟悉的老朋友特里和兰帕德，但是他的岩石般的队长和领袖特里，在贝尼特斯帐下不再得宠。不过随着前主帅归来，这一局面将改变。如何将奥斯卡·多斯桑托斯·恩博亚巴·儒尼奥尔（也就是奥斯卡）、胡安·马塔、威廉·博尔热斯·达席尔瓦（也就是威廉）和埃登·阿扎尔这些球员捏合成一个整体是难解之谜。穆里尼奥说的都是好话："我喜欢现在球队的情况，我喜欢我们有 5 名球员来自那支最初的切尔西冠军阵容的事实，我认为他们必须一直成为切尔西灵魂的一部分，因此我很高兴我们能够留下这些球员。资历更浅、更年轻一些的球员们有着长期的提升空间，我也喜欢。我这次签下了 4 年的合同，因此阿扎尔、奥斯卡和大卫·路易斯这样年纪的球员，我和他们一起工作会很好，他们和我一起工作也会受益。我们在一起能够提高球队。"

穆里尼奥从自己的团队中带来了教练鲁伊·法里亚和守门员教练西尔维诺·洛罗，他们从他第一次执教切尔西时就一直跟随，还有球探何塞·莫赖斯，从前任留下的教练团队中保留了克里斯托弗·洛利雄、史蒂夫·霍兰德和克里斯·琼斯。在为正式亮相做准备时他评论说："我不是快乐，我是非常快乐。过去这些天来我都在让自己准备好控制情绪，以冷静的方式来到这里，但是我真的很激动。我感觉到人们爱着我，在生命之中你必须寻找那些。生命是美丽而又短暂的，你必须去寻找对你而言最好的选择。"

在穆里尼奥开始新的工作之前，他给自己的球员们发去了一份公开信。他第一次这么做还是 2002 年 1 月在波尔图时。当时信是很老派地写在纸上，但是随着时代的变革，"此时此刻，我们在手机和平板电脑上都有 APP，"他解释说，"所以不再使用信纸了。"

但是在穆里尼奥 10 余年间的执教中，基本的做法没有什么巨大的改变。概括而言，他对于足球的理念就是这是一个整体的游戏；所有个人的野心都必须抛在一边，要为球队的蓬勃发展努力。他向球员们许诺自己会保持公平，但是提醒球员们他所做出的每一个决定都将是为俱乐部和球队的最大利益考虑。如果他们完全听命于他的工作方式，他会将自己全身心投入到帮助他们取得提高的事业之中，当他离开一家俱乐部时，球员们往往要比他刚执教时有大幅的提高，他向来为这一点而感到骄傲。"不再会有'我尊重你是因为你是主教练'的想法了，"他解释说，"我尊重你是因为你很出色，我尊重你是因为你对我很诚实，我尊重你是因为你让我变得更出色，而且我感觉到了这一点。但是不会再有'我尊重你是因为你是主教练'的想法了。"

穆里尼奥指出，3位他曾经的门徒如今已经成为他的对手，包括布伦丹·罗杰斯①，这一点毫无疑问，但是没有人能够想象，他们之间的敌对关系会有多么强烈。（对昔日弟子而言）每一个包含了他的战术和方法的档案都是可以随意取用的。但是之后他敲了敲自己的脑袋，强调他们不能"在我的头脑里"插入一个 USB 接口。他的大部分才能天赋都是与生俱来的，随着赛季推进，他变成了"沉默的一个"。尽管他仍然成功地获得了足总对于他粗暴对待比赛官员的三次指控，其中一次言语攻击纯粹是讽刺。

穆里尼奥因为对比赛官员们的讽刺评论被罚款 10000 英镑。他的评论虽然并未质疑比赛官员们的公正性，但还是意味着损害对方名誉，因此被视为不当行为。英足总的一份声明说："在一次独立监督管理委员会的听证会后，何塞·穆里尼奥因为在 2014 年 4 月 19 日切尔西对桑德兰比赛后所做出的评论被罚款 10000 英镑。但是委员会并未发现穆里尼奥的赛后言论质疑了上述比赛的主裁判的公正性，也未发现他对职业比赛官员有限公司总经理迈克·莱利先生的公正性提出质疑。不过他们认定，穆里尼奥的评论给这项赛事带来了坏名声，因此对于他不当行为的指控成立。"

与此同时，穆里尼奥在做客输给阿斯顿维拉之后对主裁判克里斯·福伊抗议的行为，被足总处以 8000 英镑罚款，他的上诉被驳回。英足总声明表示：

---

① 布伦丹·罗杰斯，北爱尔兰前足球运动员，因为遗传的膝盖伤患问题年仅 20 岁就退役。2004 年穆里尼奥入主切尔西，邀请罗杰斯加入教练团队，于 9 月成为青年队主教练，并于 2006 年 7 月晋升为预备队主教练。此后先后执教沃特福德、雷丁，2010 年执教斯旺西的首个赛季就率领球队历史首次升入英超。而在 2011—2012 赛季，罗杰斯带领升班马排名第十一。2012 年 5 月担任英超俱乐部利物浦主教练，2015 年 10 月下课。

"与此同时，穆里尼奥对独立监管委员会的上诉被驳回，他将因为在 2014 年 3 月 15 日切尔西对阿斯顿维拉的比赛中的有关行为被罚款 8000 英镑。穆里尼奥否认他在比赛第九十分钟左右冲进球场内，试图接近比赛主裁判和他说话一事违反了英足总规程 E3 条，是不当行为。这一指控得到了独立监管委员会的认可，因此将被上诉委员会维持原判。"

"沉默的一个"还有一次在中场时拒绝对他的球队训话，因为他的队员们在那场比赛的上半场的表现实在太过糟糕！

切尔西的 CEO 罗恩·古尔利就像人们预料的那样，以他典型的董事会腔调欢迎了穆里尼奥的回归，但是他的确提出了一个站得住脚的观点："他持续的成功、动力和雄心让他成为最杰出的候选人。他在俱乐部仍然是一位大受欢迎的人物，这里的所有人都期待着再次和他一起工作。"

作为对穆里尼奥回归的新闻的反应，前切尔西助理教练雷·威尔金斯说："我们足坛已经失去了亚历克斯·弗格森爵士[①]，一位绝对令人难以置信的优秀教练，很高兴我们能够有另一位神奇教练回来。这不仅对切尔西是好事，对整个英超而言也是如此。"前切尔西队长罗恩·哈里斯补充说："我认为 95% 的切尔西球迷都很高兴何塞回来了。我感觉到球迷们会非常高兴，我认为这对将何塞·穆里尼奥带回俱乐部的罗曼·阿布拉莫维奇也会是个鼓励。"

一位切尔西球迷发推特说："我当初开始支持切尔西正是因为它是穆里尼奥所打造的球队，能够看到他回来令我十分激动。这肯定会是一件大事！"

蓝军的死忠们一直希望穆帅回来，如今他们如愿以偿了，在穆里尼奥率队首战主场对阵赫尔城一战中，球迷们穿上了他们的"特别的 1 号"的 T 恤，向穆里尼奥致敬。他的"签约"要比其他任何巨额球员收购都更加令人期待，也给人们带来了又一次冠军狂潮即将到来的自信心。

穆里尼奥在比赛现场受到了球迷的热烈欢迎，一条横幅上写着"何塞·穆里尼奥独一无二"，在《观赛指南》中他写道："老板（罗曼·阿布拉莫维奇）庆祝十年惊人的成就，我庆祝我的回归，但这场比赛不是一场纪念赛！能够再

①　2012—2013 赛季率领曼联夺得英格兰顶级联赛 20 冠后，苏格兰传奇教练亚历克斯·弗格森爵士急流勇退，宣布告别执教生涯。

次给我的蓝色兄弟们写作太棒了。"

赛前他告诉天空体育的记者："我感觉很好，我都想上场比赛了。我尽力不要感觉（太激动），但是当我走出来，坐在（替补席上），我会有 30 秒的情绪爆发，这一点我很确定。在那之后我必须将精力集中在比赛上。"

斯坦福桥球场的播音员尼尔·巴内特则表示，"相比上一场比赛，我更期待（向全场球迷）介绍这位主教练"。这使前任主教练拉法·贝尼特斯可有些难堪，毕竟他也给切尔西带来了一座奖杯，并且带队杀回了欧冠联赛。

当穆里尼奥最终从球员通道里走出来准备在替补席落座时，他尽了一切努力保持低调，但是并没有奏效，近 40000 名球迷歌唱着他的名字，其中一些人戴着穆里尼奥的头像面具。他三次站起来又坐下去，最终向球迷们送去飞吻，之后，随着比赛开始，他开始在一个本子上书写着他习惯的笔记。他在联赛之中一直保持的主场不败纪录，在那一天也没有遇到任何挑战。

穆里尼奥的第一套首发阵容

切赫／伊万诺维奇，卡希尔，特里，阿什利·科尔／拉米雷斯，兰帕德，奥斯卡，阿扎尔，德布劳内／托雷斯

而在看台上的董事包厢里，当老板阿布拉莫维奇的面孔被摄像机捕捉到大屏幕上时，他羞涩地向球迷们招手致意。早些时候他已经在《观赛指南》的封面上向球迷们传达了罕见的信息：一共 29 个单词，感谢他们在他执掌俱乐部的 10 年里对俱乐部的支持。

穆里尼奥说这位巨富赛前来到了更衣室里和球员们谈话——这是穆里尼奥执教时代阿布第一次在赛季第一天这么做。

德布劳内被挑选为 10 号，站位在阿扎尔、奥斯卡之间。22 岁的他代表切尔西上演了正式比赛的处子秀，表现不俗。第六分钟阿扎尔左翼带球，由德布劳内传球给奥斯卡，巴西人漂亮地将球打进。

马塔的缺席引人注目：很明显这是相当艰难的转型期，安德烈·许尔勒第六十九分钟替补登场。

很明显，从一开始马塔就需要向穆里尼奥证明，尽管他是球队过去两年的

最佳球员，但是仍需要遵守团队纪律。同样明显的是球队缺乏一个真正能进球的危险人物，穆里尼奥因此不断垂涎曼联前锋韦恩·鲁尼。穆里尼奥在比赛之后也谈到了关于曼联前锋的话题，因为他明白曼联不可能将鲁尼卖给争冠对手切尔西，因此没有必要再将这一话题深入下去。

罗梅卢·卢卡库在终场前替换托雷斯上场，但是穆里尼奥对年轻的比利时人也不是那么有信心，因此他注定将再次被租借出去，这一次是去埃弗顿。在马塔和大卫·路易斯缺席的情况下取胜，这是个令人振奋的开局，但是进球仍然是一件难事，人们开始质疑穆里尼奥为何要把卢卡库送到古迪逊公园，在他的射手们全部哑火的时候，卢卡库却在埃弗顿保持了出色的进球效率。

在切尔西于欧洲超级杯输给拜仁慕尼黑的点球大战中，卢卡库射失了决定性的点球，之后他提出过转会申请。在代表太妃糖①9 场联赛攻入 8 球后，他告诉 BBC 的《足球聚焦》节目，他对再留一个赛季很有兴趣。穆里尼奥的回应暗示，外租他队是卢卡库自己的选择，"也许在足球之中有新的规则，当赛季结束时，每一名球员都可以决定他们的未来。罗梅卢喜欢说话，他是个年轻人，当然喜欢表达。但他唯一没有说的，是他为什么被租借到埃弗顿。那也是唯一一件他永远不会说的事。在最近一次和他联系时，我明确地告诉过他，为什么你永远不说你为什么不在这里？因为这才是他应该（谈论）的事情，因为他喜欢说话。如果说他需要说点什么，那就是他为什么不在切尔西而在埃弗顿。"

当穆里尼奥在 2014 年年初冬季转会将西班牙中场胡安·马塔以 3710 万英镑卖到曼联时，后者很是吃惊，"老实说，这的确让人惊讶，但是我必须说我很感激切尔西，感激老板，所有在俱乐部工作的人们，还有球迷——他们过去两个赛季将我评选为俱乐部最佳球员，我永远会感激他们。他们对我很好。但过去的 6 个月很艰难，我没有像我想象的那样获得太多出场。我理解这是一项团队运动，因此我尊重这一局面。但是得到来到曼联的机会对我是个伟大的时刻，我需要继续我的职业生涯，加盟另一家大俱乐部。我认为我可以踢前锋身后的 3 个位置。我刚来切尔西时踢左路，本赛季我踢过右路，而上赛

---

① 据说 125 年前，埃弗顿的球员们在训练和比赛后就聚集到一家糖果店去聊天和吃甜点，特别是太妃糖。久而久之"太妃糖"也就成为了球队的代名词。

季——很可能是我职业生涯表现最出色的赛季——我踢前锋的身后位置。但是只要能够上场，踢什么位置都不重要。"

穆里尼奥确信切尔西正在做着正确的事情，如果是联赛争冠对手阿森纳或者曼城前来购买马塔，他也愿意将马塔出售给他们。在对这桩转会的幕后原因进行详细解释时，他说"这是迟早的事情"，并批评了阿森纳主帅温格的说法，阿森纳主帅暗示，这是一种破坏对手争夺冠军的手段。被问及是否愿意将球员卖给阿森纳或者曼城这种在积分榜上力压切尔西的球队时，穆里尼奥说道："是的，老实说，一支球队只能用 11 名球员首发，而不是 12 人。曼城、阿森纳和曼联都拥有不少顶级球员，因此如果胡安代表他们出场，那意味着其他球员无法登场。为何不呢？在其他国家也是如此（球员们在顶级俱乐部之间转会），因此这里为什么不能这么做？也有其他俱乐部联系过我们，但是与这位球员潜力相匹配、与他对于切尔西的意义相匹配的报价，只有曼联提供了。"

温格抱怨称，切尔西从出售马塔之中获利，因为后者可以代表曼联在下半赛季成为阿森纳和曼城的对手，穆里尼奥对此表示："温格这么抱怨很正常，因为他一直这么干。这是个市场，我们无法操纵市场，我们无法操纵规则……他应该对切尔西卖掉一位像胡安·马塔这样出色的球员感到高兴，但是我认为（抱怨）也是他的本性。"

曼城主教练曼努埃尔·佩莱格里尼并不赞同马塔在赛季中途加盟曼联的做法，"我认为如果一名球员为一家俱乐部效力超过半个赛季以上，有钱的俱乐部却可以从其他球队引入最佳球员（这不合理）。但是规则允许，因此（这事情）也没什么可说的。"他特别澄清，自己的抱怨并不是因为曼联仍需要在老特拉福德对阵曼城，而他们却已经踢完了对阵切尔西的两轮比赛。"我认为在这次转会窗口里，已经代表同一家俱乐部踢过了 5 到 6 场比赛的球员不应该被允许换到另一家。"

主教练之间不可避免的粗暴冲突，开始占据了赛季的议事日程。

西汉姆联主教练萨姆·阿勒代斯则试图化解矛盾，他表示新时代的穆里尼奥比以前友好得多，不过铁锤帮主教练还是驳回了穆里尼奥对西汉姆联风格的批评。穆里尼奥对于铁锤帮在做客斯坦福桥的 0∶0 平局中只满足于防守很生气，当时这一结果也让切尔西的夺冠机会后退了一大步，因此他发起了攻击。

穆里尼奥表示阿勒代斯让他的球队踢出了"19世纪的足球"。"大山姆"有点生气是可以理解的，然而令人惊讶的是，他赞扬他的对手成熟了，"除去他的评论，何塞比赛之后表现不错。这一次他看上去要比在英格兰第一次执教时轻松了许多，也许是更好打交道了。如今他说他是'快乐的一个'，也许他就是的。他在他的生命中取得了如此多的荣誉，他应该感到快乐。他知道如何改变他的球队，以及何时去改变他们。在这个执教的游戏中要想生存，你只能保持你的人员管理技巧足够优秀，而且你需要有战术意识。何塞拥有这两方面的素质。他对我们所做的评价，我看成是对我们的巨大恭维。别忘了，是何塞发明了摆大巴。我在斯坦福桥和他的切尔西队较量过，他们1：0领先时，他派上了两名防守型中场，虽然他在对手对阵切尔西有出色表现时如此评价很令人伤心，但这就是他的性格。"

下一场比赛——也是赛季最重要的比赛之一——穆里尼奥使用了两名防守型中场，对进攻效果带来了毁灭性打击。人们还提醒他想起了国际米兰在2010年欧冠联赛半决赛第二回合做客巴塞罗那一战中的防守表现。就像他自己开玩笑说的："在第二回合比赛，当你以3：1领先，10人应战，你只能把飞机摆在大门之前！'"

首先，穆里尼奥采用了典型的心理战战术，将热刺撕碎之后，他反驳了对方主教练蒂姆·舍伍德关于"曼城是世界上最出色的球队"的论断。穆里尼奥毫不留情地讽刺曼城，认为对他们真实实力的衡量应该放在欧冠联赛之中。"也许，对于托特纳姆主教练而言，他的星球就是英格兰，"穆里尼奥说，"在欧冠联赛之中，你将看到（曼城究竟有多么出色）。几个月后你就可以看到。"

穆里尼奥继续攻击道："他们很幸运。事实是他们获得了不少有利于他们的关键判罚。对阵利物浦，拉希姆·斯特林的'进球'，路易斯·阿尔贝托·苏亚雷斯的点球，对阵纽卡斯尔，那个进球是明显的进球，对阵托特纳姆，迈克尔·道森的进球，点球，（丹尼·罗斯的）红牌。他们拥有一切。我重复一遍，因为我不希望被曲解，（这是）纯属巧合。裁判们希望做到最好，但是有时候他们会犯错，通常在赛季之中这些错误会分散在各队头上。但是从他们（曼城）的例子来看，几乎所有判罚都对他们有利。"

穆里尼奥坚持表示，他的球队还没有准备好夺得英超冠军，"明年的季前备战，从第一天开始，我就会说我们将是争夺英超冠军的候选人。本赛季，我的说法是我们是赢得下一场比赛的候选人。不论我们在哪儿比赛，也不论对手是谁。我们只会设法赢得胜利。对阵曼城之前，我会这么对你说……在下周对纽卡斯尔的比赛之前，之后对阵西布朗之前，我都会这么对你说。我会重复这些。"

按照穆里尼奥的说法，曼城逃脱了 10 年前他的切尔西曾经面对过的公众指责，"我不知道为什么他们如此受欢迎，而我们却没有过。我不知道为什么。在我那时候，我们被指责用钱买冠军，不是吗？因为我们的老板是阿布拉莫维奇先生，他刚刚来到这个国家。也许现在人们看待曼城的眼光不一样了。我不确定是否是因为他们花了 6 年时间才打到目前的地位，而我们是直接就赢得了一切。但是我不在意。我不会忌妒他们拥有这种保护，一点都不。事情就是这样，成功的球队总是容易遭人嫉恨，不是吗？如果他们想让我们无法在转会市场里跟他们竞争，是的，我们不可能（与他们竞争）。财政上不可能，我们没办法跟他们竞争。回到以前，那是个自由的世界，没有财政公平竞争原则①的要求。如果你的俱乐部有钱，你的老板富有，就没有任何原则。这是个开放的情况。但是时代改变了。很多 50 年前人们认为错误的事情到现在变得司空见惯。也许 10 年之前对俱乐部的巨大投资会令很多人反感，但是此时此刻，人们已经转变了观念，开始接受这一做法。"

穆里尼奥表示，并不是所有的俱乐部都对欧足联财政公平竞争原则严格遵循。在 1100 万英镑引入的穆罕默德·萨拉赫第一次参加训练当天，19 岁的库尔特·祖马完成他价值 1250 万英镑的转会后即被回租给了老东家圣埃蒂安，穆里尼奥暗示一些俱乐部在寻找掩盖他们花钱行为的方法。当然，2005 年和 2006 年穆里尼奥率领切尔西连夺英超冠军时，阿布拉莫维奇个人对俱乐部提供了巨大的资金支持；曼城则得到了来自阿布扎比的巨富老板的财力力挺。

截至 2013 年年底，曼城上一个财政年度的亏损达到了 5100 万英镑，而过去两年的亏损是 1.5 亿英镑，成百上千万的投入根据财政公平原则被冲抵

---

① 财政公平竞争原则，是普拉蒂尼成为欧足联主席之后，欧足联在 2012 年实施的俱乐部财政新规，要求欧洲各俱乐部在财政收入和支出方面寻找平衡。

掉了，因为这部分投入是在俱乐部设施和青训培养上。曼城的年度工资账单是 2.33 亿英镑，但是他们利用规则漏洞，避免了 2010 年之前签下的合同的工资被计算在内。

切尔西也宣布了亏损 4990 万英镑，而之前一个财政年度是小额盈利。他们也冲抵了一部分收入，以满足财政公平竞争原则的要求，"一些俱乐部感觉财政公平原则是公平的，而其他一些俱乐部认为财政公平竞争原则靠不住。"穆里尼奥说，"我们不需要紧急方案，这不是我们如今的形象。我们现在签下的球员们是针对我们未来的正确人选：内马尼亚·马蒂奇，萨拉赫，祖马，一位未来大有希望的年轻孩子。"

如果是阿布拉莫维奇刚入主切尔西的年代，他们或许不会赛季中途卖掉马塔，也会去和曼城竞价争夺波尔图的中后卫埃利亚奎姆·曼加拉，而不是在输掉这场竞争后签下了法国小将库尔特·祖马。切尔西如今发现"不可能"在财力上与曼城竞争，"我们正在工作、思考，并且相信财政公平竞争原则能够投入实践，"他补充道，"因此有些事情我们是不可能做到的。我们不能签下曼加拉，我们签下了祖马，他更年轻，有着类似的体格。我们拥有巴西国家队的中后卫（大卫·路易斯），英格兰队的中后卫（特里、卡希尔），2013—2014 赛季英超最佳中后卫（卡希尔）。因此我们很好。"

他补充道："我们不能签下一名前锋作为应急方案，而只为攻入半打进球，给我们带来半打额外的积分，不论他们对我们意味着什么。我们在等待夏天的到来，从而在这一位置上做出正确的选择。我们基本知道我们需要什么，我们知道我们所需要的球员不可能在这个转会窗口得到。很多人不理解我们为什么没买前锋而做了其他的交易，但是到了夏天你会理解为什么。"

在伊蒂哈德球场对阵曼城的比赛之前，穆里尼奥狡猾地利用这种转移视线的战术减轻了球员们的压力。被问及为什么承认屈居曼城之后，穆里尼奥回答道："是的，但是如果我们能够排名第二已经很棒了。如果我们在正进行建队工作时还能够拿到第二，这就说明我们的进程加速了。这很好。"他认为曼城相比他自己的球队是一支"完成版"的球队，因此他自己的球队需要"更多一点时间，更多一点球员。只要一点点。我们的目标是拿到欧冠席位。那是竞争层面的目标，因为更大的目标是球队的提高，为未来打造球队。下一个季前备战期，第一天开始我就会说切尔西是争冠候选。本赛季我不会这么说。因为我们感觉自己不是争冠候选，这也不是我们工作的目标。如果做客曼城我们赢了，或者我们输了，我都不认为我们是争冠球队。如果我们赢了，很明显，我们和曼城的积分将打平。如果我们输了，积分差距将是 6 分。没有关系，这不是我担心的问题。我所关心的是我的球队表现出色，尽力拿到最好的结果，感觉到球队在提高。明年的季前备战，你们将听到我说出完全不同的话。但我不会放弃。我会尝试拿下下一场比赛，不论对手是谁。我们将争取胜利。"

穆里尼奥同意，曼城的中场轴心亚亚·图雷和费尔南迪尼奥·路易斯·罗萨为他们的进球狂欢提供了平台。亚亚·图雷、埃丁·哲科、阿尔瓦罗·内格雷多和因为腘绳肌受伤缺席的塞尔吉奥·阿圭罗本赛季都打进了两位数的进球，而切尔西只有阿扎尔的进球数超过 10 个。曼城本赛季在主场还没有丢过 1 分，11 连胜打进了 42 粒进球，但是切尔西并不打算全民防守。他补充道："我不知道其他球队是否会害怕对阵曼城，或者与其说他们是因为害怕所以不攻击他们，还不如说是因为他们做不到。我希望向他们发起进攻。我可以告诉你这点。但是开场 10 分钟之后，人们或许会说我没有进攻。如果我没有，那是因为我做不到。"

大概 7 年之前，当斯图尔特·皮尔斯还是曼城主教练时，切尔西则是那支为世界上最优秀的球员付出百万千万英镑的土豪球队，不断赢得奖杯、挑战欧战荣誉。皮尔斯派上了一支由青训球员和廉价引援组成的首发，客队切尔西 1：0 取胜，弗兰克·兰帕德上半场攻入了一粒点球。皮尔斯的球队造价只有 1350 万英镑，而如今希望将英超榜首的阿森纳拉下马的这支曼城，造价高达 1.6 亿英镑。尽管切尔西如今仍然是顶尖球队之一，但是在亿万富翁老板曼苏尔酋长的巨大投入之后，曼城已经处在了（与切尔西等队）同一水平竞争的环境之中。曼城 2007 年排名第 14 位，落后切尔西 41 分，而那个赛季切尔西屈居曼联之后列第二。巴西中场埃拉诺·布卢默尔以 8 个进球成为球队赛季最佳射手；阿圭罗 2011 年以 3800 万英镑从马德里竞技加盟曼城，本赛季已经在英超之中攻入了 15 粒进球，各项赛事总共攻入了 26 粒进球。

佩莱格里尼进球如麻的球队将进攻当成是最好的防守。曼城本赛季已经在各项赛事总共攻入了 115 粒进球，但是这场比赛他们缺少了头号射手阿圭罗。

尽管在斯坦福桥击败了曼城，穆里尼奥一直以来都称赞佩莱格里尼的球队是夺冠热门，"他们是完全成熟的球队。球员们非常美妙，阵容极为出色，但是也同样需要主教练能够做好工作，我认为他正在做到这些。球员们相当有经验。他们两年前就是冠军，现在保持了几乎相同的核心骨干。他们拥有一切，而我们还需要更多一点时间，更多一点球员。只需要再多一点点。如果我们在进行建队工作时还能够拿到第二，这就说明我们的进程加速了。这很好。"

曼城仍然能够感觉到 10 月被费尔南多·托雷斯第九十分钟绝杀进球 2：1 击败的刺痛。佩莱格里尼的球队自那以来几乎不可阻挡，特别是在主场，费尔南迪尼奥知道这一胜利将代表着向冠军迈出的一大步。"这无关复仇，"他坚持说，"在客场我们的表现相当糟糕，但是如今情况完全不同了。整支球队都更强大了。如果我们击败他们，我们将领先 6 分。"

穆里尼奥精心策划了对曼城的"双杀"，他授权球队的男按摩师比利·麦卡洛克进行赛前的球队训话，起到了决定性的作用。上半场伊万诺维奇的射门帮助他们最终夺得了杰出的胜利。麦卡洛克过去曾经参与过英格兰队和苏格兰队的组织工作，在切尔西更衣室内是个颇受欢迎的角色，在斯坦福桥有着爱搞恶作剧的、有趣的名声。穆里尼奥因此将激励队员们的责任交给了麦卡洛克："我没有说话。让按摩师比利和球队谈话。他用苏格兰语大声尖叫着，我完全听不懂，真的。但是球员们都在鼓着掌。这就是比利的球队训话。我最后一次和球员们说话是在中午。"

中午时，穆里尼奥召开了球队会议，告诉他的队员们自己的战术安排：出席了 0：0 战平西汉姆联一役的奥斯卡和约翰·奥比·米克尔被排除在首发之外，马蒂奇和路易斯作为双后腰负责防守。而在前往曼彻斯特一天前，切尔西进行了完全不同的训练，威廉似乎被安排专门来阻止曼城对于中场的控制。穆里尼奥要确保他令人惊讶的布阵计划没有泄露。切尔西队中没有人相信，本赛季已经有 9 球进账的奥斯卡，居然没有在这样重要的场合首发。

随着双方的首发阵容公布，很多人相信穆里尼奥已经给他的球队布置了"门前摆大巴"的战术，但是他的球队却在比赛中拥有更好的机会，3 次击中球门立柱，穆里尼奥说："我认为他们表现得令人惊讶。当球队失去球权时，他们都会为球队牺牲。我们过去这几年对阵曼城的记录不太好。本赛季我们成功地赢得了两场对阵曼城的比赛，特别是这一次。今天我们赢是因为我们是表现最好的球队——我不是说我们更为出色，我只是说我们今天表现得最好。"

切尔西在伊蒂哈德球场的胜利，是曼城最近 61 场主场联赛第一次未能取得进球，上一次还是 2010 年 11 月主场 0：0 战平伯明翰，这也是曼城在 11 连胜之后的赛季主场联赛首败——切尔西也成为 2010—2011 赛季的埃弗顿以来第一支赛季联赛双杀曼城的球队。这也让切尔西在积分榜上追平了曼城，落后于领头羊阿森纳。

然而穆里尼奥依然在刻意淡化他的球队夺得英超冠军的可能性，"现在有两匹高头大马和一匹小马驹。一匹下赛季可以参与竞争的小马。如果他们都输了，我们才能赢。阿森纳（已经）为了他们球队的进化工作了很多很多年。我们本赛季所做的，正是阿森纳这些年来所构建的。我们虽然在夺冠球队之中，但是并非大热门。我们正在准备让球队成为下赛季的夺冠热门，这是非常重要的一步。我们在主场对阵西布朗、西汉姆联丢了分，客场输给了斯托克城、纽卡斯尔。我们是正在进化之中的球队，但这是一种能够帮助球队尽快成长的表现，战术、心理，我认为都很出色。我们的目标不是赢得英超联赛冠军。我们的目标是打造球队，完成球员们的拼图和阵型磨合。有些主教练——根据他们的本质和 DNA——会指出，这个过程他们需要 2 到 3 年的时间。"

穆里尼奥的大师级战术表现广受推崇。天空电视台专家加里·内维尔[1] 称赞穆里尼奥帮助球队化解了夺冠热门球队曼城的威胁，表示即便是他在球场边的行为都对结果产生了影响。"他不会介意我们讴歌他，何塞·穆里尼奥就是这样。他喜欢重要比赛所带来的关注度。你可以看到他今晚的表现，他就像是管弦乐队的指挥家。他在比赛开始之前走出来，甚至在他的球队进场之前就在板凳上落座。在重要的比赛日他总是显得很活跃，那是最出色的主教练所做的事情。就对重要的比赛的影响力而言，他是世界上最为出色的教练，绝对出类拔萃。他会考虑到每一个细节，许多我认为很多主教练根本不会考虑到的细节，因为他经验丰富。他很精明，很聪明，也会充分利用这点。他很出色，他

---

[1] 加里·内维尔，前曼联队长，退役之后担任天空电视台的评球嘉宾，往往有惊人论调。2012 年 5 月 14 日开始担任英格兰国家队助理教练，辅佐主教练罗伊·霍奇森。

也知道自己非常优秀。"

穆里尼奥选择了将马塔卖给曼联，很多人对于他对这位俱乐部前 2 年最佳球员的处理方式十分吃惊，但是加里·内维尔看出了这位主教练是如何给球队留下了自己的烙印，他本赛季成功的一个重要因素就是使用愿意努力工作的边路球员，他感觉在欧洲顶级俱乐部这是越来越常见的事情。"你可以看到何塞·穆里尼奥带队的方式。从大约上个月的时候你就能看得出来：威廉和阿扎尔拥有着能量、渴望、能力和力量。我们可以用自己的眼睛观察到。今晚他没有让奥斯卡首发，是因为他的球队中拥有像拉米雷斯这样可以在今晚发挥重要作用的球员。当你给那支球队带来一位世界级前锋——我很确定这将是切尔西夏天所做的事情——你的手头就真正有了一支世界级的球队。何塞·穆里尼奥已经说过，他们还没有达到足够好，他认为曼城仍然领先于他们。我没办法否定他的观点，但是他们落后得并不多。他们走在正确的路线之上——不论他究竟想要什么。他能否允许大卫·席尔瓦这样的球员出现在队内？我不认为他能。你可以看到威廉和阿扎尔他们的工作，以及拉米雷斯今晚所做的工作。我认为切尔西整晚表现都很棒。边后卫必须身兼边锋，而边锋也必须身兼边后卫的工作。没有其他任何借口。比赛进行的方式之中有太多的证据在说明，两队的打法都不允许'我们在左路或者右路将有一名（无须防守的）豪华的球员'这种情况出现，在顶级联赛中不会有。过去的 12 个月有着大量的证据证明这一点，看看多特蒙德，看看拜仁慕尼黑，今晚看看切尔西，那就是比赛运行的方式。"

穆里尼奥表示他的球队并没有"准备好在本赛季夺得冠军"，但是下赛季应该被考虑为夺冠热门。加里·内维尔同意切尔西将因为缺少一名世界级的射手而受到影响，三大前锋埃托奥、托雷斯和登巴·巴本赛季至今一共打进了 11 粒英超进球，但是他说："虽然我倾向于不去相信何塞·穆里尼奥所说的每一个字，但是我真的相信他。我认为赔率反映了球队仍然存在的问题。他心头一直萦绕着一种疑虑，认为他就是缺了点东西。赛季初他因为在重要比赛中摆大巴被指责，但是他的球队如今开始在重大比赛中有出色表现，他的赛季历程是一个向上的抛物线。他的球队变得更好了，你开始看到穆里尼奥式的表现，但他真的还是有些短板吗？博彩商开出的赔率暗示他的确如此，我认为他（这么想）很可能是因为缺少了一位可怕的中锋。"

被穆里尼奥关于曼城在裁判判罚上"走运"的嘲讽所刺痛，佩莱格里尼指控穆里尼奥这么做是试图给公众洗脑。被问及穆里尼奥的言论是否是公平的评价时，佩莱格里尼说："不，并不是这样。每周说上一些对你的球队最有利的话是很容易的，但是有一句名言这么说：'谎言，谎言和一些东西将留在（人们的头脑里）。'事实上，裁判唯——次针对重要错误做出道歉，是切尔西第九十三分钟凭借拉米雷斯假摔获得点球扳平比分后，迈克·莱利说的一句对不起。"

佩莱格里尼也认为穆里尼奥对于切尔西和曼城、阿森纳相比只是"一匹小马"的论断很可笑，"如果他们主教练认为如此，那么或许他们是一匹小马，但也是一匹非常富有的小马。这是过去 10 年里花掉最多钱的一支球队，也是在转会窗口烧钱最凶的球队，因此他们相当有钱。他在最近两场比赛中展现了他拥有一支由一些伟大球员组成的强大球队，但是他认为最好不要说太多。为什么？因为如果他赢得（英超冠军），他将拥有所有的功劳，而如果他输了，责任并不是他的。这就是他的行为方式。我们和切尔西、阿森纳的差距会非常小。阿森纳是头号热门，因为他们在积分榜上以 2 分优势领跑，这是非常重要的优势。"

穆里尼奥指控曼城前锋阿尔瓦罗·内格雷多试图让本方后腰马蒂奇被红牌罚下。马蒂奇已经有一张黄牌在身，内格雷多在一次两人的争顶之后捂住了脸，"这种伪装行为应该与侵略性的犯规受到一样的惩罚。我和一位曼城球员交流了几句，我很不高兴，因为他试图让马蒂奇被红牌罚下。他知道马蒂奇已经身背了一张黄牌。马蒂奇就在我眼前以非常干净的方式起跳，而另一个球员很快（捂住了他的脸）。他知道马蒂奇已经有黄牌了。迈克·迪恩、第四官员和边线裁判都看得很清楚，他们决定不给两名球员出示黄牌。但是在我看来，如果马蒂奇没有吃到黄牌，那么另一位球员应该吃到黄牌。如果他是希望通过这一行为让另一球员被罚下，他应该受到惩罚。你必须对这样试图将其他球员弄下场的家伙发起攻击。"

比利时中场阿扎尔很高兴听到穆里尼奥称赞自己是世界上最优秀的青年球员，但是他相信自己的最佳状态还没有到来，"我非常开心，因为当一位教练给予赞扬的时候总会让人高兴，但是我仍然意识到我需要为下一步的提高做出努力。这是很美妙的恭维，但是我不会为此沾沾自喜。我知道我必须每一天都努力工作，（比赛之后）更衣室里的气氛相当美妙，但是我们不能得意忘形，因为我们知道前方还有不少重要比赛。我们击败了很可能是联赛中最优秀的球队，但是我们知道，如果我们接下来输给纽卡斯尔，那么这场胜利没有任何意义。我们接下来的每一场比赛都需要全取 3 分。"

2012 年夏天，阿扎尔从法甲里尔转会加盟切尔西，他对于"他将成为世界上最优秀的青年球员"的说法非常谦卑，但是在他身上，你可以预见的是他将成为与克里斯蒂亚诺·罗纳尔多和莱昂内尔·梅西同一水准的球员。

阿扎尔享受在穆里尼奥手下工作，"他让我越来越专注于我的工作。他只渴望一件事——某一天我能够成为与他们（C 罗和梅西）一样的球员。现在我需要和主教练、俱乐部一起为达到那一目标努力工作。比赛成绩非常好，因此他很开心，可能也更加放松。我认为只要我们所有人都努力工作，他就会高兴。最重要的事情就是让他感到开心。"

在主场狂胜纽卡斯尔之后，何塞脸上满是调皮的微笑，尽管曼城做客战平诺维奇，两场背靠背的比赛都未能取得进球，而当天早些时候领头羊阿森纳在安菲尔德被利物浦 5：1 羞辱之后已经从榜首掉了下来，但是他仍然避谈切尔西的争冠希望。切尔西已经登顶了，本赛季头一次被当作了夺冠热门球队，而阿扎尔在这场 3：0 的大胜中上演了帽子戏法，看上去完全就是世界上最优秀的青年球员。

穆里尼奥希望消灭所有关于英超冠军"赛马"的说法，于是他利用汽车作为隐喻，他将曼城比作是一辆带着"L 车牌"① 标志的"捷豹"。这被媒体解读为对佩莱格里尼的抨击，穆里尼奥说："一辆捷豹，你可不会给它加上 L 车牌。"他接着说："现在是时候结束所有跟马有关的话题了。我们表现不错。球员们每个人都处在不错的状态，我们得到了积极的比赛结果，我们如今是联赛榜首。这是我们无法隐藏的。"

对于帮助球队赢得胜利的阿扎尔，穆里尼奥说："他的表现（和他一直以来的表现）没有任何不同。唯一的区别是他第一次上演了帽子戏法。他个人有着巨大的成长，他拥有了连贯性，他也拥有雄心——这太棒了。"

---

① 原文 L-plates，在英国，学员车的车前或车后会贴上"L"标志。

何塞批评负责挑选英超每个月最佳球员的委员会，指出世界上最优秀的青年球员本赛季从未当选过这一荣誉，简直令人难以置信，"他是世界上最出色的青年球员，我不希望将他和'怪物们'①进行比较，因为他们已经拥有十年的职业生涯，一直在赢得冠军，一直在斩获进球，做出这样的比较不论是对于他们还是这孩子都不公平。但是我看不到哪里还有更出色的青年球员。"

赛季开始前，穆里尼奥对球员的勤勉和更出色的职业精神提出了更高要求，信息很明确，即便是球队最机智的天才也必须承担更多平凡的职责，回追，盯人，训练的投入态度。因此马塔被卖掉了；阿扎尔，一个无忧无虑的爱恶作剧的家伙，被改造了。2013年11月受到邀请去现场观看老东家里尔主场对阵摩纳哥的法甲比赛后，阿扎尔归队训练迟到了（阿扎尔说他的护照遗失了），这正是决定阿扎尔成败的时刻——穆里尼奥认为这是"一个孤立的事件"——但是主教练将阿扎尔排除在了接下来对阵沙尔克04的欧冠比赛之外。"他很快就接受了这一结果并且意识到他错了，而且是以一种很傻很天真的方式做错了事情。他没有考虑到迟到、错过一堂训练课的严重性。我非常清楚地记得在（沙尔克04）那场比赛中他就待在更衣室里，他就在教练席后面，即便他没有入选名单。事实上，自从季前以来，他已经理解了我对于我的球员们的职业精神有何要求。这孩子很不错，他已经结婚了，有了儿子，他是个恋家的男孩，他拥有着梦幻的生活。在他这个年纪拥有他这样的家庭生活的球员并不是太多。很多年轻有天赋的孩子们，他们还是有点太……你懂的。这孩子人品挺不错。"主教练现在要求他在门前更加自私无情，尽管本赛季他已经攻入了14粒进球——其中英超联赛12球——已经比之前一个赛季的总进球数多了。

阿兰·帕杜相信，如今的切尔西是他所面对过的穆里尼奥帐下最出色的一支球队，这位曾经带领西汉姆联、查尔顿对阵他的朋友的教练，如今是纽卡斯尔主教练②。帕杜说："这是他所带过的最出色的球队。他们已经得到了赢得联赛的真正机会。"

穆里尼奥继续保持低调，淡化他回归执教切尔西第一个赛季夺得冠军的机

---

① 怪物们，应该指的是C罗和梅西。

② 阿兰·帕杜于2015年1月离开纽卡斯尔接手水晶宫俱乐部。

会，但是阿扎尔说："我们身处切尔西，这是一家你被强迫每个赛季都去赢得一些东西的俱乐部。我们会参与联赛争冠直到撞线。"

自从 2003 年阿布拉莫维奇收购俱乐部以来，切尔西已经夺得了 11 项主要赛事的奖杯，阿扎尔的第一块金牌是上赛季的欧联杯。守门员切赫在所有这些荣誉之中都发挥了作用，包括三座英超冠军。和穆里尼奥一样，他仍然感到英超冠军争夺是曼城占据主动，"此时此刻我们踢得很出色，拿到了足够多的分数。我们目前位列积分榜第一，我们希望我们能够在那里待到赛季结束。我认为我们不像曼城那样装备精良，即便我们对阵他们赢了。阿森纳在利物浦遭受了大败，但是他们也是一支伟大的球队，因此我们还要看看事态发展，这几支球队之间的差距并不大，因此细节将决定成败。最出色的球队将获得第一。"

佩莱格里尼说切尔西是一匹"富有的小马"作为对穆里尼奥说自己的球队是"小马"的回应，也引发了双方阵营的频繁交火。穆里尼奥质疑了他的对手的算术能力，"马塔以 3700 万英镑被卖，德布劳内卖了 1800 万英镑——总价是 5500 万英镑，"穆里尼奥说，"马蒂奇以 2100 万英镑买入，萨拉赫则以 1100 万英镑买进。在这个转会窗口，收支相抵，我们盈利了 2300 万英镑。"

穆里尼奥补充道："我们正在打造一支针对未来 10 年的球队，曼城已经拥有了一支能够当下就赢得冠军的球队。他们拥有经验、潜力、能力，也不必担心（欧足联控制各大俱乐部花销的）财政公平竞争原则，但是在夏天他们花了钱。我们不需要计算器也知道。"

前马拉加主教练佩莱格里尼在穆里尼奥执教皇家马德里时曾经和葡萄牙人交手过，他质疑了穆里尼奥的观点，参考了切尔西自从阿布拉莫维奇收购俱乐部以来的花费。切尔西之前两个夏季和冬季转会窗口的净投入是 4900 万英镑。曼城冬季转会没有对阵容进行调整，但是他们去年夏天的净投入为 8000 万英镑。穆里尼奥今年夏天很有兴趣签下拉达梅尔·法尔考和埃迪森·卡瓦尼，但是转会最终没能够实现——为了让蓝军能够与新的财政公平竞争原则的要求保持一致。切尔西签下了许尔勒、马尔科·范欣克尔和威廉。当被问到是否是因为财政公平竞争原则卡瓦尼和法尔考的转会才无疾而终时，穆里尼奥回答道："正确。因为转会费和工资收入。引进球员不仅仅意味着巨额转会费，还有巨额的工资。当然，有一些这样的球员我们连碰都不会碰。"穆里尼奥喜欢挑战资金的约束，补充道："我认为，这是更好，甚至更令人享受的工作。"

穆里尼奥谈到佩莱格里尼时说："他谈到过要赢得四项赛事冠军，因此没有理由改变这一说辞。但是唯一有趣的是，他不断在说自己从未回应过穆里尼奥，他永远不会评论穆里尼奥。他在西班牙也是这么说。因此他已经改变了。"

亚亚·图雷做客卡罗路球场时用脚踢了诺维奇前锋里基·范沃尔夫斯温克尔，但是这一事件却逃过了主裁判乔恩·莫斯的眼睛。因此就有记者提到了英足总新视频委员会（会如何应对）。在英足总做出决定之前，穆里尼奥警告称，亚亚·图雷这样做如果逃过了停赛处罚，那么也将给其他球员们带来信号，只要在球场上不被裁判们看到就可以做任何事情。当问到如果亚亚·图雷逃脱了惩罚会做何感想时，穆里尼奥说："我不理解为什么你会说'如果'。如果他没有被停赛，那么信号就非常明确：只要裁判没看到，球员们就可以做任何事情。而正常的信号应该是，如果英格兰足总捍卫足球，亚亚·图雷就必须被停赛。如果他没有被惩罚我当然会很失望。如果他没有被停赛，对于所有人也应该如此：如果裁判没有看到，球员可以做他们任意想做的事情。不论镜头或者其他人看到了什么，我可以做任何事情，只要我想做。如果他们做出了'如果裁判没有看到一些事情，这样的行为就可以被接受'的规定，那他们必须施行这一规定。"

亚亚·图雷最终还是逃脱了英足总的惩罚，可以在足总杯第5轮比赛中对阵切尔西。穆里尼奥更加不开心的是，英足总视频委员会在回顾了加的夫城前锋克雷格·贝拉米比赛中击打斯旺西的乔纳森·德古斯曼的镜头后，决定对他提出指控。

佩莱格里尼对此回应道："我只回复一次穆里尼奥，因为，如果你总是保持沉默，（人们）也许会认同那样的事情。他开始谈论裁判们和财政公平竞争原则。我不认为这是（做事情的）正确方式。我从来不会谈论其他的球队，不论英足总是否会对其他球队的球员停赛，或者裁判对其他球队做出了糟糕的判罚。我认为最佳的方式是和你的球队一起工作，让裁判们和英足总各司其职。公平的方式是让每个人和他们自己的俱乐部一起工作。"

穆里尼奥总是会针锋相对地对付对手主教练，但是佩莱格里尼表示，那和他自己的行事风格截然不同："这不是我的行事风格，因此我不会这么做。我不认为所有人都应该按照同样的方式做事。我只回答这一次，穆里尼奥所做的一切是因为他在谈论裁判们，但是我不会每一周都回答，因为我们会继续给出答案，并且从对手那里获得答案。"

对穆里尼奥关于亚亚·图雷应该被停赛的声明，佩莱格里尼补充道："我重复一遍，我不会回应穆里尼奥每一周所说的话，因为他会继续每周都试图说一些跟足球无关的事情。我认为足总的行事方式是为了所有的球队更好。我相信英足总，我相信裁判们。"

在切尔西对阵西布朗的比赛还剩 3 分钟结束时，西布朗前锋维克托·阿尼什贝迟来的进球帮助球队扳平了比分，使得伊万诺维奇的进球无法成为制胜球，穆里尼奥不禁一声长叹，认为自己的球队缺少了"杀手本能"。切尔西后卫伊万诺维奇还和门将切赫在球场上发生了公开争吵。在看到自己的球队给予了阿森纳和曼城反超的机会之后，穆里尼奥说："我们在比赛中显得很舒服，也许是太过于舒服了。我们在拥有机会的时候没能够杀死比赛。比赛有 60 分钟完全在我们的掌控之中，西布朗甚至一次都没有涉足过我们的禁区。上半场我们对比赛拥有完全的掌控，却没能够创造出太多机会，但是我们完全掌控了比赛节奏。彼得（切赫）没有做出一次扑救，对方前锋们也没有一脚打门，一切尽在掌握，我们在等待空间的出现。下半场我们获得了一些空间，但是却没有足够强大到杀死比赛。一支准备充分的球队，一支成熟的球队，可以以 2：0 杀死比赛，和对手彻底说再见。但是我们没有做到。他们做出了反应，而我们没能够做出及时的应对反应。最后 20 分钟里，他们将我们置于压力之下，结果他们攻入了一粒进球。也许他们配得上拿到 1 分。1 分的分量有多重，等到赛季结束我们将会看到。"他无视了自家 2 个球员的场上争议，"我不知道发生了什么，但是我喜欢这样。我喜欢球员们表现出情绪，如果某人犯了一个错误，我喜欢他们之间对此进行讨论。"

穆里尼奥坚持表示，能够在利物浦和阿森纳都战平的一个主场拿到 1 分总比 1 分不得要好，"在这个时刻，我们比之前多拿了 1 分。如果阿森纳和曼城明天赢球，他们将超越我们，但那是他们的工作，每一场英超比赛都是困难的。"

阿森纳主教练温格声称，其他主教练之所以低调回应各自球队的夺冠前景，是因为他们"害怕失败"。穆里尼奥对此进行了辛辣的回击："如果他是正确的，如果我真的害怕失败，那是因为我失败的次数很有限。8 年没有获得任何冠军，那才是失败。"阿森纳自从 2005 年夺得足总杯以来，便再未获得过任何冠军。"他是个失败专家。"穆里尼奥继续说，"如果我在切尔西 8 年无冠，我会离开，永远不再回来。"加里·莱因克尔感觉穆里尼奥的这番话已经"太过分了"，"穆里尼奥有些失控了，对于温格的言论完全错误"。莱因克尔在推特上写道，"温格在全世界赢得了很多奖杯荣誉，踢出了漂亮的足球。是的，温格已经有些年头没有夺冠了，但是他并没有得到其他球队那样的巨额预算，这种情况直到最近才有所改变。事实上，阿森纳俱乐部的'情况很不错。'"加里·内维尔也参与了进来。"掏真家伙了！"他在推特上写道，"何塞的手雷丢出来了，有人应战不？"

在和穆里尼奥的 9 次交锋中，佩莱格里尼只赢过 1 次。2011 年，两人在西甲进行了前两次较量，穆里尼奥执教皇家马德里，而佩莱格里尼执教马拉加，两回合总比分是 11：0。而在他俩第六次交手时，佩莱格里尼坐镇玫瑰园球场总算 3：2 击败了皇马。后来回忆起那场为自己挽回一丝颜面的比赛，佩莱格里尼强调："看看两队交锋的总体战绩吧，历史告诉你，皇马总是会击败马拉加。"而本赛季迄今为止，曼城两度输给切尔西，令其英超冠军舍我其谁的汹汹气势受挫。

有评论指出，12 天前那场比赛中，穆里尼奥抓住了费尔南迪尼奥缺阵留下的漏洞；还有一种说法是，穆里尼奥专门安排威廉和马蒂奇限制亚亚·图雷，此举收获奇效。对于这些论调，佩莱格里尼解释道："看看切尔西那场比赛下半场获得了什么机会吧。马蒂奇在 25 米外有一脚射门，加里·卡希尔接到角球击中了立柱。除此之外，他们再无更多机会。上半场比赛他们有一次机会，我们在反击时传球失误，他们取得了进球。这并不是因为费尔南迪尼奥不在场，而是因为我们犯了个错误。我没有任何担忧。"佩莱格里尼否认了自己的战术失败。"我们将马丁·德米凯利斯移镇中场，"他说，"我们有足够的防守型中场。我们拥有 64% 的控球率。"

佩莱格里尼对穆里尼奥的讽刺相当露骨："对我而言，进球才是更重要的问题。如果对切尔西打进一球，我们也许就赢了；而如果对诺维奇打进一球，我们也许就平了。我不断以同样的方式去思考。"

佩莱格里尼在尽量避免更多的口舌之争，以免让球队分心。当穆里尼奥在佩莱格里尼执教伯纳乌的一个赛季后接手皇马——佩莱格里尼带领皇马拿到了96分，却依然屈居巴塞罗那之后成为亚军——穆里尼奥冷笑着说："第二名就是头号输家。"与此同时他补充道："如果皇马炒掉我，我肯定不会去带马拉加。"

"特殊的一个"陶醉于自己对"沉默的一个"的巨大优势。有记者问穆里尼奥：如果切尔西在足总杯上将联赛主要对手淘汰出局，是否会让对手遭受进一步的心理创伤？穆里尼奥说："如果切尔西赢了，他们（曼城）就无法夺得四项冠军，那是他们的主教练所说的本赛季的目标。仅此而已。但是如果你无法赢得四项冠军却赢得了三座，也是巨大的荣誉。我不认为这会影响他们的自信心。大球会都知道他们可能会输给其他大球会。"

至于他对智利教头明显的战绩优势，他说："我不喜欢这种主教练之间的交锋。比赛是球队之间的事情，而非主教练之间。我不喜欢这样对比。不论我对某个教练的交锋成绩占优与否，我都不喜欢这样的数据。不管从何种角度，我都不会关注它。"

佩莱格里尼拒绝再回答任何和穆里尼奥有关的问题。佩莱格里尼害怕了？穆里尼奥忍不住要回答一下这个问题，"如果他不想谈论我，太完美了。我希望他就像他所说的这么做，不要谈论我。我也不太喜欢谈论其他主教练。我认为他是正确的。因此如果他不希望谈论我，那非常完美。"

这么说来，何塞不喜欢所有这些赛前的"闲聊"？愚人节开玩笑吧！

他认为，这场杯赛不应该采用和联赛同样的战术模式。有记者问穆里尼奥，不论他派谁出场，是否都会再次让麾下对亚亚·图雷采取人盯人防守，以限制曼城的进攻？对此，穆里尼奥强调，阻止佩莱格里尼的球队可不只是这么简单。"他们各个位置都具备不俗的实力。你关闭了右路通道，曼城左后卫亚历山大·科拉罗夫会从另一端送出完美传中。他们的一切都很出色——定位球，比赛的每一个层面。"

最后，他还说了一句刺耳的话。说起当初他建议英足总对亚亚·图雷进行停赛处罚，穆里尼奥评论道："亚亚·图雷很重要吗？是的。他如此重要，因此足总决定他必须踢这场比赛。"

周五，当一位记者询问佩莱格里尼，穆里尼奥是否应该因为他的言论受到足总的控制时，佩帅打起了太极："我不会回答关于穆里尼奥或其行为的问题，因为我不希望再把争议继续下去了。重要的事情在于，每个相关机构，不论是英足总还是其他任何机构，都要做好自己的工作。对于某位球员是否应该停赛发表评论，我认为这是不正确的。"

1 个月后，切尔西主场对阵阿森纳一战将很可能对冠军争夺产生重要影响。温格坚持表示联赛冠军在"切尔西掌控之中"，但又声称阿森纳会"全力以赴"争取赢得这场比赛的胜利。

穆里尼奥强调，温格已经得到了"许多许多年"时间，来把自己的球队打造成冠军。在 0：0 战平曼联之后，温格承认，他的球队有些"紧张"，但是穆里尼奥相信，他们如今应该成熟了，该有所作为了。"这支阿森纳，已经在一起磨合了许多许多年。他们已经用了许多许多年来让这些球员成长、成熟。这些球员，杰克·威尔希尔和亚历克斯·奥克斯莱德 - 张伯伦、西奥·沃尔科特和基兰·吉布斯，他们不再是孩子了。他们曾经是孩子，但此刻他们已经是成熟的球员。阿森纳主教练带着这批球员，和这批球员一起工作了 4 年、5 年或者 6 年，之后又引进了梅苏特·厄齐尔、桑蒂·卡索拉和佩尔·默特萨克，这些出色球员的经验，为夺冠补全了最后几块拼图。"

有记者问穆里尼奥：你觉得温格为何总揪着切尔西不放？穆里尼奥答道："问他去吧。"那么，阿森纳为何 8 年没有拿到一座冠军？穆里尼奥说："去问他，而不是问我。"

穆里尼奥如果在一家俱乐部拿不到冠军，他便不会久留。"如果 4 年时间我拿不到一座冠军，我不会想要新合同。就像这么简单。我觉得，当一名主教练付出了一切，尝试了一切，将自己完全献身于俱乐部以及俱乐部的长远规划和团队梦想，那么的确可以问心无愧。这种情况下却依然无法获得成绩，其实也很正常，这就是足球。但就我的心态而言，你需要有个极限。当你已经用了足够多的时间，你必须足够坚强、足够有自尊心地去承认失败。"

这两位教练此前有过过节，2005 年在温格质疑切尔西的转会策略之后，穆里尼奥批评法国人是个"偷窥狂"。"他喜欢偷看别人，"穆里尼奥于 2005年 10 月说道，"就是有那么一些人，他们在家的时候，会用望远镜去偷看别人家的事情。他对于切尔西总是说啊说啊说啊个不停。"当时，温格反击道："他有些失控了，与现实脱节，相当无礼。当你将成功赋予愚蠢的人，有时候只会让他们更愚蠢。"

温格没少指责过穆里尼奥，反之亦然。2005 年 8 月，温格就对切尔西的战术评论道："我知道我们生活在一个只有赢家和输家的世界里，但是一旦一项运动鼓励球队拒绝主动，那么这项运动就危险了。"2007 年 11 月，穆里尼奥对温格的外援政策评论道："和阿森纳不一样，我们寻求成功，希望尝试围绕英格兰球员来打造球队。"

利物浦目前排名联赛第四，他们的主教练布伦丹·罗杰斯继续利用赛马的比喻，他表示，他的球队虽然很晚才加入争冠集团，但"也许会成为在其他赛马的脚下穿梭的吉娃娃"。之后，穆里尼奥将利物浦比作为"享受特权的吉娃娃"，因为罗杰斯的球队只落后切尔西 4 分了。

穆里尼奥相信利物浦拥有着"巨大优势"，因为他们不需要受到欧战的制约。"如今我确定这是一场四匹马的赛跑。利物浦拥有巨大的优势，因为他们没有参加欧冠联赛。如果布伦丹有一只吉娃娃，那也是一支进行了大量训练和大量休息的吉娃娃。而其他狗没有办法大量训练，因为他们有很多比赛，他们没办法休息，因为每隔 3 天就有一场比赛，当英超联赛到了关键点的时候，我们必须同时准备欧冠联赛。要不断踢比赛，举个例子，我们周三要在伊斯坦布尔对阵加拉塔萨雷，周六对阵富勒姆。布伦丹的吉娃娃不需要这么做。周中睡睡觉，吃吃饭，训训练。因此我不得不说他的吉娃娃是有特权的吉娃娃。下赛季，他将体会到参加两项、三项、四项赛事是什么感觉。但本赛季，他享有特权，这给他带来了巨大优势。"

布伦丹·罗杰斯有一次曾经形容，在穆里尼奥手下的切尔西工作 3 年就像"在哈佛大学一样"。

切尔西缺少一名顶级中锋，托雷斯、登巴·巴和埃托奥一共才打进了 11 粒英超进球，但天才的穆里尼奥找到了解决问题的办法，"如果你是在谈论一支看上去相当稳健，防守稳固，与此同时创造大量机会的球队——那是我的球队。当我说我们并非所有人认为的头号热门时，你们会想'他又来了'，你们觉得这是心理战。但这只是我的感觉。我们输掉了本应该赢的比赛，那些是非常容易取胜的比赛。对阵埃弗顿如此轻松，但是我们没能打进一个球，我都数不清我们有多少机会。结果，我们丢球了，输了。我们做客纽卡斯尔，也很容易赢球的。前30分钟我们击中了立柱，我们有过机会，但是我们输掉了比赛。我们前往斯托克城，也是容易赢的比赛。对阵西汉姆联，我们有25次射门在门框范围之内。我们这支球队，如果拥有最后的'一击'，也就是将球送进大门的能力，我就可以说我们是热门球队。我们的球队走在正确的方向上，但是此刻我不会说我们是热门，但我们是夺冠候选之一。"

切尔西在伊蒂哈德球场以0：2不敌曼城被淘汰出足总杯，尽管他在一天之前还给温格贴上了失败者的标签，但是穆里尼奥坚称他的球队没有令他失望："我不会说我的球队失败了。我会说曼城踢得比我们出色多了，配得上赢球。比赛很容易分析——他们是最出色的球队，他们赢了。"

穆里尼奥觉得曼城的第二个进球越位在先，但是也承认这个进球被判与否，对结果的影响有限，毕竟他的球队全场只有3次射门，无一射正。"他们是最出色的球队，当最出色的球队赢了，足球就没什么争议可言。两周之前，最出色的球队 ① 赢了，这一次又是最出色的球队赢了。其实，这场杯赛反而令我的球员们更值得称赞，因为事实证明，一个赛季要赢曼城2次是极其困难的，特别是在这里赢球。裁判团队下半场的表现很糟糕？是的。但是即便裁判团队的表现完美，切尔西能否赢得比赛？不。他们的第二球越位了，但是他们仍然将以1：0获胜，因为我们永远不曾接近进球，更不用说主导比赛，或者在比赛中给曼城带来恐惧。"

至于他对温格的嘲讽，穆里尼奥说："我不接受一方永远是'礼貌的先生'，而另一方总是坏人。我不接受，抱歉。我唯一感觉到的是我总是保持安静，而其他人会对我们发表一些不中听的评论。"

佩莱格里尼认为，他的球队重新振作了精神，因为他们在周中没有踢比赛，得到了休息，他们主场对阵桑德兰的联赛因为狂风被迫取消，"在两个月里踢了18场比赛之后，我们十分疲劳，但在周四和周五的训练中，我们又生龙活虎起来了。那时我就知道，我们可以对切尔西拿出好的表现。"穆里尼奥赞同，额外的时间休息是一个有利因素，"很明显，两支球队的体能存在区别。一支球队两天之前踢了比赛，另一支球队则是上周踢的比赛，已经一周没有踢

---

① 指切尔西在2月3日的联赛中客场1：0击败曼城。

过正式比赛了。"

之前曼城输给切尔西的时候，佩莱格里尼面临着诸多问题，此番获胜，他坚持表示："我仍然不认为我们之前对阵切尔西的战术有任何问题，只是因为他们在我们之前取得了进球，之后便让我们很难发起有效的反攻。我们对阵他们时没有任何战术问题，这场比赛对我来说也不是一场战术大师式的胜利，因为我不相信这种东西。"

阿森纳在足总杯第五轮击败利物浦打进了1/4决赛，就在比赛之前，阿森纳前球员和教练鲍勃·威尔逊，对穆里尼奥攻击温格的行为进行了严厉的指责："我认为这是最大的不敬，最卑鄙的做法。我觉得他真是无聊至极。我认为这是人身攻击。他是个相当有天赋、神奇的教练，但同时他又是个喜欢自我宣传的人，这种做法总体来说并不正确。说西汉姆联踢的是19世纪的足球，给予曼努埃尔·佩莱格里尼谩骂：这是一个我们向一位绅士——汤姆·芬尼——致敬的周末，我不喜欢恃强凌弱的人。"

鲍勃·威尔逊是1970—1971赛季阿森纳夺得老英甲和足总杯双冠王的主力门将，他表示温格在英格兰的17年半执教生涯中"耳聪目明"，肯定会为穆里尼奥"目中无人"的评论感到失望，"他有些失控了，与现实脱节，相当无礼。当你将成功赋予愚蠢的人，有时候只会让他们更愚蠢。我知道我们生活在一个只有赢家和输家的世界里，但是一旦一项运动鼓励球队拒绝积极主动，那么这项运动就危险了。这并不是他第一次攻击阿尔塞纳（温格）了。几年前穆里尼奥称呼他为"偷窥狂"，那是个令人作呕的称呼——所幸他还是给出了迟来的道歉。我喜欢谦逊的人。比尔·香克利 ① 在他的年代有些像何

---

① 比尔·香克利，1913年9月2日—1981年9月29日，苏格兰人，英国老牌球会利物浦历来最成功主教练之一，把长期挣扎在乙级联赛的利物浦变成了顶级联赛冠军，并开始该队的欧洲霸业。1959年12月，前任主帅泰勒辞职后，利物浦做出了一个后来被加载史册的决定——任命赫德斯菲尔德主教练、苏格兰人比尔·香克利为新任主帅。1963—1964赛季，香克利第一次率队夺取了英甲联赛冠军，红军霸业初成。1965年，利物浦第一次夺取了足总杯冠军，之后的一年又称雄联赛。1973年，香克利再度率领球队夺取英甲冠军，同年还拿到了欧洲联盟杯，1974年的足总杯冠军则是他送给利物浦的最后荣誉。1973—1974赛季结束后，香克利意外地宣布辞去主教练职务，60岁的他打算更多地和妻子以及家人在一起，这个决定一度震惊了利物浦和整个英国。1981年9月29日，香克利因心脏病去世。

塞·穆里尼奥。他会抓住每一个机会给予你心理上的打击。他会主动发动攻击，但是是以一种可爱的、争强好胜的方式。"

2012年伦敦奥组委主席塞巴斯蒂安·科爵士则捍卫了穆里尼奥："他所做的只是回答记者们的提问。"身为切尔西支持者的塞巴斯蒂安·科说："我不确定这些是心理战，我知道这些不是心理战。他只是回答记者们的提问，他所做的是老老实实回答问题。"

当初，温格曾说，如此多的教练声称自己的球队不在英超争冠行列，是因为他们"害怕失败"。如今，尽管温格表示，他那番言论并非特指穆里尼奥，但他接下来的话还是把争吵升级了，"我不想回应那些愚蠢、无礼的言论。我在我自己的新闻发布会上永远不曾谈论过他，现在我也不会。我唯一知道的是这会令切尔西更加尴尬，而不是我。我为他感到尴尬。老实说，我更为切尔西感到失望，而不是为自己感到失望。我对这件事情没有兴趣。如果你们有兴趣，如果你们没有更好的事情可以做，你们请便。我热爱足球。我感兴趣的是球场上发生的事情。"

记者请温格对穆里尼奥的言辞发表一下最终评论，温格说："不幸的是，我没有什么最终评论。"

在穆里尼奥批评巴塞罗那是"很多很多年"以来最糟糕的一支巴塞罗那时，塞斯克·法布雷加斯告诉穆里尼奥"少管闲事"。前阿森纳中场球星补充说："如果我们必须受到穆里尼奥言论的激励，我们不应该踢足球。我们在西甲积分榜榜首位置，打进了杯赛决赛，在欧冠联赛中的位置也不错，某些人永远希望我们失败，某些人已经说了许多许多，总有一些日子会让他们闭嘴。"

在下一场比赛之前，深感悔意的穆里尼奥拒绝回答任何与本队无关的问题，在数周以来不断挑衅他的争冠对手们之后，他突然沉默了。

穆里尼奥拒绝回答的问题如下（据2月21日《每日电讯报》报道）：

你对阿森纳和曼城在欧冠的困境怎么看？
"我们的欧冠联赛周三开始。"

欧冠联赛会不会影响到英超冠军争夺？
"我周三有比赛，我专注于此。"

阿尔塞纳·温格说你的评论令人尴尬。你对此有什么想说的吗？

"没有。"

曼联已经与韦恩·鲁尼续约成功。你对此感到失望吗？

"我对此没有任何感觉。我们过去确实有过兴趣。但现在，这对我没有任何影响。"

你认为罗伯托·马丁内斯在埃弗顿干得怎么样？

"我不予置评。"

你认为罗梅卢·卢卡库租借到埃弗顿之后的表现怎么样？

"我不想谈论罗梅卢·卢卡库，除非赛季结束。到那之前他都是一名埃弗顿球员。他是我们的球员，但是目前我更愿意将他看作一名埃弗顿球员。"

韦恩·鲁尼将在曼联挣到 30 万英镑的周薪。他是否配得上这个身价？

"不关我的事。"

你对于本周在欧冠联赛上的红牌判罚怎么看？

"这个问题更应该让交战双方主教练来说。我接受比赛的规则。"

本周的欧冠比赛，是否说明了英超的水平？

"我不做评论。欧冠联赛对于我从周三开始。"

英超的竞争力怎么样？

"我不想评论。"

你觉得罗伯托·马丁内斯执教卢卡库怎么样？

"我不评论。我更倾向于理解卢卡库是由罗伯托执教。他对此发言，评论，请问他，不要找我。"

你似乎不太高兴，怎么了？

"我很好。"

你是做出了保持沉默的诺言吗？

"不是。"

你是对于你所遭受的批评不开心吗？

"不是。"

你对于你所遭受的批评有什么反应？

"我没有反应。"

你有什么愿意谈论的问题吗？

"没有。如果没问题了，我就走了。"

其他英格兰球队被淘汰出欧冠联赛，会让切尔西获益吗？

"我不谈论其他的球队。"

你观看欧冠联赛了吗？

"是的。我看了所有的4场比赛。没什么特别的事情。"

像罗伯托·马丁内斯这样的主教练，进入一家俱乐部改变球队风格会有多么困难？

"问他去。"

你认为你和佩莱格里尼的关系会改善吗？

"我没心情。"

你今天决心什么都不说，是因为你觉得阿尔塞纳·温格的言论有道理吗？

"不予置评。"

　　切尔西1∶0击败埃弗顿一役的最后10分钟，蓝军依然被牢牢困在0∶0的局面之中，穆里尼奥如此沉浸于给队员们指导，甚至走进了球场之内，距离球的位置相当近，几乎阻挡到了埃弗顿边锋埃登·麦吉迪在边路的突破！穆里尼奥坚持表示他的球队配得上幸运的制胜一球，他的球队凭借这一胜利巩固了榜首位置。切尔西原本看上去将丢掉2分，直到埃弗顿后卫菲利普·雅盖尔卡对拉米雷斯犯规，兰帕德的弧线任意球传中正好飞过高高跃起的伊万诺维奇头顶，因为臀部肌肉受伤休战了3场的队长特里，门前做出铲射动作，令人感觉是他将皮球从霍华德身边送进了大门，特里随即跑了起来，将这球算在了自己名下。但是究竟这个进球归谁（最终算作了兰帕德直接任意球破门），穆里尼奥对此无所谓。他只是对他的球队最终取得了一个进球感到高兴，"当你在第九十分钟取得进球，你当然可以说这里有幸运成分，"他说，"但事实上，孩子们一直在追寻这个进球。我们是一支真正试图赢得胜利的球队，这是我们的责任。我们配得上胜利。只是没有想到我们的进球会来得这么晚。我希望我们可以更早进球。但是命运却让我们等到了最后1分钟。"

　　埃弗顿主教练罗伯托·马丁内斯对于主裁判李·普罗伯特判给拉米雷斯

一个任意球十分失望，他感觉切尔西非常善于赢得禁区附近的定位球，"这真是令人难以置信的窍门，他们总是能够用尽各种技巧赢得危险位置的任意球。我们必须防守好定位球，但不幸的是在第九十三分钟，他们获得了一个进球，我不认为这反映了双方场上表现。我们防守得非常非常好。从这点来看，约翰·特里勇敢地将自己扔了出去，他获得了幸运的反弹球，他们进球了。"

穆里尼奥对埃弗顿颇有些同情，本来看上去切尔西的不胜纪录将延续到3轮。但恰恰相反，切尔西以英超领头羊的身份进入了欧冠16强与加拉塔萨雷的比赛，"我为他们（埃弗顿）感到遗憾，因为他们表现如此出色，也许平局会是个公平的结果。如果今天我们只拿到一分，如果其他在我们之后的球队赢了，我们将丢掉榜首位置。每一场胜利都让我们留在榜首，而每一次失利或者平局都会让我们失去这一位置。我们很想继续保持这一位置，不能轻易让给对手。我们必须战斗，我们必须拿出好的表现，最终赢得胜利是一种美好的感觉。球队渴望胜利，并且最终进球了，这很棒。而即便没有进球，我对球员们也非常满意，他们已经全力以赴了。"

穆里尼奥称赞了西班牙后卫塞萨尔·阿斯皮利奎塔全方位的表现，"他代表着球队这场比赛的取胜决心。"他还为奥斯卡的受伤感到惋惜，这次伤病提前结束了巴西中场组织者这天下午的比赛。

特里的回归振奋人心，穆里尼奥补充说："整支球队又一次奉献了伟大的防守表现。并不仅仅是约翰。防守组织相当好，很强大，但是当你拥有这样一位队长——他在场上呼喊队友，为防线带来稳定性，和卡希尔之间非常默契——你的防线就会更好。之前他缺阵了3场比赛，我们非常想念他。"

穆里尼奥也称赞了兰帕德，英格兰中场在英超出场次数排行榜登上了历史第二位，追平了大卫·詹姆斯在英格兰顶级联赛572次出场的成就，"他太了不起了。跻身英超历史射手榜前列，将自己的名字与那些历史名将写在一起，这太棒了。其他人都是前锋，他则是中场，因此他能够名列其中太令人吃惊了。如今，他又和一位守门员出场数持平，这十分说明问题，因为相比其他球员，守门员的出场次数更多、职业生涯更久。"

切尔西在特里最近9次上阵的比赛中只丢了2球，而在他缺阵的3场比赛中却丢了3球。特里相信穆里尼奥的执教风格正在开花结果，"也许之前一年我们有些太开放，所有人都很狂热。我们经常在后防线只留 3 到 4 人，这明显负担过重了。主教练到来后，对球队进行了改造，重塑了我们，给了边路球员更多的任务。你们看看埃登（阿扎尔）就知道了。虽然我们的 4 后卫防线做得不错，但这也是集体的功劳。"

切尔西在联赛主场继续保持不败，穆里尼奥的联赛主场不败纪录延伸到了 74 场。将获得欧冠资格视为首要目标的穆里尼奥认为，主场的强势对于切尔西在积分榜前列的竞争非常关键，"不论你的目标是什么，拥有出色的主场战绩是最重要的。"他告诉切尔西官方电视台，"我们在主场丢掉了 4 分——战平西布朗和西汉姆联——如果直到赛季末，你都保证主场不丢太多分数，你就会有更好的机会。"

上一次在斯坦福桥执教，穆里尼奥率队两次问鼎英超，一共获得 5 座奖杯，特里发挥了举足轻重的作用。但是，在贝尼特斯手下，特里却主力位置不保。回到俱乐部之后，当年无比信任特里的穆里尼奥面对着一个疑问：特里是否依然有能力担当切尔西的守护神？事实令穆里尼奥确信，特里强大依旧，这位 33 岁老将又一次成为了切尔西的关键先生。穆里尼奥说，"起初，我不知道（他现在状态如何）。我也对他明确说了这一点。我告诉他，我希望了解一下他之前为何出场机会减少。有些球员的确会失去状态，无法再奉上高水平表现。我希望看一看他是否属于这种情况，看一看（他上赛季出场减少）是否只是因为其他主教练的喜好问题。你永远都需要尊重其他教练的做法。因此我不清楚在特里身上究竟发生了什么。我和他一起开始季前备战，分析情况。在我手下他表现很好，除了他因为背部手术在赛季重要阶段缺阵的时候。但是在我第一次来这里的前两个赛季，他踢得非常棒。现在？本赛季他踢得很不错。"

在等待了 93 分钟才迎来进球之后，是时候拿对加拉塔萨雷的欧冠比赛以及与德罗巴的师徒重逢开开玩笑了。"最完美的是我们去到那里 10：0 获胜！"这个说法的确很逗趣，因为切尔西最近这段时间进球相当难产。"看上去，我们有着一定的局限性。"穆里尼奥承认。德罗巴接近 36 岁了，已经不如从前那样高产，但他依旧有能力引领锋线。"他仍然很出色，仍然是一个威胁，"穆里尼奥说。"和他对阵会是一种奇怪的感觉，因为我们太了解他了，但是作为主教练我曾经和他交手过。当我在国际米兰的时候，我们和切尔西交过手，而上赛季他在加拉塔萨雷，与皇马有过交手。我们（皇马）在伊斯坦布尔输了球。他们给我们制造了麻烦，但是加拉塔萨雷永远是一个难打的主场，那里的球迷非常难缠。比赛开始之前和结束之后，我们对迪迪埃（德罗巴）会非常尊重。我们永远都是好朋友，因为他是切尔西俱乐部真正的传奇。但是在比赛进行时，我们不会是朋友，我们也很清楚，加拉塔萨雷是拥有着许多重量级球员的富有经验的球队。"

这期间，穆里尼奥对于切尔西现役前锋们很不谨慎且相当轻蔑的言论，造成了巨大麻烦，当时他以为自己是在和瑞士手表制造商宇舶表的老板进行私人对话，却被法国电视公司 Canal+ 拍了下来。"我拥有一支球队却没有前锋，"穆里尼奥说，"切尔西的问题是我们缺少 1 个射手。我拥有 1 个，但是他 32 岁了，可能有 35 岁了，谁知道呢？"这番言论也让人们对于塞缪尔·埃托奥的真实年龄产生了怀疑。切尔西"介绍"说穆里尼奥的这番言论是很轻松的，没想被广播或者出版，穆里尼奥没有意识到准备进行采访的 Canal+ 电视台，拍摄了他和宇舶表老板的对话。随后这段对话被发布在网上，穆里尼奥的评论很快就被翻译成法语，之后在全世界流传开来。这段视频随后被 Canal+ 在网站上删除了，穆里尼奥很生气，他原以为的一段私下对话却进入了公众领域。随着鲁尼已经在曼联续约成功，切尔西正在追求其他人选，在同一段"私人"对话中，穆里尼奥还谈到了摩纳哥前锋法尔考，"他没有找到一家合适的球队。有谁愿意在 3000 名球迷面前踢球？如果有一天我去执教摩纳哥，那将是终点，也许我要准备退休了。"穆里尼奥承认，要将卡瓦尼或者伊布拉希莫维奇从巴黎圣日耳曼引诱过来几乎是不可能的，但是他坚定地表示任何对于埃登·阿扎尔的报价都会被拒绝。"埃登是我们的孩子，"穆里尼奥说。"我们希望他在这里留上 10 年。我们希望围绕他来打造球队，他的踢球风格正是我们想要的。兹拉坦（伊布）来切尔西？这是不可能的。他在巴黎过得很开心。我对此很清楚，因为他是我的朋友，我们保持着联系。巴黎圣日耳曼很有钱，永远不会敞开谈判大门的。这是不可能完成的任务。"

穆里尼奥承认，他和巴黎圣日耳曼老板碰过面，但是并没有直接的邀约，他认为自己的长远未来属于切尔西。"我非常、非常、非常高兴。切尔西对我来说不仅仅是一家俱乐部。这是一项我所热爱的计划。未来我可以在法国工作，为什么不呢？我（对巴黎圣日耳曼）没有说不，也没有说好，因为并没有过真正、直接的邀约。我们会面了，3到4年之前，我有幸去埃米尔在卡塔尔的家拜访了他，那是在他收购巴黎圣日耳曼之前。我们有着相互尊重的关系，但是在皇家马德里之后，我对所有人说，我所希望做的事情，就是回到英格兰。我希望留下，我的合同还有4年到期。"

据前喀麦隆队主教练克劳德·勒鲁瓦透露，埃托奥在获悉穆里尼奥关于他年龄的嘲讽之后"相当恼火"。切尔西在伊斯坦布尔的球队会议，埃托奥是最后一个到场的，迟到了15分钟。在接受Canal+电视节目"非洲人才"的采访时，勒鲁瓦说："我上节目之前刚刚和埃托奥通过电话，他非常生气。"66岁的勒鲁瓦曾经两度执教喀麦隆国家队。"事实上，穆里尼奥在他看到节目之前去见过他，告诉他不要相信一切报道。他表示自己没有说过埃托奥任何话。但是我可以告诉你，塞缪尔根本不相信。"

与此同时，埃托奥的前女友安娜·巴兰卡声称他实际上已经39岁了："我认为塞缪尔并不是35岁。他的年龄超过39岁。塞缪尔出生于1974年，因此他现在已经39岁了。显而易见，他刚来欧洲的时候，他的实际年龄比他自己所说的要大。"

穆里尼奥在伊斯坦布尔的新闻发布会上表示，媒体应该为Canal+电视台播放这段非正式谈话感到"尴尬"。"这是我和并不属于足球世界的某人之间一段有趣的谈话，我们当时都笑了。可耻的是，某些人居然在我们明显不知情的情况下录音并记录了这段私人对话。从我的观点来看，我的言论明显是不好的，也明显不是我在认真的时候会去说的话，不是我在接受采访时会正式发表的言论。我从不开玩笑。我是那种极力捍卫自家球员的教练，塞缪尔·埃托奥是4次欧冠联赛冠军得主。正是和他一起时，我拥有了我执教生涯最伟大的赛季。他是少数几个和我在不同俱乐部合作过的球员之一，如果一位主教练不喜欢一个球员，是不会这么做的。他没有理由为此烦恼。还有，数年前他曾说，穆里尼奥是世界上唯一一位他永远不会为之效力的主教练，但一年后，他和我在国际米兰合作，如今又在这里会面。"

法国电视台辩称，穆里尼奥完全清楚他的言论被录了下来。"这些并不是偷的影像，"埃尔维·马图是负责广播穆里尼奥采访的节目制片人和责任编辑，他告诉 footballmercato.web，"摄像机镜头离穆里尼奥很近，他可以清楚地看到，他可以看到红灯亮起来了，他很清楚地知道他在被录影，特别是考虑到他是个对镜头再熟悉不过的人物，早已经习惯了媒体报道。穆里尼奥也许不希望承担他这番言论的责任。他本可以找到我们的记者，告诉我们不要用这些影像。但他没有做出任何特别要求。"

托雷斯则透露，自从穆里尼奥回归以来，从未向自己的球员们解释过挑选首发阵容的原因，但托雷斯表示自己已经越来越习惯穆里尼奥的工作方式。"你只能去适应这种情况，尊重他的决定，"托雷斯接受《马卡》报采访时说，"穆里尼奥已经用行动证明，每个球员都会得到机会，他对我们是一视同仁的。他喜欢轮换阵容，根据对手来安排首发。赛季还剩下两个月时间，我们必须保持专注。"尽管托雷斯和埃托奥为了同一位置竞争，但他俩有着非常好的交情，"太棒了，他是个天才，他在做他一直以来所做的：进球。在穆里尼奥治下，你永远不知道自己能不能首发出场，因此你必须保持最佳状态并做好首发的准备。"

斯内德、德罗巴和哈米特·阿尔滕托普在他们职业生涯的不同阶段都曾经在穆里尼奥手下踢球。"穆里尼奥非常了解我们，这是一大优势，但是这同样适用于我们。"斯内德强调，"我们都很了解穆里尼奥，也许比切尔西球员对我们的了解更多。切尔西是一支伟大的球队，所有人必须承认这点，但是如果我们展现出对阵尤文图斯时的斗志，我们可以再次获得一场伟大的胜利。"

加拉塔萨雷主教练曼奇尼承认，"我们并没有太多机会，即便是在主场，因为切尔西更强大，是欧洲最出色的球队之一。但是对于加拉塔萨雷来说，和切尔西比赛是一个重要的时刻，我们需要做好自己的工作。迪迪埃（德罗巴）曾经是切尔西的一名重要球员。韦斯利（斯内德）在穆里尼奥手下夺得过欧冠联赛冠军，他们有着不错的关系，但是在 90 分钟比赛里他们会成为敌人。在那之后，他们可以一起去吃晚饭。迪迪埃和韦斯利对于我们将十分重要。"至于英超冠军归属，前曼城主教练曼奇尼斩钉截铁地回答道，"这将是曼城和切尔西的较量，因为切尔西如今已经提高了不少，但是曼城将赢得最终胜利。"

迪迪埃和斯内德，就像埃托奥一样，和穆里尼奥有着很强的情感纽带。"这是一种奇怪的感觉，"穆里尼奥说，"一个球员如果是我执教生涯的一部分，就也是我生命的一部分，当你在球场上和他们对阵时，这种感觉很不一样。我曾经和切尔西交手过一次，那种感觉就很不一样，但是在比赛之中你必须全力以赴。他们希望赢球，我们也希望赢球。这就是足球最基本的原则：你做好本职工作，尝试忘记。"

被问到穆里尼奥的问题，斯内德耸耸肩回答说，"我对于他有什么可以说的？我们一起夺得了欧冠冠军。"

谈到比赛时，穆里尼奥评论道："到了淘汰赛阶段，你需要更多地去考虑细节：球门、立柱、越位和犯错。这座球场很难应付，这里的球迷很难应付，即便是在斯坦福桥，他们也会有大批球迷赶到，给对手和裁判施加压力。德罗巴和斯内德都在全世界最优秀球员之列，这是两位欧冠联赛冠军得主。如果比赛场地不在最佳状况，我认为会对他们有利，因为他们是一支非常拼的球队，身体很棒，侵略性强。他们会更喜欢将比赛变成一场充满侵略性的战斗。他们会利用他们的力量和经验，他们很会比赛。对于我的球员来说，比如奥斯卡和阿扎尔，这是用双手紧紧抓住机会学习的时候。"

切尔西年轻、缺乏经验？曼奇尼对此怎么看呢？"切尔西目前位列英超榜首位置，因为他们是一支出色的球队。他们拥有梦幻般的球员，习惯了这样的比赛。他们有 80% 的晋级可能性。"

切尔西成为欧冠 16 强首回合中第一支取得进球的英格兰球队，而平局是个合理的结果。"有些球队有 3 次机会就打进了 3 球，而我们有 5 次机会只打进了 1 球。"穆里尼奥说。"这并不是对于前锋们的批评，但是这是我们的球队的基本特征。我们能够创造机会，但在前场 30 米区域，我们缺乏准确的传球和正确的跑动。我们为此付出了代价。在英超之中我们正在丢分，而在欧冠联赛中我们本可以获得不一样的结果。"

穆里尼奥的球队在最近 5 轮联赛中，战平过西布朗和西汉姆联，但对于在土耳其的平局，他认为是"可以接受的"。

回到英超赛场，切尔西客场 3：1 力克富勒姆。那个比赛日开始前位列积分榜次席的阿森纳，则做客 0：1 输给斯托克城，这样一来，穆里尼奥的球队目前以 4 分优势领先阿森纳以及客场击败南安普敦的利物浦，对曼城则领先 6 分，后者正在准备联赛杯决赛。穆里尼奥说，"我们和曼城的积分差距是不真实的，如果他们赢得手头少打的比赛，他们将是榜首。"曼城的净胜球比切尔西多 12 个。"我更乐意将命运掌握在自己手中，现在只有曼城掌握了主动权。从现在到赛季结束还剩 10 轮比赛，即便我们 10 场全部取胜——我们肯定做不到——我们或许依然无法夺冠。如果他们（曼城）赢得所剩的 12 场比赛，他们将成为冠军。他们将命运掌握在了自己手中。"

在经历了一个相当糟糕的上半场之后，许尔勒下半场上演了帽子戏法。穆里尼奥做出了最匪夷所思的半场训话——他什么都没说！事后穆里尼奥解释说："半场时，我一言不发——什么都没说——一个词都没有。我只是走进去，之后我走出来。我不知道其他人是否做了讲话。我当时不在更衣室里。上半场，我们的表现是整个赛季最糟的，下半场球员们知耻后勇。球员们知道，上半场真的踢得很糟。我可没有经历过多少这样的上半场——真的太糟糕了。下半场则是我们赛季的最佳表现之一。我们的传球做得非常好。对于上半场的表现，如果我有权做出 11 个换人，我也许已经这么做了。但是我只能做出 3 个换人——因此我什么都没做。许尔勒仍然处于学习英超的阶段。你的对手是充满侵略性的球队和球员——但是他在门前相当冷酷。他总是能把球射进死角。"

穆里尼奥后来详细说明了自己成为"沉默的一个"的原因。"通常我给队员们 2 到 3 分钟时间准备，让他们换换球鞋或者球衣，之后他们知道我要开始讲话了。他们会各就各位，等待着我。但是我并没有准备好训话。我决定不发一语——因为如果我开始就上半场进行总结，10 分钟不够我说的。我认为球员们用行动证明，他们很聪明——不必说话，你也能够理解一个人的头脑里在想些什么，特别是如果你了解这个人。我认为他们很清楚上半场太糟糕，随后他们带来了梦幻般的下半场。"

许尔勒估算，穆里尼奥中场休息只和队员们一起待了 10 秒钟。还有一种说法是，穆里尼奥说了一句话，"这是你们拉的屎——自己清理干净"。

穆里尼奥永远是不可预测的：也许，他会像弗格森爵士一样咆哮，也许，他会令人吃惊的平静。1 月对阵曼联时，他的球队训话只用了不到 10 秒钟。

他是这么说的："大场面是留给好球员的。如果你们是优秀的球员，那就上场去赢得胜利。"

他们做到了：3∶1 获胜。

"很简单。不必说更多话。"

　　球员们的回应是出色的下半场，特别是阿扎尔和许尔勒。穆里尼奥对于他最出色的球员承担起责任感到高兴。"我认为他感觉到了下半场球队需要某人来创造机会。我认为他承担起了这一责任。如果球队没有为你创造机会，你要么等待着光打雷不下雨，要么决定'我必须自己试试'。他主动回撤，开始将球送到纵深位置，开始突破过人，我们开始拥有更多空间。他激活了队友们，在那之后球队也运转了起来。"

　　许尔勒便显然被激活了，这是他元旦之后第一次英超首发。穆里尼奥强调，许尔勒必须加强对抗能力，以完全发挥自己的潜力。"我们聊了许多，"许尔勒说，"他告诉我，我需要改变，要改变我的比赛风格和我的身体。这正是我过去 2 个月所做的。我在健身房付出了很多。我努力训练，只为变得更富有侵略性。现在我已经准备好了踢更多比赛。"

　　在切尔西三大前锋之中，埃托奥的联赛进球数最多，但他并没有进入替补席。在解释选择托雷斯的原因时，穆里尼奥说，"塞缪尔并没有做错什么。我只是感觉在这一类比赛——客场，对阵普通的防守型球队，对付富有侵略性的后卫——我认为费尔南多（托雷斯）的作用更大，如果我需要在比赛最后阶段冒险，我会用登巴·巴。你可以看到，埃托奥的进球都是在主场打进的。他在联赛中进球，在欧冠中进球，但都是在主场。客场对于他而言更加困难。我认为，在主场，他是我们的最佳首发前锋，因为他的技术、跑动以及他与埃登和奥斯卡之间的默契能够发挥作用。对我而言，他在主场是最适合首发的前锋。而客场，他的表现证明他会遇到困难。"

　　上赛季进入 PFA 上赛季最佳阵容之后，本赛季的阿扎尔成熟了很多：28 场联赛攻入 12 球助攻 9 球。比利时记者问到他和穆里尼奥的关系如何，他说，"他也许会被称为'特殊的一个'，但是对我而言他就是'普通的一个'。我更喜欢人们和我面对面交流。我发现我们有着很正常的关系。他总是开诚布公。如果你踢得很好，他会赞扬你。但是如果你踢得不好，你也会听到他的批评。"

　　比利时队在一场友谊赛中对阵科特迪瓦队，穆里尼奥希望阿扎尔不要上场，"他需要休息。"阿扎尔却总是希望踢比赛，"我不需要休息。就像我之前所说的，多踢比赛能让我达到最佳状态。但是我必须意识到，我不能让自己筋疲力尽。我现在的节奏很好，我得到了不少比赛时间。对富勒姆的上半场我的确感觉到有些使不上劲，但是下半场一切好多了。"比利时国家队主教练马克·威尔莫茨结束了所有猜测，阿扎尔将不会首发出场，"不论穆里尼奥有没有要求，我都不准备让阿扎尔踢90分钟比赛。我之前就已经计划给阿扎尔更多休息时间。他已经踢了太多比赛，他需要稍微休息一下。他可能会踢上20分钟。"

特里和兰帕德的恢复相当显著。安德烈·维拉斯－博阿斯和之后的贝尼特斯都没有再依靠这些老将。穆里尼奥解释说，"特里和兰帕德都非常非常重要。能够让他们恢复对于我很重要。"

穆里尼奥前往巴黎去修复自己的肘部骨折，这是他孩提时代留下的老伤，最近加重了。不过他还是及时赶回来参加了训练。就在飞往法国之前，他在萨沃伊酒店的足球记者协会晚宴上领取了一个奖项，他告诉观众们："如果没有爱和快乐，我无法完成自己的工作。足球所赋予我最好的东西，就是我可以自主决定未来。一些教练会去他们必须去的俱乐部，缺少选择，有时候那并非最理想的去处，或者不是他们所希望的，但他们还是得去。

"我则和我的妻子、家人坐在一起聊天，说，'哪里才是最适合我的地方？我们的家庭去哪儿才会更快乐？哪里是我能够作为主教练愉快工作，而且还能享受更多家庭和社会生活乐趣的地方？'

"我们决定，英格兰是个理想的去处，而英格兰最完美的去处则是切尔西，我很幸运，因为大门是为我敞开的。你和足球、生活有关的原则是相当奇妙的。我热爱着切尔西足球俱乐部，尽管这是唯一一家曾经解雇过我的俱乐部。我们这个家庭属于英格兰。我则属于切尔西，切尔西也属于我，但愿我们能够再待上很多很多年。"他开玩笑地补充道，"我可不是要威胁谁，但如果你解雇我，我会留在英格兰，去另一家俱乐部，一个可能是切尔西竞争对手的俱乐部。"

切尔西在主场4∶0完胜托特纳姆热刺后领先7分了：进球的是埃托奥和阿扎尔，替补登场的登巴·巴连下两城。埃托奥攻入了第一球，还拿穆里尼奥对于自己年龄的评论开涮，模仿一个老年人的样子来庆祝。这是埃托奥俱乐部生涯的第300个进球——不可思议的纪录。在比赛之后，登巴·巴公开发布了一张他和埃托奥、阿扎尔在更衣室里的照片。锋线老将装作腰痛的样子缓慢地走着，走到角旗时直不起腰了，不过穆里尼奥挺享受埃托奥的幽默，他也觉得是时候缓和气氛了，于是评论道："埃托奥的庆祝太棒了。我们知道他蓄谋已久。过去几周他对此事处理得非常得体。我告诉过他，他今天肯定能够进球。"但是讽刺的是，埃托奥并没有进入首发阵容，只是因为托雷斯在赛前热身时腹股沟拉伤才不得不让他首发。

穆里尼奥仍然不愿承认他的球队是夺冠热门，尽管他们在积分榜榜首已经领先第二名 7 分了。他强调："我认为前四已经在我们的手中了。如今的目标是前三。如果曼城赢得他们手头的 3 场比赛，我们就是第二名，不是第一。"他很清楚，如果曼城拿下少赛的 3 场比赛，就将以净胜球的优势反超，他也相信，在曼城踢完这 3 场比赛之前，曼城实际上都占据着英超榜首。"我宁可自己处于他们的位置，因为如果他们赢得那些比赛，他们就将位列榜首。如果我们接下来赢得 9 连胜，我们也许不是冠军。如果曼城赢得他们的 12 场比赛，他们肯定是冠军。他们将命运掌握在自己手中，而我们却不掌握自己的命运。我只知道我宁愿自己主宰命运。如果你告诉我，你们赢得 9 场比赛就是冠军，我会说'好的，棒极了'——因为这意味着结局取决于我们自身的表现。但现在，最终冠军不由我们自己决定。而是取决于他们。"

继切尔西中场威廉和拉米雷斯被红牌罚下之后，穆里尼奥在伤停补时阶段被罚上了看台，冠军挑战者失去了他们的连胜势头，做客 0：1 不敌阿斯顿维拉，而曼城当天早些时候做客 2：0 击败了赫尔城。少赛 3 场的曼城只落后切尔西 6 分了。

穆里尼奥将一腔愤怒全部倾泻于主裁判克里斯·福伊身上，他的球队最终只剩下 9 人，连主教练也被罚下了。"我们又一次遇到裁判这样的表现，真是非常非常不走运。这并不是一个裁判犯一个错的问题。而是从第一分钟到第九十四分钟的裁判表现（都很糟糕）。"

阿斯顿维拉成为继纽卡斯尔和米德尔斯堡之后，第 3 支不止一次击败穆里尼奥的切尔西的英超球队。上述 3 支球队都对葡萄牙主教练有着两场英超胜利。福伊在英超赛场罚下过 6 名切尔西球员——只有迈克·迪恩比他更多，给切尔西亮过 7 张红牌。比赛最大爆发点出现在最后时刻，拉米雷斯因为双脚飞铲艾哈迈迪被出示了直接红牌。穆里尼奥在接下来的喧闹之中被罚下，他坚持表示自己之所以冲进场内是希望提醒福伊，维拉前锋加布里埃尔·阿邦拉霍拽了拉米雷斯。阿邦拉霍已经被替换下场，但是在拉米雷斯的犯规动作之后，他从板凳上跳起来质问拉米雷斯。穆里尼奥说，"这对我来说，是个了解福伊先生品格的重要场合，因为我希望知道他会在报告中怎样描述我被罚下的一幕。如果是因为我冲入了球场内——那只不过是越过了边线 2 到 3 米——那么应该有 10 个人被罚下。我不知道为什么我被罚下。我问过裁判了，但是他拒绝和我说话。加布里埃尔·阿邦拉霍就坐在板凳上，他却跳上了球场，他对于拉米雷斯相当富有侵略性。之后，所有人都冲上了球场：我、保罗·兰伯特①和我的助理教练们，很多人都上来了。足球比赛中没有雕像，所以如果我被罚下，那么所有人都应该被罚下。"

记者提醒穆里尼奥，约定俗成的惯例是，比赛后 30 分钟里主教练不应该去接触裁判们，穆里尼奥说，"这并不是惯例的问题，而是常识的问题。如果你看到某人失控了，好的，你拿惯例来说事。但是如果你看到某人很冷静，没有尖叫，你就不应该搬出什么惯例。足球世界里简单的人不需要惯例。"

有报道称，穆里尼奥和特里曾试图强行进入福伊的休息室，穆里尼奥对此予以否认。他只是承认，赛后确实曾试图再次与福伊进行对话，"在休息室里，我只是礼貌地问道，你能给我 5 秒钟时间吗？他拒绝了。"

穆里尼奥质疑福伊是否应该再次执法切尔西的比赛，声称福伊此前执法和切尔西俱乐部有关的比赛时有过"前科"，他的球员们在做客维拉公园之前的备战中就讨论过关于裁判的任命。福伊最近执法 8 场切尔西的比赛出示了 6 张红牌。穆里尼奥将之与 2011 年 10 月以同样比分争议性地输给女王公园巡游者进行了比较，当时何塞·博辛瓦和迪迪埃·德罗巴都被福伊罚下。他指出了福伊也执法了那场比赛。"我不知道，"穆里尼奥笑着说，"这是个巧合。"

拉米雷斯正准备射门时被乔·本内特放倒，后者本应该被红牌罚下。威廉的一次轻微犯规，顶多也就给一个任意球，而不是第二张黄牌。拉米雷斯双脚飞踹艾哈迈迪被出示直接红牌，则属于理所应当的判罚。

穆里尼奥评论道："球员们周中时就在谈论裁判问题了。我的哲学是我永远不关注裁判是谁，我不想知道。如果因为某些原因我知道裁判是安东尼先生或者乔恩先生，我总会认为这是不错的裁判，我会积极地看待问题。但是周中

---

① 阿斯顿维拉主教练。

队员们就开始讨论裁判问题，我觉得从现在开始，下一次福伊先生执法我们比赛的时候，我必须让我的人以不同的方式工作，因为我不希望比赛变成这个样子。如果裁判委员会不派遣他来执法我们的比赛，或许会有所帮助。我没有权利去提要求。我只是觉得他们必须分析情况，看看每一次他执法切尔西——或者并不是每一次——但是有很多次他执法切尔西都出现了问题，我认为，不让他再来执法我们的比赛也许会是个明智决定。"

他补充说："和所有人一样，我走上了球场，我只有一个目的，我和保罗（兰伯特）以及我的助理教练、保罗的助理教练——我们希望在比赛的最后1分钟平息场上事态。我很生气，但是很平静，完全能够控制住自己的情绪。这也是为什么我可以控制住自己，拒绝向记者发表评论。我完全意识到如果我做出评论，我会被指控为损害足球运动的声誉。如果要做捐献，我更愿意匿名，把钱捐给那些真正需要钱的人们。我不认为将钱捐给裁判学院，帮助年轻裁判们拥有更好的条件以得到提高有什么问题。"

兰伯特对于穆里尼奥评价福伊的话付之一笑，"我知道何塞在干什么——他是个老油条了。如果你不断地纠缠着裁判问题，会分散公众对于球队表现的注意力。何塞当然认为我们配不上胜利。他的球队正试图夺得联赛冠军，那是他的问题。像维拉这样一支年轻人组成的球队，怎么能够击败一支可以争夺一切的球队？"

在欧冠联赛之前的新闻发布会上，当被记者问到是否和拉米雷斯聊过双脚飞铲艾哈迈迪的事情，穆里尼奥再次爆发了："你还有比拉米雷斯第九十二分钟的铲球更重要的问题要问吗？你认为那场比赛之中最重要的事情是拉米雷斯第九十二分钟的铲球？我不想回答这个问题，因为我感觉，第九十二分钟的事情，是之前92分钟比赛的后果。如果我错了或者你不同意，那么我很抱歉，但是我认为如果你想问，你应该问，是什么导致了这次铲球。但那只是我的意见。"

当被问及他具体指的是什么，穆里尼奥补充道："已经发生的一切。"

早些时候，穆里尼奥被问到，他是否期待着自己的球员做出反应。他做出了一个偏离问题本身的回答，"我们无法对维拉公园做出反应，因为如果我们做出反应，我们就会给足球运动带来坏的声誉，"蓝军主教练说："我们只能够闭紧嘴巴，继续前进。"

曼奇尼开玩笑说如果土耳其球队能够在客场击败蓝军，他愿意请大家吃饭，但是穆里尼奥却没有看到这一许诺的有趣之处。被问及是否会和曼奇尼一起随便吃点东西，他回击道："不。因为我没有兴趣。比赛之后我不会因为输赢而做什么不做什么。比赛之后我的脑子里想做什么，我就做什么。不论我到底是赢还是输。我不会和与我有着同样的工作的某人一起吃饭，我们之间唯一的共同点就是我们都是足球主教练。"

德罗巴准备迎来 2012 年离开切尔西之后在斯坦福桥的第一次亮相。穆里尼奥预料到，德罗巴的下一次回归将是更永久的回归。"他是个加拉塔萨雷球员。我们知道他（赛季结束后将）是个自由球员，我们知道他到赛季末合同将到期，但是我们认为这并不是谈论他的最佳时机。我认为他一定会回来。关于时间，我不知道——他也许会作为球员回来，或者是作为教练，或者是大使——时间可能是下赛季，4 年或者 5 年，或者 10 年之后——我不知道。但是当一个人对于一家俱乐部代表着如此多的意义，当一家俱乐部对于一个人意义如此重大——德罗巴与切尔西之间便是如此——我认为他总有一天会回来的。"

德罗巴身穿切尔西球衣的最后一脚触球，是在他们第一次夺得欧冠联赛冠军的时候，36 岁的"魔兽"在安联球场对阵拜仁慕尼黑的点球大战中攻入了制胜一球。"毫无疑问他是这家俱乐部历史上最重要的球员之一——这点毋庸置疑。我认为所有切尔西球迷，都会同意这一观点，"穆里尼奥评论道，"我们没有说（他是）最重要的一个，因为这么说或许对于同一代球员、同一水准之上的其他球员不公平，但是我们都同意他是我们俱乐部历史上最伟大的球员之一。36 岁的他是否还和 26 岁的他一样？我认为谁都不可能做到，但是他是世界上最出色的前锋之一，这点毫无疑问。"

凭借埃托奥和卡希尔在上半场的进球，切尔西以两回合 3：1 的总比分淘汰了加拉塔萨雷，穆里尼奥宣称，切尔西回到了欧洲精英俱乐部的行列之中。此前，曼城和阿森纳已在 16 强战先后落马，切尔西则成功地入围欧冠 8 强。而之前一个赛季，切尔西在小组赛被淘汰出局，之后在贝尼特斯带领下夺得了欧联杯冠军。

穆里尼奥说，"这次和上赛季不太一样，因为上赛季是欧联杯，和欧冠是不同的水准。从欧联杯到欧冠 1/4 决赛，这对俱乐部来说非常重要。我们是一家欧冠俱乐部，如今我们进入了最强的 8 支球队之中，这些都是世界上最出色的俱乐部，球员们配得上这样的位置。我们等待着抽签，抽中哪个对手并不重要。所有夺冠热门球队，我们欢迎他们的到来。"

比赛开始之前，切尔西俱乐部给德罗巴颁发了一只银靴子 ①，穆里尼奥也给切尔西传奇球星送上了贴面吻，不过，加拉塔萨雷前锋这个夜晚的美好回忆基本也就到此为止，比赛中，他最抢眼的一次表现，不过是一脚冲天炮般的射门，皮球实在飞得太高，以至于击中了看台上他自己的画像。穆里尼奥说："他最大的困难在于他的球队的比赛风格，如果你的球队不能踢出攻势足球，你势必感觉十分孤独。因此我认为他能做的十分有限。"

曼奇尼承认他的球队被狠狠打败了，但是却送上了临别的一击，支持前东家曼城击败切尔西夺取英超。"我很自信我们踢了一场不错的比赛，有机会取得进球。但是我们在球场上没能做到。谁将赢得英超冠军？我认为曼城是最强大的球队。"

如果曼联无法在第二回合对阵奥林匹亚科斯的比赛中逆转首回合客场 0 : 2 失利的劣势，那么切尔西将成为欧洲精英赛事中硕果仅存的英格兰球队。

穆里尼奥希望曼联能够过关："我希望这不会成为现实。我希望曼联明天能够晋级。"

曼联最终在他们阴沉的赛季之中终于拥有了值得庆祝的东西，但是他们对于奥林匹亚科斯的成功却十分短暂，随后战平拜仁慕尼黑一役，范佩西膝盖扭伤将休战很长时间。

穆里尼奥遭到不当行为的指控之后表示，自己受到了比其他主教练更苛刻的待遇，"你可以看看上一场比赛的指控，你会看到我和其他人不一样。在人们的眼睛里，我是不一样的。我认为这是很明显的。很明显对其他人有一种尺度，而针对我有另一种尺度。我一直都能感觉到这种区别对待。"足总的指控可能会让穆里尼奥面临 1 万英镑的罚款，他提出了上诉，"哪怕只是罚款 1 英镑我也要上诉，这是原则问题。"

阿森纳主教练温格即将迎来执教俱乐部的第 1000 场比赛，那将是阿森纳

① 切尔西俱乐部给德罗巴颁发的荣誉奖杯，以表彰其效力蓝军 8 年所做的巨大贡献。

和切尔西为英超王冠的生死一搏，穆里尼奥和温格的宿怨则在继续发酵。穆里尼奥之前 10 次对阵温格保持不败。阿森纳主帅说："你和任何教练都不可能成为朋友。这是不可能的。任何一场比赛，我都必须赢球。这是我们的工作。其实橄榄球是真正体现这点的运动。他们在比赛之前走进球员通道时绝不会相互亲吻。他们会走上赛场准备开始战斗。我们并不是朋友。我不知道你是否能够和一年只见上 3 次、每次不超过 5 分钟的人成为朋友。"

让穆里尼奥恭维温格几句势比登天，他忍不住又挪揄了几句阿森纳 9 年无冠的历史："我崇拜他，我崇拜阿森纳。如果不是俱乐部如此梦幻地支持主教练，他不可能实现 1000 场比赛大关，特别是在如此糟糕的时刻，特别是糟糕的时刻如此之多。致敬有很多种方式。对我而言，致敬意味着很多人愿意处于他的位置之下。我热爱我自己的执教生涯和其中的体验，但是他处在一个所有人都乐意待的环境之中。"作为回应，温格嘲笑了穆里尼奥丑陋足球的名声，"一家伟大俱乐部的雄心应该是赢而且要赢得漂亮。"

阿森纳打进足总杯半决赛之后成为夺冠热门，穆里尼奥认为温格的球队本赛季表现得不错。"本赛季他们比上赛季更为出色。上赛季的这个阶段，他们还在为保住前四位置挣扎。本赛季他们已经稳居前四，还在为英超冠军而战。"

比赛之后，穆里尼奥又一次淡化夺冠的可能性，尽管他们 6 : 0 大败阿森纳，彻底摧毁了温格庆祝执教千场的喜悦之情，也创造了各种纪录。"何塞·穆里尼奥"，切尔西球迷们歌唱着他的名字，穆里尼奥享受着在俱乐部的最大胜利，也是切尔西有史以来对伦敦死敌的最大胜利。而对阿森纳而言，这则是他们 2 : 8 惨败于曼联以来的最大惨败。这场胜利让切尔西继续领跑积分榜。"一切仍然掌握在曼城手中，"穆里尼奥说，他是指佩莱格里尼的球队如果拿下接下来的所有比赛，便会取代切尔西的榜首位置。穆里尼奥的球队从第五分钟到第十七分钟连入 3 球，被穆里尼奥形容为"奇妙的 10 分钟"，"就像我们在足球里常说的，我们来就是为了杀戮。在 10 分钟里我们摧毁了对手……在那之后，一切都简单了。"

"我们采取了非常非常高位的压迫，"穆里尼奥说，"我们知道他们希望获得球权，他们希望从后防线开始控球，他们希望舒服地拿住球。我们很快就对他们采取了高位压迫战术，夺回了球权，利用场地空间发起了闪电般的快攻。

我们打出了很大的比分，这对我们的球迷来说十分特别。这让比赛显得更加美丽。上周六（做客输给阿斯顿维拉）球队的势头被打破，如今我们正在重新开始胜利的势头。"

穆里尼奥指出，在争冠的全部4支球队之中，只有切尔西打进了欧冠1/4决赛，这也给他的弟子们带来了更大压力。被问及他有没有机会赢得个人第三座英超奖杯时，穆里尼奥最终还是承认，"有一点点吧。"切尔西凭借着埃托奥和许尔勒的进球2：0领先，之后阿扎尔罚入一粒点球，奥斯卡则上下半场各下一城，埃及替补边锋萨拉赫单刀直入将球推进了什琴斯尼把守的大门，这是他为切尔西攻入的第一球。令阿森纳的痛苦变本加厉的是，吉布斯在开赛15分钟就被主裁判安德烈·马里纳错误地红牌罚下，马里纳认为他在门线上手球犯规了，但是实际上犯规的是张伯伦。

终场哨一响，穆里尼奥迅速消失在球员通道里，他解释说自己需要给妻子打电话通报比分，就像以往所做的那样，而这样做的直接结果就是避免了和温格的握手。

在塞尔赫斯特公园，特里顶进一个乌龙球，切尔西大爆冷门0：1输给水晶宫。切尔西还有希望夺取2009—2010赛季之后的第一座英超奖杯吗？赛后面对这一问题，穆里尼奥答道："现在要夺得英超冠军是不可能的，我们过于依赖其他对手的比赛结果。当你只需要看对手一点点脸色还是有可能的，但是当你完全依赖对方，我认为这是不可能的。从理论上来说仍有机会，但这毕竟是算术，而不是现实。"

水晶宫赢得了最近6场比赛的第一场胜利，在这场令人赞叹的胜利之后，他们依然仅领先降级区5分而已。尽管对手只是这样一支球队，但穆里尼奥坦承，切尔西活该输球。他称赞了防线球员伊万诺维奇、阿斯皮利奎塔、特里和卡希尔，但批评其他球员"缺乏正确的心态""意志品质略有不足"。他解释道："从心态来看，对手完全打败了我们。水晶宫有着很强大的意志力，富有侵略性，每个人都全力投入，充分发挥了他们的潜力。伊万诺维奇、阿斯皮利奎塔、卡希尔、特里——他们不论是在阳光下，小球场里，大球场上，对阵侵略性强的对手，或者侵略性没有那么强的对手，控球型球队，或者非控球型球队，都能够表现出正常水准。他们从赛季第一天到最后一天，每一场比赛都会有表现。但是有一些球员，在某些比赛中有着出类拔萃的发挥，在其他比赛中却会消失得无影无踪。所有人都很清楚，下赛季切尔西希望引进一名前锋。其他人的未来？留下来的人将和我们引进的射手进行竞争。在赛季结束之时，有些球员如果没有太多出场，或者不是太开心，希望有所改变，他们或许会选择离开。这也是转会市场的一部分。我们希望提高球队、球员们的实力，而在转会窗口我们也会对球队做出一些有针对性的引援。我们当然也希望提高球员的水准。我无法也不用去提高伊万诺维奇和特里的水准，但是还有其他球员我希望他们提高。我们正在一步步这么做。但是这还不足以让我们成为冠军。"

穆里尼奥冲上了球场，把卡希尔拉到身边告诉他要高昂着头离开，"我告诉他，他是不应该躺倒在地的球员。我告诉他，他是我们最应该带着骄傲走向更衣室的球员之一，他的表现又一次证明他全力以赴了。我不认为这是勇气的问题。这取决于形成个人性格的品质。有些队员会全力以赴，而其他球员在某些情况下会偷懒。因此在斯坦福桥踢比赛表现要比客场更出色。客场对阵阿森纳、曼城、曼联或者利物浦是一回事，做客水晶宫、西布朗或者斯托克城是另一回事。很明显，我们队中有些球员的发挥会根据比赛关注度的不同而变化。"

伤停补时阶段，一位小球童没能把球尽快交给阿斯皮利奎塔，穆里尼奥向这个孩子冲了过去。穆里尼奥对此解释道："教育孩子们这样做（拖延时间）是很不对的。我冲上去是为了阻止（阿斯皮利奎塔），我有些担心他失去控制推搡这个小伙，或者做出埃登去年在斯旺西所做的事情。我告诉小球童不要拖延时间。我告诉他，如果他这么做，'总有一天有人会打你的'。"

前一个赛季，切尔西在一场联赛杯比赛中做客斯旺西，当时比赛进入第七十八分钟，切尔西还是０：０平，此时皮球被踢出斯旺西这边的底线。一名球童抱住皮球，阿扎尔立刻冲上前试图夺过球童手中的球，不过球童倒在地上，用身体死死压住球，看得出是在拖延时间。心急火燎的阿扎尔连续尝试用脚勾走皮球未果，竟然直接右脚踢向球童的身体。电视直播镜头第一时间切换到球童身上，只见球童非常痛苦地倒在地上，斯旺西主场立即爆出巨大嘘声。主裁判福伊随即将阿扎尔直接红牌罚下。在塞尔赫斯特公园的新闻发布会上，穆里尼奥没有把想法公开说给所有记者听，而是在一位记者的笔记本上潦草地写下了他想说的话——"Balls！ ①"这个单词后来被当事记者保罗·拉根公布在了推特上。

在当晚比赛中，曼城在阿森纳主场丢了2分，后者依然暂列第4位，落后穆里尼奥的球队5分。"阿森纳当然还在争冠行列之中。他们落后于领头羊，但差距并不大。4支球队仍有希望争冠，"佩莱格里尼说，"所有4支球队到赛季结束之前都会丢分的。面对顶级球队，或者是为保级殊死一搏的球队都会很困难。"

此时，排名第2位的利物浦领先曼城1分，一天后，利物浦在安菲尔德轻松击败了托特纳姆，取代了切尔西的榜首位置。但是曼城比所有前4球队都少赛2场。曼城落后切尔西2分，本轮如果他们在酋长球场取胜，原本可以升至榜首。

穆里尼奥对于法国方面对阿扎尔和奥斯卡未来的猜测做出了反应，表示切尔西可以让他们转会——转会费需要3亿英镑。前纽卡斯尔中场约翰·卡巴耶希望和他的前里尔队友阿扎尔在巴黎团聚，而巴西中场卢卡斯·莫拉则希望巴黎圣日耳曼可以邀请他的巴西队队友奥斯卡加盟。穆里尼奥相信，天天开出天文支票的曼城、巴黎圣日耳曼和摩纳哥应该受到足球管理机构的审查。不论怎样，如果财政公平竞争原则对于巴黎圣日耳曼无效，那么自己的中场两大将可以卖——但必须是合适的价格。穆里尼奥说："不，这并不会让我愤怒。没问题。如果财政公平竞争原则管用，他们将没有购买他们的资金。如果财政公平竞争原则不管用，他们只有砸出疯狂的转会费——3亿英镑才能买下两人——我认为切尔西才会考虑考虑。"

败走水晶宫将榜首让于利物浦后，穆里尼奥决心以积极心态面对挫折，他提醒说，即使他的球队在周三欧冠1/4决赛第一回合做客法国对阵巴黎圣日耳曼一战取胜，也无法决定胜负，"做客巴黎，会是那种他们很乐意去踢的比赛，这是一场在一座伟大球场进行的对阵顶级对手的重大比赛，裁判会经常吹停比赛，不允许球员们动作太大。我更喜欢英格兰裁判，但通常来说，欧洲赛

---

① 因为Ball写的是复数形式，所以穆里尼奥肯定不是说切尔西丧失了控球权，而是指球员没有"睾丸"，意思是有些球员没种，不像个男人。

事裁判的执法特点就是如此。我不需要做太多。球员们没问题的。这种比赛对他们来说再合适不过，他们可以完成一场出色的比赛。"

至于最后 6 场比赛，"当你不是为了某样重要的事情去比赛，你就更容易发挥水平。如果，在赛季的最后阶段，我们有着不可思议的表现，一些球员有着美妙的发挥，那一切就都容易了。但困难的是，如何能在巨大压力之下依然拿出出色表现。因为事实就是，有些比赛很重要，而有些比赛没那么重要。"

积分榜榜首位置相当紧凑，和前两个赛季不一样，切尔西前一个赛季落后最终冠军曼联 14 分，2012 年则落后最终冠军曼城 25 分。穆里尼奥说："身处我们目前所在的位置是重要的进步。处在这个位置上，你的脑海里就会有一种感觉，觉得自己依然可以夺冠，但是现实并非如此。"

在巴黎 1：3 输给巴黎圣日耳曼，穆里尼奥批评了球队的草率防守和临门一脚欠佳。埃塞基耶尔·拉维奇刚开场就为主队取得领先，比赛打到接近半小时的时候，切尔西凭借阿扎尔的点球扳平了比分，而半场结束前，比利时人的射门又击中了立柱。巴黎圣日耳曼在下半场重新掌握了主动权，路易斯打进了一粒乌龙球，而哈维尔·帕斯托雷伤停补时阶段的破门，则给法甲领头羊带来了 2 球优势，这样的优势或许将是决定性的。

"我认为从战略的角度来考虑，球队拥有着出色的战术纪律，对于比赛中最困难的事，他们做得非常好。"穆里尼奥说，"他们封杀了伊布拉希莫维奇，卡瓦尼也在掌控之内。蒂亚戈·莫塔和马尔科·维拉蒂在中场的选位也被完全控制了。但是我们就是没办法把一些机会转化为进球，最致命的是我们犯了防守上的错误，出现了一些个人的防守错误。因此我们付出了代价。"

巴黎圣日耳曼的第一个进球来自于特里糟糕的头球。之后，路易斯送给对手一个任意球，随后导致了自己的乌龙球，切赫则没有封住近角，被帕斯托雷攻入了第 3 球。"在拉维奇打进第一球的过程中——（他只需要）控制，半凌空，球就进了。这个级别的比赛就是这样——一次机会，一个进球。"穆里尼奥承认，"比赛原本在我们掌控之中，上半场结束之前我们有机会 2：1 领先。但是我们没能取得进球，当我们攻入乌龙球之后，第 3 个进球就是个笑话。那不是个进球，那是个笑话。"

在埃托奥受伤之后，穆里尼奥决定挑选许尔勒而不是托雷斯打前锋，明显是对于状态不佳的射手们缺乏信心。"我对于我的前锋们的表现并不满意，因此我必须尝试一些事，让安德烈（许尔勒）上场我们至少会多一个能够和其他球员协作的球员。但足球并不仅仅是这些，足球需要你进球，需要你突到对方防线身后去。这是射手们该做的事情，真正的射手。"穆里尼奥坚称，他的球队如今的境地已经是光脚的不怕穿鞋的。

当被问及斯托克城是否是一个难以应付的对手，因为他们同样可以用"光脚的不怕穿鞋的"来形容，他说："当然，我们在他们的主场输过。我们输球是因为犯了一些错误；那是不多见的我们防守上犯错的比赛之一。但是我们在斯坦福桥的杯赛中1：0击败了他们。那场比赛也不容易，直到最后1分钟都还很开放。因此我可以预料到明天的比赛会非常困难。他们精力充沛，他们一周就踢一场比赛，他们没有任何压力。他们会为最终能够在积分榜上处于更漂亮的位置而战斗。因此我认为比赛会很难打。"

在凭借萨拉赫、兰帕德和威廉的进球3：0完胜斯托克城并回归榜首之后，穆里尼奥继续给他的球队夺冠低调造势，"我认为我们踢得不错。通常在失利之后，接下来的比赛，你在开局阶段会无法很快进入状态，今天我们恐怕就曾遇到这一问题。上半场我们本应该以2：0或者3：0领先，因为我们踢得很不错。在攻入第二球之后，比赛结束了。我们的排名并不真实，因为曼城手头还有2场比赛，我们并没有掌握自己的命运。我们仍然还要和利物浦过招并抢夺3分。这会非常困难。"

35岁的兰帕德重新回到首发阵容，并取得了进球——尽管他的进球是在门将阿斯米尔·贝戈维奇扑出他的点球之后的补射破门。

穆里尼奥10年前刚在这个国家建立自己的声望时，有过边线冲刺，2004年曾经在老特拉福德上演过肆无忌惮地挥舞拳头的百米冲刺。在登巴·巴攻入切尔西主场对巴黎圣日耳曼的第二球之后，他再次上演了"何塞冲刺"。他究竟是在庆祝，还是像他自己所称的传递战术指令？当被问及他在进球之后所做的事情时，穆里尼奥说，"不，我不是在庆祝。我是去告诉球员们我们如何打好最后10分钟比赛。我知道在那一刻他们希望庆祝，认为比赛已经结束了。他们忘记了，比赛还有3分钟常规时间以及3到4分钟的伤停补时，以当时我们的踢法，我们是无法保住2：0领先的。我必须跑到那里，因为这将是我唯一一次告诉登巴·巴、费尔南多（托雷斯）和许尔勒最后 7 分钟该怎么做的机会。但是你可以看到，我仍然挺能跑的！"

登巴·巴第六十六分钟才被替换上场，21 分钟之后就打进了改变局面的进球。登巴·巴自从加盟切尔西以来只首发过 4 次，忍受着穆里尼奥有关切尔西没有前锋的说法，并在最关键的比赛中攻入了制胜一球，穆里尼奥说，"我为他感到高兴。一个很棒的小伙子，一个很好的职业球员，一个很出色的团队球员。我很高兴，为他而高兴。我让他先于托雷斯出场，让他感觉到他的背后并没有'3 号前锋'的字样。他的热情很棒，他开始给巴黎圣日耳曼制造出麻烦，这很正常，他们在自己的联赛里很少遇到这样大的挑战，法甲完全是不同的风格。我很高兴他攻入了一球，因为这对于他意义重大，对于我们也一样。"

就像登巴·巴替补进球一样，许尔勒也是替补进球。他在换下头号球星阿扎尔 18 分钟之后就攻入了切尔西本场比赛的第一球。阿扎尔在热身时就受伤了。而第三个替补托雷斯也做出了贡献，穆里尼奥再次证明，他是换人艺术的大师。

比赛结束时，穆里尼奥已经将 3 位自己"诽谤过"的前锋都派上了场，他们都在为他努力工作。不论是为了证明老板错了抑或他们自己是对的，穆里尼奥的花言巧语总能够让明知道自己不是教练首选的球员们也能有所表现。

登巴·巴是在巴黎长大的，他说，"我并不是为了复仇。也许他（穆里尼奥）并没有他喜欢的前锋，但是我知道我们有着 3 位伟大的射手，我认为很多俱乐部都希望拥有他们。我很高兴让我们大家解放了。本赛季我并没有获得太多机会，我接受这一事实。这是我第一次希望巴黎圣日耳曼输球，是我打进了第二球，切尔西很幸运。我为切尔西感到高兴，但是看到巴黎圣日耳曼输球还是有些难受。"

阿扎尔是巴黎圣日耳曼长期的转会目标，有报道称他可能转战法国首都，阿扎尔在 1：3 的欧冠失利之后，被拍到了身穿巴黎圣日耳曼球衣的照片。比赛打了 18 分钟，在向教练席抱怨了自己的大腿伤势之后，他一瘸一拐地被替换下场，主场球迷为他响起了掌声——巴黎圣日耳曼主教练洛朗·布兰克是第一位在他下场时迎上去的人，握了他的手。

"耐心"是穆里尼奥在备战次回合比赛时的口头禅，尽管他们首回合 1：3

落后，但是次回合的确踢得很耐心。缺少马蒂奇、拉米雷斯和萨拉赫，是穆里尼奥需要克服的问题。将球直接送到对方禁区的战术，效果十分明显。穆里尼奥说，"球员们遵从了我们的计划、我们的雄心。不论我们最终取胜还是输球，我们都不会留着力气回家。到比赛的最后一刻，我们必须要么是对结果感到高兴，要么是对我们的表现感到高兴。我们很幸运，因为我们得到了为之战斗的结果。但是，如果因为某些原因我们没能攻入第二球，或者他们在最后一刻攻入了最后一个角球，将我们淘汰出局，俱乐部的所有人都仍然会为孩子们感到自豪。"

穆里尼奥称赞路易斯是个"怪物"，路易斯和兰帕德搭档中场，在后防线之前起到了出色的屏障作用。穆里尼奥评论道："我的中场，他们就像野兽一样拼命，大卫·路易斯就是个怪物。"

BBC 著名主持人、前英格兰国脚加里·莱因克尔没那么感冒，上半场中段发推特说："大卫·路易斯意识到比赛已经开始了吗？"不过这看上去并不是很明智的评论。

穆里尼奥没有忘记讽刺洛朗·布兰克几句："进第二球之前，我们在下半时开场阶段的表现已经足够破门得分了，但我们就是没法做到。在那之后，他们的踢法和他们周一说的有点矛盾。他们踢出了纯粹的防守反击，并不是控球战术。"

这是穆里尼奥回归切尔西以来最出色的成就之一，他成为了第一位 8 次打进欧冠半决赛的主教练。

他们的下一个对手是西甲领头羊马德里竞技，后者在 1/4 决赛中将巴塞罗那淘汰出局。切尔西看上去很有希望打进决赛。另一场半决赛是皇家马德里对阵拜仁慕尼黑。这一抽签结果也带来了一个很有趣的情况：马德里竞技主力门将蒂博·库尔图瓦是从切尔西租借而来。而皇马与拜仁这 2 家俱乐部一共夺得过 14 次欧冠冠军。曾 5 次问鼎欧冠的拜仁慕尼黑是卫冕冠军，在前一个赛季的温布利决赛中击败了另一支德国球队多特蒙德，本赛季，拜仁在 1/4 决赛征服曼联，挺近半决赛。

皇马则在 1/4 决赛之中淘汰了多特蒙德，他们曾经 9 次夺得欧冠冠军——但最近一次还是在 2002 年。欧足联告诉切尔西，他们不能阻止自己的门将库尔图瓦在半决赛中成为自己的对手。21 岁的比利时人已经是连续第三个赛季租借马德里竞技，当两家俱乐部在欧冠半决赛抽签被分到一起之后，他的合同引起了巨大的纠葛。马德里竞技表示，库尔图瓦的租借合同中有一条规定：如果马德里竞技要让库尔图瓦参加对切尔西的两回合比赛，便需要为他多付出 500 万英镑的租借费。但是欧足联在一份措辞强硬的声明中强调，这一条款与欧足联规程相违背，不得作数。库尔图瓦可以代表马竞对阵东家，至于这两家俱乐部是否会私下启用这一条款就不得而知了。马竞希望确保比利时国门库尔图瓦再多租借一个赛季，而切尔西则希望从比森特·卡尔德隆球场签下巴西神射手迭戈·科斯塔，土耳其中场阿尔达·图兰也在切尔西的视野之内。

切尔西对阵桑德兰的英超比赛被提前了一天，以确保穆里尼奥争夺欧冠荣誉。半决赛第一回合于 4 月 22 日星期二在西班牙首都进行，就在切尔西主场对阵桑德兰一战原定开球时间的 48 小时之后。结果，这场联赛被提前到星期六下午 5 点 30 分举行，由天空体育台直播，让切尔西可以多出一天来准备西班牙的客场之旅。回程比赛则是在切尔西做客挑战利物浦的 3 天之后。

切尔西已经在客场比赛中接连输给阿斯顿维拉、水晶宫和巴黎圣日耳曼，此番做客斯旺西一战，穆里尼奥要求麾下拿出逆转巴黎圣日耳曼的那种团结精神，结束客场 3 连败的尴尬纪录。展望自由球场一战，穆里尼奥说，"他们是一支不错的球队，踢得很漂亮。特别是在斯旺西主场，这对于切尔西来说永远不轻松，我们比其他球队更加清楚这一点。他们仍然需要 3 分，他们不像其他球队那样有着极大（降级）危险，但是他们仍然需要拿到一些分数才能确保保级，毫无疑问，他们会尽可能从这场比赛中捞分。"

登巴·巴在周中欧冠对巴黎圣日耳曼的英雄表现之后，将迎来 10 月做客诺维奇以来的第一次英超首发，"大家工作很出色，很努力，"穆里尼奥补充道，"虽然有些球员出场机会不太多，但他们所有人都是优秀的职业球员，随时做好了出场准备。登巴·巴就是个例子，作为一个并没有踢太多比赛的球员，他准备好了证明自己。他们所有人，都做好了充分准备。他们是一个优秀的团队，他们都是很好的朋友，他们有着不错的关系。我认为，当他们其中一人上场比赛时，会给其他球员带来帮助。"

本轮英超，切尔西的比赛是在那场安菲尔德焦点战之后进行，但穆里尼奥并不准备观看利物浦与曼城的对决。"也许这将是足球历史性的一天，他们双双获得胜利！"他说。

萨拉赫在做客1：0击败斯旺西一战迎来第二次首发，斯旺西后卫奇科·弗洛雷斯第十七分钟就被红牌罚下。切尔西在还剩4轮的情况下落后利物浦2分，在登巴·巴攻入制胜一球之后，冠军的决定性一役看来将在安菲尔德进行，不过曼城做客2：3输给利物浦之后仍然少赛2场。

穆里尼奥告诉助理教练史蒂夫·霍兰德去参加赛后新闻发布会，他承认切尔西必须赢得所有4场联赛，他祝贺利物浦度过了美好的一天，他还表示，对于整个赛季而言，这是令人激动的高潮。能够在一个星期的时间里暂时摆脱欧冠的压力，将有助于切尔西抓住英超的机会。

媒体唯一接触穆里尼奥的机会是通过切尔西的官方杂志，在上面他写道："我认为他（穆罕默德·萨拉赫，以1100万英镑从瑞士巴塞尔加盟）拥有着成为一名令人兴奋的球员的潜力。他的情况和球队中大多数人完全不同，因为他在来到这里之前在瑞士联赛踢球，在那之前效力埃及联赛，因此他必须适应这里的周遭环境。他拥有着不可思议的速度，他能够找到舒适的空间来接球，就像一名传统边锋，因此他给我们带来了洞穿对手防线的另一种方式。"穆里尼奥坚持表示，萨拉赫被买来并不是占据马塔在板凳上的位置，"每一个球员都必须为球队而战，不论有球或者无球。我们所有的球员都需要有防守贡献，对手在他们的半场控球时，我们的进攻中场必须压迫对手。你必须在离对方球门尽可能近的地方努力赢回球权，这一点至关重要，因为当你这么做的时候，你的对手通常更不容易准备好防守反击。通常，当你赢回球权逼近他们的球门，对方后卫往往来不及回到位置上应付快速进攻，因此你有很好的机会找到空间，利用空间，并且有希望取得进球。"

之前做客负于阿斯顿维拉一战，主裁判福伊在最后阶段罚下拉米雷斯，导致穆里尼奥冲入球场，并同样遭到了福伊的驱逐。此事至今仍在发酵，穆里尼奥拒绝参加与桑德兰一役的赛前新闻发布会，而之前一周，他也取消过一次强制性的新闻发布会。但是拉米雷斯又参与了另一个重大事件——切尔西真正丢掉了他们的联赛冠军希望，以及穆里尼奥执教下联赛主场77场不败纪录，因为他们在令人讶异的环境下，不可思议地自毁前程，输给了垫底俱乐部桑德兰。

最丑陋的一幕事件出现在最后时刻，导火索是主裁判迈克·迪恩判罚给桑德兰一个相当有争议的点球，利物浦借将法比奥·博里尼主罚攻入了制胜一球。穆里尼奥的助手鲁伊·法里亚不断尝试攻击主裁判，是穆里尼奥首先拽住他的胳膊，之后扯住他的头发，让葡萄牙同胞冷静下来。3 位切尔西助理教练和穆里尼奥一样，将愤怒的法里亚拖了回来。

随后，穆里尼奥制造了他最奇怪的电视采访之一，所说的话他又在新闻发布会上重复了一遍，他拒绝回答问题，而是进行激烈的讽刺。他坚持只说四点意见，不接受任何提问。说出每一个观点之前，他都会先道一声"恭喜"。

他恭喜了迪恩："我认为他的表现无与伦比，我认为当裁判们有着无与伦比的表现时，我认为最公平的就是教练们给予他们赞誉。他来到这里只有一个目的，就是奉献梦幻般的表现，他做到了。"

恭喜了他的球队和对手之后，穆里尼奥将注意力转向了迪恩和迈克·莱利，后者是裁判机构"职业比赛裁判有限公司"的负责人，"恭喜迈克·迪恩，因为他是裁判们的老板，他们整个赛季的表现太梦幻了，特别是在最近几个月，特别是在和联赛冠军有关的球队的比赛中——绝对出色极了。"

穆里尼奥本赛季已经两次被请上看台，2014 年 3 月因为抗议拉米雷斯的红牌，2013 年 10 月因为不断质疑主裁判安东尼·泰勒的判罚。而在本赛季早些时候，他也谈到了英超的"点球之王"，暗指本赛季获得了 12 个点球的利物浦：比顶级联赛其他球队至少多获得了 5 个点球。

穆里尼奥永远不是一个有风度的输家。那种认为他已经更加成熟、更加放松的观点，已经随着他美妙的主场纪录一起作古。

拉米雷斯因为在无球情况下击打了瑞典边锋塞巴斯蒂安·拉尔森的脸，面临英足总的追加处罚，这一幕裁判没有看到，尽管就发生在他眼皮底下。

切尔西最近 11 年第七次欧冠半决赛开始之前，来到马德里的穆里尼奥，心情突然变得黯淡。赛季开始的时候他还是"快乐的一个"，而今他回到了"受围心态"之中，感觉全世界都与自己为敌。那么改变的是什么呢？"只是天气吧。"他厉声道。

回到他和皇马一起赢得过西甲冠军并带领白衣军团连续 3 次打进欧冠半决赛的城市，他是个不那么快乐的旅行者。

在卡尔德隆球场的礼堂里，他的助手鲁伊·法里亚在一个角落里，脸上没什么表情。"我的反应很简单，"穆里尼奥打开了话匣子，"今天、明天和星期三是欧冠时刻。这时候很难谈论英超。想聊英超话题你可以去找其他 19 支球队，但是今天和明天是欧冠联赛。我们只能够谈欧冠比赛。"他被一位当地记者礼貌地要求用西班牙语回答她的问题——但他还是用了英语。

两周之前，当切尔西有机会夺得英超冠军，并即将打入欧冠半决赛之际，你无法阻止他说话。突然之间，穆里尼奥很可能连续第二个赛季四大皆空了。

"我来到这里可不是聊马德里竞技的实力的，"他补充说。"没有谁能够在缺乏实力的情况下打进欧冠半决赛，他们也不例外。他们是一支我们尊重的球队，我们也会分析他们，但是我并不准备谈论我对于马竞的看法和我的感觉。"

而关于切尔西租借给马竞的门将的问题也令他生气。"我不会谈论其他球队的球员。我认为，按照欧足联的决定，最好不要做出评论。你只能够接受，或者如果你不愿意接受，你不要做任何评论。欧足联已经决定了，因此教练们就不要评论了。"

"我们都很了解穆里尼奥，我们都知道，如果在一场比赛之前为了赢得胜利需要施加压力，那么他会这么去做的。"穆里尼奥曾经的弟子、马竞中场蒂亚戈说，"何塞只希望赢球。他知道库尔图瓦对于我们相当重要，他会保护自己的利益，和任何教练一样。他希望削弱我们的实力，任何对手的主教练都会这么做。"

穆里尼奥一直将 2005 年欧冠半决赛输给利物浦一战作为案例，来说明他的球队在这项赛事中有多么不走运。利物浦夺得了那届欧冠的冠军，但半决赛第二回合，利物浦前锋路易斯·加西亚对切尔西的制胜球极具争议。谈到这桩往事，穆里尼奥说，"我还有未完成的事业。我已经尽了自己的最大努力，总是做到最好。我在切尔西的另一次欧冠半决赛中（2007 年），我们输掉了点球大战，那是因为利物浦比我们多进了一个球。而之前那次半决赛，我们因为一个不是进球的进球而被淘汰出局，但这是足球的一部分。"

穆里尼奥强调，托雷斯在对阵老东家时会斗志高昂。"那些被选入首发的球员将肯定充满动力。我不是说费尔南多（托雷斯）会首发，我是说他永远不会选择逃避，而且他是个真正的马竞支持者。每天我们都会谈到西班牙足球。

但是他是一位职业球员。他明天在球场上的每一分钟，都会全力以赴为切尔西
争取胜利，对此我毫无疑问，因为他是个了不起的职业球员。"埃托奥在训练
中膝盖受伤，托雷斯从替补变成了主力。

对于穆里尼奥有关切尔西苦于缺少一位世界级前锋的说法，马德里竞技
主教练迭戈·西蒙尼很难赞同，"我对于穆里尼奥充满尊重，切尔西拥有塞缪
尔·埃托奥和费尔南多·托雷斯这样的重要射手，"他说，"他们都是伟大的冠
军，已经通过他们所赢得的荣誉数百次证明了这一点，比如欧冠联赛和世界
杯，他们都拥有伟大的天赋。"

托雷斯是在马德里竞技开始了自己的职业生涯，1996 年，他在看台上为
马竞夺得西甲和国王杯双冠王欢呼雀跃，当时，西蒙尼正是队中的一名中场球
员。回到马德里，面对自己的母队，托雷斯必然百感交集。"不论他在哪里踢
球，他永远都属于马德里竞技，"马竞主教练说，"他在这里有过美好的回忆，
他爱这家俱乐部以及这家俱乐部的人。在开球之前和比赛结束之后，他将受到
他应得的致敬，因为这是他的家，他是我们之中的一分子。"

如果切尔西能够引进迭戈·科斯塔，当初花了切尔西 5000 万英镑的托雷
斯也许就会回归马德里竞技。对于科斯塔这位在巴西出生的西班牙国脚前锋，
穆里尼奥垂涎已久，前者的合同中附带着 3100 万英镑的解约金条款。"如果
一支财力雄厚的俱乐部有机会签下像迭戈·科斯塔这样伟大的球员，一点都不
会让我吃惊。"西蒙尼说。不过在这之前，西蒙尼相信，迭戈·科斯塔将带领
马德里竞技打入 40 年来的第一次欧战决赛。

本场比赛的瑞典主裁判约纳斯·埃里克森，在赛季早些时候遭到过曼城主
教练曼努埃尔·佩莱格里尼的嘲笑，穆里尼奥评论道，"我不想在赛前谈论裁
判，我希望他能出色地完成执法工作。我希望他快乐。"

作为前皇马主教练来到同城死敌的球场，穆里尼奥遭受了主场球迷的嘘声
和骂声，不过穆里尼奥又一次在欧冠赛场留下了战术大师级的作品，依靠摆大
巴获得了 0：0 的结果。西汉姆联老板大卫·沙利文年轻的儿子在推特上揶揄
穆里尼奥，问他对 19 世纪的足球做何感想。就像你能猜到的那样，穆里尼奥
那一晚再次选择了新闻沉默。他执教切尔西的欧冠半决赛纪录，显示出零封对
手是他的强项：0：0、0：1、1：0、0：1、0：0，包括加时赛在内的 480

分钟比赛，切尔西只打进了一球。"我们开始比赛的时候想的可不是 0∶0，但是比赛进入了特定的方向，你会觉得你必须安全第一，不要丢球，抓住你所创造的少数机会之一。我们有过 3 到 4 个角球；我们在有威胁的位置有过 2 个任意球。如果我们在那些情况下打进一球，结果会相当好。但是我们没能做到，不过我们至少可以将决定性的一战留到斯坦福桥。"

尽管未能通过反击收获一粒客场进球，但这对切尔西而言仍是个理想的结果。然而，他们为此付出了惨痛的代价：比赛刚开始不久，切赫便肩膀脱臼，赛季报销；特里也扭伤了脚踝，或许只能等到决赛才可复出——如果他们能够打进决赛的话。

这也让穆里尼奥威胁说，他要在接下来对利物浦的英超比赛中彻底更换首发阵容，继而很可能会将冠军拱手送给利物浦。穆里尼奥准备征询老板阿布拉莫维奇的意见，希望在这场比赛中故意派出较弱的首发阵容，这也是作为对比赛被安排在星期天的一种抗议，这对曼城将产生严重影响，他们得依靠切尔西击败利物浦才能够重新占据夺冠的主动权。穆里尼奥对于比赛没有挪到星期五或者星期六举行十分生气，因为接下来的星期三切尔西将在欧冠半决赛次回合主场迎战马竞。只要老板阿布拉莫维奇不反对，他宁愿牺牲掉微弱的英超夺冠机会。"我不能自作主张，"当被问及伤病会对他在安菲尔德的排兵布阵造成怎样的影响时，穆里尼奥回答说，"我必须听从俱乐部的意见。我只是主教练，我必须听俱乐部的。比赛被安排在星期天举行，所以问题并不在我这里，而在决定赛程的人那里，是他们决定要在星期天比赛，而不是星期五或者星期六。我们代表着英格兰足球，也是欧战之中唯一存活的英格兰球队。西班牙拥有 4 支球队存活，并为他们创造了一切取得成功的条件。因此我知道我会怎么做，我会派上星期三不太可能上场的球员。我的首要任务是欧冠联赛，但是我不是俱乐部。我必须和他们谈谈。"

英超还剩最后 3 轮，切尔西落后利物浦 5 分。曼城虽然排在第三位，落后切尔西 1 分，但是他们还少赛 1 场，如果利物浦输给切尔西，而曼城赢得手头的所有比赛，曼城便有望以净胜球优势夺得英超冠军。穆里尼奥说："我不是俱乐部最重要的人物，"他说，"罗曼和董事会，所有人都在我之上。我为他们工作，必须听从俱乐部的决定。我只是俱乐部的一员，我是教练，仅此而已。"

　　兰帕德和米克尔因为吃到黄牌，将累计停赛错过欧冠半决赛第二回合比赛。"我们赛前和比赛之中存在一些问题，"穆里尼奥继续说，"我们失去了 4 名球员——其中两人受伤，两人累计黄牌停赛——但是我们会战斗。如果我们必须用小将上场，我们会让他们试试。但是布拉尼斯拉夫·伊万诺维奇复出了，（替补守门员）马克·施瓦泽也用表现证明，我们可以信任他。像阿什利·科尔这样的球员，用出色表现进行了示范。首回合比赛前，我们在谈论那是马竞的生命之战，现在他们的生命之战将在斯坦福桥进行。"

　　穆里尼奥成为了第一位因为讽刺而被指控的教练。英足总决定对他进行第 3 次行为不当的指控，穆里尼奥对此感到出离愤怒。穆帅的助手鲁伊·法里亚也因为使用了侮辱性、攻击性语言而被指控，拉米雷斯则因为暴力行为被指控。根据 2014 年 4 月 29 日《独立报》的报道："穆里尼奥对于上个月他在阿斯顿维拉一战时被罚下的有关指控做出了上诉，他将面临 8000 英镑的罚款。这是他本赛季第二次受到指控，上一次是在加的夫城被罚上看台。

　　"受到指控之后，葡萄牙人本周五闭口不言。

　　"'每一次我说话都会带来一连串后果，'穆里尼奥说，'即便是当我说裁判非常美妙，也会成为被指控的理由。我无法说出真相。我完全没有感觉到自由。如果你希望获得更好的新闻发布会，去和英足总聊吧。'

　　"被问及英国人的幽默感和嘲讽，穆里尼奥说，'现在憨豆先生被关进监狱了……我告诉裁判他棒极了，我重复一遍：裁判棒极了。我没有（为遭到纪律处罚）感到吃惊。在足球圈里我永远不会惊讶。'

　　"他又一次感到不快，他不得不缴纳罚款。'当我必须交钱的时候，我更希望私下进行。'他说：'我的妻子说慈善捐款应该是匿名进行。我更倾向于匿名捐款，而不是这样把钱给出去，因为现在是人们决定从我的口袋里掏钱。'

　　"在那场失利中，由于报复性地肘击对方中场塞巴斯蒂安·拉尔森，中场拉米雷斯受到了 4 场停赛处罚，也结束了他本赛季的联赛征程。

　　"穆里尼奥在评论拉米雷斯的停赛时充满了讽刺。'他是个幸运的家伙。我们接受这一指控，因为我们非常高兴。'他说道。"

　　布伦丹·罗杰斯准备好了要和当初建议他去带利物浦的人斗斗法了。自从罗杰斯担任切尔西青年队教练以来，他和穆里尼奥一直保持着亲密的朋友关系，但是，他专注于帮助利物浦夺得 25 年来第一座顶级联赛冠军，友情不会让他分心。

最初托特纳姆也想要罗杰斯，但是在和穆里尼奥短信沟通后，穆里尼奥给他的门徒指向了安菲尔德的方向。"何塞告诉我接受这份工作，告诉我利物浦是一家多么伟大的俱乐部，"罗杰斯透露说，"他告诉我这是一家非常庞大的俱乐部，鼓励我接受这份挑战。我们一直保持着联系。不论我去哪里他都会支持我，即便是当我执教利物浦之后。我们也许会被看作是对手，但是我知道如果他们无法夺得冠军，他会希望我们夺冠。"

利物浦和切尔西这两家俱乐部的紧张关系，开始于穆里尼奥第一次在英格兰执教的时期，当时两队在 3 年之中遭遇了 15 次。"我理解历史，因为那个时候我是在切尔西工作，"布伦丹·罗杰斯说，"那个时期，也许是两位主教练（穆里尼奥和贝尼特斯）造成的这种敌对关系，但我是个完全不同的人。我确定这次比赛的气氛会很美妙，第一是因为我过去的经历，第二也是更重要的一点，则是因为我们现在势头正猛。对我来说，我和何塞之间没有什么冲突或矛盾。我所拥有的优势是，我了解工作之外的何塞，一个谦虚、礼貌，拥有很好的价值观和道德标准的人。但与此同时，他是个赢家，他希望取得胜利。"

根据罗杰斯的说法，穆里尼奥差点接手了利物浦的工作，"毫无疑问在 2005 年初的某一个阶段，这家俱乐部对于他是一种可能性。也许财力上有些差异，他去其他地方会有更好的机会，但是毫无疑问他了解利物浦的规模和威望。虽然他和这里有过恩怨，有过敌对，但那是俱乐部之间的针锋相对，在那之外，他知道利物浦的力量。" 2004 年，穆里尼奥曾是取代热拉尔·霍利尔的头号热门，他也表示过，他一直将利物浦视作世界上最大的俱乐部之一，他愿意执教这样一家俱乐部。

穆里尼奥坚持表示，切尔西是欧洲最重要的英格兰俱乐部，球迷们相信他们在欧战中的成就配得上更多尊重，"切尔西球迷希望切尔西得到尊重，他们过去 10 年来为英格兰足球所做的一切贡献配得上更多尊重"。穆里尼奥说，"切尔西是上一家夺得欧冠冠军的英格兰俱乐部，拥有参加半决赛次数的纪录，还是上一支夺取欧联杯冠军的球队，就这些成就来说，切尔西是欧洲最重要的俱乐部。切尔西球迷认为，切尔西配得上比目前更多的尊重。他们希望我们对阵利物浦时全力以赴。至于派哪些球员出场？这个我们来定。"本赛季，阿森纳和曼城已经折戟欧冠16强，曼联则在欧冠1/4决赛被拜仁慕尼黑淘汰出局。此外，切尔西还是唯一一家夺得过所有欧战奖杯的英格兰球会。

穆里尼奥补充说："你指出每一家俱乐部都从电视转播中获得收益是正确的。每一家俱乐部都有份，今后也如此，直到也许有一天，英格兰连续7年、8年、9年、10年都不再有一个欧洲冠军，或者半决赛球队，之后，那些付出巨额资金的人们会说，'大球会，那些欧洲最重要的球会，已经不在英格兰了。'我热爱英格兰足球。我热爱它。但是你知道什么是英格兰足球吗？是球迷，球场，冬天里的黄色比赛用球，夏天里的白色比赛用球，有赫尔城参加的足总杯决赛，有谢联和威根参加的足总杯半决赛。所有这些都是英格兰足球，我热爱着英格兰足球，但是对我而言，最重要的是我的俱乐部，以及我的俱乐部的球迷们。我必须捍卫我的俱乐部，我必须捍卫切尔西球迷，如果人们不帮助我们去追寻我们的梦想和我们的目标？我们便多了一个紧密团结的理由，多了一个为且只为我们自己考虑的理由。我们的首要任务是欧冠联赛，因为，如果我们再赢两场比赛，我们就将夺得欧冠冠军。星期三的比赛我们失去了守门员，也许约翰·特里、埃登·阿扎尔和塞缪尔·埃托奥也无法出场。我已经失去了米克尔和兰帕德。你认为我们如果再失去一个球员还有任何机会踢决赛吗？我不认为我们还能有机会。我无法失去更多球员，特别是在防线上。"

因此，你可以看到，上一次出场远在2011年8月的38岁葡萄牙门将恩里克·伊拉里奥，以及只首发过一次的小将内森·阿克，进入了切尔西做客安菲尔德的大名单，但是穆里尼奥发誓，"切尔西就是切尔西。我们必须付出最大的努力争取可能性，为我们的俱乐部付出一切，让我们的家人为我们是出色、职业、诚实的人感到骄傲，我们必须能在晚上问心无愧地安睡。就是这样。但是我们很关心英格兰足球，我现在就可以告诉你一些事情：如果下赛季切尔西对阵一支两三天之后就要应付欧冠半决赛的英格兰球队，我们会提前1到2天举行这场比赛，好让英格兰球队有更好的机会夺得欧冠冠军。那时候，我们将保护英格兰足球，也不会给切尔西制造任何问题。"

对于让施瓦泽出场，穆里尼奥还是有些担心。切赫将进行肩膀手术，被问及让施瓦泽出场是否是一种冒险时，他说，"这是个很大的麻烦。是的，球员们总是期待着博得点球，他们会和守门员发生接触，这会更加危险。当守门员出击，对方前锋会试图碰到守门员然后假摔博点球。这就更加危险。"

穆里尼奥指责利物浦前锋路易斯·苏亚雷斯在 2013 年 12 月切尔西 2：1 击败利物浦一战中，"像在游泳池里做花样跳水"一样想博得一个点球——那也是罗杰斯治下的利物浦迄今最后一次联赛输球，目前他们以 5 分优势领跑积分榜。

切尔西方面声称，利物浦拒绝将星期天的比赛提前 24 小时，以帮助切尔西备战与马德里竞技的比赛。利物浦对此进行了驳斥，主帅布伦丹·罗杰斯说："我认为英超联盟本应该帮助他们将本周末的比赛提前。这不是利物浦的错误，这是英超联盟的问题。他们本应该将比赛安排在星期六进行。除了英超联盟，谁都没有错。当这种事情发生的时候，你必须妥善应对。"

穆里尼奥上赛季执教皇家马德里一无所获，本赛季又面临着四大皆空的可能。穆里尼奥是否认为这是失败呢？

"不是。"

为什么？

"在任何意义上来说都是不一样的。"

鲁伊·法里亚和西尔维诺·洛罗是穆里尼奥的两位助理教练，也是他最亲密的战友，他俩就站在礼堂后面。"你不能因为害怕有 15 人会受伤，而组建一套 40 名球员的阵容，"他说，"你无法避免伤病，这是不可控制的客观情况。我们有伤病，我们有 2 名球员没有资格在欧冠联赛上场——这 2 名球员都是冬季转会加盟的，我们购买这 2 名球员，是因为我们认为未来比当下更加重要。我们决定购买我们希望购买的球员，即便他们打不了欧冠比赛。因为我们比赛的特点，我们有一定数量的黄牌，导致我们现在又少了 2 名球员。这些是你无法控制的客观情况。"

数据指出利物浦在开场前 20 分钟攻入了 24 粒英超进球。"如果由我们来开球，我们必须向前压。"穆里尼奥说着，随后突然笑了。

不论场上场下，穆里尼奥都奉上了经典的穆式作品，他的球队以最出色的表现从对手身上拿到了不太可能的 2：0 胜利。但是他依然表示冠军不在切尔西这头。"我们不在争冠行列，"穆里尼奥说，他的球队还剩两轮比赛，"英超冠军将是利物浦或者曼城。我们没有什么好庆祝的。今天是重要的 3 分，我们需要再拿 1 分就可以确保第三了。"第三名将确保他们打入下赛季的欧冠正赛。

原本如果失利，将彻底击碎切尔西夺得英超冠军的希望，他们最近一次夺冠还是 2010 年。但是，凭借着上下半场最后时刻的进球，他们继续留在了争冠行列之中，尽管穆里尼奥不愿意承认这事。"现在我们可以说，我们赢得了对阵冠军的所有比赛，"切尔西主教练补充道。的确，他的球队在联赛中双杀了利物浦和曼城，"这支球队配得上更多胜利。很明显，很多人认为我们来到这里会输个 0 : 3、0 : 4 甚至 0 : 5。很多人认为我们不可能在这里拿到这样的结果。"

穆里尼奥给予了 20 岁的捷克人托马斯·卡拉斯在中后卫位置上首发的机会，他还称赞了进球者登巴·巴"巨人"般的表现，后者利用杰拉德上半场的滑倒，帮助切尔西打入一球，切尔西在对阵前 4 球队的 6 场比赛中获得 5 胜 1 平，拿到了 16 分。

布伦丹·罗杰斯将自己球队的失利归咎于对手的"浪费时间"和"摆了两辆大巴"。罗杰斯在斯坦福桥穆里尼奥手下工作了 3 年，但是永远不会接受对于他的前老板来说相当高效的方式，他声称"如果要踢防守型足球，执教并不那么困难"。

穆里尼奥则驳斥了对于他的战术过于保守的抨击。"当一支球队防守出色时，你会称之为防守至上，而当一支球队防守（糟糕）丢掉 2 球或者 3 球，你就不会这么说，但有时候其实他们依然是防守至上。我的球队踢得很漂亮，每一个球员都很出色。"

罗杰斯和穆里尼奥的友谊或许能够在两队的敌对关系中得以保存，但是从赛后双方没有握手来看，两人并不相互尊重。"他们事实上从一开始就用了 6 名后卫，边锋都会回撤防守，"罗杰斯说，"10 名球员从第一分钟开始就龟缩，让我们很难突破。你不仅仅在他们对阵马竞时看到如此，对阵大多数球队都是如此。这是一种足球风格，是防守型足球，是与我们的方式截然相反的。这样踢的确能够获得积极结果。何塞今天得到了想要的结果，他会为此感到高兴。这与我们的方式相反，希望随着时间的积累和准备，我们的踢球方式能为我们带来长期的积极结果。教会 10 名球员留在禁区周围防守并不困难，困难的是要制造突破，但是他们防守做得很好。他们第九十二分钟因为浪费时间吃到了黄牌，但是你可以看到，从第一声哨响开始，他们的计划就是想方设法让我们为找不到进攻突破口而沮丧，当然，每支球队的风格都不同。我们是一支希望带着出色的体育精神去赢得胜利的球队，我们尝试努力工作，通过控球来制造机会。如果比赛来到尾声，我能够理解球员们会采用拖延时间的战术，但如果从开场哨响起便开始拖延时间，实在令人沮丧，但某些教练就是会采用这样的战术，你必须应付好这种情况。何塞对于以这样的方式工作很高兴，他可以拿出自己的履历，告诉你他的方式很成功，但这不是我的工作方式。我喜欢在比赛中掌握主动，让球员们充分发挥他们的能力。他们拥有梦幻的球员，他们防守得很好。我们尝试过一切进攻方式，但是我们的比赛是基于进攻的创造力，而不是被阻止。这场比赛会让我们对水晶宫一战做好准备。"

穆里尼奥沉浸于"受围心态"不可自拔，将对自己提出批评的电视评论员、前利物浦中场杰米·雷德克纳普作为了炮轰的对象。

比赛前夜，切尔西球员们在福姆比附近的基地遭受了不少电话骚扰，而第二天凌晨还有人在附近放烟花。穆里尼奥则对于赛前路易斯·加西亚作为嘉宾出现在现场十分恼火，后者的出现会让人想起 2005 年利物浦在欧冠半决赛的"幽灵进球"——那粒进球让现场 Kop 球迷十分激动。不过对于穆里尼奥的球队，这是一种刺激。

"他们将路易斯·加西亚带到我们的面前，是为了让我们回忆起"幽灵进球"。但是切尔西是一家大俱乐部，不论是在这个国家还是整个欧洲，我们会尝试再次打进决赛。"穆里尼奥说，"最出色的球队赢得了胜利，也配得上胜利。就是这样。当你说出'防守稳固'这个词，我对于媒体究竟怎么定义'防守至上'感到困惑……每一个球员都很杰出，没有犯错，我们进行区域联防，覆盖所有空间，我的球员们奉献了梦幻般的表现。一场漂亮的胜利。现在我们可以说我们赢得了对冠军的所有比赛。如果利物浦是冠军，我们赢了他们 2 场；如果曼城是冠军，我们也赢了他们 2 场。但是我们两手空空回来。我们几乎肯定是第三了。如今拿到这 3 分，我们再拿 1 分就确保第三。这对于我们和孩子们是个不错的赛季，从很多角度来看这都是一个进化的赛季，我们期待着这场比赛能够成为决定冠军的一战，但是因为一些原因，这场比赛没能成为冠军决定战，这只是重要的 3 分。"

之前，穆里尼奥指责电视新闻报道专跟他的俱乐部过不去，他继续开炮，"去和杰米·雷德克纳普聊吧——他会告诉你一切。你们拥有你们的评论专家，杰米·雷德克纳普拥有着出色的足球大脑，他们可以解释一切。现在我们必须考虑星期三，只考虑星期三——在斯坦福桥的欧冠半决赛是最重要的。第一回合结果是 0∶0，这不是一个太好的结果。这家俱乐部过去 10 年来在欧冠之中表现得很出色。"

罗杰斯给穆里尼奥发了一条短信，澄清他的赛后言论。"我当然知道他赛后说了什么话，但是我也知道他今天所说的话。今天，他恭喜我获得了一场伟大的胜利，有着一场伟大的表现。因此，特别是因为我将他当成一位朋友，一位我喜欢的人，我更愿意去忘掉他赛后所说的话，只记住今天的话。他是个很聪明的人。他肯定看过了比赛视频，现在，我认为他理解了发生的一切。布伦丹是我当作朋友的人。很久之前当他还在执教孩子们的时候我就认识他了。"

罗杰斯也做出了回应，"我当时非常沮丧，但是我不后悔我所说过的话。我已经很成熟，会尊重不论是作为普通人还是作为教练的何塞，我知道这一点。我说的话不是个人层面的攻击，而是对比赛的专业分析。我永远不会说我自己的执教方式是最好的。我非常欣赏他的工作方式以及他的球队。但是我仍然认为我所说的是正确的。我非常清楚我说过什么。"

穆里尼奥对于一切围绕切尔西防守战术的批评感到沮丧。"足球充满了各种哲学——人们比我理解得更多。这让我很吃惊。但是现实永远是现实。我记得在我第一次执教切尔西时曾经说过，如果你拥有一位像彼得·切赫这样可以将手抛球扔进对方禁区的守门员，像迪迪埃·德罗巴这样一位能够赢得所有高空球的前锋，为什么要打短传渗透呢？因为你傻吗？如果你的对手反击速度很快，需要找到你防线身后的空间，如果你给予他们空间，那就太愚蠢了。在此时此刻，评论家们是看人下菜碟，根据他们所要评论的是哪位教练、哪家俱乐部，来决定说什么。但是，没关系。当马竞拥有球权时我们必须防守。当我们拥有球权时我们必须进攻，这就是足球，我所了解的足球。你拥有球权，你必须尝试，根据你的球员以及对手的能力特点，来决定采用怎样的战术。"

穆里尼奥准备好了将自己"永远"投身于切尔西。他表示："我的未来就在切尔西，如果切尔西决定是时候结束我们的关系，那也是切尔西决定，而不是我。我希望永远留在这里。当切尔西决定是时候停止了，我就该考虑我的未来了。"

穆里尼奥感觉到比赛很快就进入了快速攻防的阶段，库尔图瓦对于特里的强力头球攻门做出了出色扑救，下一次进攻，埃托奥对迭戈·科斯塔的犯规送出点球，迭戈·科斯塔将球打进。"转折点就是下半场第一分钟，马竞门将做出了一次不可思议的扑救，切尔西没能获得2:1领先，反而在几秒钟后丢掉了1个点球，我很高兴人们告诉我这是个点球。他们将点球罚入以2:1领先。1分钟之内，2个瞬间决定了比赛。在那之后，球场上只有一支球队。我的球队带着尊严、荣誉和职业精神在比赛，但是在那之后比赛完全被马竞掌控了，完全的掌控。"

切尔西看上去已经距离四大皆空不远了，穆里尼奥为这个赛季辩护道："我们需要1分拿到英超第三。你知道的，我们知道我们很现实的目标。但是与此同时我们又是乐观的。与此同时，当事情走向特定的方向，会有一个你可以梦想、认为一切仍有可能的时刻，即便事情真相并非如此。因为我们在欧冠联赛和英超之中有着出色表现，有一刻我们感觉我们仍然有机会夺冠。在英超之中是对阵阿斯顿维拉一战让我们明白，我们没有机会成为冠军了。在那之后我们再次获得了连胜势头，我们等待着对利物浦一战成为决定冠军的一战，但是我们对阵桑德兰时再次丢分。不过，我认为小伙子们拥有一个出色的英超赛季。在欧冠之中也是一样。我们知道有些球队的潜力比我们更大，比我们对于争冠准备得更加充分，但是因为你在一步一步前进，击败巴黎圣日耳曼会令你更加心怀梦想。我们有过机会。直到比赛第六十一分钟时我们还有机会，但从那之后，比赛结束了。"

对于欧冠出局，穆里尼奥在备战对诺维奇的联赛时，突然将矛头指向了阿扎尔，对于阿扎尔赛后说切尔西"不是为踢球而打造的球队"，穆里尼奥轻描淡写地表示这是被断章取义了。"据我所知，媒体报道说他是在批评球队，但是他所说的并没有什么批评。几周之前他也用类似的话说过比利时国家队的问题。没有什么好在意的。但是通常，这种言论就是会出自他这种球员口中，出自对我们的第一个丢球负有责任的球员口中。在马德里对阵马竞，威廉踢左路，阿什利·科尔整场比赛都得到了很好的保护。对阵利物浦，许尔勒踢左路，结果格伦·约翰逊这样危险的球员完全被控制住了。埃登是那种在心态上不会随时准备帮助身后的左后卫、愿意为其献出生命的球员。如果你看看马竞的第一个进球，你可以理解错误出在哪里，我们为什么丢掉了那个球。但这并不意味着我们希望他改变。我只是说，一支在顶级水平的完美球队不应该犯那样的低级错误。通常在这样的比赛中，如果你半场以 1∶0 领先，比赛就是另外一个局面，马竞必须追赶比分，而我们，则应稳住大局，伺机打进更多进球。当埃登这样的球员发出评论，这很正常。他不是那种百分之百准备为球队和队友牺牲自己的球员，但是与此同时，他的评论并不是批评性质的。当一个球员不愿意自我牺牲的时候，我不会开心，我整个赛季都在说，我一直在尝试帮助他提高。"

穆里尼奥不认同切尔西还有机会夺得英超冠军：最后 2 轮他们需要对诺维奇和加的夫城拿足分数，还需要利物浦和曼城同时摔跤。"我们唯一能够做的事就是先拿下这 2 场比赛。如果我们因为没能拿下这 2 场比赛而未能夺得冠军，那么球员们一定会感觉很糟。因此我们必须赢得这 2 场比赛。星期天，诺维奇会为他们的生存而战，比赛将决定他们下赛季是对阵阿森纳、切尔西和曼联，还是在英冠踢周中的比赛。他们将面对的是生命之战。"

穆里尼奥希望"带着胜利的感觉结束赛季"。他接着说，"我们需要为球迷们赢得 2 场比赛，就冲他们的鼎力支持，我们也应该以 2 场胜利结束赛季。"

本赛季，穆里尼奥原本计划踢出更开放的足球，但是随着球队在 12 月战绩欠佳，他不得不改变战术。"我决定停止对于球队风格和哲学的进化，"穆里尼奥解释道，"而是采取我认为唯一能让我们获得积极结果的比赛方式。我感觉，我们如果不对战术风格进行转变，我们就没有办法打进欧冠联赛。因此球队变得更重视战略，少了一些自由发挥，因为我们就是奔着结果去的。"

穆里尼奥知道，他们不具备踢出华丽风格所需要的高效前锋。"要想踢得很漂亮，需要你具备创造 7 个机会能打进 5 球的效率，这样一来，你即便丢掉 2 球或者 3 球，依然能够取胜。如果你创造出 12 次机会却只能打进 1 球，如果你的对手更早取得进球，那你就麻烦大了。我们有很多比赛创造了很多机会。做客埃弗顿，我们本应该以 5∶0 领先，但却输了个 0∶1。事情有时候并不像人们所说的那样简单。"

穆里尼奥一直在追逐着一笔"关键的引援"。他解释说："那是我在赛季结束之后准备做的事情：工作、思考，为下赛季考虑。"

穆帅被为保级而战的诺维奇的防守型战术迷惑了，他的球队在斯坦福桥对阵金丝雀只拿到了一场平淡无奇的0：0，黯淡的夺冠希望彻底破灭了。

尼尔·亚当斯的球队在开球之前距离安全区还差3分，他知道排名第十七位的桑德兰在打完星期天的比赛之后还少赛一场，但是穆里尼奥感觉，诺维奇的踢法完全没有反映出他们必须争胜的处境，"我们的对手迫切需要保级的3分，但他们并没有为了胜利而战。我们尝试了一切，但是到了最后，我们知道我们没有机会成为冠军了。我们知道我们需要1分就可以（拿到英超第三）确保下赛季欧冠小组赛参赛资格。这对我们来说并不是一座奖杯，但是排名第三非常重要。"

穆里尼奥在半场结束后怒气冲冲地走进了球员通道，冲着自己的球员们大发雷霆，包括马蒂奇和萨拉赫，他们的表现让他很不满，他指责他的球队"太懒惰"。穆里尼奥告诉马蒂奇，对于冬季转会将他买回来持严重保留意见。萨拉赫在半场就被换下，穆里尼奥告诉他必须"准备好作为一个足球运动员"回到季前备战中。在下半场比赛开始之前数分钟，穆里尼奥气冲冲地走出了更衣室，在他的队员们出场之前已经独自坐在教练席上。

尽管对于丢掉2分很失望，球队在赛季最后一个主场比赛结束后还是绕场一周感谢了主场球迷一个赛季的支持。阿什利·科尔泪水涟涟，特里不得不好好安抚他。阿什利·科尔、特里和兰帕德的合同都已经到期了，很可能离开俱乐部，他们3人的切尔西出场总数达到了1609场。穆里尼奥相信他们都将留下。"他们是否会再次在斯坦福桥比赛？我认为会的。但是这个夏天对我们而言将是个漫长的夏天。对于征战世界杯的球员们来说，则是完全不同的故事。但是，作为一家俱乐部，这对我们而言是一段很长的时间，我们要冷静下来，坐下来好好讨论、分析转会市场和引援的可能性。这会是一段很长的时间。"

穆里尼奥承认本赛季可以打得更好，"有一些比赛，我们控制着局面，但我们没能杀死比赛，结果是我们自己被杀死了，输掉了比赛。但是，从第一天开始，我们从未处在过危险之中，也从未掉出过前四或者争冠行列。"

切尔西在赛季最后一轮做客加的夫城取得了胜利，最终排名联赛第三，而利物浦和新科英超冠军曼城都拿下了他们最后一轮比赛。切尔西三年来头一次四大皆空；他们的 82 个联赛积分也是穆里尼奥执教切尔西的最差纪录。

穆里尼奥认为，如果球队在赛季结束之后的转会市场上"成功地运作"，切尔西可以被定义为冠军挑战者。他否认自己因为回归英格兰第一个赛季一无所获而受伤，表示曼城是当之无愧的英超冠军。穆里尼奥言必提"进化"和"过渡"这两个词汇，因此他强调第三名"并不是什么戏剧性结果"。

他说，"下一个赛季，如果我们在夏季转会市场上有着成功的运作——我知道俱乐部正在全力以赴做到这一点——那么，我希望从第一天开始就表示我们将为英超冠军而战。我们不需要新的中轴线，新的组织结构。一切都已经就绪了。我们现在最重要的事情，是引进几名高水平球员，帮助球队迅速达到另一个高度。我们会补充新援，如果某些球员必须离开，那么某些球员也会到来。我们今夏的工作不是做太多改动，而是做出正确的选择。"

对维拉和桑德兰的失利，令切尔西付出了惨痛代价，穆里尼奥需要帮助球队锻造出打赢这种比赛的心态，他在新闻发布会上 6 次提到这一问题，"曼城是冠军，他们当之无愧。他们比我们多出 4 分，比利物浦多 2 分。他们不像我们一样错误地输给过阿斯顿维拉和桑德兰。他们没有过这样的失利。我受伤吗？不，因为这是我们进程的一部分。明显具备夺冠实力并为冠军而战是一回事，处于过渡阶段则是另一回事。如果我手下是一支已经准备好夺得冠军的球队（而不是切尔西），我的工作会轻松许多，我向你保证，我本有机会接手这样的球队，不仅是在这个国家，还有其他地方。但我决定接受眼下这份工作，我很高兴做出这一选择。这支球队处于建设之中，而且身处一个危险的联赛，如果你排名第五，继而失去欧冠资格，这一点都不奇怪。第三名并不是什么戏剧性结果，这是你必须在过渡阶段接受的一个位置。我们并不是要求 8 年、9 年或者 10 年来获得成功，但是你无法打个响指就收获成功。而本赛季，我们差点就做到这一点了。"

本场比赛的《观赛指南》中，穆里尼奥给自己的儿子小何塞写下了一段真诚的话语。通常来说，他本该用这期专栏来讨论对马竞的失利。但这一次他没有这么做，而是写道，"我知道这个空间是用来和你们球迷交流用的，但你们之中的一员是我的儿子。我希望告诉他，我要感谢你每一场比赛每一秒都和我在一起，就在我身后几米的地方，感谢你为每一个进球雀跃，在球队的困难时刻伤心。谢谢你，孩子。每一次当我看到你，我看着你，也看着你的姐姐和你的母亲，她们虽然都待在家里，但也跟随着我们比赛，都在等待着我们回到家中，团聚在一起——我们是一个美妙的家庭……就像蓝军大家庭一样，相互支持。"

小穆里尼奥名叫何塞·马里奥，是一名门将，他决定不追随父亲加盟切尔西，而是于去年9月进入了富勒姆的U14队。

穆里尼奥暗示，他决心招募一位高产射手。"在对阵更加偏重防守、更加富有侵略性、更加关心如何保持零封而不是如何进球的球队时，我们一直在说同样的话。我们拥有出色的球员，但是我们没有那种能够在狭小空间施展技术动作、取得进球、打破僵局的前锋。在那种比赛里，你只是需要打开对方大门。一旦撬开对手大门，门开了，你可以赢得更多进球。我们却没办法做到这点。我们必须尝试作为一支团队去赢得胜利，作为一个团队提升自己，但是我们也需要增添拥有杀手本能的进攻球员，大量的进球可以将球队推升到更高层次。这是我们俱乐部一直希望尝试的，但是我们也尊重我们所拥有的出色前锋。"

切尔西两次击败曼城，两次击败利物浦，而对阵阿森纳、埃弗顿、托特纳姆和曼联，均是两场交锋拿到4分，但是，对阿斯顿维拉、水晶宫和桑德兰的失利，以及对诺维奇的平局，代价太过沉重，"这似乎比对阵豪门的比赛拿分要难多了。从心态上你必须更强大，从战略上来看你也必须更强大。我们对阵强队拥有如此出色的战绩，我认为这是了不起的成就，也是我们下赛季重新起步的坚实基础。"

输给桑德兰让穆里尼奥引以为傲的77场联赛主场不败的纪录告终。"如果你忘掉桑德兰节日——因为对我而言那不是一场比赛，而是一个节日——我们的纪录很美好。我们在主场只丢了6分，3场平局，仍然是相当出色的成绩。而对阵豪门球队，我们的战绩相当惊人，这在下赛季恐怕很难重演，即便我们如期待的那样变得更加强大。"

即将成为曼联新主帅的范加尔，透露了他当年在巴萨第一次注意到穆里尼奥的情景。在一场有穆里尼奥和博比·罗布森参加的会议之中，范加尔被当场宣布将接手诺坎普。范加尔披露说，"穆里尼奥本以为他被许诺会接手青训营的工作，他甚至以为能够成为下一任教练，他从未被告知我将成为主教练。他非常生气，对于没有被征询过意见大吼大叫，我对此印象深刻。在那一天他就是'特殊的一个'，因此我聘用了他。我那一天意识到了他很特别。他向我做了自我介绍，我们一起工作了 3 年。1 年之后他本可以离开，但是他留下了。他是一位出色的助理教练，一位替补教练。他对于巴塞罗那进行了各种分析，并研究了所有对手。虽然我不经常这么做，但是我让他指挥过比赛，因为我确信他拥有着特殊的能力。分别之后，我们一直关注着对方，会发发短信。我没有想到他后来能成为如此伟大的教练。他在当时就是一位出色的教练，但如今他已是世界最佳教练之一，有资格说自己在当世最佳行列的教练可不是太多。"

穆里尼奥指出，他计划在 65 岁退休，那也是通常欧洲人退休的年纪。在那之前，他希望在"我的切尔西"工作十几年，将切尔西打造成为世界足坛的统治力量，然后花 2 年时间带一支国家队参加世界杯。他将国家队教练的工作看成是教练衰老的体现。"那不是我喜欢的工作。你必须等待 2 年才能迎来一项大赛！你有很多更轻松的比赛，很多友谊赛、预选赛！1 个月只用训练 2 天！我不需要逃离足球。我只需要在夏天找个地方待上几周，享受下海滩，那就足够了。"

穆里尼奥是一个非常恋家的人。可以想见，今后他接受葡萄牙国家队的工作，目的之一将是获得更多陪伴家人的时间。他 17 岁大的女儿马蒂尔德已经对摄影产生了兴趣。在一次杂志采访中，穆里尼奥利用拍摄照片的时间向摄影师咨询了一些问题，包括他的收入，以及马蒂尔德如果进入这行，该选择哪些编辑软件。"我们的家中，是个 2 对 2 的形势。母亲和女儿完全独立于足球之外。她们希望我赢球，她们关心我是否快乐，但足球不是她们的生命。很明显男孩（小何塞）就是男孩，在他这个年纪——13 岁、14 岁、15 岁——他会去看足球比赛。因此，这是 2 个足球人和 2 个比屋子里的男人更聪明的女人的世界。"

英超在失去穆里尼奥的老对手和老朋友亚历克斯·弗格森爵士之后，少了几分乐趣，"我想念他。"穆里尼奥说。他们有着多年的相互尊重与友谊，经常在彼此交锋之后喝几杯昂贵的红酒。

"亚历克斯爵士 70 多岁了，不是吗？他刚结束他的执教生涯，在他退休的第一年里，他每周末都会去现场看比赛。哈哈哈哈！我认为他会去享受其他的事情，但是他每周末都来看球！"